# 复杂索缆体系
# 动力学分析及智慧监测

淡丹辉　韩　飞　徐　斌

著

上海科学技术出版社

## 内 容 提 要

动力学分析是索缆结构设计、服役期性能监测与维护、振动控制的关键问题。随着现代工程结构跨度和高度的不断增长，复杂索缆体系成为一种必然选择。在此情况下，已有的针对单个简单拉索的动力分析方法不再适用。如何采用简单、高效、高精度的解析方法来分析复杂索缆体系的动力问题，已成为一个迫切需要解决的难题。本书主要介绍了基于动刚度理论的复杂索缆系统的动力分析理论方法，以解决复杂索缆系统的动力特性分析、索力监测与识别、系统参数识别、振动控制、索缆疲劳状态智慧感知和疲劳寿命预测等问题。

本书可为从事工程结构设计、维护管养、监测、振动控制等工作的广大工程师和科研人员提供参考，也可作为土木工程方向的研究生辅助教材。

图书在版编目（CIP）数据

复杂索缆体系动力学分析及智慧监测 / 淡丹辉, 韩飞, 徐斌著. -- 上海 : 上海科学技术出版社, 2023.1
ISBN 978-7-5478-5750-2

Ⅰ. ①复… Ⅱ. ①淡… ②韩… ③徐… Ⅲ. ①悬索桥—缆索—结构动力分析 Ⅳ. ①U448.25

中国版本图书馆CIP数据核字(2022)第128617号

---

复杂索缆体系动力学分析及智慧监测
淡丹辉 韩 飞 徐 斌 著

上海世纪出版(集团)有限公司
上 海 科 学 技 术 出 版 社 出版、发行
(上海市闵行区号景路 159 弄 A 座 9F - 10F)
邮政编码 201101 www.sstp.cn
苏州美柯乐制版印务有限责任公司印刷
开本 787×1092 1/16 印张 24.75
字数 572 千字
2023 年 1 月第 1 版 2023 年 1 月第 1 次印刷
ISBN 978 - 7 - 5478 - 5750 - 2/U · 127
定价：290.00 元

---

# 前　言

人类文明是伴随着技术进步而进步的，技术不仅促进了社会财富的增长，而且不断对人类赋能，使个体的人和群体的人的时空运动能力不断增强，进而使人们对自己生活环境空间的需求持续增长。于是，工程结构作为人造环境空间的基础和支撑，一直保持着强劲的发展动力。到了近现代，随着技术的井喷式发展，人们对工程结构提出了高度更高、跨度更大、规模更大、功能更丰富、安全性更高、经济性更好的要求，尤其是进入21世纪20年代以来，对工程结构全生命存续过程的环境友好性更加重视，在低碳、环保等方面也提出了更高的要求。从具体的参数角度来说，这主要体现在对工程结构高度和跨度的持续增长需求上。一方面，大跨桥梁、高层建筑、大跨空间结构、空天结构、能源工程、海洋工程等各种工业用的构造物，其跨度和高度的增长已经超越了普通的梁、柱、板、壳等传统刚性构件的能力极限。另一方面，由于柔性的索、膜构件能够充分利用材料的抗拉强度，而且能够将材料的承载能力按照任意设计的空间走向进行配置。因此，索、膜结构在迎合现代工程结构更高、更长方向发展这一趋势方面更具有优势，已成为现代工程结构受力体系的主力。

索缆结构作为索、膜结构中的一大类，由于其组成构件为一维柔性索缆，可以非常方便地与梁、柱、板、壳等刚性构件相连接，也可以与膜结构连接，相互配合，构成复杂的索缆结构，如索承桥梁、大跨结构、高层建筑等。其基本构件——柔性索缆来承担拉力，其他构件承担其他内力，共同构成复杂的空间受力体系。索缆通过轴向拉伸能力来抵抗外荷载作用，不仅使得钢材强度得以充分利用，而且由于拉索自重轻、强度高、施工便捷等特点，被当作主要承力结构而直接应用于各类工程结构中，同时成为复杂索缆结构的重要构件，被广泛应用于现代工程结构中。

最近几十年来，由于人们对土木工程结构的跨度、高度等提出了更大的要求，所使用的索缆构件变得越来越长，其柔度随着长细比的增大而增大，其静力强度、动力稳定性、疲劳等问题变得越来越突出。为了改善结构的力学性能，传统的纯索系统正在被更为复杂的索缆系统代替，如索网体系、横向弹性支撑的拉索、端部或横向附加安装阻尼器的拉索、带作动器件的拉索、横截面带软弱层的拉索、有联系层的双梁/多梁、柔性地基上的索缆等。当然，悬索桥的主缆和吊索是更早就出现的复杂索缆体系。

不管是单根拉索，还是复杂索缆体系，共同的突出问题就是，由于拉索长细比大、横向刚度和内阻尼很小，在工作荷载的影响下，容易产生各种类型的振动现象，进一步会导致舒适性、安全性和疲劳耐久性问题。这些问题都与索缆结构的动力学分析有关。动力学分析问题已成为现代索缆结构的设计、运营期性能监控与维护、振动控制的关键问题。

索缆结构虽然可以一定程度上改善单根拉索的动力性能，但也不可避免地增加了动力分析的难度。已有的动力学分析方法已经难以解决复杂索缆体系的动力学分析问题。因此，鉴于现代土木工程结构对复杂索缆系统日益增长的需求，以及对其进行精确动力学分析的需求，迫切需要研发一套专门用于复杂索缆结构的动力分析理论和方法。

对于复杂索缆体系的动力学分析，目前有解析法、数值分析法和半解析半数值分析法。解析法是将拉索看成无限自由度的连续体，通过建立该系统的动力控制微分方程来确定振型函数，进而得到特征频率方程及运动方程。解析法可以得到动力学问题的显式解，因此在参数分析、参数识别和需要反复修改设计参数的设计选型阶段有重要用途。现有的解析法分析理论包括基于张紧弦理论和梁理论，均是通过尽可能地忽略一些次要影响因素，对振动控制方程进行简化。已经证明，在面对复杂索缆体系时，这些简化会对分析结果造成不可接受的误差。数值法包括几何非线性有限元法和其他一些基于连续介质的数值分析方法。这类方法显然有着分析效率和分析精度方面的问题，限制了其在需要反复修改输入参数的设计分析和对时效要求很高的力学反分析等计算场合的应用。对于复杂索缆体系而言，有必要建立一套可方便调整参数、可同时考虑多种拉索因素影响的高精度高效率的动力分析理论。

为此，本书针对复杂拉索的实际几何构型和设计参数变化特点，将组成复杂索缆体系的拉索按照其空间受力及与其他构件的接触或支撑情况，将拉索划成若干自然索段，在每一个索段内，采用考虑多种拉索力学因素(抗弯刚度、轴向抗拉刚度、倾角、垂度、边界条件、横向受力、阻尼、内阻尼等)的动力控制微分方程来描述其振动行为，通过建立多索段索缆系统的横向动刚度方式，建立结构平衡方程，进而得到系统的解析形式特征频率方程。另外，发展了几种方程的求解方法，包括 Wittrick - Williams 算法和粒子群搜索算法等，很好地解决了复杂索缆体系的动力特性的精确求解问题。在此基础上，将此理论应用于各种复杂索缆体系的索力识别、动力特性识别中，发展了在线和离线两种版本的索力监测和识别技术框架，以及针对服役期复杂索缆体系在工作荷载作用下的时变索力问题，发展了批处理和实时在线识别索力的技术与拉索全场域实时在线疲劳应力识别和疲劳状态智慧感知技术，初步形成了面向复杂索缆体系的实时疲劳寿命监测与预测技术框架。

课题组对复杂索缆动力问题及其监测问题的关注最早可追溯到 10 多年前的拉索振动控制话题。同样，也是出于对长索的振动控制需要，在斜拉桥工程实践中常采取在索端部外置阻尼器的方式进行减振抑振。为了得到最佳的减振效果，需要拉索阻尼器系统进行动力特性分析。这些分析大多是基于张紧弦模型的，阻尼器在索上的支撑点的阻尼力常通过狄拉克函数方式被引入动力方程中。由于对倾角、抗弯刚度、内阻尼和边界条件等因素的忽略，动力分析的误差在某些情况下变得不可忽视。在拉索索力的监测方面，工程中常遇到一些困难。比如，对于端部套筒内置阻尼器的拉索、外层 PE 护套和内部索丝之间存在油膏等软弱层的拉索，以及长度较短的拉索，由于传统的拉索动力分析理论的成立条件没有很好地被满足，由对应的索频-索力关系式识别得到的索力误差将大到无法使用的程度。另外，出于对索网体系、悬索桥体系和体外预应力索的动力学行为的关切，我们开始了对诸如此类的复杂索缆体系动力分析方法的探索。

面对复杂索缆体系，为了获得高精度的分析结果，势必在动力分析中需要尽可能全面地考虑拉索受到的影响因素，使其尽可能接近拉索的物理实际情况。为此，首先尝试了考虑抗弯刚度的分段动力控制方程来描述划分出的自然索段的动力学行为，然后建立索段的横向动刚度解析表达式，通过索段的端部变形协调关系和边界条件，采用类似有限元单刚集组总刚的方式，建立了基于横向动刚度表达的复杂索缆体系的总体平衡方程。在此基础上，进一步建立了用于动力特性分析的特征频率方程，并利用该方程展开了对特殊情况下索力识别的研究。基于上述研究，在国家自然科学基金项目(50978196)《复杂索缆结构动力分析理论及工程应用研究》的基础上，博士生韩飞和徐斌分别展开更一般、更复杂类型的索缆体系动力分析方法及其监测中的应用研究。韩飞在博士期间主要是从复杂索缆体系的动力学正分析角度，进一步将课题组提出的横向动刚度拉索动力分析方法进行一般化提炼，发展了考虑阻尼的动刚度分析框架和高效的频率方程的数值求解方法,进而将其应用于裸索系统、基于双梁的复杂索缆体系和多段式拉索系统的动力分析。另外,还进一步发展了基于多段式主缆的悬索桥的动力分析模型和方法。徐斌主要集中于复杂索缆体系的力学反分析问题,旨在发展基于振动监测的拉索全场域时变效应的在线智慧感知与疲劳评估技术。另外,在拉索动力分析的横向动刚度方法基础上,进一步系统地建立了不同拉索类型的反分析特征方程,以粒子群智能搜索算法(PSO)为求解工具,建立了索力和索参数的求解方法,研究了拉索时变索力的实时在线感知方法和振动附加索力的频域计算方法。在此基础上,还发展了拉索全场域动力响应和弯曲应力的全场域反演感知技术,提出了拉索的在线疲劳状态智慧感知和寿命预测方法。

课题组基本上建立起了一套针对复杂索缆体系动力分析任务的完整方法体系,并取得了丰硕的成果,相应的应用工作也在课题组承担的大跨索承桥梁的监测、检测和研究项目中得以应用,先后服务于东海大桥、明州大桥、甬江大桥、西堠门大桥等 20 余座大桥的索缆监测识别,也和国内主要索缆制造商就科研成果转换建立了合作关系。相关的研究成果形成专利、软件著作数部,先后发表索缆相关的 SCI 论文近 40 篇,引起了国际学术界瞩目,一篇论文①两次成为 ESI 高被引(1%)和 ESI 热点(0.1%)论文,另一篇索缆动力学分析论文②被国际著名工程新闻网站 Advances In Engineering(AIE)遴选为对“卓越工程”有显著贡献的科学论文,并予以高亮专题报道,入选率为当年所有工程领域发表论文总数的 1‰以内。

课题组取得的成绩离不开国家基金委的大力支持,韩飞、徐斌从同济大学毕业后,先后依托西北工业大学、郑州大学,获得了国家自然科学基金青年项目“悬浮隧道锚索非线性动力特性及其快速分析方法研究”(12002279)和“基于振动监测的拉索全场域实时应力识别方法及疲劳损伤动态评估”(52108290)的继续支持,在此深表感谢!

本书的素材来自课题组先后发表的期刊论文和研究生的学位论文。本书的主要内容安排如下:绪论部分主要介绍建立理论体系的背景和综述;第一篇基于横向动刚度的拉索系统动力分析理论,主要介绍索缆动力学中的动刚度法基础、单梁拉索体系的横向动刚度理论和考虑多因素的裸索系统动力特性分析方法;第二篇是复杂索缆系统的动

---

① Han F, Dan D, Cheng W, et al. A novel analysis method for damping characteristic of a type of double-beam systems with viscoelastic layer[J]. Applied Mathematical Modelling, 2019, 80: 911 - 928.

② Fei H, Dan D, Wei C. Extension of dynamic stiffness method to complicated damped structures[J]. Computers & Structures, 2018, 208(10): 143 - 150.

力分析理论，主要介绍复杂索缆体系的动力特性分析方法、含填充层的双层复合索、带索卡的双吊索系统、多段式索缆系统和悬索桥动力分析模型；第三篇是复杂索缆系统的平均索力及索参数智能监测与感知，主要介绍基于 PSO 的复杂索缆系统模型修正及参数识别、中等长度索的索力精确识别、短吊索索力及参数精确识别、索缆悬吊系统索力及参数精确识别，并在最后介绍了一个工程应用实例——交通荷载对悬索桥动力特性的影响分析——涡振后的交通管制决策启示；第四篇是复杂索缆系统的在线疲劳状态智慧感知与寿命预测，主要介绍拉索时变索力在线实时智慧感知、拉索振动附加索力的在线智慧感知、拉索全场域动力响应和内力在线智慧感知、拉索在线疲劳状态智慧感知与寿命预测和复杂拉索体系动力分析及智慧监测工具箱的初步开发与应用。

本文的主要作者是淡丹辉、韩飞和徐斌。博士生余学文为实时索力识别部分做出了重要贡献，毕业研究生但强负责全书的组稿和编辑。另外，课题组的其他研究生对本书也有不同程度的贡献。笔者在新疆大学带的硕士生廖霞也直接为本书贡献了单吊索动力特性分析部分内容，在此一并表示感谢！

本书全面总结和回顾了课题组近 10 年来在复杂索缆体系动力分析和智慧监测领域所取得的理论成果，可以作为继续从事这方面研究工作的科研工作者的参考书，也可作为土木工程、结构工程或其他相关学科研究生的教材。对目前方兴未艾的土木工程结构健康监测领域而言，本书也可以为志在从事现代索缆结构智慧监测系统研发的工程和技术人员的参考工具书。

同济大学

2022 年 2 月 22 日晚 10 点

草于上海同济大学桥梁馆 709 室

# 目 录

第二篇 61 复杂索缆系统的动力分析理论

第4章 63 复杂拉索体系的动力特性分析



第5章 78 含填充层的双层复合索

## 第10章 203 中等长索的索力精确识别



## 第11章 222 短吊索索力及参数精确识别

## 第16章 293

## 拉索全场域动力响应和内力在线智慧感知



## 第17章 327

## 拉索在线疲劳状态智慧感知与寿命预测

# 绪　论

## 0.1　概念体系

索缆结构是现代结构承力体系的一个重要类型，凭借其优美的建筑造型和良好的结构性能，被广泛应用于大型工业厂房、大型场馆、高耸和大跨度桥梁等建筑结构中。

作为索缆结构的最基本构件，拉索通过轴向拉伸能力来抵抗外荷载作用，使钢材的强度得以充分利用。同时，由于拉索自重轻、强度高、施工便捷等特点，不仅被直接应用于各类工程结构中，还成为复杂索缆结构的重要构件被现代工程广泛使用[1-3]。随着社会需求的增加、大跨和高耸建筑如雨后春笋般的出现，结构用索的长度也在不断得到突破。上海杨浦大桥的最长拉索达 330 m，日本 Tatara 桥的最长拉索达 540 m，苏通大桥的最长斜拉索接近 600 m[图 0.1(a)]，沙特阿拉伯在建的 Kingdom Tower 中最长索的设计长度已超过 700 m[图 0.1(b)]。

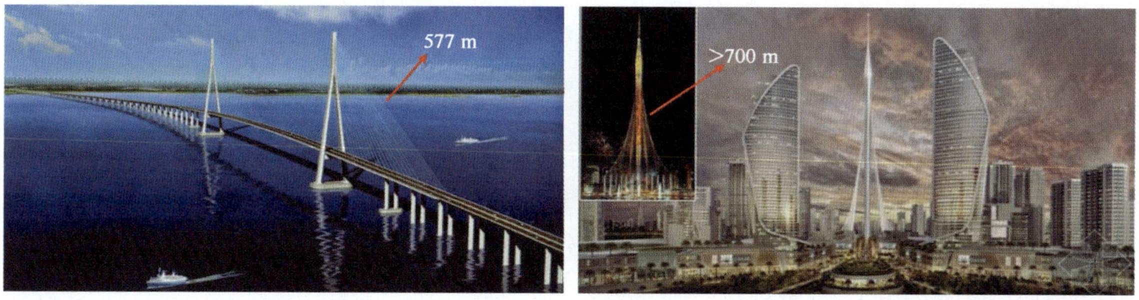


(a) 苏通大桥　　(b) Kingdom Tower

图 0.1　现代工程结构中单索长度的超长化发展趋势

为了形成合理的空间结构受力体系或改善结构的某些受力性能，现代结构设计理论常常将柔性拉索、弹性或刚性支撑元件、连接构件、减振元件等组合使用，形成更为复杂的索缆体系，使拉索材料的强大抗拉能力在整个三维空间内按照设计者的意愿来任意分布，起到改善结构的空间协调能力和其他力学性能的作用，从而使结构的整体跨度和性能得到更大的提升。近几十年来，复杂索缆体系被越来越多地应用于大跨斜拉桥、悬索桥、拱桥，也应用于各种场馆等大跨结构（图 0.2）。

(a) 悬索桥索缆体系　(b) 自锚式悬索桥空间索缆体系

(c) FAST望远镜的空间索缆体系　(d) 大跨体育馆空间索缆体系

图 0.2　现代工程结构中索缆体系的复杂化发展趋势

无论是单根拉索，还是由主要承力元件——拉索构成的索缆结构，它们共同的突出问题就是，由于拉索长细比大、横向刚度和内阻尼很小，在风荷载、移动荷载等的影响下容易产生各种类型的振动现象[4-8]，导致内部钢丝中产生交变应力。这种振动现象不仅会导致结构的动力稳定性、安全性问题，还会导致结构疲劳耐久性降低。过大的振动会导致拉索拉断，危及结构安全。无时不在的环境振动是拉索疲劳的主要诱因，在自然环境的侵蚀性耦合条件下，疲劳腐蚀更是影响索缆结构寿命的主要因素[9-13]。当然，过大的振动也会对斜拉桥的安全运营和正常使用带来严峻考验，同时还会影响行车舒适度，甚至给行人带来视觉和心理上的恐慌。这些问题都与索缆结构的动力学分析有关。可以这样认为，索缆结构体系的动力学分析问题已超越其静力分析问题，成为此类工程结构设计、运营期性能监控与维护、振动控制的关键问题。

工程中用作承力的索缆结构绝大多数由张紧力提供刚度，因此其动力学分析问题多属于小垂度张紧拉索问题。对于单索的动力学分析问题而言，在某些情况下可以用简化力学模型（如张紧弦）予以解决。然而，在如下一些情况中，其动力学分析问题就变得非常困难，已有的动力分析理论已经不足以解决问题，需要进行专门的动力分析理论和方法研究。

(1) 对分析精度敏感且需要考虑更多拉索设计参数和边界条件的情况（如短索、复合索），以及需要精确识别控制拉索单索的动力学行为的情况。

(2) 为了改善动力性能、静力性能而在端部或中部附加一些横向受力元件的拉索体系，如索-

阻尼器系统、索-质量块系统和索-弹簧系统等。

(3) 多个拉索构件组成的空间索网结构、索与刚性构件组成的复合结构等。

上述 3 种情形下的索缆结构,已不同于简单的单索体系,其复杂程度不仅体现在结构的几何构型上,而且体现在其动力学行为上。以单索附加横向力元件组成的最简单索缆体系为例[15-17],由于横向力元件的存在并参与受力,不仅会改变拉索系统的静力特性,同时也会改变系统的动力行为和特性。这种改变也给利用已有的拉索动力分析方法进行动力行为和特性分析带来很大的困难。

可见,索缆结构虽然可以在一定程度上改善单个拉索的动力性能,但也不可避免地增加了动力分析的难度。已有的动力学分析方法已经难以解决复杂索缆体系的动力学分析问题。因此,鉴于现代土木工程结构对复杂索缆体系日益增长的需求,以及对其精确动力学分析的需求,迫切需要研究发展一套专门用于复杂索缆结构的动力分析理论和方法。

## 0.2　研究综述

对索缆结构进行动力学分析,不仅可以指导其结构设计,同时也可以为其运营期性能监控、振动控制提供重要的理论依据,为运营期的安全性、耐久性和使用性分析评估提供分析手段。由于索缆结构具有大变形、小应变的力学行为特征,几何非线性特性十分显著,结构的振动控制方程是非线性的,这使得索缆结构的动力分析理论非常复杂。已有的索缆结构的动力分析理论按分析方法、解的形式的不同,可分为解析法、数值法和半解析半数值法。

1) 解析法

解析法是将索缆系统看作无限自由度的连续体系,通过求解该系统的控制微分方程来确定拉索的振型函数,并由此得出系统的特征频率方程和动力方程,求解该方程,即可得到解析形式的动力特性和动力响应。解析法能够给出拉索系统动力特性或响应的显示解,其解的形式简洁、直观,因此广泛应用于拉索的动力特性分析及参数识别。

拉索由于质量轻、刚度柔、阻尼小的力学特征,通常可忽略拉索抗弯刚度,采用弦模型来进行动力分析。这在分析较长的柔性索时十分有效,并且通常能够给出足够精确的解析解。

然而,由于拉索结构本身具有一定的抗弯刚度、垂度,而且其边界条件通常并不是理想的铰接,忽略这些因素,采用简单张紧弦模型进行动力学问题的分析,会带来一定误差。对特殊情况,其误差不可忽视,甚至导致完全错误的结果,因此研究者们又提出了梁模型。当然,虽然可以在振动控制方程中对上述因素进行全面考虑,但所带来的困难就是,没有办法对控制微分方程进行解析求解。因此,迄今为止,针对复杂索缆体系的解析法动力学分析方法研究,均是遵循想方设法地忽略次要因素、简化方程的技术路线开展研究的。其简化思路可总结如下:

(1) 对于纯索的动力分析而言,已有研究工作已经可以考虑拉索抗弯刚度、垂度、倾角,以及内阻尼中部分因素的影响,但尚无法以解析或半解析的形式全面地考虑这些因素。

(2) 当考虑拉索端部弹性支撑和弹性嵌固的影响时,为了便于计算,已有研究将拉索的振型函数近似为刚性支承索的振型来处理,忽略了实际边界及振动频率等因素的影响,因此所得结果也只是近似解。

(3) 对于拉索-阻尼器系统而言,当考虑拉索抗弯刚度和垂度等影响因素时,系统特征频率方程的求解将变得十分困难。因此,受限于分析方法,已有研究将重心放在阻尼器的精细化建模之中,对拉索仍普遍采用张紧弦模型来近似处理。

(4) 对于索网体系而言,由于理论分析上的困难,近乎所有研究均采用了张紧弦模型,忽略了拉索的抗弯能力及垂度等因素的影响。

由此可见,无论是单索、拉索-阻尼器系统或是索网体系,传统的解析分析方法只能就拉索体系中的某些结构参数进行动力分析,无法全面考虑这些因素的影响,因而所得结果的准确性、适用性势必受到不同程度的影响。

2) 数值法

与其他类型的工程结构一样,可使用一些数值方法来解决索缆结构动力学分析问题,包括有限元法[18]、Galerkin 法[19]及有限差分法[20],其中有限元法使用最多。数值法并不直接求解系统的运动方程,而是通过构造基函数来逼近真实的拉索的振型函数,从而将微分方程的求解问题化为求解代数方程的问题,进而求出索缆结构动力特性或动力响应的数值解。

不论是需要划分网格的有限元法、有限差分法,还是仅需要节点信息的无网格法,都不可避免地需要将索缆结构离散化,这个过程中就不可避免地会引进误差。为了减小误差、提高分析精度,必须加大离散程度,代价是牺牲计算效率。

数值法的计算精度受限于索缆的离散程度和形函数,精度和计算效率是难以调和的一对矛盾。另外一个缺点是,难以进行索缆结构的参数分析。在某些索缆结构设计环节,或者一些面向服役期的性能监测应用和振动控制应用中,常常需要在分析计算之前或计算过程中频繁调整设计参数,此时使用上述各种数值方法,意味着需要在每次参数调节后重复进行结构离散化处理,这将严重影响效率,难以兼顾计算精度和计算效率,因此不是一个好的解决办法。

3) 半解析半数值法——动刚度法

动刚度法是一种半解析半数值方法,该方法从系统精确的振型函数出发,得到闭合形式的频率方程和动力方程。当两者形式简单时可得到解析解,多数情况下需要采用数值计算方法得到数值解。在处理拉索动力问题时,数值法由于对振型函数进行了近似处理,系统特征频率方程和动力方程的解也是近似的,同时在计算求解时需要大量计算机和计算时长,计算效率不高。而解析法在处理复杂工程问题时往往需要引入许多近似假定,因此局限性较大且通常难以真实反映结构的力学特性和行为。半解析半数值法则同时兼有解析法和数值法的优势,在结构建模时不需要对结构进行离散,也不需要对结构的振型函数进行近似处理,因此比较忠实地反映了结构的动力学行为。通过对结构的特征频率方程及动力方程进行数值求解,可以得到结构动力特性和动力响应的数值精确解。

动刚度的概念类似于静刚度,它描述的是结果动态过程中的荷载与变形的关系。由于动刚度是结构本身的固有特性,确定了拉索在简谐激励下的动刚度后,可以准确地评价任意激励下索结构抵抗变形的能力。另外,动刚度是频率的函数,在模态分析理论中,索的动刚度即索的理论频响函数,通过实验测得索的频响函数后,即可识别索的模态参数[21-22]。与此同时,由于索在振动时会产生弹性伸长从而产生较大的索力增量,动刚度理论还可以方便地考虑索力增量对系统动力行为的影响[23]。

关于拉索动刚度的研究始于 1947 年,Koloušek 在抛物线静构型的假设下第一次推导了简谐激励下索的索端纵向动刚度[24],并忽略了阻尼的影响。早期的研究工作均是基于弦理论展开的,且只针对拉索端部弦向动刚度的变化规律进行了探讨,其结论无法反映拉索任意位置处的响应,因此具有较大的局限性。实际上,采用欧拉梁模型对拉索进行建模比张紧弦模型更加符合拉索的真实力学特性,由此确定的拉索模态参数更加符合真实结构[25]。Joseph A. Main[26-27] 在 2007 年给出一组频率方程来描述安装横向黏滞阻尼器的拉索系统,通过求解系统的特征频率方程重点研究了系统动力特性。该方程可以处理铰接和刚接边界情况,但忽略了垂度和倾角的影响。

在前人研究的基础上,本书将已有的端部弦向动刚度概念扩展到拉索自由段横向动刚度概念,并结合欧拉梁模型,给出了小垂度欧拉梁的横向动刚度的闭式解,同时研究了横向动刚度在空间和频域的变化规律[28-29]。随后又进一步给出了在横向力元件和垂度效应共同影响下,结构的统一特征频率方程及其数值解法[30],同时基于 PSO 优化算法给出了一种适用于斜拉索的多级、多参数识别算法[31]。由于拉索通常外包有护套及油脂填充层,因此实际上是一种复合结构而非匀质结构。为此,笔者基于欧拉梁理论,采用了由分布式弹簧连接的双梁系统模型来对复合索进行建模,推导了该模型的动刚度矩阵,研究了垂度、弹簧连接层刚度及双梁抗弯刚度比等参数对系统模态频率的影响规律[32]。

# 第一篇

# 基于横向动刚度的拉索系统动力分析理论

# 第 1 章

# 索缆动力学中的动刚度法基础

本章为本书的理论部分，首先介绍了动刚度法和 Wittrick - Williams 算法（W - W 法）。这两种算法是本书拉索动力分析理论的基础。同时，笔者在此基础上对原 DSM 进行了改进，使原 DSM 得以扩展至阻尼结构中，同时避免了复超越方程的求解。另外，通过提出“假象结构法”使 W - W 法得以应用于复杂梁式结构中，弥补了原 W - W 法只能应用于简单或特殊结构中的局限性。同时，整个求解过程仍是解析的。

## 1.1 动刚度法

动力学问题关乎工程结构的工作性能和制造成本，与静力问题具有同等重要的意义。无论是设计阶段、建造期间，还是结构服役阶段，分析结构的动力特性、预测特定激励下的动力响应，对工程结构的设计、施工和运营期安全保障都具有重要的作用[33-38]。寻找精确和高效的动力分析方法一直是工程结构动力学问题研究的基础和核心内容。在长期探索中形成了两种不同的工作方向：一是将工程结构离散化，采用集中质量法、Ritz 法或有限元法等[39-41]，得到结构动力学问题的数值近似解；二是基于结构振动微分方程的分析思路。前者的分析精度依赖于离散化的方式和程度，效率则以相反的模式依赖于离散化程度。后者由于出发点和基本分析过程是闭式的，因此分析精度在推导过程中基本不损失，对一些简单结构而言，甚至会得到精度完全不损失的解析解。动刚度法（dynamic stiffness method, DSM）正是这种求解思路的产物。该方法是 Koloušek 于 20 世纪 40 年代提出的[42]，是一种高效、精确和稳定的结构动力分析方法。动刚度是描述结构控制微分方程的另外一种表现形式，其解答在结构上任意点处均满足控制微分方程，且在结点处满足所有的平衡条件、位移协调或约束条件。

时至今日，动刚度法已经被广泛应用于各类工程学科中[43]，用来解决结构动力特性分析、波传播（wave propagation）及屈曲等动力分析问题[44]。一些典型的工程领域应用包括：① Langley[45] 应用动刚度法研究了航天器板结构的振动特性及振动能量分布问题。② Wittrick W. H. 等[46] 根据板结构动刚度法开发了 VIPASA 程序，该程序被集成于 NASA 的分析程序 PASCO 中，成为 COSMIC[47]

软件中的一部分，被广泛应用于航空航天工业。③ 周平等[48]采用动刚度法计算了船体振动的固有频率，成为动刚度法在船舶结构动力分析的典型案例。另外，在土木工程结构领域，尤其是对动力荷载较为敏感的预拉结构的动力分析领域[49-51]，动刚度法也得到了应用，其在模态分析中的精确性成为这类研究的突出亮点[52-54]。

一般来说，动刚度法是基于边界条件约束下结构控制微分方程的"强"形式解而建立的。它从系统频域的控制微分方程出发，通过求其通解可以获得系统的精确形函数，进而获得系统的动刚度形式的平衡方程。其中，所建立的动刚度矩阵是频率的闭式函数，无须依赖结构的离散化，即可用于计算任意阶次的模态，其计算效率和精度均好于有限元法。动刚度法的这一性质使其能适用于任意边界条件和频率范围，尤其在高精度和高阶模态求解时是强有力的。它能准确获知结构在更宽频范围内的动力特性，而不以牺牲计算效率为代价。同时，借助有限元法划分网格和单元集组方法，动刚度法还可扩展应用于复杂工程结构。

动刚度法在实施中主要有两个关键问题：一是精确动刚度矩阵及频率方程的建立；二是频率方程的精确求解。

### 1.1.1 基本理论

动刚度法的关键之一是获得结构的动刚度矩阵。为此，首先需要建立结构的振动微分方程。这部分工作可以借鉴相应的文献或经典理论来实现。一般来说，无阻尼结构的自由振动可用以下控制微分方程加以描述[55]：

$$L(\mathbf{u})=0 \tag{1.1}$$

式中 $L$——微分算子；

$\mathbf{u}$——对应的位移向量。

通过引入简谐运动假设，则位移 $\mathbf{u}$ 可表示为：

$$\mathbf{u}=\mathbf{U}e^{i\omega t} \tag{1.2}$$

式中 $\mathbf{U}$——位移幅值；

$\omega$——圆频率(rad/s)；

$t$——时间；

$i=\sqrt{-1}$。

将式(1.2)代入式(1.1)，可消去与时间相关的项，得到频域控制微分方程：

$$L_1(\mathbf{U},\ \omega)=0 \tag{1.3}$$

式中 $L_1$——微分算子。其解可通过以下形式获得

$$\mathbf{U}=\mathbf{AC} \tag{1.4}$$

式中 $\mathbf{C}$——常数向量；

$\mathbf{A}$——与频率有关的方阵。

将式(1.4)代入位移边界条件，可得节点的位移向量 $\boldsymbol{\delta}$：

$$\boldsymbol{\delta}=\mathbf{BC} \tag{1.5}$$

式中　**B**——将式(1.4)代入位移边界条件后从 **A** 中获得的方阵。

另外,结合力的边界条件,同样可以得到节点力和向量 **C** 的关系:

$$\mathbf{F}=\mathbf{DC} \tag{1.6}$$

式中　**F**——节点力向量;

**D**——与频率有关的方阵。

通过式(1.5)和式(1.6)消去常数向量 **C** 后,可得

$$\mathbf{F}=\mathbf{DB}^{-1}\boldsymbol{\delta}=\mathbf{K}\boldsymbol{\delta} \tag{1.7}$$

式中　**K**——所求的动刚度矩阵, $\mathbf{K}=\mathbf{DB}^{-1}$。

式(1.7)即以动刚度形式给出的结构动力平衡方程。结构自由振动时,动力平衡方程变为

$$\mathbf{K}\boldsymbol{\delta}=\mathbf{0} \tag{1.8}$$

式(1.8)是一个齐次方程组,通常情况下,为了得到非平凡解,要求:

$$|\mathbf{K}(\omega)|=0 \tag{1.9}$$

式中　$|\cdot|$——行列式的值。

满足特征方程式(1.9)的频率即所求结构的自振频率,亦即 $|\mathbf{K}(\omega)|$ 的零点频率为结构的频率。这就是动刚度法求解结构模态频率的基本思路。必须指出,尽管形式上与有限元模态参数求解方法类似,但由于动刚度矩阵的特点,如果不做特别的控制,该方法会有存在遗漏模态和增加虚假模态的可能。下面对动刚度矩阵特点做出详细说明。

### 1.1.2　动刚度矩阵特性

当结构由于几何或材料不连续需要特别划分单元时,各单元在局部坐标系下的动刚度矩阵 $\mathbf{K}^e$ 仍可按照式(1.1)~式(1.8)得出,而整体坐标系下的动刚度矩阵 $\mathbf{K}^e$ 则通过常规的坐标变换即可得到。在此基础上,仿照静力直接刚度法的集组流程(实质是按位移法叠加各单元的贡献),可形成任意复杂结构的整体动刚度矩阵 **K**。

从动刚度矩阵的组建流程可以看出,动刚度矩阵是由控制微分方程和边界条件解的“强”形式建立的。不同于有限元法中的静力刚度矩阵,其特点如下:

(1) **K** 和 $\mathbf{K}^e$ 同时包含质量和刚度的信息,矩阵中的各元素,即刚度系数通常不再是 $\omega^2$ 的线性函数,而是 $\omega^2$ 的超越函数。

(2) $\mathbf{K}^e$ 是对称矩阵,但不再是奇异矩阵,且当 $\omega\to 0$ 时,动力问题的刚度矩阵 **K** 和 $\mathbf{K}^e$ 趋于静力问题的单元刚度矩阵。

(3) 根据 Leung[56] 的研究,动刚度矩阵 $\mathbf{K}(\omega)$ 与连续形式的质量矩阵 $\mathbf{M}(\omega)$ 之间满足:

$$\mathbf{M}(\omega)=-\frac{\partial \mathbf{K}(\omega)}{\partial \omega^2} \tag{1.10}$$

(4) 若频率 $\omega$ 等于单元固端频率(称单元端点固定情况下单元的自振频率为固端频率,记为 $\omega_F$)时,某些单元刚度系数就变得奇异,即 $K_{ij}^e=\infty$。同理,当结构的频率与其某个单元的固端频率相同

时,整体刚度矩阵 $\mathbf{K}$ 中会出现无穷大元素,即 $K_{ij}=\infty$,此时 $\mathbf{K}$ 是无意义的。

(5) $|\mathbf{K}(\omega)|$ 不仅在零点变号,在$\infty$点也可能变号,因此根据正负号来判断零点和求零点的方法可能会漏根或增加虚假根。同时,当结构的某阶模态 $\omega$ 恰好等于某个单元的固端频率 $\omega_F$ 时,特征函数 $|\mathbf{K}(\omega)|$ 为 $\infty$。这意味着用式(1.9)不能求出所有的结构频率。

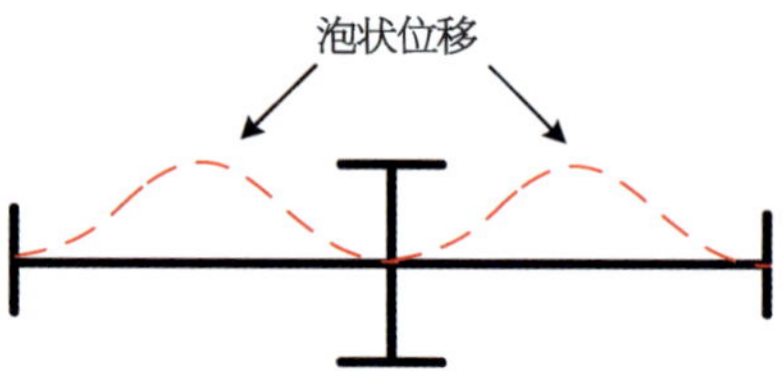

图 1.1 单元"泡状位移"示意图

(6) 由式(1.9)求出的频率是非平凡解,但结构可能存在 $\boldsymbol{\delta}=\mathbf{0}$ 的振型。该振型没有结点位移,只有单元内部的"泡状"振动(图 1.1)。这说明如果只求非平凡解 $\boldsymbol{\delta}\neq\mathbf{0}$ 的频率可能会丢根。

由动刚度矩阵的以上特点可以看出,若要求得精确的频率和振型,就需要一个可靠的频率方程的解法,使其能够处理 $\boldsymbol{\delta}=\mathbf{0}$ 和 $\boldsymbol{\delta}\neq\mathbf{0}$ 两种情况,不遗漏地准确求出前 $n$ 个根。下一节介绍的 Wittrick - Williams 算法就是这种算法。

### 1.1.3 存在的问题

动刚度法是基于控制微分方程和边界条件解的"强"形式建立的。得益于闭合形式的动刚度矩阵,动刚度法既保证了高精度,又节省了大量的计算时间[57]。与之形成对照的是,传统的有限元分析法在模态分析时,其高精度是借助细化网格或采用高阶差值函数来取得的。因此,必然会以牺牲计算效率为代价。

Lee[58] 在其论著中分析了有限元法、动刚度法、谱元法等的建模理论并指出:① 有限元法是基于系统运动微分方程解的"弱"形式,通过近似的形函数表示结构的位移场,通过变分法推导出结构的单元刚度和质量矩阵。由于计算结果依赖于单元划分的质量和数量及形函数的近似程度,同时也只能得到数值近似解,因此有一定的误差。② 由于有限元的形函数采用的是与频率无关的插值函数,未能考虑结构频率对结构变形的影响,从而使有限元法不利于计算高阶模态频率。③ 有限元法在计算高阶模态或提高计算精度时需要借助细化网格,这无疑会增加计算量并减小计算效率。而动刚度法除了结构的几何或材料不连续处需要特别划分单元外,无须对结构离散,因而能够保证在给出精确解的同时具有很高的计算效率[59]。

虽然动刚度法是一种精确解法,但其高效性和准确性是通过增加形函数对实际结构的逼近程度和频率方程求解难度来实现的。结构准确的形函数可通过两个方面的努力来取得,一是需要确保控制微分方程(组)的通解能够解析给出;二是确保结构的频率方程的求解不遗漏根、不增加虚假根。这两个条件带来的数学上的困难,在一定程度上限制了动刚度法的应用范围。为了实现频率方程的精确求解,就需要引入 W - W 法。

## 1.2 W - W 法

结构模态频率计算是结构动力分析的核心之一,它可以通过求解动刚度法建立的结构特征频率方程[式(1.9)]来解决。在早期的研究中,一些数学技巧被用来解决特定的简单结构的频率方程,如 Timoshenko[60-61] 和 Huang[62] 的工作。为了求解复杂系统频率方程,Cheng[63]、Li[64] 和 Henshell[65] 等提出了"图解法",实质上是通过零根搜索法来确定结构的各阶模态频率。这类方法不仅计算量大，而且也存在缺点，难以区分距离非常靠近的两阶模态频率，难以区分零点和正负无穷处的变号，可能导致漏根或增根[66]，从而丢失模态或混入虚假模态。Muller 搜索法[67]就属于此类方法。

为此，Wittrick 和 Williams 在 20 世纪 70 年代提出的 W－W 法[66,68-70]，用于分析结构自由振动和屈曲问题[71]与波传导问题[72]。由于 W－W 法适用范围广，因此此后针对该方法的应用和改进研究成为结构动刚度法的热点话题。Zhong 等[44]利用 Rayleigh 定理和 Sturm 序列的性质，对 W－W 法进行了推广，在理论上解决了频率方程求解的漏根问题，使得困扰动刚度法多年的瓶颈问题得到解决，推进了动刚度法理论的发展和工程应用。

实际上，W－W 法并不直接用于频率计算，而是通过计数得到结构小于试探频率 $\omega^*$ 的模态频率的个数，从而确定任意阶次频率的上下界，最后再结合二分法或牛顿法求出任意精度的频率解。由于该方法可使动刚度矩阵保持 Sturm 序列特性，能保证方程求解过程中不遗漏根，其稳定性和正确性也在理论上被证明。这是大多数解析法和近似解法所不具备的优点[69]。

### 1.2.1　基本理论

先引入 Rayleigh 定理：

设某结构的自振频率按升序排列为 $\omega_i(i=1,\ 2,\ 3,\ \cdots)$，对该结构施加一个约束，得到新的频率 $\tilde{\omega}_i(i=1,\ 2,\ 3,\ \cdots)$，则有 $\omega_i \leqslant \tilde{\omega}_i \leqslant \omega_{i+1}$。

Rayleigh 定理揭示了单自由度约束对结构频率的影响：当结构某自由度被约束后，结构低于某试探频率 $\omega^*$ 的频率数保持不变或减少一个。这一推论是 W－W 法的重要理论基础。应用 W－W 法计算结构模态频率问题的关键步骤是确定结构的模态频率计数 $J$，$J$ 表示结构小于 $\omega^*$ 的模态频率的个数。$J$ 一般难以直接求解，但可通过另外两种计数之和来表示，即

$$J=J_0+s\{\mathbf{K}^{\Delta}(\omega^*)\}=J_0+J_K \tag{1.11}$$

式中　$J_K$——与结构整体动刚度矩阵有关的计数，等于三角阵 $\mathbf{K}^{\Delta}(\omega^*)$ 主对角线上负元素的个数；

$\mathbf{K}^{\Delta}(\omega^*)$——将结构的动刚度矩阵 $\mathbf{K}(\omega^*)$ 进行高斯消元后形成的上三角矩阵；

$s\{\ \}$——计数符号；

$J_0$——结构的固端频率计数，它等于小于试探频率 $\omega^*$ 的结构固端频率①个数。

当结构因材料或截面不连续需要被分为若干个单元 $e$ 时，仿照结构固端频率计数 $J_0$ 的定义，若用 $J_m$ 表示单元的固端频率计数，则两者间的关系可表示为：

$$J_0=\sum_e J_m$$

有关 W－W 法的详细证明过程可参阅[66,68-69]。在具体实施 W－W 法时，在频率 $\omega^*$ 值给定时，动刚度矩阵 $\mathbf{K}$ 就随之决定，进而可以很容易地算出 $J_K$。而 $J_0$ 的计算则和具体的结构形式有关[73]，是 W－W 法的难点和关键。能否成功求出 $J_0$，将决定动刚度法能否适用于分析对象。对于复杂的结构来说，由于其固端频率通常难以解析给出，因而 $J_0$ 的表达式也难以解析给出。这成为 W－W 法难以应用于复杂结构中的主要原因[74,75]。

① 结构固端频率是指将结构的边界条件全部固结后（不妨称该结构为与原结构对应的固端结构）的模态频率，它可通过求解固端结构的频率方程（称为固端频率方程）得出。

按照求解方式的不同，可将 $J_0$ 的解法分为直接法、间接法和数值法。其中，直接法通过求解结构的固端频率方程，对固端结构小于试探频率 $\omega^*$ 的模态频率进行计数得出 $J_0$。间接法避免了对 $J_0$ 的直接求解，且整个求解过程仍是解析的，因而适用范围更广。数值法通过常微分方程求解器求解结构的控制微分方程，得到单元动刚度矩阵的数值解，进而通过增加各单元的内部结点试算出结构的固端频率计数 $J_0$。

1）直接法

直接法求解有两个前提：一是动刚度矩阵中的各元素能够解析表达；二是固端结构的频率方程能够解析表达。这两个条件极大地限制了直接法只能在少数几种简单结构中使用；对于稍复杂一点的结构，就需要对结构进行简化处理。目前还没有直接应用动刚度法解决复杂结构的案例见诸报道。为了将 W-W 法推广至更为复杂的结构，其关键的瓶颈在于 $J_0$ 的求解方法问题，即需要研究一种针对复杂结构的 $J_0$ 求解方法。这通常需要借助间接的方法来实现。

2）间接法

该方法求解过程仍保持解析的特点，不直接对 $J_0$ 进行求解，而是采用迂回的方式间接计算得到 $J_0$。正因为如此，间接法的适用范围比直接法更广。其主要思路是：通过改变原结构的边界条件，构造一个非固结边界条件的中间结构，由于仅改变了边界条件，该"中间结构"与原结构具有相同的固端结构和单元刚度矩阵，从而具有相同的固端频率计数 $J_0$。在此条件下，先计算"中间结构"的整体动刚度矩阵 $\bar{\mathbf{K}}(\omega^*)$，对 $\bar{\mathbf{K}}(\omega^*)$ 进行高斯消去成上三角矩阵后，得到其主对角线上负元素的个数 $\bar{J}_K$。然后求解"中间结构"频率方程，得到小于 $\omega^*$ 的固有频率个数 $\bar{J}$。最后利用关系式 $J_0=\bar{J}-\bar{J}_K$ 计算得到"中间结构"的固端频率 $J_0$，从而也就间接地求出原结构的固端频率计数[76-77]。

3）数值法

严格来说，数值法实质上也是间接法的一种，该方法最早是由袁驷和叶康生等[78]提出。它通过常微分方程求解器 COLSYS 求解结构的控制微分方程[79]，可以得到任意复杂结构的动刚度矩阵 $\mathbf{K}$ 的数值精确解[80-81]。由于 COLSYS 是一个基于高斯样条配点法且具有自适应网格求解功能的求解器，这使其在计算动刚度矩阵时具有数值精确解的精度，同时还能够将一组微分方程的求解结果保存起来供随时调用。COLSYS 的这些特点和功能保证了其在计算结构的动刚度矩阵 $\mathbf{K}$ 和固端频率计数时的高效性和可靠性。

虽然数值法能够求解任意复杂结构的固端频率计数 $J_0$，但由于其刚度矩阵及固端频率计数的求解过程均是通过常微分方程求解器完成，因此冗余计算量大，计算效率不高。同时，工程结构几何和材料的不连续因素往往导致数值法的计算结果不稳定，甚至可能得到错误结果。

### 1.2.2 计算流程

1）模态频率的计算

当求出结构在试探频率 $\omega^*$ 下的固端频率计数 $J_0(\omega^*)$ 后，即可按照式(1.11)求出结构小于试探频率 $\omega^*$ 的模态频率的个数 $J(\omega^*)$。此后若想计算结构的第 $i$ 阶模态频率 $\omega_i$，就只需首先粗略地确定出该阶模态频率的上下界 $\omega_l$ 和 $\omega_u$，使满足

$$J(\omega_l)\leqslant i-1,\quad J(\omega_u)\geqslant i \tag{1.12}$$

则结构的第 $i$ 阶模态频率满足 $\omega_i \in (\omega_l, \omega_u)$。此后可采用二分法、牛顿法等数值方法，通过不断调整上下界的值来逼近真实频率 $\omega_i$。当满足 $\omega_l - \omega_u \leqslant Tol \cdot (1+\omega_u)$ 时，可以得到允许误差范围 $Tol$ 内的模态频率。

需要指出的是，W－W 法最初是采用二分法求解模态频率[66]，然而二分法求解时收敛速度较慢。Simpson[82]采用牛顿法改进了其收敛速度，数值算例表明相同条件下，牛顿法的求解时间仅为二分法的一半左右。但该方法首先需要将动刚度矩阵对频率进行求导，这就增加了计算的复杂性。为了避免对刚度矩阵求导，Williams 和 Kennedy[83]提出了一种可靠的多重行列式抛物线插值法，该方法比 Simpson 提出的牛顿法节省 10 %的计算时间。齐朝辉和 Williams[84]还提出了以能量范数为标准的四阶龙格库塔法，从而很大程度上提高了收敛速度，且精度可以用绝对误差来衡量，但该法同样需要对动刚度矩阵进行求导。袁驷等[85]在二分法的基础上提出了一种具有二阶精度的牛顿法，该方法通过求解一个广义特征值问题

$$\boldsymbol{K}_a \boldsymbol{\Delta} = \mu \boldsymbol{K}'_a \boldsymbol{\Delta} \tag{1.13}$$

然后，利用每次求出的特征值 $\mu$ 外插出一个更接近真实值的结果 $\omega_\mu$。上式中，$\omega_a$ 表示由二分法计算出的具有一阶精度的近似频率值，$\boldsymbol{K}_a = \boldsymbol{K}(\omega_a)$，$\boldsymbol{K}'_a = \mathrm{d}\boldsymbol{K}(\omega_a)/\mathrm{d}\omega$，$w_\mu = \omega_a - \mu$。

2）模态振型的计算

振型的求解过程实际上是问题式 $\boldsymbol{K}_a \boldsymbol{\Delta} = \mu \boldsymbol{K}'_a \boldsymbol{\Delta}$ 的广义特征向量的求解问题，求解该问题的一个自然的选择是逆幂迭代法。考虑如下的标准广义特征值问题：

$$\boldsymbol{K}\boldsymbol{\Delta} = \lambda \boldsymbol{M}\boldsymbol{\Delta} \tag{1.14}$$

逆幂迭代法的步骤是：

(1) 给定初始向量 $\boldsymbol{\Delta}^{(0)}$。

(2) 求解新的特征向量：$\tilde{\boldsymbol{\Delta}}^{(k+1)} = \boldsymbol{K}^{-1}\boldsymbol{M}\boldsymbol{\Delta}^{(k)}$，$k = 0, 1, \cdots$。

(3) 找绝对值最大元素：设第 $i$ 个元素的绝对值最大，即 $|\tilde{\Delta}_i^{(k+1)}| = \max\limits_j |\tilde{\Delta}_j^{(k+1)}|$。

(4) 估计特征值：$\lambda^{(k+1)} = 1/\tilde{\Delta}_i^{(k+1)}$。

(5) 特征向量归一化：$\boldsymbol{\Delta}^{(k+1)} = \lambda^{(k+1)} \cdot \tilde{\boldsymbol{\Delta}}^{(k+1)}$。

(6) 检验是否满足用户的精度要求或超过了允许的迭代次数 $k \geqslant k_{\max}$，如“是”则停止。

(7) 否则，回到第(2)步。

对于第(6)步的精度要求，可以用特征向量来控制，例如，

$$\max_i |\Delta_i^{(k+1)} - \Delta_i^{(k)}| < Tol \tag{1.15}$$

式中　$Tol$——用户预先指定的误差限。

依据逆幂迭代法，袁驷等利用 W－W 法，在牛顿法的基础上对迭代过程加以有效地保护和引导，以确保步长方向的正确和大小的适当，最终将牛顿法转变为一个全局大范围收敛的方法。文献[86]详细介绍了对牛顿法的保护和引导过程，并给出了完整的导护性牛顿法的算法步骤。该算法可以高效、精确地求解结构的振型，与 W－W 法已形成了“标配”。

从上述求解流程可以看出，W－W 法能够很好地解决频率方程的求解问题。同时相较于传统的零根求解法，该方法在求解频率方程时主要有以下优势：① 理论完善、方法简单，同时结果可以

达到计算机允许的任意精度；② 不丢根，单根、重根均可处理；③ 可以直接求解第 $k$ 阶频率，而无须预先解出前 $k-1$ 阶频率值。

### 1.2.3 存在的问题

从上文可以看出：W－W 法多用于规则或简单结构，对于复杂结构由于固端频率计数 $J_0$ 求解上的困难，其固端频率通常难以得到，从而导致了难以得到 $J_0$ 及其解析表达式。这使得 W－W 法在复杂结构中难以推广应用。为了继续在复杂梁式结构中应用 W－W 法来得到高精度、不漏阶的模态频率，就必须解决 $J_0$ 的求解问题。有鉴于此，1.3 节将在总结归纳已有的 $J_0$ 求解方法的基础上，提出一种用于复杂梁式结构的固端频率计数 $J_0$ 求解的改进 W－W 法。并结合算例验证该方法的准确性和有效性，使 W－W 法应用于复杂索缆结构的动力分析中成为可能。

## 1.3 适用于复杂梁式结构的改进 W－W 法

### 1.3.1 基本理论

多数复杂工程结构均可看作由若干种基本结构组合而成。这些基本结构的动刚度通常可以解析表示，如能利用这一特点求解 $J_0$，将能很好地克服数值法的上述缺陷。复杂梁式结构是一种常见的工程结构形式，针对该类结构的动力特性分析问题，笔者提出了一种改进 W－W 法——“假想结构法”。该方法通过构造一个与原结构边界条件不同的基本结构，称为“假想结构”，用以间接求解原结构的频率方程。求得“假想结构”的动刚度矩阵后，通过解其频率方程可以得到“假想结构”的固有频率计数 $\bar{J}$ 和刚度矩阵特性计数 $\bar{J}_K$，从而间接计算出原结构的固端频率计数 $J_0$。根据 $J_0$ 可以确定出原结构各阶模态频率的上下界，为二分法或牛顿法求解频率方程建立基础，最终解决复杂梁式结构的频率和阵型计算问题。

图 1.2 给出了直接法和假想结构法的求解过程比较。由图可知，由于原结构和假想结构共享同一个固端结构，因此两者具有相同的固端频率计数 $J_0$。但由于直接法在面对复杂结构时难以奏效，因此采用“假想结构法”，根据“假想结构”的固有频率计数 $\bar{J}$ 和动刚度矩阵特性计数 $\bar{J}_K$ 之差来计算原结构的 $J_0$。其中，$\bar{J}_K$ 可通过对假想结构的动刚度矩阵进行上三角变换后，对主对角线上为负的元素计数得出，其求解过程与 $J_K$ 完全一致。而假想结构的固有频率计数 $\bar{J}$ 的求解问题相对困难，因此是研究关键之一。

直接法和假想结构法固端频率计数求解过程的区别可分别由式(1.16)和式(1.17)表示：

$$J_0(p_1, p_2, \omega^*) = \text{count}\{\omega(p_1, p_2) < \omega^*\} \tag{1.16}$$

$$J_0(p_1, \bar{p}_2, \omega^*) = \bar{J}(p_1, \bar{p}_2, \omega^*) - \bar{J}_K(\bar{\mathbf{K}}(p_1, \bar{p}_2, \omega^*)) \tag{1.17}$$

式中 $p_1$——原结构的材料和几何特性参数，如抗弯刚度 $EI$、质量 $m$、长度 $l$ 等；
$p_2$——固端结构的边界条件，全部为固结；
$\bar{p}$——假想结构的边界条件，一般是简支边界条件；
$\omega$——固端频率；

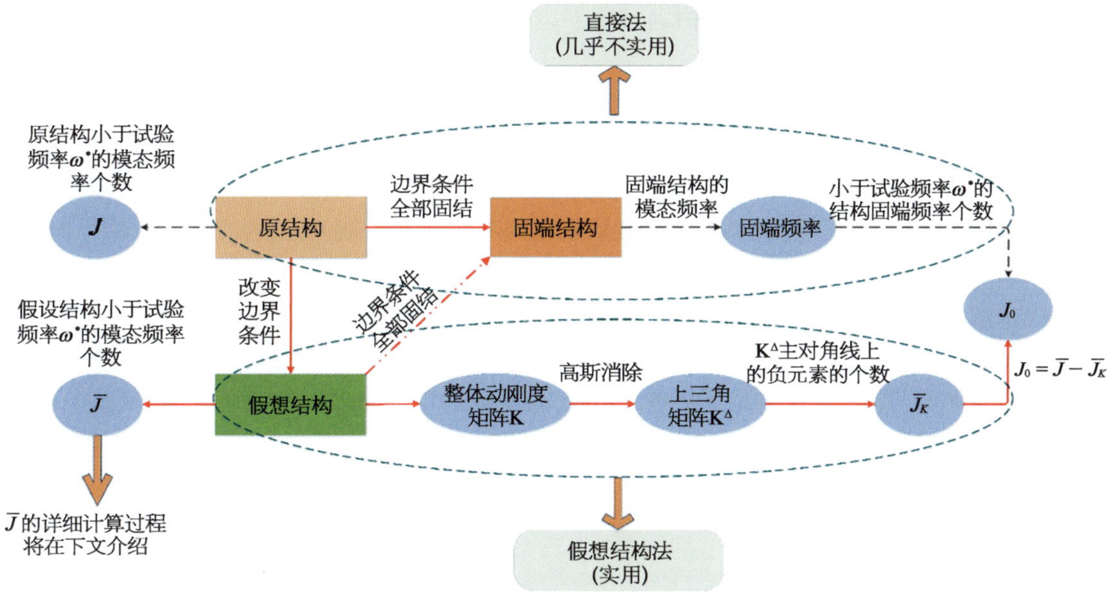


图 1.2　直接法和假想结构法的 $J_0$ 求解示意图

$\omega^*$ ——试探频率,需要预先指定;

$\bar{J}$ ——"假想结构"的固有频率计数,指小于 $\omega^*$ 的"假想结构"模态频率的个数;

$\bar{\mathbf{K}}$ ——"假想结构"的动刚度矩阵,亦即对原结构应用边界条件后得到的动刚度矩阵;

$\bar{J}_K$ ——代表用高斯消元法将 $\mathbf{K}$ 消成上三角阵 $\mathbf{K}^\Delta$ 后,其主对角线上元素为负的个数;

count{ }——计数符号,表示满足条件的自变量的个数。

表 1.1 是对 $J_0$ 的三种不同求解方法的对比,从中可以看出,假想结构法比其他已有方法优势明显。

表 1.1　不同 $J_0$ 求解方法的对比

| | 直 接 法 | 间 接 法 | |
|---|---|---|---|
| | | 数 值 法 | 假想结构法 |
| 固端频率方程 | 必须已知 | 不需已知 | 不需已知 |
| $\mathbf{K}(\omega)$ | 解析型 | 数值型 | 解析型 |
| $J_0$ | $J_0 = \text{count}\{\omega < \omega^*\}$ | $J_0 = \sum_e J_m = \sum_e \sum_{\hat{e}} J_K^{\hat{e}}$ | $J_0 = \bar{J} - \bar{J}_K$ |
| 应用范围 | 杆件及欧拉梁 | 大多数梁结构 | 大多数梁结构 |

### 1.3.2　计算流程

假想结构法的具体求解步骤如下:

(1) 构造假想结构。假想结构通常是将原结构的边界铰接后得到的。

(2) 构造位移函数。位移函数是由满足端部边界条件的谐振函数形式构造的,可自动满足假想结构的边界条件。

(3) 求解假想结构的频率方程和固有频率计数$\bar{J}$。将构造出的位移函数代入原结构的控制微分方程中,得到假想结构的动刚度 $\bar{\mathbf{K}}$ 和频率方程。该方程一般是关于频率的一元高次方程,运用相应的求根公式即可求出假想结构的各阶模态频率,最后计数得到小于试探频率 $\omega^*$ 的固有频率个数$\bar{J}$。

(4) 求解假想结构的 $\bar{J}_K$。对假想结构的动刚度矩阵 $\bar{\mathbf{K}}$ 进行高斯消元,得到试探频率下的上三角阵 $\bar{\mathbf{K}}^{\Delta}(\omega^*)$, 对其主对角线上为负的元素进行计数求出。

(5) 求解 $J_0$。根据 $J_0=\bar{J}-\bar{J}_K$ 即可求得原结构的固端频率计数 $J_0$。

(6) 计算原结构的 $J$。它可由 $J=J_0+J_K$ 求出。

(7) 确定第 $k$ 阶模态频率的上下界 $\omega_u$ 和 $\omega_l$, 使 $J(\omega_u)\geqslant k$ 和 $J(\omega_l)<k$。

(8) 以二分法、牛顿法等数值求根方法求解原结构的频率方程,得到上下界 $\omega_u$ 和 $\omega_l$ 内的第 $k$ 阶模态频率。

### 1.3.3 准确性验证

以 Bernoulli - Euler 梁的完曲振动为例,对作者提出的改进 W - W 法进行验证①。

1) $\bar{J}$ 的计算

对于轴向力作用下的 Bernoulli - Euler 梁,其横向自由振动微分方程为

$$EI\frac{\mathrm{d}^4\varphi}{\mathrm{d}x^4}-P\frac{\mathrm{d}^2\varphi}{\mathrm{d}x^2}-m\omega^2\varphi=0 \tag{1.18}$$

式中 $EI$——梁的弯曲刚度;

$m$——梁的单位长度线质量;

$\varphi$——梁的位移函数的幅值函数;

$P$——梁的轴向力(以梁受拉为正)。

以两端简支的欧拉梁单元作为假想结构,如图 1.3 所示,其边界条件有

$$\begin{aligned}&\varphi\,|_{x=0}=0 \quad \varphi''\,|_{x=0}=0\\&\varphi\,|_{x=l}=0 \quad \varphi''\,|_{x=l}=0\end{aligned} \tag{1.19}$$

故边界条件也应满足以下通解形式:

$$\varphi(x)=B\sin\alpha x \quad \alpha l=n\pi,\ n=1,\ 2,\ 3,\ \cdots \tag{1.20}$$

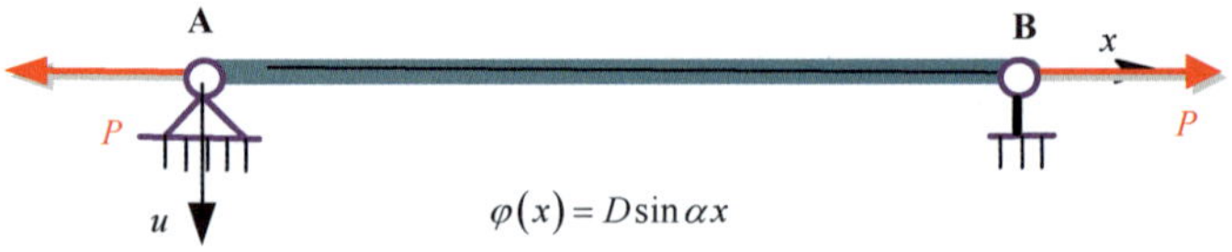


图 1.3 轴力作用下 Bernoulli - Euler 梁的假想结构

① 关于该方法更加详细的证明可参见作者已发表的相关论文[87]。

将式(1.20)代入式(1.18)后可得

$$(EI\alpha^4 + P\alpha^2 - m\omega^2)B\sin\alpha x = 0 \tag{1.21}$$

上式具有非平凡解的条件为

$$\omega^2 - c_1\alpha^4 - c_2\alpha^2 = 0 \tag{1.22}$$

式(1.22)即假想结构的频率方程,其中 $c_1 = \dfrac{EI}{m}$, $c_2 = \dfrac{P}{m}$, $\alpha = \dfrac{n\pi}{l}$。该方程是一元二次方程,其频率解为

$$\omega = \sqrt{c_1\alpha^4 + c_2\alpha^2} \tag{1.23}$$

由上式可以看出,一个 $n$ 值对应一个频率解,因此通过改变 $n$ 的值即可找出假想结构小于 $\omega^*$ 的模态频率个数 $\bar{J}$。

2) $\bar{J}_K$ 和 $J_0$ 的计算

文献[88]给出了简支边界条件下的动刚度矩阵 $\bar{\mathbf{K}}$ 为:

$$\bar{\mathbf{K}} = \begin{bmatrix} k_{11} & k_{12} \\ sym & k_{22} \end{bmatrix} \tag{1.24}$$

其中

$$k_{11} = k_{22} = \Delta(\lambda_1^2 + \lambda_2^2)[-\lambda_2\cosh(l\lambda_2)\sin(l\lambda_1) + \lambda_1\cos(l\lambda_1)\sinh(l\lambda_2)]$$

$$k_{12} = \Delta(\lambda_1^2 + \lambda_2^2)[\lambda_2\sin(l\lambda_1) - \lambda_1\sinh(l\lambda_2)]$$

其中

$$\begin{cases} \lambda_1 = \sqrt{\dfrac{-P}{2EI} + \dfrac{\sqrt{P^2 + 4m\omega^2 EI}}{2EI}} \\ \lambda_2 = \sqrt{\dfrac{P}{2EI} + \dfrac{\sqrt{P^2 + 4m\omega^2 EI}}{2EI}} \end{cases} \tag{1.25}$$

$$\Delta = EI / \{2\lambda_1\lambda_2[\cos(l\lambda_1)\cosh(l\lambda_2) - 1] + (\lambda_1^2 - \lambda_2^2)\sin(l\lambda_1)\sinh(l\lambda_2)\}$$

根据假想结构对应的刚度矩阵 $\bar{\mathbf{K}}$, 即可求出假想结构的 $\bar{J}_K$。最后通过 $J_0 = \bar{J} - \bar{J}_K$ 即可得出轴力作用下 Bernoulli - Euler 梁的 $J_0$。

文献[88]给出了轴力作用下 Bernoulli - Euler 梁 $J_0$ 的计算公式

$$\begin{cases} \lambda = \max(\lambda_1, \lambda_2) \\ i = \text{floor}(\lambda / \pi) \\ \Lambda = 2\lambda_1\lambda_2[1 - \cos(l\lambda_1)\cosh(l\lambda_2)] - (\lambda_1^2 - \lambda_2^2)\sin(l\lambda_1)\sinh(l\lambda_2) \\ J_0 = i - 0.5[1 - (-1)^i \text{sgn}(\Lambda)] \end{cases} \tag{1.26}$$

式中　floor($x$)——求小于 $x$ 最大整数的函数;

sgn($x$)——获取 $x$ 符号的函数,当 $x>0$、$x<0$ 和 $x=0$ 时, sgn($x$) 分别为+1、−1 和 0。

下面对本书提出的改进 W-W 法进行验证。设 $m=EI=1$, $P=2$, 梁长 $l=1$, 频率 $\omega^*$ 取不同值时,两种算法所得结果的对比见表 1.2。

表 1.2 $\omega^*$ 取不同值时 $J_0$ 的计算结果

| $\omega^*/\pi$ | 5 | 10 | 20 | 40 | 80 | 100 | 120 | 150 | 200 |
|---|---|---|---|---|---|---|---|---|---|
| $\lambda$ | 4.09 | 5.69 | 7.99 | 11.25 | 15.88 | 17.52 | 19.44 | 21.73 | 25.08 |
| $J$ | 1 | 1 | 2 | 3 | 5 | 5 | 6 | 6 | 7 |
| $J_K$ | 1 | 0 | 0 | 0 | 1 | 0 | 1 | 0 | 0 |
| $\bar{J}_0$ | 0 | 1 | 2 | 3 | 4 | 5 | 5 | 6 | 7 |
| $J_0$ | 0 | 1 | 2 | 3 | 4 | 5 | 5 | 6 | 7 |

由表 1.2 可知,对试探频率取不同值时,本书的计算结果均与文献给出的结果吻合。这在一定程度上说明了本书提出的假想结构法对 Bernoulli-Euler 梁的适用性,也证明了其在以梁模型为基础的拉索动力分析中的有效性。文献[87]以考虑弯扭耦合的 Timoshenko 梁及曲梁等更复杂的梁式结构的固端频率计数 $J_0$ 进行了计算,进一步说明了该方法的准确性和普适性。

### 1.3.4 改进 W-W 法优势

(1) 可以应用于动刚度矩阵能够解析表示的复杂结构,且求解过程中的中间变量均可表示为初等函数形式,因此得到的 $J_0$ 是一种闭式解。

(2) 给出了假想结构频率方程的一般化建立方法,保证了对复杂梁式结构的适用性。

(3) 除了频率计算外,其余计算过程均以解析的方式完成,因此比数值法具有更高的计算效率高。

## 1.4 W-W 法在弱几何非线性结构中的扩展

由于动刚度法适用于线性系统,当考虑拉索垂度效应后系统将具有非线性特征,此时系统动刚度矩阵不再严格对称(参见第 3 章),也就无法直接应用 W-W 法进行频率计算。然而,对于小垂度拉索系统,由于其弱非线性特点,垂度对各阶模态频率的影响有限,尤其对于高阶模态的影响几乎可以忽略[31]。

基于这一特点,可以做出如下假设:相比于无垂度系统(即 $h=0$),小垂度索缆系统的各阶模态频率 $\omega_{sag}$ 与无垂度系统的模态频率 $\omega_0$ 具有一一对应的关系,即第 $n$ 阶模态频率 $\omega_{sag}^{(n)}$ 将出现在 $\omega_0^{(n)}$ 的邻域内,这一假设也是符合实际工程情况的[89-90]。

### 1.4.1 计算步骤

基于上述假设,本书结合改进 W-W 法给出了一种适用于小垂度拉索体系的频率方程解法,具体计算步骤如下:

(1) 分别计算无垂度系统和有垂度系统的系统动刚度矩阵 $\mathbf{K}(\omega)$ 和 $\mathbf{K}_{sag}(\omega)$。

(2) 应用改进 W-W 法计算无垂度系统的第 $n$ 阶模态频率 $\omega_0^{(n)}$，从而“锁定”小垂度系统的第 $n$ 阶模态频率 $\omega_{sag}^{(n)}$ 可能落在的区间，并以 $\omega_0^{(n)}$ 为初值在其邻域开始搜索 $\omega_{sag}^{(n)}$。

(3) 将 $\omega_0^{(n)}$ 代入动刚度阵 $\mathbf{K}_{sag}$ 并计算 $|\mathbf{K}_{sag}(\omega_0^{(n)})|$。若 $|\mathbf{K}_{sag}(\omega_0^{(n)})| \leqslant Tol$，则认为 $\omega_{sag}^{(n)} = \omega_0^{(n)}$。这说明该垂度对系统该阶模态频率的影响很小。

(4) 若 $|\mathbf{K}_{sag}(\omega_0^{(n)})| > Tol$，则需要进一步判断搜索方向，即判断 $abs(|\mathbf{K}_{sag}(\omega_0^{(n)})|)$ 和 $abs(|\mathbf{K}_{sag}(\omega_0^{(n)}+Tol)|)$ 两者的大小。其中，$abs(\cdot)$ 为绝对值。若 $abs(|\mathbf{K}_{sag}(\omega_0^{(n)})|) > abs(|\mathbf{K}_{sag}(\omega_0^{(n)}+Tol)|)$ 则不断增加初值直到相邻两个搜索步内有 $|\mathbf{K}_{sag}(\omega_0^{(n)}+(m-1)Tol)| \times |\mathbf{K}_{sag}(\omega_0^{(n)}+mTol)| < 0$。此时停止搜索并输出 $\omega_{sag}^{(n)} = \omega_0^{(n)}+(m-0.5)Tol$，其中 $m$ 为计算次数。

(5) 若 $abs(|\mathbf{K}_{sag}(\omega_0^{(n)})|) < abs(|\mathbf{K}_{sag}(\omega_0^{(n)}+Tol)|)$，则不断减小初值直到相邻两个搜索步内有 $|\mathbf{K}_{sag}(\omega_0^{(n)}-(m-1)Tol)| \times |\mathbf{K}_{sag}(\omega_0^{(n)}-mTol)| < 0$。此时停止搜索并输出 $\omega_{sag}^{(n)} = \omega_0^{(n)} - (m+0.5)Tol$。

在上述求解步骤中，首先通过 W-W 法对小垂度系统的各阶模态频率进行了“定位”，大大缩小了搜索范围，从而提高了计算效率且避免了漏根的可能。

### 1.4.2 准确性验证

需要说明的是，本书提出的方法及研究对象是垂跨比 $e < 1/8$ 的小垂度拉索，不考虑大垂度及大变形的情况。为了说明本书所提出的改进 W-W 法在计算小垂度拉索时的准确性，以文献[90]中给出的两个拉索为例，其参数见表 1.3，文献[90]、原 W-W 法、改进 W-W 法的计算结果见表 1.4。

表 1.3　文献中两组索的参数

| 索缆 | $m/(\mathrm{kg/m})$ | $g/(\mathrm{N/kg})$ | $l/\mathrm{m}$ | $H/\times 10^6\ \mathrm{N}$ | $E/\mathrm{Pa}$ | $A/\mathrm{m}^2$ | $I/\mathrm{m}^4$ |
|---|---|---|---|---|---|---|---|
| 1 | 400 | 9.8 | 100 | 2.903 6 | $1.598\times10^{10}$ | $7.850\times10^{-3}$ | $4.953\,5\times10^{-6}$ |
| 2 | 400 | 9.8 | 100 | 26.132 5 | $2.082\times10^{13}$ | $7.863\times10^{-3}$ | $4.920\,4\times10^{-6}$ |

表 1.4　文献中两组索的计算结果

| 模态 | 拉索 1 | | | 拉索 2 | | |
|---|---|---|---|---|---|---|
| | 文献 | 原 W-W 法 | 改进 W-W 法 | 文献 | 原 W-W 法 | 改进 W-W 法 |
| 1 | 0.441 | 0.427 | 0.434 | 1.400 | 1.333 | 1.366 |
| 2 | 0.855 | 0.855 | 0.855 | 2.682 | 2.682 | 2.682 |
| 3 | 1.283 | 1.282 | 1.283 | — | 4.062 | 4.063 |
| 4 | 1.710 | 1.710 | 1.710 | 5.486 | 5.486 | 5.486 |
| 5 | 2.138 | 2.137 | 2.138 | 6.970 | 6.696 | 6.970 |
| 6 | 2.566 | 2.565 | 2.566 | 8.524 | 8.524 | 8.524 |

从表 1.4 可以看出：由于原 W - W 法无法计入垂度影响，其在计算低阶模态时容易产生较大误差，而改进 W - W 法所得结果与文献结果更加接近，从而说明了改进 W - W 法的计算精度。需要说明的是，对于偶数阶模态而言，由于拉索振型具有反对称特点，其附加索力 $h=0$ [90]。因此，垂度将不会引起模态频率的改变，此时三种方法的计算结果一致。对于奇数阶模态，垂度对低阶模态的影响更为显著。

为了进一步说明改进 W - W 法在频率方程求解时的准确性，以及以文献[90]为代表的一类解法在频率方程求解时存在的漏根可能性，仍以上述拉索为例，表 1.5 给出了文献[90]、有限元解[91]及张紧弦解。

表 1.5　不同方法计算出来的前六阶模态频率对比

| 模态 | 拉索 1 | | | | 拉索 2 | | | |
|---|---|---|---|---|---|---|---|---|
| | 文献[90] | 弦理论 | 有限元 | 本书解 | 文献[90] | 弦理论 | 有限元 | 本书解 |
| 1 | 0.441 | 0.426 | 0.429 | 0.434 | 1.400 | 1.278 | 1.333 | 1.366 |
| 2 | 0.855 | 0.852 | 0.853 | 0.855 | 2.682 | 2.556 | 2.682 | 2.682 |
| 3 | 1.283 | 1.278 | 1.281 | 1.283 | 5.486 | 3.834 | 4.062 | 4.063 |
| 4 | 1.710 | 1.704 | 1.708 | 1.710 | 6.970 | 5.112 | 5.486 | 5.486 |
| 5 | 2.138 | 2.130 | 2.135 | 2.138 | 8.524 | 6.390 | 6.969 | 6.970 |
| 6 | 2.566 | 2.556 | 2.563 | 2.566 | 10.162 | 7.668 | 8.524 | 8.524 |

从表 1.5 可以看出：相比文献方法，本书提出的方法与文献结果及有限元解吻合得很好，说明本书提出的方法在进行频率方程求解时具有更高的精度。此外，对于拉索 2 的第三阶频率，本书方法与有限元解一致，同时参照弦理论可以判断出文献算法遗失了第三阶模态，所得频率实为该索的第四阶模态。

从上述分析可以看出，改进 W - W 法较文献不仅具有更高的计算精度，还能够有效地避免在求解超越频率方程时的漏根可能性。此外，采用有限元法求解结构的高阶模态特性时往往需要加密单元划分，这将导致计算效率的降低且计算精度难以保证。与有限元法不同的是，改进 W - W 法在对结构进行动力分析时，仅需在约束位置及几何不连续处增设节点。以本书讨论的拉索为例，全索只需建立一个单元即可求解出各阶模态频率，因此改进 W - W 法比有限元法等数值计算方法具有更高的计算效率。

## 1.5　扩展动刚度法

当考虑结构的阻尼特性时，如裸索系统的内阻尼或复合拉索系统填充层材料的阻尼特性时，系统的频率方程将变为复超越方程，从而使 W - W 法不再适用。为了继续使用 W - W 法求解频率，就需要避免复超越方程的产生，因此需要对动刚度法进行改进。鉴于此，本书提出了一种适用于线性阻尼系统的扩展动刚度法（EDSM）[92]。

扩展动刚度法通过在拉氏域内对结构位移函数进行变量分离，建立了阻尼和无阻尼系统统一形式的动刚度矩阵和频率方程；并在此基础上，给出了复杂结构阻尼比的确定方法，从而将难以求解的阻尼频率转换为求解系统阻尼比及对应的无阻尼频率。在应用扩展动刚度法求解时，其计算流程与动刚度法基本一致，只需要在分离变量时将结构的位移向量和荷载向量从时域转换到拉氏域，进而得到系统在拉氏域的控制微分方程及频率方程 $|\mathbf{K}(\lambda)|=\mathbf{0}$，其中 $\lambda=\alpha+i\beta$，$i=\sqrt{-1}$。该处理方式不仅能有效地避免复动刚度矩阵的产生，还不会额外增加频率方程的求解困难。此外，在分析阻尼系统时，可以非常方便地考虑时滞阻尼及黏滞阻尼的影响。特别是，对于无阻尼系统，有 $\alpha=0$，$\lambda=i\omega$。

为了介绍扩展动刚度法在分析不同阻尼系统时的计算步骤，以欧拉梁为例，分别针对时滞阻尼和黏滞阻尼两种类型进行分析。

### 1.5.1 基本理论

考虑一个匀质等截面欧拉梁的弯曲振动，其无阻尼自由振动方程可写为[93]

$$EI\frac{\partial^4 u}{\partial x^4}+m\frac{\partial^2 u}{\partial t^2}=0 \tag{1.27}$$

式中　$EI$——梁的抗弯刚度；

$m$——梁的线质量；

$u(x,\ t)$——梁的横向位移函数。

假设解的形式为 $u(x,\ t)=U(x)\mathrm{e}^{\lambda_0 t}$，则式(1.27)可化为

$$EI\frac{\partial^4 U}{\partial x^4}+\lambda^2 mU=0 \tag{1.28}$$

令 $a_0=1$，$b_0=\lambda_0^2$，则上式可改写为更一般的形式，如下

$$a_0 EI\frac{\partial^4 U}{\partial x^4}+b_0 mU=0 \tag{1.29}$$

设上式的通解形式为 $U=A\mathrm{e}^{\kappa x}$，则微分方程式(1.29)的特征方程为：

$$\kappa^4=(p_0/l)^4 \tag{1.30}$$

其中，$p_0^4=-m\lambda_0^2 l^4/EI$；$p_0$ 与波数 $\kappa$ 有关，本书称其为波数因子。记该特征方程的四个根为 $\kappa_1\sim\kappa_4$，则式(1.29)的通解可表示为

$$U=A_1\mathrm{e}^{\kappa_1 x}+A_2\mathrm{e}^{\kappa_2 x}+A_3\mathrm{e}^{\kappa_3 x}+A_4\mathrm{e}^{\kappa_4 x} \tag{1.31}$$

其中 $A_1\sim A_4$ 为待定系数。由此可确定位移函数的具体形式。

然后，结合位移边界条件

$$u(0,\ t)=q_1\mathrm{e}^{\lambda_0 t},\quad u'(0,\ t)=q_2\mathrm{e}^{\lambda_0 t},\quad u(l,\ t)=q_3\mathrm{e}^{\lambda_0 t},\quad u'(l,\ t)=q_4\mathrm{e}^{\lambda_0 t}$$

和结点力边界条件

$$Q_1 e^{\lambda_0 t} = EI \frac{\partial^3 u(0)}{\partial x^3},\quad Q_2 e^{\lambda_0 t} = -EI \frac{\partial^2 u(0)}{\partial x^2},\quad Q_3 e^{\lambda_0 t} = -EI \frac{\partial^3 u(l)}{\partial x^3},\quad Q_4 e^{\lambda_0 t} = EI \frac{\partial^2 u(l)}{\partial x^2}$$

可以直接写出以动刚度形式表达的结点力平衡方程

$$\mathbf{K}(\lambda_0)\mathbf{q} = \mathbf{Q} \tag{1.32}$$

其中，$\mathbf{q} = \{q_1, q_2, q_3, q_4\}$，$\mathbf{Q} = \{Q_1, Q_2, Q_3, Q_4\}$。上式中动刚度阵 $\mathbf{K}$ 是 $\lambda_0$ 的函数，而非传统意义上的频率 $\omega$ 的函数。

故可将上述动刚度阵表示为如下简洁形式。该形式是以波数因子 $p_0$ 表示的函数形式，与前述的函数形式 $\mathbf{K}(\cdot)$ 有区别。为了方便，仍记作 $\mathbf{K}(\cdot)$，应该有 $\mathbf{K}(\lambda_0) = \mathbf{K}(p_0) = \mathbf{K}(p_0(\lambda_0))$。

$$[\mathbf{K}_0(p_0)] = \frac{EI}{l^3}\begin{bmatrix} k_1 & -k_2 l & k_3 & k_5 l \\ -k_2 l & k_4 l^2 & -k_5 l & k_1 l^2 \\ k_3 & -k_5 l & k_6 & k_2 l \\ k_5 l & k_1 l^2 & k_2 l & k_4 l^2 \end{bmatrix} \tag{1.33}$$

矩阵中各系数为

$$k_1 = -p_0(\sinh p_0 - \sin p_0)/\Delta,\quad k_2 = p_0^2 \sin p_0 \sinh p_0/\Delta,$$

$$k_3 = p_0^3(\sinh p_0 + \sin p_0)/\Delta,\quad k_4 = -p_0(\cosh p_0 \sin p_0 - \sinh p_0 \cos p_0)/\Delta,$$

$$k_5 = -p_0^2(\cosh p_0 - \cos p_0)/\Delta,\quad k_6 = -p_0^3(\cosh p_0 \sin p_0 + \sinh p_0 \cos p_0)/\Delta,$$

$$\Delta = \cosh p_0 l \cos p_0 l - 1$$

1）黏滞阻尼系统

若考虑材料的黏滞性阻尼时，上述欧拉梁的控制微分方程变为：

$$EI\frac{\partial^4 u}{\partial x^4} + \gamma EI \frac{\partial^5 u}{\partial x^4 \partial t} + m\frac{\partial^2 u}{\partial t^2} + c\frac{\partial u}{\partial t} = 0 \tag{1.34}$$

式中　$\gamma$ 和 $c$——与应变率和速度相关的阻尼系数。

仍假设 $u(x, t) = U(x)e^{\lambda_{vd} t}$，则式(1.34)化为

$$a_{vd} EI \frac{d^4 U}{dx^4} + b_{vd} m U = 0 \tag{1.35}$$

其中 $a_{vd} = 1 + \lambda_{vd}\gamma$，$b_{vd} = \lambda_{vd}^2 + \lambda_{vd} c$。假设 $U = \bar{A}e^{\bar{\kappa}x}$，可得上式的特征方程为

$$\bar{\kappa}^4 = (p_{vd}/l)^4 \tag{1.36}$$

这里波数因子 $p_{vd}^4 = -\dfrac{m(\lambda_{vd}^2 + \lambda_{vd}c)l^4}{EI(1+\lambda_{vd}\gamma)}$，其中 $p_{vd}$ 的下标代表 viscous damping。故而微分方程式(1.35)通解可表示为

$$U = \bar{A}_1 e^{\bar{\kappa}_1 x} + \bar{A}_2 e^{\bar{\kappa}_2 x} + \bar{A}_3 e^{\bar{\kappa}_3 x} + \bar{A}_4 e^{\bar{\kappa}_4 x} \tag{1.37}$$

其中 $\bar{\kappa}_1 \sim \bar{\kappa}_4$ 是式(1.36)的四个根。

对比式(1.30)和式(1.36)可以看出，当考虑材料的黏滞性阻尼特性后，系统与对应无阻尼系统的特征方程和通解具有完全相同的形式，唯一的区别在于指数 $\kappa$ 和 $\bar{\kappa}$ 不同。由此可见，在黏滞阻尼系统的动刚度矩阵 $\bar{\mathbf{K}}(p_{vd})$ 中，各元素的表达式应与无阻尼系统的动刚度矩阵 $\mathbf{K}_0(p_0)$ 完全一致，因此只需用 $p_{vd}^4=-\dfrac{ml^4(\lambda_{vd}^2+\lambda_{vd}^2c)}{EI(1+\lambda_{vd}\gamma)}$ 替代 $p_0^4$ 即可。

2）时滞阻尼

当结构阻尼类型为时滞阻尼时，微分方程式(1.29)化为

$$\widetilde{E}I\frac{\partial^4 U}{\partial x^4}+\lambda_{hd}^2\widetilde{m}U=a_{hd}EI\frac{\partial^4 U}{\partial x^4}+b_{hd}mU=0 \tag{1.38}$$

式中 $\widetilde{m}=m(1-i\omega_0\eta_m)$，$\widetilde{E}=E(1+i\omega_0\eta_E)$；$\eta_m$ 和 $\eta_E$ 是由结构阻尼引起的损失因子；$a_{hd}=1+i\omega_0\eta_E$，$b_{hd}=\lambda_{hd}^2(1-i\omega_0\eta_m)$，其中 $\omega_0$ 为无阻尼欧拉梁的频率。故式(1.38)的特征方程为：

$$\widetilde{\kappa}^4=(p_{hd}/l)^4 \tag{1.39}$$

式中波数因子 $p_{hd}^4=-\widetilde{m}\lambda_{hd}^2\lambda^4/\widetilde{E}I$。因此，式(1.38)的通解可表示为

$$U=\widetilde{A}_1e^{\widetilde{\kappa}_1x}+\widetilde{A}_2e^{\widetilde{\kappa}_2x}+\widetilde{A}_3e^{\widetilde{\kappa}_3x}+\widetilde{A}_4e^{\widetilde{\kappa}_4x} \tag{1.40}$$

由于通解的形式与无阻尼系统一致，因而时滞阻尼系统动刚度矩阵的形式与无阻尼系统 $\mathbf{K}_0(p_0)$ 完全相同，只需将中间变量 $p_0^4$ 改为 $p_{hd}^4=-\widetilde{m}\lambda_{hd}^2l^4/\widetilde{E}I$。其中 $p_{hd}$ 的下标表示 hysteretic damping。

上述三种情况中，$p_0$、$p_{vd}$ 及 $p_{hd}$ 均为系统的波数因子，统一记作 $p$；$\lambda_0$、$\lambda_{vd}$ 及 $\lambda_{hd}$ 统一记作 $\lambda$。

由特征方程式(1.39)、式(1.36)及式(1.30)可看出，基于扩展动刚度法得出的阻尼系统和无阻尼系统的频率方程实质上是一个关于波数因子的特征值求解问题，其中 $p$ 是 $\lambda$ 的函数。因为 $p$ 和 $\lambda$ 具有一一对应的关系，当 $\lambda$ 确定后，$p$ 也将唯一确定，因此满足 $|\mathbf{K}(\lambda)|=0$ 的 $\lambda$ 值也必然使得 $|\mathbf{K}[p(\lambda)]|=0$。因而系统频率方程 $|\mathbf{K}(\lambda)|=0$ 可用 $|\mathbf{K}(p)|=0$ 来代替。

当通过 $|\mathbf{K}(p)|=0$ 确定出 $p$ 的值后，即可分别由 $p_0$、$p_{vd}$ 及 $p_{hd}$ 的表达式确定出各系统的频率特征值如下

$$\lambda_0=\pm\sqrt{-\frac{EIp^4}{ml^4}},\ \lambda_{vd}=\frac{p^4EI/ml^4+c\pm\sqrt{(p^4EI/ml^4+c)^2-4p^4EI/ml^4}}{2},\ \lambda_{hd}=\pm\sqrt{\frac{\widetilde{E}Ip^4}{\widetilde{m}l^4}}$$

由上述分析可知，对于线性阻尼系统，扩展动刚度法首先通过对位移函数进行拉氏变换得到了与无阻尼系统形式完全一致的动刚度矩阵和频率方程。随后对统一频率方程 $|\mathbf{K}(p)|=0$ 进行求解，得到了与频率相关的波数因子 $p(\lambda)$。最后根据 $p$ 与 $\lambda$ 的关系即可确定出系统的频率特征值 $\lambda$。直观起见，将扩展动刚度法的计算原理用图 1.4 表示。

可见，当采用传统动刚度法分析有阻尼系统时，由于阻尼项的存在使得动刚度矩阵的表达式中将不可避免地出现虚数单位 $i$，因此频率方程通常难以求解。而扩展动刚度法在进行变量分离时由于采用了更为一般的复频率参数，使得动刚度矩阵的表达式中不再包含虚数单位，从而有效地避免了对复超越方程的求解。

3）与有限元中 Rayleigh 阻尼的等效

式(1.34)和式(1.38)中分别考虑了系统阻尼的影响。在传统的有限元法中，有多种阻尼模型。

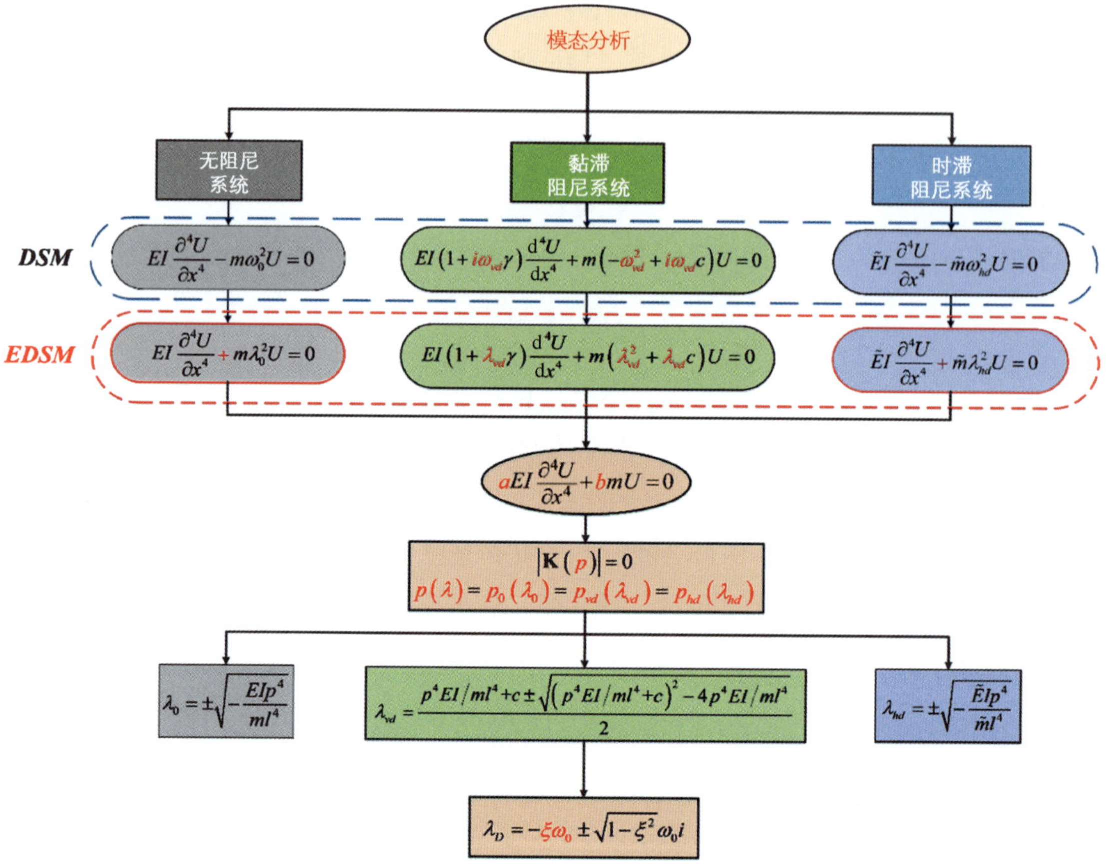


图 1.4 基于扩展动刚度法的模态分析逻辑图

在通用有限元软件 ANSYS 中可以定义五种形式的阻尼，包括结构的 Rayleigh 阻尼、材料相关的阻尼、恒定阻尼比、振型阻尼和单元阻尼。其中 Rayleigh 阻尼是结构有限元分析最常用的阻尼模型。根据 Rayleigh 阻尼的定义及计算方法，Rayleigh 阻尼模型考虑了两种形式的阻尼：

一是与质点运动速度成正比的阻尼力，即式(1.34)中的阻尼系数 $c$。由有限元定义，单位体积上作用的与质点运动速度成正比的阻尼力可表示为：

$$\{p_d\} = \alpha_0 \rho \frac{\partial}{\partial t}\{f\} = \alpha_0 \rho [\mathrm{N}]\{\dot{\delta}\}^e \tag{1.41}$$

式中 $\alpha_0$——比例常数；

$\rho$——材料常数；

$\{f\}$——位移函数向量；

$[\mathrm{N}]$——形函数矩阵；

$\{\dot{\delta}\}^e$——单元结点位移向量。

则单元结点上的阻尼力向量可以表示为

$$\{F_d\}^e=\int[N]^T\{p_d\}dV=\alpha_0\int[N]^T\rho[N]\{\dot{\delta}\}^e dV \tag{1.42}$$

式中　$V$——结构体积。

式(1.42)同样可写成

$$\{F_d\}^e=[c]\{\dot{\delta}\}^e dV \tag{1.43}$$

式中　$[c]$——阻尼矩阵,可以表示为

$$[c]=\alpha_0\int[N]^T\rho[N]dV=\alpha_0[m] \tag{1.44}$$

式中　$[m]$——单元质量矩阵。

二是与应变速率成正比的阻尼力,即式(1.34)中的 $\gamma$。根据有限元法的定义,与应变速度成正比的阻尼力可写为

$$\{\sigma_d\}=\beta_0[D]\frac{\partial}{\partial t}\{\varepsilon\}=\beta_0\rho[D][B]\{\dot{\delta}\}^e \tag{1.45}$$

则单元的阻尼力向量可以表示为

$$\{F_d\}^e=\int[B]^T\{\sigma_d\}dV=\beta_0\int[B]^T[D][B]dV\{\dot{\delta}\}^e \tag{1.46}$$

上式亦可表示为

$$\{F_d\}^e=[c]\{\dot{\delta}\}^e \tag{1.47}$$

式中　$[c]$——阻尼矩阵,可以表示为

$$[c]=\beta_0\int[B]^T[D][B]dV=\beta_0[k] \tag{1.48}$$

式中　$[k]$——有限元法中的单元刚度矩阵。

根据有限元法,阻尼矩阵可看作质量矩阵和刚度矩阵的线性组合,即

$$[c]=\alpha_0[m]+\beta_0[k] \tag{1.49}$$

式中　$\alpha_0$ 和 $\beta_0$——结构 Rayleigh 阻尼系数。

比较式(1.44)、式(1.48)及式(1.36)中的阻尼系数可知,扩展动刚度法中结构与速度相关的阻尼系数 $c$ 和与应变率相关的阻尼系数 $\gamma$ 与 Rayleigh 阻尼系数 $\alpha_0$、$\beta_0$ 的关系为

$$\left.\begin{aligned}c&=\rho A\alpha_0\\ \gamma&=\beta_0\end{aligned}\right\} \tag{1.50}$$

由上式可知,通过扩展动刚度法中的两种阻尼系数与结构 Rayleigh 阻尼系数的关系,可以十分方便地考虑结构的 Rayleigh 阻尼。

### 1.5.2　系统阻尼比的计算

由图 1.4 可以看出,EDSM 的优势在于能够使阻尼系统和无阻尼系统在波数因子 $p$ 层面上的

频率方程 $|\mathbf{K}(p)|=0$ 具有统一性。这一特性使得阻尼系统的模态频率 $\omega_D$ 可以通过无阻尼频率 $\omega_0$ 来计算,而无须重新推导系统在拉氏域下的动刚度矩阵。其中,$\omega_0$ 可直接由无阻尼系统的频率方程 $|\mathbf{K}(\omega_0)|=0$ 求出,而 $\omega_D$ 与 $\omega_0$ 之间的关系可通过系统阻尼比 $\xi$ 确定。为此,下面对阻尼比 $\xi$ 的计算方法进行介绍。以黏性阻尼系数为 $c$ 的欧拉梁为例,其控制微分方程为

$$EI\frac{\partial^4 u}{\partial x^4}+m\frac{\partial^2 u}{\partial t^2}+c\frac{\partial u}{\partial t}=0 \tag{1.51}$$

其对应的无阻尼系统的控制微分方程为

$$EI\frac{\partial^4 u}{\partial x^4}+m\frac{\partial^2 u}{\partial t^2}=0 \tag{1.52}$$

由 1.5.1 分析可知,阻尼系统的频率特征值 $\lambda_D$ 和无阻尼系统的频率特征值 $\lambda_0$ 均可由波数因子 $p$ 确定,即对于同一阶模态应有

$$p^4=-(\lambda_D^2+\lambda_D c)ml^4/EI=-\lambda_0^2 ml^4/EI \tag{1.53}$$

因而有

$$\lambda_D^2+\lambda_D c-\lambda_0^2=0 \tag{1.54}$$

上式可重新改写为如下标准形式

$$\lambda_D^2-2\xi i\lambda_0\lambda_D-\lambda_0^2=0 \tag{1.55}$$

其中 $\xi=-\frac{c}{2i\lambda_0}=\frac{c}{2\omega_0}$。式(1.55)可看作关于 $\lambda_D$ 的一元二次方程,其根为

$$\lambda_D=\xi\lambda_0 i\pm\sqrt{1-\xi^2}\lambda_0=-\xi\omega_0\pm\sqrt{1-\xi^2}\omega_0 i \tag{1.56}$$

其中,$\lambda_D$ 的实部反映了系统运动的衰减幅度,而虚部 $\sqrt{1-\xi^2}\omega_0$ 即有阻尼系统的固有频率 $\omega_D$。有关无阻尼模态频率 $\omega_0$ 的计算可按照改进 W-W 法求得。

由此可将有阻尼系统模态分析的流程归纳如下:

(1) 对系统位移函数在拉氏域进行变量分离,分别计算阻尼系统和无阻尼系统控制微分方程的特征方程。

(2) 由特征方程计算系统阻尼系统阻尼比 $\xi$ 的表达式。

(3) 计算无阻尼系统的动刚度矩阵。

(4) 通过 W-W 法求解 $|\mathbf{K}(\lambda_0)|=0$,确定无阻尼系统的模态频率 $\omega_0$。

(5) 根据 $\omega_D=\sqrt{1-\xi^2}\omega_0$ 计算阻尼系统的模态频率。

技术流程图如图 1.5 所示。

### 1.5.3 方法验证

为了验证扩展动刚度法的正确性,下面结合文献[94]中的案例进行说明。文献[94]研究了一类由黏弹性阻尼连接的简支双梁系统,该系统中两个梁的抗弯刚度、长度及质量完全相同,且忽略

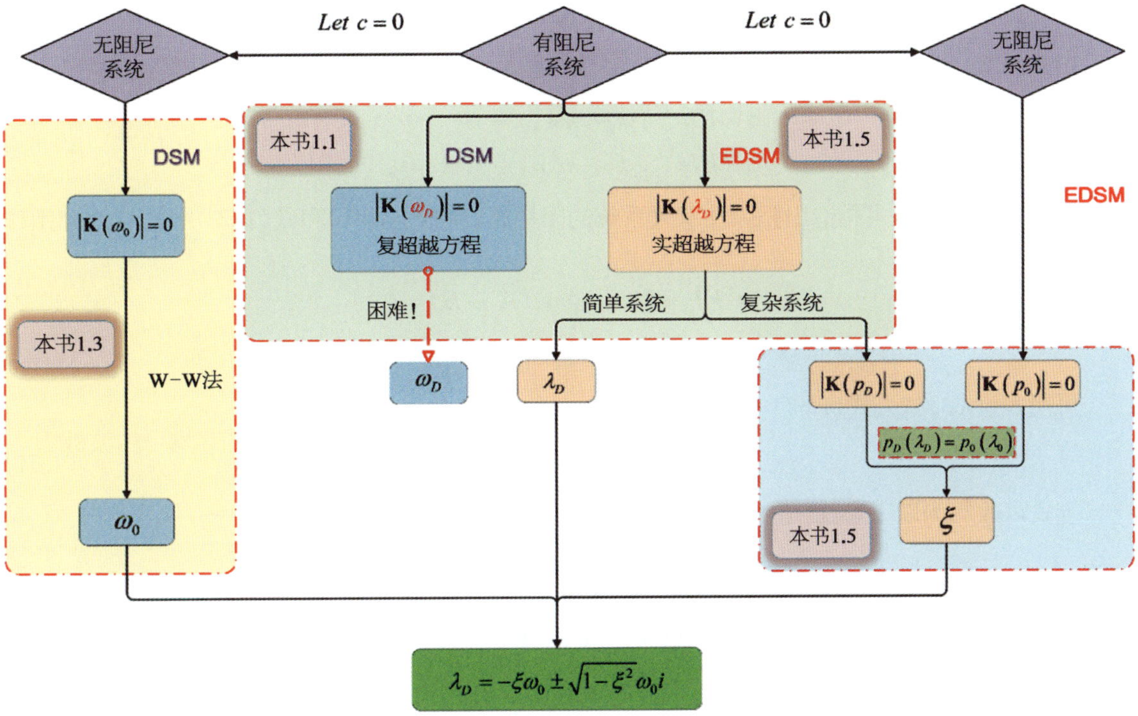


图 1.5 扩展动刚度法技术流程图

了双梁内阻尼。可见,该双梁系统是上文所述复杂双梁系统的一个特例,即 $E_1I_1=E_2I_2=EI$, $m_1=m_2=m$, $c_1=c_2=0$ 时的情况,其发生自由振动时的控制微分方程为:

$$\begin{aligned} EI\frac{\partial^4 u_1}{\partial x^4}+m\frac{\partial^2 u_1}{\partial t^2}+c\frac{\partial(u_1-u_2)}{\partial t}+k(u_1-u_2)=0 \\ EI\frac{\partial^4 u_2}{\partial x^4}+m\frac{\partial^2 u_2}{\partial t^2}+c\frac{\partial(u_2-u_1)}{\partial t}+k(u_2-u_1)=0 \end{aligned} \tag{1.57}$$

对该系统应用扩展动刚度法,为了获得该双梁系统的动刚度矩阵,首先需要将位移函数 $u_1$ 和 $u_2$ 进行分离变量。令 $u_1(x,t)=\varphi_1(x)e^{\lambda t}$, $u_2(x,t)=\varphi_2(x)e^{\lambda t}$。其中, $\varphi_1(x)$ 和 $\varphi_2(x)$ 分别为 1 号和 2 号梁的振型函数。假设两者的形式为

$$\varphi_1(x)=\bar{A}e^{\kappa x},\quad \varphi_2(x)=\bar{B}e^{\kappa x} \tag{1.58}$$

其中,$A$ 和 $B$ 为与边界条件有关的待定参数。将式(1.58)代入式(1.57)中可以得该系统的特征方程组为

$$\begin{aligned} \bar{A}(EI\kappa^4+k+\lambda c+m\lambda^2)-\bar{B}(k+c\lambda)=0 \\ \bar{B}(EI\kappa^4+k+\lambda c+m\lambda^2)-\bar{A}(k+c\lambda)=0 \end{aligned} \tag{1.59}$$

根据有阻尼系统和无阻尼系统具有统一形式频率方程的特点,若计无阻尼双梁系统的动刚度矩阵为 $\mathbf{K}_0(\boldsymbol{\kappa}_0)$,则对于同一阶模态应有

$$\boldsymbol{\kappa}_0 = \boldsymbol{\kappa}, \quad |\mathbf{K}(\boldsymbol{\kappa})| = |\mathbf{K}_0(\boldsymbol{\kappa}_0)| = |\mathbf{K}(\boldsymbol{\kappa}_0)| = 0 \tag{1.60}$$

由式(1.59)可得无阻尼双梁系统的控制微分方程为 ($c=0$)

$$\begin{aligned} \bar{A}(EI\kappa_0^4 + k + m\lambda_0^2) - \bar{B}k = 0 \\ \bar{B}(EI\kappa_0^4 + k + m_2\lambda_0^2) - \bar{A}k = 0 \end{aligned} \tag{1.61}$$

再根据 $\boldsymbol{\kappa}_0 = \boldsymbol{\kappa}$ 即可构造出黏弹性双梁系统的阻尼比。将式(1.61)和式(1.59)中的二式分别作差后得

$$(\kappa^4 EI + 2k + \lambda_0^2 m)(\bar{A} - \bar{B}) = 0 \tag{1.62}$$

$$(\kappa^4 EI + 2k + 2\lambda c + \lambda^2 m)(\bar{A} - \bar{B}) = 0 \tag{1.63}$$

再用式(1.63)减去式(1.62)可得

$$\lambda^2 m + 2\lambda c - \lambda_0^2 m = 0 \tag{1.64}$$

上式可改写为以下形式

$$\lambda^2 + \frac{2c}{m_1\lambda_0}\lambda\lambda_0 - \lambda_0^2 = 0 \tag{1.65}$$

其中 $\lambda_0 = i\omega_0$，$\omega_0$ 为无阻尼双梁系统的模态频率。

定义 $\xi = \dfrac{c}{m\omega_0}$ 为系统的阻尼比，则式(1.65)可进一步改写为

$$\lambda^2 - 2\xi i\lambda_0\lambda - \lambda_0^2 = 0 \tag{1.66}$$

上式的解为

$$\lambda = \xi\lambda_0 i \pm \sqrt{1-\xi^2}\,\lambda_0 = -\xi\omega_0 \pm \sqrt{1-\xi^2}\,\omega_0 i \tag{1.67}$$

由式(1.67)可以看出，通过构造阻尼比，有阻尼双梁系统的模态频率可表示为与多自由度系统相似的形式。可见，阻尼双梁系统的模态频率 $\omega_D$ 依然可通过无阻尼频模态频率 $\omega_0$ 和阻尼比 $\xi$ 来确定。

文献[94]中给出了该双梁系统第 $n$ 阶模态频率的表达式

$$\Omega_D^n = \Omega_n\sqrt{1-\bar{\xi}_n^2} \tag{1.68}$$

其中 $\Omega_n$ 为连接层阻尼系数 $c=0$ 时对应模态频率，$\bar{\xi}_n$ 为阻尼比，两者表达式为

$$\Omega_n = \sqrt{\frac{EI(n\pi/l)^4 + 2k}{m}}, \quad \bar{\xi}_n = \frac{c}{m\Omega_n}$$

不难看出，$\xi$ 与 $\bar{\xi}_n$ 的形式完全相同，从而验证了扩展动刚度法的正确性。值得说明的是，扩展动刚度法不仅可以用于处理两个梁的质量、刚度及阻尼系数不同的情况，还能很方便地解决除简支边界外的其他边界条件，且计算结果是精确的，因此能够很好地用于解决各类复杂工程结构的动力问题。

### 1.5.4 优势

(1) 时滞性和黏滞性阻尼均可应用。

(2) 基于该理论原 W－W 法可被扩展应用于复杂阻尼结构。

(3) 该方法易于实施，且很好地保留了原方法的优点。

### 1.5.5 复合索缆体系

考虑连接层阻尼特性的复合拉索体系控制微分方程为[95]

$$\begin{cases} E_1I_1\dfrac{\partial^4 u_1}{\partial x^4}+\dfrac{m_3}{4}\left(\dfrac{\partial^2 u_1}{\partial t^2}+\dfrac{\partial^2 u_2}{\partial t^2}\right)+m_1\dfrac{\partial^2 u_1}{\partial t^2}+k(u_1-u_2)+c\left(\dfrac{\partial u_1}{\partial t}-\dfrac{\partial u_2}{\partial t}\right)+P_1\dfrac{\partial^2 u_1}{\partial x^2}=0 \\ E_2I_2\dfrac{\partial^4 u_2}{\partial x^4}+\dfrac{m_3}{4}\left(\dfrac{\partial^2 u_1}{\partial t^2}+\dfrac{\partial^2 u_2}{\partial t^2}\right)+m_2\dfrac{\partial^2 u_2}{\partial t^2}-k(u_1-u_2)-c\left(\dfrac{\partial u_1}{\partial t}-\dfrac{\partial u_2}{\partial t}\right)+P_2\dfrac{\partial^2 u_2}{\partial x^2}=0 \end{cases} \tag{1.69}$$

式中　$u_i(x,\ t)$——系统第 $i$ 片梁的横向位移函数；

$E_iI_i$、$P_i$ 及 $m_i$——第 $i$ 片梁的抗弯刚度、轴向力及单位长度线质量；

$t$ 和 $x$——时间和空间坐标；

材料常数 $k$、$c$ 和 $m_3$——黏弹性层的刚度、阻尼系数和单位长度线质量。

其中 $i=1,\ 2$ 分别代表上梁和下梁。

仿照同样的流程，根据扩展动刚度法令 $u_1(x,\ t)=Ae^{\kappa x}e^{\alpha t}$，$u_2(x,\ t)=Be^{\kappa x}e^{\alpha t}$，则可以得到阻尼系统的频率因子 $\bar{\lambda}$ 和无阻尼系统(即 $c=0$ 时)的频率因子 $\lambda$ 间的关系

$$\bar{\lambda}^2+\frac{2c(B-A)}{(m_2B-m_1A)\lambda}\bar{\lambda}\lambda-\lambda^2=0 \tag{1.70}$$

定义系统阻尼比 $\xi=\dfrac{c(B-A)}{(m_2B-m_1A)\omega}$，则可得如下标准形式

$$\bar{\lambda}^2-2\xi i\bar{\lambda}\lambda-\lambda^2=0 \tag{1.71}$$

其解为 $\bar{\lambda}=-\xi\lambda\pm\sqrt{1-\xi^2}\lambda i$，从而可得阻尼系统的模态频率 $\bar{\omega}=\sqrt{1-\xi^2}\omega$。其中 $\omega$ 为无阻尼系统的频率。

综上所述，当采用传统动刚度法分析有阻尼系统时，由于阻尼项的存在使得动刚度矩阵的表达式中将不可避免地出现虚数单位，因此频率方程通常难以求解。而扩展动刚度法在进行变量分离时由于采用了更为一般的复频率参数，使得动刚度矩阵的表达式中不再包含虚数单位，从而有效地避免了对复超越方程的求解。此外，该方法通过定义系统的模态阻尼比，无须再次推导阻尼系统的动刚度矩阵即可实现模态阻尼频率 $\bar{\omega}$ 的计算。

# 第 2 章

# 单梁拉索体系的横向动刚度理论

## 2.1　单梁拉索体系的分段振动微分方程

倾斜拉索中间作用横向激励的情形在实际工程中是非常普遍的,因此本章主要研究这种情况。此种拉索可简化为图 2.1 所示的拉索模型。

针对图 2.1 给出的拉索系统,弦向总长为 $l_0$,弹性模量为 $E$,惯性矩为 $I$,单位长度质量为 $m$,有效横截面面积为 $A$,倾角为 $\phi$。横向力将其离散化为索段 1(A 端至中部 C 点,长为 $l_1$,相对长度为 $\mu_1=l_1/l_0$)、索段 2(C 至 B 端,长为 $l_2$,相对长度为 $\mu_2=l_2/l_0$)。拉索受到弦向索力 $H$ 作用。为了便于分析,建立如图 2.1 中所示的原索和两索段的弦-横向坐标系 $(x_j-y_j)$。$k_A^\theta$、$k_A^T$,$k_B^\theta$、$k_B^T$ 分别为 A、B 两端点处的转角弹性支撑和横向弹性支撑刚度。

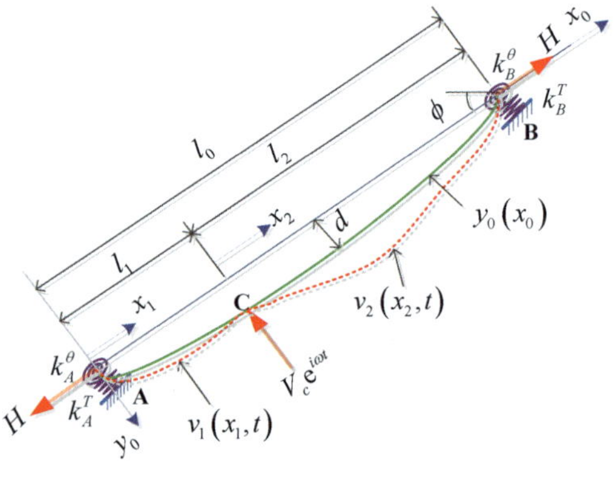


图 2.1　被横向力分割的倾斜拉索模型

实际工程中,阻尼器类横向力元件只为拉索提供了横向扰动力,并不会影响拉索的静力构型。本章讨论限定在这种情形。此时,拉索静力构型可采用同一个二次抛物线函数 $y_0(x_0)$ 予以描述,如式(2.1)所示。

$$
\begin{aligned}
y(x_0) &= -\frac{4e}{l_0}x_0(x_0-l_0) \\
&= -\frac{4e}{l_0}(x_2+l_1)(x_2-l_2) \\
&= -\frac{4e}{l_0}x_1(x_1-l_0)
\end{aligned}
\tag{2.1}
$$

式中　$e$——垂跨比,定义为:

$$e=\frac{d}{l_0}=\frac{mgl_0\cos\theta}{8H}$$

$$d=\frac{mgl_0^2\cos\theta}{8H}$$

拉索做横向振动时，索段 1、索段 2 遵循不同的动力构型，若以拉索各点相对静力构型发生的横向位移来表征，则可表示为 $v_j(x_j,\ t)$。此时，自由振动条件下，忽略内阻尼和剪力等影响时，可以用式(2.2)来描述原索、横向力分割后两索段的横向运动：

$$EI\frac{\partial^4 v_j}{\partial x_j^4}-H\frac{\partial^2 v_j}{\partial x_j^2}-h_j\frac{d^2 y_0}{dx_0^2}+m\frac{\partial^2 v_j}{\partial t^2}=0 \tag{2.2}$$

式中　$j=0,\ 1,\ 2$，分别对应原索、索段 1 和索段 2；

$y_0$——静力平衡时拉索的构型(阻尼器对静力构型没有影响)；

$x_j$——原索坐标和两分段坐标；

$h_j$——附加力，为振动时的瞬时构型因偏离静力构型而产生的附加索力。

附加力 $h_j$ 和附加应变 $\varepsilon_j^v(t)$ 如下式所示：

$$h_j=EA\varepsilon_j^v(t) \tag{2.3}$$

$$\varepsilon_j^v(t)=\Delta l_j^v/l_j^e \tag{2.4}$$

如图 2.2 所示，桥梁工程中，无论是静力构型还是振动构型，其拉索切向相对于跨长方向的夹角很小，并忽略静力构型高阶项、动力构型高阶项，在 $dx_j$ 微段内振动构型相较静力平衡构型的伸长量 $d(\Delta l_j^v)$ 可以近似为：

$$\begin{aligned} d(\Delta l_j^v) &\approx\left(\frac{\partial u(x_j,\ t)}{\partial x_j}-\frac{dy(x_0)}{dx_0}\right)\cdot\frac{dy(x_0)}{dx_0}dx_j \\ &\approx\frac{\partial u(x_j,\ t)}{\partial x_j}\frac{dy(x_0)}{dx_0}dx_j \end{aligned} \tag{2.5}$$

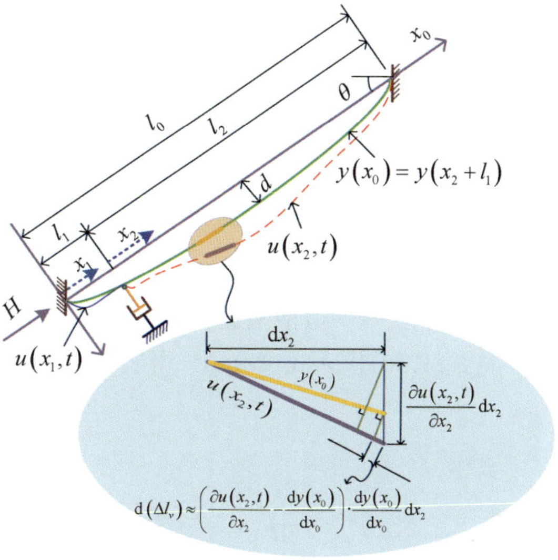


图 2.2　拉索动附加应力计算示意图

将式(2.1)代入式(2.5)，并分别在索段 1、索段 2 内进行积分运算，得到

$$\begin{cases} \Delta l_0^v=\dfrac{8e}{l_0}\displaystyle\int_0^{l_0}u(x_0,\ t)dx_0 \\ \Delta l_1^v=\dfrac{8e}{l_0}\left[\displaystyle\int_0^{l_1}u(x_1,\ t)dx_1+(0.5l_0-l_1)u(x_1\mid_{=l_1},\ t)\right] \\ \Delta l_2^v=\dfrac{8e}{l_0}\left[\displaystyle\int_0^{l_2}u(x_2,\ t)dx_2-(0.5l_0-l_1)u(x_2\mid_{=0},\ t)\right] \end{cases} \tag{2.6}$$

静力构型下，索段 1、索段 2 和全拉索的有效长度由下式给出：

$$l_j^e = \int_0^{l_j} \left(\frac{\mathrm{d}s}{\mathrm{d}x_0}\right)^3 \mathrm{d}x_j \tag{2.7}$$

积分,得到

$$\begin{cases} l_0^e = l_0(1+8e^2) \\ l_1^e = l_0\left[\mu_1 + 8e^2\mu_1^3\left(\dfrac{1+4e\mu_2\tan\theta}{\sqrt{1+16e^2\mu_2^2}}\right)^2\right] \\ l_2^e = l_0\left(\mu_2 + 8e^2\left(1-\mu_1^3\left(\dfrac{1+4e\mu_2\tan\theta}{\sqrt{1+16e^2\mu_2^2}}\right)^2\right)\right) \end{cases} \tag{2.8}$$

式中　$\mu_1 = l_1/l_0$, $\mu_2 = l_2/l_0 = 1-\mu_1$。

将式(2.4)、式(2.6)、式(2.8)代入式(2.3),得到

$$\begin{cases} h_0 = \dfrac{8EAe}{l_0^e l_0}\displaystyle\int_0^{l_0} u(x_0, t)\mathrm{d}x_0 \\ h_1 = \dfrac{8EAe}{l_1^e l_0}\left[\displaystyle\int_0^{l_1} u(x_1, t)\mathrm{d}x_1 + l_0(0.5-\mu_1)u(x_1|_{=l_1}, t)\right] \\ h_2 = \dfrac{8EAe}{l_2^e l_0}\left[\displaystyle\int_0^{l_2} u(x_2, t)\mathrm{d}x_2 - l_0(0.5-\mu_1)u(x_2|_{=0}, t)\right] \end{cases} \tag{2.9}$$

## 2.2　分段微分方程的通解

采用分离变量可将方程(2.2)的解可写成

$$u(x_j, t) = \varphi(x_j)\mathrm{e}^{\mathrm{i}\omega t} \tag{2.10}$$

式中　$\varphi(x_j)$——振型函数, $j=1, 2$。

将式(2.10)代入式(2.9)中,得到

$$h_j = \tilde{h}_j \mathrm{e}^{\mathrm{i}\omega t} \tag{2.11}$$

其中

$$\begin{cases} \tilde{h}_1 = \dfrac{8EAe}{l_1^e l_0}\left[\displaystyle\int_0^{l_1} \varphi(x_1)\mathrm{d}x_1 + l_0(0.5-\mu_1)\varphi(x_1|_{=l_1})\right] \\ \tilde{h}_2 = \dfrac{8EAe}{l_2^e l_0}\left[\displaystyle\int_0^{l_2} \varphi(x_2)\mathrm{d}x_2 - l_0(0.5-\mu_1)\varphi(x_2|_{=0})\right] \end{cases} \tag{2.12}$$

将式(2.10)代入式(2.2)中,可得到关于振型函数 $\varphi(x_j)$ 的常微分方程

$$\varphi^{\mathrm{IV}}(x_j) - \frac{H}{EI}\varphi''(x_j) - \frac{m\omega^2}{EI}\varphi(x_j) = -\tilde{h}_j \frac{8e}{EIl_0} \tag{2.13}$$

令 $\xi_j = x_j/l_0$, $\hat{\varphi}(\xi_j) = \varphi(x_j)\cdot EI/(mgl_0^4)$, $\hat{h}_j = \tilde{h}_j\cos\theta/H$,得到无量纲化的两个索段的拉索振动方程

$$\hat{\varphi}^{\mathrm{IV}}(\xi_j) - \gamma^2\hat{\varphi}''(\xi_j) - \tilde{\omega}^2\hat{\varphi}(\xi_j) = -\hat{h}_j \tag{2.14}$$

式中　$\gamma^2=\dfrac{Hl_0^2}{EI}$ 为拉索轴力与抗弯刚度之比；

$\tilde{\omega}=\omega\dfrac{l_0^2}{\sqrt{EI/m}}$ 为无量纲化的振动频率。

式(2.14)对应于索段 $j$ 的自由振动方程，其通解可以表示成如下形式，

$$\hat{\varphi}(\xi_j)=A_1^j\mathrm{e}^{-p\xi_j}+A_2^j\mathrm{e}^{-p(\mu_j-\xi_j)}+A_3^j\cos(q\xi_j)+A_4^j\sin(q\xi_j)+\hat{h}_j/\tilde{\omega}^2 \tag{2.15}$$

改写成矩阵形式如下

$$\hat{\varphi}(\xi_j)=\boldsymbol{\Phi}(\xi_j)\cdot\{A_1^{(j)}\quad A_2^{(j)}\quad A_3^{(j)}\quad A_4^{(j)}\}^T+\hat{h}_j/\tilde{\omega}^2 \tag{2.16}$$

其中

$$\boldsymbol{\Phi}(\xi_j)=[\mathrm{e}^{-p\xi_j}\quad \mathrm{e}^{-p(\mu_j-\xi_j)}\quad \cos(q\xi_j)\quad \sin(q\xi_j)] \tag{2.17}$$

$$\left.\begin{matrix}p\\q\end{matrix}\right\}=\sqrt{\sqrt{\left(\frac{\gamma^2}{2}\right)^2+\tilde{\omega}^2}\pm\frac{\gamma^2}{2}}=\sqrt{\sqrt{\left(\frac{Hl_0^2}{2EI}\right)^2+\omega^2\frac{ml_0^4}{EI}}\pm\frac{Hl_0^2}{2EI}} \tag{2.18}$$

由(2.18)，可得

$$\begin{cases}pq=\tilde{\omega}=\omega\dfrac{l_0^2}{\sqrt{EI/m}}\\[2ex] p^2-q^2=\gamma^2=\dfrac{Hl_0^2}{EI}\end{cases} \tag{2.19}$$

将(2.12)用同样的方法无量纲化，有

$$\begin{cases}\hat{h}_1=\eta_1\cdot\left[\displaystyle\int_0^{\mu_1}\hat{\varphi}(\xi_1)\mathrm{d}\xi_1+(0.5-\mu_1)\hat{\varphi}(\xi_1|_{=\mu_1})\right]\\[2ex] \hat{h}_2=\eta_2\cdot\left[\displaystyle\int_0^{\mu_2}\hat{\varphi}(\xi_2)\mathrm{d}\xi_2-(0.5-\mu_1)\hat{\varphi}(\xi_2|_{=0})\right]\end{cases} \tag{2.20}$$

式中　$\eta_j$ ——完全由拉索阻尼器系统几何参数确定的参数，由下式给出

$$\eta_j=64\frac{Al_0^3}{Il_j^e}e^2 \tag{2.21}$$

将式(2.16)代入式(2.14)，整理，移项，可以得到与振型无关的方程特解，与通解合并，得到索段 1、索段 2 的振动方程的特解：

$$\frac{\hat{h}_j}{\tilde{\omega}^2}=\mathbf{B}^{(j)}\cdot\{A_1^{(j)}\quad A_2^{(j)}\quad A_3^{(j)}\quad A_4^{(j)}\}^T \tag{2.22}$$

其中

$$\begin{aligned}\mathbf{B}^{(j)}&=b_0^{(j)}\cdot\begin{cases}\displaystyle\int_0^{\mu_1}\boldsymbol{\Phi}(\xi)\mathrm{d}\xi+(0.5-\mu_1)\boldsymbol{\Phi}(\xi_1|_{=\mu_1})\quad j=1\\[2ex] \displaystyle\int_0^{\mu_2}\boldsymbol{\Phi}(\xi)\mathrm{d}\xi-(0.5-\mu_1)\boldsymbol{\Phi}(\xi_2|_{=0})\quad j=2\end{cases}\\ &=b_0^{(j)}\cdot[b_1^{(j)}\quad b_2^{(j)}\quad b_3^{(j)}\quad b_4^{(j)}]\end{aligned} \tag{2.23}$$

其中，$b_0 \sim b_4$ 表达式如下：

$$b_0^{(1)}=\frac{\eta_1}{(\widetilde{\omega}^2-0.5\eta_1)}$$

$$b_1^{(1)}=\frac{1-e^{-p\mu_1}}{p}+(0.5-\mu_1)e^{-\mu_1 p}$$

$$b_2^{(1)}=\frac{1-e^{-p\mu_1}}{p}+0.5-\mu_1$$

$$b_3^{(1)}=\frac{\sin(q\mu_1)}{q}+(0.5-\mu_1)\cos(q\mu_1)$$

$$b_4^{(1)}=\frac{1-\cos(q\mu_1)}{q}+(0.5-\mu_1)\sin(q\mu_1)$$

$$b_0^{(2)}=\frac{\eta_2}{(\widetilde{\omega}^2+0.5\eta_2)}$$

$$b_1^{(2)}=\frac{1-e^{-p\mu_2}}{p}-(0.5-\mu_1)$$

$$b_2^{(2)}=\frac{1-e^{-p\mu_2}}{p}-(0.5-\mu_1)e^{-p\mu_2}$$

$$b_3^{(2)}=\frac{\sin(q\mu_2)}{q}-0.5+\mu_1$$

$$b_4^{(2)}=\frac{1-\cos(q\mu_2)}{q}$$

则考虑垂度效应时，索段 1、索段 2 的通解可由下式给出

$$\hat{\varphi}(\xi_j)=(\boldsymbol{\Phi}(\xi_j)+\mathbf{B}^{(j)})\cdot\{A_1^{(j)}\quad A_2^{(j)}\quad A_3^{(j)}\quad A_4^{(j)}\}^T \tag{2.24}$$

## 2.3 界动位移表征的无量纲振型函数

上面给出的两个索段的振型函数通解中含有待定系数，可以通过边界条件予以确定。

如图 2.3 所示，将拉索横向力元件系统分割成两个独立索段和一个横向力元件力学模型。这些模型边界处分别作用着动边界力和动边界位移。其中，两索段的位移边界条件由下式给出

$$\begin{cases}\alpha_a=\dfrac{mgl_0^4}{EI}\hat{\varphi}(\xi_1|_{=0})\\[2ex]\theta_a l_0=\dfrac{mgl_0^4}{EI}\hat{\varphi}'(\xi_1|_{=0})\\[2ex]\alpha_c=\dfrac{mgl_0^4}{EI}\hat{\varphi}(\xi_1|_{=\mu_1})\\[2ex]\theta_c l_0=\dfrac{mgl_0^4}{EI}\hat{\varphi}'(\xi_1|_{=\mu_1})\end{cases} \tag{2.25}$$

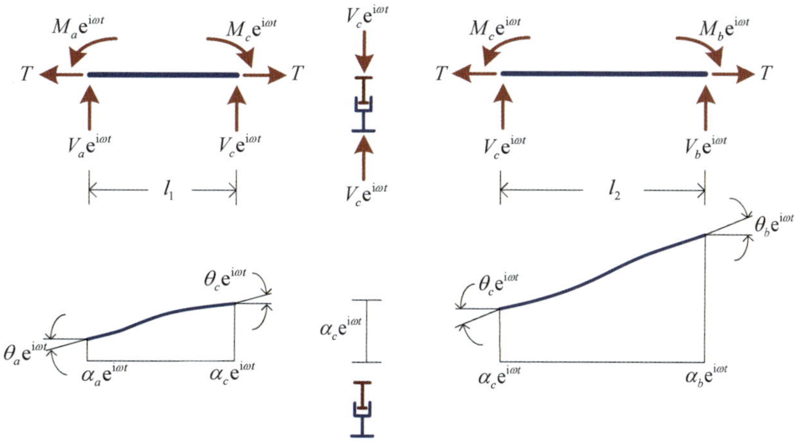


图 2.3　离散化拉索-横向力元件力学模型

$$
\begin{cases}
\alpha_c = \dfrac{mgl_0^4}{EI}\hat{\varphi}(\xi_2 \mid_{=0}) \\
\theta_c l_0 = \dfrac{mgl_0^4}{EI}\hat{\varphi}'(\xi_2 \mid_{=0}) \\
\alpha_b = \dfrac{mgl_0^4}{EI}\hat{\varphi}(\xi_2 \mid_{=\mu_2}) \\
\theta_b l_0 = \dfrac{mgl_0^4}{EI}\hat{\varphi}'(\xi_2 \mid_{=\mu_2})
\end{cases}
\tag{2.26}
$$

对索段 1 和索段 2，将其节点位移 $\{\alpha_a, \theta_a l_0, \alpha_c, \theta_c l_0\}^T$ 和 $\{\alpha_c, \theta_c l_0, \alpha_b, \theta_b l_0\}^T$ 作为边界条件，可以得到待定系数 $A_1^{(j)} \sim A_4^{(j)}$ 的表达式。可将式(2.24)分别代入式(2.25)和式(2.26)中，

$$
\hat{\varphi}(\xi_j) = \varsigma\,(\mathbf{\Phi}(\xi_j) + \mathbf{B}^{(j)})(\mathbf{C}^{(j)} + \mathbf{I}\cdot\mathbf{B}^{(j)})^{-1}\cdot
\begin{cases}
\{\alpha_a \quad \theta_a l_0 \quad \alpha_c \quad \theta_c l_0\}^T & \cdots \quad j=1 \\
\{\alpha_c \quad \theta_c l_0 \quad \alpha_b \quad \theta_b l_0\}^T & \cdots \quad j=2
\end{cases}
\tag{2.27}
$$

其中，$\varsigma = \dfrac{EI}{mgl_0^4}$，$\mathbf{I} = [1 \quad 0 \quad 1 \quad 0]^T$，$\mathbf{C}^{(j)}$ 由下式给出

$$
\begin{aligned}
\mathbf{C}^{(j)} &= [\mathbf{\Phi}(\xi_j \mid_{=0}) \quad \mathbf{\Phi}'(\xi_j \mid_{=0}) \quad \mathbf{\Phi}(\xi_j \mid_{=\mu_j}) \quad \mathbf{\Phi}'(\xi_j \mid_{=\mu_j})]^T \\
&= \begin{bmatrix}
1 & e^{-p\mu_j} & 1 & 0 \\
-p & pe^{-p\mu_j} & 0 & q \\
e^{-p\mu_j} & 1 & \cos(q\mu_j) & \sin(q\mu_j) \\
-pe^{-p\mu_j} & p & -q\sin(q\mu_j) & q\cos(q\mu_j)
\end{bmatrix}
\end{aligned}
\tag{2.28}
$$

## 2.4　拉索-横向力元件系统的横向动刚度矩阵分析模型

拉索索段 1、索段 2 中的内力均可表示为：

$$\begin{cases} V(x_j,\ t)=\left(EI\dfrac{\mathrm{d}^3\varphi}{\mathrm{d}x_j^3}-H\dfrac{\mathrm{d}\varphi}{\mathrm{d}x_j}\right)\cdot \mathrm{e}^{\mathrm{i}\omega t}=mgl_0(\hat{\varphi}'''(\xi_j)-\gamma^2\hat{\varphi}'(\xi_j))\cdot \mathrm{e}^{\mathrm{i}\omega t} \\ M(x_j,\ t)=EI\dfrac{\mathrm{d}^2\varphi}{\mathrm{d}x_j^2}\mathrm{e}^{\mathrm{i}\omega t}=mgl_0^2\ \hat{\varphi}''(\xi_j)\mathrm{e}^{\mathrm{i}\omega t} \end{cases} \tag{2.29}$$

根据内外力动平衡原则,两索段的平衡条件由下面一组式子给出

$$\begin{cases} V(x_1\mid_{=0},\ t)=V_a\mathrm{e}^{\mathrm{i}\omega t},\ -M(x_1\mid_{=0},\ t)=M_a\mathrm{e}^{\mathrm{i}\omega t} \\ -V(x_1\mid_{=l_1},\ t)=V_c\mathrm{e}^{\mathrm{i}\omega t},\ M(x_1\mid_{=l_1},\ t)=M_c\mathrm{e}^{\mathrm{i}\omega t} \\ \text{-----------------}\qquad\qquad \text{-----------------} \\ V(x_2\mid_{=0},\ t)=V_c\mathrm{e}^{\mathrm{i}\omega t},\ -M(x_2\mid_{=0},\ t)=M_c\mathrm{e}^{\mathrm{i}\omega t} \\ -V(x_2\mid_{=l_2},\ t)=V_b\mathrm{e}^{\mathrm{i}\omega t},\ M(x_2\mid_{=l_2},\ t)=M_b\mathrm{e}^{\mathrm{i}\omega t} \end{cases} \tag{2.30}$$

将(2.30)按索段 1、索段 2 分别写成矩阵形式

$$\begin{Bmatrix} V_a \\ M_a/l_0 \\ V_c \\ M_c/l_0 \end{Bmatrix}=mgl_0\begin{bmatrix} \hat{\varphi}'''(\xi_1\mid_{=0})-\gamma^2\hat{\varphi}'(\xi_1\mid_{=0}) \\ -\hat{\varphi}''(\xi_1\mid_{=0}) \\ -\hat{\varphi}'''(\xi_1\mid_{=\mu_1})+\gamma^2\hat{\varphi}'(\xi_1\mid_{=\mu_1}) \\ \hat{\varphi}''(\xi_1\mid_{=\mu_1}) \end{bmatrix}\cdot\begin{Bmatrix} \alpha_a \\ \theta_a l_0 \\ \alpha_c \\ \theta_c l_0 \end{Bmatrix}$$
$$=\frac{EI}{l_0^3}\mathbf{D}^{(1)}\cdot(\mathbf{C}^{(1)}+\mathbf{I}\cdot\mathbf{B}^{(1)})^{-1}\cdot\{\alpha_a\quad \theta_a l_0\quad \alpha_c\quad \theta_c l_0\}^T \tag{2.31}$$

和

$$\begin{Bmatrix} V_c \\ M_c/l_0 \\ V_b \\ M_b/l_0 \end{Bmatrix}=mgl_0\begin{bmatrix} \hat{\varphi}'''(\xi_2\mid_{=0})-\gamma^2\hat{\varphi}'(\xi_2\mid_{=0}) \\ -\hat{\varphi}''(\xi_2\mid_{=0}) \\ -\hat{\varphi}'''(\xi_2\mid_{=\mu_2})+\gamma^2\hat{\varphi}'(\xi_2\mid_{=\mu_2}) \\ \hat{\varphi}''(\xi_2\mid_{=\mu_2}) \end{bmatrix}\cdot\begin{Bmatrix} \alpha_c \\ \theta_c l_0 \\ \alpha_b \\ \theta_b l_0 \end{Bmatrix}$$
$$=\frac{EI}{l_0^3}\mathbf{D}^{(2)}\cdot(\mathbf{C}^{(2)}+\mathbf{I}\cdot\mathbf{B}^{(2)})^{-1}\cdot\{\alpha_c\quad \theta_c l_0\quad \alpha_b\quad \theta_b l_0\}^T \tag{2.32}$$

其中,矩阵 $\mathbf{D}^{(j)}$ 的定义如下

$$\mathbf{D}^{(j)}=\begin{bmatrix} (\mathbf{\Phi}'''(\xi_j\mid_{=0}))-\gamma^2(\mathbf{\Phi}'(\xi_j\mid_{=0})) \\ -(\mathbf{\Phi}''(\xi_j\mid_{=0})) \\ -(\mathbf{\Phi}'''(\xi_j\mid_{=\mu_j}))+\gamma^2(\mathbf{\Phi}'(\xi_j\mid_{=\mu_j})) \\ (\mathbf{\Phi}''(\xi_j\mid_{=\mu_j})) \end{bmatrix} \tag{2.33}$$

定义索段动刚度阵如下:

$$\mathbf{K}^{(j)}=mgl_0\varsigma\cdot\mathbf{D}^{(j)}\cdot(\mathbf{C}^{(j)}+\mathbf{I}\cdot\mathbf{B}^{(j)})^{-1}=\frac{EI}{l_0^3}\mathbf{D}^{(j)}\cdot(\mathbf{C}^{(j)}+\mathbf{I}\cdot\mathbf{B}^{(j)})^{-1} \tag{2.34}$$

整个拉索的总体平衡方程可由下式给出

$$\mathbf{K}^{(0)}\mathbf{a}^{(0)}=\mathbf{F}^{(0)} \tag{2.35}$$

式中

$$\boldsymbol{\alpha}^{(0)}=\{\alpha_A \quad \theta_A l_0 \quad \alpha_C \quad \theta_C l_0 \quad \alpha_B \quad \theta_B l_0\}^T$$

$$\mathbf{F}^{(0)}=\{V_A \quad M_A/l_0 \quad V_C \quad M_C/l_0 \quad V_B \quad M_B/l_0\}^T$$

拉索横向力元件系统的总刚度阵 $\mathbf{K}^{(0)}$ 可通过 $\mathbf{K}^{(1)}$、$\mathbf{K}^{(2)}$ 集组而成。集组过程可写成矩阵算子形式:

$$\mathbf{K}^{(0)}=\mathbf{I}_1\cdot\mathbf{K}^{(1)}\cdot\mathbf{I}_1^T+\mathbf{I}_2\cdot\mathbf{K}^{(2)}\cdot\mathbf{I}_2^T \tag{2.36}$$

式中　$\mathbf{I}_1$, $\mathbf{I}_2$——矩阵集组算子,对两端固结情形,取值如下

$$\mathbf{I}_1=\begin{bmatrix}1&0&0&0&0&0\\0&1&0&0&0&0\\0&0&1&0&0&0\\0&0&0&1&0&0\end{bmatrix},\quad \mathbf{I}_2=\begin{bmatrix}0&0&1&0&0&0\\0&0&0&1&0&0\\0&0&0&0&1&0\\0&0&0&0&0&1\end{bmatrix}$$

考虑两端固结边界条件,得到横向力存在时拉索的动力平衡方程

$$\mathbf{K}^{(0)}\begin{Bmatrix}\alpha_c\\\theta_c l_0\end{Bmatrix}=\begin{Bmatrix}V_c\\M_c/l_0\end{Bmatrix} \tag{2.37}$$

其中,拉索系统的两自由度总动刚度阵 $\mathbf{K}^{(0)}$ 可通过 $\mathbf{K}^{(1)}$、$\mathbf{K}^{(2)}$ 集组而成。集组过程可写成矩阵算子形式

$$\mathbf{K}^{(0)}=\mathbf{I}_1\cdot\mathbf{K}^{(1)}\cdot\mathbf{I}_1^T+\mathbf{I}_2\cdot\mathbf{K}^{(2)}\cdot\mathbf{I}_2^T \tag{2.38}$$

式中的矩阵算子如下

$$\mathbf{I}_1=\begin{bmatrix}0&0&1&0\\0&0&0&1\end{bmatrix},\quad \mathbf{I}_2=\begin{bmatrix}1&0&0&0\\0&1&0&0\end{bmatrix}$$

$\mathbf{K}^{(0)}$ 可以写成矩阵元素形式

$$\mathbf{K}^{(0)}=\frac{EI}{l_0^3}\begin{bmatrix}k_{11}^{(0)}&k_{12}^{(0)}\\k_{21}^{(0)}&k_{22}^{(0)}\end{bmatrix} \tag{2.39}$$

其中,$k_{11}^{(0)}=k_{33}^{(1)}+k_{11}^{(2)}$,$k_{12}^{(0)}=k_{34}^{(1)}+k_{12}^{(2)}$,$k_{21}^{(0)}=k_{43}^{(1)}+k_{21}^{(2)}$,$k_{22}^{(0)}=k_{44}^{(1)}+k_{22}^{(2)}$;$k_{33}^{(1)}$,$k_{44}^{(1)}$,$k_{43}^{(1)}$,$k_{34}^{(1)}$ 和 $k_{11}^{(2)}$,$k_{22}^{(2)}$,$k_{21}^{(2)}$,$k_{12}^{(2)}$ 分别为矩阵 $\mathbf{K}^{(j)}$ 对应位置处的元素。

由式(2.37)及其推导过程可知,该平衡方程考虑了拉索抗弯刚度、固结边界条件和垂度的影响,考虑的因素与实际工程中使用的拉索阻尼器系统最为接近。因此从理论上讲,该方程能更精确地描述实际工程中使用的拉索阻尼器系统。

同样,令上面的 $\mathbf{B}^{(j)}$ 阵为零,可以得到各索段的不考虑拉索垂度影响时的动刚度:

$$\mathbf{K}^{(j)}=\frac{EI}{l_0^3}\mathbf{D}^{(j)}\cdot(\mathbf{C}^{(j)})^{-1} \tag{2.40}$$

此时，拉索整体的动刚度阵可以沿用式(2.38)。拉索的动力平衡方程可以沿用式(2.37)得到。

如果想进一步得到拉索单自由度横向动刚度，可进一步将式(2.39)缩聚为

$$k_{dyn}=k_{11}^{(0)}-\frac{k_{12}^{(0)}\cdot k_{21}^{(0)}}{k_{22}^{(0)}} \tag{2.41}$$

## 2.5 实例研究：拉索体系的动刚度规律

### 2.5.1 数值验证

为了验证两种解析法横向动刚度的准确性，采用有限元方法对拉索进行建模，然后利用模型缩聚方法得到对应自由度的缩聚刚度和缩聚质量，从而得到相应的拉索横向动刚度。

与本章给出解析法对应，考虑拉索的抗弯刚度、倾角、固结边界条件和垂度因素，计及索力、弯矩对拉索几何刚度阵的贡献，采用二维平面梁单元建立拉索有限元模型。采用 Guyan 静力模型缩聚法，同时对横向力作用位置处单元的两个对应自由度进行质量和刚度缩聚，再进行线性插值得到从属目标点的两自由度的横向动刚度阵。

研究中采用的拉索基本参数见表 2.1，两端固结。

表 2.1　拉索基本参数

| 弹模/Pa | 惯性矩/$m^4$ | 单位长度质量/(kg/m) | 面积/$m^2$ | 弦向张力/N | 长度/m | 横向力相对位置 | 倾角/° |
|---|---|---|---|---|---|---|---|
| $2\times10^{11}$ | $8.004\times10^{-6}$ | 96.85 | $1.24\times10^{-2}$ | $3\times10^{6}$ | 200 | 0.5 | 30 |

1）两自由度横向动刚度阵

由上一节的推导过程可知，只需要令圆频率 $\omega=0$，即可得到相应拉索的横向静刚度。同时，考察拉索的模态频率估计值[由张紧弦理论式(2.42)给出]处的动刚度，对工程实际具有重要的意义。

$$\omega=\frac{k\pi}{l_0}\sqrt{\frac{H}{m}} \tag{2.42}$$

图 2.4 给出三种方法得到的静刚度沿索长的变化情况，其中横轴 $\mu_1$ 意义同前，表示横向力位置距离倾斜拉索下锚点的弦向相对长度；竖轴为刚度元素。由于对结点位移和结点力进行了如上节所示的处理，因此四个元素具有相同的量纲。表 2.2 给出了 $\mu_1$ 分别为 0.05、0.1、0.25、0.5、0.75、0.9、0.95 处的刚度元素数值比较。

从图 2.4 中可以看出，拉索两自由度动刚度阵各元素沿索长分布有着相似的规律：主对角刚度系数在拉索两端数值很大，并且随着横向力位置朝索中点靠近而急剧下降，但当 $\mu_1$ 在区间 [0.1, 0.9]之间时，变化平缓，整体呈现平底锅状。次对角线元素沿索长从负无穷急剧过渡到中间平缓区，再到顶端的正无穷大。

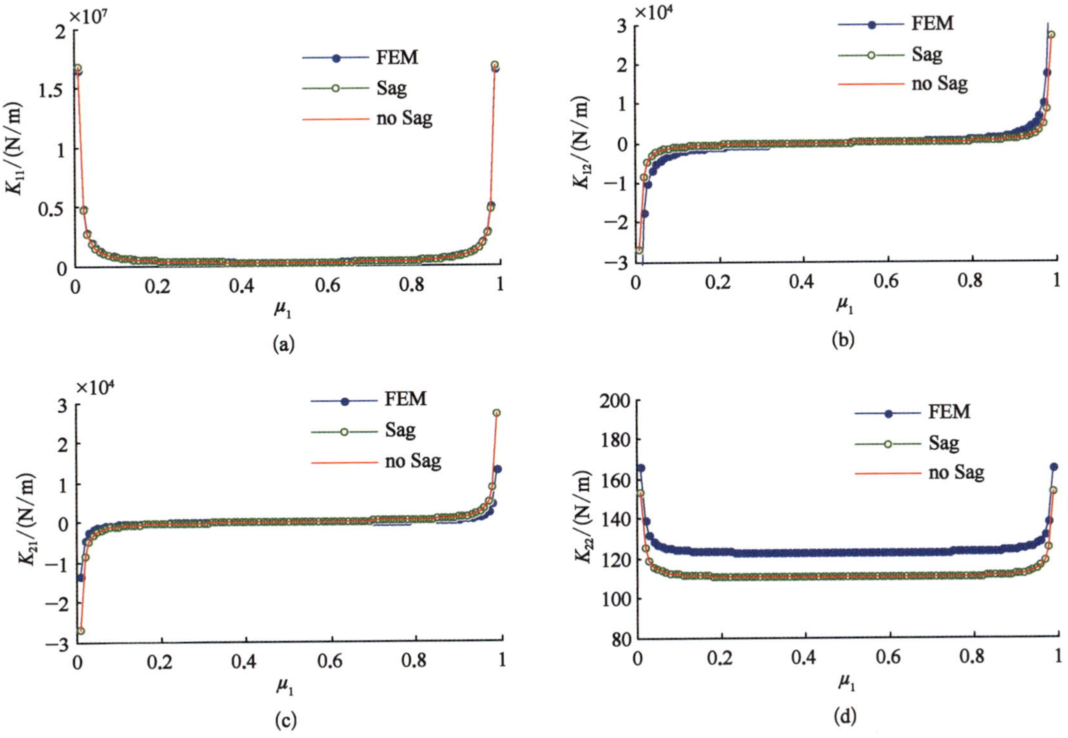


图 2.4　三种方法得到的拉索横向两自由度静力刚度阵元素沿索长的比较($\omega=0$)

表 2.2　不同位置处动刚度数值比较

| 方　法[1] | $\mu_1$ | | | | | | |
|---|---|---|---|---|---|---|---|
| | 0.05 | 0.1 | 0.25 | 0.5 | 0.75 | 0.9 | 0.95 |
| 方法一($K_{11}$)[2] | $1.480\,7\times10^6$ | $7.256\,6\times10^5$ | $3.372\,8\times10^5$ | $2.496\,6\times10^5$ | $3.310\,0\times10^5$ | $7.156\,7\times10^5$ | $1.469\,5\times10^6$ |
| 方法二($K_{11}$) | $1.469\,0\times10^6$ | $7.144\,9\times10^5$ | $3.280\,1\times10^5$ | $2.435\,6\times10^5$ | $3.280\,1\times10^5$ | $7.144\,9\times10^5$ | $1.469\,0\times10^6$ |
| 方法三($K_{11}$) | $1.532\,3\times10^6$ | $7.481\,3\times10^5$ | $3.450\,2\times10^5$ | $2.573\,2\times10^5$ | $3.472\,8\times10^5$ | $7.556\,0\times10^5$ | $1.547\,8\times10^6$ |
| 相对误差[3]/% | 3.365 9 | 3.004 4 | 2.243 3 | 2.975 2 | 4.687 1 | 5.284 4 | 5.058 6 |
| 方法一($K_{22}$)[2] | 114.47 | 111.96 | 110.67 | 110.40 | 110.69 | 111.99 | 114.50 |
| 方法二($K_{22}$) | 114.47 | 111.95 | 110.66 | 110.38 | 110.66 | 111.95 | 114.47 |
| 方法三($K_{22}$) | 127.29 | 124.55 | 123.18 | 122.93 | 123.28 | 124.70 | 127.39 |
| 相对误差/% | 10.07 | 10.11 | 10.15 | 10.19 | 10.21 | 10.20 | 10.11 |

注：[1]：方法一为考虑垂度的解析法，与式(2.34)对应；方法二为不考虑垂度的解析法，对应于式(2.40)；方法三为有限元法。
[2]：$K_{11}$ 和 $K_{22}$ 分别为主对角元素第一、第二个元素。
[3]：相对误差是指方法一与方法三之间的相对误差。

三种方法得到的拉索横向静刚度结果趋势非常吻合。数值大小关系可通过如下定义的误差来反映。

$$\begin{cases}\delta_{k_{ij}}^{\mathrm{Sag}}=100\times\dfrac{k_{jj}^{0,\ \mathrm{FEM}}-k_{jj}^{0,\ \mathrm{Sag}}}{k_{jj}^{0,\ \mathrm{FEM}}}\\ \delta_{k_{ij}}^{\mathrm{no\ Sag}}=100\times\dfrac{k_{jj}^{0,\ \mathrm{FEM}}-k_{jj}^{0,\ \mathrm{no\ Sag}}}{k_{jj}^{0,\ \mathrm{FEM}}}\end{cases}\tag{2.43}$$

式中　下标 $jj=11,\ 22$；上标“0，FEM”——有限元法得到的总刚元素；

上标“0，Sag”——考虑垂度方法得到的总刚元素；

上标“0，no Sag”——不考虑垂度方法得到的总刚元素。

从表 2.2 和图 2.5 可以看出，三种方法得到刚度元素的数值差别很小，沿索长看，主对角线第一元素 $k_{11}^{(0)}$ 与有限元法得到的结果误差不超过 5.2%，$k_{22}^{(0)}$ 也基本在 11%以内。虽然相对误差是以 Guyan 有限元静力缩聚给出的，且这种动力缩聚刚度本身也存在一些误差，但当讨论 $\omega=0$ 的静刚度时，其误差很小，可以作为本章方法精确与否的参照。通过比较，说明本章方法得到的拉索横向静刚度沿索长变化规律是可靠的，具有较好的计算精度。其中，考虑垂度的动刚度法更接近有限元静力缩聚结果。

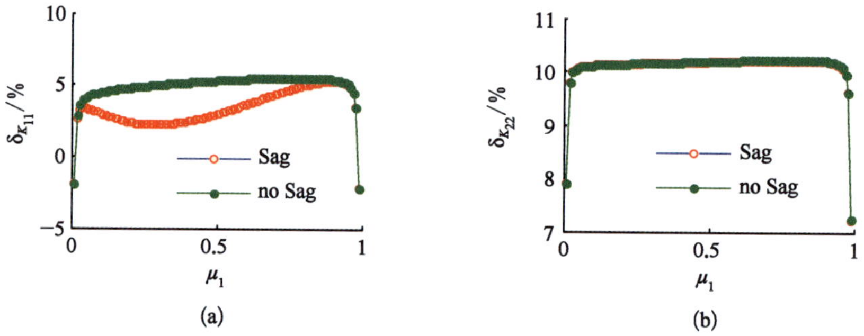


图 2.5　主对角线元素相对有限元法的相对误差

在考察三种方法得到的动刚度之前，先定义动刚度系数 $\beta_{ij}$ (dynamic stiffness coefficient)如下

$$\beta_{ij}=K_{ij}^{0}(\omega_1^s)/K_{ij}^{0}(0)\tag{2.44}$$

式中　$\omega_1^s$——按张紧弦公式计算得到的拉索一阶模态频率估计值；

$K_{ij}^{0}(\cdot)$——某频率下的动刚度；

$K_{ij}^{0}(0)$——静刚度。

图 2.6 给出了三种方法得到的拉索在一阶模态频率估计值出的动刚度沿索长变化情况。从图中可见，与 $k_{11}^{(0)}$ 对应的动刚度系数 $\beta_{11}$ 沿索长呈正放的平底锅形状，索中点为最低点，约为静刚度的 10%；$\beta_{22}$ 呈现倒扣的平底锅形状，索中点为最高点，越靠近中点距离静刚度越近。次对角线对应的 $\beta_{12}$ 和 $\beta_{21}$ 在索中点出现间断点，数值分别趋近正负无穷。

三种方法的对比可从图 2.6(a)和(b)中得出。考虑垂度的方法与有限元缩聚法得到的动刚度比较接近；而不考虑垂度的方法则与前两个方法相比有较大的差距。这说明，垂度对拉索一阶振

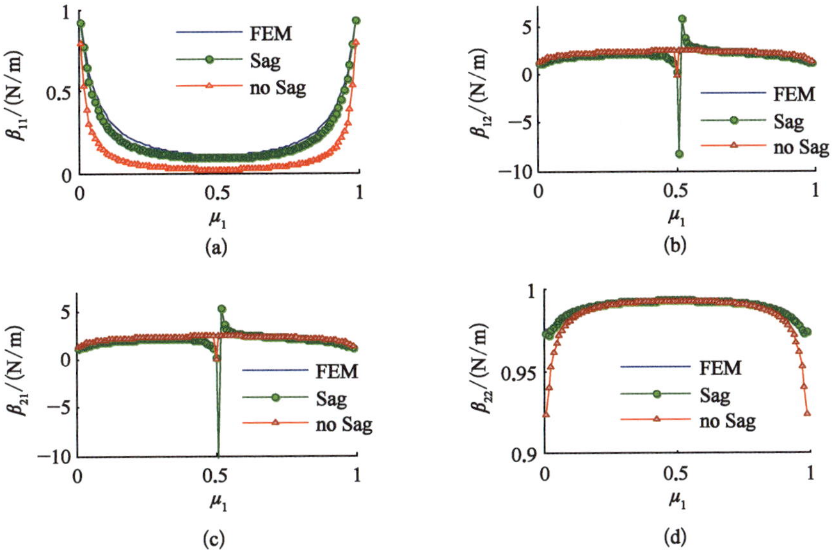


图 2.6　三种方法得到的一阶动刚度系数比较($\omega_1^s=2.765$)

动频率附近的动刚度有很大的影响,必须考虑。

在一些拉索激振实验,偶数阶模态的激振点通常会选择在拉索的中点。因此,考察拉索中点的动刚度对工程振动实验来说具有重要意义。图 2.7(a)和(b)给出了该拉索中点的动刚度阵主对角元素在频域的变化曲线(考察范围为 0～5π)。由图可知,拉索中点的动刚度在偶数阶出现无穷大间断点,且每个连续区间内均存在零穿越点,穿越点即奇数阶的模态频率。三种方法得到的动刚度随频率的变化曲线基本吻合。这说明三种方法计算得到的动刚度在考察的频率范围内规律一致,数值相差很小。图 2.6、图 2.7 共同说明,本章给出的考虑垂度的动刚度精确解析算法对任意频率处的动刚度计算结果均是准确和可靠的。

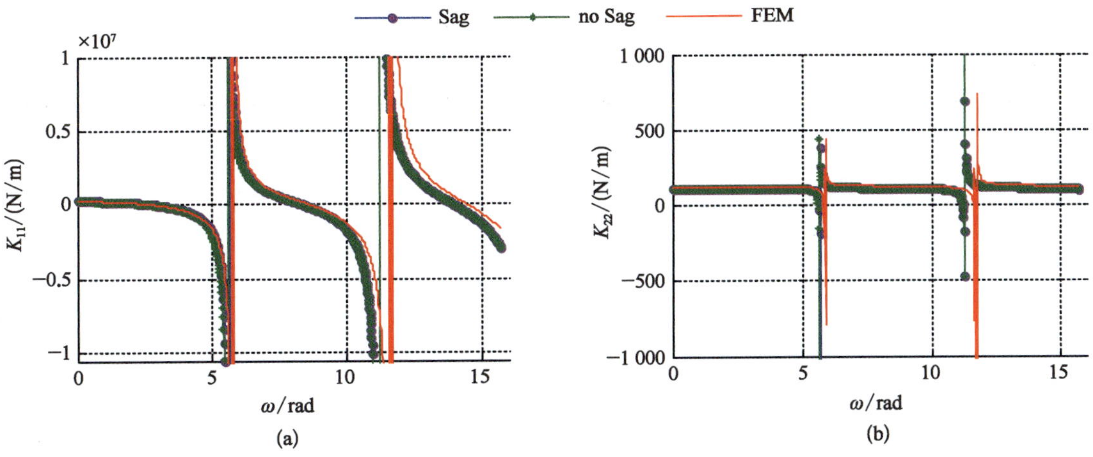


图 2.7　拉索中点处动刚度频域变化曲线($\mu_1=0.5$)

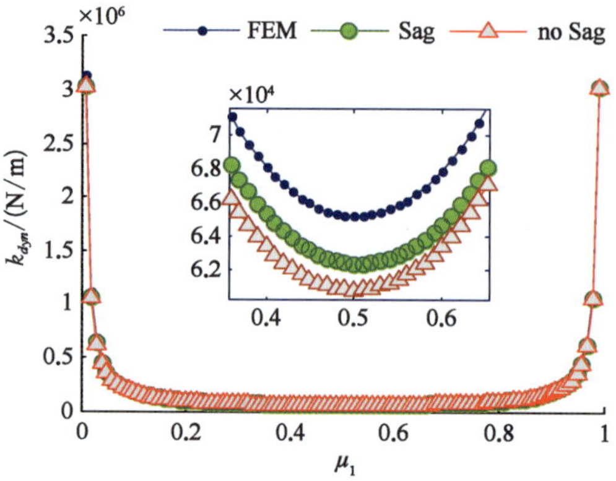


图 2.8　拉索横向单自由度静刚度不同方法的比较($\omega=0$)

2）单自由度横向动刚度

同样的结论也可由对比不同方法下拉索的单自由度横向动刚度而得到。图 2.8 给出了三种方法得到的单自由度静刚度沿索长变化情况，图 2.9(a)～(d) 分别为拉索以一阶、二阶、三阶和四阶模态频率估计值振动时的动刚度系数沿索长变化情况(以有限元法得到的静刚度为参考)。由图 2.8、图 2.9 可见，本章给出的考虑垂度的动刚度精确解析解是精确的；不考虑垂度的解析法在计算静力刚度时也具有同样精度，但在计算第一阶动刚度时有较大误差；基于 Guyan 静力缩聚的有限元方法计算得到的静力刚度与前两个方法结果非常接近，计算基频动刚度时精度尚可，但随着阶数的增高，其结果与本章给出的两种方法差距变大。

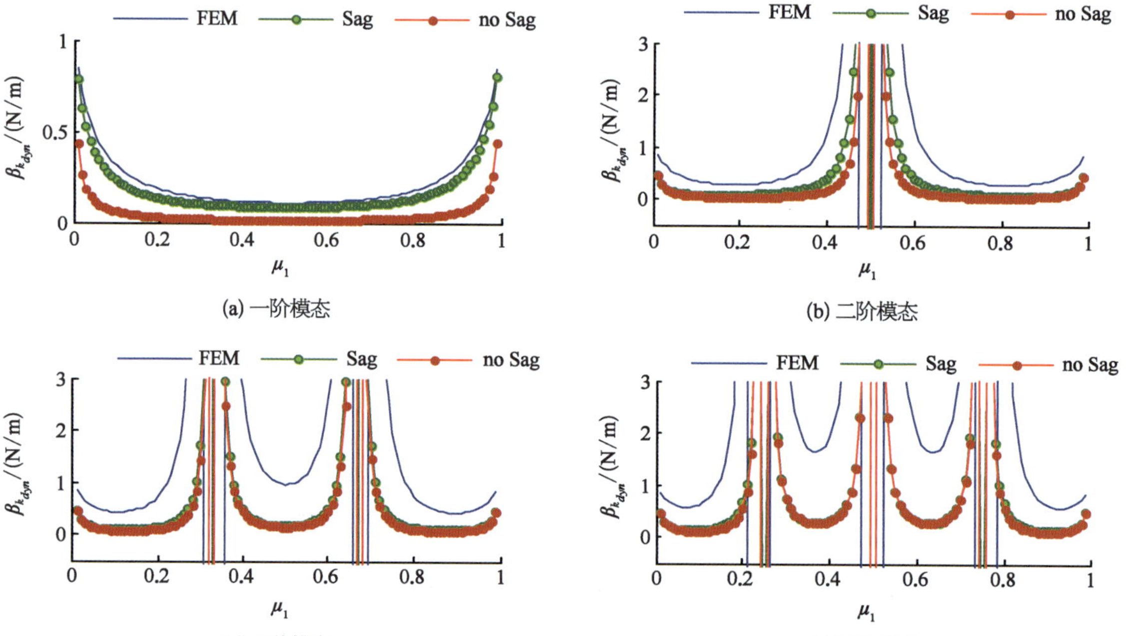


(a) 一阶模态　(b) 二阶模态　(c) 三阶模态　(d) 四阶模态

图 2.9　拉索横向单自由度动刚度不同方法的比较($\omega=\omega_1^s$, $\omega_2^s$, $\omega_3^s$, $\omega_4^s$)

这说明有限元静力缩聚法作为静刚度计算结果精确与否的标准是合适的，但不可作为动刚度的精度标准。已有的有限元动力缩聚法是在特定的频率点(模态频率处)将模型刚度阵、质量阵缩聚到指定的自由度处，是否合适作为任意频率点处的动刚度阵参照，尚需进一步探索。当然，这也提出了一个新的话题，即如何实现任意频率点处的模型动刚度缩聚，将对普遍意义上的结构动刚度研究具有重要意义。

### 2.5.2　实索激振实验

1) 某斜拉桥现场实索振动测试试验

为了进一步验证拉索横向动刚度阵解析算法的准确性，特用某斜拉桥现场实索振动测试试验的激振数据进行验证。

实验中采用的斜拉索长 267.3 m，直径为 0.098 4 m，拉索弹性模量 $2\times10^{11}$ Pa，单位长度质量为 76.4 kg/m。拉索水平张拉固定在索槽之中，两端夹紧固定。在拉索中点采用型号为 TST-1000 的电磁型激振器，出力范围 0～1 000 N，最大行程±12.5 mm。实验中，同时采用 KD9200 电阻位移计测量拉索激励点处的位移。图 2.10 为现场激振试验情况及方案。

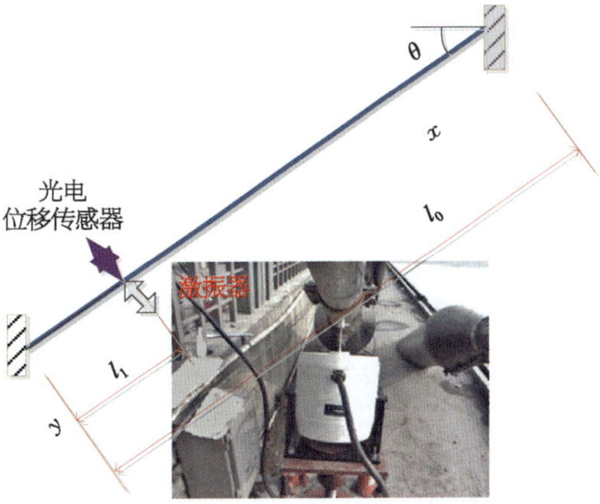

图 2.10　实索激振实验

实验先以张紧弦公式估计拉索一阶自振频率为 $\omega_1^s=0.370\,8\times2\pi$，然后分别以该频率的 0.8、0.9、1、1.1、1.2 倍五种工况来激振。图 2.11(a)为现场采集设备采集得到的拉索中点激振点位移时程及激振器记录的激振力时程。图 2.11(b)为从位移和力时程中选取的稳定段的幅值最大点组成的曲线，分别取其平均值来估计动刚度。

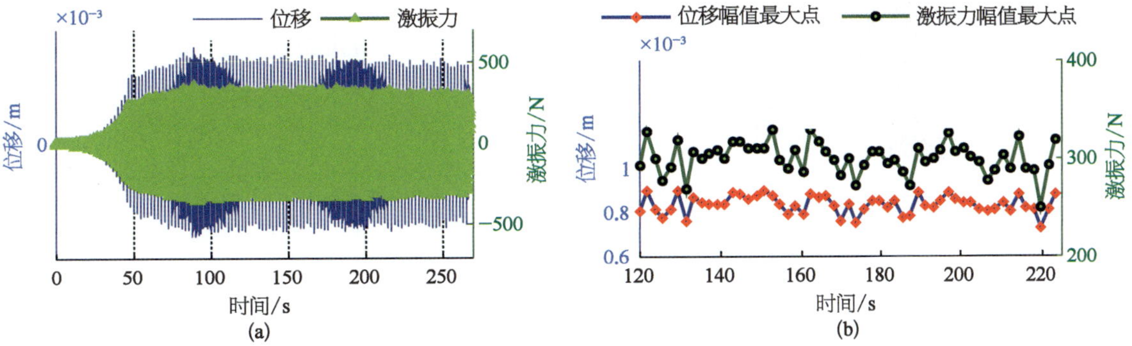

图 2.11　激振实验时程及选取幅值时程

分别以式(2.34)和式(2.40)计算考虑(方法一)和不考虑垂度(方法二)时的索段动刚度阵，用式(2.38)计算各自总刚，再用式(2.41)得到与实验相对应的激振点处的横向单自由度动刚度，计算结果见表 2.3。由表中数据可见，由于方法一考虑垂度的影响，因此具有更好的精度，与实测值更靠近，最大误差在 4%以内；而不考虑垂度影响的方法和基于静力缩聚的有限元法则具有较大的误差。这一结果可以证明本章给出的拉索横向动刚度解析算法的精度和可靠性。

2) 某实索阻尼器振动试验

为了验证本章给出的拉索两自由度横向动刚度阵解析算法的准确性，特用某实索阻尼器振动试验的数据进行验证。实验中采用的拉索长 170 m，直径为 110.5 mm，拉索标称抗弯刚度为 $2.0\times10^{11}$ Pa，

表 2.3　计算动刚度与实测动刚度对比

| 频率 | 1.863 2 | 2.096 1 | 2.329 0 | 2.561 9 | 2.794 8 |
|---|---|---|---|---|---|
| 实测 | $1.184\times10^5$ | $7.609\times10^4$ | $2.275\times10^4$ | $4.106\times10^4$ | $1.197\times10^5$ |
| 方法一 | $1.157\times10^5$ | $7.345\times10^4$ | $2.226\times10^4$ | $3.983\times10^4$ | $1.159\times10^5$ |
| 相对误差/% | −2.253 | −3.475 5 | −2.153 | −3.007 5 | −3.195 |
| 方法二 | $1.077\times10^5$ | $7.153\times10^4$ | $2.109\times10^4$ | $3.958\times10^4$ | $1.055\times10^5$ |
| 相对误差/% | −9.037 | −5.992 | −7.97 | −3.604 | −11.863 |
| 方法三 | $1.253\times10^5$ | $8.062\times10^5$ | $2.153\times10^4$ | $4.299\times10^4$ | $1.268\times10^5$ |
| 相对误差/% | 5.828 | 5.953 | 5.363 | 4.700 | 5.931 |

图 2.12　实索激振实验

单位长度质量为 44.07 kg/m。水平张拉固定在索槽之中，两端夹紧固定。拉索索端 3.4 m 处安装 MR 阻尼器。采用人工激振，分别得到不同阻尼器工况下的一阶、二阶自由衰减振动记录(不通电、通电和半主动控制)。图 2.12 为现场试验情况。

实验共六种工况。图 2.13(a)、(c)为阻尼器不通电时的两个工况实测拉索阻尼器位置位移时程及阻尼力时程。选取阻尼力时程的对数衰减率与位移时程对数衰减率最接近的相等段的区间(该区间内，拉索阻尼器接近稳定协同工作阶段)，估计其各自的连续峰值和波谷值[见图 2.13(b)、(d)]。取相位差最小的阻尼力峰值和位移峰值相除，取商的平均值来估计拉索动刚度的实测值，结果见表 2.4。

表 2.4　动刚度计算值和实测值的对比

| 模态阶次 | 实测频率 | 实测衰减因子 | 实测动刚度 | 本章方法 | |
|---|---|---|---|---|---|
| | | | | 动刚度 | δ/% |
| 1 | 0.878 9 | 0.059 5 | $6.163\times10^5$ | $6.724\times10^5$ | −9.28 |
| 2 | 1.757 8 | 0.006 25 | $6.560\times10^5$ | $6.983\times10^5$ | −6.45 |
| 1 | 0.878 9 | 0.035 3 | $5.501\times10^5$ | $6.015\times10^5$ | −9.35 |
| 2 | 1.757 8 | 0.051 4 | $7.674\times10^5$ | $7.262\times10^5$ | 5.37 |
| 1* | 0.878 9 | 0.034 5 | $3.454\times10^5$ | $4.437\times10^5$ | 28.43 |
| 2 | 1.757 8 | 0.041 0 | $4.898\times10^5$ | $5.052\times10^5$ | −3.16 |

注：选择时段的力时程对数衰减率仅为位移时程的 68.2%，造成的误差较大。

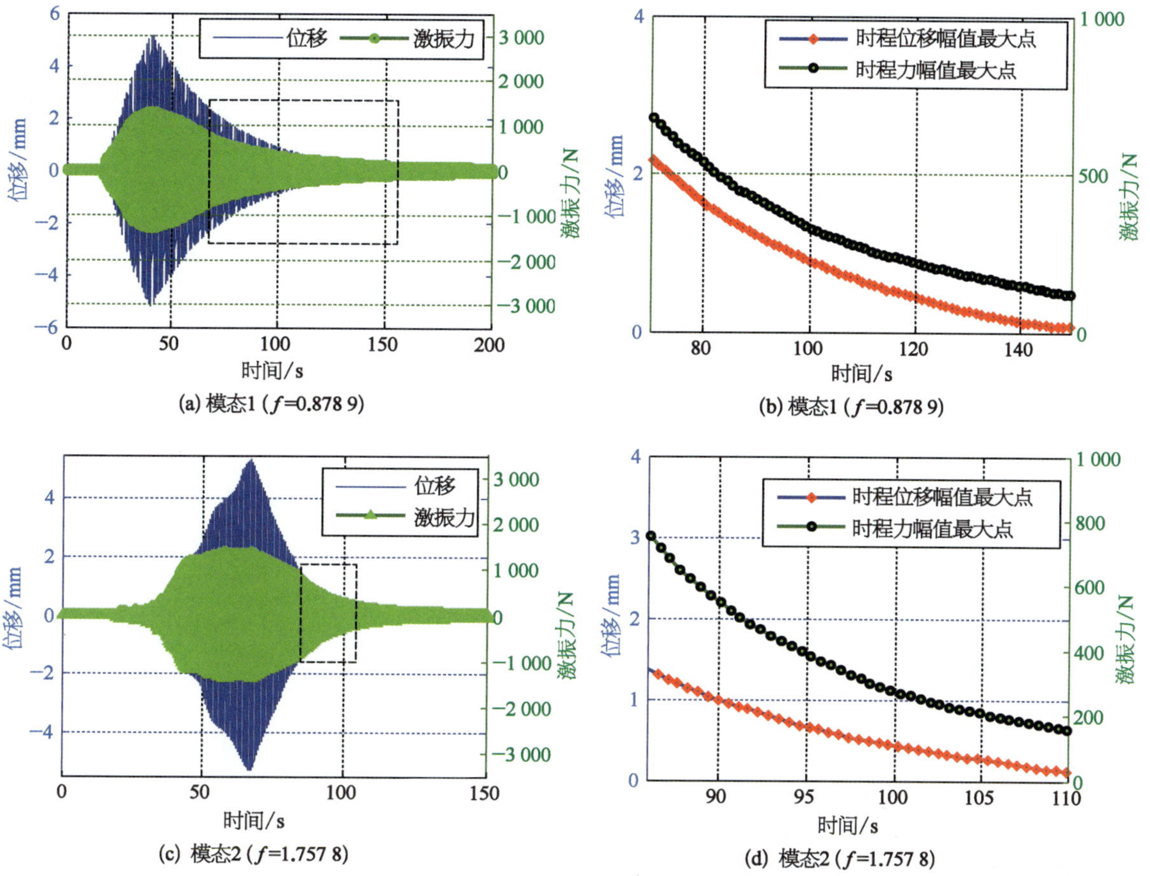


图 2.13　拉索激振时程及动刚度估计

利用实测频率和选取段的拉索对数衰减率并换算成相应的复频率，代入式(2.34)计算得到考虑垂度时的索段动刚度阵，用式(2.38)计算总刚，用式(2.41)得到与实验相对应的阻尼位置处的横向单自由度动刚度，结果见表 2.4。

由表 2.4 数据可见，除工况五外，考虑垂度的动刚度法更接近于实测值，相对误差不超过 10%；而工况五误差较大，达到 28.43%。这主要是因为在该工况的阻尼器与拉索的协同性差，在其阻尼力时程中，很难找出距离位移时程衰减率最接近的时间区间。由于阻尼器本身具有非线性性质，且自身有刚度的影响，实验数据得到的动刚度估计值距离真实值也是有一定差距的，这里将解析解与实测估计值比较，只是为了得到大致的定性结论，并不能据此判断谁的精度更高。总体来看，本章给出的动刚度闭合解结果是合理可靠的。

### 2.5.3　拉索横向动刚度特性研究

拉索横向动刚度对拉索系统的振动分析来说是很有意义的。利用动刚度不仅可以进行系统振动特性分析的振动响应分析，还可以研究复杂条件下拉索动刚度的变化规律。拉索的边界条件、倾角、抗弯刚度、垂度等因素对动刚度均有不同程度的影响，虽然某些因素影响下的拉索振动性质已经得到不少研究，但专门针对横向动刚度的研究还不多见，尤其是同时考虑上述因素的研究更加少。为此，利用本章给出的单自由度横向动刚度闭合解方法，研究了斜索的动刚度分布规律。

研究中采用的拉索基本参数见表 2.5，两端固结。首先研究拉索动刚度在频域和空间的变化规律；然后分别放开拉索倾角、抗弯刚度和垂度因素，固定其余因素，研究动刚度随这些因素的变化规律。

表 2.5　拉索基本参数

| 弹性模量/Pa | 惯性矩/m$^4$ | 单位长度质量/(kg/m) | 面积/m$^2$ |
|---|---|---|---|
| $2\times10^{11}$ | $8.004\times10^{-6}$ | 96.85 | $1.24\times10^{-2}$ |
| 弦向张力/N | 长度/m | 横向力相对位置 | 倾角/° |
| $3\times10^{6}$ | 200 | 0.5 | 30 |

1) 拉索动刚度随频率的变化规律

图 2.14 给出拉索中点和靠近端部处 ($\mu_1=0.1,\ 0.5$) 动刚度的频域分布图。从图 2.14 可见，动刚度在频域被正负无穷分成呈近似周期性出现的不连续区间。当频率靠近某阶频率时刚度值趋近正负无穷大，该阶模态的振型节点距离该位置最接近；动刚度穿越零轴时的频率表明拉索以该频率振动时将具有最大的振幅。

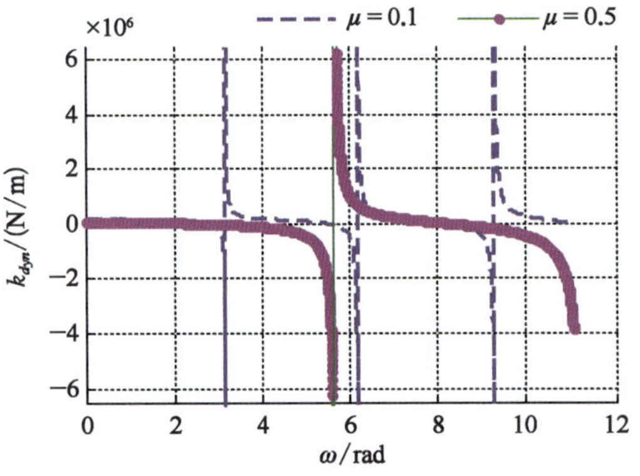


图 2.14　拉索动刚度频域变化

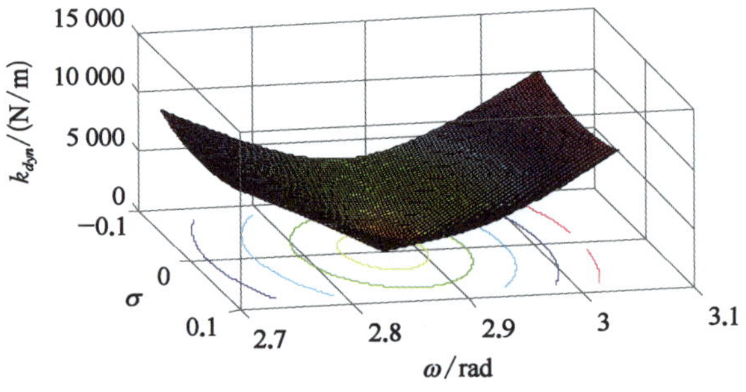


图 2.15　拉索动刚度基频附近复频域三维分布

再来考察拉索中点处 ($\mu_1=0.5$) 复频域内的动刚度分布情况。图 2.15 为拉索一阶振动频率附近的三维动刚度图，其中，水平坐标由频率 $\omega$ 和衰减因子 $\sigma$ 构成，高度轴表示动刚度的模。可见，拉索中点的动刚度呈倒置的圆锥体，其在水平面内的等高线投影近似为同心圆，圆心坐标的频率坐标对应为真实的一阶模态频率，衰减因子轴坐标为零。在任意频率或衰减因子处的截口曲线可以用二次抛物线描述。

2) 刚度空间分布规律

实际工程中，经常需要考察拉索在指定频率出的动刚度空间分布情况。固定拉索其余参数，使横向激励沿索长变化，$\mu_1 \in [0,\ 1]$，考察拉索基频估计值(由张紧弦基频公式给出)处的动刚度空间分布。图 2.16 给出拉索 1～4 阶频率估计值时的动刚度沿索长的分布情况。

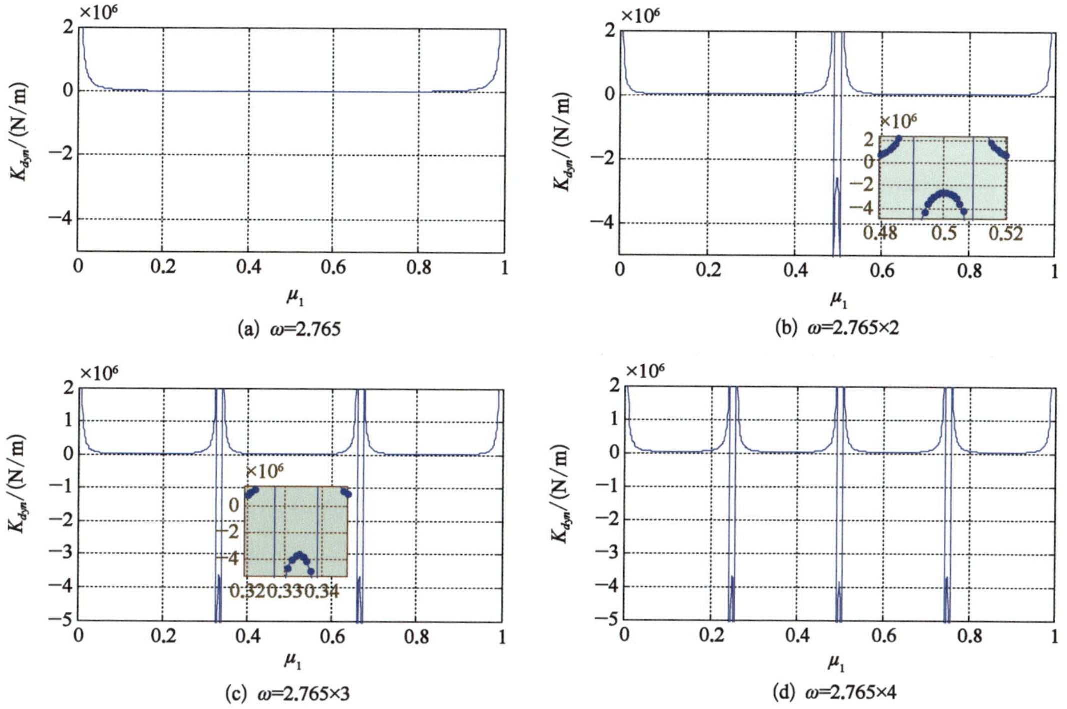


图 2.16　基频估计值下刚度阵各元素的空间分布

由图 2.16 可见，随着阶次的增加，拉索动刚度被振型节点分割成多个平底锅状的区间。在区间的两端出现无穷大间断点，区间中点位置出现最小值。在振型节点处附近，出现分叉现象，即动刚度从正无穷突变为负无穷，在节点处出现有限数值的刚度(绝对值最小)。其原因主要是估计模态频率与真实模态频率之间存在差异。为了从数值上反映动刚度的空间分布情况，还将部分结果在表 2.6 中列出。

表 2.6　前 4 阶自振频率处的动刚度

| 阶　　次 | 1 | 2 | 3 | 4 |
|---|---|---|---|---|
| 自振频率/ rad | 2.765 | 5.529 | 8.294 | 11.058 |
| 最小刚度位置 | 0.509 | 0.207 | 0.5 | 0.374 |
| 最小刚度/ (N/ m) | $1.571\times10^4$ | $2.001\times10^4$ | $1.300\times10^4$ | $1.910\times10^4$ |
| 指定高度 | 0.1 | 0.1 | 0.1 | 0.1 |
| 指定高度处 | $9.556\times10^4$ | $3.402\times10^4$ | $3.100\times10^4$ | $3.790\times10^4$ |

3）主要参数对动刚度的影响

考虑到工程应用对象，靠近下锚点附近的拉索横向力激励和动刚度更具有工程意义，也更为人们所关心。为此，下面只考察拉索下锚点附近的动刚度。

(1) 倾角。本章给出的拉索横向动刚度定义在与弦向垂直的方向。由于两个重力分量的变化及拉索本身的几何非线性，拉索倾角对动刚度的影响还是不容忽视的。图 2.17 给出在拉索下端 ($\mu_1 = 0.1$) 位置处动刚度相对变化值 $\delta_k$ 随拉索倾角的变化情况。其中无量纲化的 $\delta_k$ 定义为

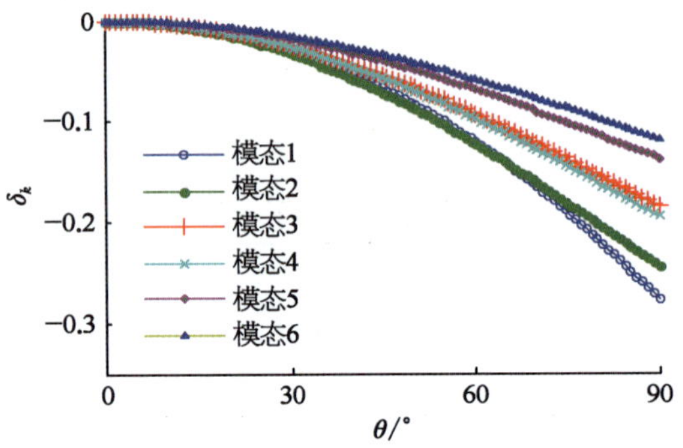


图 2.17　前 6 阶动刚度值随倾角的变化($\mu_1 = 0.1$)

$$\delta_k = \frac{k_{dyn}^{(\theta)} - k_{dyn}^{(0)}}{k_{dyn}^{(0)}} \tag{2.45}$$

式中　$k_{dyn}^{(\theta)}$ ——倾角为 $\theta$ 时的动刚度；

$k_{dyn}^{(0)}$ ——倾角为零时的动刚度。

由图 2.17 可见，随着倾角的增大，拉索靠近端部的动刚度将变小，其中频率越小，动刚度减小程度越大，拉索做一阶振动时的动刚度最大可降低 27.6%左右。这个结果表明，在进行斜拉桥现场拉索激振时，将拉索人为地放平处理会造成较大误差，必须根据拉索倾角情况来调整激振器工作参数。

(2) 拉索抗弯刚度。拉索自身的抗弯刚度对拉索横向动刚度的影响是可以靠直觉想到的，然而这种影响程度有多大，还需进行研究。同样，无量纲化的指标量 $\delta_k^*$ 定义如下

$$\delta_k^* = \frac{k_{dyn} - k_{dyn}^{(TS)}}{k_{dyn}^{(TS)}} \tag{2.46}$$

式中　上标 ($TS$) ——张紧弦的首字母缩写，此种情形下，拉索抗弯刚度为零；

$\delta_k^*$ ——可以称为动刚度相对变化率。它可反映拉索动刚度与张紧弦理论估计值之间的差异，也可反映不同拉索抗弯刚度下的动刚度相对变化情况。

图 2.18 分别给出 $\delta_k^*$ 与拉索无量纲抗弯刚度系数 $\xi = l_0\sqrt{H/E/I}$ 和 $EI$ 的变化情况。从

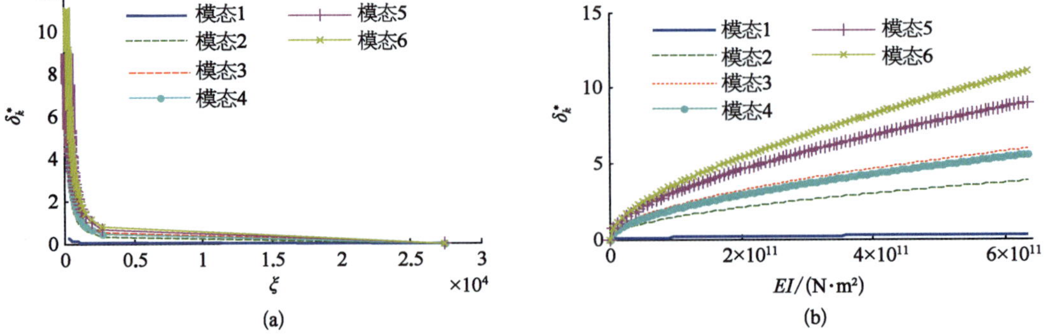


图 2.18　抗弯刚度对拉索动刚度的影响($\mu_1 = 0.1$)

图 2.18(a)可以看出,随着 $EI$ 的增长和 $\xi$ 的降低,各阶模态频率估计值处的动刚度相对变化率均呈现增长趋势。其中,基频增长最为缓慢,随着阶次的上高,增长速度越大。图中的曲线也反映了用张紧弦理论估计拉索动刚度时的误差情况,即拉索抗弯刚度越大,误差就越大。

(3) 垂度影响。浅垂度拉索尽管垂度小于 1/8,但垂度也会对拉索动刚度产生比较大的影响。当拉索构型确定后,拉索的垂度只取决于拉索的张力。为了研究这个问题,保持拉索的基本参数不变,通过拉紧和松弛拉索的索力,来调节拉索的垂度,计算不同垂度下 1～6 阶模态处的拉索的动刚度情况,如图 2.19 所示。为了比较,图中还给出了不考虑垂度的动刚度计算结果。

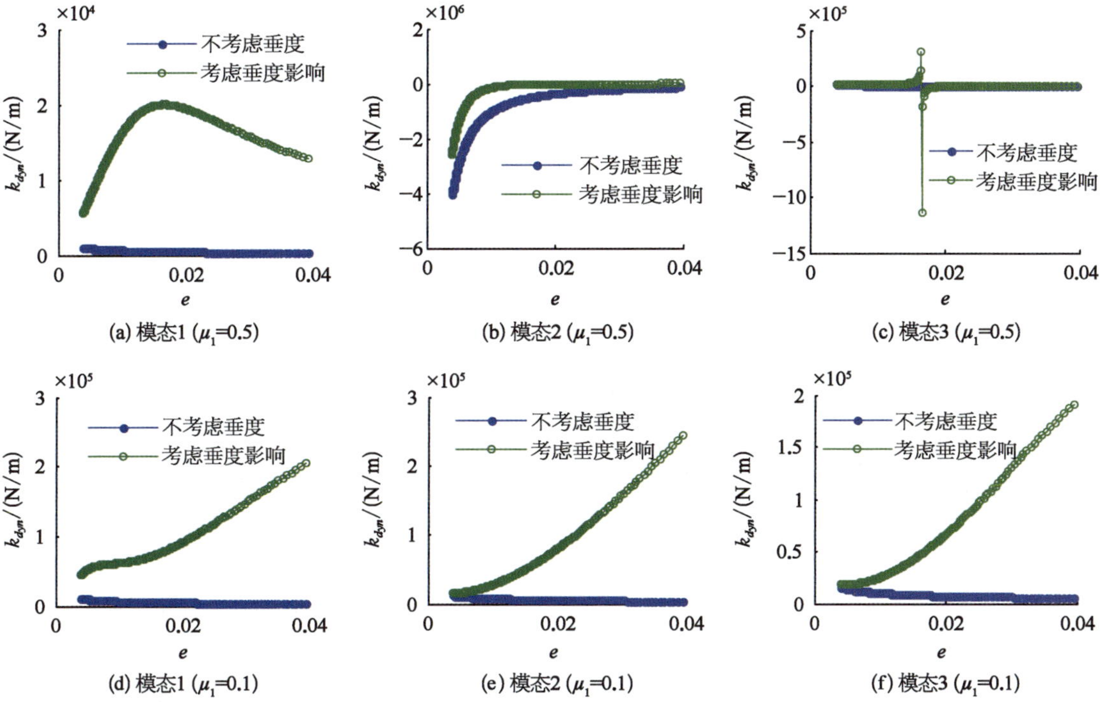


图 2.19　垂度对拉索横向动刚度的影响

由图 2.19 可见,拉索垂跨比对拉索近下锚固端的动刚度的影响很大,随着拉索索力的逐渐松弛,拉索垂度增大,考虑垂度影响时,端部拉索的各阶频率处的动刚度也将单调增大;而不考虑垂度影响时的动刚度计算结果略有下降,且比考虑垂度影响时的动刚度要小。垂度越大,两者差距越大。

拉索中点处的动刚度情况与端部相比,其规律有较大的不同,对基频而言,垂度对动刚度的影响远比对其他阶大,基频动刚度随着垂跨比的增大先升后降,在约 $e=0.016\,5$ 处出现峰值。对二阶(偶数阶),无论是考虑还是不考虑垂度的动刚度计算方式,曲线均趋于平缓,这说明垂度的影响逐渐变小,也符合已有文献的结论。对三阶,结论类似,但在同一垂跨比 $e=0.016\,5$ 点处出现了一个突变。出现这种现象的原因,可能与拉索松弛过程中的频率跨越和转向现象有关,值得另辟专题深入研究。

第 3 章

# 考虑多因素的裸索系统动力特性分析方法

虽然已有的拉索分析模型能够一定程度上反映实际索缆结构的动力学特性，但仍然只能计入部分结构参数的影响，因此分析结果的精度有限。为了实现复杂索缆体系的精细化分析，首先需要建立一套能够考虑多因素影响的，且能反映实际结构真实动力特性的分析模型。鉴于此，本书按照索缆体系结构形式及力学特征将其分为裸索体系、复合索体系及多段式索缆体系，下面将分别针对这三类体系的力学模型及适用范围进行阐述。本章首先对裸索系统进行动力特性分析。

裸索体系是指拉索沿索长方向除端部约束外无其他横向力或元器件作用的单索结构，工程中常见的如未安装阻尼器的斜拉索、无横向支撑的吊杆及输电电缆等。该类拉索的结构形式相对简单，已有研究可以考虑结构抗弯刚度、垂度、倾角、内阻尼中部分因素的影响，但尚无法以解析或半解析的形式全面地考虑这些因素。鉴于此，本章基于欧拉梁理论建立如图 3.1 所示裸索模型。

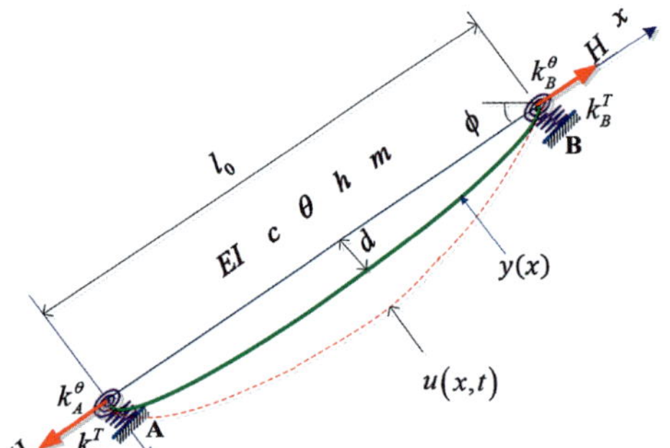


图 3.1　同时考虑多结构参数影响的裸索模型

图 3.1 即同时考虑拉索线质量 $m$、抗弯刚度 $EI$、垂度 $d$、倾角 $\phi$、附加索力 $h(t)$ 及阻尼系数 $c$ 等因素影响的裸索力学模型。其中，$l_0$ 为拉索弦向长度，$H$ 为拉索索力，$y(x)$ 为拉索的初始静构型，$u(x, t)$ 为拉索的横向位移函数，亦即动构型，$k^{\theta}_{A(B)}$、$k^{T}_{A(B)}$ 为当边界为弹性支撑时的转动刚度和竖向支撑刚度。此时系统的控制微分方程可表示为：

$$EI\frac{\partial^4 u}{\partial x_j^4} - H\frac{\partial^2 u}{\partial x_j^2} - h(t)\frac{d^2 y}{dt^2} + m\frac{\partial^2 u}{\partial t^2} + c\frac{\partial u}{\partial t} = 0 \tag{3.1}$$

式中　$x_j$ ——分段坐标。

通常情况下应用扩展动刚度法分析时不需要对研究对象进行离散，然而当结构边界条件为固结时，若只采用一个单元，则系统自由度将为 0，此时需要在拉索中至少建立一个中间结点。此外，采用分段坐标有助于研究拉索全长范围内任意一点处横向动刚度的变化规律。因此，一般情况下对于裸索系统可在拉索中部增设一个节点进行研究，即 $j=0,\ 1,\ 2$。

## 3.1　系统频率方程的建立

### 3.1.1　裸索体系阻尼比计算

针对裸索体系应用扩展动刚度法，其有阻尼和无阻尼情况下的控制微分方程可分别表示为

$$EI\frac{\partial^4\bar{u}}{\partial x^4}-H\frac{\partial^2\bar{u}}{\partial x^2}-h(t)\frac{d^2y}{dt^2}+m\frac{\partial^2\bar{u}}{\partial t^2}+c\frac{\partial\bar{u}}{\partial t}=0 \tag{3.2}$$

$$EI\frac{\partial^4 u}{\partial x^4}-H\frac{\partial^2 u}{\partial x^2}-h(t)\frac{d^2y}{dt^2}+m\frac{\partial^2 u}{\partial t^2}=0 \tag{3.3}$$

式中　$c$——阻尼系数。

根据扩展动刚度法分别假设 $u(x,\ t)=\varphi(x)e^{\lambda t}$，$\bar{u}(x,\ t)=\bar{\varphi}(x)e^{\bar{\lambda}t}$，则式(3.2)及式(3.3)的齐次项可分别化为

$$EI\frac{d^4\bar{\varphi}}{dx^4}-H\frac{d^2\bar{\varphi}}{dx^2}+\bar{b}m\bar{\varphi}=0 \tag{3.4}$$

$$EI\frac{d^4\varphi}{dx^4}-H\frac{d^2\varphi}{dx^2}+bm\varphi=0 \tag{3.5}$$

其中，$\bar{b}=\bar{\lambda}^2+\bar{\lambda}c$，$b=\lambda^2$。假设 $\bar{\varphi}=\bar{A}e^{\bar{\kappa}x}$，$\varphi=Ae^{\kappa x}$，则上述二式的特征方程为

$$\bar{\kappa}^4+\alpha\bar{\kappa}^2+\bar{\beta}=0 \tag{3.6}$$

$$\kappa^4+\alpha\kappa^2+\beta=0 \tag{3.7}$$

其中

$$\alpha=-\frac{H}{EI},\quad \bar{\beta}=\frac{(\bar{\lambda}^2+\bar{\lambda}c)m}{EI},\quad \beta=\frac{\lambda^2 m}{EI}$$

则特征方程式(3.6)和式(3.7)的解分别为

$$\kappa_{1,2}=\pm\sqrt{\frac{-\alpha+\sqrt{\alpha^2-4\beta}}{2}},\quad \kappa_{3,4}=\pm\sqrt{\frac{-\alpha-\sqrt{\alpha^2-4\beta}}{2}}$$

$$\bar{\kappa}_{1,2}=\pm\sqrt{\frac{-\alpha+\sqrt{\alpha^2-4\bar{\beta}}}{2}},\quad \bar{\kappa}_{3,4}=\pm\sqrt{\frac{-\alpha-\sqrt{\alpha^2-4\bar{\beta}}}{2}}$$

故式(3.4)和式(3.5)的通解可表示为

$$\bar{\varphi}(x)=\bar{A}_1e^{\bar{\kappa}_1x}+\bar{A}_2e^{\bar{\kappa}_2x}+\bar{A}_3e^{\bar{\kappa}_3x}+\bar{A}_4e^{\bar{\kappa}_4x} \tag{3.8}$$

$$\varphi(x)=A_1e^{\kappa_1x}+A_2e^{\kappa_2x}+A_3e^{\kappa_3x}+A_4e^{\kappa_4x} \tag{3.9}$$

其中，$A_1\sim A_4$，$\bar{A}_1\sim\bar{A}_4$ 为与边界条件有关的待定系数。

对比特征方程式(3.7)和式(3.6)可以看出，当考虑材料的黏滞性阻尼特性后，系统与对应无阻尼系统的特征方程和通解具有完全相同的形式，唯一的区别在于波数因子 $\kappa_j$ 和 $\bar{\kappa}_j(j=1\sim4)$ 的计算式不同。由动刚度矩阵的计算流程可知，系统的动刚度矩阵是通过位移函数 $U$ 求得的，因此矩阵中的各刚度系数均为波数因子的函数。由此可见，对于有阻尼系统，其动刚度矩阵 $\bar{\mathbf{K}}(\bar{\kappa})$ 中各元素的表达式应与无阻尼系统的动刚度矩阵 $\mathbf{K}(\kappa)$ 中对应元素的表达式完全一致。其中波数向量 $\bar{\boldsymbol{\kappa}}=[\kappa_1 \quad \kappa_2 \quad \kappa_3 \quad \kappa_4]$，$\boldsymbol{\kappa}=[\kappa_1 \quad \kappa_2 \quad \kappa_3 \quad \kappa_4]$。

由于波数因子 $\kappa_{1\sim4}$ 和 $\bar{\kappa}_{1\sim4}$ 分别为频率因子 $\lambda$ 和 $\bar{\lambda}$ 的函数，两者包含了系统的全部频率信息。因此频率方程的求解可分解为两步：首先寻找满足 $|\mathbf{K}(\kappa)|=0$ 的中间解向量 $\kappa(\lambda)$；其次再根据 $\kappa_j(\lambda)$ 及 $\bar{\kappa}_j(\bar{\lambda})$ 的表达式分别确定出无阻尼系统和有阻尼系统的模态频率 $\lambda$ 和 $\bar{\lambda}$。实施过程如下：

因为对于同一阶模态有 $\bar{\boldsymbol{\kappa}}=\boldsymbol{\kappa}$，将特征方程式(3.6)和式(3.7)作差后可得

$$\bar{\beta}-\beta=\frac{(\bar{\lambda}^2+\bar{\lambda}c-\lambda^2)m}{EI}=0 \tag{3.10}$$

上式可重新改写为如下标准形式

$$\bar{\lambda}^2-2\xi i\bar{\lambda}\lambda-\lambda^2=0 \tag{3.11}$$

其中 $\xi=-\dfrac{c}{2i\lambda}=\dfrac{c}{2\omega}$。式(3.11)是一个关于阻尼频率 $\bar{\lambda}$ 的一元二次方程，其根为

$$\bar{\lambda}=\xi\lambda i\pm\sqrt{1-\xi^2}\lambda=-\xi\omega\pm\sqrt{1-\xi^2}\omega i \tag{3.12}$$

其中，$\bar{\lambda}$ 的实部反映了系统运动的衰减幅度，虚部 $\sqrt{1-\xi^2}\omega$ 即有阻尼系统的固有频率 $\bar{\omega}$。

### 3.1.2 动刚度矩阵计算

需要说明的是，本书针对的研究对象为工程中垂跨比 $e=\dfrac{f}{l_0}<\dfrac{1}{8}$ 的小垂度拉索，不讨论拉索的大幅振动等强几何非线性现象。其中矢高 $f=\dfrac{mgl_0^2\cos\theta}{8H}$，$\theta$ 为拉索的倾角。当计入拉索垂度和弹性伸长的作用后，无阻尼系统的控制微分方程为

$$EI\frac{\partial^4 u}{\partial x^4}-H\frac{\partial^2 u}{\partial x^2}+m\frac{\partial^2 u}{\partial t^2}-h(t)\frac{d^2 y}{dt^2}=0 \tag{3.13}$$

式中　$y(x)$——拉索在静平衡位置的构型，对于考虑抗弯刚度影响的拉索，其静构型一般服从二次抛物线假设，即 $y(x)=\dfrac{-4e}{l_0}x(x-l_0)$；$h(t)=\tilde{h}e^{i\omega t}$，它表示拉索在振动过程中由于弹性伸长引起的索力增量。

其中 $\tilde{h}=\dfrac{mgEA}{l_eH}\int_0^{l_0}\varphi(x)\mathrm{d}x$，$l_e=\int_0^{l_0}(ds/dx)^3dx\cong l_0(1+8e^2)$ 为拉索的有效长度。

将 $u(x,t)=\varphi(x)e^{i\omega t}$ 代入式(3.13)可得系统以幅值函数 $\varphi(x)$ 描述的控制微分方程

$$\varphi^{IV}(x)-\frac{H}{EI}\varphi''(x)-\frac{m\omega^2}{EI}\varphi(x)=-h\frac{8e}{EIl} \tag{3.14}$$

引入无量纲参数：$\xi = x/l_0$，$\hat{\varphi}(\xi) = \varphi(x) \cdot EI/(mgl_0^4)$，$\hat{h} = \tilde{h}\cos\theta/H$，则可得到系统无量纲化后的控制微分方程

$$\varphi^{IV}(\xi) - \gamma^2\hat{\varphi}''(\xi) - \tilde{\omega}^2\hat{\varphi}(\xi) = -\hat{h} \tag{3.15}$$

式中　$\gamma^2 = \dfrac{Hl_0^2}{EI}$——拉索轴力与抗弯刚度之比；

$\tilde{\omega}$——无量纲化频率，$\tilde{\omega} = \omega \dfrac{l_0^2}{\sqrt{EI/m}}$。

由此，式(3.15)的通解可表示为

$$\hat{\varphi}(\xi) = A_1 e^{-p\xi} + A_2 e^{-p(1-\xi)} + A_3\cos(q\xi) + A_4\sin(q\xi) + \hat{h}/\tilde{\omega}^2 \tag{3.16}$$

其矩阵形式为

$$\hat{\varphi}(\xi) = \mathbf{\Phi}(\xi) \cdot \{A_1 \quad A_2 \quad A_3 \quad A_4\}^T + \hat{h}/\tilde{\omega}^2 \tag{3.17}$$

式中

$$\mathbf{\Phi}(\xi) = [e^{-p\xi} \quad e^{-p(1-\xi)} \quad \cos(q\xi) \quad \sin(q\xi)] \tag{3.18}$$

其中

$$\left.\begin{matrix} p \\ q \end{matrix}\right\} = \sqrt{\sqrt{\left(\frac{\gamma^2}{2}\right)^2 + \tilde{\omega}^2} \pm \frac{\gamma^2}{2}} = \sqrt{\sqrt{\left(\frac{Hl_0^2}{2EI}\right)^2 + \omega^2\frac{ml_0^4}{EI}} \pm \frac{Hl_0^2}{2EI}} \tag{3.19}$$

而

$$\hat{h} = \tilde{h}\cos\theta/H = \eta\int_0^1 \hat{\varphi}(\xi)d\xi = \eta\int_0^1 \mathbf{\Phi}(\xi)d\xi \cdot \{A_1 \quad A_2 \quad A_3 \quad A_4\}^T + \frac{\eta\hat{h}}{\tilde{\omega}^2} \tag{3.20}$$

其中，$\eta = \dfrac{64Al_0^3e^2}{Il^e}$。由式(3.20)可得

$$\frac{\hat{h}}{\tilde{\omega}^2} = \mathbf{B} \cdot \{A_1 \quad A_2 \quad A_3 \quad A_4\}^T \tag{3.21}$$

其中，$\mathbf{B} = b_0 \cdot [b_1 \quad b_2 \quad b_3 \quad b_4]$，$b_0 = \dfrac{\eta}{\tilde{\omega}^2 - \eta}$，$b_1 = b_2 = \dfrac{1-e^{-p}}{p}$，$b_3 = \dfrac{\sin q}{q}$，$b_4 = \dfrac{1-\cos q}{q}$

将式(3.21)代入式(3.17)，可得由待定常数阵 $\{A_1 \quad A_2 \quad A_3 \quad A_4\}^T$ 表达的无量纲化振型函数

$$\hat{\varphi}(\xi) = ([e^{-p\xi} \quad e^{-p(1-\xi)} \quad \cos(q\xi) \quad \sin(q\xi)] + \mathbf{B}) \cdot \{A_1 \quad A_2 \quad A_3 \quad A_4\}^T \tag{3.22}$$

根据结点力和位移函数的关系，可以得到系统由振型函数表征的节点位移

$$\begin{Bmatrix} \alpha_a \\ \theta_a l \\ \alpha_b \\ \theta_b l \end{Bmatrix} = \frac{mgl_0^4}{EI}\begin{Bmatrix} \hat{\varphi}(\xi|_{=0}) \\ \hat{\varphi}'(\xi|_{=0}) \\ \hat{\varphi}(\xi|_{=1}) \\ \hat{\varphi}'(\xi|_{=1}) \end{Bmatrix} = \frac{mgl_0^4}{EI}\begin{bmatrix} \mathbf{\Phi}(\xi|_{=0}) + \mathbf{B} \\ \mathbf{\Phi}'(\xi|_{=0}) \\ \mathbf{\Phi}(\xi|_{=1}) + \mathbf{B} \\ \mathbf{\Phi}'(\xi_1|_{=1}) \end{bmatrix}\begin{Bmatrix} A_1 \\ A_2 \\ A_3 \\ A_4 \end{Bmatrix} = \frac{1}{\varsigma}\mathbf{G} \cdot \begin{Bmatrix} A_1 \\ A_2 \\ A_3 \\ A_4 \end{Bmatrix} \tag{3.23}$$

其中，$\varsigma = \dfrac{EI}{mgl_0^4}$，$\mathbf{G} = [\mathbf{\Phi}(\xi|_{=0}) + \mathbf{B} \quad \mathbf{\Phi}'(\xi|_{=0}) \quad \mathbf{\Phi}(\xi|_{=1}) + \mathbf{B} \quad \mathbf{\Phi}'(\xi|_{=1})]^T$。因此常数向量

$[A_1 \quad A_2 \quad A_3 \quad A_4]^T$ 可表示为

$$\begin{Bmatrix} A_1 \\ A_2 \\ A_3 \\ A_4 \end{Bmatrix} = \varsigma \mathbf{G}^{-1} \begin{Bmatrix} \alpha_a \\ \theta_a l_0 \\ \alpha_b \\ \theta_b l_0 \end{Bmatrix} \tag{3.24}$$

结合结点力和位移的关系

$$\begin{cases} V(x,t) = \left( EI \dfrac{\partial^3 \varphi}{\partial x^3} - H \dfrac{\partial \varphi}{\partial x} \right) \cdot \mathrm{e}^{\mathrm{i}\omega t} = mgl_0 (\hat{\varphi}'''(\xi) - \gamma^2 \hat{\varphi}'(\xi)) \cdot \mathrm{e}^{\mathrm{i}\omega t} \\ M(x,t) = EI \dfrac{\partial^2 \varphi}{\partial x^2} \mathrm{e}^{\mathrm{i}\omega t} = mgl_0^2 \, \hat{\varphi}''(\xi) \mathrm{e}^{\mathrm{i}\omega t} \end{cases} \tag{3.25}$$

以及振型函数式(3.17)可得

$$\{V_a \quad M_a/l_0 \quad V_b \quad M_b/l_0\}^T = mgl_0 \varsigma \cdot \mathbf{D} \cdot \mathbf{G}^{-1} \cdot \{\alpha_a \quad \theta_a l_0 \quad \alpha_b \quad \theta_b l_0\}^T \tag{3.26}$$

其中 $\mathbf{D} = \begin{bmatrix} (\mathbf{\Phi}'''(\xi\,|_{=0})) - \gamma^2 (\mathbf{\Phi}'(\xi\,|_{=0})) \\ -(\mathbf{\Phi}''(\xi\,|_{=0})) \\ -(\mathbf{\Phi}'''(\xi\,|_{=1})) + \gamma^2 (\mathbf{\Phi}'(\xi\,|_{=1})) \\ (\mathbf{\Phi}''(\xi\,|_{=1})) \end{bmatrix}$，从而可得系统的动刚度矩阵为

$$\mathbf{K} = mgl_0 \varsigma \cdot \mathbf{D} \cdot \mathbf{G}^{-1} = \frac{EI}{l_0^3} \mathbf{D} \cdot \mathbf{G}^{-1} \tag{3.27}$$

在求得系统动刚度矩阵 **K** 后，则系统的模态频率通常可由如下频率方程进行求解：

$$|\,\mathbf{K}(\omega)\,| = \mathbf{0} \tag{3.28}$$

式中　$|\cdot|$——行列式的值。

满足上述频率方程的 $\omega$ 值即系统的模态频率。通常情况下，该频率方程为一复杂的超越方程，在早期的研究中，一些数学技巧被用来解决特定的简单结构的频率方程，如 Timoshenko[60-61] 和 Huang[62] 的工作。为了求解复杂系统的频率方程，Cheng[96]、Li[64] 和 Henshell[65] 等学者提出了“图解法”，实质上是通过零根搜索法来确定结构的各阶模态频率。这类方法是通过判断每次搜索的相邻两个试探解的函数值是否变号来求解频率，不仅计算量大，难以区分距离非常靠近的两阶模态频率，也无法区分零点和正负无穷处变号的情况，因此很可能导致漏根的情况[66]。Muller 搜索法[67] 就属于此类方法范畴。为此，就需要引入 W－W 法。

### 3.1.3　系统频率方程的求解

根据节点位移与位移函数的关系，对于长度为 $l$ 的任一独立索段，其端部节点 $a$，$b$ 处的结点力可写作

$$\begin{cases} \alpha_a = \varphi(x)\,|_{x=0} \quad \alpha_b = \varphi(x)\,|_{x=l} \\ \theta_a = \varphi'(x)\,|_{x=0} \quad \theta_b = \varphi'(x)\,|_{x=l} \end{cases} \tag{3.29}$$

将通解式(3.16)代入上式后可看出：小垂度拉索系统的横向位移是位移函数的零阶导数，因而横向位移自由度将受特解项 $\hat{h}/\tilde{\omega}^2$ 的影响，而转角由于是 $\varphi(x)$ 的一阶导数将不受特解项影响。小垂度系统的几何非线性因素使得系统动刚度矩阵不再严格对称，这一点有别于无垂度系统。由于动刚度法适用于线性系统，当考虑拉索垂度效应后系统将具有非线性特征，此时系统动刚度矩阵不再严格对称，也就无法直接应用 W－W 法进行频率计算。然而对于小垂度拉索系统，由于其弱非线性特点，垂度对各阶模态频率的影响有限，尤其对高阶模态的影响几乎可以忽略。1.4 节据此给出了一种改进 W－W 法用于求解该类系统的频率方程。

## 3.2　准确性验证

本节将对裸索系统频率方程的计算结构进行验证，在 1.4.2 中以裸索系统为例，通过与已有研究结果进行对比验证了改进 W－W 法的准确性。为了进一步验证本书方法的准确性，笔者于索厂进行了实索试验，并通过多级张拉予以验证。

本次试验中拉索的自由长度为 19.715 m；抗弯刚度 $EI$ 为 $9.387\times10^4$ N/m$^2$，单位长度线质量 $m$ 为 16.6 kg/m。如图 3.2 所示，拉索边界为固定约束，以人工快速锤击的方式进行激励，通过加速度计记录不同张拉等级下的拉索加速度时程。

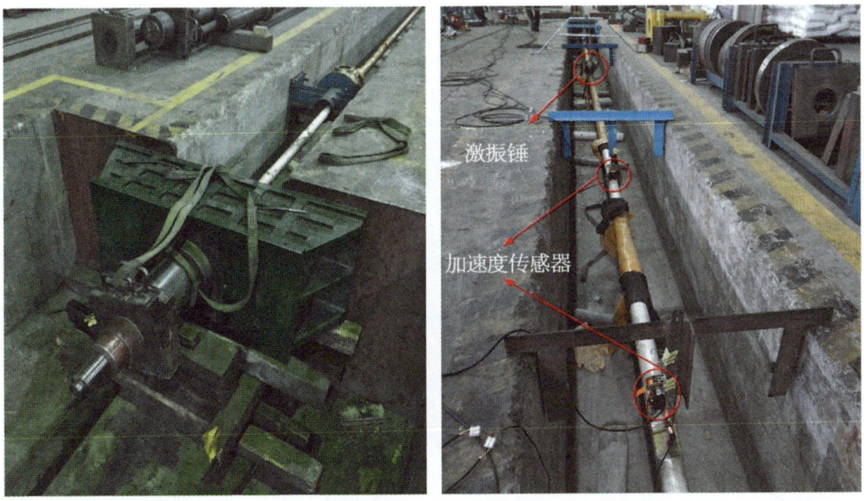


图 3.2　实索试验现场

对于裸索系统，实际工程中通常采用张紧弦理论或考虑拉索抗弯刚度的梁理论进行索力估计。两者分别给出了索力和索频的关系：

$$\omega_n=\frac{n\pi}{l}\sqrt{\frac{H}{m}} \tag{3.30}$$

$$\omega_n=\frac{n\pi}{l}\sqrt{\frac{H}{m}\left(1+\frac{n^2\pi^2}{l^2}\frac{EI}{H}\right)} \tag{3.31}$$

式中 $n$——模态阶次；

$H$——实测索力值。

由于对于给定系统，索力和频率具有一一对应的关系，因此在下述分析过程中将采用正分析的方式，将实测索力分别代入张紧弦理论考虑拉索抗弯刚度的梁理论及本章方法中，从而得出对应的索频，进而通过与实测频率进行对比来验证本章方法的准确性。为了比较不同方法所得结果的准确性，定义相对误差 $\delta=\dfrac{\text{实测值}-\text{计算值}}{\text{实测值}}$。

本试验工况共分为五个张拉等级，在本节的验证过程中，以各工况中第 4、5 级张拉为例，给出实测加速度信号的频谱图及计算结果的误差分析表，其余各张拉等级的结果以直方图的形式给出。

从图 3.3、表 3.1、表 3.2 可以看出：按照张紧弦和梁理论计算得到的结果误差较大，尤其对于张紧弦解而言，其高阶模态的误差是难以接受的；而本章方法所得结果的相对误差不超过 1.5%，尤其在计算高阶模态时具有很高的精度。为了进一步给出其他张拉等级的计算结果，分别绘制了实测值和不同方法的前六阶计算结果的直方图(图 3.4)，并同时给出了各方法的相对计算误差。

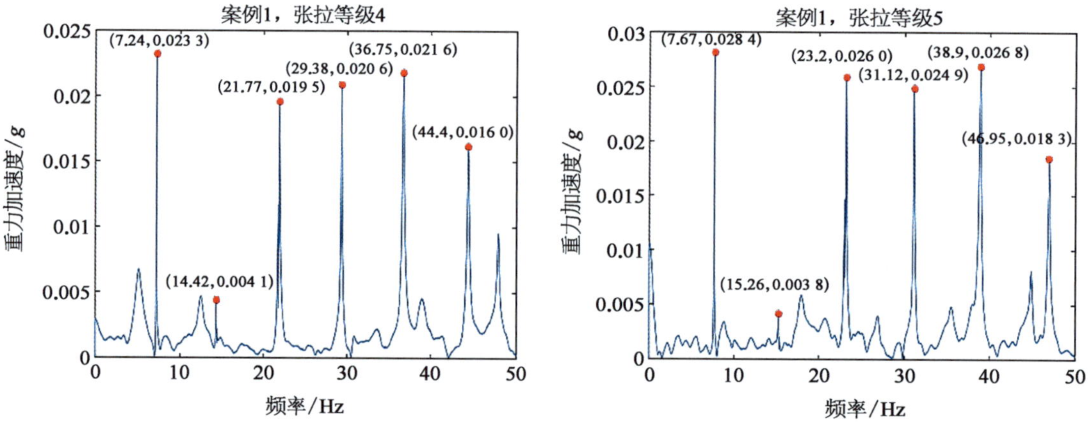


图 3.3　不同等级下张拉加速度频谱

表 3.1　案例 1，张拉等级 4，$H=1.248\,7\times10^6$ N

| 模　态 | 实测值 | 张紧弦 | δ/% | 梁理论 | δ/% | 本章方法 | δ/% |
|---|---|---|---|---|---|---|---|
| 1 | 7.24 | 6.96 | 3.88 | 6.96 | 3.79 | 7.16 | −1.03 |
| 2 | 14.42 | 13.91 | 3.59 | 13.96 | 3.22 | 14.37 | −0.45 |
| 3 | 21.77 | 20.87 | 4.14 | 21.05 | 3.32 | 21.65 | −0.55 |
| 4 | 29.38 | 27.82 | 5.30 | 28.25 | 3.86 | 29.06 | −1.10 |
| 5 | 36.75 | 34.78 | 5.34 | 35.60 | 3.10 | 36.62 | −0.32 |
| 6 | 44.40 | 41.74 | 5.96 | 43.15 | 2.78 | 44.39 | 0.02 |

表 3.2 案例 1,张拉等级 5: $H=1.406\,8\times10^{6}$ N

| 模 态 | 实测值 | 张紧弦 | δ/% | 梁理论 | δ/% | 本章方法 | δ/% |
|---|---|---|---|---|---|---|---|
| 1 | 7.67 | 7.38 | 3.74 | 7.39 | 3.66 | 7.59 | −1.06 |
| 2 | 15.26 | 14.77 | 3.24 | 14.82 | 2.91 | 15.22 | −0.29 |
| 3 | 23.20 | 22.15 | 3.99 | 22.32 | 3.26 | 22.92 | −0.65 |
| 4 | 31.12 | 29.53 | 5.10 | 29.93 | 3.83 | 30.74 | −1.23 |
| 5 | 38.90 | 36.92 | 5.10 | 37.69 | 3.11 | 38.71 | −0.49 |
| 6 | 46.95 | 44.30 | 5.61 | 45.63 | 2.77 | 46.86 | −0.14 |

从图 3.4 中可以看出:① 对于不同张拉等级,本章方法的各阶计算结果均与实测值十分接近,且最大相对误差仅为 1.22%。② 张紧弦理论及梁理论的计算结果均存在较大误差。前者的计算误差随着模态阶次的增加而增大,随索力的下降基本呈线性增加;后者的计算误差随着模态阶次的增加有降低趋势,当索力下降时其前三阶模态的计算误差接近线性增大,而对于 4~6 阶模态计

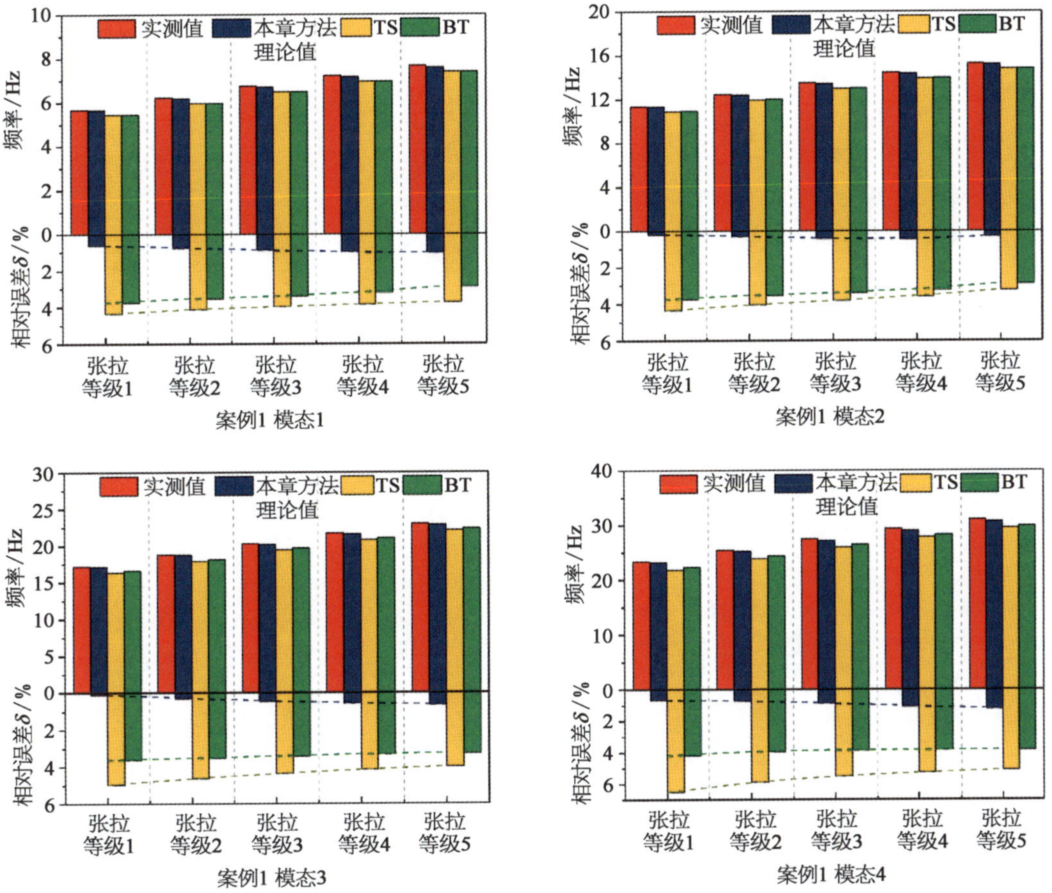

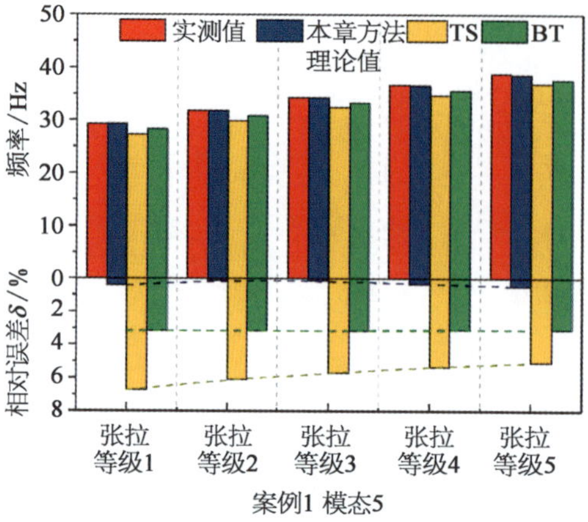


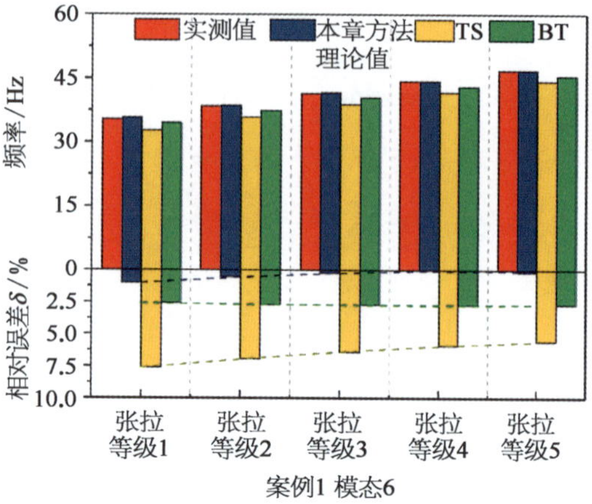


图 3.4 工况一各张拉等级下前六阶模态不同方法计算结果比较

算误差基本保持不变。造成这一误差的主要原因是对于短索而言,结构自身的抗弯刚度及边界条件的影响是不能忽略的。

# 第二篇

# 复杂索缆系统的动力分析理论

# 第 4 章

# 复杂拉索体系的动力特性分析

## 4.1 复杂拉索系统的动刚度理论

首先研究倾斜拉索在中间作用横向激励作用下的情形。通过前述章节分析，整个拉索的总体平衡方程可由下式给出：

$$\mathbf{K}^{(0)}\mathbf{a}^{(0)}=\mathbf{F}^{(0)} \tag{4.1}$$

式中

$$\mathbf{a}^{(0)}=\{\alpha_A \quad \theta_A l_0 \quad \alpha_C \quad \theta_C l_0 \quad \alpha_B \quad \theta_B l_0\}^T$$

$$\mathbf{F}^{(0)}=\{V_A \quad M_A/l_0 \quad V_C \quad M_C/l_0 \quad V_B \quad M_B/l_0\}^T$$

式中　$\mathbf{a}^{(0)}$、$\mathbf{F}^{(0)}$ ——结点位移幅值和结点力幅值向量，其元素 $\alpha_A$、$\alpha_C$、$\alpha_B$、$\theta_A$、$\theta_C$、$\theta_B$、$V_A$、$V_C$、$V_B$、$M_A$、$M_C$ 和 $M_B$ 分别为拉索 A、C 和 B 处的索横向动位移幅值、动转角幅值、横向力幅值和集中动弯矩幅值。

拉索总刚度 $\mathbf{K}^{(0)}$ 可由索段动刚度集组而成：

$$\mathbf{K}^{(0)}=\mathbf{I}_1^T\cdot\mathbf{K}^{(1)}\cdot\mathbf{I}_1+\mathbf{I}_2^T\cdot\mathbf{K}^{(2)}\cdot\mathbf{I}_2 \tag{4.2}$$

式中　$\mathbf{I}_1$，$\mathbf{I}_2$ 为矩阵集组算子，取值如下：

$$\mathbf{I}_1=\begin{bmatrix}1&0&0&0&0&0\\0&1&0&0&0&0\\0&0&1&0&0&0\\0&0&0&1&0&0\end{bmatrix},\quad \mathbf{I}_2=\begin{bmatrix}0&0&1&0&0&0\\0&0&0&1&0&0\\0&0&0&0&1&0\\0&0&0&0&0&1\end{bmatrix},$$

将 $\mathbf{F}^{(0)}$ 写成两个向量之和的形式，即

$$\mathbf{F}^{(0)}=\mathbf{F}_{AB}^{(0)}+\mathbf{F}_C^{(0)} \tag{4.3}$$

式中　$\mathbf{F}_{AB}^{(0)}$ ——拉索边界点的结点力幅值向量；

$\mathbf{F}_C^{(0)}$ ——仅考虑索段中间结点两个自由度的横向力幅值向量，即

$$\begin{cases}\mathbf{F}_{AB}^{(0)}=\{V_A \quad M_A/l_0 \quad 0 \quad 0 \quad V_B \quad M_B/l_0\}^T \\ \mathbf{F}_C^{(0)}=\{0 \quad 0 \quad V_C \quad M_C/l_0 \quad 0 \quad 0\}^T\end{cases}$$

引入拉索 A、B 端的边界条件：

$$\begin{cases}V_A=k_A^T\cdot\alpha_A \\ M_A=k_A^\theta\cdot\theta_A\end{cases}\text{和}\begin{cases}V_B=k_B^T\cdot\alpha_B \\ M_B=k_B^\theta\cdot\theta_B\end{cases}$$

得到：

$$\mathbf{F}_{AB}^{(0)}=-\mathbf{K}_{AB}\cdot a^{(0)}=-\mathbf{I}_3^T\cdot diag(\mathbf{k}_{AB})\cdot\mathbf{I}_3\cdot\mathbf{a}^{(0)} \tag{4.4}$$

式中 $\mathbf{K}_{AB}=\mathbf{I}_3^T\cdot diag(\mathbf{k}_{AB})\cdot\mathbf{I}_3$，表示拉索边界条件对总体刚度的贡献。
其中

$$\mathbf{k}_{AB}=[-k_A^T \quad -k_A^\theta/l_0^2 \quad -k_B^T \quad -k_B^\theta/l_0^2]$$

$$\mathbf{I}_3=\begin{bmatrix}1&0&0&0&0&0\\0&1&0&0&0&0\\0&0&0&0&1&0\\0&0&0&0&0&1\end{bmatrix}$$

则可以得到经过边界条件修正后的总平衡方程

$$(\mathbf{K}^{(0)}+\mathbf{K}_{AB})\mathbf{a}^{(0)}=\mathbf{F}_C^{(0)} \tag{4.5}$$

当拉索两端的约束条件趋向固结时，$\mathbf{k}_{AB}$ 各元素趋向无穷，$\mathbf{a}^{(0)}$ 的第 1、2、5、6 元素为零，此时拉索总纲退化为 2×2 阶方阵，总平衡方程退化为

$$\mathbf{K}^{(0)*}\begin{Bmatrix}\alpha_C\\ \theta_C l_0\end{Bmatrix}=\begin{Bmatrix}V_C\\ M_C/l_0\end{Bmatrix} \tag{4.6}$$

式中 $(\cdot)^*$——划去 $\mathbf{K}^{(0)}$ 第 1、2、5、6 行和第 1、2、5、6 列后的剩余部分。

当拉索为两端理想铰接时，$\mathbf{k}_{AB}$ 的第 2、4 元素为零，1、3 为无穷大，$\mathbf{a}^{(0)}$ 的第 1、5 元素为零。此时总纲退化为 4×4 阶方阵，总平衡方程退化为

$$(\mathbf{K}^{(0)**}+\mathbf{K}_{AB}^{**})\begin{Bmatrix}\theta_A l_0\\ \alpha_C\\ \theta_C l_0\\ \theta_B l_0\end{Bmatrix}=\begin{Bmatrix}0\\ V_C\\ M_C/l_0\\ 0\end{Bmatrix} \tag{4.7}$$

式中 $(\cdot)^{**}$——分别划去矩阵 ($\mathbf{K}^{(0)}$ 或 $\mathbf{K}_{AB}$) 的第 1、5 行和第 1、5 列后的剩余部分。

其他复杂的边界条件，包括边界阻尼力存在的情况，均可按照类似的办法处理。

## 4.2 复杂拉索体系的统一频率方程

横向元件施加力到拉索中间的情形比施加弯矩更常见。因此，可令 $M_C=0$，并设横向扰动力

幅值可以写成关于横向动位移幅值 $\alpha_C$ 的线性表达式，其中系数可表示成频率 $\omega$ 的标量函数 $\kappa_C(\omega)$，即

$$V_C = -\kappa_C(\omega)\alpha_C \tag{4.8}$$

记

$$\mathbf{K}_C = \mathbf{I}_4^T \cdot diag([\kappa_C(\omega) \quad 0]) \cdot \mathbf{I}_4 \tag{4.9}$$

式中

$$\mathbf{I}_4 = \begin{bmatrix} 0 & 0 & 0 & 0 & 0 & 0 \\ 0 & 0 & 1 & 0 & 0 & 0 \\ 0 & 0 & 0 & 1 & 0 & 0 \\ 0 & 0 & 0 & 0 & 0 & 0 \end{bmatrix}$$

将式(4.9)代入式(4.5)中，即可得到如下自由振动形式的动力平衡方程：

$$(\mathbf{K}^{(0)} + \mathbf{K}_{AB} + \mathbf{K}_C) \cdot \mathbf{a}^{(0)} = \mathbf{0} \tag{4.10}$$

于是，得到拉索横向力系统的统一频率方程：

$$\det(\mathbf{K}^{(0)} + \mathbf{K}_{AB} + \mathbf{K}_C) = 0 \tag{4.11}$$

对 $\kappa_C(\omega)$ 取不同形式，便可得到不同形式下的拉索频率方程，如图 4.1 所示。

1）纯索

如图 4.1(a)所示，对中间没有横向扰动力元件的裸索，只需取 $\kappa_C(\omega) = 0$，便可得到其频率方程。

2）质量块

如图 4.1(b)所示，在拉索中部任意一点 C 处作用一个质量块，可分为：

(1) 质量 $m_C$ 为常量，其横向力幅值可简单表示成为 $V_C = m_C\omega^2\alpha_C$，即令 $\kappa_C(\omega) = -m_C\omega^2$。

(2) 变质量(调谐)质量块，设其质量随运动状态变化的函数表达式为 $m(v_C, \dot{v}_C, \ddot{v}_C)$，则横向力时域表达式为

$$f(t) = m(v_C, \dot{v}_C, \ddot{v}_C) \cdot \ddot{v}_C = -\omega^2\alpha_C \cdot m(\alpha_C e^{i\omega t}, i\omega\alpha_C e^{i\omega t}, -\omega^2\alpha_C e^{i\omega t})e^{i\omega t} \tag{4.12}$$

根据横向力做功相等原则，定义等效质量如式(4.13)

$$m_{C,eq} = \frac{\int_0^T f(t) dv_C}{\int_0^T \ddot{v}_C dv_C} = \frac{2i\omega}{e^{2i\omega T} - 1}\int_0^T m(\alpha_C e^{i\omega t}, i\omega\alpha_C e^{i\omega t}, -\omega^2\alpha_C e^{i\omega t}) \cdot e^{2i\omega t} dt \tag{4.13}$$

频域横向力可写为等效形式 $V_C = m_{C,eq}\omega^2\alpha_C$，进而可令 $\kappa_C(\omega) = -m_{C,eq}\omega^2$。

3）弹性元件

如图 4.1(c)所示，在拉索中部任意一点 C 处作用一个横向弹性支撑，可分为：

(1) 线性弹簧。弹簧系数为 $k_C$，则其横向力幅值可简单表示成为 $V_C = -k_C\alpha_C$，即令 $\kappa_C(\omega) = k_C$。

(2) 非线性弹簧。设其时域表达式[97]为

$$f(t) = k(v_C) \cdot v_C = \alpha_C \cdot k(\alpha_C e^{i\omega t})e^{i\omega t} \tag{4.14}$$

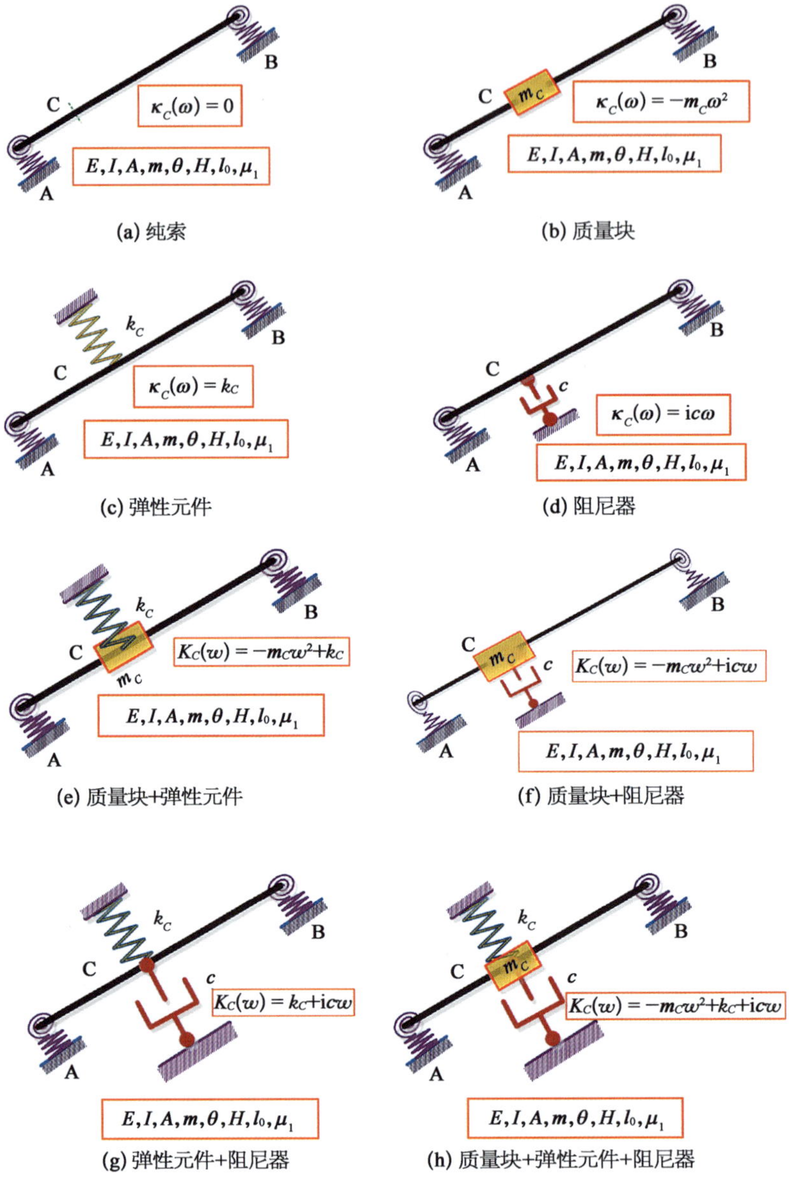


图 4.1　不同拉索类型横向力元件示意图

式中　$v_C$ ——C 处的横向位移，$v_C=\alpha_C \mathrm{e}^{\mathrm{i}\omega t}$；

$k(\cdot)$ ——非线性弹簧刚度函数。

定义等效线性弹簧系数

$$k_{C,\,eq}=\frac{\int_0^T f(t)\mathrm{d}v_C}{\int_0^T v_C \mathrm{d}v_C}=\frac{2\mathrm{i}\omega\alpha_C^2}{\mathrm{e}^{2\mathrm{i}\omega T}-1}\int_0^T k(\alpha_C \mathrm{e}^{\mathrm{i}\omega t})\cdot \mathrm{e}^{2\mathrm{i}\omega t}\mathrm{d}t \tag{4.15}$$

其中，$T$ 为周期，$T=2\pi/\omega$。于是，频域横向力可写为等效形式 $V_C=-k_{C,eq}\alpha_C$，可令 $\kappa_C(\omega)=k_{C,eq}$。

4）阻尼器

如图 4.1(d)所示，在拉索中部任意一点 C 处作用一个阻尼器，依据阻尼器的类型，可分为：

(1) 线性黏滞阻尼器，线性阻尼系数为 $c$，其横向力幅值可简单表示成为 $V_C=-\mathrm{i}c\omega\alpha_C$，可令 $\kappa_C(\omega)=\mathrm{i}c\omega$。

(2) 分数阶黏滞阻尼器，线性阻尼系数为 $c$，分数阶数 $\upsilon$，其横向力幅值为 $V_C=-(\mathrm{i}\omega)^{\upsilon}c\alpha_C$，可令 $\kappa_C(\omega)=(\mathrm{i}\omega)^{\upsilon}c$。

(3) 非线性阻尼，包括摩擦阻尼。

设阻尼力时域表达式为

$$f(t)=h(v_C,\ \dot{v}_C)\dot{v}_C=\mathrm{i}\omega\alpha_C h(\alpha_C\mathrm{e}^{\mathrm{i}\omega t},\ \mathrm{i}\omega\alpha_C\mathrm{e}^{\mathrm{i}\omega t})\mathrm{e}^{\mathrm{i}\omega t} \tag{4.16}$$

$h(v_C,\ \dot{v}_C)$ 为非线性阻尼系数，是运动状态量的函数。根据周期 T 内耗能相等准则，定义等效线性黏滞阻尼系数如下：

$$c_{eq}=\frac{\int_0^T f(t)\dot{v}_C^2\mathrm{d}t}{\int_0^T \dot{v}_C^2\mathrm{d}t}=\frac{\mathrm{i}\omega\alpha_C\int_0^T h(\alpha_C\mathrm{e}^{\mathrm{i}\omega t},\ \mathrm{i}\omega\alpha_C\mathrm{e}^{\mathrm{i}\omega t})\mathrm{e}^{3\mathrm{i}\omega t}\mathrm{d}t}{\int_0^T \mathrm{e}^{2\mathrm{i}\omega t}\mathrm{d}t} \tag{4.17}$$

频域横向力可写为等效形式 $V_C=-\mathrm{i}c_{eq}\omega\alpha_C$，进而可令 $\kappa_C(\omega)=\mathrm{i}c_{eq}\omega$。

5）横向力元件为质量块、弹簧和阻尼器的混合情形

如图 4.1(e)～(h)所示，在拉索中部任意一点 C 处作用两种及以上横向力元件。在处理时，关键是写出横向力的时域形式，含非线性项，可分别进行等效处理，混合后形成频域表达式，最后得到 $\kappa_C(\omega)$。这里不再详细展开论述，只写出 $\kappa_C(\omega)$ 的具体表达式：

质量块＋弹性元件：

$$\kappa_C(\omega)=-m_C\omega^2+k_C$$

质量块＋阻尼器：

$$\kappa_C(\omega)=-m_C\omega^2+\mathrm{i}c\omega$$

弹性元件＋阻尼器：

$$\kappa_C(\omega)=k_C+\mathrm{i}c\omega$$

质量块＋弹性元件＋阻尼器：

$$\kappa_C(\omega)=-m_C\omega^2+k_C+\mathrm{i}c\omega$$

## 4.3　统一频率方程的解法

根据式(4.11)的特点，选择牛顿迭代法进行此超越方程的求解。方程左边表达式可以看作自变量 $q$ 的函数，记为 $\Delta(q)$，记其导数为 $\Delta'(q)$。另记函数矩阵关于 $q$ 的导数为 $(\cdot)'_{,q}$。则有

$$\Delta(q)=\det(\mathbf{K}^{(0)}+\mathbf{K}_{AB}+\mathbf{K}_C) \tag{4.18}$$

$$\Delta'(q)=\sum_{i=1}^{6}\det((\mathbf{I}_5-\mathbf{I}_{6,i})\cdot(\mathbf{K}^{(0)}+\mathbf{K}_{AB}+\mathbf{K}_C)+\mathbf{I}_{6,i}\cdot((\mathbf{K}^{(0)})'_{,q}+(\mathbf{K}_{AB})'_{,q}+(\mathbf{K}_C)'_{,q})) \tag{4.19}$$

式中　$\mathbf{I}_5$——6×6 维单位阵；

$\mathbf{I}_{6,i}=(\delta_{jk})$——6×6 维矩阵；

$i, j, k=1, 2, \cdots, 6$，其元素由下式确定：

$$\delta_{jk}=\begin{cases}0 & j\neq k, or, j=k\neq i\\ 1 & j=k=i\end{cases}$$

现在，只需求出函数矩阵的导数 $(\mathbf{K}^{(0)})'_{,q}$、$(\mathbf{K}_{AB})'_{,q}$ 和 $(\mathbf{K}_C)'_{,q}$ 即可。通常情况下，边界条件为定常约束，故可令

$$(\mathbf{K}_{AB})'_{,q}=0 \tag{4.20}$$

由式(4.9)，有

$$(\mathbf{K}_C)'_{,q}=\mathbf{I}_4^T\cdot diag([(\kappa_C(\omega))'_{,q}\quad 0])\cdot\mathbf{I}_4 \tag{4.21}$$

其中

$$(\kappa_C(\omega))'_{,q}=\frac{d}{d\omega}(\kappa_C(\omega))\cdot\omega'$$

$$\omega'=\frac{d\omega}{dq}=\left(\sqrt{\frac{EI}{ml_0^4}}\sqrt{q^2\gamma^2+q^4}\right)'=\sqrt{\frac{EI}{ml_0^4}}(\gamma^2+q^2)^{-0.5}(\gamma^2+2q^2)$$

由式(4.2)，有

$$(\mathbf{K}^{(0)})'_{,q}=\mathbf{I}_1^T\cdot(\mathbf{K}^{(1)})'_{,q}\cdot\mathbf{I}_1+\mathbf{I}_2^T\cdot(\mathbf{K}^{(2)})'_{,q}\cdot\mathbf{I}_2 \tag{4.22}$$

其中

$$(\mathbf{K}^{(j)})'_{,q}=\frac{EI}{l_0^3}(\mathbf{D}^{(j)})'_{,q}\cdot(\mathbf{C}^{(j)}+\mathbf{I}\cdot\mathbf{B}^{(j)})^{-1}+\frac{EI}{l_0^3}\mathbf{D}^{(j)}((\mathbf{C}^{(j)}+\mathbf{I}\cdot\mathbf{B}^{(j)})^{-1})'_{,q} \tag{4.23}$$

$(\mathbf{K}^{(j)})'_{,q}$ 可以由 $(\mathbf{B}^{(j)})'_{,q}$、$(\mathbf{C}^{(j)})'_{,q}$ 和 $(\mathbf{D}^{(j)})'_{,q}$ 阵及 $\mathbf{B}^{(j)}$、$\mathbf{C}^{(j)}$ 和 $\mathbf{D}^{(j)}$ 等已知矩阵得到。求导时需注意的是，遇到 $\omega$ 和 $p$ 要做如下变换：

$$\begin{cases}\omega=\sqrt{\frac{EI}{ml_0^4}}\sqrt{q^2\gamma^2+q^4}\\ p=\sqrt{\gamma^2+q^2}\end{cases} \tag{4.24}$$

至此，可以构造复杂拉索系统频率方程的求零根的牛顿法迭代式(4.25)：

$$q_{n+1}=q_n-\frac{\Delta(q_n)}{\Delta'(q_n)} \tag{4.25}$$

考虑在每个迭代步内的计算量尽可能少的要求，也可采用简化牛顿法迭代式(4.26)：

$$q_{n+1} = q_n - \frac{\Delta(q_n)}{\Delta'(q_0)} \tag{4.26}$$

拉索通用频率方程的数值求解过程由图 4.2 说明。

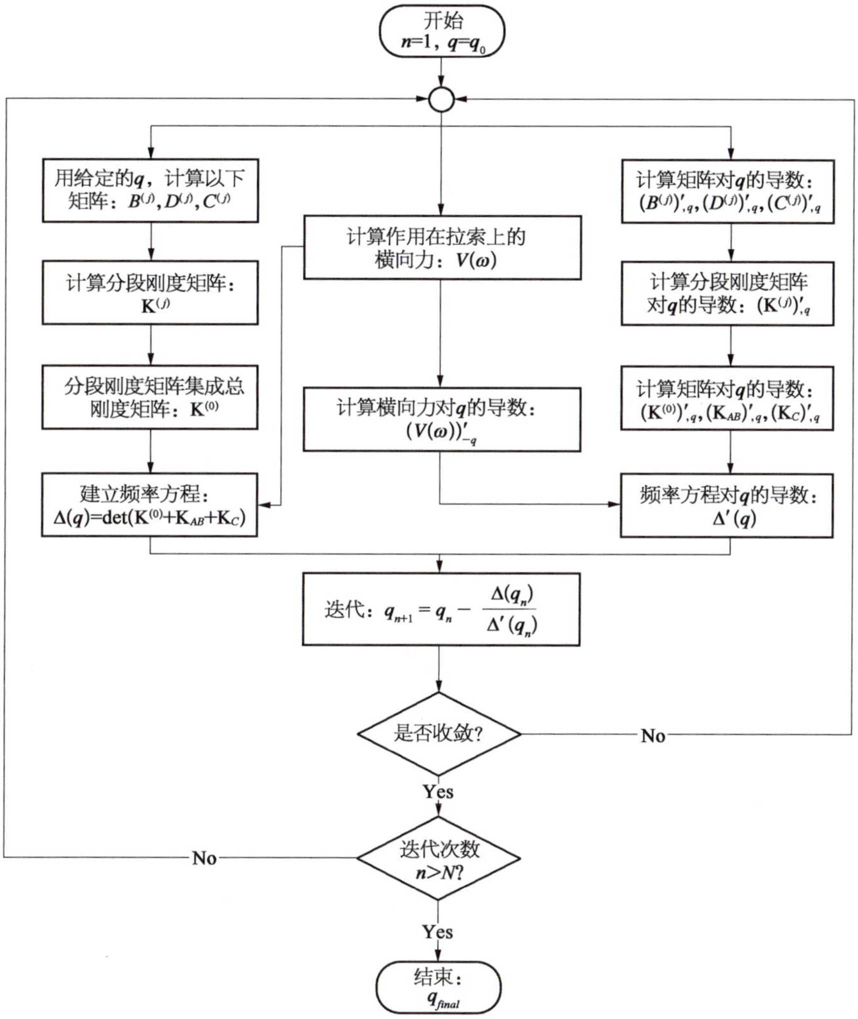


图 4.2　拉索频率方程求解过程

## 4.4　有效性验证

### 4.4.1　与张紧弦方法比较

从推导过程可见，本章给出的统一频率特征方程可以适用于各种拉索，包括理想的张紧弦情形。此时，只需令抗弯刚度和垂度为零，设边界条件为铰接，对总刚度阵进行一个小改动即可实现对张紧弦的计算。此时,可以通过与张紧弦公式法[式(4.27)]计算结果的比较来验证本章方法。

$$f_n = \frac{n}{2l_0}\sqrt{\frac{H}{m}} \tag{4.27}$$

设张紧弦的横向支撑相对位置为0.1。张紧弦的全部参数见表4.1。利用本章提出的计算方法计算得到拉索的前9阶频率,与张紧弦公式法计算得到的前9阶频率进行比较,结果见表4.2。

表4.1 张紧弦拉索参数

| 索力 $H$/N | 索长 $L$/m | 弹性模量 $E$/Pa | 线密度 $m$/(kg/m) | 索径 $D$/m | 横向支撑相对安装高度 $mu$ |
|---|---|---|---|---|---|
| $2.98\times10^6$ | 75.716 | $1.95\times10^{11}$ | 45.7 | 0.075 | 0.1 |

表4.2 前9阶频率对比 (单位: Hz)

| 频率阶数 | 1 | 2 | 3 | 4 | 5 | 6 | 7 | 8 | 9 |
|---|---|---|---|---|---|---|---|---|---|
| 张紧弦公式法 | 1.687 | 3.373 | 5.060 | 6.746 | 8.433 | 10.119 | 11.806 | 13.493 | 15.179 |
| 本章方法 | 1.687 | 3.373 | 5.060 | 6.747 | 8.433 | 10.120 | 11.807 | 13.494 | 15.180 |
| 误差/% | 0.007 | 0.007 | 0.007 | 0.007 | 0.007 | 0.007 | 0.007 | 0.007 | 0.007 |

通过以上对比分析发现,本章提出的方法模拟张紧弦算法得到的前9阶频率与张紧弦公式直接计算得到的前9阶频率的相对误差都不超过0.007%。这说明本章方法在计算张紧弦模态频率时是相当准确的,也说明本章方法在计算频率时是相当准确的。

### 4.4.2 与文献计算结果比较

对于不满足理想张紧弦条件的普通拉索,可以以文献[98]给出的四根不同情况的拉索算例来验证本章方法的适用性和准确性。四根拉索的具体参数见表4.3。

表4.3 文献[98]中拉索参数

| 拉索 | $m$/(kg/m) | $L$/m | $H$/N | $E$/Pa | $A$/m² | $I$/m⁴ | $g$/(N/kg) | $mu$ |
|---|---|---|---|---|---|---|---|---|
| 1 | 400 | 100 | $2.903\,60\times10^6$ | $1.598\,8\times10^{10}$ | $7.850\,7\times10^{-3}$ | $4.953\,5\times10^{-6}$ | 9.800 | 0.030 |
| 2 | 400 | 100 | $7.259\,00\times10^5$ | $1.718\,6\times10^{10}$ | $7.611\,0\times10^{-3}$ | $4.609\,7\times10^{-6}$ | 9.800 | 0.030 |
| 3 | 400 | 100 | $2.613\,25\times10^7$ | $2.082\,6\times10^{13}$ | $7.863\,3\times10^{-3}$ | $4.920\,4\times10^{-6}$ | 9.800 | 0.030 |
| 4 | 400 | 100 | $7.259\,00\times10^5$ | $4.783\,4\times10^8$ | $2.734\,5\times10^{-1}$ | $5.950\,6\times10^{-3}$ | 9.800 | 0.030 |

分别用本章给出的方法、文献中给出的方法及张紧弦公式,计算得到四组拉索的前9阶频率,并分别计算了三种方法得到的结果之间的相对误差。结果分别见表4.4~表4.7。

表 4.4　前 9 阶模态频率结果(1#拉索)　　(单位：Hz)

| 频率阶数 | 1 | 2 | 3 | 4 | 5 | 6 | 7 | 8 | 9 |
|---|---|---|---|---|---|---|---|---|---|
| 本章方法 | 0.439 | 0.855 | 1.283 | 1.710 | 2.138 | 2.566 | 2.994 | 3.423 | 3.851 |
| 文献方法 | 0.441 | 0.855 | 1.283 | 1.710 | 2.138 | 2.566 | 2.994 | 3.422 | 3.851 |
| 张紧弦公式法 | 0.426 | 0.852 | 1.278 | 1.704 | 2.130 | 2.556 | 2.982 | 3.408 | 3.834 |
| 相对误差 1/% | −0.347 | −0.001 | −0.018 | 0.015 | 0.000 | 0.003 | 0.005 | 0.020 | 0.008 |
| 相对误差 2/% | 3.162 | 0.352 | 0.374 | 0.368 | 0.376 | 0.394 | 0.408 | 0.431 | 0.452 |

注：相对误差 1：本章方法得到的频率与文献中所给的频率的相对误差，下同；
相对误差 2：本章方法得到的频率与张紧弦方法计算得到的频率的相对误差，下同。

表 4.5　前 9 阶模态频率结果(2#拉索)　　(单位：Hz)

| 频率阶数 | 1 | 2 | 3 | 4 | 5 | 6 | 7 | 8 | 9 |
|---|---|---|---|---|---|---|---|---|---|
| 本章方法 | 0.315 | 0.432 | 0.656 | 0.864 | 1.079 | 1.297 | 1.512 | 1.732 | 1.948 |
| 文献方法 | NAN | 0.429 | 0.463 | 0.858 | 1.073 | 1.289 | 1.505 | 1.721 | 1.938 |
| 张紧弦公式法 | 0.213 | 0.426 | 0.639 | 0.852 | 1.065 | 1.278 | 1.491 | 1.704 | 1.917 |
| 相对误差 1/% | NAN | 0.626 | 41.674 | 0.684 | 0.595 | 0.623 | 0.484 | 0.620 | 0.510 |
| 相对误差 2/% | 48.110 | 1.335 | 2.653 | 1.393 | 1.351 | 1.490 | 1.428 | 1.624 | 1.611 |

注：NAN 表示本方法计算出来的数值在文献中没有对应的频率值。

表 4.6　前 9 阶模态频率结果比较(3#拉索)　　(单位：Hz)

| 频率阶数 | 1 | 2 | 3 | 4 | 5 | 6 | 7 | 8 | 9 |
|---|---|---|---|---|---|---|---|---|---|
| 本章方法 | 1.392 | 2.682 | 4.064 | 5.487 | 6.970 | 8.525 | 10.162 | 11.892 | 13.723 |
| 文献方法 | 1.400 | 2.682 | NAN | 5.486 | 6.970 | 8.524 | 10.162 | 11.891 | 13.723 |
| 张紧弦公式法 | 1.278 | 2.556 | 3.834 | 5.112 | 6.390 | 7.668 | 8.946 | 10.224 | 11.502 |
| 相对误差 1/% | −0.547 | 0.010 | NAN | 0.010 | 0.001 | 0.009 | −0.001 | 0.009 | 0.003 |
| 相对误差 2/% | 8.947 | 4.940 | 5.987 | 7.327 | 9.078 | 11.173 | 13.591 | 16.315 | 19.313 |

表 4.7　前 9 阶模态频率结果比较(4#拉索)　　(单位：Hz)

| 频率阶数 | 1 | 2 | 3 | 4 | 5 | 6 | 7 | 8 | 9 |
|---|---|---|---|---|---|---|---|---|---|
| 本章方法 | 0.321 | 0.448 | 0.688 | 0.916 | 1.164 | 1.424 | 1.696 | 1.986 | 2.290 |

续 表

| | | | | | | | | | |
|---|---|---|---|---|---|---|---|---|---|
| 文献方法 | NAN | 0.447 | 0.465 | 0.914 | 1.161 | 1.421 | 1.693 | 1.982 | 2.287 |
| 张紧弦公式法 | 0.213 | 0.426 | 0.639 | 0.852 | 1.065 | 1.278 | 1.491 | 1.704 | 1.917 |
| 相对误差 1(%) | NAN | 0.199 | 47.998 | 0.238 | 0.284 | 0.178 | 0.175 | 0.192 | 0.150 |
| 相对误差 2(%) | 50.890 | 5.139 | 7.698 | 7.532 | 9.324 | 11.388 | 13.747 | 16.538 | 19.480 |

通过以上四根拉索的计算结果可以看出,文献[98]给出的方法有丢失部分模态的现象,如 2 号拉索和 4 号拉索的第 1 阶、3 号拉索第 3 阶。这说明该方法对部分阶次失去计算能力。另外,文献[98]的方法对部分拉索的部分阶次的频率计算结果出现明显的偏差,偏离了拉索模态频率间距近似相等的规律。如 2 号拉索和 4 号拉索的第 3 阶,分别为 0.463 Hz 和 0.465 Hz,均偏离了正常的第 3 阶位置,向低阶(第 2 阶)方向偏移,导致很大的误差。

除此之外,本章建议的方法与文献[98]给出的方法计算得到的频率相差很小,1～4 号拉索的最大相对误差分别为 0.347%(第 1 阶)、0.684%(第 4 阶)、0.547%(第 1 阶)和 0.238%(第 4 阶)。相对而言,由于拉索参数与理想张紧弦相差较大,因此张紧弦公式得到的模态频率与文献结果和本章结果均差异较大:1 号拉索的相对误差均在 0.35%以上,最大达 3.162%;2 号拉索的相对误差均在 1.335%以上;3 号和 4 号拉索差异更大,最大可达到 22.801%。这说明,对不满足理想张紧弦条件的实际拉索,本章建议的模态频率求解方法具有和文献相当的准确度,比张紧弦公式法更加精确。另外,本章方法没有丢失模态或模态偏移现象。因此,本章方法的适用性比文献方法更好。

### 4.4.3 横向元件位置对纯索频率计算结果影响

如前所述,本章的统一频率特征方程是建立在对拉索进行分段化处理基础上的。对于纯索,也可以通过一个假定的横向元件位置将拉索分成两段,从而建立频率方程。由式(4.11)可见,不同的横向元件假定位置决定了不同的频率方程,但由于描述的是同一个拉索对象,因此这些频率方程的解应该是相同的。也就是说,横向元件位置对纯索频率计算结果应该没有影响。选用一个数值算例来证实这个结论,拉索的基本参数见表 4.8。横向元件的相对位置 $\mu_1$ 在[0.01, 0.2]之间以 0.01 的间隔变化,$\mu_1$ 每取一个值,形成一个频率方程并求解其前 9 阶频率,共得到 20 组频率数据,其中的 5 组在表 4.9 给出。为了说明 $\mu_1$ 取值大小对频率结果的影响,还计算了各组数据相对第一组数据 ($\mu_1 = 0.01$) 的前 9 阶频率相对误差 $\delta_{0.01}$,在图 4.3 中给出。

表 4.8 纯索的基本参数

| 索力 $H$/N | 索长 $L$/m | 弹性模量 $E$/Pa | 惯性矩 $I$/$m^4$ | 线密度 $m$/(kg/m) | 索径 $D$/m | 重力加速度 $g$/(N/kg) |
|---|---|---|---|---|---|---|
| $2.98\times10^6$ | 75.716 | $1.95\times10^{11}$ | $2.98\times10^{-6}$ | 45.7 | 0.075 | 9.8 |

表 4.9　部分假定的横向元件位置下的频率方程数值解(前 9 阶)　(单位：Hz)

| $\mu_1$ | 1 | 2 | 3 | 4 | 5 | 6 | 7 | 8 | 9 |
|---|---|---|---|---|---|---|---|---|---|
| 0.01 | 1.709 3 | 3.415 2 | 5.127 3 | 6.844 3 | 8.568 2 | 10.300 7 | 12.043 5 | 13.798 1 | 15.566 3 |
| 0.05 | 1.709 1 | 3.415 3 | 5.127 3 | 6.844 4 | 8.568 3 | 10.300 9 | 12.043 6 | 13.798 3 | 15.566 4 |
| 0.10 | 1.709 0 | 3.415 5 | 5.127 4 | 6.844 6 | 8.568 5 | 10.301 1 | 12.043 7 | 13.798 3 | 15.566 4 |
| 0.15 | 1.709 0 | 3.415 8 | 5.127 6 | 6.844 8 | 8.568 5 | 10.300 9 | 12.043 5 | 13.798 1 | 15.566 2 |
| 0.20 | 1.709 0 | 3.416 1 | 5.127 7 | 6.844 7 | 8.568 3 | 10.300 7 | 12.043 4 | 13.798 1 | 15.566 3 |

由表 4.9 及图 4.3 可见，横向元件相对安装位置 $\mu_1$ 对纯索频率计算结果的影响很小。在考察区间内，第二阶频率的相对误差在 $\mu_1$ 为 0.2 时达到最大值 0.024%，第一阶频率的相对误差最大值为 0.015%，其他各阶的频率相对误差均不超过 0.01%。这表明，按本章建议的方法计算出的纯索的各阶频率变化很小，可以忽略不计。这也在数值上证明了在方程中假定的横向元件的位置只是影响了本章建议的频率方程，并不会影响方程的解。因此，对于纯索，可以将假定的横向元件放在任意位置处，频率方程数值解的计算结果不受影响。本例也在一定程度上验证了建议方法的合理性和适用性。

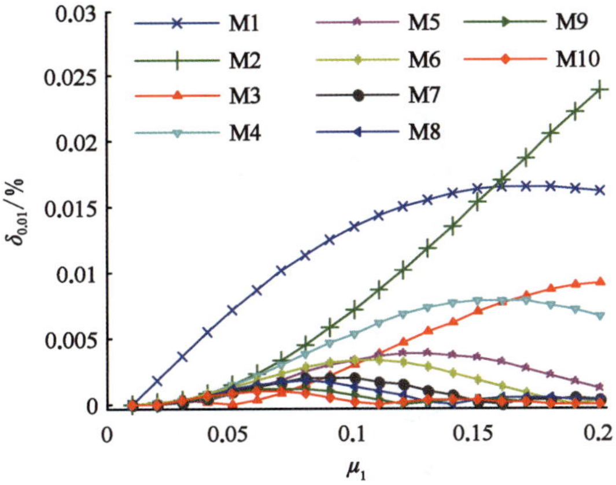


图 4.3　相对安装高度变化时前十阶频率相对误差

## 4.5　实际应用

4.4 节从三个方面验证了本章推荐方法对纯索的准确性、适用性与合理性。本节讨论并展现推荐方法的其他重要意义：一方面，由于在建立频率方程过程中考虑了除内阻尼以外的几乎所有拉索因素，因此可以用本章方法来研究诸如抗弯刚度、索力、倾角、垂度、边界条件等因素对拉索动力特性的影响；另一方面，由于是以拉索、横向元件组成的系统角度建立频率特征方程的，因此本章方法也可以应用在拉索与中部横向力元件(弹性支承、集中质量块和阻尼器)组成的体系分析之中。下面给出具体的应用情况。

### 4.5.1　在拉索动力特性研究中的应用

采用一个数值算例，研究拉索抗弯刚度、索力、倾角、垂度、边界条件等因素对拉索动力特性的影响。拉索的基本参数由表 4.10 给出。对每一种待研究的参数，让其在工程合理的取值范围内自由变动，同时保持其他参数不变，形成系列拉索参数组合。每一种组合对应一个统一频率特征方程，应用本章推荐的数值解法，得到前 10 阶模态频率。图 4.4(a)～(f)分别表示索力、索长、线密度、抗弯刚度、垂度和倾角对前 10 阶频率的影响。

表 4.10　动力特性研究中拉索数值案例基本参数

| 索长 $L$/m | 弹性模量 $E$/Pa | 惯性矩 $I$/$m^4$ | 线密度 $m$/(kg/m) | 索径 $D$/m | 重力加速度 $g$/(N/kg) | 阻尼器相对安装高度/$\mu_1$ |
|---|---|---|---|---|---|---|
| 75.716 | $1.95\times10^{11}$ | $2.98\times10^{-6}$ | 45.7 | 0.075 | 9.8 | 0.1 |

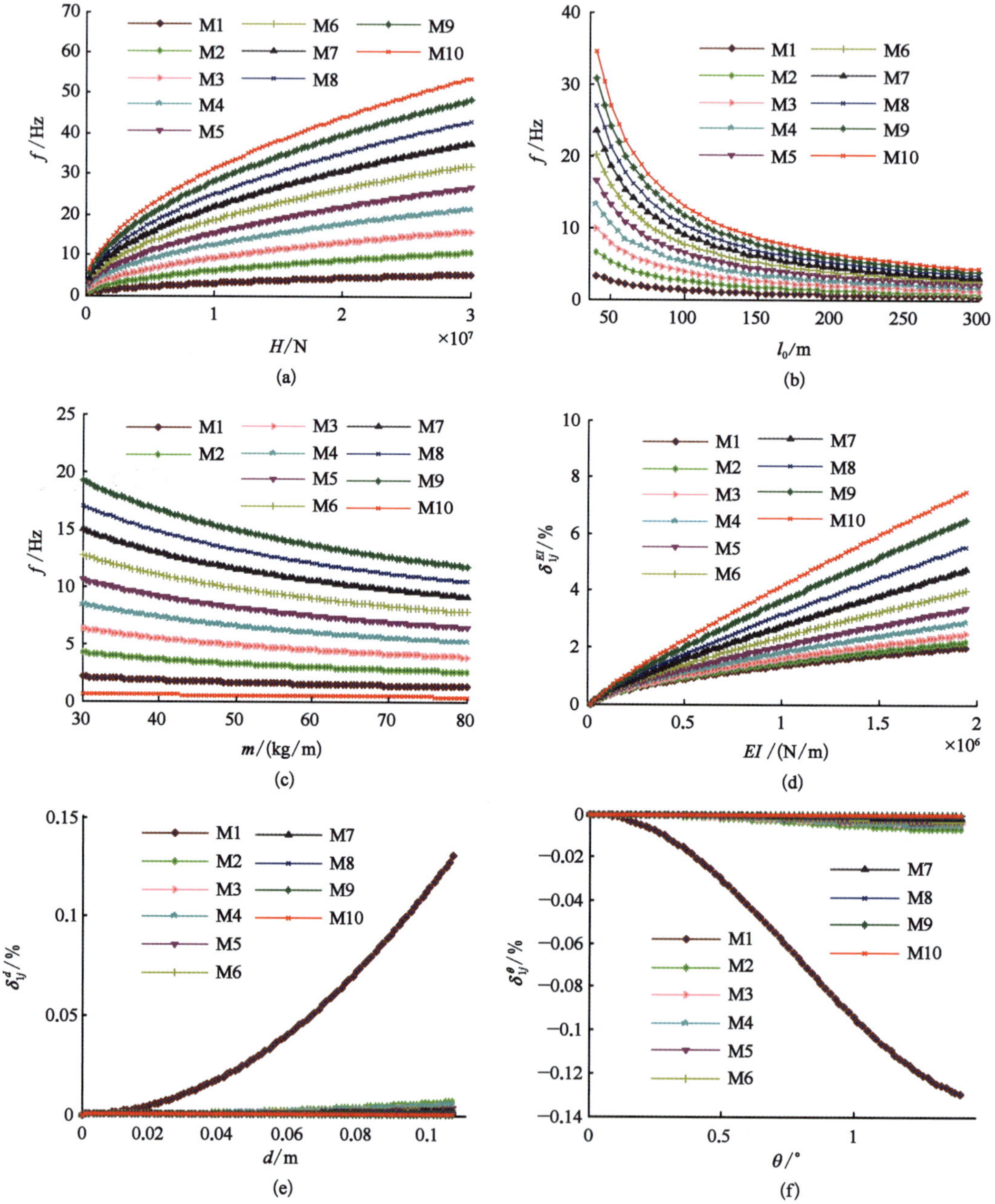


图 4.4　拉索参数对拉索动力特性的影响

从图 4.4(a)～(c)可见,拉索的张紧程度(索力大小)、长短和单位长度重量对拉索动力特性有显著影响。索力对频率的影响呈现近似 0.5 次幂函数的关系,索力越大,拉索张紧程度越大,频率就越高,阶次越高影响越大。拉索长度 $l_0$ 和单位长度重量 $m$ 对各阶频率的影响规律与索力对频率的影响规律正好相反。这两个参数的值越大,频率就越小,对高阶的影响程度要大于低阶频率。

图 4.4(d)～(f)给出了拉索自身抗弯刚度、垂度 $d$ 和倾角 $\theta$ 对拉索频率的影响情况,纵坐标表示各阶频率相对于第一个数据 ($EI=1.95\times10^4$ Pa, $d=5\times10^{-3}$ m 和 $\theta=0°$) 的变化,即

$$\delta_{1j}^{EI}=(f_j^{EI}-f_1^{EI})/f_1^{EI}\times100$$

$$\delta_{1j}^{d}=(f_j^{d}-f_1^{d})/f_1^{d}\times100$$

$$\delta_{1j}^{\theta}=(f_j^{\theta}-f_1^{\theta})/f_1^{\theta}\times100$$

从图 4.4(d)可见,随着抗弯刚度的增加,拉索的频率也是在持续增加的,与不考虑抗弯刚度时相比,计算频率更大。而且,抗弯刚度对高阶频率的影响比对低阶频率的影响更加显著,第 10 阶频率在考察范围内的最大误差接近 8%。从图 4.4(e)～(f)可见,垂度和倾角对拉索频率的影响均不如前面讨论的四个因素显著。随着拉索垂度的增大,各阶频率均出现略微增加趋势,在考察的范围内,各阶频率变化均在 0.15%以内;另一个明显的规律是,垂度对基频的影响要远大于其他各阶。拉索倾角对频率的影响规律正好相反,在保持其他因素不变的情况下,随着拉索从水平状态向竖直状态变化,各阶频率略有下降,其中第一阶频率下降程度要远大于其他各阶。

这说明,利用推荐方法得到的这些因素对拉索动力特性的影响规律是准确的,与已有的研究结论一致。另外,也证明了推荐方法可以被用来研究和探索复杂因素下的拉索动力行为。

### 4.5.2 弹性支撑

对于图 4.1(c)所示的拉索中部任意位置处作用弹性支撑的情形,利用推荐方法同样可以对其进行分析。保持表 4.10 给出的拉索基本参数不变,在 $\mu_1=0.1$ 处施加弹性支撑,让弹簧系数 $k_C$ 在 $[1\times10^4,\ 1\times10^6]$N/m 范围内以步距 $1\times10^4$ N/m 取值,对每次不同的弹簧系数,计算索-弹性刚度体系的模态频率,得到图 4.5(a);然后,固定 $k_C=1\times10^5$ N/m, 移动作用位置,使横向支撑相对安装高度 $\mu_1$ 在[0.011, 0.99]范围内变化,计算系统的模态频率,得到图 4.5(b)。为了对比各阶频率的相对变化,图中纵坐标采用了无量纲化的角频率表示,即

$$\hat{\omega}_n=\omega_n/\omega_{0n}=\frac{\omega_n l_0}{n\pi}\sqrt{\frac{m}{H}} \tag{4.28}$$

式中 $\omega_n$ ——本章方法计算得到的第 $n$ 阶频率;

$\omega_{0n}$ ——张紧弦公式法计算得到的第 $n$ 阶频率。

由图 4.5(a)可见,弹性刚度对系统的模态频率有着较为显著的影响,随着弹性刚度的增加,系统的各阶频率呈现增加态势,而且低阶模态增加的幅值大于高阶;与张紧弦理论得到纯索各阶频率相比,施加弹性支撑后,其频率是增大的。沿拉索通长方向移动弹簧[图 4.5(b)],对拉索的动力特性的影响程度更加显著:各阶模态频率沿索长出现类似正弦规律性变化,各阶曲线的波峰个数

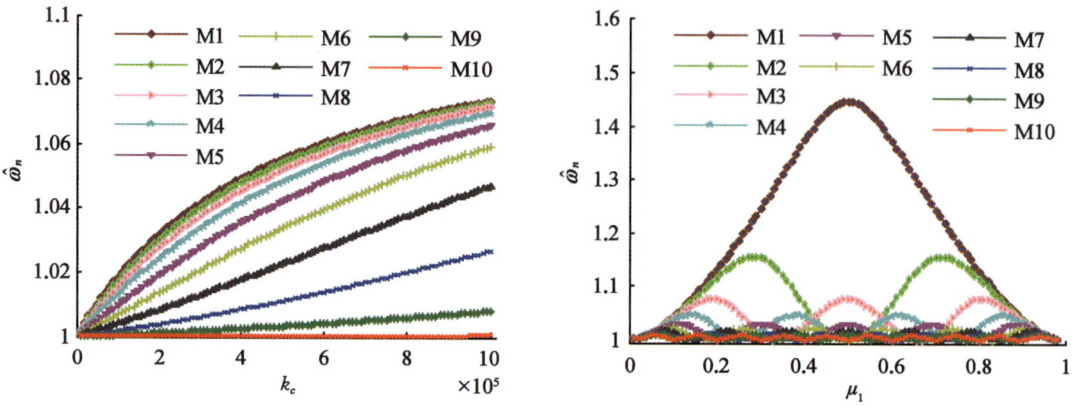


(a) 弹性刚度大小　　(b) 弹簧作用位置

图 4.5　弹性支撑对拉索动力特性的影响

与阶数相等;波峰高度从第 1 阶到第 10 阶依次降低,当弹性支撑移动到中点位置时,基频达到最大值,较张紧弦理论得到基频增大约 45.7%,第 2 阶频率的增大约 16%。

可见,弹性支撑增强了拉索的刚度,对改变拉索动力特性很有帮助。推荐方法可以实现对此情况的分析计算。

### 4.5.3　集中质量块

如前所述,推荐方法可以方便地被用于研究如图 4.5(b)所示的拉索中部任意位置处作用集中质量块的情形。保持拉索基本参数不变,使集中质量块 $m_C$ 在[1, 100]kg 之间以 1 kg 的步长变化。利用本章推荐方法,可以得到拉索动力特性随质量块变化的规律,如图 4.6 所示。它们的纵坐标定义方式同式(4.28)。

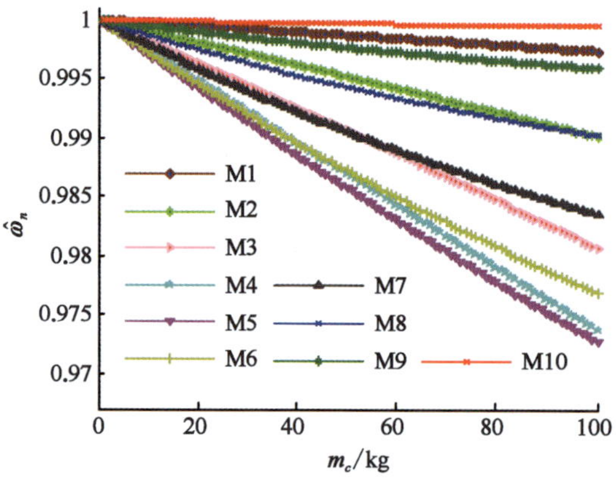


图 4.6　集中质量块对拉索前 10 阶振动频率的影响

从图 4.6 可知,集中质量块作用在拉索上时,与纯索相比,各阶模态频率均有不同程度的下降,而且随着质量块质量的增加,各阶频率均以近乎线性的规律下降,下降幅值可达到 3%。质量块对不同阶次频率的影响规律不同,以本例来看,质量块对前 10 阶的影响程度按大小顺序排序,为先从第 1 阶逐渐增大到第 5 阶,而后,第 6～10 阶依次减小。这说明,通过对拉索上施加一定的质量块,可以实现对指定阶次的振动模态频率的迁移,从而实现对拉索原有振动规律的干预。

### 4.5.4　阻尼器

本章频率特征方程数值求根方法也可以应用于图 4.1(d)给出的在拉索中部施加横向阻尼器

的情况。算例沿用表 4.10 给出的基本拉索参数不变，使外加阻尼器阻尼系数 $c$ 在 $[1\times10^4,\ 1\times10^6]$ N/(m/s)范围内以步距 $1\times10^4$ N/(m/s)取值，应用本章方法，可以得到系统前 10 阶无量纲模态频率随阻尼系数 $c$ 的变化情况[图 4.7(a)]和系统阻尼比 $\zeta$ 随 $c$ 的变化情况[图 4.7(b)]。

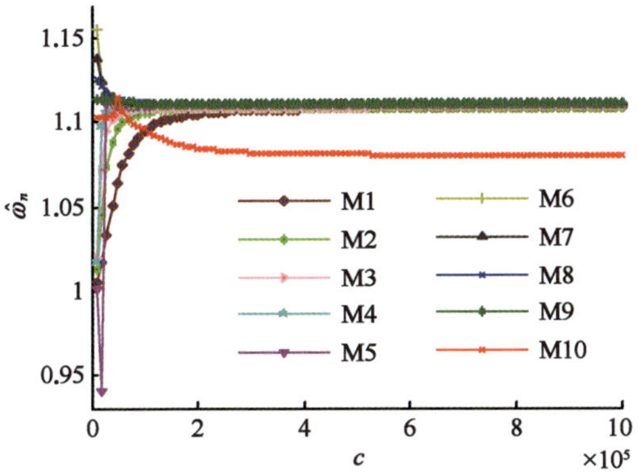

(a) 阻尼系数c对频率的影响

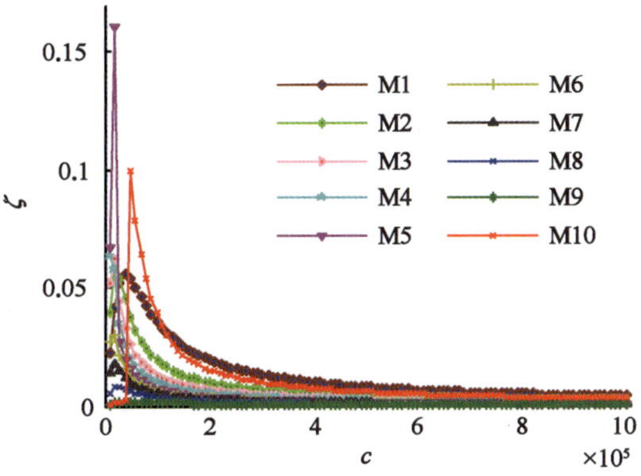

(b) 阻尼系数c对系统阻尼比的影响

图 4.7　横向阻尼器对拉索动力特性的影响

由图 4.7 可见，随着阻尼系数 $c$ 的增加，拉索-阻尼器系统的模态频率有显著变化，变化规律随阶数的变化而变化，本例中，当阻尼系数 $c$ 在 $2\times10^5$ N/(m/s)之前，第 1～5 阶为增加趋势，6～10 阶为下降趋势；在 $c$ 越过 $2\times10^5$ N/(m/s)之后，各阶频率变化趋向平缓，阻尼系数对频率的影响减弱。

阻尼系数 $c$ 对系统阻尼比的影响更为显著，本例表明，前 10 阶中，各阶均存在一个最优阻尼比，当阻尼器阻尼系数取为该值时，系统对应各阶阻尼比达到最大值，这和已有的研究结论是一致的。但是，与已有研究不同的是，由于考虑拉索的各种影响因素，本章推荐方法得到的各阶最优阻尼比点(峰值点)并不重合，而且各阶最优阻尼比的取值也不同，本例中，第 5、10 阶的最优阻尼比明显大于其他阶。

已有的关于最优阻尼器的设计理论是基于张紧弦-阻尼器系统的，一旦考虑到实际的拉索物理力学参数，该理论得到的结果就会出现偏差。而本章建议的方法却能够分析计算这种情况，这就体现了建议方法的另一个工程意义(参见 4.5 节开头)。

第 5 章

# 含填充层的双层复合索

## 5.1 概述

拉索被广泛应用于斜拉桥、悬索桥和拉线式塔等大跨度结构，由于拉索的质量轻、刚度柔和阻尼小，其动力问题一直是工程中的焦点[99]。拉索按照其发展过程可分为多种体系，目前国内采用较多的斜拉索可分为平行钢丝索和平行钢绞线索两种[100]，而平行钢绞线索因其加工制作便捷、施工方便、耐久性好、强度高等特点，在工程建造中越来越多地被使用[101]。

为了保护钢索免遭锈蚀，需要针对制成的钢索进行必要的防护。平行钢绞线索从防腐体系上可大致分为两种常见防护形式：① 单层索套防腐体系。如图 5.1(a)所示，这种工艺是以聚乙烯(PE)为主体，加入了 2.6%的炭黑及其他助剂，在加热的条件下将 PE 塑料直接挤包于拉索上。② 双层索套防腐体系。如图 5.1(b)所示，首先将涂有防锈油脂的钢绞线集束后并穿高密度聚乙烯(HDPE)套管形成钢束，然后再将整个钢束穿入一个更大的 HDPE 套管，中间填充油脂等柔性填充物。对于单层索套的拉索体系，由于套管与钢束紧密连接，在振动过程中可将两者视为一个整体。目前已有不少文献采用张紧弦和单梁模型对该体系进行了动力特性分析，但是，更复杂的双层索套

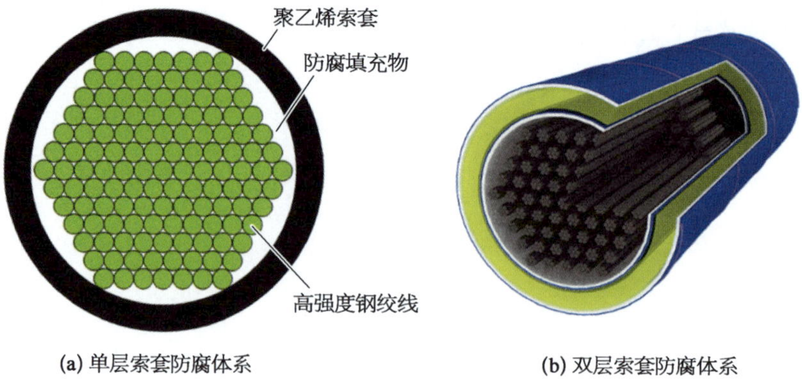


(a) 单层索套防腐体系　　(b) 双层索套防腐体系

图 5.1　平行钢丝拉索防腐体系示意图

防腐体系已使得张紧弦理论不能正确地反映拉索的动力特性。其中文献[102]基于欧拉梁理论，同时考虑了斜拉索的垂度效应、抗弯刚度、附加索力、倾角及横向力作用等因素，给出了基于动刚度形式的斜拉索统一频率方程及其数值解法，是目前对复杂拉索体系的研究工作中比较深入和全面的。然而对于双层索套拉索体系，套管和钢束在振动过程中会发生不协调位移，两者的相互作用力通过填充层的变形来传递，形成了钢束-填充层-套管的双梁耦合振动体系。

相关文献已指出：运营阶段拉索的 HDPE 套管对索力测试存在不可忽略的影响[101]。众所周知，索力测量是斜拉桥施工监控与后期运营监测的一项重要内容，而频率法是目前索力测试中应用最广的方法[103]，频率计算的关键是建立在拉索动力特性研究的基础上展开的。对于双梁振动体系，已有的拉索(单梁)动力特性分析方法已不再适用，所建立的索频和拉索参数的关系也不再满足。在实际频率测量过程中，外层套管将会对斜拉索频率的测量质量和精度产生较大影响，具体表现为：尚无法精确判别安装在套管上的传感器测出的频率是钢束贡献占优还是护套贡献占优。这将直接影响传统单梁模型的频率法测索力的精度和正确性。因此，需要从双梁体系动力特性分析入手，研究一种新的频率法测索力方案。由于存在如下原因，导致这方面的工作还是一个空缺：① 理论模型建立困难。相比于单梁系统，如何针对双梁体系进行建模是一难点；② 理论求解的复杂性。由于套管和填充层的材料和结构参数会直接影响系统的动力特性，因此系统动力平衡方程的建立和求解过程势必更为复杂。鉴于此，笔者聚焦于双层索套斜拉索动力特性的研究，提出了一种由分布式弹簧连接的双梁系统模型，可同时计入外层 HDPE 套管的抗弯刚度、质量以柔性填充层的刚度对系统动力特性的影响。该模型物理意义明确，可应用于双层索套斜拉索振动机理的研究。

目前，对于双梁耦合振动体系的动力分析研究工作已有不少，但大多仍存在以下局限性：① 两个梁的材料和长度必须完全相同；② 双梁须平行且在同侧的边界条件必须相同；③ 多数双梁系统的自由或受迫振动问题的解法局限于简支边界条件[104]。这与很多实际工程不符，如索缆承重的简易人行吊桥或景观桥及本文研究的双层护套斜拉索，实际上是一刚一柔、一重一轻的主、副梁结构。所以，已有的理论研究难以应用到上述工程案例中。动刚度法可以直接建立激励与振动响应之间的关系，是索结构振动分析中的一类重要方法[31]。

鉴于此，在对双侧索套拉索系统进行动力分析前，首先建立一个具有普适性的双梁动力分析模型，通过上文提出的动力分析理论进行动力特性分析，研究双梁及填充层材料参数对系统模态频率和振型的影响规律。最后对该一般化双梁模型进行修正，建立一个更加符合工程实际的复杂双梁模型，以此为基础对实际工程中双层索套拉索系统动力分析中存在的一些问题进行研究。

## 5.2　由黏弹性层连接的双梁系统阻尼特性分析

为了研究结构振动时主结构和附属结构之间的相互作用，工程中许多复杂结构可以被简化为一类由分布式弹簧连接的双梁结构。其振动特性的分析将贯穿结构的整个设计、施工、运营及维护阶段。此外，由于结构在运维阶段往往需要同时掌握其低频和高频范围内的准确自由振动行为，因此，寻找一种适用于复杂双梁结构的动力分析方法尤为重要。

双梁系统在过去的几十年内被广泛研究，许多工程结构如夹层梁[105-107]、连续动力减振器[108-109]及复合成层地基[110]等，均可采用双梁系统模型进行动力分析。双梁系统的动力问题一直是研究者们的焦点,文献[111-112]对相关研究工作进行了详细梳理并指出:由于计算理论还不够完善,双梁结构在求解过程中通常被简化为由Winkler弹性地基层连接的无阻尼系统,同时两个梁及同侧的边界条件也必须完全相同。以上简化和假定使得理论模型与实际工程还存在不小差距,从而很大程度上限制了理论工作的适用范围。究其原因,是计算方法具有局限性。为了建立一个具有普适性的,能够忠实反映实际结构力学行为的精细化双梁模型,就需要采用一个精确的、具有普适性的结构动力分析理论,而动刚度法就是一种这样的方法。该方法基于连续介质模型,从系统的控制微分方程出发得到了精确的位移函数,进而得出了闭合形式的频率方程,最后通过求解该频率方程即可求出系统的精确动力行为[45]。基于此,本节结合多个数值案例,采用动刚度法分别研究了不同结构参数对双梁系统模态频率、模态振型和模态阻尼比的影响规律,进而为该类系统的优化设计及振动控制提供了理论依据。

### 5.2.1 双梁系统的控制微分方程及其通解

本节研究的双梁系统的力学模型如图5.2所示,1号梁和2号梁的长度为$l$,两者的截面抗弯刚度和单位长度线质量分别为$E_1I_1$、$m_1$和$E_2I_2$、$m_2$,有效截面面积分别为$A_1$、$A_2$;两者由刚度为$k(\mathrm{N/m^2})$、阻尼系数为$c[\mathrm{N/(m/s)}]$、线质量为$m_3$的黏弹性连接层连续连接。其中,$u_1(x, t)$、$u_2(x, t)$分别表示1号梁、2号梁单元在坐标系$x$下的位移函数。为了便于分析,定义弹性层的变形$u_3(x, t)$为1号梁和2号梁位移的均值$0.5(u_1+u_2)$。根据Hamilton定理,轴向力作用下双梁系统的控制微分方程可表示如下:

$$\begin{cases} E_1I_1\dfrac{\partial^4 u_1}{\partial x^4}+\dfrac{m_3}{4}\left(\dfrac{\partial^2 u_1}{\partial t^2}+\dfrac{\partial^2 u_2}{\partial t^2}\right)+m_1\dfrac{\partial^2 u_1}{\partial t^2}+k(u_1-u_2)+c\left(\dfrac{\partial u_1}{\partial t}-\dfrac{\partial u_2}{\partial t}\right)+P_1\dfrac{\partial^2 u_1}{\partial x^2}=0 \\ E_2I_2\dfrac{\partial^4 u_2}{\partial x^4}+\dfrac{m_3}{4}\left(\dfrac{\partial^2 u_1}{\partial t^2}+\dfrac{\partial^2 u_2}{\partial t^2}\right)+m_2\dfrac{\partial^2 u_2}{\partial t^2}-k(u_1-u_2)-c\left(\dfrac{\partial u_1}{\partial t}-\dfrac{\partial u_2}{\partial t}\right)+P_2\dfrac{\partial^2 u_2}{\partial x^2}=0 \end{cases} \tag{5.1}$$

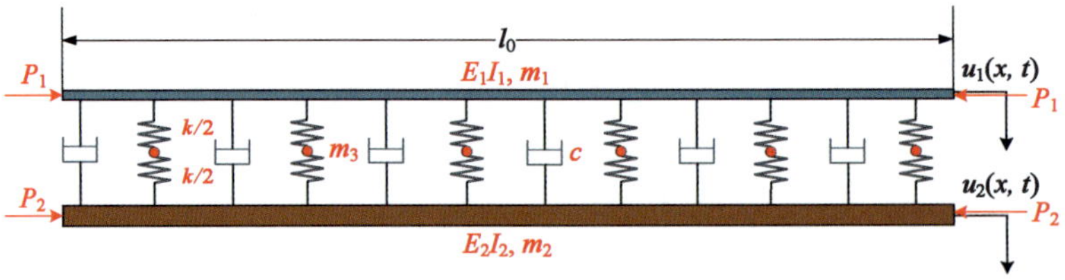


图5.2 由黏弹性层连接的精细化双梁模型

根据已有研究[112-113],方程组(5.1)的解$u_m(x, t)$可再分解为:

$$u_1(x, t)=\varphi_1(x)\mathrm{e}^{\alpha t}, \quad u_2(x, t)=\varphi_2(x)\mathrm{e}^{\alpha t} \tag{5.2}$$

其中$\alpha=-\beta+\mathrm{i}\omega$,$\alpha$的实部与结构的阻尼有关,虚部$\omega$是系统的频率。特别地,当系统无阻尼时,$\beta=0$;$\varphi_1(x)$和$\varphi_2(x)$分别为1号梁、2号梁的振型函数。假设两者的形式为:

$$\varphi_1(x)=A\mathrm{e}^{\kappa x}, \quad \varphi_2(x)=B\mathrm{e}^{\kappa x} \tag{5.3}$$

其中 $A$ 和 $B$ 为与边界条件有关的待定参数。将式(5.3)式代入式(5.1)中,可以得到一组代数方程,其矩阵形式如下:

$$\begin{bmatrix} E_1I_1\kappa^4+P_1\kappa^2+\frac{m_3}{4}\alpha^2+k+c\alpha+m_1\alpha^2 & \frac{m_3}{4}\alpha^2-k-c\alpha \\ \frac{m_3}{4}\alpha^2-k-c\alpha & E_2I_2\kappa^4+P_2\kappa^2+\frac{m_3}{4}\alpha^2+k+c\alpha+m_2\alpha^2 \end{bmatrix}\begin{Bmatrix}A\\B\end{Bmatrix}=\begin{Bmatrix}0\\0\end{Bmatrix} \tag{5.4}$$

方程组(5.4)有非平凡解的条件为 $A$ 和 $B$ 的系数矩阵的行列式为零,因而式(5.4)可退化为一个关于 $\kappa$ 的八次多项式特征方程:

$$\eta_4\kappa^8+\eta_3\kappa^6+\eta_2\kappa^4+\eta_1\kappa^2+\eta_0=0 \tag{5.5}$$

其中

$$\eta_4=E_1I_1E_2I_2$$

$$\eta_3=E_2I_2P_1+E_1I_1P_2$$

$$\eta_2=(E_1I_1+E_2I_2)(k+c\alpha)+P_1P_2+\frac{1}{4}[E_2I_2(4m_1+m_3)+E_1I_1(4m_2+m_3)]\alpha^2$$

$$\eta_1=(k+c\alpha)(P_1+P_2)+\frac{1}{4}[4m_2P_1+4m_1P_2+m_3(P_1+P_2)]\alpha^2$$

$$\eta_0=\left(\frac{m_3}{4}\alpha^2+k+c\alpha+m_2\alpha^2\right)\left(\frac{m_3}{4}\alpha^2+k+c\alpha+m_1\alpha^2\right)-\left(\frac{m_3}{4}\omega^2-k-c\alpha\right)^2$$

可以看出,当 $c=0$ 时,则 $\eta_4\sim\eta_0$ 可以退化为文献[112]中式(8)的对应形式(其中与质量 $m_1$、$m_2$ 和 $m_3$ 相关项的符号与文献[112]中相反。这是对时间变量进行分离的方式不同造成的)。令 $\chi=\kappa^2$, 则式(5.5)可以改写为如下一元四次方程:

$$\chi^4+a_1\chi^3+a_2\chi^2+a_3\chi+a_4=0 \tag{5.6}$$

其中, $a_1=\eta_3/\eta_4$, $a_2=\eta_2/\eta_4$, $a_3=\eta_1/\eta_4$, $a_4=\eta_0/\eta_4$。

进而,一元四次方程(5.6)可以因式分解为:

$$(\kappa^2+p_1\kappa+q_1)(\kappa^2+p_2\kappa+q_2)=0 \tag{5.7}$$

其中

$$\begin{Bmatrix}p_1\\p_2\end{Bmatrix}=\frac{1}{2}[a_1\pm\sqrt{a_1^2-4a_2+4\lambda_1}],\quad \begin{Bmatrix}q_1\\q_2\end{Bmatrix}=\frac{1}{2}\left[\lambda_1\pm\frac{a_1\lambda_1-2a_3}{\sqrt{a_1^2-4a_2+4\lambda_1}}\right]$$

$\lambda_1$ 是下面一元三次方程的一个实数根

$$\lambda^3-a_2\lambda^2+(a_1a_3-4a_4)\lambda+(4a_2a_4-a_3^2-a_1^2a_4)=0 \tag{5.8}$$

方程(5.8)的四个根可以写为:

$$\begin{Bmatrix}\chi_1\\ \chi_2\end{Bmatrix}=-\frac{p_1}{2}\pm\sqrt{\frac{p_1^2}{4}-q_1}\quad \begin{Bmatrix}\chi_3\\ \chi_4\end{Bmatrix}=-\frac{p_2}{2}\pm\sqrt{\frac{p_2^2}{4}-q_2} \tag{5.9}$$

因而方程组(5.4)的通解可以写为:

$$\begin{aligned}\varphi_1(x)&=\bar{A}_1\mathrm{e}^{\kappa_1 x}+\bar{A}_2\mathrm{e}^{-\kappa_1 x}+\bar{A}_3\mathrm{e}^{\kappa_2 x}+\bar{A}_4\mathrm{e}^{-\kappa_2 x}+\bar{A}_5\mathrm{e}^{\kappa_3 x}+\bar{A}_6\mathrm{e}^{-\kappa_3 x}+\bar{A}_7\mathrm{e}^{\kappa_4 x}+\bar{A}_8\mathrm{e}^{-\kappa_4 x}\\ &=\sum_{j=1}^{4}(\bar{A}_{2j-1}\mathrm{e}^{\kappa_j x}+\bar{A}_{2j}\mathrm{e}^{-\kappa_j x})\end{aligned} \tag{5.10}$$

$$\begin{aligned}\varphi_2(x)&=\bar{B}_1\mathrm{e}^{\kappa_1 x}+\bar{B}_2\mathrm{e}^{-\kappa_1 x}+\bar{B}_3\mathrm{e}^{\kappa_2 x}+\bar{B}_4\mathrm{e}^{-\kappa_2 x}+\bar{B}_5\mathrm{e}^{\kappa_3 x}+\bar{B}_6\mathrm{e}^{-\kappa_3 x}+\bar{B}_7\mathrm{e}^{\kappa_4 x}+\bar{B}_8\mathrm{e}^{-\kappa_4 x}\\ &=\sum_{j=1}^{4}(\bar{B}_{2j-1}\mathrm{e}^{\kappa_j x}+\bar{B}_{2j}\mathrm{e}^{-\kappa_j x})\end{aligned} \tag{5.11}$$

其中 $\bar{A}$ 和 $\bar{B}$ 是两组实常数,但两者并不独立,其关系为:

$$\bar{B}_{2j-1}=t_j\bar{A}_{2j-1}\quad \bar{B}_{2j}=t_j\bar{A}_{2j}$$

其中

$$t_j=\frac{4(k+c\alpha)+4P_1\kappa_j^2+4E_1I_1\kappa_j^4+(4m_1+m_3)\alpha^2}{4(k+c\alpha)-m_3\alpha^2}\quad (j=1\sim 4) \tag{5.12}$$

由式(5.12)可以看出,当 $P_1=m_3=0$ 时, $t_j$ 将退化为由文献[113]中式(11)给出的形式。与此同时,当 $c=0$ 时, $t_j$ 将与文献[112]中具有相同的形式。

### 5.2.2 动刚度矩阵的建立

根据式(5.10)和式(5.11),1 号梁、2 号梁不同截面处的剪力 $V_1(x)$、$V_2(x)$ 及弯矩 $M_1(x)$、$M_2(x)$ 表达式可以表达为:

$$V_1(x)=\sum_{j=1}^{4}E_1I_1\varphi'''_1(x)+P_1\varphi'_1(x)=\sum_{j=1}^{4}[E_1I_1\kappa_j^3+P_1\kappa_j](\bar{A}_{2j-1}\mathrm{e}^{\kappa_j x}-\bar{A}_{2j}\mathrm{e}^{-\kappa_j x}) \tag{5.13}$$

$$V_2(x)=\sum_{j=1}^{4}E_2I_2\varphi'''_2+P_2\varphi'_2=\sum_{j=1}^{4}[E_2I_2t_j\kappa_j^3+P_2t_j\kappa_j](\bar{A}_{2j-1}\mathrm{e}^{\kappa_j x}-\bar{A}_{2j}\mathrm{e}^{-\kappa_j x}) \tag{5.14}$$

$$M_1(x)=\sum_{j=1}^{4}E_1I_1\varphi''_1(x)=\sum_{j=1}^{4}-E_1I_1\kappa_j^2(\bar{A}_{2j-1}\mathrm{e}^{\kappa_j x}+\bar{A}_{2j}\mathrm{e}^{-\kappa_j x}) \tag{5.15}$$

$$M_2(x)=\sum_{j=1}^{4}E_2I_2\varphi''_2(x)=\sum_{j=1}^{4}-E_2I_2\kappa_j^2t_j(\bar{A}_{2j-1}\mathrm{e}^{\kappa_j x}+\bar{A}_{2j}\mathrm{e}^{-\kappa_j x}) \tag{5.16}$$

将 $\varphi_1(x)$、$\varphi_2(x)$ 改写成如下矩阵形式:

$$\varphi_1(x)=\boldsymbol{\Phi}_1(x)\cdot\{\bar{A}_1^{(i)}\quad \bar{A}_3^{(i)}\quad \bar{A}_5^{(i)}\quad \bar{A}_7^{(i)}\quad \bar{A}_2^{(i)}\quad \bar{A}_4^{(i)}\quad \bar{A}_6^{(i)}\quad \bar{A}_8^{(i)}\}^T \tag{5.17}$$

$$\varphi_2(x)=\boldsymbol{\Phi}_1(x)\cdot\{\bar{B}_1^{(i)}\quad \bar{B}_3^{(i)}\quad \bar{B}_5^{(i)}\quad \bar{B}_7^{(i)}\quad \bar{B}_2^{(i)}\quad \bar{B}_4^{(i)}\quad \bar{B}_6^{(i)}\quad \bar{B}_8^{(i)}\}^T \tag{5.18}$$

其中 $\boldsymbol{\Phi}_1(x)=[\mathrm{e}^{\kappa_1 x}\quad \mathrm{e}^{\kappa_2 x}\quad \mathrm{e}^{\kappa_3 x}\quad \mathrm{e}^{\kappa_4 x}\quad \mathrm{e}^{-\kappa_1 x}\quad \mathrm{e}^{-\kappa_2 x}\quad \mathrm{e}^{-\kappa_3 x}\quad \mathrm{e}^{-\kappa_4 x}]$。设 $\bar{\mathbf{B}}=\mathbf{L}\bar{\mathbf{A}}$, 则 $\mathbf{L}$ 为对角矩阵 $diag(t_1, t_2, t_3, t_4, t_1, t_2, t_3, t_4)$。

其中

$$\bar{\mathbf{A}}=\{\bar{A}_1^{(i)}\quad \bar{A}_3^{(i)}\quad \bar{A}_5^{(i)}\quad \bar{A}_7^{(i)}\quad \bar{A}_2^{(i)}\quad \bar{A}_4^{(i)}\quad \bar{A}_6^{(i)}\quad \bar{A}_8^{(i)}\}^T$$

$$\bar{\mathbf{B}}=\{\bar{C}_1^{(i)}\quad \bar{C}_3^{(i)}\quad \bar{C}_5^{(i)}\quad \bar{C}_7^{(i)}\quad \bar{C}_2^{(i)}\quad \bar{C}_4^{(i)}\quad \bar{C}_6^{(i)}\quad \bar{C}_8^{(i)}\}^T$$

双梁单元的力及位移边界条件如图 5.3 所示。本模型可用于建立不同边界条件下系统的振动方程。如图 5.3 所示，$\alpha e^{\alpha t}$、$\theta e^{\alpha t}$、$Ve^{\alpha t}$、$Me^{\alpha t}$ 分别为各梁段边界处的位移、转角、剪力和弯矩。在轴向力作用下，图 5.3 中双梁单元的力和位移边界条件分别见式(5.19)及式(5.20)。

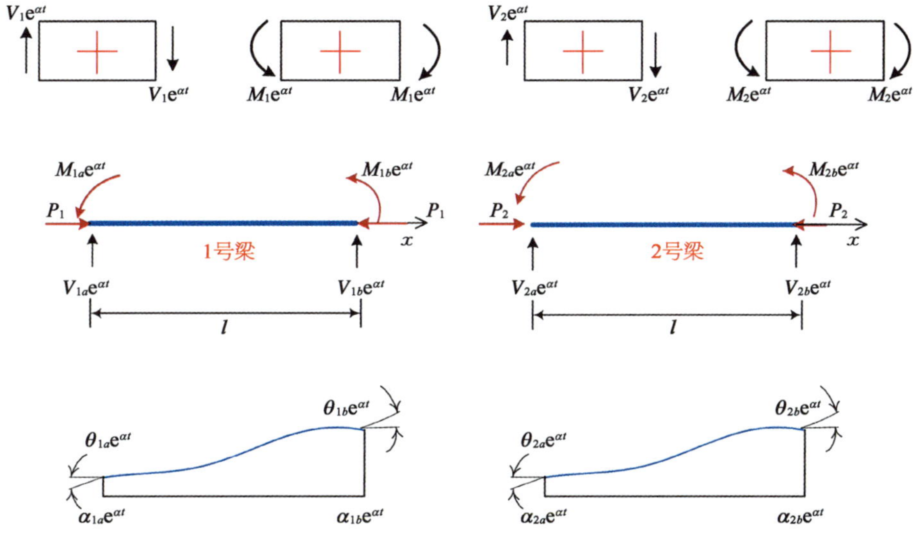


图 5.3　双梁单元的边界条件

$$\begin{array}{ll} x=0:\ \varphi_1=\alpha_{1a}\quad \varphi_1'=\theta_{1a} & \mid\quad x=l:\ \varphi_1=\alpha_{1b}\quad \varphi_1'=\theta_{1b} \\ x=0:\ \varphi_2=\alpha_{2a}\quad \varphi_2'=\theta_{2a} & \mid\quad x=l:\ \varphi_2=\alpha_{2b}\quad \varphi_2'=\theta_{2b} \end{array} \tag{5.19}$$

$$\begin{array}{ll} x=0:\ V_1=V_{1a}\quad M_1=M_{1a} & \mid\quad x=l:\ V_1=-V_{1b}\quad M_1=-M_{1b} \\ x=0:\ V_2=V_{2a}\quad M_2=M_{2a} & \mid\quad x=l:\ V_2=-V_{2a}\quad M_2=-M_{2a} \end{array} \tag{5.20}$$

将图 5.3 中梁单元的结点位移 $\mathbf{D}^{(i)}=\{\alpha_{1a},\ \alpha_{2a},\ \theta_{1a},\ \theta_{2a},\ \alpha_{1b},\ \alpha_{2b},\ \theta_{1b},\ \theta_{2b}\}^T$ 作为微分方程组(5.4)的边界条件，即可求出待定系数 $\bar{\mathbf{A}}$ 的矩阵表达式。将式(5.17)、式(5.18)分别代入式(5.19)、式(5.20)可知，图 5.3 中所示的单元结点位移 $\mathbf{D}^{(i)}$ 可由 $\bar{\mathbf{A}}$ 表示为：

$$\mathbf{D}^{(i)}=\mathbf{S}^{(i)}\cdot\bar{\mathbf{A}} \tag{5.21}$$

其中，矩阵 $\mathbf{S}^{(i)}$ 的详细表达形式参见附录。

再将力的边界条件式(5.20)代入式(5.13)～式(5.16)即可将中所示双梁单元的节点力同样用 $\bar{\mathbf{A}}$ 表示为：

$$\mathbf{F}^{(i)}=\mathbf{H}^{(i)}\cdot\bar{\mathbf{A}} \tag{5.22}$$

其中，$\mathbf{F}^{(i)}=\{V_{1a}\quad V_{2a}\quad M_{1a}\quad M_{2a}\quad V_{1b}\quad V_{2b}\quad M_{1b}\quad M_{2b}\}^T$，为节点力向量；矩阵 $\mathbf{H}^{(i)}$ 的表达式见

附录。

将系数矩阵 $\bar{\mathbf{A}}$ 从式(5.21)和式(5.22)中消去后即可得到单元节点力和结点位移间的关系：

$$\mathbf{F}^{(i)}=\mathbf{H}^{(i)}\cdot\mathbf{S}^{(i)-1}\cdot\mathbf{D}^{(i)}=\mathbf{K}^{(i)}\cdot\mathbf{D}^{(i)} \tag{5.23}$$

其中，$\mathbf{K}^{(i)}$ 即轴力作用下双梁单元的精确动刚度矩阵。当求得双梁系统的单元动刚度矩阵后，按照与有限元法类似的集组方式即可得到系统的整体动刚度矩阵。首先，根据需要划分的单元数目确定总体刚度矩阵的维数。其次，对各结点的自由度进行编码进而得到整体刚度矩阵。最后，根据结构的边界条件，删去被约束自由度在整体刚度矩阵中对应的行和列，即可得到任意边界条件下的总体动刚度矩阵 $\mathbf{K}$。由于该组集过程与有限元法类似，此处不再赘述。

从式(5.6)～式(5.23)的推导过程可以看出：采用 $u=\varphi(x)\mathrm{e}^{\alpha t}$ 的形式对位移函数 $u_1$、$u_2$ 进行空间域和时间域上的分离，可以使有阻尼系统与其相应的无阻尼系统 ($c=0$) 具有统一形式的动刚度矩阵。两者的区别在于特征方程式(5.5)中的系数 $\eta_i(i=0,\ 1,\ 2)$ 不同，而此后动刚度矩阵的推导过程及形式完全相同。

### 5.2.3 等效阻尼比的计算

对该系统应用扩展动刚度理论，若无阻尼双梁系统的第 $n$ 阶模态频率 $\alpha_{0n}$ 和对应的波数向量为 $\kappa_n$，则可以相应地定义出有阻尼双梁系统的第 $n$ 阶阻尼比 $\xi_n$，从而建立有阻尼系统与无阻尼系统模态频率间的关系。其求解流程为：令有阻尼双梁系统的阻尼系数 $c=0$，则式(5.4)退化为无阻尼双梁系统的控制微分方程：

$$\begin{aligned}A(E_1I_1\kappa^4+P_1\kappa^2)+k(A-B)+m_1A\alpha_0^2+\frac{m_3}{4}\alpha_0^2(A+B)=0\\B(E_2I_2\kappa^4+P_2\kappa^2)-k(A-B)+m_2B\alpha_0^2+\frac{m_3}{4}\alpha_0^2(A+B)=0\end{aligned} \tag{5.24}$$

其次将式(5.24)中的二式作差后代入式(5.4)后可得一个关于 $\alpha_D$ 的代数方程：

$$\alpha_D^2+\frac{2c(B-A)}{(m_2B-m_1A)\alpha_0}\alpha_0\alpha_D-\alpha_0^2=0 \tag{5.25}$$

其中，$\alpha_0=i\omega_0$，$\omega_0$ 为无阻尼系统的模态频率。

定义 $\xi=\dfrac{c(B-A)}{(m_2B-m_1A)\omega_0}$ 为有阻尼双梁系统的阻尼比，则式(5.25)可改写为：

$$\alpha_D^2-2\xi\mathrm{i}\alpha_0\alpha_D-\alpha_0^2=0 \tag{5.26}$$

式(5.26)的解为：

$$\alpha_D=\xi\alpha_0\mathrm{i}\pm\sqrt{1-\xi^2}\,\alpha_0=-\xi\omega_0\pm\sqrt{1-\xi^2}\,\omega_0\mathrm{i} \tag{5.27}$$

由式(5.27)可以看出，通过引入等效阻尼比，有阻尼双梁系统的固有频率的定义形式与多自由度系统完全一致。其中，$\alpha_D$ 的实部反映了系统运动的衰减幅度，而虚部 $\sqrt{1-\xi^2}\,\omega_0$ 为有阻尼系统的固有频率。可见，通过求解无阻尼系统的各阶模态频率 $\omega_{0n}$ 及相应的模态阻尼比 $\xi_n$，即可由

$\omega_{Dn}=\sqrt{1-\xi_n^2}\,\omega_{0n}$ 确定出有阻尼双梁系统的模态频率 $\omega_{Dn}$。

在计算双梁系统的无阻尼模态频率时，第 1 章已述及传统 W－W 法目前仅能够用于求解部分简单结构的频率方程，而对于复杂结构，其固端频率计数 $J_0$ 往往无法解析给出。为此，笔者在先前研究过程中提出了一种适用于计算复杂梁式结构固端频率计数 $J_0$ 的改进 W－W 法[95]。通过改进 W－W 法和扩展动刚度法即可实现有阻尼双梁系统的模态分析。

### 5.2.4　黏弹性双梁系统阻尼特性分析

在得到双梁系统的无阻尼模态频率 $\omega_0$ 后，黏弹性双梁系统的模态阻尼比即可按照扩展动刚度法求得，进而得出系统的阻尼频率 $\omega_D$。本节黏弹性双梁系统的阻尼特性分析的流程图如图 5.4 所示。

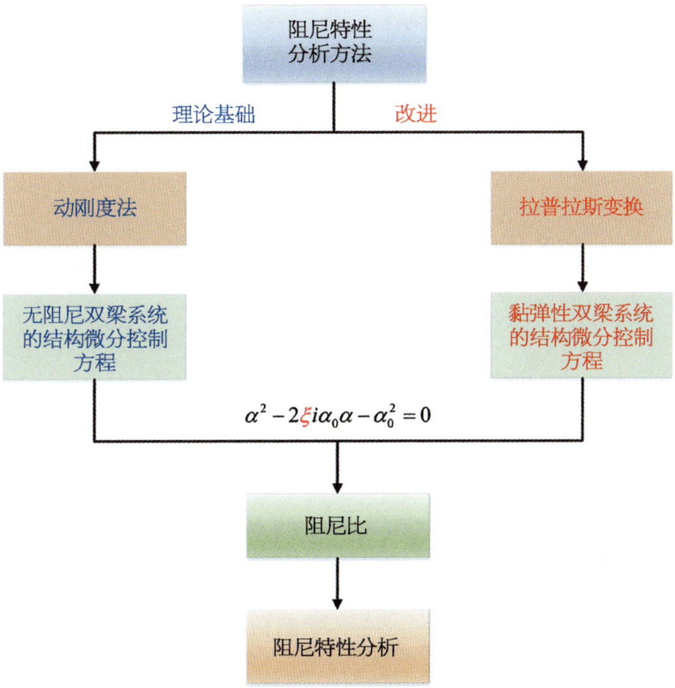


图 5.4　黏弹性双梁系统阻尼特性分析流程

在推导一些关键变量的表达式时，有意地与相关研究工作进行了对比。结果表明，当某些结构参数取零值时，这些中间变量的表达形式与已有研究保持一致。为了进一步验证本章所提方法的准确性，下面将结合两个数值案例进行说明。当双梁系统的阻尼系数 $c$ 取零时，本章模型将退化为文献[112]中的双梁模型，因而以文献[112]为例来验证本章方法的准确性。其中，双梁的基本参数如下：

$$L=1\text{ m},\ b_1=0.01\text{ m},\ h_1=0.005\text{ m},\ \rho_1=7\,600\text{ kg/m}^3,\ E_1=2.0\times10^{11}\text{ N/m}^2,$$

$$b_2=0.01\text{ m},$$

$$\rho_2=7\,600\text{ kg/m}^3,\ h_2=0.01\text{ m},\ E_2=2.0\times10^{11}\text{ N/m}^2,\ k=8.0\times10^3\text{ N/m}^2,\ c=0$$

其中，$b_i$ 和$h_1$ 分别为梁的宽和高；$\rho_i$ 为梁单元体积的质量密度；梁的单位长度线质量 $m_i=\rho_i A_i$；横截面积$A_i=b_i h_i$；惯性矩 $I_i=b_i h_i^3/12$，其中轴向力以拉力为负。为了验证结果的正确性，此处以两种边界条件：Case 1.上梁固结-固结 & 下梁固结-固结；Case 2.上梁固结-铰接 & 下梁固结-铰接为例进行说明，具体计算结果见表 5.1。

表 5.1　双梁系统固有频率 $\omega_0$(Hz)；$c=0$ N/(m/s)，$K_w=0$ N/m$^2$

| 模态阶次 | Case Ⅰ | | | | Case Ⅱ | | | |
|---|---|---|---|---|---|---|---|---|
| | $P_1=-700$ N<br>$P_2=-1\,000$ N | | $P_1=700$ N<br>$P_2=1\,000$ N | | $P_1=-700$ N<br>$P_2=-1\,000$ N | | $P_1=700$ N<br>$P_2=1\,000$ N | |
| | 文献解 | 本章解 | 文献解 | 本章解 | 文献解 | 本章解 | 文献解 | 本章解 |
| 1 | 32.04 | 32.045 | 18.72 | 18.723 | 26.31 | 26.316 | 9.84 | 9.843 |
| 2 | 58.03 | 58.032 | 48.72 | 48.729 | 46.24 | 46.246 | 35.13 | 35.138 |
| 3 | 71.46 | 71.469 | 50.17 | 50.177 | 61.76 | 61.768 | 36.85 | 36.856 |
| 4 | 128.67 | 128.677 | 103.12 | 103.123 | 113.96 | 113.964 | 85.83 | 85.837 |
| 5 | 142.74 | 142.740 | 131.92 | 131.928 | 118.18 | 118.186 | 105.73 | 105.733 |
| 6 | 204.45 | 204.453 | 177.48 | 177.482 | 184.83 | 184.842 | 155.78 | 155.785 |

表 5.1 给出了轴向拉力和压力作用下，双梁系统在两种边界约束下的前六阶模态频率。对比可知，本章的计算结果与已有研究吻合，因而验证了本章所述方法的正确性。同时，本章所得结果具有更高的精度，这是由于文献中采用的 Muller 算法是通过对特征函数 $f(\omega)=\det(\mathbf{K}(\omega))$ 进行二次逼近来判断零根的，因此所得结果的精度有限。而本章采用的 W－W 法可以得到任意精度的频率解，同时保证求解过程中不丢根。

由双梁系统阻尼比的定义 $\xi=\dfrac{c(B-A)}{(m_2B-m_1A)\omega_0}$ 可以看出，双梁及连接层结构参数的变化会同时影响 $\dfrac{m_2B-m_1A}{B-A}$ 和 $\omega_0$ 的取值，因此难以直观地判断出各参数对阻尼比及阻尼频率 $\omega_D$ 的影响规律，这就需要通过参数分析来进一步确定。为此，定义如下无量纲参数：

$$\mu=E_2I_2/E_1I_1,\ \rho=m_2/m_1,\ \bar{m}_3=m_3/m_1,\ \bar{k}=kl^3/E_1I_1,\ \bar{c}=cl^2/\sqrt{m_1E_1I_1l}$$

上述五个参数分别反映了双梁系统的抗弯刚度和质量，以及连接层的分布质量 $m_3$、刚度系数 $k$ 和阻尼系数 $c$ 对系统阻尼比的影响。方便起见，下面以简支边界为例讨论系统在五种典型工况下，上述参数对系统阻尼比的影响规律。其中，系统的基本结构参数选取如下：

$$E_1=1\times10^{11}\ \text{N/m}^2,\ I_1=1\times10^{-8}\ \text{m}^4,\ m_1=10\ \text{kg/m},\ E_1I_1=1\times10^3\ \text{N}\cdot\text{m}^2,\ l=1\ \text{m},$$

$$P_1=-1\times10^3\ \text{N}(tension),\ P_2=-1.5\times10^3\ \text{N}(tension),\ c=100\ \text{N/(m/s)}$$

Case 1：$\rho=\bar{m}_3=\bar{k}=1$，$\mu=0.01\sim1\,000$

刚度是影响系统模态的主要因素之一，本章研究的双梁系统的刚度是由两个梁的抗弯刚度及连接层的刚度系数共同决定的。研究双梁抗弯刚度比对模态及阻尼比的影响对系统参数的优化和设计具有重要意义。为此，本案例以 2 号梁为例，通过改变其抗弯刚度的大小来研究双梁抗弯刚度比对系统阻尼比和模态频率的影响。

表 5.2 列出了在五个典型抗弯刚度比 $\mu$ 下，系统的前六阶模态频率 $\omega_D$ 和阻尼比 $\xi$ 的变化情况。直观起见，图 5.5 采用对数坐标来反映 $\mu$ 对 $\omega_D$ 及 $\xi$ 的影响规律。由图可知：① 系统各阶阻尼比 $\xi$ 随着双梁抗弯刚度的增大呈阶梯式下降，并最终趋于一稳定值，且"阶梯"的数量随着模态阶次的增高而增加。同时，当 $\mu<1$ 时，阻尼比的下降速率明显快于 $\mu\geqslant 1$ 时。这意味着抗弯刚度对阻尼比的影响效果会随着系统总体刚度的增大而减弱。② $\mu$ 对低阶模态的影响要明显大于高阶模态。其中，当 $\mu<0.36$ 时，系统第一阶模态的阻尼比 $\xi>1$，对应为过阻尼状态，而系统的其他阶次模态在 $\mu\in[0.01, 1\,000]$ 时均表现为欠阻尼状态。③ 从图 5.5(b)可以看出，系统模态频率随着 $\mu$ 的增加总体上呈"梯田"形式分布，而各阶模态频率阶梯式增大。当 $\mu$ 取某些特定值时，系统的相邻

表 5.2　双梁抗弯刚度比 $\mu$ 对阻尼比 $\xi$ 和模态频率 $\omega_D$ (Hz) 的影响

| 模态 | $\mu$ | | | | | | | | | |
|---|---|---|---|---|---|---|---|---|---|---|
| | 0.01 | | 0.5 | | 1 | | 50 | | 100 | |
| | $\omega_D$ | $\xi$ | $\omega_D$ | $\xi$ | $\omega_D$ | $\xi$ | $\omega_D$ | $\xi$ | $\omega_D$ | $\xi$ |
| 1 | — | 1.725 | 4.828 | 0.901 | 9.223 | 0.735 | 10.918 | 0.675 | 10.923 | 0.675 |
| 2 | 7.298 | 0.808 | 11.927 | 0.642 | 13.540 | 0.594 | 56.014 | 0.176 | 56.026 | 0.176 |
| 3 | 11.456 | 0.658 | 39.165 | 0.247 | 51.136 | 0.192 | 101.116 | 0.098 | 126.745 | 0.079 |
| 4 | 18.205 | 0.481 | 58.432 | 0.169 | 63.069 | 0.157 | 126.718 | 0.079 | 143.196 | 0.070 |
| 5 | 29.775 | 0.318 | 88.641 | 0.112 | 115.642 | 0.086 | 225.195 | 0.044 | 225.242 | 0.044 |
| 6 | 43.410 | 0.224 | 131.905 | 0.076 | 141.033 | 0.071 | 351.668 | 0.028 | 351.741 | 0.028 |

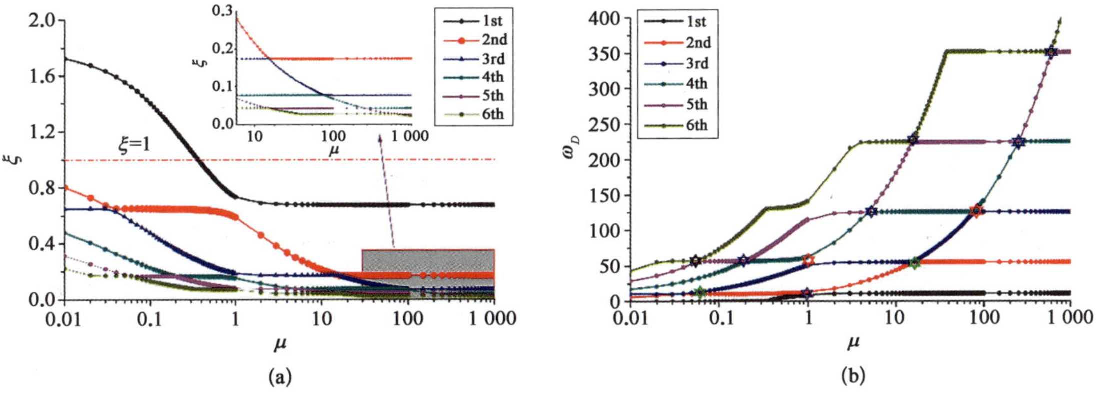


图 5.5　双梁抗弯刚度比 $\mu$ 对系统阻尼比 $\xi$ 和模态频率 $\omega_D$ 的影响

两阶模态频率会非常接近，从而在图5.5(b)中产生了若干个交点(用六角星标注出)，且模态交叉点的数量还会随着模态阶次的增高而增多。这意味着系统的某些模态在某些抗弯刚度比 $\mu$ 下可能发生模态交叉，即模态“窜支”现象。在一些大柔性、多层复合结构的颤振分析中，由于其模态频率密集、铺迭方式各异，模态“窜支”现象尤为显著[114]。

Case 2：$\mu=\bar{m}_3=\bar{k}=1$，$\rho=0.01\sim1\ 000$

表5.3、图5.6分别反映了双梁质量比 $\rho$ 变化时对系统阻尼比和模态频率的影响规律。可以看出：① 当 $\rho$ 从1降低至0.01的过程中(即系统质量缩小时)，双梁质量比 $\rho$ 对系统阻尼比的影响非常显著。其中，系统各阶阻尼比均快速增加且前三节模态均出现了过阻尼状态。而当双梁系统的质量逐渐增大(即 $\rho>1$)时，系统阻尼比将缓慢下降并逐渐趋于0。② $\rho$ 对模态频率的影响规律较为复杂。当 $\rho$ 从0.01增大至1的过程中，阻尼比显著减小，系统对应的无阻尼模态频率 $\omega_0$ 和阻尼比 $\xi$ 将同时减小，从而难以统一地判断模态频率 $\omega_D=\omega_0\sqrt{1-\xi^2}$ 的变化规律。其中，前三阶模态从过阻尼状态变化为欠阻尼状态，模态频率逐渐增大。而系统第4、5、6阶模态频率的变化较为复杂，

表5.3　双梁质量比 $\rho$ 对系统阻尼比 $\xi$ 和模态频率 $\omega_D$ (Hz)的影响

| 模态 | $\mu$ | | | | | | | | | |
|---|---|---|---|---|---|---|---|---|---|---|
| | 0.01 | | 0.5 | | 1 | | 50 | | 100 | |
| | $\omega_D$ | $\xi$ | $\omega_D$ | $\xi$ | $\omega_D$ | $\xi$ | $\omega_D$ | $\xi$ | $\omega_D$ | $\xi$ |
| 1 | — | 2.183 | 5.854 | 0.912 | 9.223 | 0.702 | 2.383 | 0.071 | 1.689 | 0.050 |
| 2 | — | 1.751 | 15.119 | 0.696 | 13.540 | 0.571 | 9.031 | 0.022 | 6.395 | 0.015 |
| 3 | — | 1.333 | 52.249 | 0.298 | 51.136 | 0.197 | 14.820 | 0.013 | 14.239 | 0.007 |
| 4 | 94.405 | 0.650 | 77.860 | 0.207 | 63.069 | 0.158 | 20.111 | 0.010 | 14.817 | 0.006 |
| 5 | 117.680 | 0.568 | 121.115 | 0.136 | 115.642 | 0.089 | 35.622 | 0.006 | 25.221 | 0.004 |
| 6 | 204.492 | 0.372 | 176.475 | 0.094 | 141.033 | 0.071 | 55.565 | 0.004 | 39.340 | 0.003 |

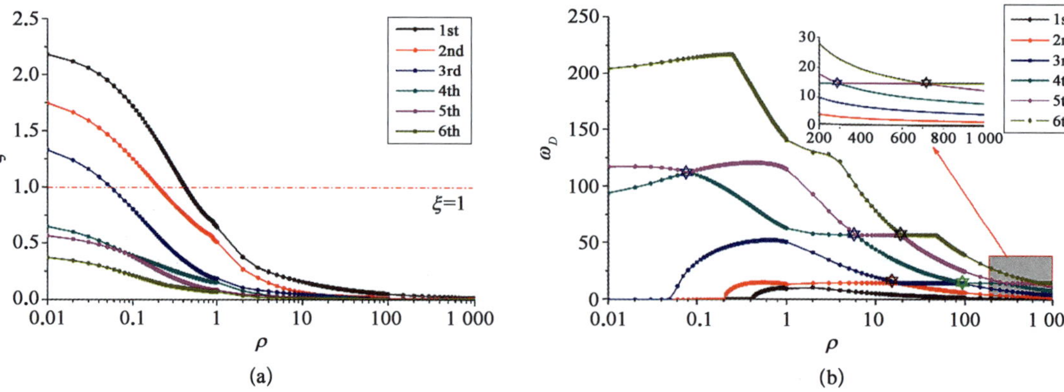


图5.6　双梁质量比 $\rho$ 对系统阻尼比 $\xi$ 和模态频率 $\omega_D$ 的影响

其中偶数阶模态频率随着 $\rho$ 的增加先增加后减小，而奇数阶模态则先缓慢减小后增大。③ 当 $\rho$ 从 1 增加至 1 000 时，由于 $\rho$ 的增大对阻尼比的影响已经很小，因此质量增大将使 $\omega_0$ 的增长速率超过 $\xi^2$，从而导致了系统模态频率总体上呈下降趋势。此外，同双梁抗弯刚度比对模态频率的影响规律类似，当 $\rho$ 取某些特定值时系统相邻两阶模态会出现模态交叉现象。

Case 3：$\mu=\bar{m}_3=\rho=1$，$\bar{k}=0.01\sim1\,000$

前两个案例着重探讨了双梁结构参数对模态频率和阻尼比的影响，对梁结构的参数设计和优化具有重要意义。然而对于既有结构，变更主体结构的材料参数往往是不经济也不现实的。为此，通常需要通过增设或优化附属结构来实现对全系统的振动控制。以双梁系统为例，通过优化黏弹性连接层的材料参数来获取更大的阻尼比对系统的振动控制而言无疑是更为经济与合理的。为此，Case 3～Case 5 分别讨论了连接层的刚度、质量及阻尼系数对系统阻尼比和模态频率的影响规律。

从表 5.4、图 5.7 可以看出：① 相比于双梁的抗弯刚度和质量，连接层刚度系数 $\bar{k}$ 对阻尼比和

表 5.4　连接层刚度系数 $\bar{k}$ 对阻尼比 $\xi$ 和模态频率 $\omega_D$ (Hz) 的影响

| 模态 | $\bar{k}$ | | | | | | | | | |
|---|---|---|---|---|---|---|---|---|---|---|
| | 0.01 | | 0.5 | | 1 | | 50 | | 100 | |
| | $\omega_D$ | $\xi$ | $\omega_D$ | $\xi$ | $\omega_D$ | $\xi$ | $\omega_D$ | $\xi$ | $\omega_D$ | $\xi$ |
| 1 | 9.222 | 0.735 | 9.222 | 0.735 | 9.223 | 0.735 | 9.233 | 0.734 | 9.235 | 0.735 |
| 2 | 13.354 | 0.599 | 13.446 | 0.597 | 13.540 | 0.594 | 20.769 | 0.434 | 26.166 | 0.357 |
| 3 | 51.136 | 0.192 | 51.137 | 0.192 | 51.136 | 0.192 | 51.136 | 0.192 | 51.137 | 0.192 |
| 4 | 63.042 | 0.157 | 63.054 | 0.157 | 63.069 | 0.157 | 65.015 | 0.152 | 66.917 | 0.148 |
| 5 | 115.861 | 0.086 | 115.964 | 0.086 | 115.642 | 0.086 | 115.975 | 0.086 | 115.766 | 0.086 |
| 6 | 204.492 | 0.079 | 142.021 | 0.067 | 141.033 | 0.071 | 142.901 | 0.069 | 144.663 | 0.070 |

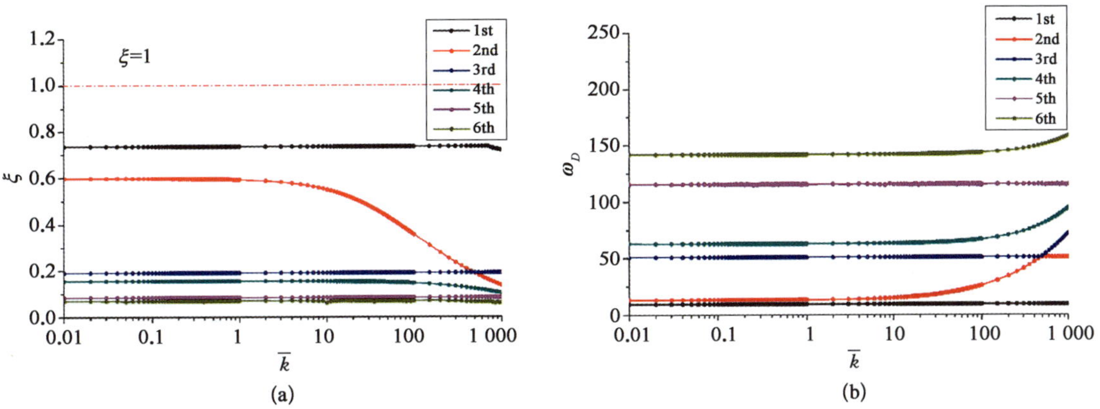


图 5.7　连接层刚度系数 $\bar{k}$ 对系统阻尼比 $\xi$ 和模态频率 $\omega_D$ 的影响

模态频率的影响较小，尤其当 $\bar{k}<1$ 时(对应于连接层刚度系数 $k$ 小于单片梁的结构刚度 $EI/l^3$ 的情况)，由于系统刚度主要是由双梁结构刚度及轴向力提供的，因此刚度系数 $\bar{k}$ 对系统阻尼比和模态频率几乎没有影响。而当 $\bar{k}>100$ 时，阻尼比和模态频率才有所改变。② 连接层的刚度系数 $\bar{k}$ 对偶数阶模态的影响比奇数阶显著，且对低阶模态的阻尼比和频率更加明显。这是由于本案例中的双梁系统偶数阶振型为反向振动而奇数阶为同向振动，当双梁发生反向振动时，连接层会阻碍双梁发生分离，因此其刚度系数越大，对模态的影响越明显。

Case 4：$\mu=\rho=\bar{k}=1$，$\bar{m}_3=0.01\sim1\,000$

由表 5.5、图 5.8 可以看出：① 连接层质量的增加在增大系统阻尼比的同时降低了系统的模态频率，当连接层质量系数 $\bar{m}_3<1$ 时，其变化对 $\xi$ 和 $\omega_D$ 的影响较小。② 当 $\bar{m}_3>1$ 时，由于连接层质量将超过单梁，系统阻尼比 $\xi$ 随着 $\bar{m}_3$ 的增加快速增大，各阶模态频率呈阶梯式减小，且对低阶模态的影响更为显著。此时系统同时在某些特定点处会出现模态交叉现象。特别是当 $\bar{m}_3>100$ 时，系统前两阶模态为过阻尼状态。

表 5.5　连接层分布质量 $\bar{m}_3$ 对阻尼比 $\xi$ 和模态频率 $\omega_D$ (Hz)的影响

| 模态 | $\bar{m}_3$ | | | | | | | | | |
|---|---|---|---|---|---|---|---|---|---|---|
| | 0.01 | | 0.5 | | 1 | | 50 | | 100 | |
| | $\omega_D$ | $\xi$ | $\omega_D$ | $\xi$ | $\omega_D$ | $\xi$ | $\omega_D$ | $\xi$ | $\omega_D$ | $\xi$ |
| 1 | 13.146 | 0.605 | 11.040 | 0.671 | 9.223 | 0.735 | — | 3.059 | — | 4.284 |
| 2 | 13.669 | 0.590 | 13.549 | 0.594 | 13.540 | 0.594 | 7.526 | 0.799 | — | 1.119 |
| 3 | 62.748 | 0.157 | 56.193 | 0.175 | 51.136 | 0.192 | 13.522 | 0.594 | 13.597 | 0.594 |
| 4 | 63.192 | 0.156 | 63.074 | 0.157 | 63.069 | 0.157 | 26.067 | 0.358 | 16.184 | 0.502 |
| 5 | 141.581 | 0.070 | 126.657 | 0.079 | 115.642 | 0.086 | 48.463 | 0.202 | 32.201 | 0.283 |
| 6 | 142.126 | 0.070 | 142.102 | 0.070 | 141.033 | 0.071 | 63.071 | 0.157 | 51.650 | 0.181 |

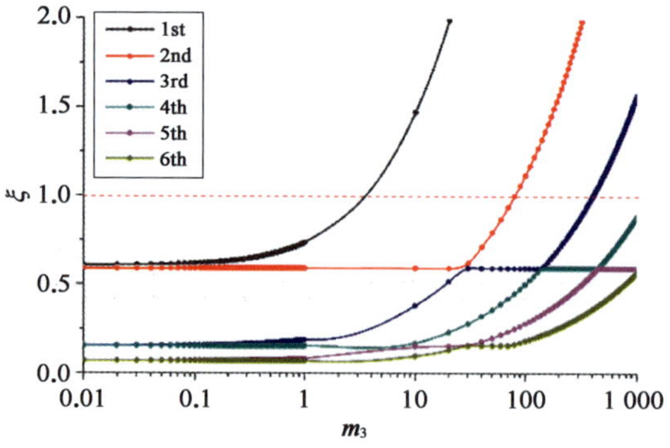

(a)

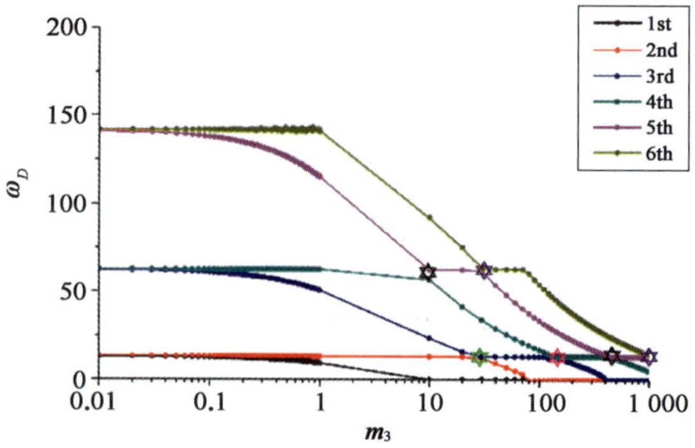

(b)

图 5.8　连接层分布质量 $\bar{m}_3$ 对系统阻尼比 $\xi$ 和模态频率 $\omega_D$ 的影响

Case 5：$\mu=\rho=\bar{k}=\bar{m}_3=1$，$\bar{c}=0.01\sim100$

由表 5.6、图 5.9 可以看出：① 阻尼系数 $\bar{c}$ 对系统各阶阻尼比 $\xi$ 和模态频率 $\omega_D$ 的影响非常显著，其对低阶模态频率的抑制效果比高阶更为明显。② 当 $\bar{c}<1$ 时，阻尼系数的变化对系统各阶阻尼比和模态频率的影响均不明显。当 $\bar{c}>1$ 时，随着 $\bar{c}$ 的增加，系统各阶模态频率快速下降，特别是当 $\bar{c}>20$ 时，系统前六阶模态均为过阻尼状态。由此可见，相比于改变双梁或连接层的质量和刚度，采用增加连接层阻尼的方式来实现对系统的振动控制是最为有效及合理的。

表 5.6　连接层阻尼系数 $\bar{c}$ 对阻尼比 $\xi$ 和模态频率 $\omega_D$ (Hz) 的影响

| 模态 | $\bar{c}$ | | | | | | | | | |
|---|---|---|---|---|---|---|---|---|---|---|
| | 0.01 | | 0.5 | | 5 | | 10 | | 100 | |
| | $\omega_D$ | $\xi$ | $\omega_D$ | $\xi$ | $\omega_D$ | $\xi$ | $\omega_D$ | $\xi$ | $\omega_D$ | $\xi$ |
| 1 | 13.603 | 0.007 | 12.652 | 0.368 | — | 3.675 | — | 7.351 | — | 73.509 |
| 2 | 16.832 | 0.006 | 16.072 | 0.297 | — | 2.971 | — | 5.941 | — | 59.410 |
| 3 | 52.105 | 0.002 | 51.864 | 0.096 | 14.658 | 0.960 | — | 1.919 | — | 19.192 |
| 4 | 63.861 | 0.001 | 63.665 | 0.078 | 39.727 | 0.783 | — | 1.566 | — | 15.659 |
| 5 | 116.073 | 0.001 | 115.965 | 0.043 | 104.752 | 0.431 | 58.932 | 0.862 | — | 8.615 |
| 6 | 141.387 | 0.001 | 141.299 | 0.035 | 132.251 | 0.354 | 99.952 | 0.707 | — | 7.073 |

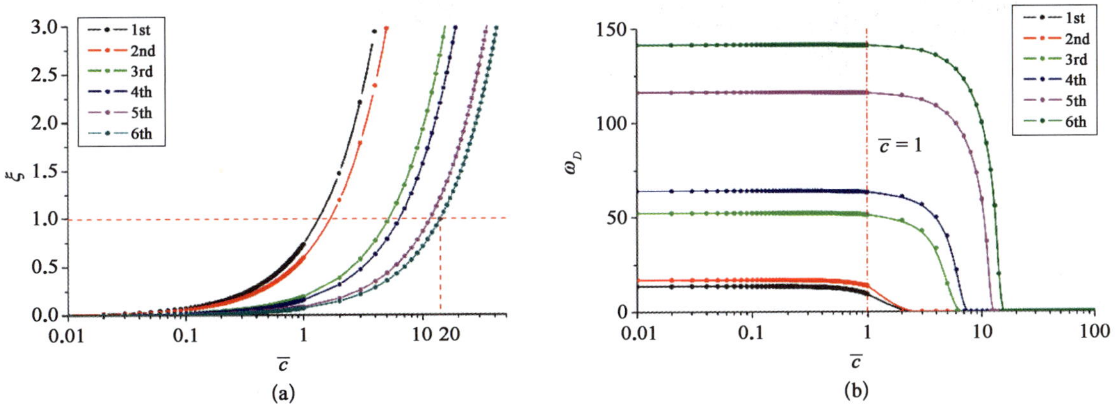


图 5.9　连接层分布质量 $\bar{m}_3$ 对系统阻尼比 $\xi$ 和模态频率 $\omega_D$ 的影响

## 5.2.5　在复合拉索系统设计中的应用

从上述分析和讨论可以看出，含填充层的双层索套复合拉索的阻尼特性可以通过优化填充层材料特性得到改进。基于此，下面针对工程中如图 5.1(b)所示的双层索套复合拉索系统进行阻尼特性分析，从而对填充层的材料参数进行优化。其中，外层索套和内层钢束分别采用 1 号梁和 2 号梁进行模拟,由于护套不承受轴向力作用,即 $P_1=0$;填充层模拟为黏弹性层,其质量和刚度远小于钢束。结构材料的设计参数见表 5.7。

表 5.7　双层索套复合拉索系统基本设计参数

| $m_1/(\mathrm{kg\cdot m^{-1}})$ | $m_2/(\mathrm{kg\cdot m^{-1}})$ | $P_2/\mathrm{N}$ | $E_1I_1/\mathrm{N\cdot m^2}$ | $E_2I_2/\mathrm{N\cdot m^2}$ | $l/\mathrm{m}$ | $m_3/(\mathrm{kg\cdot m^{-1}})$ | $k/\mathrm{N\cdot m^2}$ |
|---|---|---|---|---|---|---|---|
| 0.2 | 0.76 | $1\times10^6$ | 0.2 | 16.6 | 10 | 0.01 | 10 |

如上所述,由于黏弹性层的刚度系数 $k$ 相比于质量 $m_3$ 和阻尼系数 $c$ 对系统阻尼比的影响可以忽略,因此通过增加 $k$ 来改变结构阻尼比是不合理的。鉴于此,本小节着重讨论黏弹性层的无量纲质量参数 $\bar{m}_3$ 和无量纲阻尼系数 $\bar{c}$ 变化时对复合索阻尼特性的影响规律。

图 5.10 给出了当 $\bar{m}_3$ 和 $\bar{c}$ 从 0 变化至 400 时,系统一阶模态阻尼比和频率的变化规律。从中可以看出,相比于线质量 $\bar{m}_3$,黏弹性层的阻尼系数 $\bar{c}$ 对模态频率和阻尼比的影响更明显。可见,通过优化阻尼系数可以有效地改善系统的阻尼特性。

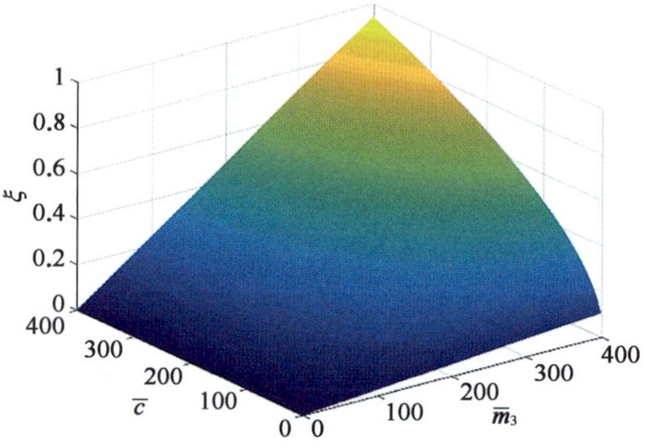


(a) $\bar{m}_3$ 和 $\bar{c}$ 对系统一阶模态阻尼比的影响

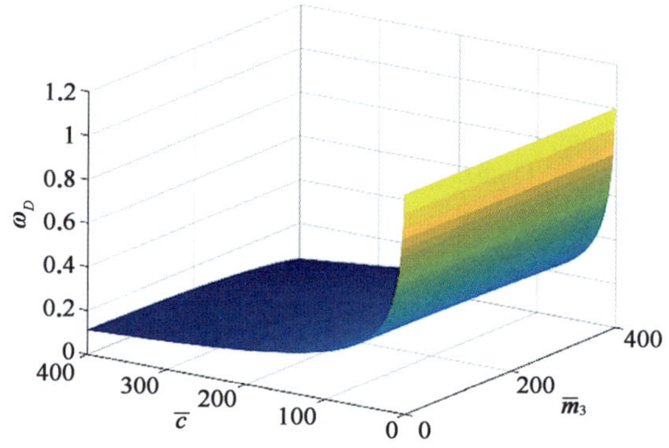


(b) $\bar{m}_3$ 和 $\bar{c}$ 对系统一阶模态频率的影响

图 5.10　连接层材料参数对系统一阶模态阻尼比的影响

综上所述,本节针对一类由黏弹性层连接的双梁系统,建立了同时考虑连接层的阻尼、质量及其刚度,以及轴力和边界等因素影响下系统的控制微分方程,进而求解得到了基于动刚度理论的系统频率方程。利用与对应无阻尼系统的动刚度矩阵的形式一致性定义了双梁系统的等效阻尼比,并采用改进 W－W 法对超越频率方程进行了精确求解。最后针对系统的一些关键参数,讨论了其对系统阻尼比及模态频率的影响规律,主要结论如下:

(1) 相较于连接层的刚度和质量,双梁的抗弯刚度和质量对系统模态频率和阻尼比的影响更为显著。随着双梁抗弯刚度比 $\mu$ 的增加,系统各阶模态的阻尼比降低而频率呈阶梯式增长,其相邻模态间会发生模态交叉现象。

(2) 在双梁系统质量减小过程中,双梁质量比 $\rho$ 的变化对阻尼比的影响非常显著,其中偶数阶模态频率随着 $\rho$ 的增加先增加后减小,而奇数阶模态则先缓慢减小后增大。当双梁系统的质量逐渐增大时,即 $\rho>1$ 时,系统阻尼比将缓慢下降并逐渐趋于 0,系统模态频率阶梯式下降趋势并出现若干个模态交叉点。

(3) 当连接层的刚度和质量分别小于单片梁的结构刚度和质量时，即 $\bar{k}<1$ 或 $\bar{m}_3<1$ 时，两者对系统阻尼比和模态频率几乎没有影响。只有当连接层的刚度 $k$ 和质量 $m_3$ 远大于单梁时，系统低阶的模态频率和阻尼比才有比较明显的变化，而高阶模态仍无明显变化。可见，通过增加连接层的质量和刚度来实现结构振动控制是低效和不切实际的。

(4) 连接层的阻尼系数 $c$ 对系统各阶阻尼比 $\xi$ 和模态频率 $\omega_D$ 的影响非常显著，其中对低阶模态频率的抑制效果比高阶更为明显。由此可见，相比于改变双梁或连接层的质量和刚度，采用增加连接层阻尼的方式来实现对系统的振动控制是最为有效及合理的。

## 5.3　双梁系统动力特性分析

本节主要介绍双梁系统模态频率及振型的求解和分析。两者的求解和分析方法如下：

1) 频率计算

应用 W－W 法求频率方程时，最简单的方法是二分法，其详细的求解步骤可参阅文献[115]。由于二分法求频率时只有一阶精度，袁驷在此基础上提出了一种具有二阶精度的牛顿法。该方法通过求解一个广义特征值问题 $\mathbf{K}_a\Delta=\mu\mathbf{K}'_a\Delta$，利用每次求出的特征值 $\mu$ 外插出一个更接近真实值的结果 $\omega_\mu$。若用 $\omega_a$ 表示由二分法计算出的具有一阶精度的近似值，则有 $\mathbf{K}_a=\mathbf{K}(\omega_a)$，$\mathbf{K}'_a=\dfrac{\mathrm{d}\mathbf{K}(\omega_a)}{\mathrm{d}\omega}$，$\omega_\mu=\omega_a-\mu$。

2) 振型求解

由于牛顿法是一个局部收敛的方法，在采用牛顿法计算频率时，只有当初始频率选取得足够接近精确解时才能得到合理的步长 $\mu$，从而保证能以二阶速度收敛，这就在很大程度上限制了牛顿法的应用范围。但是若能充分利用 W－W 法，则可以对牛顿法迭代过程加以有效地保护和引导，从而以确保牛顿法步长 $\mu$ 的正确方向和适当大小，最终将该方法转变为一个全局大范围收敛的方法[115]。文献[115]详细介绍了对牛顿法的保护和引导过程，并给出了完整的导护性牛顿法的算法步骤。该算法可以高效地求解结构的频率和振型，与 W－W 法已形成了“标配”。下面振型的计算采用的也是此方法。

3) 振型分析

由于弹簧连接层的存在，双梁结构的振型要比单梁结构复杂得多。同时，由于双梁边界条件组合的多样性，结构的振型将十分丰富。当两个梁的结构参数及所受轴力大小不同时，结构的振型势必也会有所不同。因此，通过双梁的振型分析不仅可以确定最大振幅发生的位置，从而可以针对性地对结构进行减振和制振，还可以研究结构参数等因素对振型的影响规律，以便对结构参数进行优化设计。

为了研究结构参数对双梁振型的影响，需要引入一个能够定量地判断两个梁的接近或相异程度的指标。而相似性度量理论正是用于比较一些形状、图像、信号或数据相似性的一种理论，目前已有不少应用实例将相似性度量理论引入波形信号的相似度测量中[116]。因此，下面采用相似度指标来量化两个梁振型的相似程度。

不同振型的相似度是由振型的形状相似度和幅值相似度共同量化的。其中,形状相似度反映了振型的全局特性,主要是指不同振型的形状的相似程度;幅值相似度用于描述振幅的差异,它反映了不同振型细节上的差异。对于整体形状相似但幅值差异较大的一组振型,整体相似度无法体现出两者的差异,此时就需要借助局部相似度加以判断。对于结构的某一阶模态来说,由于结构参数的改变将主要引起振幅的变化,而基本不改变振型的整体形状,因此采用幅值相似度指标来研究结构参数对振型的影响规律。

目前基于时域的波形相似度算法主要有相关系数法、夹角余弦法和欧式距离法[117-118]。这些方法原理简单、计算量小、实现起来比较容易。其中,相关系数法和夹角余弦法用于检测被测波形和模板波形的整体相似程度,但无法反映出振幅线性变化对波形相似度的影响,因而不适用于双梁结构的振型分析。欧式距离法思想最为简单,就是将数组向量 $X$ 和 $Y$ 中的每个值进行逐项作差,计算每次得到的差值之和 $D$。如式(5.28)所示,$D$ 的值越小,差异越小,即样本与模板更加相近。

$$D^2=\sum_{k=1}^{n}(x_k-y_k)^2 \tag{5.28}$$

式中　$n$——数组向量的长度。

为了更加直观地反映幅值的相似程度,定义幅值相似度指标 $S$ 如下

$$S=1-\sqrt{\frac{1}{n}\sum_{k=1}^{n}(x_k-y_k)^2} \tag{5.29}$$

可见,$S$ 越接近于 1,幅值相似度越高,振型的相似度也就越高。反之,则两个梁的振幅差异很大。

### 5.3.1　频率求解

为了研究不同边界条件对双梁系统模态频率的影响,以十种典型边界条件为例进行说明,它们是: Case Ⅰ: 上梁固结-固结,下梁固结-固结;Case Ⅱ: 上梁固结-铰接,下梁固结-铰接;Case Ⅲ: 上梁铰接-铰接,下梁铰接-铰接;Case Ⅳ: 上梁铰接-铰接,下梁固结-自由;Case Ⅴ: 上梁自由-自由,下梁铰接-铰接;Case Ⅵ: 上梁自由-自由,下梁固结-铰接;Case Ⅶ: 上梁自由-自由,下梁固结-固结; Case Ⅷ: 上梁固结-自由,下梁固结-自由;Case Ⅸ: 上梁铰接-铰接,下梁固结-铰接;Case Ⅹ: 上梁铰接-铰接,下梁固结-固结。

双梁结构的基本参数如下: $b_1=0.01$ m, $h_1=0.005$ m, $b_2=0.01$ m, $h_2=0.01$ m, $L=1$ m, $E_1=2.0\times10^{11}$ N/m², $E_2=2.0\times10^{11}$ N/m², $\rho_1=7\,600$ kg/m³, $\rho_2=7\,600$ kg/m³, $k=8.0\times10^{3}$ N/m²。

其中, $b_i$ 和 $h_1$ 分别为梁的宽和高, $\rho_i$ 为梁单元体积的质量密度。梁的单位长度线质量 $m_i=\rho_i A_i$。梁的横截面积 $A_i=b_i h_i$, 惯性矩 $I_i=b_i h_i^3/12$。

根据以上结构参数,表 5.8～表 5.12 给出了不同边界条件下,双梁结构分别在轴向拉力、压力作用下的前六阶频率。需要说明的是,由于动刚度法是一种精确解法,结合 W - W 法可以求得任意精度下的频率解;虽然 Muller 搜索法只是一种有限精度的近似解法,但不妨碍验证本文结果的准确性。基于此,以 Muller 解作为参考,并在表中用下划线标注出两种算法结果的差异。

### 表 5.8　双梁结构在第Ⅰ、Ⅱ边界条件下的固有频率

(单位：Hz)

| 模态 | | $P_1=-700$ N & $P_2=-1\ 000$ N | | $P_1=700$ N & $P_2=1\ 000$N | |
|---|---|---|---|---|---|
| | | Muller 法 | W - W 法 | Muller 法 | W - W 法 |
| Case Ⅰ | 1 | 32.044 614 388 296 4 | 32.044 614 523 824 5 | 18.723 177 745 740 7 | 18.723 177 631 583 2 |
| | 2 | 58.032 418 454 501 2 | 58.032 418 599 983 1 | 48.729 480 935 447 2 | 48.729 480 939 250 4 |
| | 3 | 71.469 403 118 226 2 | 71.469 403 242 939 1 | 50.177 335 797 548 2 | 50.177 335 850 546 1 |
| | 4 | 128.676 539 367 821 | 128.676 539 096 351 | 103.122 705 526 873 | 103.122 705 474 273 |
| | 5 | 142.740 269 140 627 | 142.740 269 560 334 | 131.927 845 782 571 | 131.927 845 813 334 |
| | 6 | 204.452 629 170 482 | 204.452 629 291 718 | 177.481 790 171 443 | 177.481 789 700 687 |
| Case Ⅱ | 1 | 26.315 619 230 820 3 | 26.315 619 261 004 0 | 9.843 467 551 500 05 | 9.843 467 568 862 25 |
| | 2 | 46.246 089 592 031 3 | 46.246 089 553 460 5 | 35.138 065 528 512 2 | 35.138 065 414 503 2 |
| | 3 | 61.767 688 081 402 0 | 61.767 688 207 328 3 | 36.856 359 257 725 3 | 36.856 359 196 826 8 |
| | 4 | 113.964 282 721 800 | 113.964 282 907 546 | 85.836 619 398 138 3 | 85.836 619 511 246 7 |
| | 5 | 118.186 201 110 765 | 118.186 200 596 392 | 105.732 512 567 205 | 105.732 512 753 457 |
| | 6 | 184.842 118 893 185 | 184.842 118 807 137 | 155.785 244 089 980 | 155.785 244 517 028 |

### 表 5.9　双梁结构在第Ⅲ、Ⅳ边界条件下的固有频率

(单位：Hz)

| 模态 | | $P_1=-400$ N & $P_2=-600$ N | | $P_1=400$ N & $P_2=600$ N | |
|---|---|---|---|---|---|
| | | Muller 法 | W - W 法 | Muller 法 | W - W 法 |
| Case Ⅲ | 1 | 18.397 825 148 220 264 | 18.397 825 148 274 490 | 8.183 054 020 490 66 | 8.183 053 983 365 605 |
| | 2 | 36.618 315 166 052 580 | 36.618 315 038 985 116 | 29.968 865 317 857 5 | 29.968 865 207 363 9 |
| | 3 | 48.538 850 556 902 126 | 48.538 850 404 488 910 | 32.287 345 386 078 3 | 32.287 345 385 617 6 |
| | 4 | 93.814 498 617 268 920 | 93.814 498 520 660 760 | 77.223 568 242 182 2 | 77.223 567 832 062 3 |
| | 5 | 94.846 342 664 642 980 | 94.846 342 664 450 500 | 85.191 341 314 912 3 | 85.191 341 027 872 9 |
| | 6 | 160.331 297 373 734 300 | 160.331 296 840 344 40 | 142.447 487 066 053 | 142.447 486 975 143 |
| Case Ⅳ | 1 | 14.063 842 064 900 7 | 14.063 842 099 858 4 | 5.294 078 813 270 22 | 5.294 078 824 954 34 |
| | 2 | 28.095 501 436 600 9 | 28.095 501 521 602 3 | 19.934 728 549 396 5 | 19.934 728 497 173 6 |
| | 3 | 49.744 075 261 777 3 | 49.744 075 397 029 5 | 34.319 446 297 214 5 | 34.319 446 282 461 3 |
| | 4 | 56.960 048 456 098 4 | 56.960 048 340 261 0 | 45.658 438 653 708 4 | 45.658 438 792 452 2 |
| | 5 | 96.923 024 736 268 0 | 96.923 024 579 882 6 | 78.835 841 343 541 0 | 78.835 841 640 830 1 |
| | 6 | 137.824 580 558 610 | 137.824 580 632 150 | 127.463 143 720 499 | 127.463 143 505 156 |

### 表 5.10　双梁结构在第Ⅴ、Ⅵ边界条件下的固有频率

(单位：Hz)

| 模态 | | $P_1=-300$ N & $P_2=-500$ N | | $P_1=300$ N & $P_2=500$ N | |
|---|---|---|---|---|---|
| | | Muller 法 | W - W 法 | Muller 法 | W - W 法 |
| Case Ⅴ | 1 | 14.164 944 490 745 1 | 14.164 944 464 573 6 | 7.791 301 140 430 72 | 7.791 301 135 148 38 |
| | 2 | 22.198 961 095 561 7 | 22.198 961 174 581 2 | 13.009 484 471 223 0 | 13.009 484 455 687 9 |

续 表

| 模 态 | | $P_1=-300$ N & $P_2=-500$ N | | $P_1=300$ N & $P_2=500$ N | |
|---|---|---|---|---|---|
| | | Muller 法 | W-W 法 | Muller 法 | W-W 法 |
| Case Ⅴ | 3 | 31.785 334 865 916 5 | 31.785 334 879 532 5 | 14.337 384 898 147 4 | 14.337 384 869 577 4 |
| | 4 | 40.304 842 763 405 3 | 40.304 842 637 851 8 | 30.785 106 891 074 5 | 30.785 107 007 250 2 |
| | 5 | 70.812 173 192 950 9 | 70.812 173 373 997 2 | 48.274 478 151 705 0 | 48.274 478 269 741 0 |
| | 6 | 93.943 751 921 787 9 | 93.943 751 975 894 0 | 86.117 838 169 613 9 | 86.117 837 950 587 3 |
| Case Ⅵ | 1 | 16.586 921 902 029 3 | 16.586 921 957 787 1 | 10.263 164 582 282 0 | 10.263 164 565 549 2 |
| | 2 | 22.292 168 110 861 8 | 22.292 168 147 396 3 | 13.061 057 434 519 0 | 13.061 057 409 504 4 |
| | 3 | 35.745 889 839 687 6 | 35.745 889 740 064 8 | 16.487 772 333 045 7 | 16.487 772 355 321 8 |
| | 4 | 44.429 885 028 225 4 | 44.429 885 083 809 5 | 38.327 893 776 626 4 | 38.327 893 661 335 1 |
| | 5 | 71.921 844 632 784 8 | 71.921 844 594 180 6 | 48.817 587 558 209 5 | 48.817 587 597 295 7 |
| | 6 | 114.413 399 426 432 | 114.413 399 808 109 | 104.497 870 260 183 | 104.497 870 150 954 |

表 5.11　双梁结构在第Ⅶ、Ⅷ边界条件下的固有频率　(单位：Hz)

| 模 态 | | $P_1=-100$ N & $P_2=-300$ N | | $P_1=100$ N & $P_2=300$ N | |
|---|---|---|---|---|---|
| | | Muller 法 | W-W 法 | Muller 法 | W-W 法 |
| Case Ⅶ | 1 | 17.740 176 629 006 9 | 17.740 176 583 174 6 | 17.248 732 132 910 8 | 17.248 732 096 049 9 |
| | 2 | 20.094 941 790 814 4 | 20.094 941 870 775 1 | 17.590 413 001 868 4 | 17.590 412 928 257 1 |
| | 3 | 31.455 042 729 226 6 | 31.455 042 632 296 7 | 23.930 419 489 734 5 | 23.930 419 550 743 0 |
| | 4 | 54.712 634 323 245 0 | 54.712 634 347 379 2 | 52.482 000 670 649 8 | 52.482 000 552 117 8 |
| | 5 | 65.429 456 420 945 9 | 65.429 456 345 737 0 | 57.757 019 733 253 4 | 57.757 019 810 378 6 |
| | 6 | 120.488 844 430 380 | 120.488 844 625 652 | 113.565 868 856 986 | 113.565 868 698 061 |
| Case Ⅷ | 1 | 7.272 661 251 770 76 | 7.272 661 272 145 35 | 1.991 907 578 474 92 | 1.991 907 578 576 50 |
| | 2 | 28.455 614 393 722 8 | 28.455 614 345 148 2 | 23.368 619 644 575 6 | 23.368 619 719 985 9 |
| | 3 | 29.075 038 064 075 5 | 29.075 038 107 112 1 | 27.639 975 617 392 4 | 27.639 975 608 326 5 |
| | 4 | 56.272 958 741 273 2 | 56.272 958 777 844 9 | 50.707 742 393 512 0 | 50.707 742 385 566 2 |
| | 5 | 63.982 628 025 109 9 | 63.982 628 099 620 4 | 58.600 755 013 911 0 | 58.600 754 849 612 7 |
| | 6 | 119.265 450 000 051 | 119.265 449 978 411 | 113.996 539 613 995 | 113.996 539 823 711 |

表 5.12　双梁结构在第Ⅸ、Ⅹ边界条件下的固有频率　(单位：Hz)

| 模 态 | | $P_1=-700$ N & $P_2=-1\,000$ N | | $P_1=700$ N & $P_2=1\,000$ N | |
|---|---|---|---|---|---|
| | | Muller 法 | W-W 法 | Muller 法 | W-W 法 |
| Case Ⅸ | 1 | 24.051 376 254 941 3 | 24.051 376 234 274 4 | 7.138 081 287 748 16 | 7.138 081 303 855 87 |
| | 2 | 45.004 753 988 857 3 | 45.004 754 001 274 7 | 23.310 803 644 711 4 | 23.310 803 680 215 0 |
| | 3 | 54.511 944 189 062 7 | 54.511 944 018 304 3 | 35.920 326 034 786 2 | 35.920 326 085 761 2 |

续　表

| 模　态 | | $P_1=-700$ N & $P_2=-1\ 000$ N | | $P_1=700$ N & $P_2=1\ 000$ N | |
|---|---|---|---|---|---|
| | | Muller 法 | W-W 法 | Muller 法 | W-W 法 |
| Case Ⅸ | 4 | 100.500 671 149 729 | 100.500 671 286 136 | 69.454 683 121 514 1 | 69.454 683 177 173 1 |
| | 5 | 118.136 837 816 232 | 118.136 837 892 234 | 105.472 141 411 805 | 105.472 141 224 891 |
| | 6 | 166.800 077 676 593 | 166.800 077 818 334 | 135.314 305 241 624 | 135.314 305 685 461 |
| Case Ⅹ | 1 | 25.701 838 189 406 3 | 25.701 838 196 255 3 | 9.758 297 846 249 69 | 9.758 297 828 375 36 |
| | 2 | 54.399 371 101 700 9 | 54.399 370 960 891 3 | 23.652 175 338 485 9 | 23.652 175 336 610 5 |
| | 3 | 56.959 905 624 956 3 | 56.959 905 661 642 6 | 49.450 150 633 305 0 | 49.450 150 551 274 4 |
| | 4 | 101.575 362 308 289 | 101.575 362 030 417 | 69.916 055 656 383 2 | 69.916 055 537 760 3 |
| | 5 | 140.877 064 895 389 | 140.877 065 248 787 | 128.858 992 488 429 | 128.858 993 016 183 |
| | 6 | 168.322 219 392 938 | 168.322 219 140 828 | 138.037 305 961 700 | 138.037 305 511 534 |

由表 5.8～表 5.12 可知：① 针对本算例，由于 Muller 法是通过对特征函数 $f(\omega)=\det(\mathbf{K}(\omega))$ 进行二次逼近来判断零根的，因此所得结果的精度有限。而本章采用的方法可以得到任意精度的频率解，表中用下划线标出了两种算法精度的差别。② 在边界条件和轴向力等因素的影响下，双梁结构的模态频率不再具有周期性，其分布规律较为复杂。相邻两阶模态频率值有可能非常接近，甚至有重合的可能性。表 5.8、表 5.11 中用红色框线标注出了大小非常相近的三组典型频率对，其中以表 5.8 第 4 列的前两阶频率最为明显。③ 与预期相同，轴向压力会使减小双梁结构的刚度，从而降低各阶频率值。相反，轴向拉力会使结构的刚度和频率增大。④ 边界条件对细长梁频率的影响十分显著，在对该类工程结构进行动力分析时，边界条件的简化或近似将会对结果带来不可忽视的误差。

### 5.3.2　振型分析

针对十种不同边界条件，分别选取 Case Ⅰ、Case Ⅴ 和 Case Ⅷ 三种典型边界条件进行振型分析。对双梁的振型进行归一化处理后，Case Ⅰ 对应的前六阶振型见图 5.11，从中可以看出：

(1) 两个梁振型的整体形状非常相似，但两者幅值的差异非常明显。其中，双梁在第 1、3、4、6 阶模态时同向振动。此时振型与单梁结构的前四阶振型相似。而双梁在第 2、5 阶为反向振动。这两阶振型是单梁结构不具备的。

(2) 针对 Case Ⅰ 而言，当 $k$ 在 80～80 000 N/m$^2$ 范围内变化时，各阶振型中均出现了一个振型变化很小的“不动梁”，其振型在图 5.11(a) 中用红线标出。可以看出，除第二阶振型中的“不动梁”是 2 号梁外，其他五阶振型的“不动梁”均为 1 号梁。这可能是由于 1 号梁所受轴力小于 2 号梁，导致 1 号梁刚度较小而引起的。

(3) 相对于“不动梁”，另一个梁的振型会随弹簧刚度 $k$ 的变化而不同程度地改变，当该梁的振幅越接近“不动梁”时，两个梁的幅值相似度 $S$ 越大。因此，指标 $S$ 可以有效地反映当 $k$ 变化时，两个梁振型的接近(或相似)程度。其中，对 $k$ 变化最敏感的是第 1 阶振型，由图 5.11(a) 可以看出，2 号梁的振幅随着 $k$ 的增大逐渐增大，且当 $k=80\ 000$ N/m$^2$ 时，2 号梁的振幅已明显接近 1 号梁，

此时幅值相似度 $S$ 可高达 0.964 6。对 $k$ 的变化最不敏感的是第 3 和第 6 阶振型，从图 5.11(c)、(f) 可以看出：$k$ 对 2 号梁振型的影响很小，很难直观地从振型图中反映出来，但通过幅值相似度指标 $S$ 可直观地量化 $k$ 对 2 号梁振幅的影响。这也再次证明了该指标在振型相似度分析中的有效性。

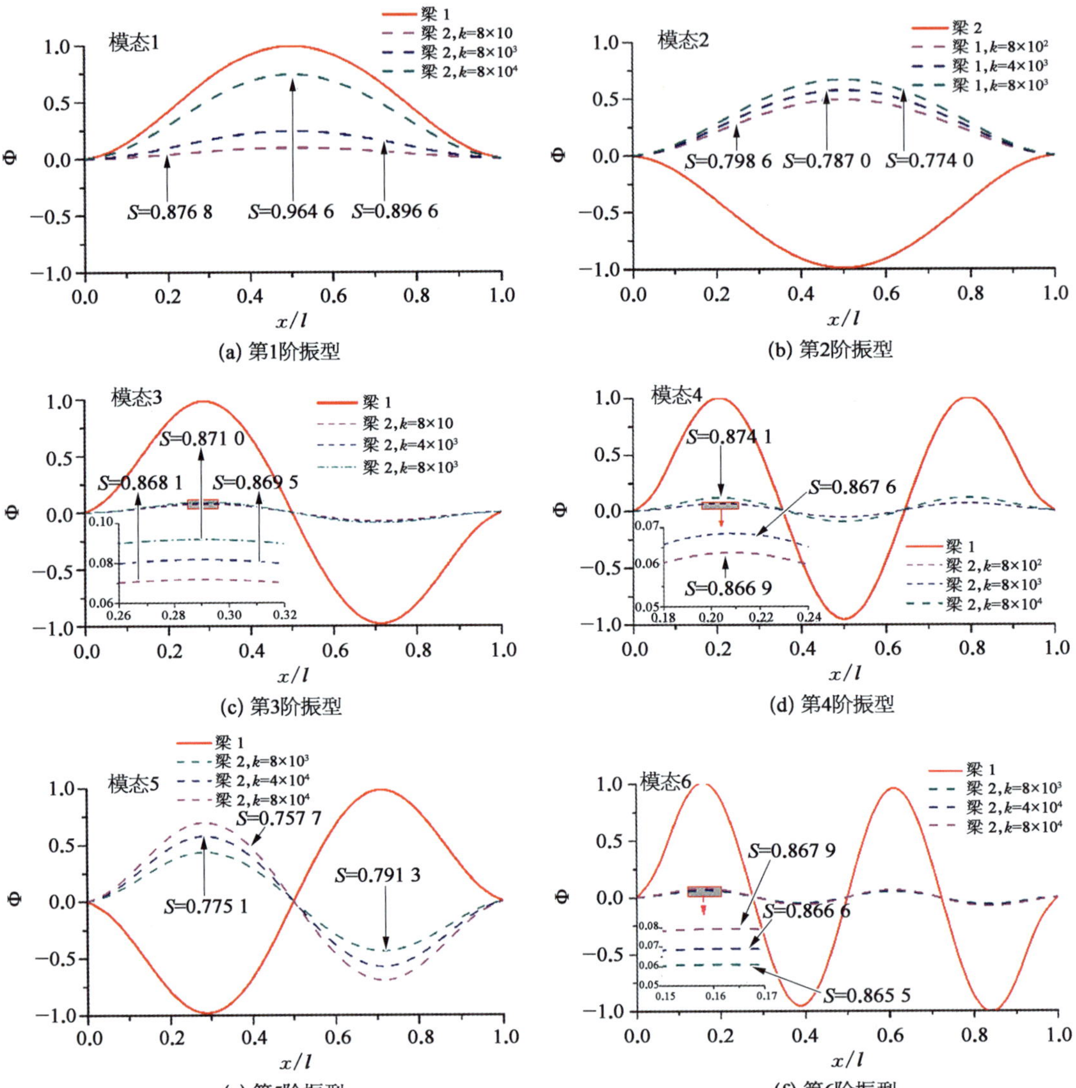

(a) 第1阶振型　(b) 第2阶振型　(c) 第3阶振型　(d) 第4阶振型　(e) 第5阶振型　(f) 第6阶振型

图 5.11　当 $P_1=-700$ N，$P_2=-1\ 000$ N 时 Case Ⅰ 中双梁结构的前六阶振型

① Case Ⅰ

表 5.12 是当 $k$ 在 80～80 000 N/m² 范围内变时，双梁前六阶振型的幅值相似度的变化情况。可以看出，$k$ 对第 3、4、6 阶振型的影响最小；当 $k$ 增大时，双梁第 1 阶振型的相似度逐渐增大，这说明两个梁的振型在不断地靠近。相反，第 2、5 阶振型的幅值相似度不断减小，说明两个梁的振型在不断远离，同时也说明两个梁在反向振动。

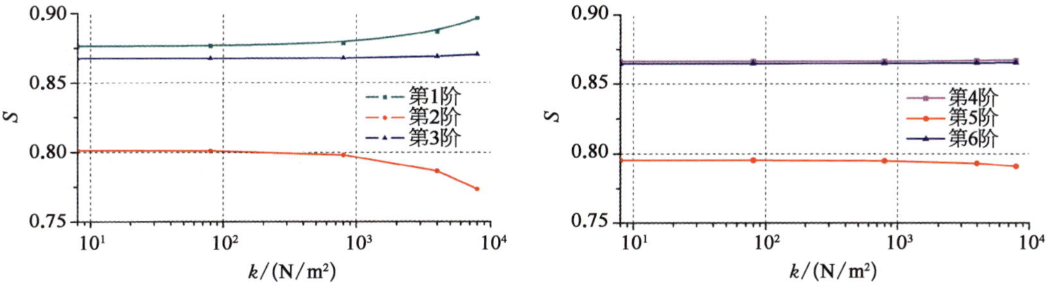


图 5.12　Case Ⅰ前六阶振型中 $S$ 随弹簧刚度 $k$ 的变化曲线

② Case Ⅴ

在分析双梁结构在 Case Ⅴ边界条件下的振型时，固定结构其他参数，通过改变 1 号梁的弹性模量 $E_1$ 的大小来研究双梁弹性模量之比 $\alpha(\alpha = E_2/E_1)$ 对幅值相似度 $S$ 的影响。

由图 5.13 可以看出：① 在双梁的前三阶振型中，2 号梁的振型受 $\alpha$ 的影响很小，因此可视作一个“不动梁”。然而随着模态阶次的增加，“不动梁”消失，$\alpha$ 对两个梁的振型均有不同程度的影响。② 在前三阶振型中，当 $\alpha$ 从 1 至 100 变化时，双梁振型的幅值相似度 $S$ 变化很小。而在第 4～6 阶振型中，$S$ 有明显的变化，这一点也可以从图 5.13 中直观反映出来。

从图 5.14 可以看出：当 $\alpha$ 从 1 增大至 10 000 时，第 4、5、6 阶振型的幅值相似度变化比第 1、2、3 明显。其中，除了第 1 和第 3 阶振型的幅值相似度随 $\alpha$ 的增大有所增大外，其他四阶振型的幅值相似度均随之减小。

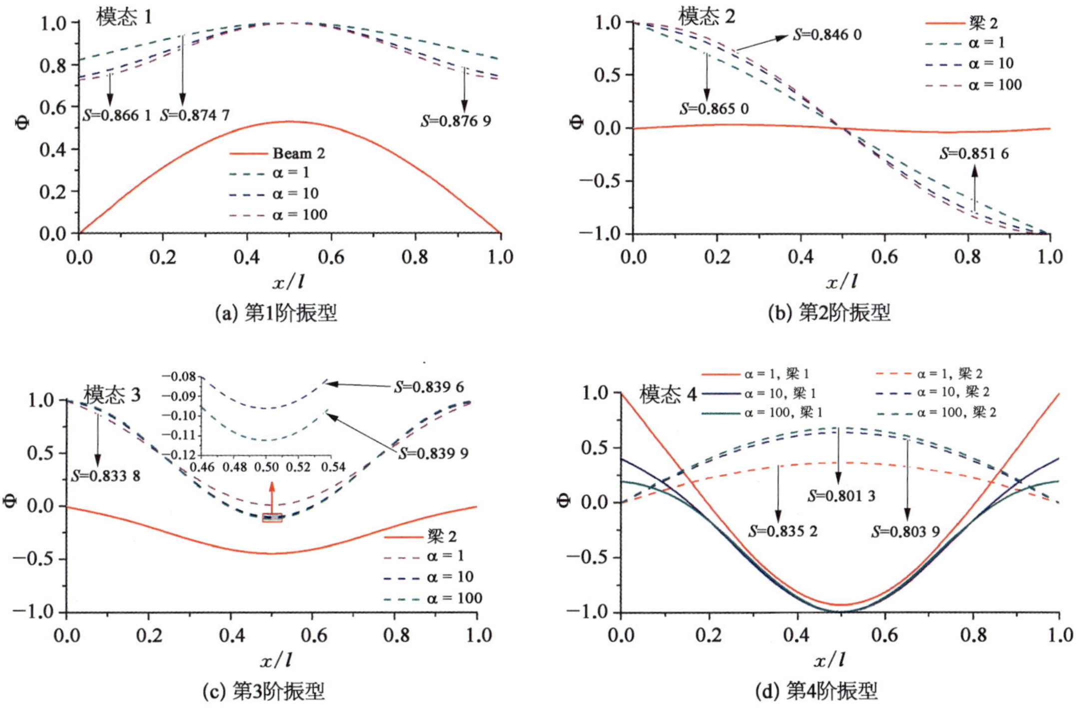

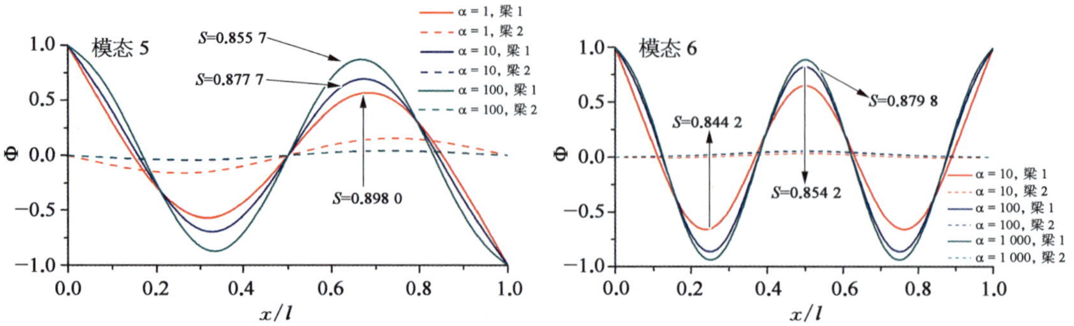

(e) 第5阶振型 (f) 第6阶振型

图 5.13 当 $P_1=-400$ N, $P_2=-600$ N 时 Case Ⅴ 中双梁结构的前六阶振型

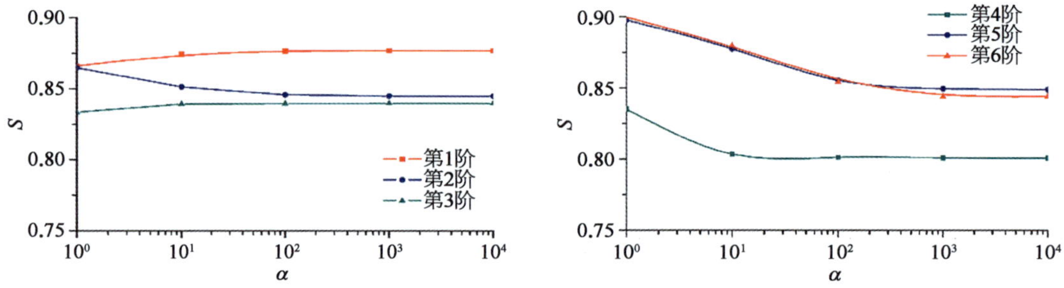


图 5.14 Case Ⅴ 前六阶振型中 $S$ 随弹性模量比 $\alpha$ 的变化曲线

③ Case Ⅷ

为了研究结构中两个梁受到的轴向拉力之比 $\beta(\beta=P_2/P_1)$ 对振型的影响,以悬臂边界条件为例,固定 $P_2$ 以外的其他参数,通过改变 $P_2$ 的大小对各阶振型的相似度进行研究。

由图 5.15 可以看出:① 对于前两阶振型,随着 $P_2$ 的增大,两个梁的振型的总体形状基本不变,且均与悬臂单梁的振型类似。同时,随着 $P_2$ 的增大,1 号梁的振幅始终要大于 2 号梁。② 随着模态阶次的增高,两个梁振型的差异及复杂程度均逐渐增大。由第 3~6 阶振型可以看出,$\beta$ 对两个梁振型的形状影响很大。从第 4 阶振型开始,当 $\beta$ 取不同值时,两个梁既有同向振动也有反向振动,且最大振幅既可能出现在 1 号梁,也可能出现在 2 号梁。

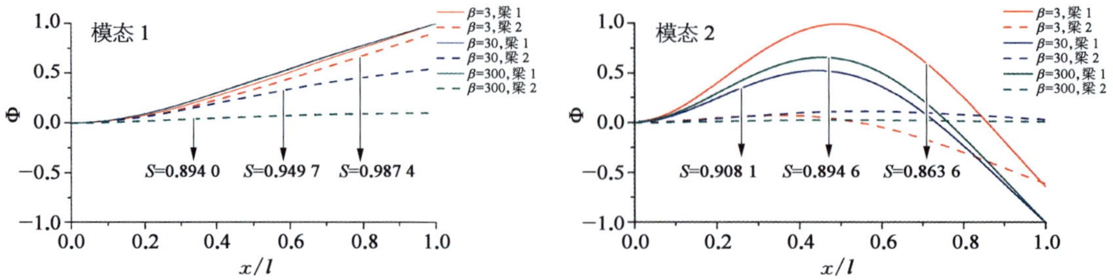

(a) 第1阶振型 (b) 第2阶振型

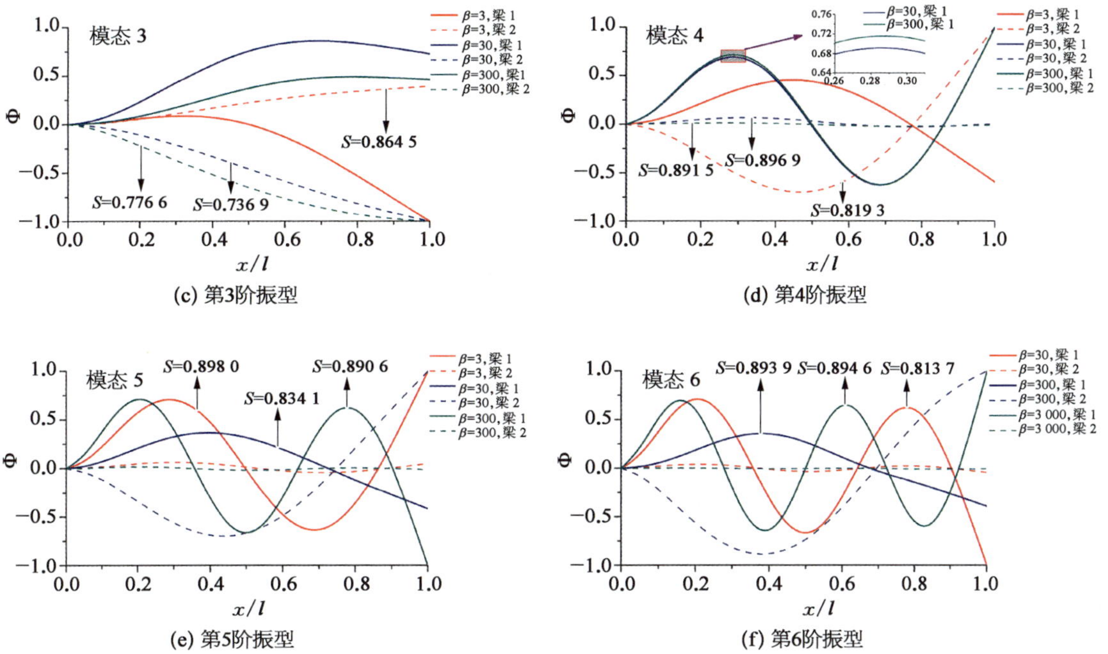


图 5.15　当 $P_1=-100$ N，$P_2=-300$ N 时 Case Ⅷ中双梁结构的前六阶振型

图 5.16 更加直观地反映了双梁前六阶振型的幅值相似度 $S$ 和轴向力之比 $\beta$ 间的关系。从中可以看出，随着 $\beta$ 的增加，幅值相似度曲线不再单调增加或减小，而是具有多个单调区间。其中，第 5、6 阶振型的相似度曲线呈双螺旋状，要比前四阶复杂得多。由此可见，轴向力对悬臂双梁结构振型的影响十分显著。

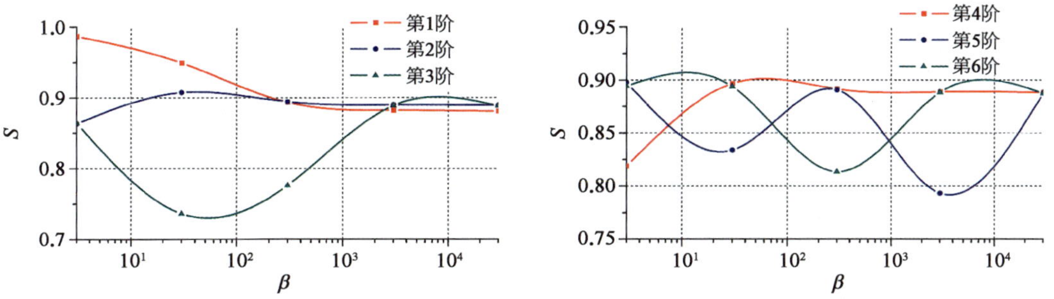


图 5.16　Case Ⅴ前六阶振型中 $S$ 随轴力比 $\beta$ 的变化曲线

综上所述，通过求解双梁结构的控制微分方程得到了不同边界条件下双梁结构总体刚度矩阵和频率方程。采用改进 W－W 法实现了双梁结构频率方程的精确求解，进而研究了不同参数对系统动力特性的影响规律。研究表明：

① 动刚度法在建立双梁结构的总体动刚度矩阵和频率方程时，可以同时考虑弹簧质量、双梁刚度差异及任意边界条件等多种因素，结合改进 W－W 法，可实现对双梁动力特性的精确分析。

② 在弹性连接层、双梁力学条件的差异及结构边界条件的共同影响下,双梁结构的各阶模态频率不再具备周期性,会出现某两阶频率的靠近,甚至是重合或交叉现象。

③ 由于两个单梁力学条件的不同,对于不同的模态阶次,双梁结构的振型受到结构参数和边界条件的影响程度不尽相同,其影响规律较为复杂。但是,不管是低阶模态还是高阶模态,反向振动振型均有可能出现。这一点是单梁结构所不具备的。

## 5.4 双层索套复合拉索系统动力特性研究

在上述双梁系统动力特性的研究基础上,本节研究的双层索套复合拉索系统可由图 5.17 所示的改进双梁模型进行建模。如图 5.17 所示,1 号梁和 2 号梁分别代表套管和钢束,称作副梁和主梁,截面抗弯刚度和单位长度线质量分别为 $E_1I_1$、$m_1$、$E_2I_2$和 $m_2$,有效截面面积分别为 $A_1$、$A_2$;两者由弹性刚度为 $k$ 的分布式弹簧连续连接,两个梁的长度和倾角分别为 $l_0$和 $\theta$。若存在横向力 $V_c$的作用,主梁振动时将被离散为③、④两个梁段,副梁则相应地被离散为①、②两个梁段。离散后的各个元件的结点力分别为动结点剪力和动结点弯矩,结点位移分别为动位移和动转角。其中,这些量的时变部分表示为复指数 $e^{i\omega t}$, $i=\sqrt{-1}$ 为复数单位。$x_j$ 为局部坐标系 ($j=1, 2$)。$k_A^{\theta(i)}$、$k_A^{T(i)}$、$k_B^{\theta(i)}$、$k_B^{T(i)}$ 分别为端点 A、B 处 1 号梁 ($i=1$) 和 2 号梁 ($i=2$) 的转动刚度和横向弹性支撑刚度。其中,①、③梁段的长度为 $l_1$,②、④梁段长度为 $l_2$($l_1+l_2=l_0$, $l_1/l_0=\mu_1$, $l_2/l_0=\mu_2$, $\mu_1+\mu_2=1$)。

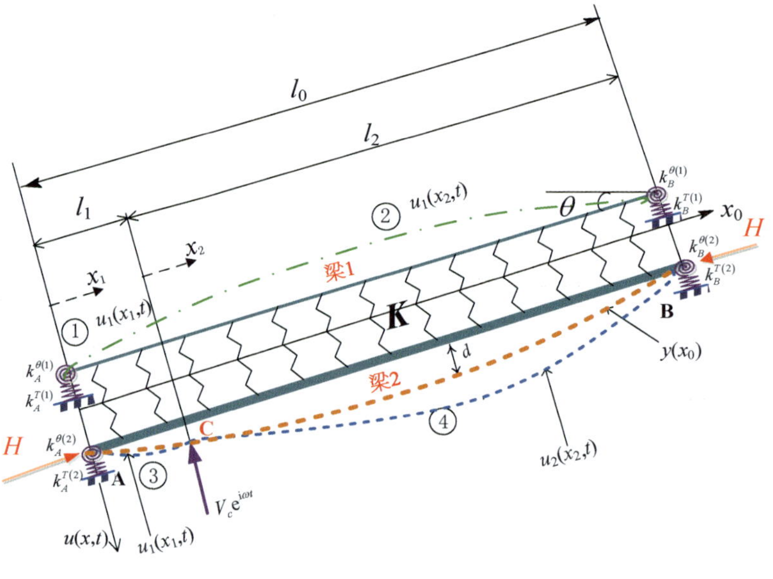


图 5.17 由弹性层连接的双梁振动模型示意图

该模型与已有研究相比,做出了如下改进:① 可考虑主梁的静构型和垂度效应,同时还能够考虑横向力对双梁动构型的影响。② 计入了主梁振动时由于偏离静构型而产生的附加轴向力作用。③ 建立的双梁模型不局限于简支边界条件,能够以半解析的形式给出任意边界条件下系统的频率方程。针对该双梁系统做出如下假设：① 两个梁均在线弹性范围内工作；② 两个梁的截面在长度方向均匀且形状保持不变；③ 忽略截面的剪切和轴向变形；④ 由于套管的质量及抗弯刚度远小于钢束，且实际中不承受轴向力作用，因此忽略 1 号梁的垂度效应和轴向力作用。

如图 5.17 所示，采用二次抛物线函数 $y(x_0)$ 来描述 2 号梁在静平衡位置处的构型，则当忽略梁的内阻尼和剪力等影响时，体系中四个梁段的动力平衡方程可以用四阶微分方程组(5.30)来表示。

$$\begin{cases} E_1 I_1 \dfrac{\partial^4 u_1}{\partial x_i^4} + m_1 \dfrac{\partial^2 u_1}{\partial t^2} + k(u_1 - u_2) = 0 \\ E_2 I_2 \dfrac{\partial^4 u_2}{\partial x_i^4} - H \dfrac{\partial^2 u_2}{\partial x_i^2} - h_i \dfrac{d^2 y}{d x_i^2} + m_2 \dfrac{\partial^2 u_2}{\partial t^2} - k(u_1 - u_2) = 0 \end{cases} \tag{5.30}$$

式中　$u_1(x_1, t)$、$u_1(x_2, t)$——①、②号梁段在局部坐标系 $x_1$、$x_2$ 下的位移函数；
$u_2(x_1, t)$、$u_2(x_2, t)$——③、④号梁段的位移函数；
$y$——主梁在静力平衡状态下的构型；
$H$——主梁所受的轴力；
$h_i$——附加轴力，是主梁振动时的瞬时构型因偏离静力构型而产生的；
$h_i$——主梁偏离静力平衡位置时产生的附加应变 $\varepsilon_i^v(t)$ 与轴向刚度的乘积，即

$$h_i = E_2 A_2 \varepsilon_i^v(t) \tag{5.31}$$

式中　$\varepsilon_i^v(t)$ 为附加动应变，是由振动构型相对静力构型的长度改变量 $\Delta l_i^v$ 与静力构型下梁长 $l_i^e$ 之比计算而来。

$$\varepsilon_i^v(t) = \Delta l_i^v / l_i^e \tag{5.32}$$

在工程中，无论是静力构型还是振动构型，梁的切向相对于轴向的夹角很小，并忽略静力构型高阶项、动力构型高阶项。在 $dx_i$ 微段内振动构型相较静力平衡构型的伸长量 $d(\Delta l_i^v)$ 可以近似为[119]：

$$d(\Delta l_i^v) \approx \left(\frac{\partial u_2(x_i, t)}{\partial x_i} - \frac{dy(x_0)}{dx_0}\right) \cdot \frac{dy(x_0)}{dx_0} dx_i \approx \frac{\partial u_2(x_i, t)}{\partial x_i} \frac{dy(x_0)}{dx_0} dx_i \tag{5.33}$$

在主梁二次抛物线静力构型的假设下，主梁的静力构型表达式如下[120]：

$$\begin{aligned} y(x_0) &= -\frac{4e}{l_0} x_0 (x_0 - l_0) \\ &= -\frac{4e}{l_0} (x_2 + l_1)(x_2 - l_2) \\ &= -\frac{4e}{l_0} x_1 (x_1 - l_0) \end{aligned} \tag{5.34}$$

式中　垂跨比为 $e = \dfrac{d}{l_0} = \dfrac{m_2 g l_0 \cos\theta}{8P_2}$，垂度 $d = \dfrac{m_2 g l_0^2 \cos\theta}{8P_2}$。

将式(5.34)代入式(5.33)，并分别在梁段③、④内进行积分运算，得到

$$
\begin{cases}
\Delta l_0^v = \dfrac{8e}{l_0}\displaystyle\int_0^{l_0} u_2(x_0, t)dx_0 \\
\Delta l_1^v = \dfrac{8e}{l_0}\left[\displaystyle\int_0^{l_1} u_2(x_1, t)dx_1 + (0.5l_0 - l_1)u_2(x_1 |_{=l_1}, t)\right] \\
\Delta l_2^v = \dfrac{8e}{l_0}\left[\displaystyle\int_0^{l_2} u_2(x_2, t)dx_2 - (0.5l_0 - l_1)u_2(x_2 |_{=0}, t)\right]
\end{cases}
\tag{5.35}
$$

在静力平衡状态下,③、④梁段和主梁的有效长度由下式给出[120]:

$$
l_i^e = \int_0^{l_i}\left(\frac{\mathrm{d}s}{\mathrm{d}x_0}\right)^3 \mathrm{d}x_i \tag{5.36}
$$

式中 $s$——主梁的弧长。在不同梁段区间里积分,可得到各梁段的有效长度 $l_1^e$、$l_2^e$($\Delta l_i^v$ 和 $l_i^e$ 详细积分过程可参阅文献[120])。

$$
\begin{cases}
l_0^e = l_0(1 + 8e^2) \\
l_1^e = l_0\left[\mu_1 + 8e^2\mu_1^3\left(\dfrac{1 + 4e\mu_2\tan\theta}{\sqrt{1 + 16e^2\mu_2^2}}\right)^2\right] \\
l_2^e = l_0\left(\mu_2 + 8e^2\left(1 - \mu_1^3\left(\dfrac{1 + 4e\mu_2\tan\theta}{\sqrt{1 + 16e^2\mu_2^2}}\right)^2\right)\right)
\end{cases}
\tag{5.37}
$$

式中 $\mu_1 = l_1/l_0$, $\mu_2 = l_2/l_0 = 1 - \mu_1$。将式(5.35)及 $l_1^e$、$l_2^e$ 的表达式代入式(5.31)可得附加轴力的表达式:

$$
\begin{cases}
h_0 = \dfrac{8E_2A_2e}{l_0^e l_0}\displaystyle\int_0^{l_0} u_2(x_0, t)\mathrm{d}x_0 \\
h_1 = \dfrac{8E_2A_2e}{l_1^e l_0}\left[\displaystyle\int_0^{l_1} u_2(x_1, t)\mathrm{d}x_1 + l_0(0.5 - \mu_1)u_2(x_1 |_{=l_1}, t)\right] \\
h_2 = \dfrac{8E_2A_2e}{l_2^e l_0}\left[\displaystyle\int_0^{l_2} u_2(x_2, t)\mathrm{d}x_2 - l_0(0.5 - \mu_1)u_2(x_2 |_{=0}, t)\right]
\end{cases}
\tag{5.38}
$$

### 5.4.1 系统横向动刚度矩阵的建立

通过分离变量,可将方程组(5.30)的解 $u_m(x_i, t)$ 写为:

$$
u_m(x_i, t) = \varphi_m(x_i)\mathrm{e}^{\mathrm{j}\omega t}, (m = 1, 2) \tag{5.39}
$$

式中 $\varphi_m(x)$ 为1号梁、2号梁的振型函数,将式(5.39)代入式(5.38)可得:$h_i = \tilde{h}_i\mathrm{e}^{\mathrm{j}\omega t}$($\mathrm{j} = \sqrt{-1}$),其中:

$$
\begin{cases}
\tilde{h}_1 = \dfrac{8E_2A_2e}{l_1^e l_0}\left[\displaystyle\int_0^{l_1} \varphi_2(x_1)\mathrm{d}x_1 + l_0(0.5 - \mu_1)\varphi_2(x_1 |_{=l_1})\right] \\
\tilde{h}_2 = \dfrac{8E_2A_2e}{l_2^e l_0}\left[\displaystyle\int_0^{l_2} \varphi_2(x_2)\mathrm{d}x_2 - l_0(0.5 - \mu_1)\varphi_2(x_2 |_{=0})\right]
\end{cases}
\tag{5.40}
$$

将式(5.39)代入式(5.40)中可得关于 $\varphi_m(x_i)$ 的四阶微分方程组:

$$\begin{cases} E_1I_1\varphi_1^{(4)}(x_i)-m_1\omega^2\varphi_1(x_i)+k[\varphi_1(x_i)-\varphi_2(x_i)]=0 \\ E_2I_2\varphi_2^{(4)}(x_i)-H\varphi_2''(x_i)-m_2\omega^2\varphi_2(x_i)-k[\varphi_1(x_i)-\varphi_2(x_i)]+\tilde{h}_i\dfrac{8e}{l_0}=0 \end{cases} \tag{5.41}$$

方程组(5.41)的解可表示为：

$$\varphi_1(x_i)=A_i\mathrm{e}^{\kappa x} \tag{5.42}$$

$$\varphi_2(x_i)=C_i\mathrm{e}^{\kappa x} \tag{5.43}$$

将式(5.42)、式(5.43)代入方程组(5.41)，则可得到该方程组的等价代数特征值方程，且特征值方程有非平凡解的条件为 $A_i$ 和 $C_i$ 的系数矩阵的行列式为零。令该行列式为零则式(5.41)可退化为一个关于 $\kappa$ 的八次多项式特征方程：

$$\eta_4\kappa^8+\eta_3\kappa^6+\eta_2\kappa^4+\eta_1\kappa^2+\eta_0=0 \tag{5.44}$$

其中，$\eta_4=E_1I_1E_2I_2$，$\eta_3=E_1I_1H$，$\eta_2=(E_1I_1+E_2I_2)k_2-(E_2I_2m_1+E_1I_1m_2)\omega^2$，

$$\eta_1=H(k-m_1\omega^2),\ \eta_0=-k(m_1+m_2)\omega^2+m_1m_2\omega^4$$

式(5.44)可以改写为如下一元四次方程：

$$\chi^4+a_1\chi^3+a_2\chi^2+a_3\chi+a_4=0 \tag{5.45}$$

其中，$\chi=\kappa^2$，$a_1=\eta_3/\eta_4$，$a_2=\eta_2/\eta_4$，$a_3=\eta_1/\eta_4$，$a_4=\eta_0/\eta_4$。

进而，一元四次方程(5.44)可以因式分解为：

$$(\kappa^2+p_1\kappa+q_1)(\kappa^2+p_2\kappa+q_2)=0 \tag{5.46}$$

其中

$$\begin{Bmatrix} p_1 \\ p_2 \end{Bmatrix}=\frac{1}{2}[a_1\pm\sqrt{a_1^2-4a_2+4\lambda_1}],\quad \begin{Bmatrix} q_1 \\ q_2 \end{Bmatrix}=\frac{1}{2}\left[\lambda_1\pm\frac{a_1\lambda_1-2a_3}{\sqrt{a_1^2-4a_2+4\lambda_1}}\right]$$

$\lambda_1$ 是下面一元三次方程的一个实数根

$$\lambda^3-a_2\lambda^2+(a_1a_3-4a_4)\lambda+(4a_2a_4-a_3^2-a_1^2a_4)=0 \tag{5.47}$$

方程(5.47)的四个根可以写为：

$$\begin{Bmatrix} \chi_1 \\ \chi_2 \end{Bmatrix}=-\frac{p_1}{2}\pm\sqrt{\frac{p_1^2}{4}-q_1}\quad \begin{Bmatrix} \chi_3 \\ \chi_4 \end{Bmatrix}=-\frac{p_2}{2}\pm\sqrt{\frac{p_2^2}{4}-q_2} \tag{5.48}$$

方程组(5.41)的通解可以写为：

$$\begin{aligned}\varphi_1(x)&=\bar{A}_1\mathrm{e}^{\kappa_1x}+\bar{A}_2\mathrm{e}^{-\kappa_1x}+\bar{A}_3\mathrm{e}^{\kappa_2x}+\bar{A}_4\mathrm{e}^{-\kappa_2x}+\bar{A}_5\mathrm{e}^{\kappa_3x}+\bar{A}_6\mathrm{e}^{-\kappa_3x}+\bar{A}_7\mathrm{e}^{\kappa_4x}+\bar{A}_8\mathrm{e}^{-\kappa_4x} \\ &=\sum_{j=1}^{4}(\bar{A}_{2j-1}\mathrm{e}^{\kappa_jx}+\bar{A}_{2j}\mathrm{e}^{-\kappa_jx})\end{aligned} \tag{5.49}$$

$$\begin{aligned}\varphi_2(x)&=\bar{C}_1\mathrm{e}^{\kappa_1x}+\bar{C}_2\mathrm{e}^{-\kappa_1x}+\bar{C}_3\mathrm{e}^{\kappa_2x}+\bar{C}_4\mathrm{e}^{-\kappa_2x}+\bar{C}_5\mathrm{e}^{\kappa_3x}+\bar{C}_6\mathrm{e}^{-\kappa_3x}+\bar{C}_7\mathrm{e}^{\kappa_4x}+\bar{C}_8\mathrm{e}^{-\kappa_4x} \\ &=\sum_{j=1}^{4}(\bar{C}_{2j-1}\mathrm{e}^{\kappa_jx}+\bar{C}_{2j}\mathrm{e}^{-\kappa_jx})\end{aligned} \tag{5.50}$$

其中 $\bar{\mathbf{A}}$ 和 $\bar{\mathbf{C}}$ 是两组实常数，但两者并不独立，其关系为：

$$\bar{C}_{2j-1}=t_j\bar{A}_{2j-1}\quad \bar{C}_{2j}=t_j\bar{A}_{2j}$$

其中

$$t_j=\frac{k+E_1I_1\kappa_j^4-m_1\omega^2}{k}\quad (j=1\sim 4)$$

1 号梁、2 号梁不同截面处的剪力 $V_1(x_i)$,$V_2(x_i)$ 及弯矩 $M_1(x_i)$,$M_2(x_i)$ 表达式可以表达为：

$$V_1(x_i)=\sum_{j=1}^{4}E_1I_1\varphi'''_1(x)=\sum_{j=1}^{4}E_1I_1\kappa_j^3(\bar{A}_{2j-1}\mathrm{e}^{\kappa_j x_i}-\bar{A}_{2j}\mathrm{e}^{-\kappa_j x_i})\tag{5.51}$$

$$V_2(x_i)=\sum_{j=1}^{4}E_2I_2\varphi'''_2-H\varphi'_2=\sum_{j=1}^{4}[E_2I_2t_j\kappa_j^3-Ht_j\kappa_j](\bar{A}_{2j-1}\mathrm{e}^{\kappa_j x_i}-\bar{A}_{2j}\mathrm{e}^{-\kappa_j x_i})\tag{5.52}$$

$$M_1(x_i)=\sum_{j=1}^{4}E_1I_1\varphi''_1(x_i)=\sum_{j=1}^{4}-E_1I_1\kappa_j^2(\bar{A}_{2j-1}\mathrm{e}^{\kappa_j x_i}+\bar{A}_{2j}\mathrm{e}^{-\kappa_j x_i})\tag{5.53}$$

$$M_2(x_i)=\sum_{j=1}^{4}E_2I_2\varphi''_2(x_i)=\sum_{j=1}^{4}-E_2I_2\kappa_j^2t_j(\bar{A}_{2j-1}\mathrm{e}^{\kappa_j x_i}+\bar{A}_{2j}\mathrm{e}^{-\kappa_j x_i})\tag{5.54}$$

设微分方程组(5.41)的特解 $\varphi_1^{*(i)}=G_1\tilde{h}_i$，$\varphi_2^{*(i)}=G_2\tilde{h}_i$，将两者代入(5.41)即可求得：

$$G_1=8e/\eta_0l_0,\quad G_2=\frac{(k-\omega^2m_1)}{k}G_1\tag{5.55}$$

将 $\varphi_1(x_i)$、$\varphi_2(x_i)$ 改写成如下矩阵形式：

$$\varphi_1(x_i)=\mathbf{\Phi}_1(x_i)\cdot\{\bar{A}_1^{(i)}\quad \bar{A}_3^{(i)}\quad \bar{A}_5^{(i)}\quad \bar{A}_7^{(i)}\quad \bar{A}_2^{(i)}\quad \bar{A}_4^{(i)}\quad \bar{A}_6^{(i)}\quad \bar{A}_8^{(i)}\}^T+\varphi_1^{*(i)}\tag{5.56}$$

$$\varphi_2(x_i)=\mathbf{\Phi}_1(x_i)\cdot\{\bar{C}_1^{(i)}\quad \bar{C}_3^{(i)}\quad \bar{C}_5^{(i)}\quad \bar{C}_7^{(i)}\quad \bar{C}_2^{(i)}\quad \bar{C}_4^{(i)}\quad \bar{C}_6^{(i)}\quad \bar{C}_8^{(i)}\}^T+\varphi_2^{*(i)}\tag{5.57}$$

其中

$$\mathbf{\Phi}_1(x_i)=[\mathrm{e}^{\kappa_1x_i}\quad \mathrm{e}^{\kappa_2x_i}\quad \mathrm{e}^{\kappa_3x_i}\quad \mathrm{e}^{\kappa_4x_i}\quad \mathrm{e}^{-\kappa_1x_i}\quad \mathrm{e}^{-\kappa_2x_i}\quad \mathrm{e}^{-\kappa_3x_i}\quad \mathrm{e}^{-\kappa_4x_i}]$$

设 $\bar{\mathbf{C}}=\mathbf{L}\bar{\mathbf{A}}$，则 $\mathbf{L}$ 为对角矩阵 $diag(t_1,t_2,t_3,t_4,t_1,t_2,t_3,t_4)$。
其中

$$\bar{\mathbf{A}}=\{\bar{A}_1^{(i)}\quad \bar{A}_3^{(i)}\quad \bar{A}_5^{(i)}\quad \bar{A}_7^{(i)}\quad \bar{A}_2^{(i)}\quad \bar{A}_4^{(i)}\quad \bar{A}_6^{(i)}\quad \bar{A}_8^{(i)}\}^T$$

$$\bar{\mathbf{C}}=\{\bar{C}_1^{(i)}\quad \bar{C}_3^{(i)}\quad \bar{C}_5^{(i)}\quad \bar{C}_7^{(i)}\quad \bar{C}_2^{(i)}\quad \bar{C}_4^{(i)}\quad \bar{C}_6^{(i)}\quad \bar{C}_8^{(i)}\}^T$$

由式(5.40)知：

$$\begin{cases}\tilde{h}_1=\lambda_1\cdot\left\{\int_0^{l_1}\varphi_2(x_1)\mathrm{d}x_1+l_0(0.5-\mu_1)\varphi_2(x_1|_{=l_1})\right\}\\ \tilde{h}_2=\lambda_2\cdot\left\{\int_0^{l_2}\varphi_2(x_2)\mathrm{d}x_2-l_0(0.5-\mu_1)\varphi_2(x_2|_{=0})\right\}\end{cases}\tag{5.58}$$

上式中，$\lambda_i$、$\mu_1$ 由双梁系统的几何参数完全确定，如下式所示：

$$\lambda_i = \frac{8E_2A_2e}{l_0 l_i^e},\quad \mu_1 = \frac{l_1}{l_0}$$

将式(5.57)代入式(5.58),经整理、移项,可得与振型无关的特解,如下式所示:

$$\varphi_1^{*(i)} = G_1\tilde{h}_i = G_1\mathbf{B}^{(i)}\cdot\{\bar{C}_1^{(i)}\quad \bar{C}_3^{(i)}\quad \bar{C}_5^{(i)}\quad \bar{C}_7^{(i)}\quad \bar{C}_2^{(i)}\quad \bar{C}_4^{(i)}\quad \bar{C}_6^{(i)}\quad \bar{C}_8^{(i)}\}^T \tag{5.59}$$

$$\varphi_2^{*(i)} = G_2\tilde{h}_i = G_2\mathbf{B}^{(i)}\cdot\{\bar{C}_1^{(i)}\quad \bar{C}_3^{(i)}\quad \bar{C}_5^{(i)}\quad \bar{C}_7^{(i)}\quad \bar{C}_2^{(i)}\quad \bar{C}_4^{(i)}\quad \bar{C}_6^{(i)}\quad \bar{C}_8^{(i)}\}^T \tag{5.60}$$

上式中:

$$\begin{aligned}\mathbf{B}^{(i)} &= b_0^{(i)}\cdot\begin{cases}\int_0^{l_1}\mathbf{\Phi}_1(x)\mathrm{d}x + l_0(0.5-\mu_1)\mathbf{\Phi}_1(x_1\,|_{=l_1}) & i=1\\ \int_0^{l_2}\mathbf{\Phi}_1(x)\mathrm{d}x - l_0(0.5-\mu_1)\mathbf{\Phi}_1(x_2\,|_{=0}) & i=2\end{cases}\\ &= b_0^{(i)}\cdot[b_1^{(i)}\quad b_3^{(i)}\quad b_5^{(i)}\quad b_7^{(i)}\quad b_2^{(i)}\quad b_4^{(i)}\quad b_6^{(i)}\quad b_8^{(i)}]\end{aligned} \tag{5.61}$$

其中,$\mathbf{B}^{(i)}$ 的详细推导及 $b_j^{(i)}$ 的表达式 ($j=1,\ 2,\ \cdots,\ 8$) 可参见附录,可知考虑垂度效应时,1 号梁、2 号梁各梁段振型函数的通解可分别表示为:

$$\varphi_1(x_i) = (\mathbf{\Phi}_1(x_i) + G_1\mathbf{B}^{(i)}\mathbf{L})\cdot\{\bar{A}_1^{(i)}\quad \bar{A}_3^{(i)}\quad \bar{A}_5^{(i)}\quad \bar{A}_7^{(i)}\quad \bar{A}_2^{(i)}\quad \bar{A}_4^{(i)}\quad \bar{A}_6^{(i)}\quad \bar{A}_8^{(i)}\}^T \tag{5.62}$$

$$\varphi_2(x_i) = (\mathbf{\Phi}_1(x_i)\cdot\mathbf{L} + G_2\mathbf{B}^{(i)}\cdot\mathbf{L})\cdot\{\bar{A}_1^{(i)}\quad \bar{A}_3^{(i)}\quad \bar{A}_5^{(i)}\quad \bar{A}_7^{(i)}\quad \bar{A}_2^{(i)}\quad \bar{A}_4^{(i)}\quad \bar{A}_6^{(i)}\quad \bar{A}_8^{(i)}\}^T \tag{5.63}$$

仿照 5.2.2 小节中双梁系统动刚度矩阵的建立方式,可得双梁单元的动力平衡方程如下

$$\{F^{(i)}\} = \mathbf{H}^{(i)}\cdot\mathbf{R}^{-1}\cdot\mathbf{D}^{(i)} = \mathbf{K}^{(i)}\cdot\mathbf{D}^{(i)} \tag{5.64}$$

其中 $\{F^{(1)}\} = \{V_{1a}\quad V_{2a}\quad M_{1a}\quad M_{2a}\quad V_{1c}\quad V_{2c}\quad M_{1c}\quad M_{2c}\}^T$, $\{F^{(2)}\} = \{V_{1c}\quad V_{2c}\quad M_{1c}\quad M_{2c}\quad V_{1b}\quad V_{2b}\quad M_{1b}\quad M_{2b}\}^T$ 为结点力向量; $\mathbf{D}^{(1)} = \{\alpha_{1a},\ \alpha_{2a},\ \theta_{1a},\ \theta_{2a},\ \alpha_{1c},\ \alpha_{2c},\ \theta_{1c},\ \theta_{2c}\}^T$, $\mathbf{D}^{(2)} = \{\alpha_{1c},\ \alpha_{2c},\ \theta_{1c},\ \theta_{2c},\ \alpha_{1b},\ \alpha_{2b},\ \theta_{1b},\ \theta_{2b}\}^T$ 为结点位移向量。

$$\mathbf{H}^{(i)} = \begin{bmatrix} \tilde{t}_1 & \tilde{t}_2 & \tilde{t}_3 & \tilde{t}_4 & -\tilde{t}_1 & -\tilde{t}_2 & -\tilde{t}_3 & -\tilde{t}_4\\ \hat{t}_1 & \hat{t}_2 & \hat{t}_3 & \hat{t}_4 & -\hat{t}_1 & -\hat{t}_2 & -\hat{t}_3 & -\hat{t}_4\\ \tilde{\tilde{t}}_1 & \tilde{\tilde{t}}_2 & \tilde{\tilde{t}}_3 & \tilde{\tilde{t}}_4 & \tilde{\tilde{t}}_1 & \tilde{\tilde{t}}_2 & \tilde{\tilde{t}}_3 & \tilde{\tilde{t}}_4\\ \bar{t}_1 & \bar{t}_2 & \bar{t}_3 & \bar{t}_4 & \bar{t}_1 & \bar{t}_2 & \bar{t}_3 & \bar{t}_4\\ -\tilde{t}_1e^{\kappa_1l_i} & -\tilde{t}_2e^{\kappa_2l_i} & -\tilde{t}_3e^{\kappa_3l_i} & -\tilde{t}_4e^{\kappa_4l_i} & \tilde{t}_1e^{-\kappa_1l_i} & \tilde{t}_2e^{-\kappa_2l_i} & \tilde{t}_3e^{-\kappa_3l_i} & \tilde{t}_4e^{-\kappa_4l_i}\\ -\hat{t}_1e^{\kappa_1l_i} & -\hat{t}_2e^{\kappa_2l_i} & -\hat{t}_3e^{\kappa_3l_i} & -\hat{t}_4e^{\kappa_4l_i} & \hat{t}_1e^{-\kappa_1l_i} & \hat{t}_2e^{-\kappa_2l_i} & \hat{t}_3e^{-\kappa_3l_i} & \hat{t}_4e^{-\kappa_4l_i}\\ -\tilde{\tilde{t}}_1e^{\kappa_1l_i} & -\tilde{\tilde{t}}_2e^{\kappa_2l_i} & -\tilde{\tilde{t}}_3e^{\kappa_3l_i} & -\tilde{\tilde{t}}_4e^{\kappa_4l_i} & -\tilde{\tilde{t}}_1e^{-\kappa_1l_i} & -\tilde{\tilde{t}}_2e^{-\kappa_2l_i} & -\tilde{\tilde{t}}_3e^{-\kappa_3l_i} & -\tilde{\tilde{t}}_4e^{-\kappa_4l_i}\\ -\bar{t}_1e^{\kappa_1l_i} & -\bar{t}_2e^{\kappa_2l_i} & -\bar{t}_3e^{\kappa_3l_i} & -\bar{t}e^{\kappa_4l_i} & -\bar{t}_1e^{-\kappa_1l_i} & -\bar{t}_2e^{-\kappa_2l_i} & -\bar{t}_3e^{-\kappa_3l_i} & -\bar{t}_4e^{-\kappa_4l_i} \end{bmatrix}$$

其中

$$\tilde{t}_j = E_1I_1\kappa_j^3 \qquad \hat{t}_j = E_2I_2\kappa_j^3 + Ht_j\kappa_j$$

$$\tilde{\tilde{t}}_j = -E_1I_1\kappa_j^2 \qquad \bar{t}_j = -E_2I_2t_j\kappa_j^2 \quad (j=1\sim 4)$$

$$\mathbf{R}^{(i)}=(\mathbf{M}^{(i)}+\mathbf{I}\cdot\mathbf{B}^{(i)}\cdot\mathbf{L})$$

其中，$\mathbf{I}=[G_1\quad G_2\quad 0\quad 0\quad G_1\quad G_2\quad 0\quad 0]^T$，

$$\mathbf{M}^{(i)}=\begin{bmatrix} 1 & 1 & 1 & 1 & 1 & 1 & 1 & 1\\ t_1 & t_2 & t_3 & t_4 & t_1 & t_2 & t_3 & t_4\\ \kappa_1 & \kappa_2 & \kappa_3 & \kappa_4 & -\kappa_1 & -\kappa_2 & -\kappa_3 & -\kappa_4\\ t_1\kappa_1 & t_2\kappa_2 & t_3\kappa_3 & t_4\kappa_4 & -t_1\kappa_1 & -t_2\kappa_2 & -t_3\kappa_3 & -t_4\kappa_4\\ e^{\kappa_1 l_i} & e^{\kappa_2 l_i} & e^{\kappa_3 l_i} & e^{\kappa_4 l_i} & e^{-\kappa_1 l_i} & e^{-\kappa_2 l_i} & e^{-\kappa_3 l_i} & e^{-\kappa_4 l_i}\\ t_1 e^{\kappa_1 l_i} & t_2 e^{\kappa_2 l_i} & t_3 e^{\kappa_3 l_i} & t_4 e^{\kappa_4 l_i} & t_1 e^{-\kappa_1 l_i} & t_2 e^{-\kappa_2 l_i} & t_3 e^{-\kappa_3 l_i} & t_4 e^{-\kappa_4 l_i}\\ \kappa_1 e^{\kappa_1 l_i} & \kappa_2 e^{\kappa_2 l_i} & \kappa_3 e^{\kappa_3 l_i} & \kappa_4 e^{\kappa_4 l_i} & -\kappa_1 e^{-\kappa_1 l_i} & -\kappa_2 e^{-\kappa_2 l_i} & -\kappa_3 e^{-\kappa_3 l_i} & -\kappa_4 e^{-\kappa_4 l_i}\\ t_1\kappa_1 e^{\kappa_1 l_i} & t_2\kappa_2 e^{\kappa_2 l_i} & t_3\kappa_3 e^{\kappa_3 l_i} & t_4\kappa_4 e^{\kappa_4 l_i} & -t_1\kappa_1 e^{-\kappa_1 l_i} & -t_2\kappa_2 e^{-\kappa_2 l_i} & -t_3\kappa_3 e^{-\kappa_3 l_i} & -t_4\kappa_4 e^{-\kappa_4 l_i} \end{bmatrix}$$

以上单元动刚度矩阵的推导过程不依赖边界条件，因而其解析表达式具有一般性。双梁系统的总体平衡方程可由式(5.65)给出。

$$\mathbf{F}^{(0)}=\mathbf{K}^{(0)}\boldsymbol{\alpha}^{(0)} \tag{5.65}$$

其中，系统的总体刚度矩阵 $\mathbf{K}^{(0)}$ 可采用有限元中的单元刚度集成方法得来，$\boldsymbol{\alpha}^{(0)}$、$\mathbf{F}^{(0)}$ 分别为结点位移幅值和结点力幅值向量，向量 $\boldsymbol{\alpha}_A$、$\boldsymbol{\theta}_A$、$\boldsymbol{\alpha}_C$、$\boldsymbol{\theta}_C$、$\boldsymbol{\alpha}_B$、$\boldsymbol{\theta}_B$、$\mathbf{V}_A$、$\mathbf{M}_A$、$\mathbf{V}_C$、$\mathbf{M}_C$、$\mathbf{V}_B$ 和 $\mathbf{M}_B$ 分别为双梁系统在 $A$、$B$、$C$ 点处的横向动位移、动转角、横向动力和集中动弯矩的幅值向量。

$$\boldsymbol{\alpha}^{(0)}=\{\boldsymbol{\alpha}_A\quad \boldsymbol{\theta}_A\quad \boldsymbol{\alpha}_C\quad \boldsymbol{\theta}_C\quad \boldsymbol{\alpha}_B\quad \boldsymbol{\theta}_B\}^T$$

$$\mathbf{F}^{(0)}=\{\mathbf{V}_A\quad \mathbf{M}_A\quad \mathbf{V}_C\quad \mathbf{M}_C\quad \mathbf{V}_B\quad \mathbf{M}_B\}^T$$

式中　$\boldsymbol{\alpha}_N=(\boldsymbol{\alpha}_{1N}\quad \boldsymbol{\alpha}_{2N})$、$\boldsymbol{\theta}_N=(\boldsymbol{\theta}_{1N}\quad \boldsymbol{\theta}_{2N})$、$\mathbf{V}_N=(\mathbf{V}_{1N}\quad \mathbf{V}_{2N})$、$\mathbf{M}_N=(\mathbf{M}_{1N}\quad \mathbf{M}_{2N})$。

$N$ 代表不同结点($N=A,\ C,\ B$)。其他复杂的边界条件包括边界阻尼力存在的情况，均可按照类似的办法加以处理。至此，推导出了双梁系统在任意边界条件下总体横向动刚度矩阵的集组方法。以固结边界条件为例，此时只需去掉总动刚度矩阵 $\mathbf{K}^{(0)}$ 对应于 $\boldsymbol{\alpha}_A$、$\boldsymbol{\theta}_A$、$\boldsymbol{\alpha}_B$、$\boldsymbol{\theta}_B$、$\mathbf{V}_B$ 和 $\mathbf{M}_B$ 自由度的行和列即可。

$$\mathbf{K}^{(0)}=\mathbf{I}_1\cdot\mathbf{K}^{(1)}\cdot\mathbf{I}_1^T+\mathbf{I}_2\cdot\mathbf{K}^{(2)}\cdot\mathbf{I}_2^T \tag{5.66}$$

式中　矩阵的集组算子 $\mathbf{I}_1$、$\mathbf{I}_2$ 如下：

$$\mathbf{I}_1=\begin{bmatrix} 0&0&0&0&1&0&0&0\\ 0&0&0&0&0&1&0&0\\ 0&0&0&0&0&0&1&0\\ 0&0&0&0&0&0&0&1 \end{bmatrix},\quad \mathbf{I}_2=\begin{bmatrix} 1&0&0&0&0&0&0&0\\ 0&1&0&0&0&0&0&0\\ 0&0&1&0&0&0&0&0\\ 0&0&0&1&0&0&0&0 \end{bmatrix}$$

如果想进一步得到体系单自由度横向动刚度，可将进行缩聚：

$$\mathbf{K}^{(0)}\begin{Bmatrix}\alpha_{1c}\\ \alpha_{2c}\\ \theta_{1c}\\ \theta_{2c}\end{Bmatrix}=\begin{bmatrix}\mathbf{K}_{\alpha\alpha} & \mathbf{K}_{\alpha\theta}\\ \mathbf{K}_{\theta\alpha} & \mathbf{K}_{\theta\theta}\end{bmatrix}\begin{Bmatrix}\boldsymbol{\alpha}_c\\ \boldsymbol{\theta}_c\end{Bmatrix}=\begin{Bmatrix}\mathbf{V}_c\\ \mathbf{M}_c\end{Bmatrix} \tag{5.67}$$

其中

$$\boldsymbol{\alpha}_c=\begin{pmatrix}\alpha_{1c}\\ \alpha_{2c}\end{pmatrix},\quad \boldsymbol{\theta}_c=\begin{pmatrix}\theta_{1c}\\ \theta_{2c}\end{pmatrix},\quad \mathbf{V}_c=\begin{Bmatrix}V_{1c}\\ V_{2c}\end{Bmatrix},\quad \mathbf{M}_c=\begin{Bmatrix}M_{1c}\\ M_{2c}\end{Bmatrix}$$

由于转动引起的惯性力相比于位移是一个可以忽略的小量，即可近似认为 $\mathbf{M}_c=0$。这样可将 $\boldsymbol{\theta}_c$ 用 $\boldsymbol{\alpha}_c$ 表示出来，再代入式(5.67)的第一个子矩阵方程，可导出：

$$\mathbf{K}_\alpha=\mathbf{K}_{\alpha\alpha}-\mathbf{K}_{\alpha\theta}\mathbf{K}_{\theta\theta}^{-1}\mathbf{K}_{\theta\alpha} \tag{5.68}$$

其中，$\mathbf{K}_\alpha=\begin{pmatrix}k_1 & k_{12}\\ k_{21} & k_2\end{pmatrix}$。这里 $\mathbf{K}_\alpha$ 就是系统缩聚后对应于位移自由度的动刚度矩阵。其中，$k_1$、$k_2$ 代表在 1 号梁、2 号梁的 C 点处，分别发生单位横向动位移时所需施加的横向动力。由于篇幅所限，本章得出的系统横向刚度是以矩阵形式给出的，并未给出矩阵元素的显式表达，但从其推导过程可见其全部矩阵元素均是解析的，因此得到的是闭式解。

### 5.4.2 横向动刚度特性研究

数值计算过程中采用如下结构参数：$I_1=1.04\times10^{-10}\ \mathrm{m}^4$，$I_2=8.3\times10^{-10}\ \mathrm{m}^4$，$l=1\ \mathrm{m}$，$E_1=2.0\times10^9\ \mathrm{N/m^2}$，$E_2=2.0\times10^{11}\ \mathrm{N/m^2}$，$\rho_1=7\,600\ \mathrm{kg/m^3}$，$\rho_2=7\,600\ \mathrm{kg/m^3}$，$k=8.0\times10^3\ \mathrm{N/m^2}$，$A_1=5\times10^{-5}\ \mathrm{m^2}$，$A_2=1\times10^{-4}\ \mathrm{m^2}$。其中，$\rho_i$ 为第 $i$ 号梁的质量密度，其单位长度线质量 $m_i=\rho_iA_i$，$A_i$ 为梁的横截面积，$I_i$ 为截面惯性矩。梁中结点的空间相对位置 $\mu=l_1/l$，其余符号含义在图 5.17 中均已标注出，分析时采用固结边界条件。

动刚度对分析结构振动规律来说是很有力的工具，利用动刚度分析法不仅可以精确分析系统的动力特性，还可以考虑各类复杂边界条件对结构的影响。横向动刚度阵 $\mathbf{K}_\alpha$ 中主对角线元素 $k_i$ $(i=1,\ 2)$ 反映了第 $i$ 个梁的动刚度变化规律，称 $k_i$ 为第 $i$ 号梁的动刚度系数。这里首先研究 $\mathbf{K}_\alpha$ 的特征函数 $k$ 在频域的分布规律，其次考察在指定模态频率处，特征函数 $k$ 沿梁长度方向的分布规律。

图 5.18 给出了在靠近梁端部 $(\mu=0.1)$ 及中点附近 $(\mu=0.5)$ 时，特征函数 $k$ 的频域分布图。由图可见，特征函数与频率轴有多个交点，相邻两个交点间是一段被正负无穷分成的不连续区间，交点处的频率表明系统以该频率振动时将具有最大的振幅；靠近梁端部位置处的动刚度，图 5.18(a)与零轴有更多的交点，因而包含了更为丰富的模态信息，而图 5.18(b)与零轴的交点较少。可见，采用中点处的特征函数来确定系统频率可能会存在丢根现象。这是由于在系统的某阶频率(如无特殊说明，下文的频率均指模态频率)处，中点恰好是系统的模态振型节点，该处的振幅为零。

实际工程中经常会研究在指定频率处，结构动刚度特征函数的空间分布规律。固定结构的其余参数不变，考察 $\mu\in[0,\ 1]$ 时特征函数 $k$ 在系统前六阶频率下的空间分布情况，分别如图 5.19(a)～(f)所示。由图 5.19 可见，特征函数 $k$ 在空间上被分割成若干个平底锅状的区间，随着频率阶次的增大，平底锅状区间的个数也按照等差数列依次增加。这些区间按照开口的朝向可分为向下和向上两类。它们沿梁长交替出现，在每个区间的两端均有无穷大间断点出现，各区间内会出现最小值，振型节点附近会发生分叉，即动刚度值会快速从正无穷变化到负无穷；对比在不同阶次频率下，$k$ 的开口朝上和朝下区间的个数可以发现，频率的阶次与两者中较大的个数相等。由图 5.19(c)～(f)可知，不同频率所对应的平底锅状区间中，除首尾两个区间外，其余区间的宽度近似相等。

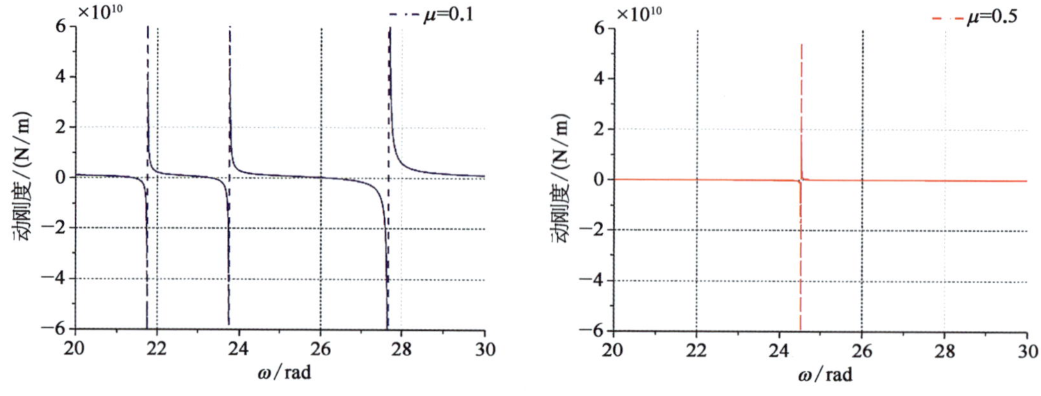


(a) $\mu$=0.1　　(b) $\mu$=0.5

图 5.18　动刚度 $k$ 的频域的分布

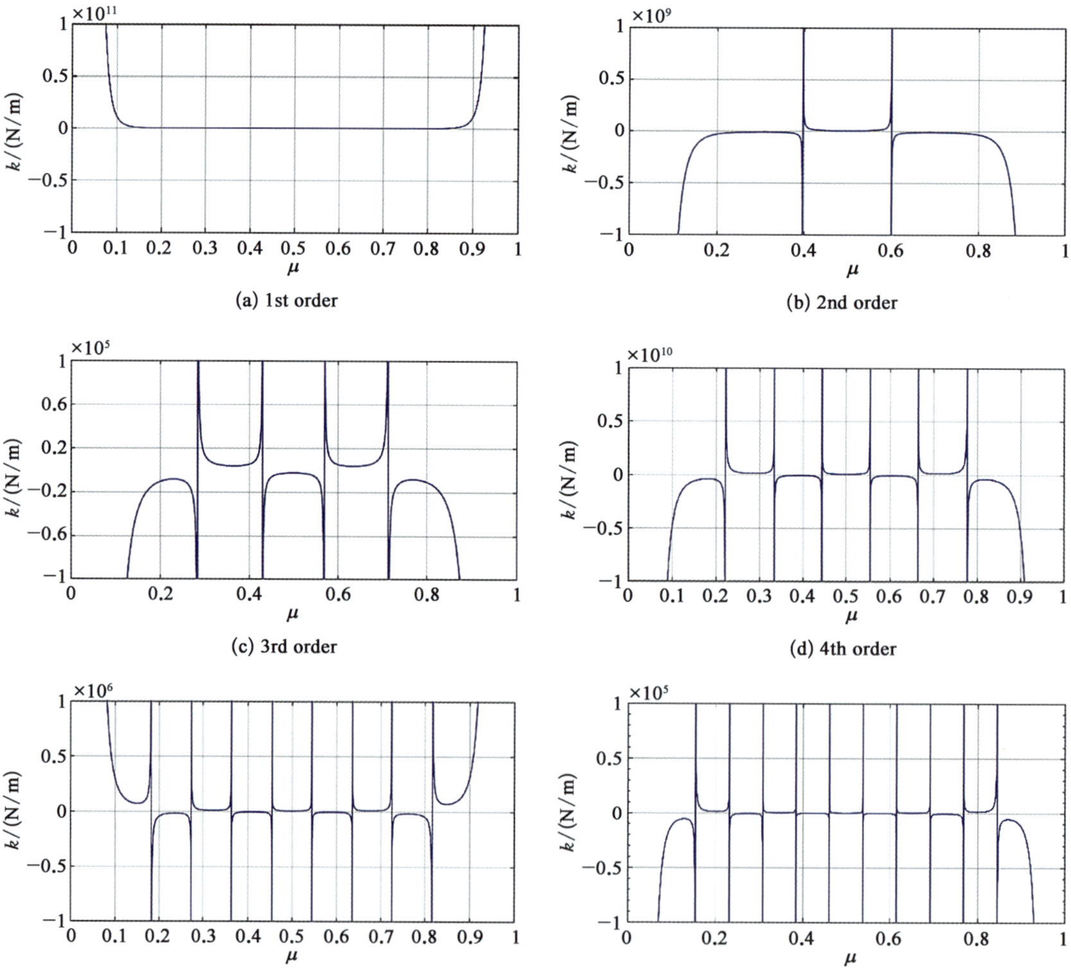


(a) 1st order　　(b) 2nd order

(c) 3rd order　　(d) 4th order

(e) 5th order　　(f) 6th order

图 5.19　双梁系统前 6 阶频率 $k$ 的空间分布

为了进一步研究特征函数 $k$ 的空间分布特性，做出在非卓越频率处(以 $\omega=30$ rad/s 为例)$k$ 及动刚度系数 $k_1$ 和 $k_2$ 空间分布图，如图 5.20 所示。在参考频率下，$k$、$k_1$ 和 $k_2$ 均被分割成 7 个平底锅状开口区间，其中开口朝上的区间有 4 个，除首尾两个区间外，开口朝上和朝下区间的宽度分别近似相等，但两类区间的宽度彼此不相等，这一空间分布特性与在模态频率处的等宽分布有所不同。由图 5.20 可看出：动刚度系数 $k_1$ 和 $k_2$ 在空间上的总体分布规律与 $k$ 基本一致，其中开口向上的区间有 4 个(多于开口向下区间的个数)，由此可判断出该参考频率值更接近系统的第四阶频率(31.94 rad/s)。

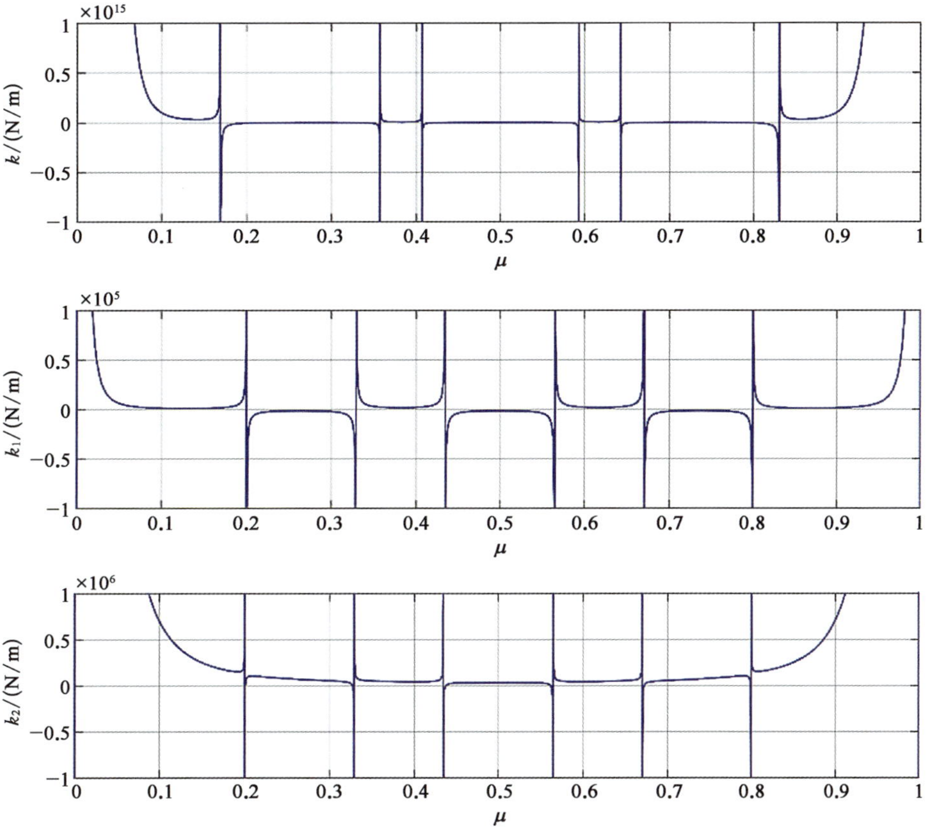


图 5.20　非卓越频率处($\omega=30$) $k_1$ 和 $k_2$ 的空间分布

### 5.4.3　护套-拉索系统振动机理分析

为了对平行钢丝拉索的振动机理进行研究，在 5.4.2 对特征函数 $k$ 研究的基础上，对动刚度系数 $k_1(\omega)$、$k_2(\omega)$ 在频域上的分布进行进一步探究。由于 $k$ 直接反映了系统的动力特性，因此在分析过程中需要以 $k$ 为基准，将 $k_1$ 和 $k_2$ 在频域上的分布与 $k$ 进行比较来解释两个梁对系统各阶频率的贡献大小。

由于双梁系统的各阶模态均是由两个梁共同参与的，因此系统的各阶模态频率不会完全由

某个梁提供,但两个梁对系统各阶频率的贡献有大小之分。因此,研究目标是寻找一种能够判断两个梁对系统频率贡献的相对大小的办法。由特征函数的特性可知,当 $\omega$ 等于系统的某阶频率 $\hat{\omega}[k(\hat{\omega})=0]$ 时,意味着特征函数在 $(\hat{\omega}, 0)$ 点处将穿越频率轴。现在假设第 $i$ 号梁独立振动,如果 $\hat{\omega}$ 接近其某阶固有频率 $\hat{\omega}_i$,动刚度系数 $k_i$ 应在 $\hat{\omega}$ 的附近取到极小值。再考虑一种极端情况,如果 $\hat{\omega}$ 恰好等于 $\hat{\omega}_i$ 且不同时等于另一个梁的固有频率,则可以认为系统的该阶频率是由第 $i$ 号梁提供的,此时 $k$ 和 $k_i$ 均穿过 $(\hat{\omega}, 0)$ 点。再考虑一般的情况,假设 $k_1$ 与频率轴的所有交点中距离 $(\hat{\omega}, 0)$ 最近的点是 $(\hat{\omega}_1, 0)$,而 $k_2$ 与频率轴的所有交点中距离 $(\hat{\omega}, 0)$ 最近的点为 $(\hat{\omega}_2, 0)$,若 $|\hat{\omega}_1-\hat{\omega}|>|\hat{\omega}_2-\hat{\omega}|$,则说明在 $\hat{\omega}$ 附近 $k_1$ 比 $k_2$ 更早地穿过频率轴,即 1 号梁对系统该阶频率的贡献要大于 2 号梁。至此找到了一种通过比较 $k_1$ 和 $k_2$ 在指定频率点 $(\hat{\omega}, 0)$ 附近穿越频率轴的先后顺序来判断频率贡献的方法。

想要判断穿越频率轴的先后,首先需要将 $k$、$k_1$ 和 $k_2$ 与频率轴在指定区间内的所有交点同时找出,而对于主梁、副梁的抗弯刚度差异很大的双梁系统,其系统特征函数和动刚度系数在频域有如下特性:① 由于正负无穷区间的存在,$k$、$k_1$ 和 $k_2$ 与频率轴的交点可能不易找出;② 随着 $\omega$ 的改变,$k_1$ 和 $k_2$ 无论在数量级上还是在变化趋势上均有着较大的差异。可见,若不加处理地将 $k$、$k_1$ 和 $k_2$ 直接绘制于同一频率轴上,则无法直观地判断出 $k_1$ 和 $k_2$ 穿越频率轴的先后,因此需要保证在频域上不改变 $k$、$k_1$ 和 $k_2$ 的正负性、变化趋势,以及与频率轴交点的前提下,对三者进行适当地变换。以特征函数 $k$ 在任意频率点 $(\bar{\omega}, 0)$ 处为例对变换方法做出说明:

i. 若 $k(\bar{\omega}) \geqslant 0$,令 $k(\bar{\omega})=\log_{10}(k(\bar{\omega})+1)$; (5.69)

ii. 若 $k(\bar{\omega})<0$,令 $k(\bar{\omega})=-\log_{10}(-k(\bar{\omega})+1)$ (5.70)

以 $\omega \in [21, 27]$ 为例,对 $k$、$k_1$ 和 $k_2$ 在区间内的各点经过上述变换后,即可实现将三者同时反映在同一频率轴上,同时经对数处理后不仅能直观地反映出 $k_1$ 和 $k_2$ 穿越频率轴的先后顺序,还能同时保留图 5.20 中正负无穷区间的信息。这里需要说明的是,经对数变换后的 $k$、$k_1$ 和 $k_2$ 与频率轴有两类交点,如图 5.21 所示,一类交点是动刚度在模态频率处穿越频率轴产生的,称为频率真点;另一类是正负无穷突变区间上的各点经变换后与频率轴的交点,称为频率假点,两类交点均已在图中标示出。

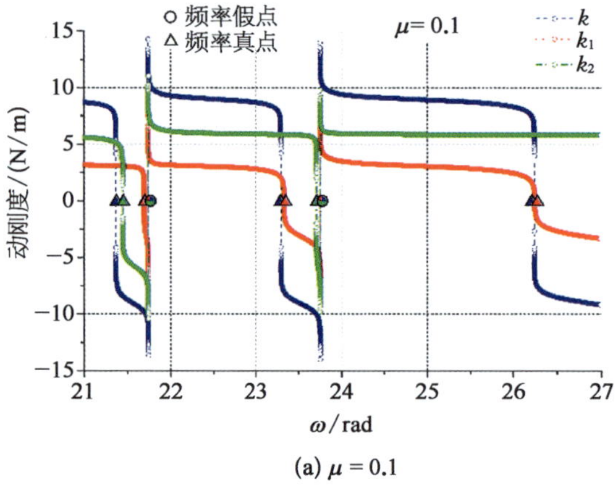

(a) $\mu=0.1$

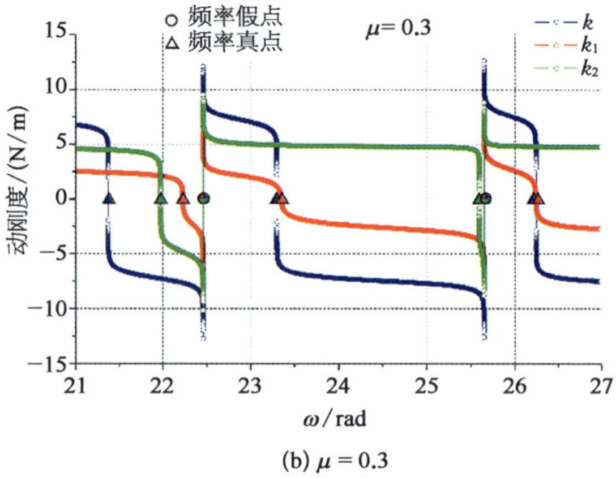

(b) $\mu=0.3$

图 5.21 对数变换后 $k$、$k_1$ 和 $k_2$ 的频域分布

由图 5.21 可以看出，$k_2$在第一阶频率处比 $k_1$更早地穿越频率轴，而 $k_1$在第二、三阶频率处要先于 $k_2$穿越频率轴。其中，第二、三阶频率处 $k_1$和 $k$ 几乎同时穿越频率轴。可见，2 号梁对系统第一阶频率的贡献要大于 1 号梁，而系统第二、三阶频率几乎全部是由 1 号梁贡献的。这是一种直观地判断双梁系统频率贡献的方法，但在实际工程中，往往只能测到系统的特征函数而无法测出动刚度系数，因此还需要寻找出一种仅通过 $k$ 即可判断频率贡献的方法。

如图 5.22 所示，为了从 $k$ 的频域分布中寻找一个判断频率贡献的方法，以 $\mu=0.5$ 为例依次做出 $k$、$k_1$和 $k_2$在 $\omega\in[0,\ 500]$ 区间内的分布。由图 5.22(a)可以看出：在 $\omega=50$ 和 $\omega=275$ 附近的区域里，特征函数 $k$ 均出现了一个平底锅状的区间，在每个平底锅区间上有两个频率真点，两侧分别是正负无穷突变区间对应的两个频率假点。为了直观看出 $k$、$k_1$和 $k_2$在频域上的对应关系，首先分别标注出图 5.22(a)、(b)、(c)中所有的频率真点，其次依次比较这些频率真点在频率轴上的位置。可以看出：$k$ 的第 4 个和第 10 个频率真点分别与 $k_2$中第 3 个和第 9 个频率真点(用空心圆标出)近似对应，$k$ 的其余频率真点均与 $k_1$对应(用三角形标出)。

由此可见，特征函数中的各频率真点是由 $k_1$和 $k_2$组合而成的，尤其当系统的某阶频率主要是由主梁贡献时，特征函数 $k$ 中将出现平底锅状区间，图 5.22(a)中标注出了平底锅区间上的频率真点与 $k_1$和 $k_2$的对应关系；而除平底锅区间上的频率真点外，其他频率真点均与 $k_1$对应，因此可以认为这些频率是由副梁贡献的。这主要是由于在指定频域范围内弱梁比强梁具有更多阶频率，因此系统的大部分频率归属于弱梁的。特征函数的这一特点为判断频率贡献的大小提供了重要依据。基于此，可以在给定频率区间内，首先通过平底锅状区间的个数判断共有几阶频率是由主梁主要贡献的；其次，假设 $(\bar{\omega}_1,\ 0)$ 和 $(\bar{\omega}_2,\ 0)$ 为某平底锅区间内的两个频率真点，其中一个点对应于 1 号

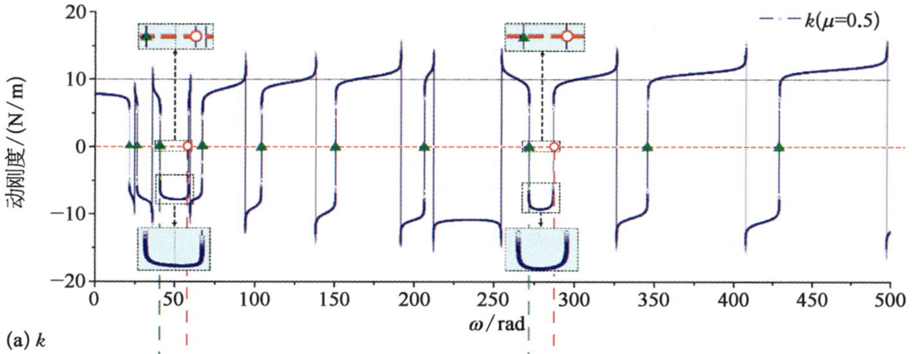

(a) $k$

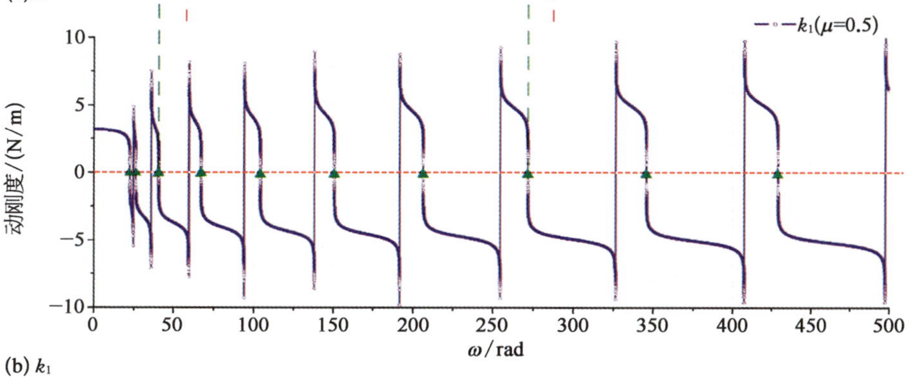

(b) $k_1$

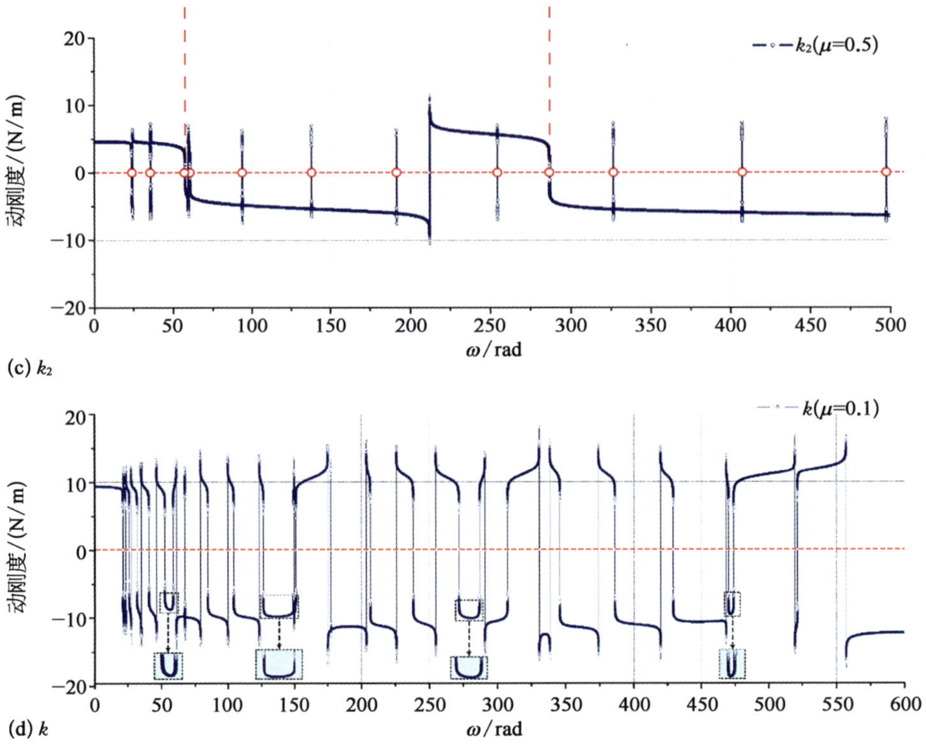


图 5.22　$k_1$、$k_2$ 中频率真点与 $k$ 中频率真点的对应关系示意图

梁,而另一个对应于 2 号梁。为了具体判断两者与两个梁的对应关系,只需将 $\bar{\omega}_1$ 分别代入经对数变换后的 $k_1$、$k_2$ 表达式中,然后判断: 若 $|k_1(\bar{\omega}_1)|<|k_2(\bar{\omega}_1)|$,则 1 号梁对 $\bar{\omega}_1$ 的贡献更大而 2 号梁对 $\bar{\omega}_2$ 的贡献更大;反之,2 号梁对 $\bar{\omega}_1$ 的贡献更大而 1 号梁对 $\bar{\omega}_2$ 的贡献更大。

为了具体说明如何运用本章所述方法来解决频率的贡献问题,下面结合图 5.22(d)进行阐述。图 5.22(d)为某双梁结构靠近端部位置 ($\mu=0.1$) 处的系统特征函数,首先可看出图中共有四个平底锅区间,因此可以判断在 $\omega\in[0,\ 600]$ 范围内共有 4 阶模态频率主要由主梁贡献;其次,四个平底锅区间上的四对频率真点在频域上大致分布在 50、125、275 和 475 附近,依次对应着系统的第(6, 7)、(11, 12)、(16, 17)和(22, 23)阶频率,每一对频率真点中有一个主要由强梁贡献而另一个由副梁贡献。如需进一步确定每一对频率真点的归属,只需将各点的频率值分别代入变换后的 $k_1$、$k_2$ 表达式中即可。

### 5.4.4　系统频率贡献判断流程图

通过上述讨论,为了实现对双梁系统频率贡献的判断,首先需要获得系统横向动刚度的特征函数 $k$ 及动刚度系数 $k_1$ 和 $k_2$[见第(1)～(6)步],其次对经对数变换后的 $k$、$k_1$ 和 $k_2$ 进行分析即可实现在指定区间内双梁频率归属的判断。具体步骤和流程图(图 5.23)如下:

(1) 输入双梁的结构参数及边界条件,计算矩阵 $\mathbf{H}^{(i)}$、$\mathbf{B}^{(i)}$、$\mathbf{L}$、$\mathbf{M}^{(i)}$、$\mathbf{I}$、$\mathbf{I}_1$ 和 $\mathbf{I}_2$。

(2) 计算矩阵 $\mathbf{R}^{(i)}=(\mathbf{M}^{(i)}+\mathbf{I}\cdot\mathbf{B}^{(i)}\cdot\mathbf{L})$。

(3) 计算单元刚度矩阵 $\mathbf{K}^{(i)}=\mathbf{H}^{(i)}\cdot\mathbf{R}^{-1}$。

(4) 由单元动刚度矩阵集组为总体动刚度矩阵 $\mathbf{K}^{(0)}=\mathbf{I}_1\cdot\mathbf{K}^{(1)}\cdot\mathbf{I}_1^T+\mathbf{I}_2\cdot\mathbf{K}^{(2)}\cdot\mathbf{I}_2^T$。

(5) 将 $\mathbf{K}^{(0)}$ 缩聚为系统横向动刚度矩阵 $\mathbf{K}_\alpha=\mathbf{K}_{\alpha\alpha}-\mathbf{K}_{\alpha\theta}\mathbf{K}_{\theta\theta}^{-1}\mathbf{K}_{\theta\alpha}$。

(6) 提取 $\mathbf{K}_\alpha$ 的主对角线元素 $k_1$ 和 $k_2$,并计算系统的特征函数 $k=\det(\mathbf{K}_\alpha)$。

(7) 对 $k$、$k_1$ 和 $k_2$ 按照式(5.69)和式(5.70)进行变换,做出 $k$ 在指定频率区间内的分布。

(8) 确定在指定区间内平底锅状区间的数目。

(9) 获得各平底锅状区间内频率真点的坐标 $(\bar{\omega}_1,0)$ 和 $(\bar{\omega}_2,0)$。

(10) 比较 $|k_1(\bar{\omega}_1)|$ 与 $|k_2(\bar{\omega}_1)|$ 的大小,若 $|k_1(\bar{\omega}_1)|<|k_2(\bar{\omega}_1)|$,则 1 号梁对 $\bar{\omega}_1$ 的贡献更大而 2 号梁对 $\bar{\omega}_2$ 的贡献更大;反之,2 号梁对 $\bar{\omega}_1$ 的贡献更大而 1 号梁对 $\bar{\omega}_2$ 的贡献更大。

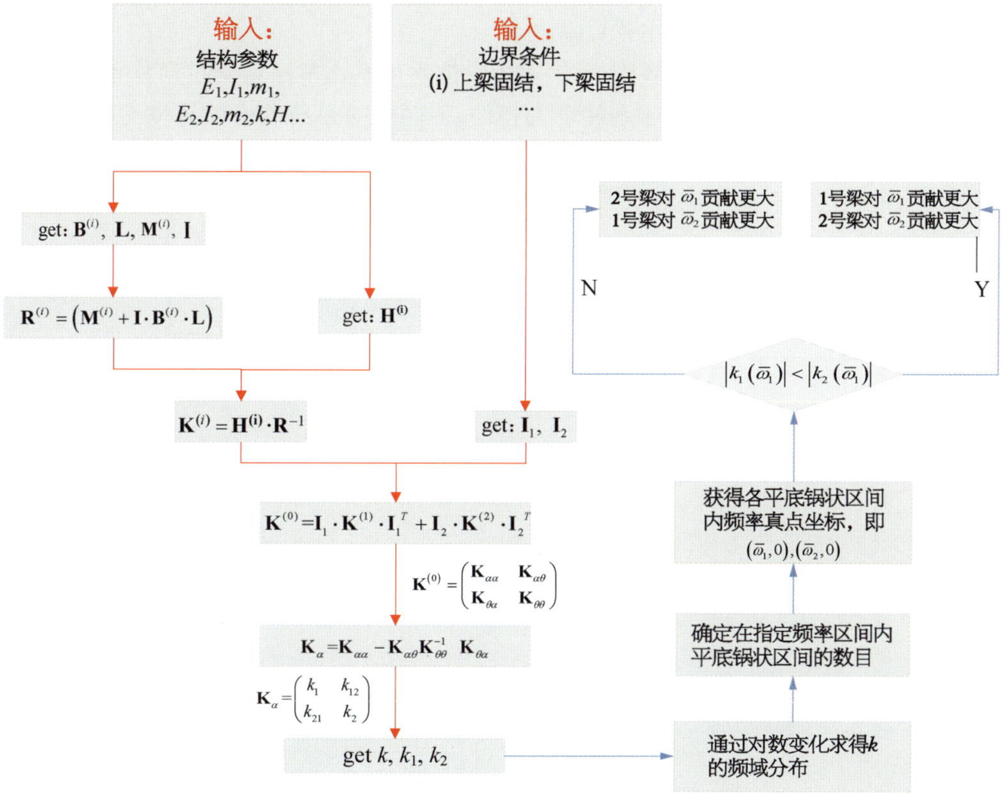


图 5.23　双梁频率贡献判断流程图

综上所述,本节基于动刚度理论建立了一个更加符合工程实际的复杂双梁模型,首先通过振动微分方程组的求解,得到了双梁各梁段的振型函数;其次对单元动刚度矩阵进行集组,得到了双梁系统的动刚度矩阵;最后通过动力缩聚求出梁上任意位置处的系统横向动刚度矩阵。经数值案例分析,得出了系统横向动刚度的特征函数 $k$、动刚度系数 $k_1$ 和 $k_2$ 在频域和空间上的分布规律,并提出了一种能够直观判断两个梁对系统频率贡献大小的方法。该方法不仅解决了双层索套斜拉索的频率贡献问题,还给工程上可简化为双梁模型的结构提供了一种新的动力分析方法,因而在工程实践中具有一定的推广价值。通过数值案例得出了以下规律：

(1) 特征函数 $k$ 在空间上被分割成若干个开口朝上和朝下的平底锅状区间，两种区间在梁的长度方向上交替出现，且随着频率阶次的增大，区间的个数按照等差数列依次增加。$k$、$k_1$ 和 $k_2$ 中除首尾两个平底锅状区间外，其余区间在模态频率处近似呈等宽分布，而在非模态频率处开口朝上和朝下的区间的宽度不等。

(2) 通过比较在系统各阶模态频率处(即 $k$ 的各频率真点)，经对数变换后的 $k_1$ 和 $k_2$ 穿越频率轴的先后，可以判断两个梁对系统各阶频率的贡献。其中，先穿越频率轴的动刚度系数所对应的梁对系统该阶频率的贡献就越大。

(3) 在给定频率范围内，首先，可以根据特征函数 $k$ 中平底锅状区间的个数来判断系统中属于主梁频率的阶数；其次，通过比较各平底锅状区间上频率真点的频率值绝对值的大小即可进一步确定系统中的哪几阶频率主要来自主梁贡献。

双梁系统动力特性研究的结果表明，双层索套斜拉索体系比单层索套拉索体系的动力特性更加复杂。尽管索套和钢束都会影响体系的动力特性，但两者对系统的影响程度有较大差异，其影响程度的相对大小取决于两者各自的结构特性。利用上述规律，可以定性地判断出单梁对系统动力特性的贡献程度，这将有助于实现双层索套斜拉索体系的索力测量。

# 第 6 章

# 复杂吊索系统特性研究

## 6.1 考虑吊索两端约束的吊索动力特性研究

桥梁拉索(斜拉索和吊索)是大跨桥梁的重要组成部分,被现代工程广泛应用。随着拉索长细比的增加、横向刚度和内阻尼的减小,在风荷载和移动荷载等的影响下,容易产生各种类型的振动现象。拉索振动引起的疲劳会造成高强钢丝的性能退化,这不仅会进一步降低拉索的承载能力和耐久性,还会对斜拉桥的安全运营和正常使用带来严峻考验,进而影响行车舒适度,甚至给行人带来视觉上的恐慌。这些问题都与索缆结构的动力学分析密不可分。对于吊索,已有工程案例的统计分析表明,目前吊索的平均寿命只有十几年,部分吊索的服役寿命甚至不到十年。由于吊索维修与更换的代价是巨大的,其动力学特性分析的重要性已远远超越了静力分析。吊索动力特性分析成为此类桥梁结构的设计、运营期性能监控和维护、振动控制的关键问题。同时,研究这类问题能为桥梁设计、服役期索缆体系内力分布、桥梁动力特性的监测和评估提供重要参考。

目前已有的索缆结构的动力分析理论按分析方法及解形式的不同,可分为解析法、数值法及半解析半数值法。本书采用动刚度法是一种半解析半数值方法,该方法从系统精确的振型函数出发,得到闭合形式的频率方程和动力方程,同时利用欧拉梁模型来对吊索建模,更加符合真实结构。目前,针对裸索系统,已有的研究工作考虑了拉索抗弯刚度、垂度、倾角、内阻尼中部分因素的影响,但尚无法以解析或半解析的形式全面地考虑这些因素。当考虑拉索端部弹性支撑和弹性嵌固边界影响时,已有的研究将拉索的振型函数近似为刚性支承索的振型函数来处理,但忽略了边界及振动频率等因素对振型的影响,因此所得结果不够精确。

利用动刚度法研究吊索动力特性很大程度上取决于吊索边界条件的正确判断,对于较长拉索边界条件的模拟,王俊、段波等将索两端支承条件考虑为简支,魏建东、陈淮等将索两端支承条件考虑为固支,其计算结果基本满足精度要求;而徐霞飞等提出吊索两端边界对吊索频率的影响与吊索拉弯比有很大关系。研究吊索动力特性时,由于吊索的边界条件不是理想的单一简支或固支,实际吊索的复杂边界条件对吊索振动频率会产生较大的影响。

鉴于此,下面通过动刚度法推导各边界条件下吊索的频率方程,并通过提出边界条件的上下限值得到吊索实际边界条件情况。同时,在吊索模态频率分析过程中引入边界条件系数和刚度比的概念,研究了这些参数对吊索的影响规律。最后,以边界条件系数为基点,反向推导了确定吊索实际边界条件的参数范围,将研究结果应用于实际桥梁吊索,为吊索后续的动力特性分析提供边界条件的理论依据。

### 6.1.1 吊索动力分析的基本理论

#### 6.1.1.1 基本方程及求解

1) 基本假定及振动控制微分方程

以单根吊索为分析对象,其简化模型如图 6.1 所示。

为了研究图 6.1 所示的单吊索振动情况,需要做出如下合理的假定:① 吊索的材料使线弹性及吊索在振动过程中始终处于线弹性范围内;② 吊索的应变较小,其截面大小不发生变化;③ 不考虑吊索内部张力沿吊索长度发生的变化;④ 吊索仅发生横向平面内的振动,其竖轴向振动忽略不计;⑤ 考虑吊索的抗弯刚度;⑥ 忽略吊索由于横向振动产生的附加索力。

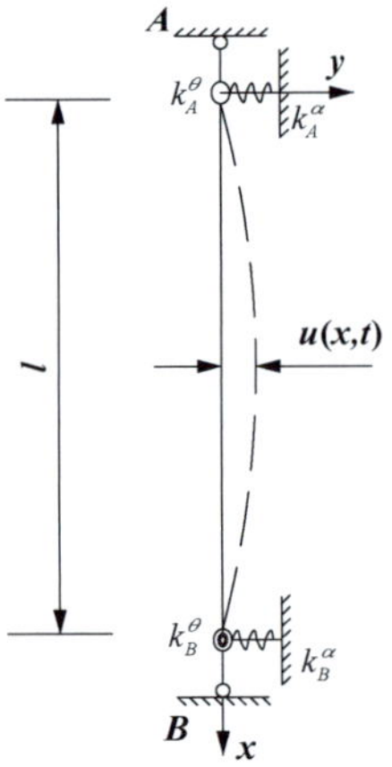


图 6.1 单根吊索的分析模型

由上述基本假定,得到在无阻尼的情况下,考虑抗弯刚度的横向无荷载竖直吊索的振动控制微分方程如下:

$$EI\frac{\partial^4 u(x,t)}{\partial x^4}+m\frac{\partial^2 u(x,t)}{\partial t^2}-H\frac{\partial^2 u(x,t)}{\partial x^2}=0 \tag{6.1}$$

式中 $EI$——吊索的抗弯刚度;

$u(x,t)$——吊索的横向位移函数;

$H$——吊索的索力;

$x$——吊索距上端边界的距离;

$m$——吊索单位长度的质量。

2) 吊索系统的频率方程

根据动刚度理论假设

$$u(x,t)=\varphi(x)\mathrm{e}^{\mathrm{i}\omega t} \tag{6.2}$$

式中 $\omega$——圆频率(rad/s);

$t$——时间。

将式(6.2)代入式(6.1)得到

$$EI\frac{\mathrm{d}^4\varphi(x)}{\mathrm{d}x^4}-m\omega^2\varphi(x)-H\frac{\mathrm{d}^2\varphi(x)}{\mathrm{d}x^2}=0 \tag{6.3}$$

引入无量纲参数:$\xi=\frac{x}{l}$, $\varphi(\xi)=\frac{\varphi(x)EI}{l^4}$,则可由式(6.3)得到系统无量纲的控制微分方程:

$$\varphi(\xi)''''-\gamma^2\varphi(\xi)''-\tilde{\omega}^2\varphi(\xi)=0 \tag{6.4}$$

式中 $\gamma^2$——吊索轴力与抗弯刚度值之比,$\gamma^2=\frac{Hl^2}{EI}$;

$\tilde{\omega}$——吊索无量纲化频率，$\tilde{\omega}=\dfrac{\omega l^2}{\sqrt{EI/m}}$。

由此，式(6.4)微分方程的通解可表示为：

$$\varphi(\xi)=A_1\mathrm{e}^{-p\xi}+A_2\mathrm{e}^{-p(1-\xi)}+A_3\cos(q\xi)+A_4\sin(qx) \tag{6.5}$$

式中 $\left.\begin{matrix}p\\q\end{matrix}\right\}=\sqrt{\sqrt{\left(\dfrac{\gamma}{2}\right)^2+\tilde{\omega}^2}\pm\dfrac{\gamma^2}{2}}$ $p^2-q^2=\gamma^2$，$pq=H\tilde{\omega}=\pi\gamma\bar{\omega}$；$\bar{\omega}=\omega/\omega_0$；$\omega_0=\dfrac{\pi}{l\sqrt{H/m}}$，为拉紧弦的基频。

其中，通解式(6.5)的矩阵表达式为：

$$\varphi(\xi)=\mathbf{\Phi}(\xi)\{A_1\quad A_2\quad A_3\quad A_4\}^{\mathrm{T}} \tag{6.6}$$

式中　$\mathbf{\Phi}(\xi)=\{e^{-p\xi}\quad e^{-p(1-\xi)}\quad \cos(q\xi)\quad \sin(qx)\}$。

根据吊索结点力和位移函数的关系，可以得到系统由振型函数表征的节点位移

$$\begin{Bmatrix}\alpha_a\\ \theta_a l\\ \alpha_b\\ \theta_b l\end{Bmatrix}=\frac{l^4}{EI}\begin{Bmatrix}\varphi(\xi|_{=0})\\ \varphi'(\xi|_{=0})\\ \varphi(\xi|_{=l})\\ \varphi'(\xi|_{=l})\end{Bmatrix}=\frac{l^4}{EI}\begin{Bmatrix}\mathbf{\Phi}(\xi|_{=0})\\ \mathbf{\Phi}'(\xi|_{=0})\\ \mathbf{\Phi}(\xi|_{=1})\\ \mathbf{\Phi}'(\xi|_{=1})\end{Bmatrix}\begin{Bmatrix}A_1\\ A_2\\ A_3\\ A_4\end{Bmatrix}=\frac{1}{\varsigma}\mathbf{G}\begin{Bmatrix}A_1\\ A_2\\ A_3\\ A_4\end{Bmatrix} \tag{6.7}$$

式中　$\varsigma=\dfrac{EI}{l^4}$，$\mathbf{G}=\{\mathbf{\Phi}(\xi|_{=0})\quad \mathbf{\Phi}'(\xi|_{=0})\quad \mathbf{\Phi}(\xi|_{=l})\quad \mathbf{\Phi}'(\xi|_{=l})\}^T$，具体显示表达式为 $\mathbf{G}=\begin{Bmatrix}\mathbf{\Phi}(\xi|_{=0})\\ \mathbf{\Phi}'(\xi|_{=0})\\ \mathbf{\Phi}(\xi|_{=1})\\ \mathbf{\Phi}'(\xi|_{=1})\end{Bmatrix}=\begin{bmatrix}1&\varepsilon&1&0\\-p&p\varepsilon&0&q\\ \varepsilon&1&C&S\\-p\varepsilon&p&-qS&qC\end{bmatrix}$。常数向量 $\{A_1\quad A_2\quad A_3\quad A_4\}^T$ 可从式(6.7)中表示为 $\varepsilon=e^{-p}$，$C=\cos q$，$S=\sin q$

$$\begin{Bmatrix}A_1\\ A_2\\ A_3\\ A_4\end{Bmatrix}=\varsigma\mathbf{G}^{-1}\begin{Bmatrix}\alpha_a\\ \theta_a l\\ \alpha_b\\ \theta_b l\end{Bmatrix} \tag{6.8}$$

其结点力和位移的关系为

$$\begin{cases}V(x,t)=\left(EI\dfrac{\partial^3\varphi}{\partial x^3}-H\dfrac{\partial\varphi}{\partial x}\right)\mathrm{e}^{\mathrm{i}\omega t}=l(\varphi'''(\xi)-\gamma^2\varphi'(\xi))\mathrm{e}^{\mathrm{i}\omega t}\\ M(x,t)=EI\dfrac{\partial^2\varphi}{\partial x^2}\mathrm{e}^{\mathrm{i}\omega t}=l^2\varphi^2(\xi)\mathrm{e}^{\mathrm{i}\omega t}\end{cases} \tag{6.9}$$

考虑到符号惯例的差异，吊索两端力和弯矩表示为

$$\begin{Bmatrix} V(0,\ t) \\ M(0,\ t) \\ V(l,\ t) \\ M(l,\ t) \end{Bmatrix} = \begin{Bmatrix} V_a \\ M_a \\ V_b \\ M_b \end{Bmatrix} e^{i\omega t} \tag{6.10}$$

结合式(6.6)和式(6.8),得到

$$\{V_a \quad M_a/l \quad V_b \quad M_b/l\}^T = l\varsigma \mathbf{D}\mathbf{G}^{-1}\{\alpha_a \quad \theta_a l \quad \alpha_b \quad \theta_b l\}^T \tag{6.11}$$

式中 $\mathbf{D} = \begin{Bmatrix} \boldsymbol{\Phi}'''(\xi\ |_{=0}) - \gamma^2\boldsymbol{\Phi}'(\xi\ |_{=0}) \\ -\boldsymbol{\Phi}''(\xi\ |_{=0}) \\ \boldsymbol{\Phi}'''(\xi\ |_{=1}) - \gamma^2\boldsymbol{\Phi}'(\xi\ |_{=1}) \\ -\boldsymbol{\Phi}''(\xi\ |_{=1}) \end{Bmatrix}$。

进而获得动态刚度矩阵为

$$\mathbf{K}_1 = l\varsigma \mathbf{D}\mathbf{G}^{-1} \tag{6.12}$$

式中 $\mathbf{K}_1 = \dfrac{EI}{l^3}\begin{bmatrix} k_{11} & k_{12} & k_{13} & k_{14} \\ k_{21} & k_{22} & k_{23} & k_{24} \\ k_{31} & k_{32} & k_{33} & k_{34} \\ k_{41} & k_{42} & k_{43} & k_{44} \end{bmatrix} = \dfrac{EI}{l^3}\begin{bmatrix} k_{11} & k_{12} & k_{13} & k_{14} \\ k_{12} & k_{22} & -k_{14} & k_{24} \\ k_{13} & -k_{14} & k_{11} & -k_{12} \\ k_{14} & k_{24} & -k_{12} & k_{22} \end{bmatrix}$。

由边界条件得到下列等式

$$\frac{EI}{l^3}\begin{bmatrix} k_{11} & k_{12} & k_{13} & k_{14} \\ k_{12} & k_{22} & -k_{14} & k_{24} \\ k_{13} & -k_{14} & k_{11} & -k_{12} \\ k_{14} & k_{24} & -k_{12} & k_{22} \end{bmatrix}\begin{Bmatrix} \alpha_a \\ \theta_a l \\ \alpha_b \\ \theta_b l \end{Bmatrix} = \begin{Bmatrix} k_A^{\alpha}\alpha_a \\ k_A^{\theta}\theta_a l \\ k_B^{\alpha}\alpha_b \\ k_B^{\theta}\theta_b l \end{Bmatrix} \tag{6.13}$$

通过进一步的矩阵变换,得到

$$\frac{EI}{l^3}\begin{bmatrix} k_{11} - \dfrac{l^3}{EI}k_A^{\alpha} & k_{12} & k_{13} & k_{14} \\ k_{12} & k_{22} - \dfrac{l^3}{EI}k_A^{\theta} & -k_{14} & k_{24} \\ k_{13} & -k_{14} & k_{11} - \dfrac{l^3}{EI}k_B^{\alpha} & -k_{12} \\ k_{14} & k_{24} & -k_{12} & k_{22} - \dfrac{l^3}{EI}k_B^{\theta} \end{bmatrix}\begin{Bmatrix} \alpha_a \\ \theta_a l \\ \alpha_b \\ \theta_b l \end{Bmatrix} = \begin{Bmatrix} 0 \\ 0 \\ 0 \\ 0 \end{Bmatrix} \tag{6.14}$$

则有

$$\mathbf{K}(\omega)\begin{Bmatrix} \alpha_a \\ \theta_a l \\ \alpha_b \\ \theta_b l \end{Bmatrix} = \begin{Bmatrix} 0 \\ 0 \\ 0 \\ 0 \end{Bmatrix} \tag{6.15}$$

在求得系统的动态刚度矩阵后，系统的各阶模态频率通常可从以下频率方程中进行求解

$$|\mathbf{K}(\omega)|=0 \tag{6.16}$$

式中　$|\cdot|$——行列式的值。

满足式(6.16)频率方程的 $\omega$ 值即系统的模态频率。

#### 6.1.1.2　单吊索边界约束条件的描述

由于吊索的横向和竖向不相互耦合，在研究单吊索横向振动时，竖向支座约束对吊索横向振动的影响可忽略不计。在横向边界条件中，可以先假定两端横向支座位移刚度 $k_A^\alpha$ 和 $k_B^\alpha \to \infty$，转角刚度 $k_A^\theta$ 和 $k_B^\theta$ 可为任意值，即考虑实际情况的复合边界条件，则式(6.14)经变换可转为下述等式：

$$\frac{EI}{l^3}\begin{bmatrix} k_{22}-\dfrac{l^3}{EI}k_A^\theta & k_{24} \\ k_{24} & k_{22}-\dfrac{l^3}{EI}k_B^\theta \end{bmatrix}\begin{Bmatrix}\theta_a l\\ \theta_b l\end{Bmatrix}=\begin{Bmatrix}0\\0\end{Bmatrix} \tag{6.17}$$

通过拉弯比 $\xi=l\sqrt{H/EI}$ 来衡量边界条件对吊索动力特性的影响是可靠的。当拉弯比 $\xi\geqslant 45$ 时，吊索两端边界条件对吊索频率的影响可以忽略；但当拉弯比 $\xi\leqslant 45$ 时，对吊索的计算必须考虑实际边界条件的影响。这里仅对拉弯比 $\xi\leqslant 45$ 的单吊索边界条件进行讨论分析。

根据吊索的抗弯刚度与边界条件的相对值，引入无量纲边界条件系数 $\upsilon_A$、$\upsilon_B$，其中

$$\begin{cases}\upsilon_A=\dfrac{k_A^\theta}{k_A^\theta+\xi EI/l}\\[2ex] \upsilon_B=\dfrac{k_B^\theta}{k_B^\theta+\xi EI/l}\end{cases} \tag{6.18}$$

在实际情况中，吊索的边界条件介于简支和固支之间，即 $\upsilon_A$、$\upsilon_B$ 可为区间[0, 1]内的任意值。其中，由式(6.18)知转角刚度可用边界条件系数表示，即

$$\begin{cases}k_A^\theta=\dfrac{\xi EI\upsilon_A}{l(1-\upsilon_A)}\\[2ex] k_B^\theta=\dfrac{\xi EI\upsilon_B}{l(1-\upsilon_B)}\end{cases} \tag{6.19}$$

将式(6.19)代入频率方程式(6.17)，得到考虑边界条件系数的吊索频率方程

$$\frac{EI}{l^3}\begin{bmatrix} k_{22}-\dfrac{\upsilon_A}{1-\upsilon_A}\xi l^2 & k_{24} \\ k_{24} & k_{22}-\dfrac{\upsilon_B}{1-\upsilon_B}\xi l^2 \end{bmatrix}\begin{Bmatrix}\theta_a l\\ \theta_b l\end{Bmatrix}=\begin{Bmatrix}0\\0\end{Bmatrix} \tag{6.20}$$

#### 6.1.1.3　动力特性的求解

上述频率方程式(6.14)和式(6.20)可用于桥梁吊索的动力特性计算。显然，这两个形式的频率方程均为复杂的超越方程，普通的算法求解会遇到困难，计算量大，并且精度不高，甚至会丢失模态。因此，本章选择 W－W 法进行吊索频率的计算以准确高效地求解吊索频率方程。

W-W法并不直接用于频率计算,而是通过计数得到结构小于试探频率 $\omega^*$ 的模态频率的个数,从而确定出任意阶次频率的上下界,最后再结合二分法或牛顿法求出任意精度的频率解。由于该方法可使动刚度矩阵保持 Sturm 序列特性,能保证方程求解过程中不遗漏根,其稳定性和正确性也已在理论上被证明,这是大多数解析法和近似解法所不具备的优点。应用 W-W 法计算结构模态频率问题的关键步骤是确定结构的模态频率计数 $J$。它表示结构小于 $\omega^*$ 的模态频率的个数。

$$J = J_0 + s\{\mathbf{K}^{\Delta}(\omega^*)\} = J_0 + J_K \tag{6.21}$$

式中 $J_K$ ——和结构整体动刚度矩阵有关的计数,它等于三角阵 $\mathbf{K}^{\Delta}(\omega^*)$ 主对角线上负元素的个数;

$\mathbf{K}^{\Delta}(\omega^*)$ ——将结构的动刚度矩阵 $\mathbf{K}(\omega^*)$ 进行高斯消元后形成的上三角矩阵;

$s\{\cdot\}$ ——计数符号;

$J_0$ ——结构的固端频率计数,它等于小于试探频率 $\omega^*$ 的结构固端频率①个数。

当求出结构在试探频率 $\omega^*$ 下的固端频率计数 $J_0(\omega^*)$ 后,即可按照式(6.21)求出结构小于试探频率 $\omega^*$ 的模态频率的个数 $J(\omega^*)$。此后,若想计算结构的第 $i$ 阶模态频率 $\omega_i$,则只需首先粗略地确定出该阶模态频率的上下界 $\omega_l$ 和 $\omega_u$,使满足

$$J(\omega_l) \leqslant i-1, \quad J(\omega_u) \geqslant i \tag{6.22}$$

结构的第 $i$ 阶模态频率满足 $\omega_i \in [\omega_l, \omega_u]$,此后可采用二分法,通过不断调整上下界的值来逼近真实频率 $\omega_i$。当满足 $\omega_l - \omega_u \leqslant Tol(1+\omega_u)$ 时,可以得到允许误差范围内的模态频率。本章利用该法编写程序来求解吊索各阶模态频率。

#### 6.1.1.4 方法验证

结合文献[180]中考虑梁轴力的弹性边界条件分析过程来验证本章的方法。采用该文献中频率计算公式(9)计算吊索在本章边界条件下的频率值。由该文献中无量纲参数 $k = k^{\theta} l / EI$ 可确定相应吊索两端边界条件的转动刚度 $k^{\theta}$,分别取 $k$ 为 1.0、10、100 和 $10^3$,即可得到相应的边界条件系数值。以某吊索为例,其材料特性为:吊索的自由长度 $l = 13.5$ m,弹性模量 $E = 2.0 \times 10^{11}$ N/m²,抗弯惯性矩 $I = 2.45 \times 10^{-7}$ m⁴,单位长度线质量 $m = 14.3$ kg/m,索力 $H = 2.63 \times 10^5$ N。

采用动刚度法和 W-W 法通过编程计算该吊索在相应边界条件系数下的频率数值,并与利用文献中弹性边界条件公式计算的频率进行比较,计算的结果见表 6.1。为了验证计算吊索频率方法,以及用边界条件系数来定义边界的准确性,分析了本章计算值与文献计算值之间的相对误差,各相对误差值列入表 6.1。

表 6.1 频率误差分析

| $\eta = \dfrac{k^{\theta} l}{EI}$ | $k_A^{\theta} = k_B^{\theta}$ | $\upsilon_A = \upsilon_B$ | 文献一阶频率/Hz | 本章一阶频率/Hz | $\delta_1$/% | 文献二阶频率/Hz | 本章二阶频率/Hz | $\delta_2$/% |
|---|---|---|---|---|---|---|---|---|
| 1.0 | $3.63 \times 10^3$ | 0.002 | 5.169 | 5.135 | 0.66 | 10.406 | 10.420 | 0.13 |
| 10 | $3.63 \times 10^4$ | 0.023 | 5.318 | 5.387 | 1.28 | 10.436 | 10.435 | 0.01 |

① 结构固端频率是指将结构的边界条件全部固结后(不妨称该结构为与原结构对应的固端结构)的模态频率。

续　表

| $\eta=\frac{k^{\theta}l}{EI}$ | $k_A^{\theta}=k_B^{\theta}$ | $\upsilon_A=\upsilon_B$ | 文献一阶频率/Hz | 本章一阶频率/Hz | $\delta_1$/% | 文献二阶频率/Hz | 本章二阶频率/Hz | $\delta_2$/% |
|---|---|---|---|---|---|---|---|---|
| 100 | $3.63\times10^5$ | 0.191 | 5.327 | 5.393 | 1.22 | 10.441 | 10.447 | 0.06 |
| $10^3$ | $3.63\times10^6$ | 0.703 | 5.369 | 5.393 | 0.45 | 10.461 | 10.498 | 0.35 |

注：相对误差 $\delta=\left|\frac{\text{本章频率计算值}-\text{文献频率计算值}}{\text{文献频率计算值}}\right|$，为用边界条件系数代替边界条件的频率值相对于理论解析式计算的频率值的相对误差。

从表 6.1 的计算结果和误差分析可以看出：通过计算结果对比，利用已有文献和本章理论计算吊索不同边界条件下各阶频率值，两者的最大相对误差不超过 1.5%。误差分析表明，由本章方法计算得到的结果和文献计算的各阶频率十分接近，即在文献计算方法得到准确性验证的前提下，运用本章方法可准确地计算各边界条件下吊索的各阶模态频率，极大程度验证了本章理论分析和计算方法的准确性，可为吊索的进一步计算提供准确的理论依据。

## 6.1.2　边界条件对吊索动力特性的影响分析

### 6.1.2.1　边界条件变化对频率的影响

1）理想状态等边界

理想状态下，认为主缆刚度和加劲梁刚度几近相同，即假定 $\upsilon_A=\upsilon_B$，并分别取 $\upsilon_A$ 和 $\upsilon_B$ 为 0、0.2、0.4、0.6、0.8，相对应边界两端转动刚度从 0 开始变大，吊索两端边界条件也由简支逐渐演变为固支。

任意取不同长度的 5 根吊索，其索参数见表 6.2。

表 6.2　吊 索 参 数

| 索号 | $E/(\mathrm{N/m^2})$ | $I/\mathrm{m^3}$ | $m/(\mathrm{kg/m})$ | $l/\mathrm{m}$ | $H/\mathrm{N}$ | $\xi$ |
|---|---|---|---|---|---|---|
| 1 | $1.9\times10^{11}$ | $6.237\,4\times10^{-7}$ | 16.6 | 6 | $2\times10^5$ | 7.794 5 |
| 2 | $1.9\times10^{11}$ | $6.237\,4\times10^{-7}$ | 16.6 | 9.26 | $2.37\times10^5$ | 13.095 0 |
| 3 | $1.9\times10^{11}$ | $6.237\,4\times10^{-7}$ | 16.6 | 12.487 | $5\times10^5$ | 25.648 6 |
| 4 | $1.9\times10^{11}$ | $6.237\,4\times10^{-7}$ | 16.6 | 13.5 | $2.638\,6\times10^5$ | 20.143 8 |
| 5 | $1.9\times10^{11}$ | $6.237\,4\times10^{-7}$ | 16.6 | 19.715 | $5\times10^5$ | 40.495 1 |

采用本章吊索频率计算方法，研究各吊索在不同边界条件系数下的频率变化情况，并绘制成曲线，如图 6.2 所示。

从图 6.2 中可以得到，在边界条件系数变化过程中，拉弯比 $\xi$ 不同的吊索各阶频率变化趋势几乎一致，但随着拉弯比 $\xi$ 的增大，吊索从简支到固支各阶频率变化越不明显，当拉弯比 $\xi\geqslant15$ 时，吊索频率随边界条件变化较为明显。在边界条件系数变化过程中，当 $\upsilon_A=\upsilon_B=0.4$ 时，随着两端边界

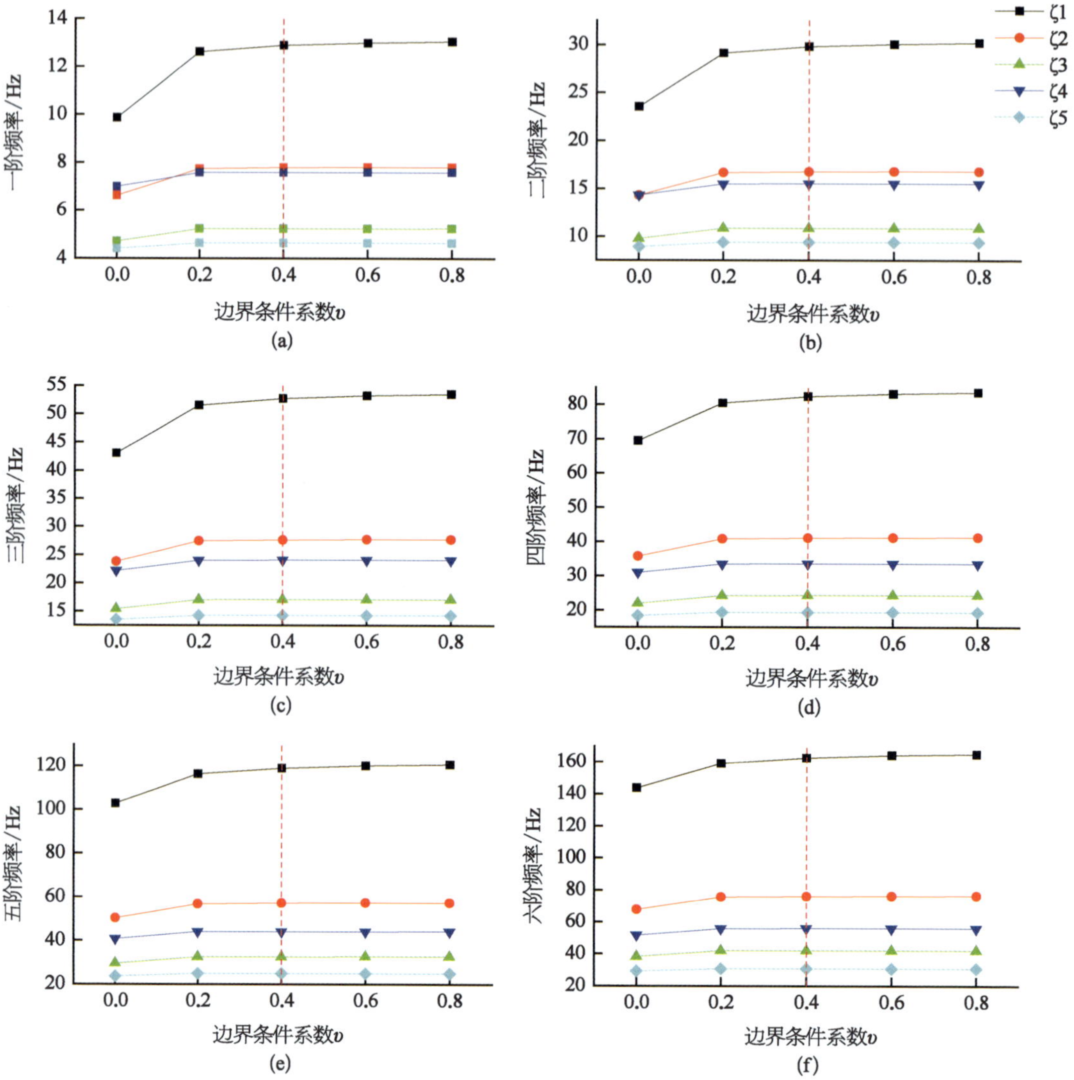


图 6.2 等边界条件下各吊索各阶频率变化图

(a)～(f)分别表示等边界条件下各吊索的一到六阶频率在不同边界条件系数下的变化

条件系数的增大,各吊索的各阶频率基本保持不变。此时两端边界均已趋向固支,即边界条件系数为 0.4 时,吊索上下边界可按固支边界进行处理。

2) 实际非等边界

实际工程中,悬索桥主缆和加劲梁对吊索的约束,或者拱桥拱肋和系杆梁对吊索各不相同。因此,引入材料影响系数 $\lambda_{AB}$。$\lambda_{AB}$ 为悬索桥主缆与加劲梁刚度的比值(或者拱桥拱肋与系杆梁刚度的比值),简称刚度比,即 $\upsilon_A=\lambda_{AB}\upsilon_B$。截至目前,各悬索桥中的加劲梁用料以钢筋混凝土和钢为主,但材料可从素混凝土变化到钢。素混凝土及钢筋混凝土加劲梁的抗弯刚度小于具有强大拉力储备的主缆刚度,该类加劲梁抗弯刚度的大小对全桥结构行为的影响只处于次要地位,而钢加劲梁的抗弯刚度则明显大于以钢绞线为材料的主缆抗弯刚度。对于现在常用的平行钢丝主缆，研究[20]表明其内部结构最接近半平行钢丝斜拉索，其抗弯刚度为钢绞线刚度的 0.37 倍。根据相关资料及设计规范的限值计算分析，可大致确定材料影响系数 $\lambda_{AB}$ 的上下限，即 $0.3\leqslant\lambda_{AB}\leqslant2.4$。$\lambda_{AB}$ 从 0.3 开始以步长为 0.3 进行变化，当 $0.3\leqslant\lambda_{AB}\leqslant1$，取 $\upsilon_B$ 分别为 0、0.2、0.4、0.6、0.8；当 $1\leqslant\lambda_{AB}\leqslant2.4$ 时，取 $\upsilon_A$ 分别为 0、0.2、0.4、0.6、0.8。

采用本章计算方法，得到表 6.2 中 1＃吊索和 4＃吊索在不同刚度比下的各阶频率变化曲线图，如图 6.3 和图 6.4 所示。

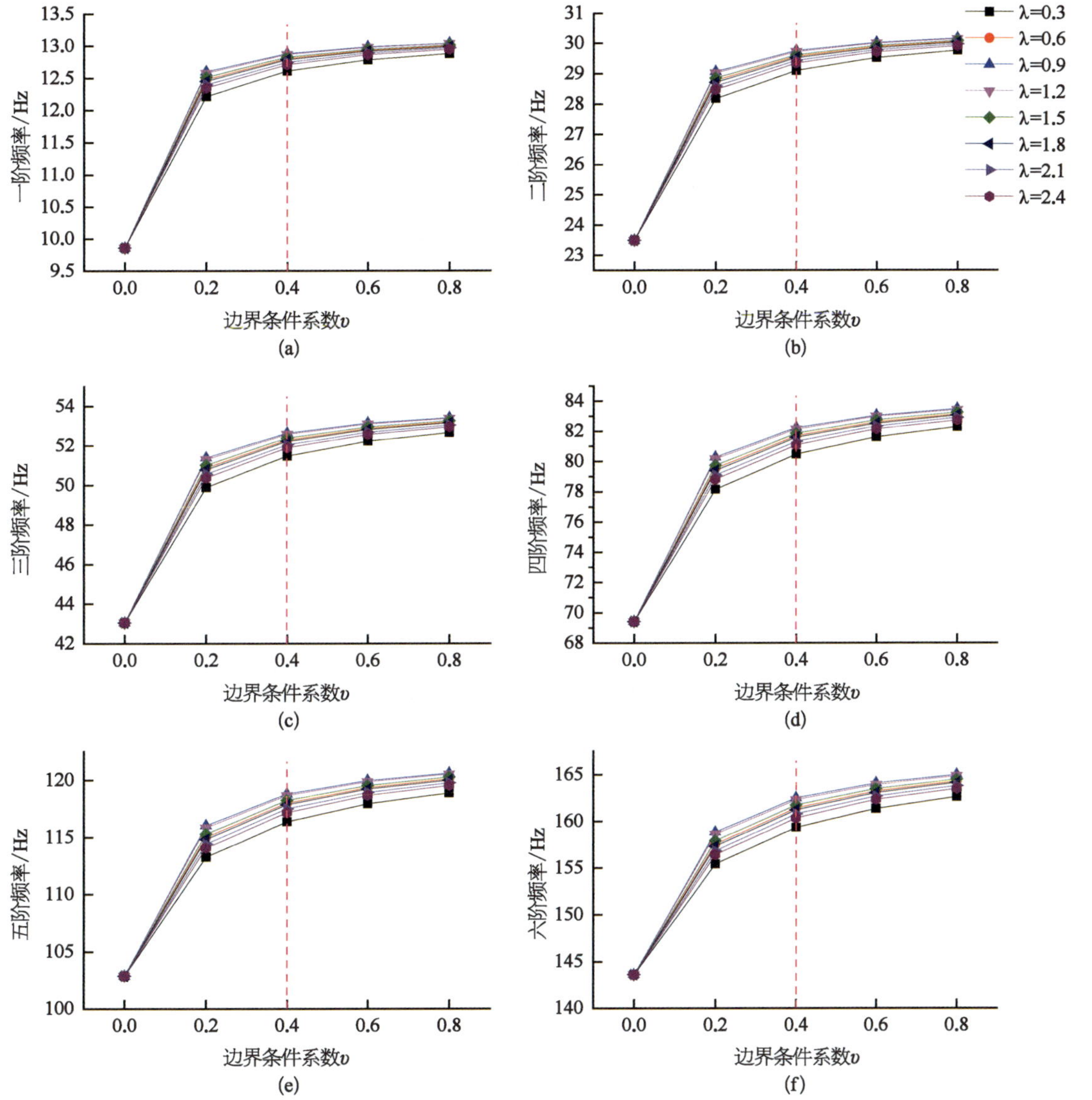


图 6.3　1＃吊索各阶频率变化图

(a)～(f)分别为各材料影响系数下 1＃吊索的一到六阶频率在不同边界条件系数下的变化

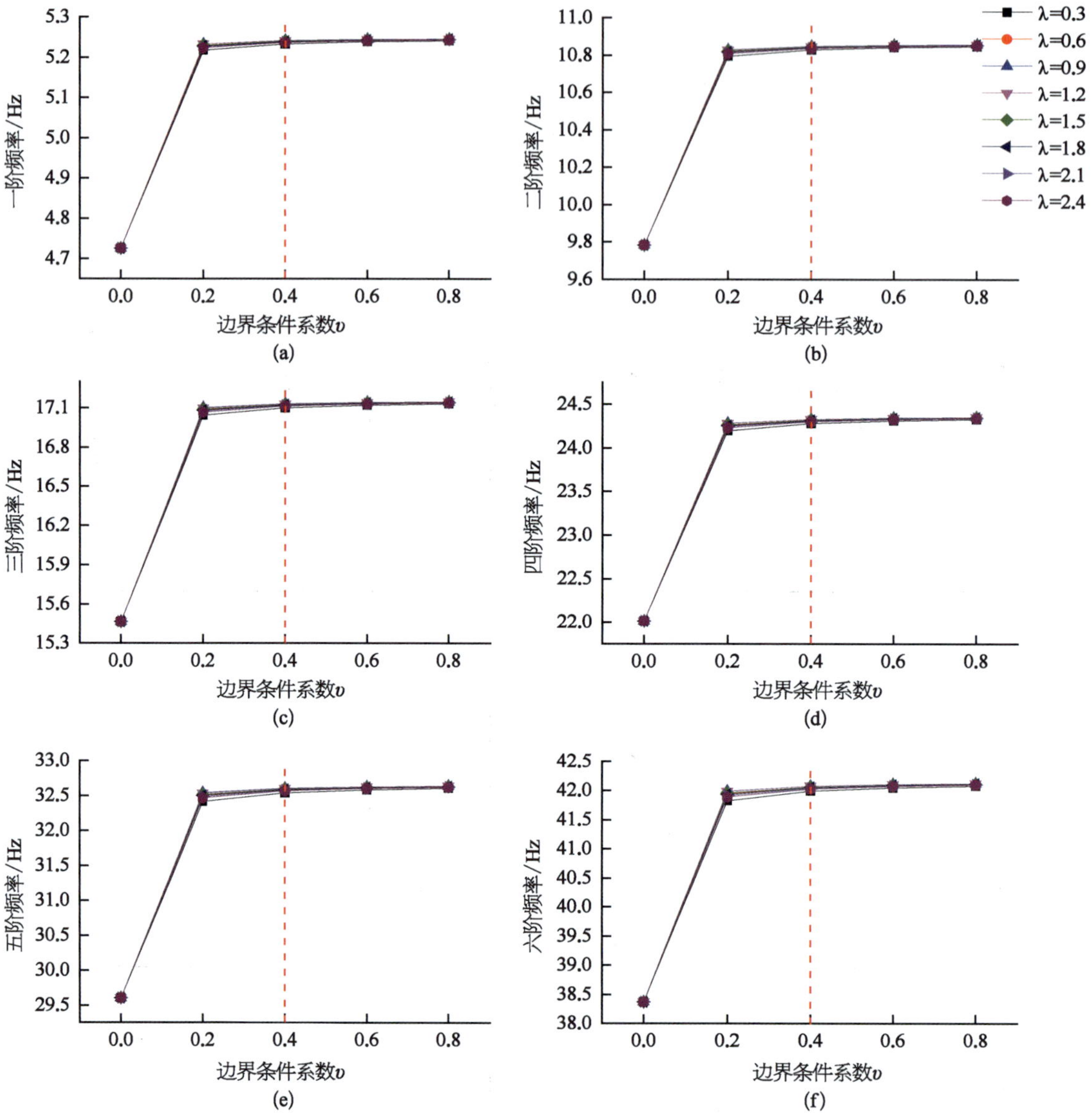


图 6.4　4# 吊索各阶频率变化图

(a)～(f)分别为各材料影响系数下 4# 吊索的一到六阶频率在不同边界条件系数下的变化

从图 6.3 和图 6.4 中可以看到，无论材料影响系数 $\lambda_{AB}$ 如何变化，在边界条件系数 $\upsilon_A$ 或者 $\upsilon_B$ 达到 0.4 时，两端边界均能达到固支边界，并且在不同材料影响系数下，吊索各阶频率随边界条件变化而变化的趋势趋于一致。在吊索的各阶频率变化图中，随着材料影响系数 $\lambda_{AB}$ 的增大，吊索的各阶频率均有微小的增加，但随吊索拉弯比 $\xi$ 的增大，这种变化趋势接近于零，即材料影响系数对吊索频率的影响可忽略。同时，当材料影响系数 $\lambda_{AB}=1$ 时，即为理想等边界条件 $k_A^\theta=k_B^\theta$ 的情况，所得到的相关结论与此分析一致，即在实际工程中不需考虑吊索上下边界的刚度比值，可将吊索两端当成等边界处理。

#### 6.1.2.2　边界条件范围准确性验证

选取文献[181]中的验证算例对本章结论进行验证。该文献中选取了两端边界为固定约束的吊杆，其自由长度 $l=30.323$ m，弹性模量 $E=1.95\times10^{11}$ N/m$^2$，截面惯性矩 $I=7.26\times10^{-7}$ m$^4$，单位长度线质量 $m=24.556$ kg/m，吊杆轴力为 $H=8.25\times10^5$ N。用本章方法计算边界条件系数为 0.4 时的频率数值，此处由于对称性分别取刚度比 $\lambda_{AB}$ 为 0.3 和 1.0。为了验证用确定的边界条件系数来定义固支边界的准确性，比较本章在固支条件下计算的吊杆频率值和实测值的相对误差，结果见表 6.3。

表 6.3　实测与计算频率对比分析

| 模态阶数 | 实测值/Hz | $\upsilon_B=0.4$ | | $\delta_1$/% | $\delta_2$/% |
|---|---|---|---|---|---|
| | | $\lambda_{AB}=0.3$ | $\lambda_{AB}=1$ | | |
| 1 | 3.058 6 | 3.109 7 | 3.110 0 | 1.67 | 1.68 |
| 2 | 6.140 6 | 6.236 7 | 6.237 2 | 1.56 | 1.57 |
| 3 | 9.234 4 | 9.397 9 | 9.398 8 | 1.77 | 1.78 |
| 4 | 12.386 7 | 12.61 | 12.611 4 | 1.80 | 1.81 |
| 5 | 15.679 7 | 15.889 8 | 15.891 2 | 1.34 | 1.35 |
| 6 | 19.019 5 | 19.252 1 | 19.253 9 | 1.22 | 1.23 |

注：$\delta_1$ 为 $\lambda_{AB}=0.3$ 时的本章计算值与实测值之间的相对误差，$\delta_2$ 为 $\lambda_{AB}=1$ 时的本章计算值与实测值之间的相对误差，相对误差 $\delta=\left|\dfrac{\text{计算值}-\text{实测值}}{\text{实测值}}\right|$。

由表 6.3 可以清楚地看出，本章采用边界条件系数值来定义吊索边界具有足够的精确度。边界条件的确定和刚度比 $\lambda_{AB}$ 的大小无关，由于吊索上下边界刚度具有对等性，任一边界条件系数达到 0.4 时，吊索两端即可达到固支情况。同样，在单根吊索中，转角刚度 $k^\theta$ 的取值可由边界条件系数 $\upsilon$ 进行确定，其中 $\upsilon\in[0,\ 0.4]$，由式(6.20)可得 $k^\theta\in\left[0,\ \dfrac{2\sqrt{H\cdot EI}}{3}\right]$，当 $k^\theta=0$ 时，吊索两端为简支；当 $k^\theta=\dfrac{2\sqrt{H\cdot EI}}{3}$ 时，吊索两端为固支，取代了理论中 $k^\theta\rightarrow\infty$ 时吊索固支的条件。

### 6.1.3　应用讨论

#### 6.1.3.1　讨论

在吊索性能分析中，吊索边界条件对吊索动力特性的影响很大，而吊索刚度比对其影响可忽略。由于只考虑吊索的轴力作用，已研究的悬索桥吊索相关边界条件结论也可推广至拱桥吊杆及其他桥梁拉索。为使研究结果更好地应用于工程实际，需进行进一步的推导，利用边界条件系数的界定范围反向得到相关参数吊索的实际边界条件，便于实际工程吊索动力特性的研究。

已有研究表明，随着拉弯比的增大，吊索边界条件对吊索的影响逐渐减小。当拉弯比 $\xi\geqslant45$

时，吊索两端边界条件对吊索频率的影响可以忽略，但当拉弯比 $\xi \leqslant 45$ 时，吊索的计算必须考虑实际边界条件的影响。故可得到当拉弯比 $\xi \geqslant 45$ 时，由拉弯比的定义得到 $l \geqslant 45\sqrt{\frac{EI}{H}}$ 的吊索两端可以采用简支或者固支进行计算，但由于实际计算的方便，建议优先选用简支边界。

本章主要对拉弯比 $\xi \leqslant 45$ 的吊索进行了分析，结果表明，当吊索边界条件系数 $\upsilon_A = 0.4$，即 $k^{\theta} = \frac{2\sqrt{H \cdot EI}}{3}$ 时，吊索两端可处理为固支边界，且由上文分析得到吊索拉弯比 $\xi \geqslant 15$ 时，吊索频率随边界条件变化较为明显。故将 $\upsilon_A = 0.4, \xi = 15, k^{\theta} = \frac{2\sqrt{H \cdot EI}}{3}$ 代入式(6.20)可得到 $l = 15\sqrt{\frac{EI}{H}}$，即 $l \leqslant 15\sqrt{\frac{EI}{H}}$ 的吊索两端边界条件须处理为固支边界；除简支和固支情况外，建议将 $15\sqrt{\frac{EI}{H}} \leqslant l \leqslant 45\sqrt{\frac{EI}{H}}$ 的吊索两端边界处理为弹性复杂边界。

因此，在实际工程中，可以从吊索的各参数出发，比较吊索长度与刚度和索力的关系，进而确定桥梁各吊索的边界条件，避免实际工程中确定吊索边界条件的烦琐分析，为实际工程吊索特性计算提供便利，为吊索的进一步理论分析提供边界条件依据。

#### 6.1.3.2 讨论应用

1）工程背景

工程 1：明州大桥（图 6.5）位于甬江水道之上，其主桥为(100+450+100)m 双支中承式钢主梁钢箱拱桥。中跨吊索全桥纵向共设 38 对，间距 9 m，与拱肋在同一平面内。四组边吊索采用规格为 199Φ5 的平行钢丝索，其余 34 组中吊索均采用规格为 91Φ5 的平行钢丝索；吊索两端采用冷铸锚，吊索在拱顶张拉。加劲梁通过吊杆或立柱支承于拱肋之上，中跨加劲梁的两端支承于中跨拱梁交汇处的横梁上，加劲梁两端设置伸缩缝，端支承为纵向滑动支座，横向和纵向设置阻尼限位装置。

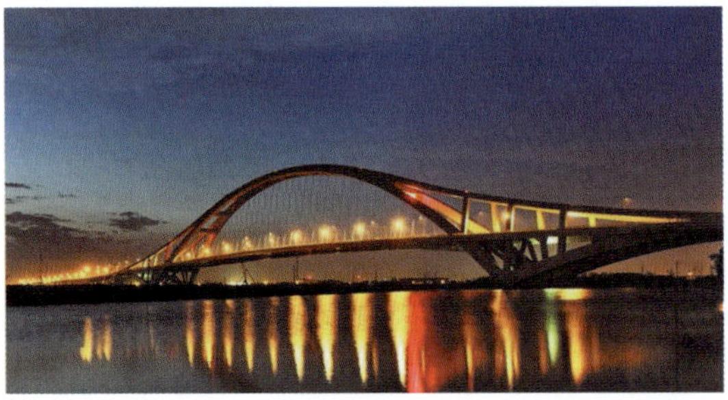

(a) 实况图

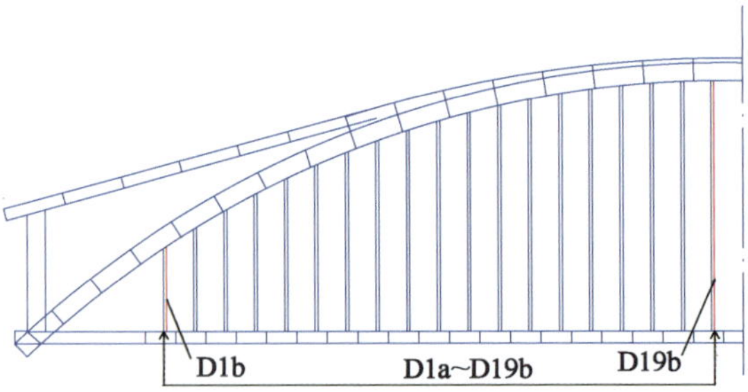


(b) 半立面图

图 6.5 明州大桥

工程 2：三山西大桥（图 6.6）位于平洲水道与珠江水道交汇处，主跨 200 m，主拱肋由 2 根 4Φ750 的钢管混凝土构成，用缀板缀条连接，组成钢管混凝土格构柱。在第一根吊杆至拱脚段，共设九道平行横撑，每道横撑为空钢管构成的桁架梁。整个结构通过漂浮式的柔性结构物——高强钢丝作为系杆，利用边跨的自重来平衡主拱的巨大推力，使边跨、主跨及下部基础协同变形、协同受力。

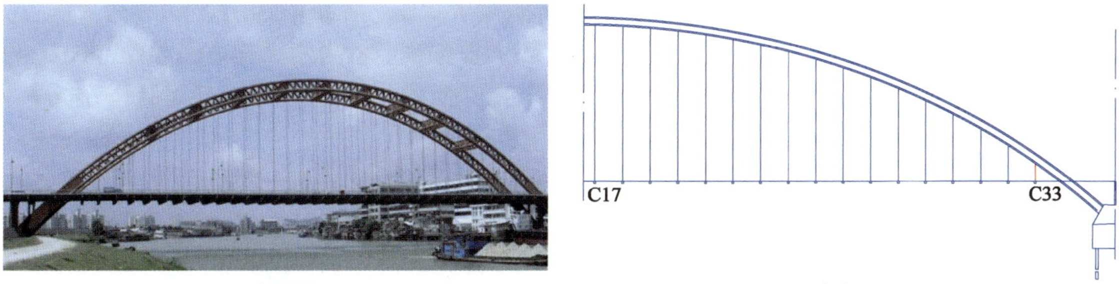


(a) 实况图　　(b) 半立面图

图 6.6　三山西大桥

2）应用验证

为将上述工程讨论应用于实际桥梁工程，选取图 6.5 所示明州大桥上两根代表性吊索 D1b 和 D19b 和图 6.6 所示三山西大桥上的 C33 吊杆为对象，其吊索和吊杆的各基本参数见表 6.4。对由各类边界条件分析计算得到的相应频率值与实际测得的各频率值进行误差分析，结果见表 6.5。初步将本章讨论应用于实际桥梁工程，并一定程度上检验由索长界定索两端边界条件的准确性。

表 6.4　各索基本参数表

| 编号 | $E/(N/m^2)$ | $I/m^4$ | $m/(kg/m)$ | $l/m$ | $H/N$ | $15\sqrt{\frac{EI}{H}}$ | $45\sqrt{\frac{EI}{H}}$ |
|---|---|---|---|---|---|---|---|
| D1b | $1.975\times10^{11}$ | $1.215\times10^{-6}$ | 125 | 15.007 | $1.135\times10^{6}$ | 6.897 | 20.691 |
| D19b | $1.975\times10^{11}$ | $2.541\times10^{-7}$ | 55 | 61.731 | $7.213\times10^{5}$ | 3.957 | 11.870 |
| C33 | $1.95\times10^{11}$ | $7.26\times10^{-7}$ | 24.556 | 2.560 | $1\times10^{6}$ | 5.644 | 16.932 |

表 6.5　各索的频率值对比

| 索编号 | D1b | | | D19b | | | C33 | | |
|---|---|---|---|---|---|---|---|---|---|
| 实测基频/Hz | 7.23 | | | 1.88 | | | 60.06 | | |
| 边界条件 | 简支 | 弹性 | 固支 | 简支 | 弹性 | 固支 | 简支 | 弹性 | 固支 |
| 计算基频/Hz | 6.60 | 7.18 | 7.32 | 1.86 | 1.91 | 1.91 | 43.41 | 48.63 | 59.95 |
| 相对误差 $\delta$/% | 8.71 | 0.69 | 1.24 | 1.06 | 1.60 | 1.60 | 27.72 | 19.03 | 0.18 |

由表 6.5 可以看出，对于 $l \geqslant 45\sqrt{\frac{EI}{H}}$ 的索，边界条件对其频率的影响不大；对于 $l \leqslant 15\sqrt{\frac{EI}{H}}$ 的索，运用固支边界条件计算的频率更接近实际工程中的频率值；介于两者之间的吊索建议将其两端处理成弹性边界。通过计算吊索在三种不同边界条件下的频率值与其实测频率值对比，验证本章提出从相应索长范围确定相应吊索边界条件的讨论具有一定的准确性。通过索长确定索的

边界条件在索的动力特性分析中具有指导意义，从索频的基础计算到索使用过程中的索力测量，确定边界条件能明确以往各公式的应用范围，解决了工程实践中索力索频计算困难的基础问题，为其精确测试和计算提供了一种新的途径，并且可以在其他斜拉索、拱桥短吊杆等结构分析中推广应用，但是对于长度处于弹性边界的索还需要进一步讨论。

综上所述，本节从动刚度理论出发，以 W－W 法为基础，利用程序语言计算分析拉弯比 $\xi \leqslant 45$ 的吊索边界条件对吊索频率的影响。同时，以边界条件系数描述边界条件，分析各边界条件对吊索频率的影响，并反向推广到工程实践中，提出用索参数确定边界条件的讨论，为后续研究提供基石。

本节结果分析表明，桥梁吊索上下边界刚度比 $\lambda_{AB}$ 对吊索频率的影响可忽略不计，只需要考虑边界系数变化对吊索频率的影响。

采用边界条件系数描述吊索边界条件具有一定的准确性，可用本节实际的边界条件系数代替理论中的简支和固支条件。当吊索横向振动时，两端横向支座位移刚度无穷大时，吊索两端边界条件系数达到从 0 变化 0.4，吊索两端即从简支变化到固支，即吊索转动刚度 $k^{\theta} \in \left[0,\ \dfrac{2\sqrt{H \cdot EI}}{3}\right]$ 取代了理论中利用 $k^{\theta}$ 判断边界条件的情况。

在实际工程中，可从索参数出发确定索的边界条件，$l \geqslant 45\sqrt{\dfrac{EI}{H}}$ 的吊索两端可以采用简支边界进行计算；当 $l \leqslant 15\sqrt{\dfrac{EI}{H}}$，吊索两端边界条件须处理成固支边界；当 $15\sqrt{\dfrac{EI}{H}} \leqslant l \leqslant 45\sqrt{\dfrac{EI}{H}}$ 时，吊索两端边界应处理为弹性复杂边界。

通过对吊索动力特性的分析，从以边界条件系数界定吊索的边界条件到实际工程中吊索边界条件的正确应用，本节以文献和实测数据进行了准确性验证，可以在吊索参数的基础上对吊索边界条件进行确定，为吊索动力特性研究和实际吊索健康监测提供了参考依据。

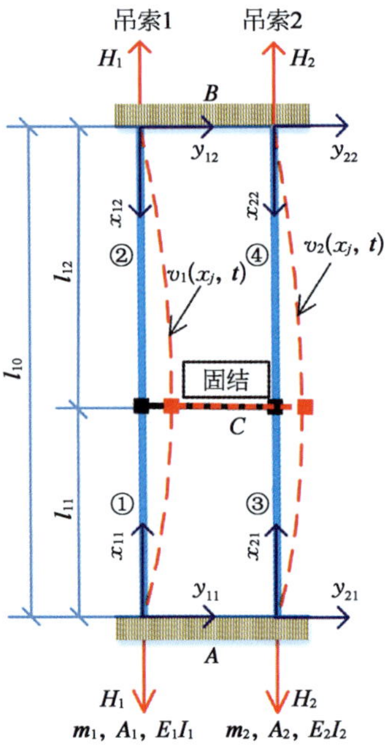


图 6.7　双吊索力学模型

## 6.2　双吊索动力分析的横向动刚度理论

对于中间有减振支架的双吊索，本节建立如图 6.7 所示的力学模型。模型中，两根吊索的长度相同，均为 $l_0$，吊索两端为固结，减振支架将两根吊索分为 4 个索段，下面两根索段长度为 $l_1$，上面两根索段长度为 $l_2$。针对每个索段，按图中所示建立局部坐标系 $(x_{ij},\ y_{ij})$，$i,\ j=1,\ 2$ 分别表示拉索编号和索段编号。

对于单个吊索索段，忽略拉索内阻尼和剪力影响时，吊索在自由振动时面内的运动方程可表示为：

$$E_i I_i \frac{\partial^4 v_{i,j}(x_{i,j},\ t)}{\partial x_{i,j}^4} - H_i \frac{\partial^2 v_{i,j}(x_{i,j},\ t)}{\partial x_{i,j}^2} + m_i \frac{\partial^2 v_{i,j}(x_{i,j},\ t)}{\partial t^2} = 0 \tag{6.23}$$

式中　$v_{i,j}(x_{i,j}, t)$ ——吊索索段的横向位移；

$E_iI_i$ ——吊索 $i$ 的抗弯刚度；

$H_i$ ——吊索 $i$ 的弦向张拉力；

$m_i$ ——吊索 $i$ 的单位长度质量。

采用分离变量法，假设式(6.23)的解为

$$v_{i,j}(x_{i,j}, t)=\varphi_{i,j}(x_{i,j})e^{i\omega t} \tag{6.24}$$

式中　$\varphi_{i,j}(x_{i,j})$ ——索段振型函数，$i=\sqrt{-1}$；

$\omega$ ——双吊索结构的振动圆频率。

把式(6.23)代入式(6.24)，可得

$$\varphi_{i,j}^{IV}(x_{i,j})-\frac{H_i}{E_iI_i}\varphi''_{i,j}(x_{i,j})-\frac{m_i\omega^2}{E_iI_i}\varphi_{i,j}(x_{i,j})=0 \tag{6.25}$$

令 $\xi_{i,j}=x_{i,j}/l_i$，$\mu_{i,j}=l_{i,j}/l_i$，$\hat{\varphi}_{i,j}(\xi_{i,j})=\varphi_{i,j}(x_{i,j})\cdot 1/l_i^4$，可得无量纲化的吊索微分方程：

$$\hat{\varphi}_{i,j}^{IV}(\xi_{i,j})-\gamma_i^2\hat{\varphi}''_{i,j}(\xi_{i,j})-\eta_i\omega^2\hat{\varphi}_{i,j}(\xi_{i,j})=0 \tag{6.26}$$

其中，$\gamma_i^2=H_il_i^2/E_iI_i$ 为吊索轴力与抗弯刚度之比，$\eta_i=m_il_i^4/E_iI_i$。

式(6.26)对应索段的自由振动方程，其通解形式可表示为

$$\hat{\varphi}_{i,j}(\xi_{i,j})=A_{i,j}^{(1)}e^{-p_i\xi_{i,j}}+A_{i,j}^{(2)}e^{-p_i(1-\xi_{i,j})}+A_{i,j}^{(3)}\cos(q_i\xi_{i,j})+A_{i,j}^{(4)}\sin(q_i\xi_{i,j}) \tag{6.27}$$

式中　$p_i=\sqrt{\sqrt{\left(\frac{\gamma_i^2}{2}\right)^2+\eta_i\omega^2}+\frac{\gamma_i^2}{2}}$；

$q_i=\sqrt{\sqrt{\left(\frac{\gamma_i^2}{2}\right)^2+\eta_i\omega^2}-\frac{\gamma_i^2}{2}}$；

$A_{i,j}^{(1)}\sim A_{i,j}^{(4)}$ ——待定系数。

下面根据吊索边界条件、减振支架处位移协调和力平衡条件确定待定系数。双吊索模型的索段力边界条件和动位移边界条件示意图如图 6.8 所示。

(1) 由索段端部固结，可得如下边界条件：

$$\hat{\varphi}_{i,j}(0)=0,\quad \hat{\varphi}'_{i,j}(0)=0 \tag{6.28}$$

由式(6.28)可得如下表达式：

$$A_{i,j}^{(1)}+A_{i,j}^{(2)}e^{-p_i}+A_{i,j}^{(3)}=0,\quad A_{i,j}^{(3)}=-A_{i,j}^{(1)}-A_{i,j}^{(2)}e^{-p_i} \tag{6.29}$$

$$-p_iA_{i,j}^{(1)}+p_ie^{-p_i}A_{i,j}^{(2)}+q_iA_{i,j}^{(4)}=0,\quad A_{i,j}^{(4)}=\frac{p_i}{q_i}A_{i,j}^{(1)}-\frac{p_i}{q_i}e^{-p_i}A_{i,j}^{(2)} \tag{6.30}$$

将式(6.25)、式(6.26)代入式(6.27)，可得

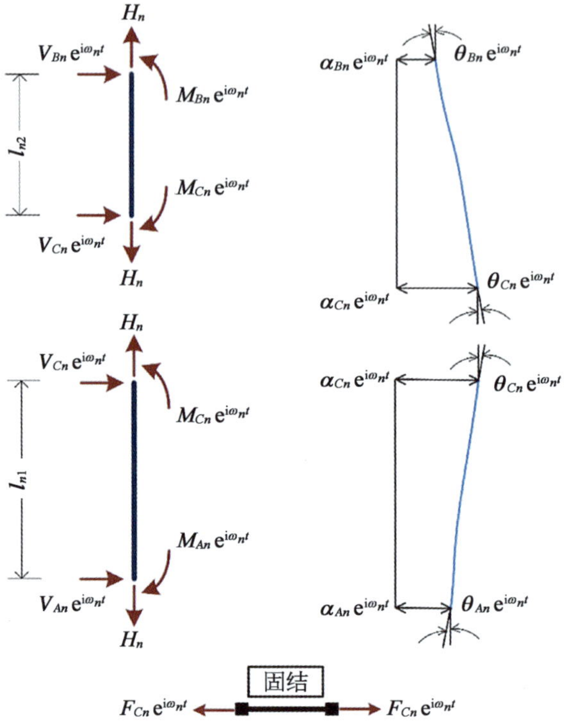


图 6.8　索段力边界条件和动位移边界条件示意图

$$\hat{\varphi}_{i,j}(\xi_{i,j})=A_{i,j}^{(1)}k_{ij}^{(1)}(\xi_{i,j})+A_{i,j}^{(2)}k_{ij}^{(2)}(\xi_{i,j}) \tag{6.31}$$

式(6.31)及其前 3 阶导数的系数如下：

$$\begin{cases}
k_{ij}^{(1)}(\xi_{i,j})=\mathrm{e}^{-p_i\xi_{i,j}}-\cos(q_i\xi_{i,j})+\dfrac{p_i}{q_i}\sin(q_i\xi_{i,j}) \\
k_{ij}^{(2)}(\xi_{i,j})=\left(\mathrm{e}^{p_i\xi_{i,j}}-\cos(q_i\xi_{i,j})-\dfrac{p_i}{q_i}\sin(q_i\xi_{i,j})\right)\mathrm{e}^{-p_i} \\
k_{ij}'^{(1)}(\xi_{i,j})=-p_i\mathrm{e}^{-p_i\xi_{i,j}}+q_i\sin(q_i\xi_{i,j})+p_i\cos(q_i\xi_{i,j}) \\
k_{ij}'^{(2)}(\xi_{i,j})=(p_i\mathrm{e}^{p\xi_{i,j}}+q_i\sin(q_i\xi_{i,j})-p_i\cos(q_i\xi_{i,j}))\mathrm{e}^{-p_i} \\
k_{ij}''^{(1)}(\xi_{i,j})=p_i^2\mathrm{e}^{-p_i\xi_{i,j}}+q_i^2\cos(q_i\xi_{i,j})-p_iq_i\sin(q_i\xi_{i,j}) \\
k_{ij}''^{(2)}(\xi_{i,j})=(p_i^2\mathrm{e}^{p_i\xi_{i,j}}+q_i^2\cos(q_i\xi_{i,j})+p_iq_i\sin(q_i\xi_{i,j}))\mathrm{e}^{-p_i} \\
k_{ij}'''^{(1)}(\xi_{i,j})=-p_i^3\mathrm{e}^{-p_i\xi_{i,j}}-q_i^3\sin(q_i\xi_{i,j})-p_iq_i^2\cos(q_i\xi_{i,j}) \\
k_{ij}'''^{(2)}(\xi_{i,j})=(p_i^3\mathrm{e}^{p_i\xi_{i,j}}-q_i^3\sin(q_i\xi_{i,j})+p_iq_i^2\cos(q_i\xi_{i,j}))\mathrm{e}^{-p_i}
\end{cases} \tag{6.32}$$

(2) 减振支架处单根吊索的位移协调条件满足下式(连续光滑条件)：

$$\begin{cases}
\hat{\varphi}_{i,1}(\mu_{i,1})=\hat{\varphi}_{i,2}(\mu_{i,2}) \\
\hat{\varphi}'_{i,1}(\mu_{i,1})=\hat{\varphi}'_{i,2}(\mu_{i,2})
\end{cases} \tag{6.33}$$

将式(6.31)代入式(6.33),可得

$$\begin{cases}A_{i1}^{(1)}k_{i1}^{(1)}(\mu_{i1})+A_{i1}^{(2)}k_{i1}^{(2)}(\mu_{i1})-A_{i2}^{(1)}k_{i2}^{(1)}(\mu_{i2})-A_{i2}^{(2)}k_{i2}^{(2)}(\mu_{i2})=0\\ A_{i1}^{(1)}k_{i1}'^{(1)}(\mu_{i1})+A_{i1}^{(2)}k_{i1}'^{(2)}(\mu_{i1})-A_{i2}^{(1)}k_{i2}'^{(1)}(\mu_{i2})-A_{i2}^{(2)}k_{i2}'^{(2)}(\mu_{i2})=0\end{cases} \tag{6.34}$$

(3) 减振支架处两根吊索位移协调满足下式(按刚性杆考虑):

$$\hat{\varphi}_{1,1}(\mu_{1,1})-\alpha^4\hat{\varphi}_{2,1}(\mu_{2,1})=0 \tag{6.35}$$

式中　$\alpha=\dfrac{l_2}{l_1}$。

将式(6.31)代入式(6.35),可得

$$A_{11}^{(1)}k_{11}^{(1)}(\mu_{11})+A_{11}^{(2)}k_{11}^{(2)}(\mu_{11})-A_{21}^{(1)}\alpha^4k_{21}^{(1)}(\mu_{21})-A_{21}^{(2)}\alpha^4k_{21}^{(2)}(\mu_{21})=0 \tag{6.36}$$

(4) 减振支架处力平衡条件。在吊索振动过程中,假定减振支架只传递轴向力不传递弯矩,则减振支架处力平衡条件为

$$V_{11}(l_{11},t)+V_{12}(l_{12},t)+V_{21}(l_{21},t)+V_{22}(l_{22},t)=0 \tag{6.37}$$

$$\begin{cases}M_{11}(l_{11},t)+M_{12}(l_{12},t)=0\\ M_{21}(l_{21},t)+M_{22}(l_{22},t)=0\end{cases} \tag{6.38}$$

吊索内力满足下式:

$$\begin{cases}V_{ij}(x_{ij},t)=\left(E_iI_i\dfrac{\partial^3\varphi_{ij}(x_{ij})}{\partial x_{ij}^3}-H_i\dfrac{\partial\varphi_{ij}(x_{ij})}{\partial x_{ij}}\right)\cdot e^{i\omega t}=(E_iI_il_i\varphi_{ij}'''(\xi_{ij})-H_il_i^3\varphi_{ij}'(\xi_{ij}))\cdot e^{i\omega t}\\ M_{ij}(x_{ij},t)=E_iI_i\dfrac{\partial^2\varphi_{ij}(x_{ij})}{\partial x_{ij}^2}e^{i\omega t}=E_iI_il_i^2\varphi_{ij}''(\xi_{ij})\cdot e^{i\omega t}\end{cases} \tag{6.39}$$

将式(6.39)分别代入式(6.37)和式(6.38),可得

$$\begin{aligned}&A_{11}^{(1)}(k_{11}'''^{(1)}(\mu_{11})-\gamma_1^2k_{11}'^{(1)}(\mu_{11}))+A_{11}^{(2)}(k_{11}'''^{(2)}(\mu_{11})-\gamma_1^2k_{11}'^{(2)}(\mu_{11}))\\&\quad+A_{12}^{(1)}(k_{12}'''^{(1)}(\mu_{12})-\gamma_1^2k_{12}'^{(1)}(\mu_{12}))+A_{12}^{(2)}(k_{12}'''^{(2)}(\mu_{12})-\gamma_1^2k_{12}'^{(2)}(\mu_{12}))\\&\quad+A_{21}^{(1)}\alpha\beta(k_{21}'''^{(1)}(\mu_{21})-\gamma_2^2k_{21}'^{(1)}(\mu_{21}))+A_{21}^{(2)}\alpha\beta(k_{21}'''^{(2)}(\mu_{21})-\gamma_2^2k_{21}'^{(2)}(\mu_{21}))\\&\quad+A_{22}^{(1)}\alpha\beta(k_{22}'''^{(1)}(\mu_{22})-\gamma_2^2k_{22}'^{(1)}(\mu_{22}))+A_{22}^{(2)}\alpha\beta(k_{22}'''^{(2)}(\mu_{22})-\gamma_2^2k_{22}'^{(2)}(\mu_{22}))=0\end{aligned} \tag{6.40}$$

式中　$\beta=\dfrac{E_2I_2}{E_1I_1}$。

$$\begin{cases}A_{11}^{(1)}k_{11}''^{(1)}(\mu_{11})+A_{11}^{(2)}k_{11}''^{(2)}(\mu_{11})+A_{12}^{(1)}k_{12}''^{(1)}(\mu_{12})+A_{12}^{(2)}k_{12}''^{(2)}(\mu_{12})=0\\ A_{21}^{(1)}k_{21}''^{(1)}(\mu_{21})+A_{21}^{(2)}k_{21}''^{(2)}(\mu_{21})+A_{22}^{(1)}k_{22}''^{(1)}(\mu_{22})+A_{22}^{(2)}k_{22}''^{(2)}(\mu_{22})=0\end{cases} \tag{6.41}$$

将式(6.34)、式(6.36)、式(6.40)和式(6.41)写为矩阵形式为

$$\mathbf{SA}=0 \tag{6.42}$$

式中

$$\mathbf{S}=\begin{bmatrix}
k_{11}^{(1)}(\mu_{11}) & k_{11}^{(2)}(\mu_{11}) & -k_{12}^{(1)}(\mu_{12}) & -k_{12}^{(2)}(\mu_{12}) & 0 & 0 & 0 & 0 \\
k_{11}'^{(1)}(\mu_{11}) & k_{11}'^{(2)}(\mu_{11}) & -k_{12}'^{(1)}(\mu_{12}) & -k_{12}'^{(2)}(\mu_{12}) & 0 & 0 & 0 & 0 \\
k_{11}''^{(1)}(\mu_{11}) & k_{11}''^{(2)}(\mu_{11}) & k_{12}''^{(1)}(\mu_{12}) & k_{12}''^{(2)}(\mu_{12}) & 0 & 0 & 0 & 0 \\
0 & 0 & 0 & 0 & k_{21}^{(1)}(\mu_{21}) & k_{21}^{(2)}(\mu_{21}) & -k_{22}^{(1)}(\mu_{22}) & -k_{22}^{(2)}(\mu_{22}) \\
0 & 0 & 0 & 0 & k_{21}'^{(1)}(\mu_{21}) & k_{21}'^{(2)}(\mu_{21}) & -k_{22}'^{(1)}(\mu_{22}) & -k_{22}'^{(2)}(\mu_{22}) \\
0 & 0 & 0 & 0 & k_{21}''^{(1)}(\mu_{21}) & k_{21}''^{(2)}(\mu_{21}) & k_{22}''^{(1)}(\mu_{22}) & k_{22}''^{(2)}(\mu_{22}) \\
k_{11}^{(1)}(\mu_{11}) & k_{11}^{(2)}(\mu_{11}) & 0 & 0 & -\alpha^4 k_{21}^{(1)}(\mu_{21}) & -\alpha^4 k_{21}^{(2)}(\mu_{21}) & 0 & 0 \\
\delta_{11}^{(1)} & \delta_{11}^{(2)} & \delta_{12}^{(1)} & \delta_{12}^{(2)} & \alpha\beta\delta_{21}^{(1)} & \alpha\beta\delta_{21}^{(2)} & \alpha\beta\delta_{22}^{(1)} & \alpha\beta\delta_{22}^{(2)}
\end{bmatrix},$$

$$\mathbf{A}=[A_{11}^{(1)} \quad A_{11}^{(2)} \quad A_{12}^{(1)} \quad A_{12}^{(2)} \quad A_{21}^{(1)} \quad A_{21}^{(2)} \quad A_{22}^{(1)} \quad A_{22}^{(2)}]^T$$

$$\delta_{ij}^{(s)}=k_{ij}'''^{(s)}(\mu_{ij})-\gamma_i^2 k_{ij}'^{(s)}(\mu_{ij}), \quad i, j, s=1, 2。$$

使式(6.42)具有平凡解的要求是使

$$|\mathbf{S}|=0 \tag{6.43}$$

式(6.43)即为对应于双吊索模型的频率特征方程。通过求解该式,可对双吊索模型的动力特性进行分析。

## 6.3 双吊索动力特性影响因素分析

### 6.3.1 与文献方法比较

为了验证本章方法的准确性,将本章方法计算结果与文献[121]方法进行比较。文献中采用的拉索参数见表 6.6。由于文献方法未考虑拉索的抗弯刚度,但本章方法要求吊索抗弯刚度不能为0,所以表中给出了本章方法可计算的最小 $I$ 值。

表 6.6 仿真参数

| $H_{1,2}$/kN | $m_{1,2}$/(kg/m) | $l_0$/m | $\mu_{1,2}$ | *$E_{1,2}$/MPa | *$I_{1,2}$/m$^4$ |
|---|---|---|---|---|---|
| 1 598 | 47.9 | 67.34 | 0.5/0.25 | 195 000 | $2.260\times10^{-9}$ |

注:*代表仅在本章方法中使用,文献方法未考虑。

本章方法计算结果与文献中对应结果见表 6.7。表中,黑色加粗频率为单根吊索的计算频率。

表 6.7　与文献比较结果

| 编号 | μ=0.5 | | | | μ=0.25 | | | |
|---|---|---|---|---|---|---|---|---|
| | 模态频率/Hz | | | 振型 | 模态频率/Hz | | | 振型 |
| | 本章方法 | 文献方法 | 文献 FEA 法 | | 本章方法 | 文献方法 | 文献 FEA 法 | |
| 1 | **1.356 9** | 1.356 2 | 1.356 3 | GM | 1.357 2 | 1.356 2 | 1.356 3 | GM |
| 2 | **2.713 7** | 2.712 4 | 2.712 6 | GM | 1.809 1 | 1.808 2 | 1.808 4 | LM-RS |
| 3 | 2.713 7 | 2.712 4 | 2.712 6 | LM-RS | 2.713 7 | 2.172 4 | 2.172 3 | GM |
| 4 | 2.713 7 | 2.712 4 | 2.712 6 | LM-LS | 3.618 3 | 3.616 5 | 3.616 1 | LM-RS |
| 5 | **4.070 6** | 4.068 5 | 4.067 6 | GM | 4.071 6 | 4.068 5 | 4.067 8 | GM |
| 6 | **5.427 4** | 5.424 7 | 5.422 6 | GM | 5.427 0 | 5.424 7 | 5.422 1 | LM-RS |
| 7 | 5.427 4 | 5.424 7 | 5.422 6 | LM-RS | 5.430 1 | 5.424 7 | 5.422 6 | GM |
| 8 | 5.427 4 | 5.424 7 | 5.422 6 | LM-LS | 5.433 2 | 5.424 7 | 5.424 0 | LM-LS |
| 9 | **6.784 3** | 6.780 9 | 6.774 9 | GM | 6.786 0 | 6.780 9 | 6.775 3 | GM |
| 10 | **8.141 2** | 8.137 1 | 8.127 3 | GM | 7.236 6 | 7.233 0 | 7.225 9 | LM-RS |

注：表中 GM 为 Global Mode，全局模态；LM-RS 为 Local Mode of Right Segment，右段局部模态；LM-LS 为 Local Mode of Left Segment，左段局部模态。

从表 6.7 中数据可以看出，本章方法近似忽略拉索抗弯刚度时，计算频率与文献中对应结果的误差很小。由于本章方法考虑了较小的拉索抗弯刚度，故双吊索系统的整体刚度较文献中抗弯刚度大，所以本章方法计算频率均比文献中对应结果稍大。由此可以看出，单吊索的抗弯刚度会增加双吊索系统的整体刚度。

为了进一步分析双吊索结构动力特性的影响因素，下面分析吊索参数及减振支架位置对双吊索系统的动力特性的影响。

### 6.3.2　索长的影响

考虑索长影响时，双吊索系统中的两根吊索参数相同，减振支架位于吊索中部。单根吊索参数见表 6.8。

表 6.8　考虑拉索参数影响时吊索参数

| $H/\times10^6$N | $E$/Pa | $I$/m$^4$ | $m$/(kg·m$^{-1}$) | $L$/m | $\mu_1$ |
|---|---|---|---|---|---|
| 1.5 | $1.95\times10^{11}$ | $2.26\times10^{-6}$ | 45.7 | 20/30/50 | 0.5 |

下面分别计算单根吊索和双吊索系统的前 9 阶频率(表 6.9)。表中误差按照下式计算。

$$error=\frac{f_{\text{double}}-f_{\text{single}}}{f_{\text{single}}}\times100 \tag{6.44}$$

表 6.9　考虑索长影响时的单吊索与双吊索频率　(单位: Hz)

| 阶数 | | $f_1$ | $f_2$ | $f_3$ | $f_4$ | $f_5$ | $f_6$ | $f_7$ | $f_8$ | $f_9$ |
|---|---|---|---|---|---|---|---|---|---|---|
| 20 m | 双吊索 | 4.805 | 9.717 | 14.788 | 20.240 | 25.837 | 32.258 | 38.523 | 46.284 | 53.277 |
| | 单吊索 | 4.806 | 9.717 | 14.831 | 20.240 | 26.026 | 32.258 | 38.994 | 46.284 | 54.167 |
| | 误差/% | **−0.03** | 0.00 | **−0.29** | 0.00 | **−0.72** | 0.00 | **−1.21** | 0.00 | **−1.64** |
| 30 m | 双吊索 | 3.137 | 6.306 | 9.526 | 12.852 | 16.249 | 19.861 | 23.504 | 27.529 | 31.462 |
| | 单吊索 | 3.138 | 6.306 | 9.534 | 12.852 | 16.286 | 19.861 | 23.602 | 27.529 | 31.661 |
| | 误差/% | **−0.01** | 0.00 | **−0.09** | 0.00 | **−0.23** | 0.00 | **−0.42** | 0.00 | **−0.63** |
| 50 m | 双吊索 | 1.853 | 3.712 | 5.584 | 7.476 | 9.389 | 11.342 | 13.315 | 15.357 | 17.409 |
| | 单吊索 | 1.853 | 3.712 | 5.585 | 7.476 | 9.393 | 11.342 | 13.328 | 15.357 | 17.435 |
| | 误差/% | **−0.00** | 0.00 | **−0.02** | 0.00 | **−0.05** | 0.00 | **−0.09** | 0.00 | **−0.15** |

从表 6.9 中可以看出,对于同一种参数的吊索,当减振支架位于吊索中部时,减振支架只影响吊索的奇数阶频率,对偶数阶频率无影响,偶数阶频率与单根吊索的频率相同。这是由于吊索中点恰好是偶数阶振型的不动点,吊索在此处不发生位移,减振支架不会受到来自吊索的力;反过来,减振支架也不会对吊索产生反作用力,即不会影响吊索的振动特性。对于奇数阶频率,双吊索系统的频率均小于单根吊索的频率。由此可见,对于完全相同的两根考虑抗弯刚度的吊索,通过中部刚性减振支架联系,会减小其整体刚度,随着奇数阶频率阶次的增加,这种现象越明显。随着组成双吊索系统的吊索长度增加,双吊索与单吊索的频率差异减小。这说明,随着索长的增加,单吊索的抗弯刚度对双吊索动力特性的影响在减小。

### 6.3.3　抗弯刚度分析

在考虑抗弯刚度影响时,拉索参数见表 6.8,索长取 20 m,拉索抗弯刚度 $EI$ 分别取 $0.1EI$、$EI$ 和 $10EI$,分别计算双吊索系统和单根吊索的频率变化。频率计算结果见表 6.10,表中误差按式(6.44)计算。

表 6.10　考虑抗弯刚度影响时单吊索与双吊索频率　(单位: Hz)

| 阶数 | | $f_1$ | $f_2$ | $f_3$ | $f_4$ | $f_5$ | $f_6$ | $f_7$ | $f_8$ | $f_9$ |
|---|---|---|---|---|---|---|---|---|---|---|
| $0.1EI$ | 双吊索 | 4.610 | 9.230 | 13.868 | 18.540 | 23.243 | 28.010 | 32.808 | 37.715 | 42.636 |
| | 单吊索 | 4.610 | 9.230 | 13.870 | 18.540 | 23.250 | 28.010 | 32.828 | 37.715 | 42.679 |
| | 误差/% | **0.00** | 0.00 | **−0.01** | 0.00 | **−0.03** | 0.00 | **−0.06** | 0.00 | **−0.10** |
| $EI$ | 双吊索 | 4.804 | 9.717 | 14.773 | 20.240 | 25.773 | 32.258 | 38.361 | 46.284 | 52.971 |
| | 单吊索 | 4.806 | 9.717 | 14.831 | 20.240 | 26.026 | 32.258 | 38.994 | 46.284 | 54.167 |
| | 误差/% | **−0.046** | 0.000 | **−0.391** | 0.000 | **−0.972** | 0.000 | **−1.624** | 0.000 | **−2.207** |
| $10EI$ | 双吊索 | 5.550 | 12.316 | 19.091 | 31.072 | 39.528 | 58.617 | 68.943 | 95.570 | 107.938 |
| | 单吊索 | 5.651 | 12.316 | 20.673 | 31.072 | 43.690 | 58.617 | 75.901 | 95.570 | 117.643 |
| | 误差/% | **−1.78** | 0.00 | **−7.65** | 0.00 | **−9.53** | 0.00 | **−9.17** | 0.00 | **−8.25** |

从表 6.10 可以看出，减振支架对双吊索系统的频率特性影响与 6.3.2 中结论相似，中部刚性减振支架仅影响吊索的奇数阶频率，对偶数阶频率无影响。当吊索本身抗弯刚度可忽略时，由其组成的双吊索系统频率与单吊索的频率基本相同。随着吊索本身抗弯刚度增加，其组成的双吊索系统的奇数阶频率与单吊索的奇数阶频率之间的误差随之增加，而且双吊索频率小于单吊索频率，随着奇数阶频率的阶次增加，误差也越大。这说明，当吊索抗弯刚度不可忽略时，双吊索系统的动力特性与单吊索动力特性存在差异，在分析双吊索系统动力特性时，需要考虑吊索的抗弯刚度；否则，将会高估双吊索系统的整体刚度。刚性减振支架对于两根有刚度的吊索，不会增加其整体刚度，反而会降低，这在实际应用中应给予重点关注。

### 6.3.4　减振支架位置对双吊索系统动力特性的影响

在进行减振支架位置对吊索动力特性的影响分析时，拉索参数见表 6.8，索长取 20 m。减振支架的变化范围取为 0.01～0.99，变化间隔为 0.01。图 6.9 给出了双吊索系统前 6 阶频率随着减振支架安装位置的变化图，同时在表 6.11 中给出了减振支架位于 0.25$L$、0.4$L$、0.5$L$ 时，单吊索和双吊索的前 9 阶频率。

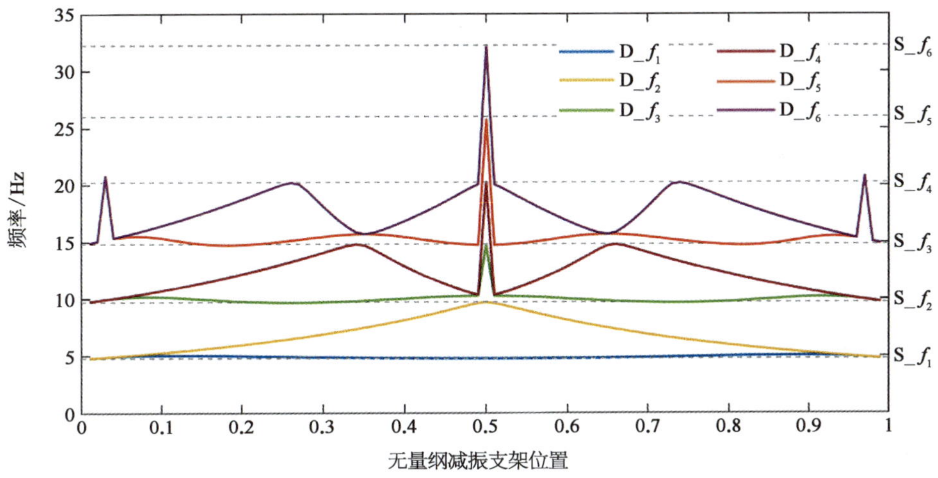


图 6.9　双吊索系统频率随减振支架位置的变化图

注：S_$f_i$ 为单根吊索的第 $i$ 阶频率；D_$f_i$ 为双吊索的第 $i$ 阶频率

表 6.11　考虑减振支架位置变化时单吊索与双吊索频率　（单位：Hz）

| 阶　数 | | $f_1$ | $f_2$ | $f_3$ | $f_4$ | $f_5$ | $f_6$ | $f_7$ | $f_8$ | $f_9$ |
|---|---|---|---|---|---|---|---|---|---|---|
| 0.25$L$ | 双吊索 | 4.968 | 6.432 | 9.703 | 13.089 | 15.082 | 20.067 | 21.311 | 22.926 | 27.231 |
| 0.4$L$ | 双吊索 | 4.834 | 8.172 | 10.054 | 12.878 | 15.462 | 16.883 | 20.188 | 25.975 | 27.523 |
| 0.5$L$ | 双吊索 | 4.804 | 9.717 | 14.773 | 20.240 | 25.773 | 32.258 | 38.361 | 46.284 | 52.971 |
| 单吊索 | | 4.806 | 9.717 | 14.831 | 20.240 | 26.026 | 32.258 | 38.994 | 46.284 | 54.167 |

从图 6.9 可以看出，对于参数相同的两根吊索组成的双吊索系统，减振支架的安装位置对双吊索系统的动力特性有较大的影响。除减振支架位于吊索中部附近外，相邻的单根吊索频率范围内，往往包含 2 阶系统频率。也就是说，当连接刚性减振支架时，会在单吊索频率的基础上，引入其他频率成分的振动。这是由于刚性减振支架将吊索分成多个索段的缘故。另外，从图 6.9 中可以发现，偶数阶频率受减振支架位置的影响比奇数阶频率更显著。奇数阶频率除个别点外，其频率基本在单根吊索某一阶频率附近变化，而偶数阶频率的变化范围可在单根吊索的相邻两阶频率之间变化，随着频率阶次的增加，其变化的次数越频繁。在一些位置会出现系统的相邻两阶频率相等或十分接近的情况，如图中 0.35$L$ 和 0.65$L$ 附近处的第 5 阶和第 6 阶频率。

### 6.3.5 非对称索力的影响

前述影响分析时，均认为两根吊索完全相同，但是在实际悬索桥中，两根吊索的索力可能会存在差异。因此，本节主要分析两根吊索索力不对称时，对双吊索动力特性的影响。在分析时，吊索参数见表 6.8，索长取 20 m，1＃吊索索力不变，2＃吊索索力在 0.5$H$～1.5$H$ 之间变化。图 6.10 和图 6.11 分别给出了减振支架位于 0.5$L$ 和 0.4$L$ 处，2＃吊索索力变化时，系统动力特性的变化规律。同时，表 6.12 给出了 2＃索索力分别为 1.1$H$ 和 0.9$H$ 及对称索力对应的系统前 9 阶频率。

表 6.12 非对称索力时单吊索与双吊索频率 （单位：Hz）

| 工况 | | | $f_1$ | $f_2$ | $f_3$ | $f_4$ | $f_5$ | $f_6$ | $f_7$ | $f_8$ | $f_9$ |
|---|---|---|---|---|---|---|---|---|---|---|---|
| 0.4$L$ | 双吊索 | $H$ | 4.834 | 8.172 | 10.054 | 12.878 | 15.462 | 16.883 | 20.188 | 25.975 | 27.523 |
| | | 1.1$H$ | 4.944 | 8.340 | 10.279 | 13.132 | 15.754 | 17.251 | 20.624 | 26.433 | 27.723 |
| | | 0.9$H$ | 4.719 | 7.966 | 9.835 | 12.585 | 15.104 | 16.538 | 19.763 | 25.397 | 26.694 |
| 0.5$L$ | 双吊索 | $H$ | 4.804 | 9.717 | 14.773 | 20.240 | 25.773 | 32.258 | 38.361 | 46.284 | 52.971 |
| | | 1.1$H$ | 4.914 | 9.924 | **10.306** | 10.735 | 15.098 | 20.638 | **21.456** | 22.275 | 26.300 |
| | | 0.9$H$ | 4.689 | 9.478 | 9.857 | **10.306** | 14.439 | 19.785 | 20.602 | **21.456** | 25.248 |
| | 单吊索 | $H$ | 4.806 | 9.717 | 14.831 | 20.240 | 26.026 | 32.258 | 38.994 | 46.284 | 54.167 |

从图 6.10 和图 6.11 中可以看出，随着 2＃索索力的增加，系统频率随之增加。由于索力的增加会提高吊索的刚度，所以可以得出任意吊索刚度的增加均会增加系统的整体刚度。图 6.10 中，当减振支架位于 0.5$L$ 时，若系统中两根吊索的索力不对称，会在系统中引入其他频率成分。而在图 6.11 中，当减振支架位于 0.4$L$ 时，非对称索力系统与对称索力系统对应频率阶次相同，不会引入其他频率。这表明，非对称索力变化对系统动力特性的影响与减振支架的安装位置密切相关。另外，索力的变化，对不同阶频率的影响程度不同；对于同一阶频率，索力小于对称索力或大于对称索力，对频率的影响程度也不同。比如 4 阶和 8 阶频率，$u$＝0.5 和 $u$＝0.4 时的变化规律正好相反。当 $u$＝0.5 时，索力大于对称索力的影响比小于对称索力的影响大；当 $u$＝0.4 时，索力小于对称索力的影响比大于对称索力的影响大。在 $u$＝0.5 时，随着索力的变化，相邻阶频率会出现非常接

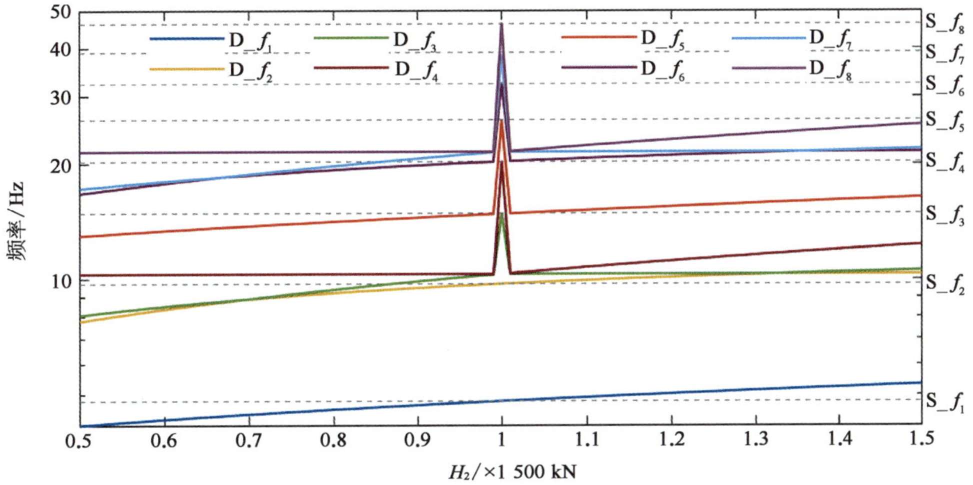


图 6.10　$u=0.5$ 时双吊索系统频率随 2# 吊索索力变化图

注：$S\_f_i$ 为单根吊索的第 $i$ 阶频率；$D\_f_i$ 为双吊索的第 $i$ 阶频率；纵坐标为对数坐标

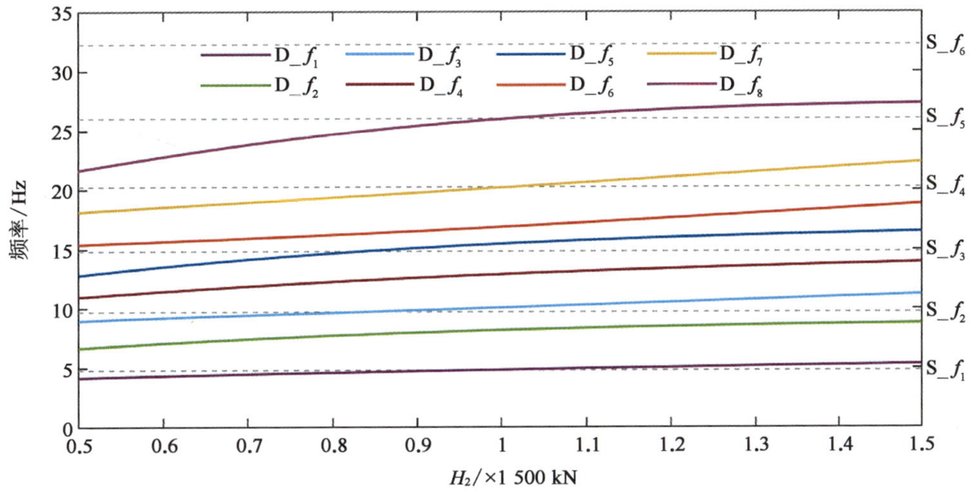


图 6.11　$u=0.4$ 时双吊索系统频率随 2# 吊索索力变化图

注：$S\_f_i$ 为单根吊索的第 $i$ 阶频率；$D\_f_i$ 为双吊索的第 $i$ 阶频率

近的情况，如 2 阶和 3 阶频率、6 阶和 7 阶频率。这在实际应用中会增加频率识别的难度。通过以上分析发现，对于物理参数相同的双吊索系统，在吊索中部附近安装减振支架时，参数变化对拉索动力特性影响最为明显。

# 第 7 章

# 多段式索缆系统

## 7.1 概述

本章是复杂索缆系统分析理论的多段式索缆系统篇，详细介绍了多段式系统附加索力的推导，首次将附加索力的表达式从两段式扩展到任意多段。随后通过在各索段上建立动力平衡方程，首次给出了多段式索缆系统单元动刚度矩阵的显式解；通过实索实验，经多个实验工况验证了本章计算方法的准确性。最后，通过参数分析，讨论了重物质量和安装位置对拉索模态频率的影响规律。主要结论可以概括如下：

(1) 首次推导出了多段式系统附加索力的解析表达式，且能够同时考虑拉索抗弯刚度、垂度、倾角、附加索力等因素的影响。

(2) 首次推导了多段式索缆系统动刚度矩阵的显示解，给出了几类常见横向元件等效刚度的计算方法及总体刚度矩阵的集组法则。

(3) 通过实索实验验证了本章计算理论的准确性。对于单重物工况，计算误差不超过 1.3%；多重物工况但基本保持在 2%以下，其中最大误差不超过 4%。因此验证了本章分析理论的准确性。

(4) 通过对拉索的抗弯刚度、索力及重物安装位置进行识别，计算误差显著减小，各阶模态频率的计算误差均控制在 1%以内，提高了计算精度，再次验证了本章计算方法的准确性。

具有多个横向支撑的索缆系统是工程中一类常见的索缆承重结构，如拉索-辅助索系统、悬索-吊杆系统、拉索-阻尼器系统等。受横向支撑的影响，由其划分的各索段在振动过程中将遵循不同的动构型，准确计算各索段的动力构型和附加索力是实现多段式索缆系统精细化动力分析的必要前提。然而，当考虑拉索抗弯刚度和垂度等因素的影响后，已有研究至今仅能给出一段[98]或两段式索缆系统附加索力的解析表达式[122]，未能将其扩展至任意多段。此外，随着横向元件数量的增多，结构动力自由度数量也将快速增大。这使得多段式索缆系统的分析计算更困难。基于上述困难，尚没有一种通用的解析或半解析动力分析理论能够有效地考虑拉索抗弯刚度、垂度、附加索力及多个横向元件等因素的影响。

可见，针对多段式索缆系统，迫切需要寻找一套计算精度高且具有普适性的动力分析理论。为此，本章基于动刚度法建立了一套能够同时考虑拉索抗弯刚度、垂度、附加索力及横向支承等因素影响的动力分析方法，并首次推导了多段式索缆系统附加索力的解析表达式。通过对 W－W 法[87,92,95]进行改进，实现了多段式索缆系统频率方程的精确求解，既避免了其他数值解法普遍存在的漏根问题，又克服了原 W－W 法无法考虑结构几何非线性因素影响的不足。下面将从理论推导、实验验证及参数分析三个部分来介绍该理论。

## 7.2　基本理论

本章有两个重点，一是如何将附加索力的表达式从两端式系统扩展至任意多段；二是推导各索段考虑多种因素影响下的动刚度矩阵，并给出不同类型横向元件作用下系统总体刚度矩阵的集成法则。下面对此分别进行详细介绍。

### 7.2.1　动力分析模型

当拉索附加有若干个横向元件或支撑，如阻尼器、索网体系中的辅助索、悬索系统中的吊杆时，被分割成的各索段在振动过程中将遵循不同的静力、动力构型，为了精确获知多段式索缆系统的动力特性，需要先在各索段上分别建立动力平衡方程，进而求得各索段的动刚度矩阵。

如图 7.1 所示，考虑一般边界条件，拉索端部 A、B 点由竖向弹簧和转动弹簧弹性支承，$k^{\theta}_{A(B)}$ 和 $k^{T}_{A(B)}$ 分别代表转动和竖向弹簧的刚度，其余符号意义同前。考虑图 7.1 中拉索被 $n-1$ 个横向元件分割为 $n$ 个自然索段，记第 $j$ 个索段的弦向长度为 $l_j$（$j=0$ 代表整体坐标，下同），记拉索在振动时，由安装在第 $j$ 个索段两端的横向元件产生的横向力大小分别为 $V_D e^{i\omega t}$ 和 $V_E e^{i\omega t}$。其中，$i=\sqrt{-1}$ 为虚数单位，$\omega$ 为系统的自然频率，$t$ 为时间。为了方便分析，记系统全局坐标为 $(x_0,\ y_0)$，各索段的局部坐标系为 $(x_j,\ y_j)$。记第 $j$ 个索段振动时的构型为 $u_j(x_j,\ t)$，而其初始静构型可以用局部坐标系表示为：

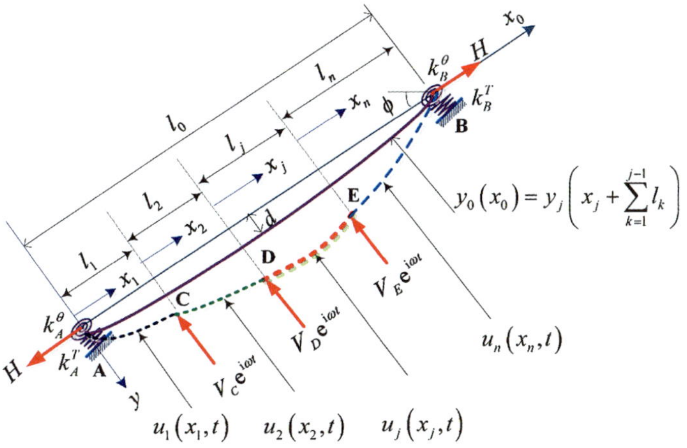


图 7.1　被横向力分割的多段式索缆系统

$$y_j(x_j) = y_0\left(x_j + \sum_{k=1}^{j} l_k - l_j\right)$$
$$= -\frac{4e}{l_0}\left(x_j + \sum_{k=1}^{j} l_k - l_j\right)\left(x_j + \sum_{k=1}^{j} l_k - l_0 - l_j\right) \tag{7.1}$$

方便起见,记第 $j$ 个索段的相对弦向长度为 $\mu_j = l_j / l_0$, 而前 $j$ 个索段的长度之和为 $l_{sj} = \sum_{k=1}^{j} l_k$, 于是有 $\mu_{sj} = \sum_{k=1}^{j} \mu_k$。不难看出 $l_{sn} = l_0, \mu_{sn} = 1$, $l_{s0} = \mu_{s0} = 0$, 于是式(7.1)可改写为:

$$y_j(x_j) = -\frac{4e}{l_0}(x_j + l_{sj-1})(x_j - l_0 + l_{sj-1}) \tag{7.2}$$

需要说明的是,虽然上式只适用于横向支撑对静构型的影响可以忽略的情况,然而由于拉索在实际工程中静构型的多样性,无法采用一个通式表征。为了便于阐述本章的基本理论,推导过程中仍以统一静构型假设为例。从推导过程中可以看出,当获知各索段静构型的表达式 $y_j(x_j)$ 后,只要将其代入式中的对应项即可。

当拉索自由振动时,被横向力分割的各索段的控制微分方程可统一表示为:

$$EI\frac{\partial^4 u_j}{\partial x_j^4} - H\frac{\partial^2 u_j}{\partial x_j^2} - h_j\frac{d^2 y_j}{dx_j^2} + m\frac{\partial^2 u_j}{\partial t^2} = 0 \tag{7.3}$$

式中 $h_j$——第 $j$ 个索段在振动过程中由于弹性伸长引起的附加索力值。

### 7.2.2 拉索附加索力的推导

第 $j$ 个索段的附加索力 $h_j$ 定义为:索段在振动过程中,由于动构型偏离静构型而产生的弹性伸长,从而引起的附加应变 $\varepsilon_j(t)$ 和轴向刚度 $EA$ 的乘积,即:

$$h_j = EA\varepsilon_j(t) \tag{7.4}$$

已有研究仅能给出一段(即裸索系统)和两段式拉索(单一横向力作用)的附加索力显示解,而无法扩展至更加普遍的多段式系统。鉴于此,本节将对已有研究进行简要回顾,在此基础上给出多段式索缆系统附加索力的解析表达式。

1) 裸索系统

根据已有研究[1,98],全索的附加应变可表示为:

$$\varepsilon_0(t) = \frac{1}{l_0^e}\int_0^{l_0}\left[\frac{\partial u}{\partial x}\frac{dy}{dx}\right]dx \tag{7.5}$$

式中 $l_0^e$——拉索静构型的有效长度,其可由 $l_0^e = \int_0^{l_0}(ds/dx)^3 dx \cong l_0(1+8e^2)$ 求得。其中 $e$ 为垂跨比,垂度 $d = mgl_0^2\cos\theta / 8H$。

通过积分计算,并结合拉索抛物线静构型及边界条件 $u(0, t) = u(l_0, t) = 0$, 全索的附加索力可以表示为[98]

$$h_0 = \frac{mgEA}{l_0^e H}\int_0^{l_0} u(x_0, t)dx_0 \tag{7.6}$$

2）两段式系统

工程中常见的两段式索缆系统(如拉索-阻尼器系统)的特点在于阻尼器通常安装于锚固端附近,即 $l_1$ 远小于 $l_2$。尽管该类系统已经得到较为广泛的研究,然而由于分析方法的局限性,拉索的抗弯刚度及附加索力通常在研究过程中是被忽略的。鉴于此,Dan 等[120]给出了考虑拉索抗弯刚度、垂度、倾角后两段式索缆系统附加索力的解析表达式:

$$\begin{cases} h_0=\dfrac{8EAe}{l_0^e l_0}\displaystyle\int_0^{l_0}u(x_0,t)\mathrm{d}x_0 \\ h_1=\dfrac{8EAe}{l_1^e l_0}\left[\displaystyle\int_0^{l_1}u_1(x_1,t)\mathrm{d}x_1+l_0(0.5-\mu_1)u_1(x_1|_{=l_1},t)\right] \\ h_2=\dfrac{8EAe}{l_2^e l_0}\left[\displaystyle\int_0^{l_2}u_2(x_2,t)\mathrm{d}x_2-l_0(0.5-\mu_1)u_1(x_2|_{=0},t)\right] \end{cases} \tag{7.7}$$

其中,$\mu_1=l_1/l_0$,$\mu_2=l_2/l_0=1-\mu_1$。索段的有效长度 $l_1^e$ 和 $l_2^e$ 为

$$\begin{aligned} l_1^e&=l_0\left[\mu_1+8e^2\mu_1^3\left(\frac{1+4e\mu_2\tan\theta}{\sqrt{1+16e^2\mu_2^2}}\right)^2\right] \\ l_2^e&=l_0\left(\mu_2+8e^2\left(1-\mu_1^3\left(\frac{1+4e\mu_2\tan\theta}{\sqrt{1+16e^2\mu_2^2}}\right)^2\right)\right) \end{aligned} \tag{7.8}$$

3）多段式系统

如图 7.2 所示,为了给出多段式系统附加索力的一般表达式,需要根据附加索力的定义,首先计算各索段振动时的弹性伸长量 $\Delta l_i^v$。具体推导如下:

根据拉索二次抛物线静构型假设[1](适用于垂跨比 $e<1/8$ 的情况),则根据式(7.2)应有

$$\frac{\mathrm{d}y}{\mathrm{d}x_0}=-\frac{4e}{l_0}[2x_0-l_0]=-\frac{4e}{l_0}[2x_i-l_0+2l_{si-1}] \tag{7.9}$$

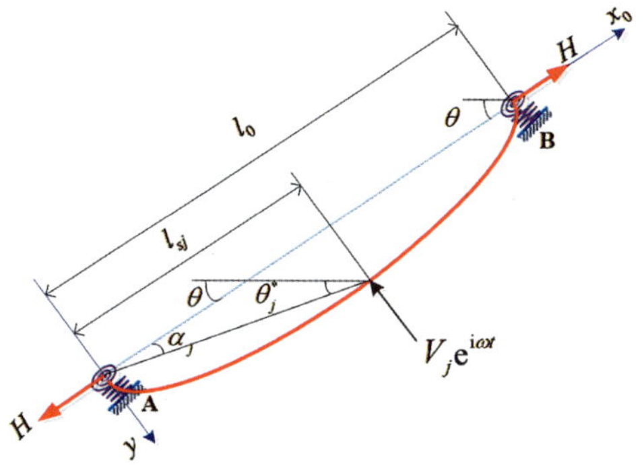


图 7.2　拉索构型几何关系图示

根据定义,

$$\begin{aligned} \Delta l_i^v&=\int_0^{l_i}\mathrm{d}(\Delta l_i^v)=\int_0^{l_i}\frac{\partial u(x_i,t)}{\partial x_i}\frac{\mathrm{d}y(x_0)}{\mathrm{d}x_0}\mathrm{d}x_i=-\frac{4e}{l_0}\int_0^{l_1}\frac{\partial u(x_i,t)}{\partial x_i}[2x_i+(2l_{si-1}-l_0)]\mathrm{d}x_i \\ &=-\frac{4e}{l_0}\left\{2\int_0^{l_i}\frac{\partial u(x_i,t)}{\partial x_i}x_i\mathrm{d}x_i+(2l_{si-1}-l_0)\int_0^{l_i}\frac{\partial u(x_i,t)}{\partial x_i}\mathrm{d}x_i\right\} \\ &=-\frac{4e}{l_0}\left\{2\int_0^{l_i}\frac{\partial}{\partial x_i}[u(x_i,t)x_i]\mathrm{d}x_i-2\int_0^{l_i}u(x_i,t)\mathrm{d}x_i+(2l_{si-1}-l_0)\int_0^{l_i}\frac{\partial u(x_i,t)}{\partial x_i}\mathrm{d}x_i\right\} \\ &=-\frac{4e}{l_0}\left\{2[u(x_i,t)x_i]_0^{l_i}-2\int_0^{l_i}u(x_i,t)\mathrm{d}x_i+(2l_{si-1}-l_0)u(x_i,t)_0^{l_i}\right\} \\ &=-\frac{4e}{l_0}\left\{2l_iu(x_i|_{=l_i},t)-2\int_0^{l_i}u(x_i,t)\mathrm{d}x_i+(2l_{si-1}-l_0)u(x_i|_{=l_i},t)-(2l_{si-1}-l_0)u(x_i|_{=0},t)\right\} \end{aligned}$$

$$=-\frac{8e}{l_0}\left\{-\int_0^{l_i}u(x_i,t)\mathrm{d}x_i+(l_i+l_{si-1}-0.5l_0)u(l_i,t)-(l_{si-1}-0.5l_0)u(0,t)\right\}$$

$$=\frac{8e}{l_0}\left\{\int_0^{l_i}u(x_i,t)\mathrm{d}x_i+(0.5l_0-l_{si})u(l_i,t)+(l_{si-1}-0.5l_0)u(0,t)\right\}\tag{7.10}$$

式(7.10)是微段伸长量的一般表达式,适用于任意边界条件。值得注意的是,由于工程中常见的索缆体系的端部横向位移往往是被约束的,即 $(x_1|_{=0},t)=(x_n|_{=l_n},t)=0$,从而有

$$\Delta l_1^v=\frac{8e}{l_0}\left\{\int_0^{l_1}u(x_1,t)\mathrm{d}x_1+(0.5l_0-l_1)u(x_1|_{=l_1},t)\right\}\tag{7.11}$$

$$\Delta l_n^v=\frac{8e}{l_0}\left\{\int_0^{l_n}u(x_n,t)\mathrm{d}x_n+(l_{sn-1}-0.5l_0)u(x_n|_{=0},t)\right\}\tag{7.12}$$

根据图 7.2 索段 $j$ 有几何关系 $\theta_i^*=\theta-\alpha_i$,根据有效长度的定义

$$l_0^e=\int_0^{l_0}\left(\frac{\mathrm{d}s}{\mathrm{d}x_0}\right)^3\mathrm{d}x=l_0(1+8e^2)\tag{7.13}$$

以及垂度的定义,应有

$$e^i=\frac{mgl_{si}}{8H}\cos\theta_i^*=\frac{mgl_{si}}{8H}\cos(\theta-\alpha_i)\tag{7.14}$$

其中 $\cos\alpha_i=\dfrac{1}{\sqrt{1+16e^2(1-\mu_{si})^2}}$, $\sin\alpha_i=\dfrac{4e(1-\mu_{si})}{\sqrt{1+16e^2(1-\mu_{si})^2}}$。据此,可首先根据式(7.13)求得拉索前 $j$ 个索段的有效长度之和 $l_{sj}^e$,具体如下:

$$\begin{aligned}l_{sj}^e&=l_{sj}\left(1+8\left(\frac{mgl_{sj}\cos\theta_j^*}{8H}\right)^2\right)\\&=l_{sj}\left(1+8\left(\frac{mgl_{sj}}{8H}\left(\frac{1}{\sqrt{1+16e^2(1-\mu_{sj})^2}}\cos\theta+\frac{4e(1-\mu_{sj})}{\sqrt{1+16e^2(1-\mu_{sj})^2}}\sin\theta\right)\right)^2\right)\\&=l_{sj}\left(1+8\left(\frac{mgl_0}{8H}\cos\theta\mu_{sj}\left(\frac{1}{\sqrt{1+16e^2(1-\mu_{sj}^2)}}+\frac{4e(1-\mu_{sj})}{\sqrt{1+16e^2(1-\mu_{sj})^2}}\tan\theta\right)\right)^2\right)\\&=l_{sj}\left(1+8\left(e\mu_{sj}\left(\frac{1+4e(1-\mu_{sj})\tan\theta}{\sqrt{1+16e^2(1-\mu_{sj})^2}}\right)\right)^2\right)=l_0\left[\mu_{sj}+8e^2\mu_{sj}^3\left(\frac{1+4e(1-\mu_{sj})\tan\theta}{\sqrt{1+16e^2(1-\mu_{sj})^2}}\right)^2\right]\end{aligned}\tag{7.15}$$

随后,第 $j$ 个索段的有效长度 $l_j^e$ 即可由下式求得

$$\begin{aligned}l_j^e&=l_{sj}^e-l_{sj-1}^e\\&=l_0\left[\mu_{sj}+8e^2\mu_{sj}^3\left(\frac{1+4e(1-\mu_{sj})\tan\theta}{\sqrt{1+16e^2(1-\mu_{sj})^2}}\right)^2\right]-l_0\left[\mu_{sj-1}+8e^2\mu_{sj-1}^3\left(\frac{1+4e(1-\mu_{sj-1})\tan\theta}{\sqrt{1+16e^2\ (1-\mu_{sj-1})^2}}\right)^2\right]\end{aligned}\tag{7.16}$$

特别是，当索段总数 $n=2$ 而 $j=1$ 时，则有 $\mu_{sj-1}=\mu_{s0}=l^e_{sj-1}=0$ 及 $\mu_{s1}=\mu_1$。在求得 $l^e_j$ 后即可求得拉索的附加应变(即附加索力值)，如下式所示：

$$\begin{aligned}
h_j &= EA\varepsilon_j \\
&= \frac{EA}{l^e_j}\int_0^{l_j}\frac{\partial u_j(x_j,t)}{\partial x_j}\frac{\mathrm{d}y(x_j)}{\mathrm{d}x_j}\mathrm{d}x_j \\
&= -\frac{4EAe}{l_0 l^e_j}\int_0^{l_j}\frac{\partial u_j(x_j,t)}{\partial x_j}[2x_j+(2l_{sj-1}-l_0)]\mathrm{d}x_j \\
&= -\frac{4EAe}{l_0 l^e_j}\left\{2[u_j(x_j,t)x_j]_0^{l_j}-2\int_0^{l_j}u_j(x_j,t)\mathrm{d}x_j+(2l_{sj-1}-l_0)[u_j(x_j,t)]_0^{l_j}\right\} \\
&= \frac{8EAe}{l_0 l^e_j}\left\{\int_0^{l_j}u_j(x_j,t)dx_j+(0.5l_0-l_{sj})u_j(l_j,t)+(l_{sj-1}-0.5l_0)u_j(0,t)\right\}
\end{aligned} \tag{7.17}$$

式(7.17)即多段式拉索索段附加索力的一般表达式。该表达式适用于任意边界条件。实际工程中，由于拉索边界一般固定，即 $u_1(x_1|_{=0},t)=u_n(x_n|_{=l_n},t)=0$，此时式(7.17)将退化为如下形式：

$$h_1=\frac{8EAe}{l_0 l^e_j}\left\{\int_0^{l_1}u_1(x_1,t)\mathrm{d}x_1+(0.5l_0-l_1)u_1(x_1|_{=l_1},t)\right\} \tag{7.18}$$

$$h_n=\frac{8EAe}{l_0 l^e_j}\left\{\int_0^{l_n}u_n(x_n,t)\mathrm{d}x_n+(l_{sn-1}-0.5l_0)u_n(x_n|_{=0},t)\right\} \tag{7.19}$$

当 $n=2, j=1, 2$ 时，对比式(7.11)、式(7.12)和式(7.18)、式(7.19)可以发现，本章解将完全退化为文献[120]中给出的结果，进而验证了本章推导的正确性。

### 7.2.3 索段动刚度矩阵的推导

本章的另一个主要贡献是直接推导出了多段式系统索段动刚度矩阵的显示解，避免了矩阵求逆运算过程中可能出现的数值不稳定现象。通过分离变量，将 $u_j(x_j,t)=\varphi(x_j)\mathrm{e}^{\mathrm{i}\omega t}$ 代入式(7.3)即可得到第 $j$ 个索段关于振型函数 $\varphi(x_j)$ 的控制微分方程：

$$\varphi''''(x_j)-\frac{H}{EI}\varphi''(x_j)-\frac{m\omega^2}{EI}\varphi(x_j)=-\tilde{h}_j\frac{8e}{EIl_0} \tag{7.20}$$

引入无量纲参数，$\xi_j=x_j/l_0$，$\hat{\varphi}(\xi_j)=\varphi(x_j)\cdot EI/(mgl_0^4)$，$\hat{h}_j=\tilde{h}_j\cos\theta/H$，则式(7.20)可改写为如下无量纲形式：

$$\hat{\varphi}''''(\xi_j)-\gamma^2\hat{\varphi}''(\xi_j)-\tilde{\omega}^2\hat{\varphi}(\xi_j)=-\hat{h}_j \tag{7.21}$$

其中，$\gamma^2=\dfrac{Hl_0^2}{EI}$，$\tilde{\omega}=\omega\dfrac{l_0^2}{\sqrt{EI/m}}$。式(7.21)的通解为

$$\hat{\varphi}(\xi_j)=A_1^j\mathrm{e}^{-p\xi_j}+A_2^j\mathrm{e}^{-p(\mu_j-\xi_j)}+A_3^j\cos(q\xi_j)+A_4^j\sin(q\xi_j)+\hat{h}_j/\tilde{\omega}^2 \tag{7.22}$$

其中，$\left.\begin{matrix}p\\q\end{matrix}\right\}=\sqrt{\sqrt{\left(\dfrac{Hl_0^2}{2EI}\right)^2+\omega^2\dfrac{ml_0^4}{EI}}\pm\dfrac{Hl_0^2}{2EI}}$，则无量纲附加索力为

$$\hat{h}_j=\eta_j\left[\int_0^{l_j}\hat{\varphi}(\xi_j)\mathrm{d}\xi_j+(0.5-\mu_{sj})\hat{\varphi}(\xi_j|_{=\mu_{sj}})+(\mu_{sj-1}-0.5)\hat{\varphi}(\xi_j|_{=0})\right] \tag{7.23}$$

其中，$\eta_j=\dfrac{8EAe}{l_0 l_j^e}$，完全由结构设计参数确定。

对于多段式系统，其振型函数(7.22)可以写成如下向量形式：

$$\hat{\varphi}(\xi_j)=\mathbf{\Phi}^{(j)}\cdot\{A_1^{(j)}\quad A_2^{(j)}\quad A_3^{(j)}\quad A_4^{(j)}\}^T+\hat{h}_j/\tilde{\omega}^2 \tag{7.24}$$

其中，$\mathbf{\Phi}^{(j)}=[e^{-p\xi_j}\quad e^{-p(\mu_j-\xi_j)}\quad \cos(q\xi_j)\quad \sin(q\xi_j)]$ 为振型向量。

假设式(7.24)中的特解项 $\hat{h}_j/\tilde{\omega}^2$ 具有如下形式：

$$\frac{\hat{h}_j}{\tilde{\omega}^2}=\mathbf{B}^{(j)}\cdot\{A_1^{(j)}\quad A_2^{(j)}\quad A_3^{(j)}\quad A_4^{(j)}\}^T \tag{7.25}$$

对于多段式系统，当拉索端部横向位移约束后，垂度矩阵 $\mathbf{B}^{(j)}$ 将分为三类：

(1) 当 $j=1$ 时，由于 $\mu_{si}=\mu_1$，式(7.17)中 $u_1(x_1|_{=0},t)=0$，故

$$\begin{aligned}\hat{h}_1&=\eta_1\left\{\int_0^{\mu_1}\hat{\varphi}(\xi_1)\mathrm{d}\xi_1+(0.5-\mu_1)\hat{\varphi}(\xi_1|_{=\mu_1})\right\}\\&=\eta_1\cdot\left\{\int_0^{\mu_1}\mathbf{\Phi}(\xi_1)\mathrm{d}\xi_1+(0.5-\mu_1)\mathbf{\Phi}(\xi_1|_{=\mu_1})\right\}\cdot\{A_1^{(1)}\quad A_2^{(1)}\quad A_3^{(1)}\quad A_4^{(1)}\}^T+\frac{\eta_1\hat{h}_1}{2\tilde{\omega}^2}\end{aligned} \tag{7.26}$$

因此有

$$\frac{\hat{h}_1}{\tilde{\omega}^2}=\frac{\eta_1}{(\tilde{\omega}^2-0.5\eta_1)}\cdot\left\{\int_0^{\mu_1}\mathbf{\Phi}(\xi_1)\mathrm{d}\xi_1+(0.5-\mu_1)\mathbf{\Phi}(\xi_1|_{=\mu_1})\right\}\cdot\{A_1^{(1)}\quad A_2^{(1)}\quad A_3^{(1)}\quad A_4^{(1)}\}^T$$

$$\mathbf{B}^{(1)}=b_0^{(1)}\cdot\int_0^{\mu_1}\mathbf{\Phi}(\xi)\mathrm{d}\xi+(0.5-\mu_1)\mathbf{\Phi}(\xi_1|_{=\mu_1})=b_0^{(1)}\cdot[b_1^{(1)}\quad b_2^{(1)}\quad b_3^{(1)}\quad b_4^{(1)}]$$

其中，

$$b_0^{(1)}=\frac{\eta_1}{(\tilde{\omega}^2-0.5\eta_1)},\quad b_1^{(1)}=\frac{1-\mathrm{e}^{-p\mu_1}}{p}+(0.5-\mu_1)\mathrm{e}^{-\mu_1 p},\quad b_2^{(1)}=\frac{1-\mathrm{e}^{-p\mu_1}}{p}+0.5-\mu_1$$

$$b_3^{(1)}=\frac{\sin(q\mu_1)}{q}+(0.5-\mu_1)\cos(q\mu_1),\quad b_4^{(1)}=\frac{1-\cos(q\mu_1)}{q}+(0.5-\mu_1)\sin(q\mu_1)$$

(2) 当 $j=n$ 时，由于此时式(7.17)中 $u_n(x_n|_{=l_n},t)=0$，故

$$\begin{aligned}\hat{h}_n&=\eta_n\left\{\int_0^{\mu_n}\hat{\varphi}(\xi_n)\mathrm{d}\xi_n+(1-\mu_n-0.5)\hat{\varphi}(\xi_n|_{=0})\right\}\\&=\eta_n\left(\int_0^{\mu_n}\mathbf{\Phi}(\xi_n)\mathrm{d}\xi_n+(0.5-\mu_n)\mathbf{\Phi}(\xi_n|_{=0})\right)\cdot\{A_1^{(n)}\quad A_2^{(n)}\quad A_3^{(n)}\quad A_4^{(n)}\}^T+\frac{\eta_n\hat{h}_n}{2\tilde{\omega}^2}\end{aligned} \tag{7.27}$$

因此有

$$\frac{\hat{h}_n}{\widetilde{\omega}^2}=\frac{\eta_n}{(\widetilde{\omega}^2-0.5\eta_n)}\cdot\left\{\int_0^{\mu_n}\mathbf{\Phi}(\xi_n)\mathrm{d}\xi_n+(0.5-\mu_n)\mathbf{\Phi}(\xi_n\mid_{=0})\right\}\cdot\{A_1^{(n)}\quad A_2^{(n)}\quad A_3^{(n)}\quad A_4^{(n)}\}^T$$

其中，

$$b_0^{(n)}=\frac{\eta_n}{(\widetilde{\omega}^2-0.5\eta_n)},\quad b_1^{(n)}=\frac{1-\mathrm{e}^{-p\mu_n}}{p}+0.5-\mu_n,\quad b_2^{(n)}=\frac{1-\mathrm{e}^{-p\mu_n}}{p}+(0.5-\mu_n)\mathrm{e}^{-p\mu_n}$$

$$b_3^{(n)}=\frac{\sin(q\mu_n)}{q}+(0.5-\mu_n)\cos(q\mu_n),\quad b_4^{(n)}=\frac{1-\cos(q\mu_n)}{q}+(0.5-\mu_n)\sin(q\mu_n)$$

(3) 当 $j\in(2,\ n-1)$ 时，

$$\begin{aligned}&(0.5-\mu_{sj})\hat{\varphi}(\xi_j\mid_{=\mu_j})\\=&(0.5-\mu_{sj})[\mathrm{e}^{-p\mu_j}\quad 1\quad \cos(q\mu_j)\quad \sin(q\mu_j)]\cdot\{A_1^{(j)}\quad A_2^{(j)}\quad A_3^{(j)}\quad A_4^{(j)}\}^T+\frac{\hat{h}_j}{\widetilde{\omega}^2}(0.5-\mu_{sj})\end{aligned}\tag{7.28}$$

$$\begin{aligned}&(\mu_{sj-1}-0.5)\hat{\varphi}(\xi_j\mid_{=0})\\=&(\mu_{si-1}-0.5)[1\quad \mathrm{e}^{-p\mu_i}\quad 1\quad 0]\cdot\{A_1^{(j)}\quad A_2^{(j)}\quad A_3^{(j)}\quad A_4^{(j)}\}^T+\frac{\hat{h}_j}{\widetilde{\omega}^2}(\mu_{sj-1}-0.5)\end{aligned}\tag{7.29}$$

$$(0.5-\mu_{sj})\hat{\varphi}(\xi_j\mid_{=\mu_j})+(\mu_{sj-1}-0.5)\hat{\varphi}(\xi_j\mid_{=0})=\mathbf{R}^{(i)}\cdot\{A_1^{(j)}\quad A_2^{(j)}\quad A_3^{(j)}\quad A_4^{(j)}\}^T-\frac{\hat{h}_j}{\widetilde{\omega}^2}\mu_j\tag{7.30}$$

其中，

$$\mathbf{R}^{(j)}=\begin{bmatrix}(\mu_{sj-1}-0.5)+(0.5-\mu_{sj})\mathrm{e}^{-p\mu_j} & (0.5-\mu_{sj})+(\mu_{sj-1}-0.5)\mathrm{e}^{-p\mu_j}\\(\mu_{sj-1}-0.5)+(0.5-\mu_{sj})\cos(q\mu_j) & (\mu_{sj-1}-0.5)+(0.5-\mu_{sj})\cos(q\mu_j)\end{bmatrix}$$

随之无量纲化附加索力 $\hat{h}_j$ 可以表示为：

$$\begin{aligned}\hat{h}_j&=\eta_j\cdot\left\{\int_0^{\mu_j}\hat{\varphi}(\xi_j)\mathrm{d}\xi_j+(0.5-\mu_{sj})\hat{\varphi}(\xi_j\mid_{=\mu_j})+(\mu_{sj-1}-0.5)\hat{\varphi}(\xi_j\mid_{=0})\right\}\\&=\eta_j\cdot\left\{\int_0^{\mu_j}\mathbf{\Phi}(\xi_j)\mathrm{d}\xi_j+\mathbf{R}^{(j)}\right\}\cdot\{A_1^{(j)}\quad A_2^{(j)}\quad A_3^{(j)}\quad A_4^{(j)}\}^T+\frac{\eta_j\hat{h}_j}{\widetilde{\omega}^2}(\mu_j-\mu_j)\\&=\eta_j\cdot\left\{\int_0^{\mu_j}\mathbf{\Phi}(\xi_j)\mathrm{d}\xi_j+\mathbf{R}^{(j)}\right\}\cdot\{A_1^{(j)}\quad A_2^{(j)}\quad A_3^{(j)}\quad A_4^{(j)}\}^T\end{aligned}\tag{7.31}$$

经移项并令 $\xi_j=\xi$ 可得

$$\frac{\hat{h}_j}{\widetilde{\omega}^2}=\frac{\eta_j}{\widetilde{\omega}^2}\left(\int_0^{\mu_j}\mathbf{\Phi}(\xi_j)\mathrm{d}\xi_j+\mathbf{R}^{(j)}\right)\cdot\{A_1^{(j)}\quad A_2^{(j)}\quad A_3^{(j)}\quad A_4^{(j)}\}^T\tag{7.32}$$

故 $\mathbf{B}^{(j)}=b_0^{(j)}\cdot\int_0^{\mu_j}\mathbf{\Phi}(\xi)\mathrm{d}\xi+\mathbf{R}^{(j)}=b_0^{(j)}\cdot[b_1^{(j)}\quad b_2^{(j)}\quad b_3^{(j)}\quad b_4^{(j)}]$。

其中，

$$b_0^{(j)}=\frac{\eta_j}{\widetilde{\omega}^2},\quad b_1^{(j)}=\frac{1-\mathrm{e}^{-p\mu_j}}{p}+(\mu_{sj-1}-0.5)+(0.5-\mu_{sj})\mathrm{e}^{-p\mu_j},$$

$$b_2^{(j)}=\frac{1-\mathrm{e}^{-p\mu_j}}{p}+(0.5-\mu_{sj})+(\mu_{sj-1}-0.5)\mathrm{e}^{-p\mu_j},$$

$$b_3^{(j)}=\frac{\sin(q\mu_j)}{q}+(\mu_{sj-1}-0.5)+(0.5-\mu_{sj})\cos(q\mu_j),$$

$$b_4^{(j)}=\frac{1-\cos(q\mu_j)}{q}+(0.5-\mu_{sj})\sin(q\mu_j)$$

求得垂度矩阵 $\mathbf{B}^{(j)}$ 后,根据式(7.24)可将任意索段端点的动位移表示为

$$\begin{Bmatrix}\alpha_a\\ \theta_a l_0\\ \alpha_b\\ \theta_b l_0\end{Bmatrix}=\frac{mgl_0^4}{EI}\begin{Bmatrix}\hat{\varphi}(\xi_j\mid_{=0})\\ \hat{\varphi}'(\xi_j\mid_{=0})\\ \hat{\varphi}(\xi_j\mid_{=\mu_j})\\ \hat{\varphi}'(\xi_j\mid_{=\mu_j})\end{Bmatrix}=\frac{mgl_0^4}{EI}\begin{bmatrix}\mathbf{\Phi}(\xi_j\mid_{=0})+\mathbf{B}^{(j)}\\ \mathbf{\Phi}'(\xi_j\mid_{=0})\\ \mathbf{\Phi}(\xi_j\mid_{=\mu_j})+\mathbf{B}^{(j)}\\ \mathbf{\Phi}'(\xi_j\mid_{=\mu_j})\end{bmatrix}\begin{Bmatrix}A_1^{(j)}\\ A_2^{(j)}\\ A_3^{(j)}\\ A_4^{(j)}\end{Bmatrix}=\frac{1}{\varsigma}\mathbf{C}^{(j)}\cdot\begin{Bmatrix}A_1^{(j)}\\ A_2^{(j)}\\ A_3^{(j)}\\ A_4^{(j)}\end{Bmatrix}\tag{7.33}$$

其中,$\varsigma=\dfrac{EI}{mgl_0^4}$,$\mathbf{C}^{(j)}=[\mathbf{\Phi}(\xi_j\mid_{=0})+\mathbf{B}^{(j)}\quad \mathbf{\Phi}'(\xi_j\mid_{=0})\quad \mathbf{\Phi}(\xi_j\mid_{=\mu_j})+\mathbf{B}^{(j)}\quad \mathbf{\Phi}'(\xi\mid_{=\mu_j})]^T$。

再根据力平衡条件

$$\begin{cases}V(x_j,t)=\left(EI\dfrac{\partial^3\varphi}{\partial x_j^3}-H\dfrac{\partial\varphi}{\partial x_j}\right)\cdot\mathrm{e}^{\mathrm{i}\omega t}=mgl_0(\hat{\varphi}'''(\xi_j)-\gamma^2\hat{\varphi}'(\xi_j))\cdot\mathrm{e}^{\mathrm{i}\omega t}\\ M(x_j,t)=EI\dfrac{\partial^2\varphi}{\partial x_j^3}\mathrm{e}^{\mathrm{i}\omega t}=mgl_0^2\,\hat{\varphi}''(\xi_j)\mathrm{e}^{\mathrm{i}\omega t}\end{cases}\tag{7.34}$$

随后可得结点力

$$\begin{Bmatrix}V_a\\ M_a/l_0\\ V_b\\ M_b/l_0\end{Bmatrix}=mgl_0\varsigma\begin{bmatrix}(\mathbf{\Phi}'''(\xi_j\mid_{=0}))-\gamma^2(\mathbf{\Phi}'(\xi_j\mid_{=0}))\\ -(\mathbf{\Phi}''(\xi_j\mid_{=0}))\\ -(\mathbf{\Phi}'''(\xi_j\mid_{=\mu_j}))+\gamma^2(\mathbf{\Phi}'(\xi_j\mid_{=\mu_j}))\\ (\mathbf{\Phi}''(\xi_j\mid_{=\mu_j}))\end{bmatrix}\cdot(\mathbf{C}^{(j)})^{-1}\cdot\begin{Bmatrix}\alpha_a\\ \theta_a l\\ \alpha_b\\ \theta_b l\end{Bmatrix}\tag{7.35}$$

令

$$\mathbf{D}^{(j)}=[\mathbf{\Phi}'''(\xi_j\mid_{=0})-\gamma^2\mathbf{\Phi}'(\xi_j\mid_{=0})\quad -\mathbf{\Phi}''(\xi_j\mid_{=0})\quad -\mathbf{\Phi}'''(\xi_j\mid_{=\mu_j})+\gamma^2\mathbf{\Phi}'(\xi_j\mid_{=\mu_j})\quad \mathbf{\Phi}''(\xi_j\mid_{=\mu_j})]^T$$

于是可得多段式系统索段的动刚度矩阵

$$\mathbf{K}^{(j)}=\frac{EI}{l_0^3}\mathbf{D}^{(j)}\cdot(\mathbf{C}^{(j)})^{-1}=\frac{EI}{l^3}\begin{bmatrix}k_{11}^{(j)} & k_{12}^{(j)} & k_{13}^{(j)} & k_{14}^{(j)}\\ k_{21}^{(j)} & k_{22}^{(j)} & k_{23}^{(j)} & k_{24}^{(j)}\\ k_{31}^{(j)} & k_{32}^{(j)} & k_{33}^{(j)} & k_{34}^{(j)}\\ k_{41}^{(j)} & k_{42}^{(j)} & k_{43}^{(j)} & k_{44}^{(j)}\end{bmatrix}\tag{7.36}$$

### 7.2.4　多段式系统总体刚度矩阵的集组

对于多段式索缆体系，采用自然分段原则，即在外界支撑位置处进行单元划分，进而建立各索段的动力平衡方程，最后通过单元集组建立整体坐标系下的频率方程。在建模过程中，横向元件或支撑对拉索的作用均可等效为作用于自然结点处的横向集中力。该集中力与支撑点的位移幅值有关。为了在系统动刚度阵中计入弹性支撑的影响，下面首先介绍结构中某一点处受到弹性支撑时动刚度矩阵的建立方法，其次给出几类拉索的常见中间支撑形式及计算方法。

如图 7.3 所示，对于梁段 AB，由于中间 C 点处弹性支撑的存在，需要将其划分为 AC 和 CB 两个自然索段。假设两者的动刚度阵分别为 $\mathbf{K}^{(1)}$ 和 $\mathbf{K}^{(2)}$，将两者的贡献集组到系统动刚度矩阵中可得如下方程

$$\begin{bmatrix} K_{11}^{(1)} & K_{12}^{(1)} & K_{13}^{(1)} & K_{14}^{(1)} & 0 & 0 \\ K_{21}^{(1)} & K_{22}^{(1)} & K_{23}^{(1)} & K_{24}^{(1)} & 0 & 0 \\ K_{31}^{(1)} & K_{32}^{(1)} & K_{33}^{(1)}+K_{11}^{(2)} & K_{34}^{(1)}+K_{12}^{(2)} & K_{13}^{(2)} & K_{14}^{(2)} \\ K_{41}^{(1)} & K_{42}^{(1)} & K_{43}^{(1)}+K_{21}^{(2)} & K_{44}^{(1)}+K_{22}^{(2)} & K_{23}^{(2)} & K_{24}^{(2)} \\ 0 & 0 & K_{31}^{(2)} & K_{32}^{(2)} & K_{33}^{(2)} & K_{34}^{(2)} \\ 0 & 0 & K_{41}^{(2)} & K_{42}^{(2)} & K_{43}^{(2)} & K_{44}^{(2)} \end{bmatrix} \begin{Bmatrix} \alpha_A \\ \theta_A \\ \alpha_C \\ \theta_C \\ \alpha_B \\ \theta_B \end{Bmatrix} = -\begin{Bmatrix} k_A^{\alpha}\alpha_A \\ k_A^{\theta}\theta_A \\ k_C^{\alpha}\alpha_C \\ k_C^{\theta}\theta_C \\ k_B^{\alpha}\alpha_B \\ k_B^{\theta}\theta_B \end{Bmatrix} \tag{7.37}$$

其中，上标代表该动刚度系数所在的索段编号，下标代表该系数在对应索段动刚度矩阵中的位置。由于各结点力的大小与结点位移幅值成正比，因此可将其移至等式左端，进而得到以下等式：

$$\begin{bmatrix} K_{11}^{(1)}+k_A^{\alpha} & K_{12}^{(1)} & K_{13}^{(1)} & K_{14}^{(1)} & 0 & 0 \\ K_{21}^{(1)} & K_{22}^{(1)}+k_A^{\theta} & K_{23}^{(1)} & K_{24}^{(1)} & 0 & 0 \\ K_{31}^{(1)} & K_{32}^{(1)} & K_{33}^{(1)}+K_{11}^{(2)}+k_C^{\alpha} & K_{34}^{(1)}+K_{12}^{(2)} & K_{13}^{(2)} & K_{14}^{(2)} \\ K_{41}^{(1)} & K_{42}^{(1)} & K_{43}^{(1)}+K_{21}^{(2)} & K_{44}^{(1)}+K_{22}^{(2)}+k_C^{\theta} & K_{23}^{(2)} & K_{24}^{(2)} \\ 0 & 0 & K_{31}^{(2)} & K_{32}^{(2)} & K_{33}^{(2)}+k_B^{\alpha} & K_{34}^{(2)} \\ 0 & 0 & K_{41}^{(2)} & K_{42}^{(2)} & K_{43}^{(2)} & K_{44}^{(2)}+k_B^{\theta} \end{bmatrix} \cdot \begin{Bmatrix} \alpha_A \\ \theta_A \\ \alpha_C \\ \theta_C \\ \alpha_B \\ \theta_B \end{Bmatrix} = \mathbf{0} \tag{7.38}$$

上式即为考虑单元端部弹性边界及中点弹性支撑后的动力平衡方程。由此可以看出，当系统某自由度受到弹性支撑影响后，只需在系统动刚度阵的对应自由度加上弹性支撑刚度即可。下面介绍几类常见横向支撑的等效支撑刚度计算方法。

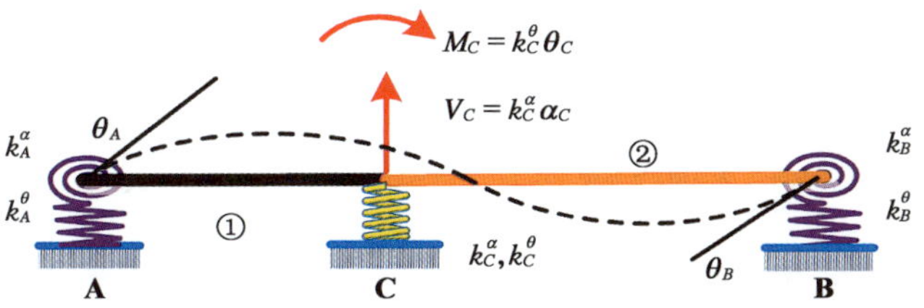


图 7.3　受中间横向力和弹性支撑影响的索段力学模型

横向弹簧、集中质量块、阻尼器是索缆系统中常见的横向元件。更为复杂的横向元件本质上也是这三类元件的组合。为了考虑它们对系统动力特性的影响，下面将给出这三类元件的等效横向支撑刚度 $k_{eq}$。

1）弹性支撑

如图 7.4(a)所示，拉索在任意位置 C 处作用有弹簧后，根据弹簧类型的不同等效横向力可分类如下：

(1) 线性弹簧。对于刚度系数为 $k_C$ 的线性弹簧，其提供的横向力的幅值 $V_C$ 可方便地表示为：$V_C=-k_C\alpha_C$。其中，$\alpha_C$ 为 C 点处的横向位移幅值，对应的弹性支撑刚度 $k_{eq}=k_C$。

(2) 非线性弹簧。对于非线性弹簧，其弹性系数 $k(v_C)$ 是 C 点处位移 $v_C=\alpha_C e^{i\omega t}$ 的函数，其作用在拉索 C 处的弹性支撑力 $f(t)$ 在时域内的表达式为 $f(t)=k(v_C)\cdot v_C=\alpha_C\cdot k(\alpha_C e^{i\omega t})e^{i\omega t}$。其等效线性弹性系数 $k_{C,eq}$ 可以通过如下等效原则计算[28]：

$$k_{C,eq}=\frac{\int_0^T f(t)\mathrm{d}v_C}{\int_0^T v_C\mathrm{d}v_C}=\frac{2i\omega\alpha_C^2}{e^{2i\omega T}-1}\int_0^T k(\alpha_C e^{i\omega t})\cdot e^{2i\omega t}\mathrm{d}t \tag{7.39}$$

式中　$T$——周期，$T=2\pi/\omega$。

根据式(7.39)即可求得非线性弹簧在频域内提供的等效横向力为 $V_C=-k_{C,eq}\alpha_C$，其等效弹性支撑刚度 $k_{eq}=k_{C,eq}$。

2）集中质量块

如图 7.4(b)所示，对于中间点 C 处具有质量块的情况，根据质量 $m_C$ 是否可变，可分为常质量块和调谐质量块。

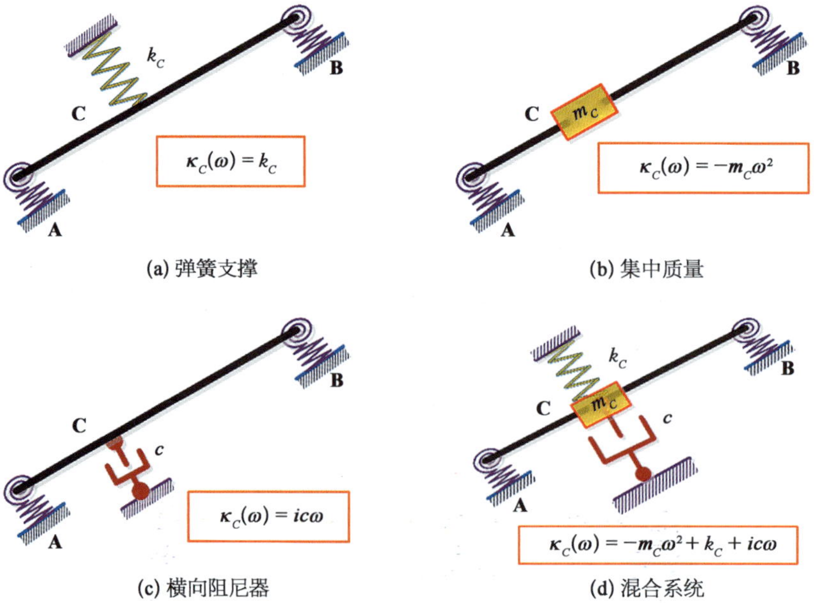


图 7.4　不同横向力元件作用力机理图

(1) 常质量块。由质量为 $m_C$ 的常质量块提供的横向力幅值为 $V_C = m_C\omega^2\alpha_C$，其等效弹性支撑刚度 $k_{eq} = -m_C\omega^2$。

(2) 若质量可变，假设 $m_C(v_C, \dot{v}_C, \ddot{v}_C)$ 是 C 处横向位移的函数，根据外力功相等原则，

$$m_{C,eq} = \frac{\int_0^T f(t)\mathrm{d}v_C}{\int_0^T \ddot{v}_C \mathrm{d}v_C} = \frac{2\mathrm{i}\omega}{\mathrm{e}^{2\mathrm{i}\omega T}-1}\int_0^T m(\alpha_C \mathrm{e}^{\mathrm{i}\omega t}, \mathrm{i}\omega\alpha_C \mathrm{e}^{\mathrm{i}\omega t}, -\omega^2\alpha_C \mathrm{e}^{\mathrm{i}\omega t}) \cdot \mathrm{e}^{\mathrm{i}\omega t}\mathrm{d}t \tag{7.40}$$

综上所述，集中质量块提供的等效横向力在频域内可表示为 $V_C = m_{C,eq}\omega^2\alpha_C$，其等效弹性支撑刚度 $k_{eq} = -m_{C,eq}\omega^2$。

3) 横向阻尼器

如图 7.4(c)所示，对于拉索中部安装有横向阻尼器的情况，阻尼器提供的横向力幅值可表示如下：

(1) 线性黏滞阻尼器。阻尼系数为 $c$ 的线性黏滞阻尼器，其横向力的幅值可表示为 $V_C = -\mathrm{i}c\omega\alpha_C$，故等效横向支撑刚度为 $k_{eq} = \mathrm{i}c\omega$。

(2) 摩擦线性黏滞阻尼器。阻尼系数为 $c$、摩擦系数为 $\upsilon$ 的线性阻尼器，其提供的横向力幅值为 $V_C = -(\mathrm{i}\omega)^{\upsilon}c\alpha_C$，故等效横向支撑刚度为 $k_{eq} = (\mathrm{i}\omega)^{\upsilon}c\omega$。

(3) 非线性黏滞摩擦阻尼器[97]。假设阻尼力可表示为如下形式：

$$f(t) = h(v_C, \dot{v}_C)\dot{v}_C = \mathrm{i}\omega\alpha_C h(\alpha_C \mathrm{e}^{\mathrm{i}\omega t}, \mathrm{i}\omega\alpha_C \mathrm{e}^{\mathrm{i}\omega t})\mathrm{e}^{\mathrm{i}\omega t} \tag{7.41}$$

其中，$h(v_C, \dot{v}_C)$ 为非线性阻尼系数。根据功能互等定律，等效线性黏滞阻尼系数可以定义如下：

$$c_{eq} = \frac{\int_0^T f(t)\dot{v}_C^2 \mathrm{d}t}{\int_0^T \dot{v}_C^2 \mathrm{d}t} = \frac{\mathrm{i}\omega\alpha_C \int_0^T h(\alpha_C \mathrm{e}^{\mathrm{i}\omega t}, \mathrm{i}\omega\alpha_C \mathrm{e}^{\mathrm{i}\omega t})\mathrm{e}^{3\mathrm{i}\omega t}\mathrm{d}t}{\int_0^T \mathrm{e}^{2\mathrm{i}\omega t}\mathrm{d}t} \tag{7.42}$$

横向力在频域的表达式可写为 $V_C = -\mathrm{i}c_{eq}\omega\alpha_C$，其等效横向支撑刚度 $k_{eq} = \mathrm{i}c_{eq}\omega$。

4) 集中质量、横向支撑、阻尼器的组合

如图 7.4(d)所示，当横向力元件为质量、弹簧和阻尼器的混合元件时，仅需按照上述计算方式将各组件的等效支撑刚度 $k_{eq}$ 相加即可。

## 7.3 实验验证

为了验证上述分析理论的正确性，笔者于索厂进行了实索实验。通过在实验索上悬挂若干重物，从而形成多段式索缆系统。该类悬吊式系统在工程中十分常见，如施工吊装阶段的悬索桥等都可抽象为此。如图 7.5 所示，当系统 $B_i$ 点处发生位移为 $\alpha_{B_i}$ 的振动时，重物 $m_i$ 由于惯性将对拉索产生大小为 $V_{B_i} = m_i\omega^2\alpha_{B_i}$ 的横向力，重物的等效横向刚度 $k_{eq,i} = -m_i\omega^2$。

### 7.3.1 实验工况介绍

为了研究多段式索缆系统的动力特性，在索厂进行了实索实验。实验索的自由长度(去除锚

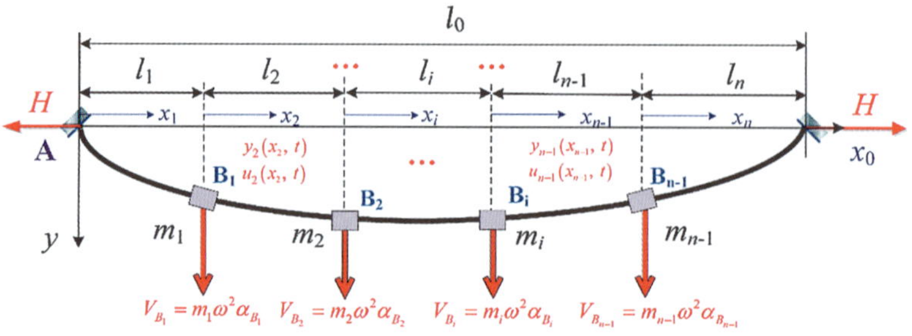


图 7.5　由横向力分割的悬吊式索缆系统

具厚度)为 19.715 m,是由 PEJ15B-12 钢绞线挤压而成,拉索截面和设计参数分布如图 7.6、表 7.1 所示。拉索边界固结,激振时采用人工锤击的方式如图 7.7 所示。

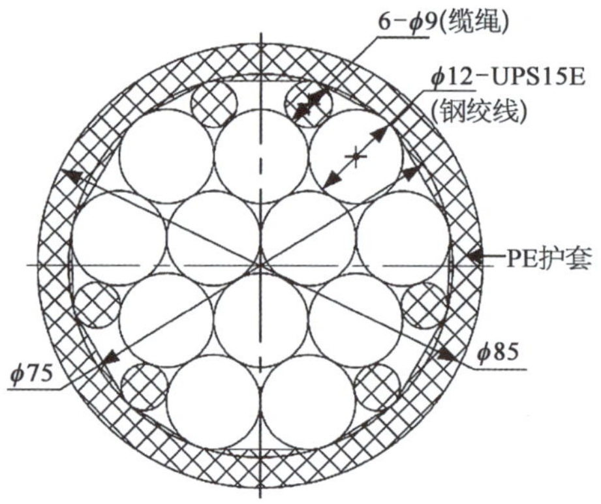


图 7.6　拉索截面图

图 7.7　人工激振装置图

表 7.1　实验索的参数

| 规　格 | $l$/m | $D$/mm | $m$/(kg/m) | $I$/m$^4$ | $A$/m$^2$ | $H^*$/kN | $E$/MPa |
|---|---|---|---|---|---|---|---|
| PEJ15B-12 | 19.715 | 85 | 16.6 | $6.175\,7\times10^{-7}$ | $2.178\times10^{-3}$ | 3 120 | $1.9\times10^5$ |

注:$l$ 为锚固端之间拉索的自由长度;$D$ 为拉索截面内径;$M$ 为单位长度线质量;$I$ 为所有钢绞线对截面中心轴惯性矩之和;$A$ 为有效截面面积,即所有钢绞线截面面积之和;$H^*$ 为拉索断裂荷载。

加速度传感器采用法国 BEANAIR 的三轴无线加速度传感器 AX-3D-XRANGE,网关采用 BEANAIR 的 BeanGateway 无线网关。传感器参数具体见表 7.2、表 7.3。

表 7.2　加速度计参数

| 加速度计型号 | 量程/g | 采样频率/Hz | 尺寸/mm | 工作温度/℃ |
|---|---|---|---|---|
| AX-3D-RANGE | ±2 | 1～4 500 | 80×55×21 | −20～+65 |

表 7.3　无线网关参数

| 网关型号 | 尺寸/mm | 防护等级 | 工作温度/℃ | 通信方式 |
|---|---|---|---|---|
| AX-3D-RANGE | 202×142×55 | IP67 | −20～+75 | 以太网 |

压力环 CL-YB-M4 MN 为莆田市鸿飞传感器公司产品，配套使用 2050 采集仪表，其量程为 400 t，最高采样频率为 50 Hz。实验索和相关锚固及张拉设备布置图如图 7.8 至图 7.10 所示。

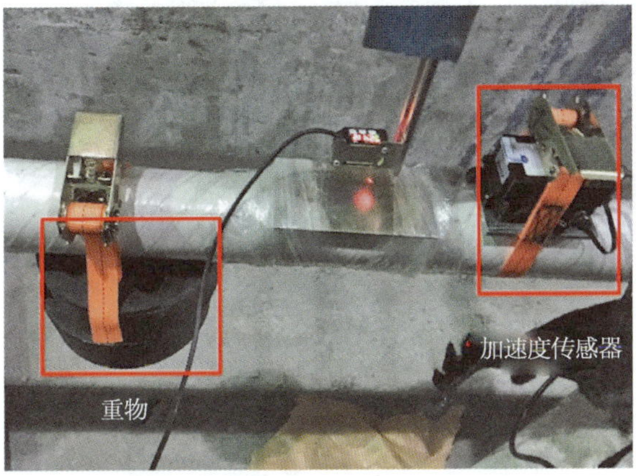


图 7.8　加速度计和重物实物图

图 7.9　压力环和千斤顶

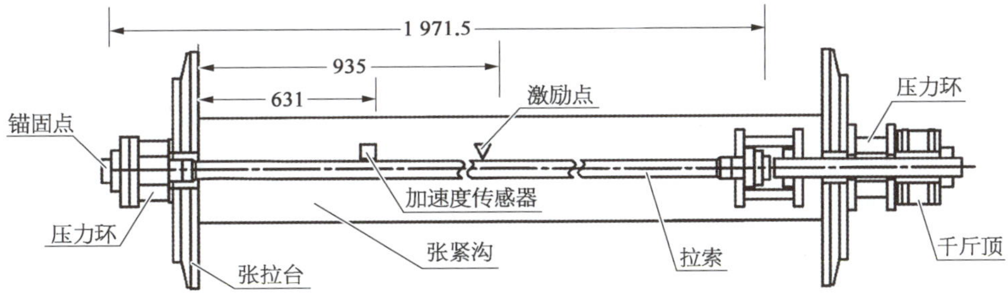


图 7.10　实验索和相关锚固及张拉设备布置图

拉索锚固端、传感器及相关采集设备图如图 7.11 所示。

为了验证本章方法的准确性，本次实验共包含 5 个工况，各工况均分为 5 个等级进行张拉。具体安排如下：

(1) 工况 1：裸索，即无附加重物。各张拉等级对应的索力值 $H$ 分别为 $0.764\,5\times10^6$ N、$0.920\,9\times10^6$ N、$1.084\,2\times10^6$ N、$1.248\,7\times10^6$ N、$1.406\,8\times10^6$ N。

(2) 工况 2：跨中附近悬挂单重物 $m_1=8.3$ kg，具体安装位置如图 7.12 所示。各张拉等级对应的索力值 $H$ 分别为 $0.780\,6\times10^6$ N、$0.938\,1\times10^6$ N、$1.090\,9\times10^6$ N、$1.246\,7\times10^6$ N、$1.404\,6\times10^6$ N。

图 7.11　实索实验现场布置图

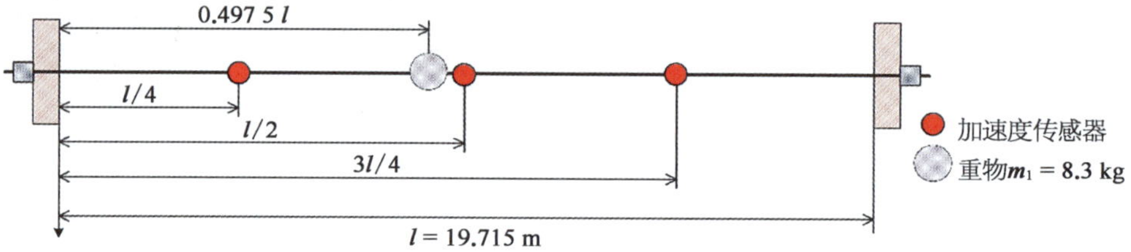


图 7.12　工况 2 示意图

(3) 工况 3：跨中附近悬挂单个重物 $m_2=16.6$ kg，现场安装示意图和实物图分别如图 7.13、图 7.14 所示。各张拉等级对应的索力值 $H$ 分别为 $0.783\,8\times10^6$ N、$0.943\,5\times10^6$ N、$1.089\,8\times10^6$ N、$1.248\,9\times10^6$ N、$1.400\,3\times10^6$ N。

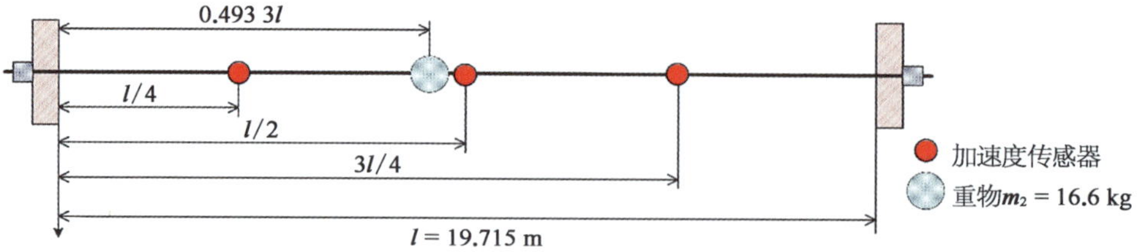


图 7.13　工况 3 示意图

(4) 工况 4：跨中附近悬挂两个重物 $m_2=16.6$ kg。两个重物的相对安装位置如图 7.15 所示。各级张拉索力值 $H$ 分别为 $0.761\,6\times10^6$ N、$0.932\,7\times10^6$ N、$1.093\,0\times10^6$ N、$1.246\,2\times10^6$ N、$1.400\,7\times10^6$ N。

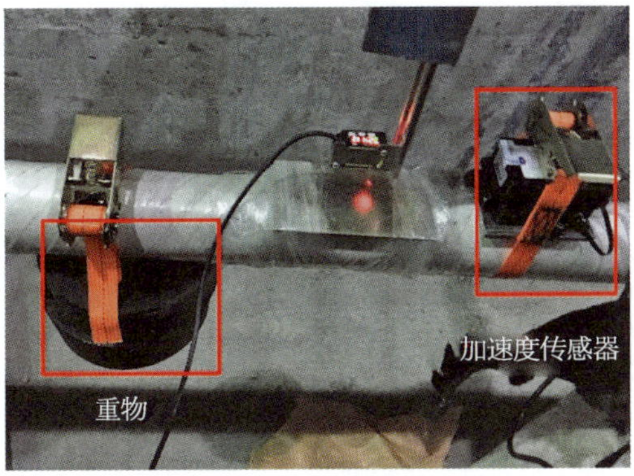


图 7.14　工况 3 现场实物图

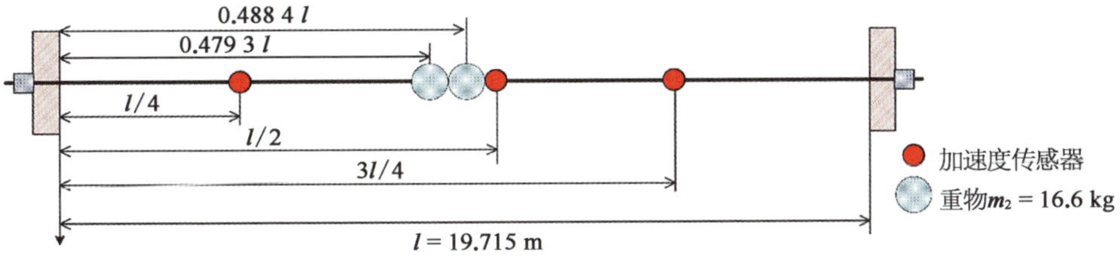


图 7.15　工况 4 现场安装示意图

(5) 工况 5：拉索四分点位置附近各悬挂一个重物 $m_1=8.3$ kg。两个重物的相对安装位置如图 7.16 所示。各级张拉对应的索力值 $H$ 分别为 $0.778\,9\times10^6$ N、$0.935\,0\times10^6$ N、$1.093\,5\times10^6$ N、$1.251\,4\times10^6$ N、$1.406\,1\times10^6$ N。

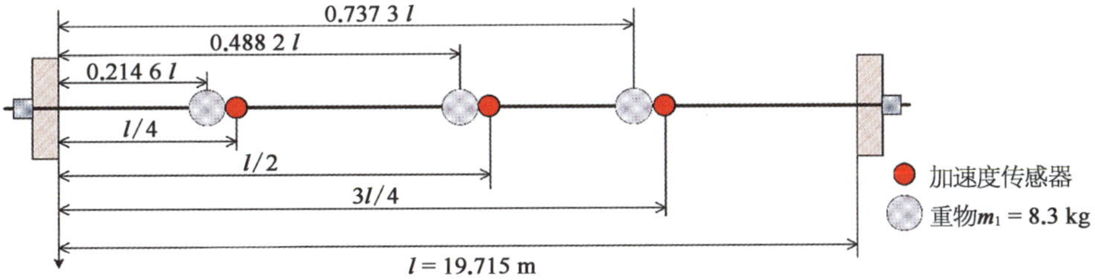


图 7.16　工况 5 现场安装示意图

### 7.3.2　实验结果分析

在本节的验证过程中，首先以各工况中第 4、5 级张拉为例，给出实测加速度信号的频谱图及计算结果的误差分析表，其余各张拉等级的结果以直方图的形式给出。最后根据实测结果讨论重物的质量、安装位置等因素对系统模态频率的影响规律。其中工况 1 对应于 4.2 节中裸索系统分析结果的验证，其余工况将用于本节的结果验证。

在下述各工况的分析过程中，首先给出第 4、5 级张拉等级下加速度数据的频谱图，随后给出前六阶模态频率的实测值和计算值，通过分析计算结果的相对误差 $\delta$ 来验证本章分析理论的正确性。

1）工况 2：拉索附加单重物 $m_1$

工况 2 第 4、5 张拉等级下加速度数据的频谱图如图 7.17 所示。

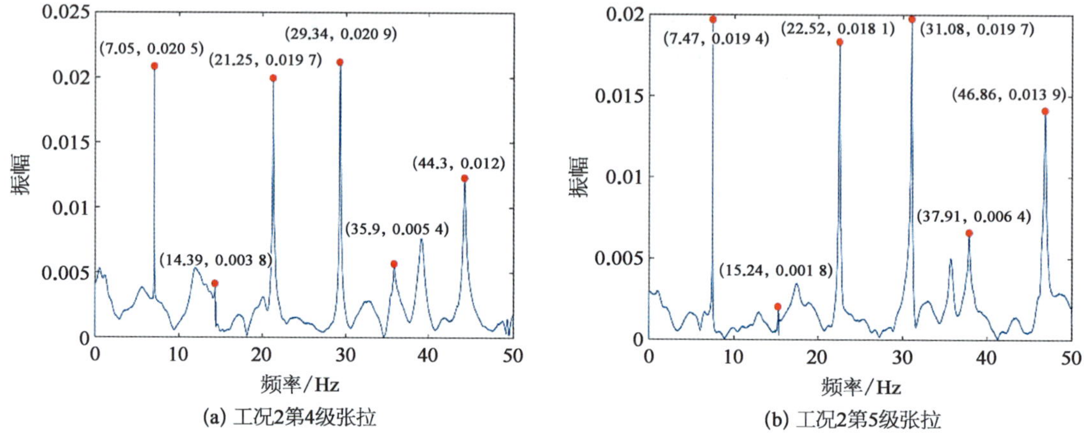


图 7.17　工况 2 下不同等级张拉加速度频谱

从表 7.4 中可以看出：当拉索跨中位置附近附加重物 $m_1$ 后，各阶模态的计算结果均与实测结果十分接近，其中最大误差不超过 1.2%。图 7.18 进一步给出了其余张拉等级下本章结果与实测值的对比，可以看出对于前三阶模态，本章方法的相对误差均小于 0.4%，随着模态阶次的增加，误差有所增大但均不超过 1.2%。

表 7.4　工况 2 计算结果比较

| 模态 | 第 4 级　$H=1.245\times10^6$ N | | | 第 5 级　$H=1.405\times10^6$ N | | |
|---|---|---|---|---|---|---|
| | 实测值 | 本章方法理论值 | 相对误差／% | 实测值 | 本章方法理论值 | 相对误差／% |
| 1 | 7.05 | 7.04 | 0.10 | 7.47 | 7.46 | 0.10 |
| 2 | 14.39 | 14.35 | 0.25 | 15.24 | 15.20 | 0.24 |
| 3 | 21.25 | 21.29 | −0.20 | 22.52 | 22.54 | −0.09 |
| 4 | 29.34 | 29.03 | 1.05 | 31.08 | 30.71 | 1.18 |
| 5 | 35.90 | 36.03 | −0.36 | 37.91 | 38.08 | −0.45 |
| 6 | 44.30 | 44.35 | −0.12 | 46.86 | 46.83 | 0.07 |

2）工况 3：拉索附加单重物 $m_2$

工况 3 第 4、5 级张拉等级下加速度数据的频谱图如图 7.19 所示。

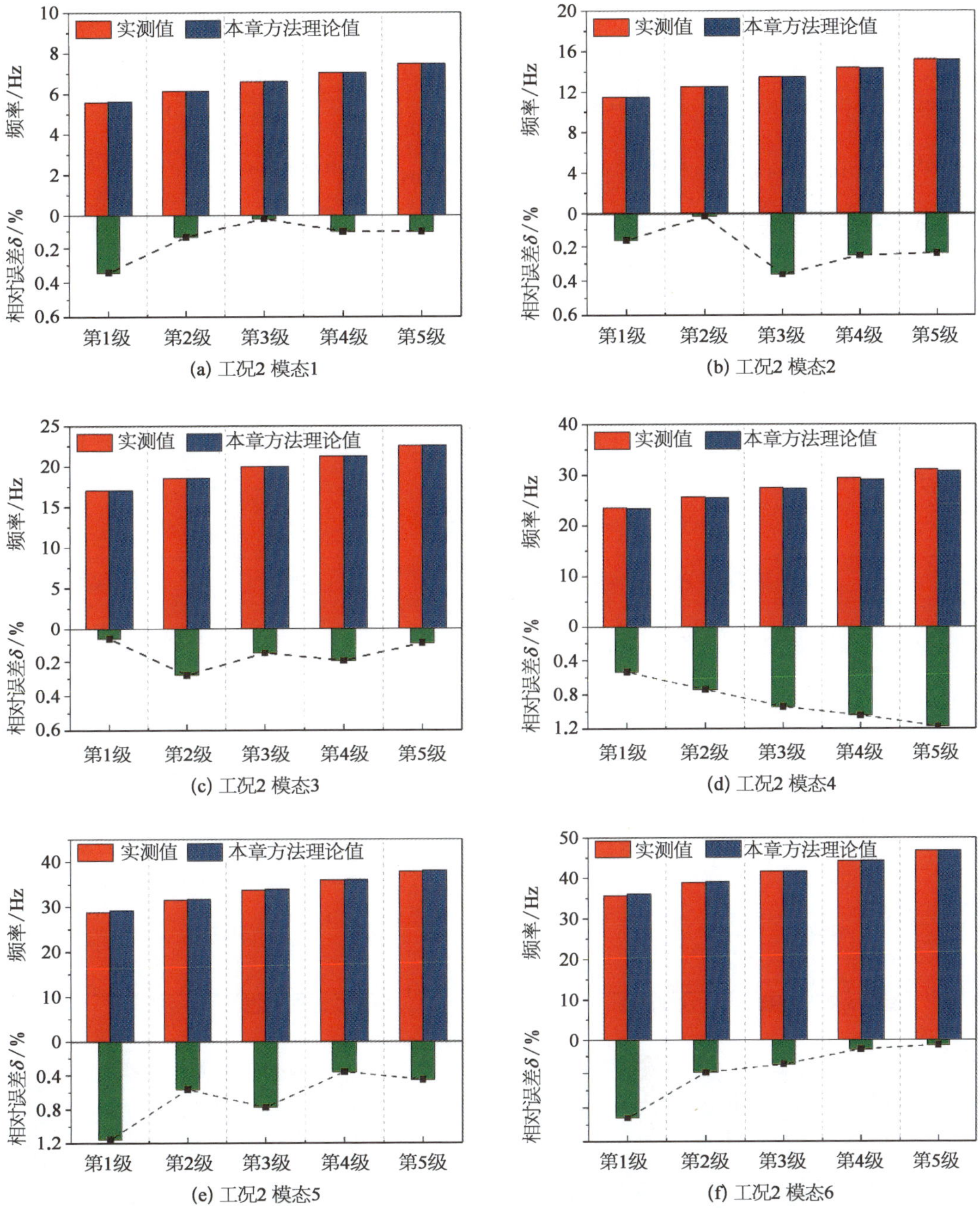


(a) 工况2 模态1　(b) 工况2 模态2　(c) 工况2 模态3　(d) 工况2 模态4　(e) 工况2 模态5　(f) 工况2 模态6

图 7.18　工况 2 各张拉等级下前六阶模态计算结果比较

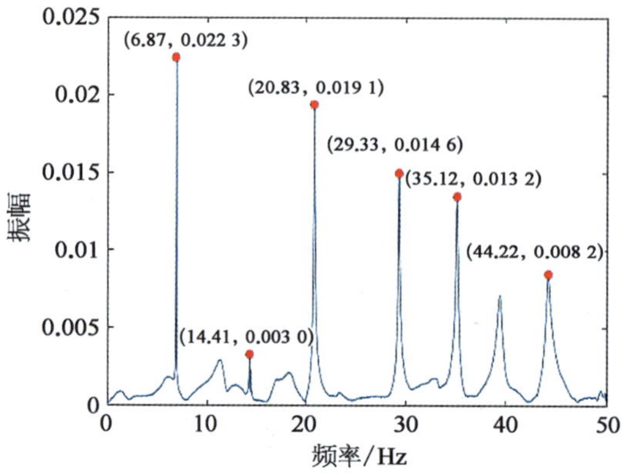

(a) 工况3第4级

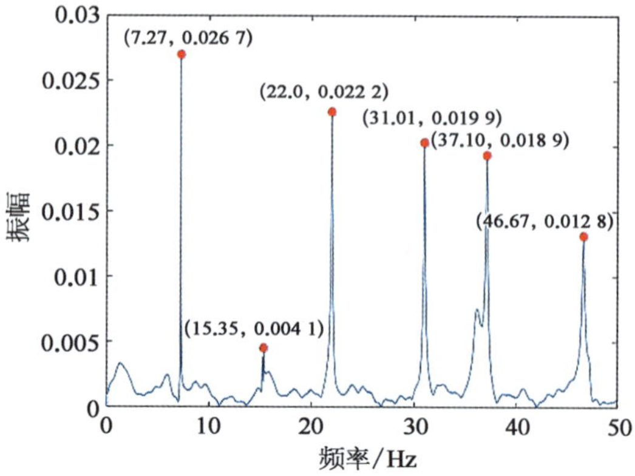

(b) 工况3第5级

图 7.19　工况 3 下不同等级张拉加速度频谱

从表 7.5 可以看出：改变跨中重物的质量，本章的计算结果依然具有很高的精度，其中最大误差为 1.12%。图 7.20 给出了其他张拉等级下的结果对比和相对误差，其中最大误差为 1.3%，说明了本章方法的正确性。

表 7.5　工况 3 结果对比

| 模态 | 第 4 级　$H=1.249\times10^6$ N | | | 第 5 级　$H=1.4\times10^6$ N | | |
|---|---|---|---|---|---|---|
| | 实测值 | 本章方法理论值 | 相对误差/% | 实测值 | 本章方法理论值 | 相对误差/% |
| 1 | 6.87 | 6.94 | −1.00 | 7.27 | 7.34 | −0.90 |
| 2 | 14.41 | 14.37 | 0.31 | 15.35 | 15.18 | 1.10 |
| 3 | 20.83 | 20.99 | −0.77 | 22.00 | 22.17 | −0.78 |
| 4 | 29.33 | 29.05 | 0.95 | 31.01 | 30.66 | 1.12 |
| 5 | 35.12 | 35.36 | −0.68 | 37.10 | 37.30 | −0.54 |
| 6 | 44.22 | 44.37 | −0.34 | 46.69 | 46.74 | −0.11 |

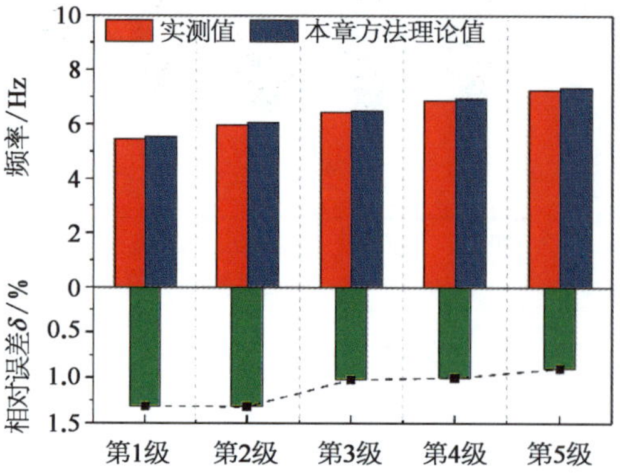

(a) 工况3 模态1

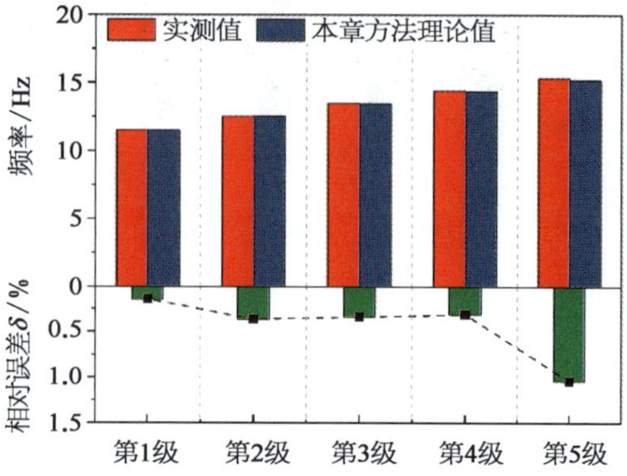

(b) 工况3 模态2

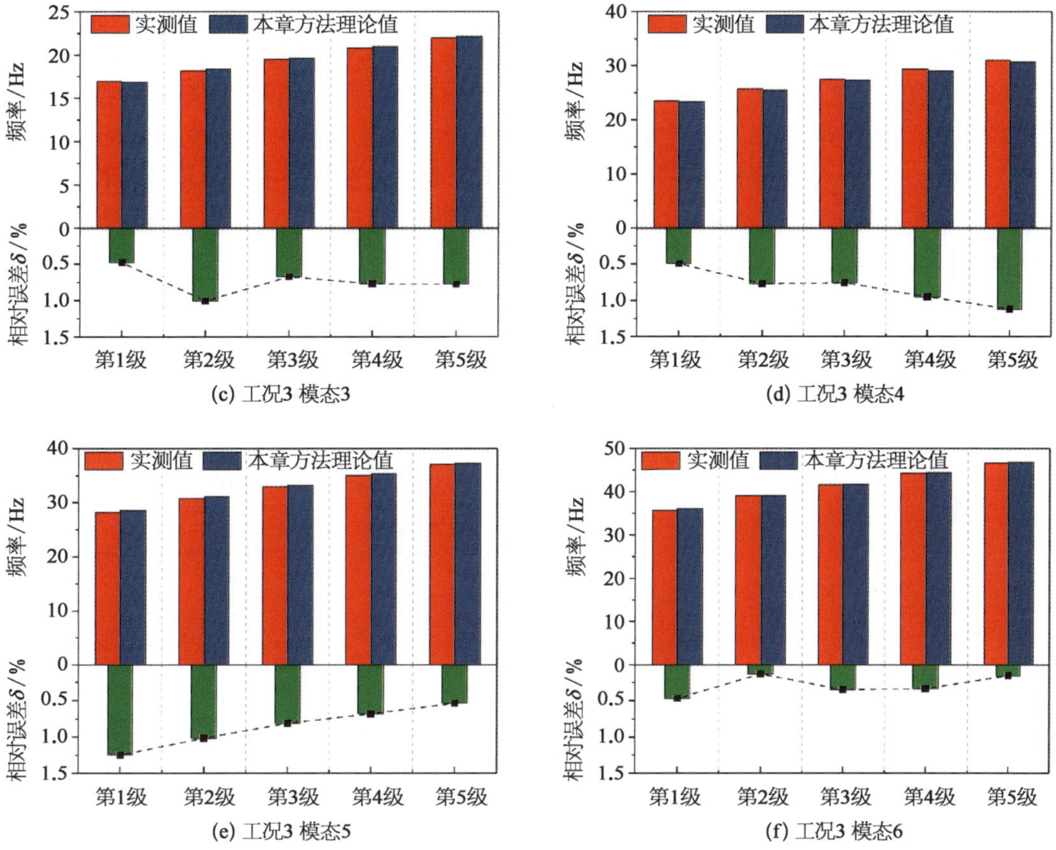


(c) 工况3 模态3　(d) 工况3 模态4

(e) 工况3 模态5　(f) 工况3 模态6

图 7.20　工况 3 各张拉等级下前六阶模态计算结果比较

3）工况 4：拉索附加两个重物 $m_2$

工况 4 第 4、5 级张拉等级下加速度数据的频谱图如图 7.21 所示。

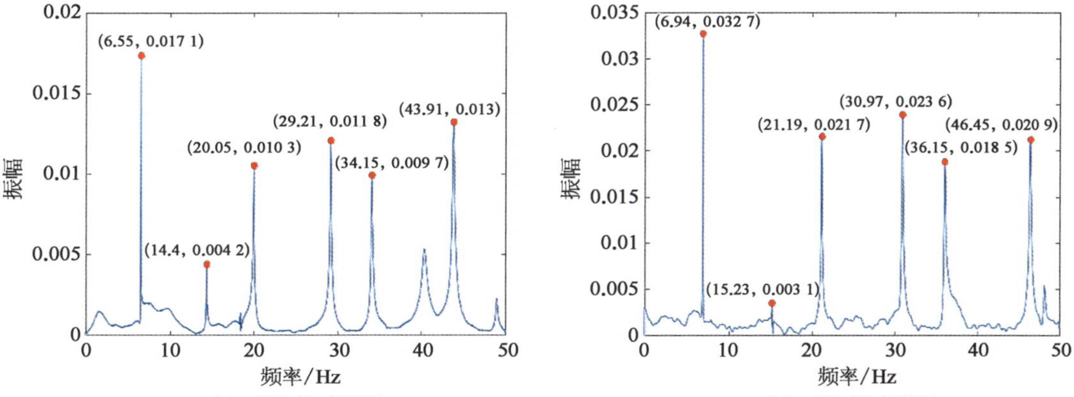


(a) 工况4第4级张拉　(b) 工况4第5级张拉

图 7.21　工况 4 下不同等级张拉加速度频谱

本工况是在拉索跨中附近连续布置两个重物，表 7.6 给出了第 4、5 张拉等级时的计算和实测结果。可以看出，本章方法与实测结果依然吻合得很好。从表 7.6 不难看出，奇数阶模态的计算误差明显高于偶数阶。这是由于重物的布置位置靠近拉索跨中，即位于偶数阶模态的振型节点处，因此其对模态频率的影响明显小于奇数阶模态。此外，本工况中的最大计算误差为 3.6%，略高于上述两个单重物工况。这主要是由于在测量重物的相对安装位置时会不可避免地存在误差，随着重物数量的增多，测量误差将累积，从而会对个别模态的计算精度产生一定影响，但该误差仍在可接受范围内。

表 7.6　工况 4 计算结果对比

| 模态 | 第 4 级　$H=1.246\times10^6$ N | | | 第 5 级　$H=1.401\times10^6$ N | | |
|---|---|---|---|---|---|---|
| | 实测值 | 本章方法理论值 | 相对误差/% | 实测值 | 本章方法理论值 | 相对误差/% |
| 1 | 6.55 | 6.72 | −2.65 | 6.94 | 7.12 | −2.54 |
| 2 | 14.40 | 14.34 | 0.41 | 15.23 | 15.17 | 0.38 |
| 3 | 20.05 | 20.41 | −1.82 | 21.19 | 21.59 | −1.88 |
| 4 | 29.21 | 28.95 | 0.90 | 30.97 | 30.59 | 1.22 |
| 5 | 34.15 | 34.79 | −1.86 | 36.15 | 36.72 | −1.59 |
| 6 | 43.91 | 44.10 | −0.44 | 46.45 | 46.51 | −0.14 |

4）工况 5：拉索附加三个重物 $m_1$

工况 5 第 4、5 级张拉等级下加速度数据的频谱图如图 7.22 所示。

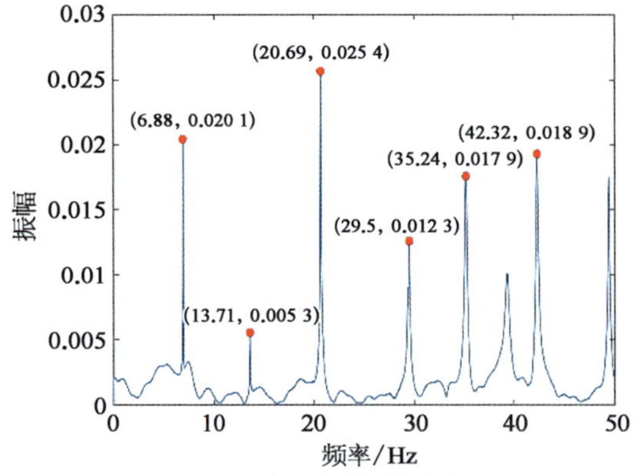

(a) 工况5第4级张拉

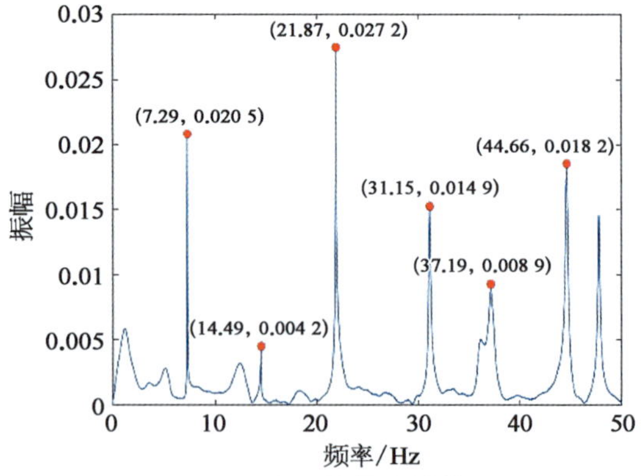

(b) 工况5第5级张拉

图 7.22　工况 5 下不同等级张拉加速度频谱

从表 7.7 和图 7.23 可以看出：当拉索附加三个重物时，各张拉等级下系统前五阶频率的计算误差基本在 2%以下；第六阶模态的计算误差稍大，但不超过 4%，从而再次证明了本章方法的准确性。

本实验共通过 5 个工况，各工况 5 个张拉等级，验证了本章方法的正确性。通过改变加载重物的重量、数量及安装位置，验证了本章方法的有效性和一般性。实验结果表明：对于裸索系统，本章方法的结果与测量结果基本一致；对于单重物工况，计算误差不超过 1.3%；对于多重物工况，

表 7.7　工况 5 计算结果对比

| 模态 | 第 4 级　$H=1.251\times10^6$ N | | | 第 5 级　$H=1.406\times10^6$ N | | |
|---|---|---|---|---|---|---|
| | 实测值 | 本章方法理论值 | 相对误差/% | 实测值 | 本章方法理论值 | 相对误差/% |
| 1 | 6.96 | 6.88 | 1.00 | 7.29 | 7.36 | −1.02 |
| 2 | 13.94 | 13.71 | 1.68 | 14.49 | 14.75 | −1.78 |
| 3 | 20.88 | 20.69 | 0.92 | 21.87 | 22.08 | −0.96 |
| 4 | 28.96 | 29.50 | −1.87 | 31.15 | 30.60 | 1.80 |
| 5 | 35.81 | 35.24 | 1.56 | 37.29 | 37.80 | −1.34 |
| 6 | 43.41 | 42.30 | 2.56 | 44.66 | 45.78 | −2.41 |

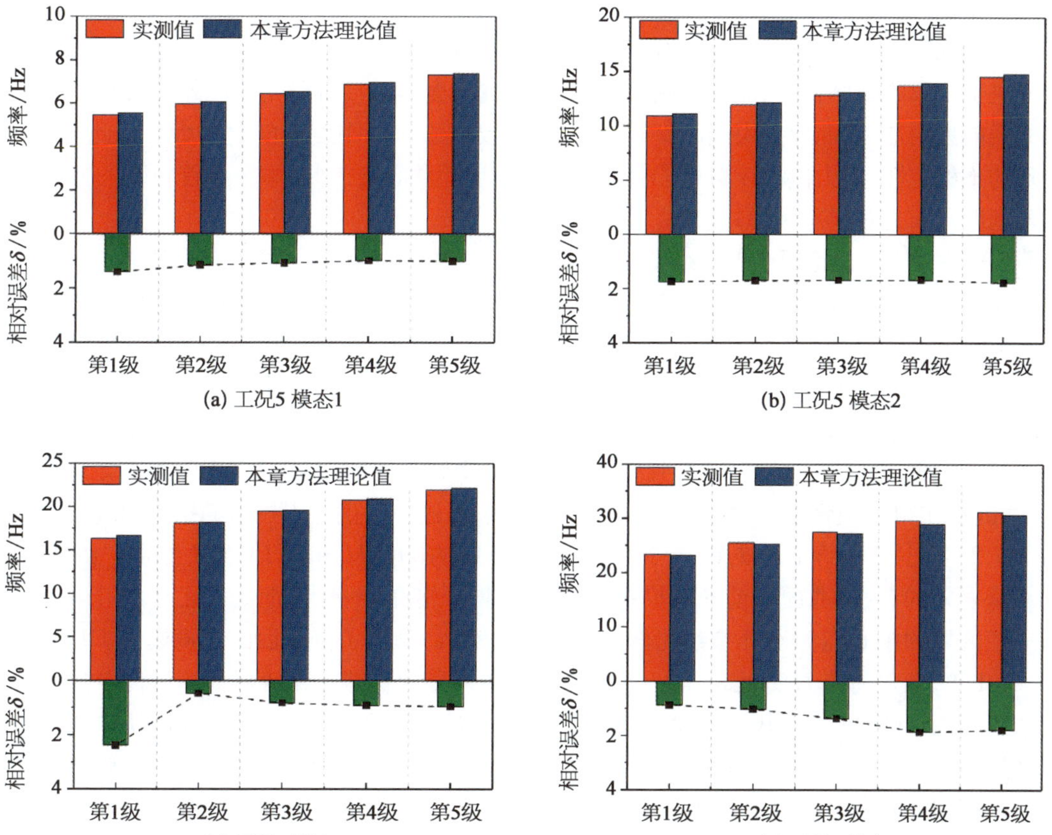


(a) 工况5 模态1

(b) 工况5 模态2

(c) 工况5 模态3

(d) 工况5 模态4

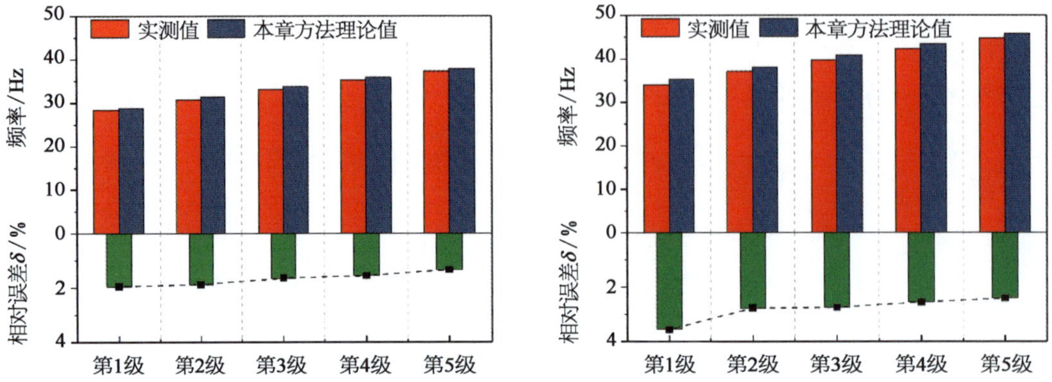


(e) 工况5 模态5　　(f) 工况5 模态6

图 7.23　工况 5 各张拉等级下前六阶模态计算结果比较

由于测量误差等因素的影响,计算结果的误差虽然稍大于单重物工况,但基本保持在 2%以下,其中最大误差不超过 4%。因此验证了本章方法在多段式复杂索缆系统动力特性分析中的准确性。

## 7.4　实验结果讨论及误差分析

通常情况下,除了抗弯刚度外,预制索的多数设计参数可以准确测得。这主要由于抗弯刚度同时取决于拉索的截面特性、加工及制造工艺,使抗弯刚度难以准确量化。此外,随着索力增大,钢束间的径向力增加,从而使钢束间的摩擦力增大,导致拉索抗弯刚度也随之增大。与此同时,由于压力环的不稳定性,索力值的读数可能会在张拉完成后漂移。鉴于此,本节将首先以工况 1 为例讨论抗弯刚度和索力对模态频率的影响。

研究过程中重点讨论两个无量纲设计参数,以及拉索的索力比 $H^*/H$ 和抗弯刚度比 $(EI)^*/EI$。其中上标代表标准值的估计值。在算例中,模态频率 $\bar{\omega}$ 通过对实测加速度信号进行频谱分析予以确定。若将两个无量纲设计参数视为连续变量,通过计算两者在一定范围内变化时相应的模态频率,则可得到 $H^*/H$、$(EI)^*/EI$ 及 $\omega$ 三者之间的曲面图。图 7.24(a)和图 7.24(b)给出了 $H^*/H$ 和 $(EI)^*/EI$ 同时变化时,工况 1 中第 4 级张拉的前两阶模态频率的变化情况。对于各阶模态,用水平面 $\omega_i=\bar{\omega}_i$ 相交作出的曲面可以得到一条交线。该交线理论上可确定出无限组满足 $\omega_i=\bar{\omega}_i$ 的 $H^*/H$ 和 $(EI)^*/EI$ 组合。通过任意两阶模态的交线,可进一步确定出拉索的抗弯刚度和索力值。

图 7.25 给出了在给定的 $\bar{\omega}_i(i=1,\ \cdots,\ 6)$ 下所有的 $H^*/H$ 和 $(EI)^*/EI$ 组合。由于实验误差和测量误差的存在,曲面和前 6 阶模态的交线并非严格交于一点,而是交汇于一个小的区域。取该交汇区域的中心点为设计参数的修正值。图 7.25(a)给出了修正后的抗弯刚度 $\overline{EI}$ 为估计值 $EI$ 的 1.01 倍,而索力值 $\bar{H}$ 为测量值 $H$ 的 0.99 倍。这可能是由张拉结束后保压过程中拉力损失引起的。从图 7.25(b)可以看出,对于张拉等级 5,修正后的抗弯刚度大小为估计值 $EI$ 的 1.02 倍,略大于张拉等级 4 的修正值。这主要是由于随着索力的增大,钢束间的挤压力将增大,从而导致了抗弯刚度的增加。通过参数识别,可以得到各张拉等级下一对更加准确的抗弯刚度和索力修正值 $\overline{EI}$ 和 $\bar{H}$。

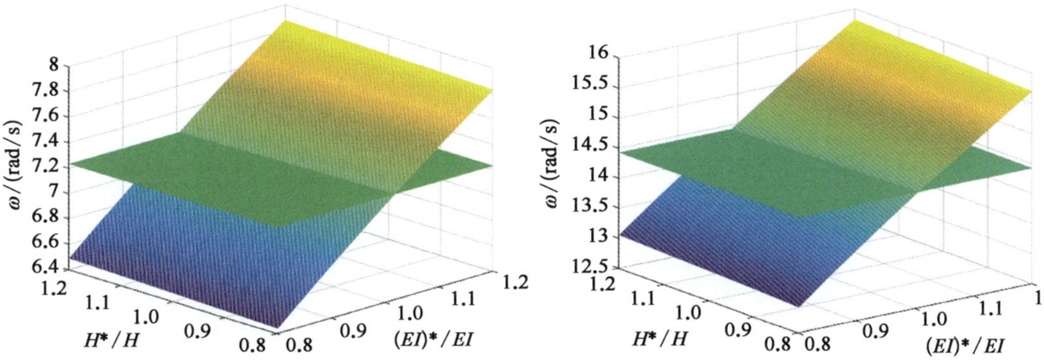


(a) 第1阶振型　　(b) 第2阶振型

图 7.24　不同 $H^*/H$ 和 $(EI)^*/EI$ 下工况 1 第 4 级张拉的前两阶模态频率

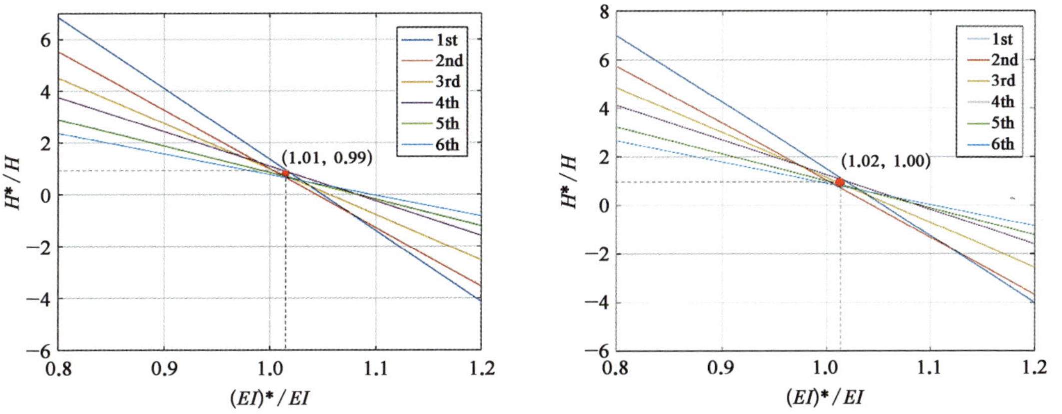


(a) 工况1第4级　　(b) 工况1第5级

图 7.25　曲面和前 6 阶模态频率的交线在 $H^*/H$、$(EI)^*/EI$ 平面的投影

表 7.8 给出了参数识别前后所得模态频率与实测频率的相对误差。从中可以看出，通过修正抗弯刚度和索力值，系统的各阶模态频率均控制在 1%以内，计算精度比识别前得到了显著提高。

表 7.8　参数识别前后的误差对比

| 模态 | 第 4 级 | | | | | 第 5 级 | | | | |
|---|---|---|---|---|---|---|---|---|---|---|
| | 测量值 | 识别前 | $\|\delta\|$ | 修正后 | $\|\delta^*\|$ | 测量值 | 识别前 | $\|\delta\|$ | 修正后 | $\|\delta^*\|$ |
| 1 | 7.24 | 7.16 | 1.03 | 7.19 | **0.63** | 7.67 | 7.59 | 1.06 | 7.63 | **0.52** |
| 2 | 14.42 | 14.37 | 0.45 | 14.43 | **0.004** | 15.26 | 15.22 | 0.29 | 15.28 | **0.13** |
| 3 | 21.77 | 21.65 | 0.55 | 21.78 | **0.02** | 23.07 | 22.92 | 0.65 | 23.04 | **0.12** |
| 4 | 29.38 | 29.06 | 1.10 | 29.27 | **0.36** | 31.12 | 30.74 | 1.23 | 30.95 | **0.55** |

续 表

| 模态 | 第 4 级 | | | | | 第 5 级 | | | | |
|---|---|---|---|---|---|---|---|---|---|---|
| | 测量值 | 识别前 | $\|\delta\|$ | 修正后 | $\|\delta^*\|$ | 测量值 | 识别前 | $\|\delta\|$ | 修正后 | $\|\delta^*\|$ |
| 5 | 36.75 | 36.62 | 0.32 | 36.97 | **0.64** | 38.9 | 38.71 | 0.49 | 39.04 | **0.37** |
| 6 | 44.40 | 44.39 | 0.02 | 44.62 | **0.54** | 46.93 | 46.86 | 0.14 | 47.18 | **0.53** |

另外一个影响实验结果准确性的因素是重物安装位置的测量精度。鉴于此,以工况 4 为例对重物的安装位置进行识别。如图 7.26 所示,反映系统各阶模态频率的区间基本上相交于一点。同时,两个张拉等级识别出来的交点坐标也非常相近。这也说明了识别结果是可信的。

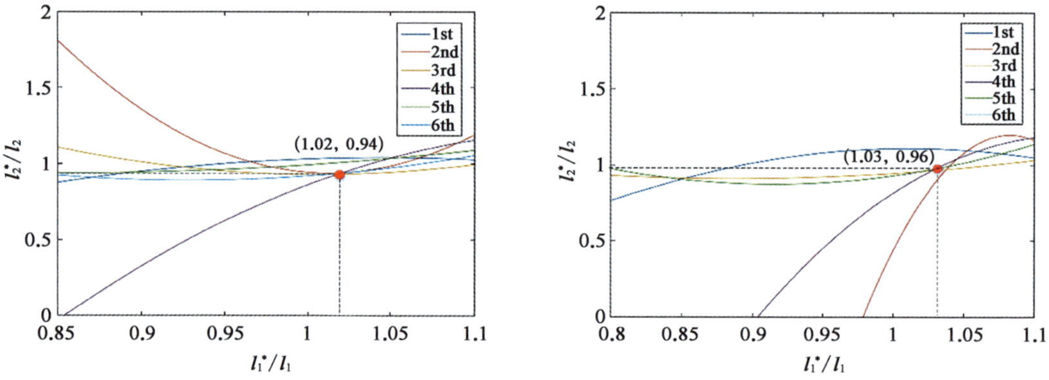


(a) 工况4第4级　　(b) 工况4第5级

图 7.26　曲面和系统前六阶模态交线在 $l_1^*/l_1$ 和 $l_2^*/l_2$ 平面上的投影

表 7.9 给出了重物安装位置识别前后计算频率与实测值的相对误差。从中可以看出,通过识别重物的安装位置,各阶模态的计算误差得到了显著降低。特别是,第一阶模态的误差由 2.65%(2.54)降低至 0.45%(0.58%)。同时不同工况的各阶模态的误差均控制在 1%以内。

表 7.9　识别前后误差对比

| 模态 | 第 4 级 | | | | | 第 5 级 | | | | |
|---|---|---|---|---|---|---|---|---|---|---|
| | 测量值 | 识别前 | $\|\delta\|$ | 修正后 | $\|\delta^*\|$ | 测量值 | 识别前 | $\|\delta\|$ | 修正后 | $\|\delta^*\|$ |
| 1 | 6.55 | 6.72 | 2.65 | 6.52 | **0.46** | 6.94 | 7.12 | 2.54 | 6.9 | **0.58** |
| 2 | 14.40 | 14.34 | 0.41 | 14.38 | **0.14** | 15.23 | 15.17 | 0.38 | 15.21 | **0.13** |
| 3 | 20.05 | 20.41 | 1.82 | 20.03 | **0.10** | 21.19 | 21.59 | 1.88 | 21.18 | **0.05** |
| 4 | 29.21 | 28.95 | 0.90 | 28.97 | **0.82** | 30.97 | 30.59 | 1.22 | 30.79 | **0.58** |
| 5 | 34.15 | 34.79 | 1.86 | 34.38 | **0.67** | 36.15 | 36.72 | 1.59 | 36.38 | **0.64** |
| 6 | 43.91 | 44.10 | 0.44 | 44.08 | **0.38** | 46.45 | 46.51 | 0.14 | 46.44 | **0.02** |

## 7.5　参数分析

为了进一步讨论重物的质量、数量及安装位置对系统模态频率的影响，图 7.27 给出了各工况下不同张拉等级对应的前六阶实测模态频率。

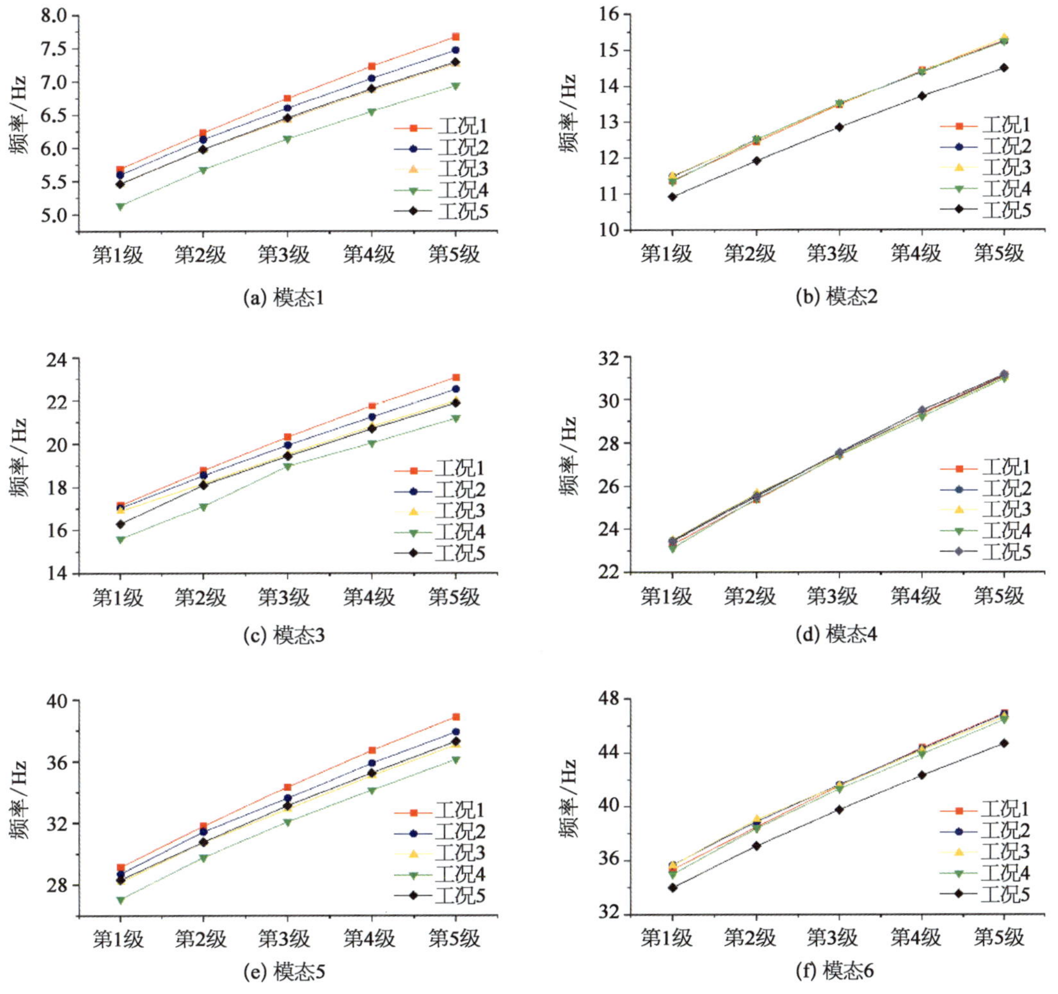


图 7.27　不同工况下实测索频比较

从图 7.27 可以看出：各工况下索力和索频基本上呈线性关系。① 对于奇数阶模态而言，由于工况四附加重物的质量最大（$4m_1$）其对应的模态频率最小，而裸索工况三和工况五的频率值非常接近且小于工况二。② 对于偶数阶模态而言，由于跨中为拉索的振型节点，在该点处布置重物将不能影响系统的动力特性，因此前四个工况的模态频率基本一致。而工况五在拉索的四分点附近分别布置了质量块，因此能够降低拉索第 2、6 阶的模态频率但对第 4 阶模态的影响很小。

第 8 章

# 悬索桥动力特性分析

为了实时掌握桥梁结构运营期的承载能力、运营状态、安全性及耐久性问题，建立大跨度桥梁的结构健康监测系统是非常必要的。悬索桥由于其构造简单、受力明确、跨越能力强等被公认为是特大跨度桥梁的主要结构形式。大跨度悬索桥的动力特性分析通常采用有限元法进行，能否正确模拟结构刚度、质量和边界条件将直接影响分析结果的准确性，而动力特性又是结构抗风抗震分析的基础。由于悬索桥主缆不可更换，且其安全性对全桥的承重能力和安全性至关重要，因此有必要对其动力特性进行精细化建模分析。然而，已有研究在对悬索桥进行建模分析时通常会对主缆进行简化，即采用杆单元进行建模，其垂度效应引起的几何非线性通常采用 Ernst 等效弹性模量公式进行处理。这类处理方式在对主缆进行动力特性分析时会存在以下问题：① 由于忽略了主缆的弯曲刚度，在对边缆或跨度较小的主缆进行分析时，其计算结果很可能误差较大。② 难以计入由于主缆振动时由弹性伸长引起的附加索力影响。

由于主缆在恒载作用下具有很大的初始张拉力，对后续结构形状提供强大的“重力刚度”，而劲梁的挠度是从属于主缆的，随着跨度的增大，加劲梁自身的抗弯刚度对结构刚度的影响也逐渐减小。可见，有必要对悬索桥主缆进行精细化建模，发展一套悬索桥主缆的精细化动力分析理论，这就需要对已有的悬索桥力学模型和分析理论进行改进。在现有的悬索桥动力分析方法中，有限元法由于其普适性被广泛采用。相比于有限元法，本章提出的复杂索缆体系动力分析理论具有以下优势：

(1) 不需要建立复杂的有限元模型，只需输入结构设计参数。此外，分析方法的推导过程全部是解析的，从而大大提升了计算效率。

(2) 非常适合参数分析，因此能够方便应用于初期的结构设计、运营期的结构健康监测和损伤监测。

(3) 相比其他理论计算方法，能够方便地考虑主塔、主梁，以及主缆弯曲刚度、垂度等影响因素对主缆动力特性的影响。因此是一种具有普适性的精细化动力分析方法。

## 8.1 基本假定

当采用线性方程分析悬索桥自由振动时，位移成分一般可分为面内振动、面外振动及扭转振动。而悬索桥的面内振动与其他振动位移并不复合，而是独立的。

为了便于分析且抓住问题的主要矛盾，本章做出如下假设：

(1) 假定主缆是等截面的，在静载下为二次抛物线构型，因而主缆重力可假设为沿跨度均匀分布。

(2) 由于悬索桥面内振动与面外振动不耦合，而悬索桥主缆的面外振动可采用与面内振动相同的方式进行求解，故本章仅考虑主缆的面内振动。

(3) 忽略主塔的轴向变形，主缆与塔顶不允许发生相对位移。

由于不考虑主塔轴向变向，塔顶节点处的竖向刚度为无穷大，而转动刚度则由主梁、边缆和主塔三部分贡献组成。边缆和主塔的动刚度矩阵可根据第 2 章中介绍的裸索系统求解，最后将各子系统的动刚度矩阵进行集组来获得系统的动刚度矩阵，进而实现悬索桥主缆的动力特性分析。若想获得悬索桥的精确动力行为，标准的处理方式是建立主缆-吊杆-主缆的耦合振动系统，通过求解系统的微分方程获得精确解答。此时，面内振动应考虑的位移有主梁的竖向位移 $u_g$、主缆的竖向位移 $u_c$ 和主缆的水平位移 $v$。特别是在各吊杆位置(结点)处，根据结点位移平衡条件可得吊杆的变形应为 $u_c-u_g$。由于本章研究对象为悬索桥主缆的动力特性，因此需要对主缆和吊杆的力学模型进行简化。为此，8.3 节将首先通过与有限元结果进行对比，对几种简化模型的合理性进行讨论。

## 8.2　结构设计参数

以图 8.1 所示某悬索桥为例验证本章分析方法的准确性。该悬索桥矢跨比为 1∶9.96，边跨长为 470 m，矢高为 4.417 5 m，主梁总长为 1 485.16 m，主跨吊杆共计 91 对，吊杆之间相距 16.1 m，塔高约 210 m。其立面布置图如图 8.1 所示。

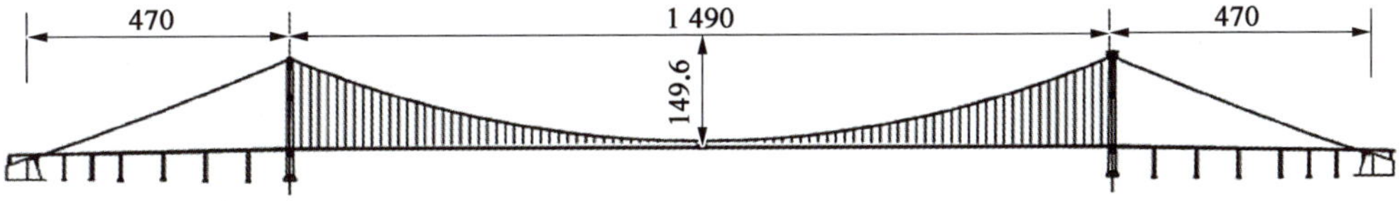


图 8.1　某悬索桥立面布置图(单位：m)

### 1) 桥面系

在采用通用有限元分析软件 ANSYS 建立该悬索桥的二维有限元模型时，主梁采用梁单元 Beam3 模拟，其刚度为加劲梁的刚度，密度为桥面系一期与二期恒载之和与加劲梁截面积之比，具体见表 8.1。

表 8.1　悬索桥主梁材料及截面特性参数

| 项目 | 弹性模量/Pa | 截面积/$m^2$ | 一期恒载换算密度/($kg/m^3$) | 二期恒载线密度/(kg/m) | 主梁换算密度/($kg/m^3$) | 主梁(单缆承重)换算线质量/(kg/m) | 抗弯惯性矩/$m^4$ |
|---|---|---|---|---|---|---|---|
| 数量 | $2.1\times10^{11}$ | 1.293 5 | $11.311\ 2\times10^3$ | $5.103\times10^3$ | $15.256\ 3\times10^3$ | $9.867\times10^3$ | 2.079 7 |

2）主缆系统

主缆和边缆的静构型采用二次抛物线假定，即 $y(x)=\frac{4f}{l_0^2}x(l_0-x)$。建模时，主缆和边缆采用平面梁单元 Beam3 进行模拟，在吊杆位置处建立结点，在成桥状态下以单元初应变的方式考虑主缆的初始应力。主缆有关设计参数见表 8.2。

表 8.2　主缆材料及截面特性参数

| 项目 | 主缆入射角/° | 边缆长度（南/北）/m | 弹性模量/Pa | 截面积/$m^2$ | 线质量/（kg/m） | 抗弯惯性矩/$m^4$ | 主缆力水平分量/N | 主缆锚跨内力/N |
|---|---|---|---|---|---|---|---|---|
| 数量 | 18.97 | 496.61 | $2.0\times10^{11}$ | 0.515 5 | 4 052.4 | 0.021 1 | $2.737\,433\times10^8$ | $2.894\,656\times10^8$ |

3）吊杆系统

与传统有限元采用不受压杆单元模拟吊杆不同，将采用一种可承受单轴拉压的二维杆单元 Link 1 来模拟吊杆。其具体设计参数见表 8.3。

表 8.3　吊杆材料及截面特性参数

| 项目 | 弹性模量/Pa | 截面积/$m^2$ | 密度/（$kg/m^3$） | 数量/对 | 最短吊杆长度/m |
|---|---|---|---|---|---|
| 数量 | $2.0\times10^{11}$ | $4.28\times10^{-3}$ | $7.21\times10^3$ | 91 | 3.184 |

4）主塔

悬索桥主塔采用 Beam3 单元进行模拟，混凝土塔的弹性模量 $E$ 取 $3.5\times10^{10}$ Pa，截面积为 35.512 9 $m^2$，塔高为 210 m，单位长度线质量为 $9.075\times10^4$ kg/m。通常主塔由两根塔柱和多根横梁组成。严格意义上来说，主塔为变截面梁，但由于本章目的是验证分析方法，因此将桥塔视为常截面梁进行建模，其惯性矩取 165.291 7 $m^4$。

5）边界条件

边界条件对结构动力特性和响应的影响重大，为了真实反映实际结构的动力特性，就需要根据设计图纸准确模拟各构件间的连接和系统的边界条件。基于此，在建立全桥有限元模型时，将主缆与塔顶自由度全部耦合，边缆在锚碇位置处固结处理。

基于大型有限元通用软件 ANSYS 建立的悬索桥平面模型如图 8.2 所示。

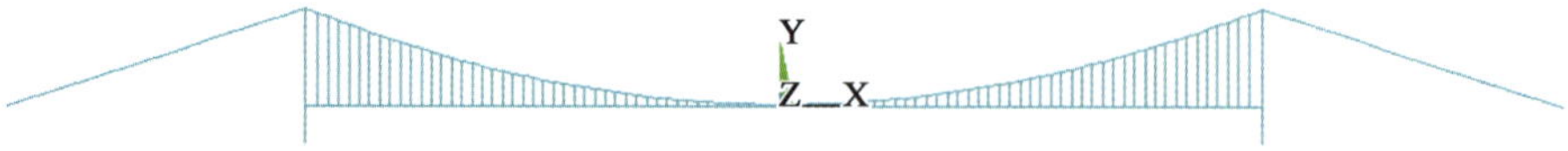


图 8.2　悬索桥有限元模型

## 8.3　主梁简化方式

为了在避免求解复杂的缆-梁-吊杆耦合振动系统的前提下获得主缆动力特性，就需要对吊杆和主梁进行适当简化。为了寻求一种简单且可靠的简化方式，本节将分别对四种不同简化模型的合理性进行探讨。第一种模型为刚性地基模型，即将主梁视为刚性地基，将吊杆视为拉压弹簧单元。第二种为弹性地基模型，即将主梁视为均匀的弹性地基，将吊杆视为弹簧单元并和地基串联。第三种为简支梁模型，即将主梁视为简支梁，通过计算各吊杆位置处主梁的柔度来确定主梁提供的竖向支撑刚度，再将吊杆刚度和主梁在该点处的刚度进行串联处理。第四种为古典解析方法，将吊杆视为刚性支撑，主梁和主缆在吊杆位置处的位移相同，系统的抗弯刚度全部由主梁提供。

1）刚性地基模型

在该分析模型中，主梁被视为刚性地基。此时主梁竖向不发生变形，即 $u_g=0$，系统的竖向位移只有主缆的竖向变形 $u_c$。此时，主梁和吊杆给主梁提供的竖向支撑刚度 $k_{eq}$ 将完全取决于吊杆的轴向刚度，即 $k_{eq}=k_i=\dfrac{E_iA_i}{L_i}$ 的竖向弹簧。其中，$E_i$、$A_i$ 和 $L_i$ 分别表示第 $i$ 个吊杆的弹性模量、有效截面面积和长度。而主梁的质量则可考虑均匀分配到主缆上（图 8.3）。该模型可采用第 4 章介绍的多段式索缆系统进行分析。

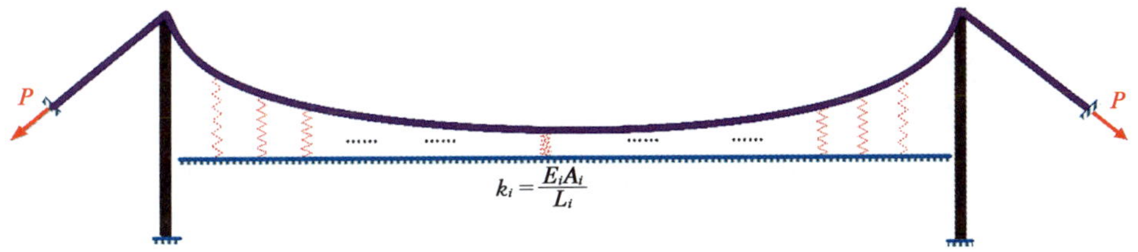


图 8.3　刚性地基模型图示

2）弹性地基模型

由于主梁实际上是柔性结构，且相比于具有重力刚度效应的主缆而言，其竖向刚度远小于主缆，可见将主梁视为刚性地基是不符合实际情况的。鉴于此，可考虑将主梁简化为弹性地基，其刚度系数 $K_g=\dfrac{E_gI_g}{l_g^3}$。此时，主缆的竖向支撑刚度 $k_{eq}$ 将由吊杆和主梁共同提供，两者之间为串联关系（图 8.4）。而主梁的质量则可均匀分配至主缆上。

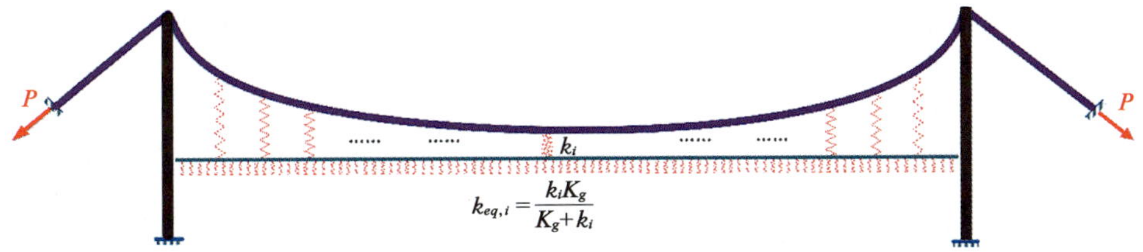


图 8.4　弹性地基模型图示

3）简支梁模型

在前两种分析模型中，主梁均被视为不发生竖向挠曲的刚性地基或弹性地基。事实上，主梁在振动过程中自身也会发生挠曲变形，以此来协助主缆抵抗变形，且主梁提供的竖向支撑刚度是随空间位置变化的。如图 8.5 所示，根据竖向支撑刚度的定义，第 $i$ 个吊杆和主梁所构成的系统提供的等效支撑刚度 $k_{eq,\,i}$ 为两者共同发生单位位移所需要的外力。其中，主梁在第 $i$ 个吊杆位置处提供的竖向刚度 $K_i$ 可通过柔度系数 $\delta_i$ 来确定。在计算 $\delta_i$ 时，可将主梁视为简支梁，通过在主梁第 $i$ 个吊杆位置(结点)处施加单位力后的挠度予以确定。计算出 $K_i$ 后，通过与吊杆刚度 $k_i$ 串联即可得出第 $i$ 个吊杆和主梁的等效竖向支承刚度 $k_{eq,\,i}$。计算时，主梁的质量依然采用均匀分配至主缆上的方式予以考虑。

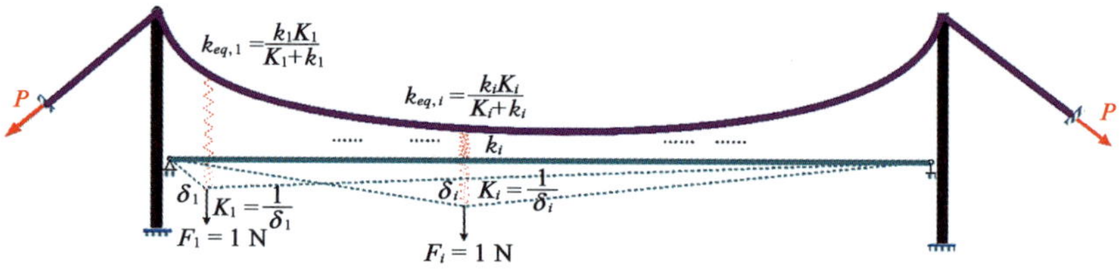


图 8.5　主梁简支梁模型图示

4）吊杆刚性支撑模型

在有限元分析过程中，悬索桥吊杆通常被视为不可压缩的杆单元，若考虑吊杆的振动力为均匀荷载且在振动中保持垂直，则其轴向伸长往往可以忽略。故在理论分析时可将其进一步视为连接主缆和主缆的刚臂。此时主梁和主缆在吊杆位置(结点)处的竖向位移 $u_g$ 和 $u_c$ 是不独立的，因而可用统一的位移函数 $u$ 来表示。若忽略主梁振动，则可将主梁的质量和弯曲刚度均匀分配至主缆上(图 8.6)。主缆的修正单位长度线质量 $m=m_c+m_g$，修正截面抗弯刚度 $EI=E_gI_g+E_cI_c$。其中，$m_c$ 和 $m_g$ 分别为主缆和主梁的单位长度线质量，$E_cI_c$ 和 $E_gI_g$ 分别为主缆和主梁的抗弯刚度。该简化模型对应的无阻尼自由振动方程可表示为：

$$EIu'''' - \widetilde{P}u'' - hy'' + m\ddot{u} = 0 \tag{8.1}$$

式中　$\widetilde{P}$——主缆拉力的水平分力；

$h$——主缆附加水平方向拉力。

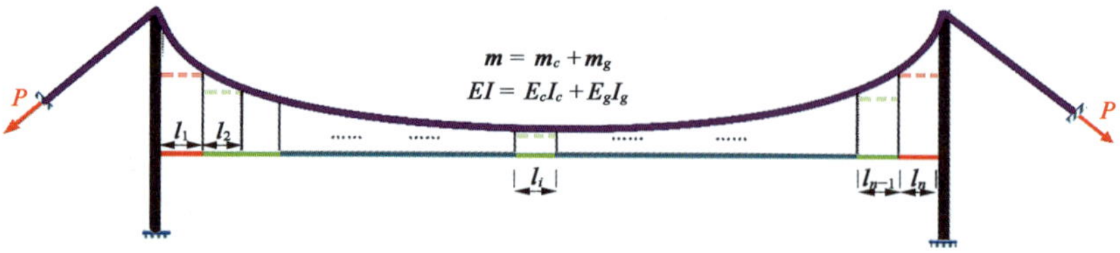


图 8.6　悬索桥吊杆刚性支撑模型

表 8.4、图 8.7 给出了主缆前 10 阶模态频率和振型的有限元结果。对比上述四种简化模型及有限元解可以看出：① 刚性地基模型计算结果均远大于有限元解，严重背离了实际情况。刚性地

基模型将主梁视为刚度无穷大的刚性地基,过大估计了系统的刚度。② 弹性地基梁模型的各阶计算结果略小于有限元解,这是由于较低地估计了主梁的支撑刚度。事实上,主梁的竖向支撑刚度是随着空间位置变化的,其中跨中位置处的刚度最小,靠近梁段部处最大,采用统一刚度系数无法真实反映主梁空间变化的竖向支撑刚度。③ 简支梁模型充分考虑了主梁支撑刚度随空间变化的特点,其各阶模态结果与有限元解吻合得很好。需要说明的是,表中用"/"标注出的模态代表该阶模态是以主梁振动为主(事实上主梁独立振动时前三阶模态频率分别为 0.294、0.095 3 和 0.142 4),由于简化模型忽略了主梁的振动,因而无法求出这些模态,但足以抓住主缆占优的绝大多数模态信息。④ 吊杆无伸长模型的计算结果虽然也与有限元解吻合得较好,但由于忽略了吊杆的弹性伸长,在计算高阶模态信息时会遗漏部分模态信息,如第 9 阶。

表 8.4　四种计算模型前 10 阶模态频率计算结果

| 模态阶次 | 模型 1 | 模型 2 | 模型 3 | 模型 4 | 有限元解 |
|---|---|---|---|---|---|
| 1 | 0.971 5 | / | / | / | 0.031 1 |
| 2 | 1.114 8 | 0.047 5 | 0.049 8 | 0.049 9 | 0.049 4 |
| 3 | 1.240 6 | / | / | / | 0.080 9 |
| 4 | 1.358 3 | 0.094 7 | 0.104 3 | 0.100 9 | 0.107 4 |
| 5 | 1.471 3 | / | / | / | 0.140 3 |
| 6 | 1.581 2 | 0.142 1 | 0.151 0 | 0.154 0 | 0.155 4 |
| 7 | 1.689 1 | 0.189 4 | 0.197 9 | 0.210 1 | 0.204 1 |
| 8 | 1.795 7 | 0.236 9 | 0.244 9 | 0.270 1 | 0.255 3 |
| 9 | 1.901 1 | 0.284 3 | 0.292 1 | / | 0.316 7 |
| 10 | 2.006 1 | 0.331 9 | 0.339 3 | 0.334 7 | 0.349 1 |

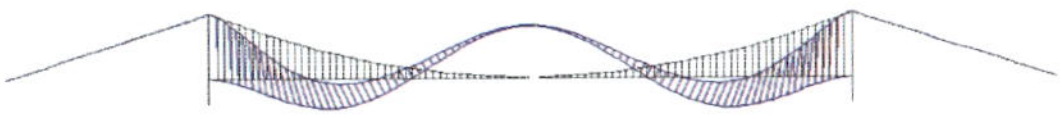
(a) 第1阶

(b) 第2阶

(c) 第3阶

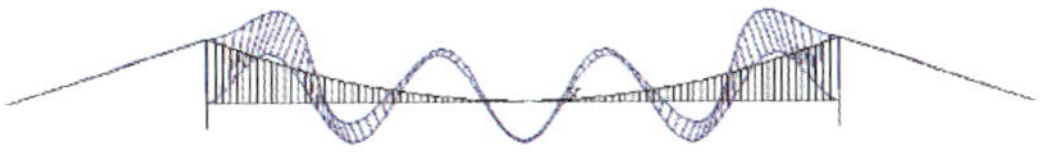
(d) 第4阶

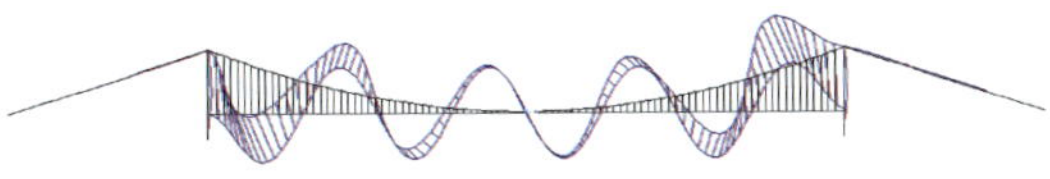
(e) 第5阶

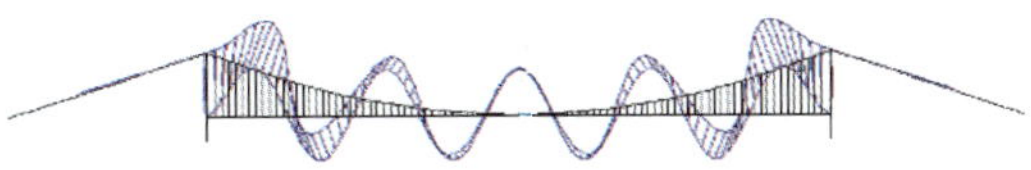
(f) 第6阶

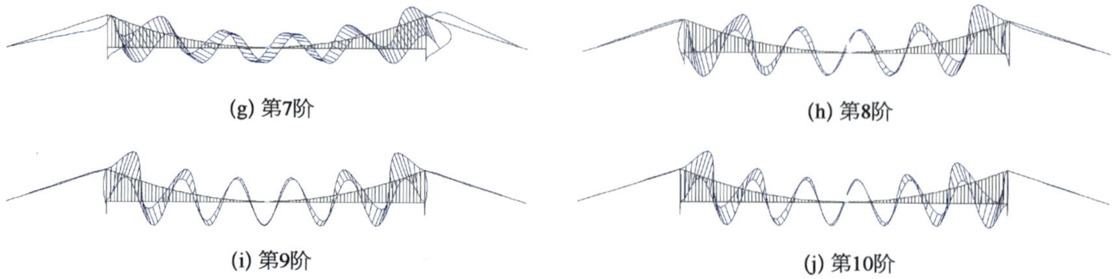


图 8.7　悬索桥主缆前 10 阶振型

综上所述，主梁简支梁模型与有限元解吻合得较好，由于真实考虑了吊杆的弹性支撑刚度，比传统分析方法（刚性吊杆模型）具有更高的计算精度，且不会丢失高阶模态信息，因此在实际工程中具有较好的应用和推广价值。

## 8.4　实桥验证

为了实时掌控大跨度桥梁建设和服役期关键构件和整体结构的静力、动力行为，从而实现大跨桥梁结构全生命周期内的安全性和适用性监测。为桥梁结构的损伤预警和安全诊断提供依据，就需要借助健康监测系统（SHMS）。为了掌握索缆的动力响应进而分析主缆的动力学行为，SHMS 中采用了 12 个低频单向加速度传感器对称布置于上下游的两个主缆，从而实现对主缆竖向和横向振动的实时监测，主缆上加速度传感器的具体布置如图 8.8 所示。

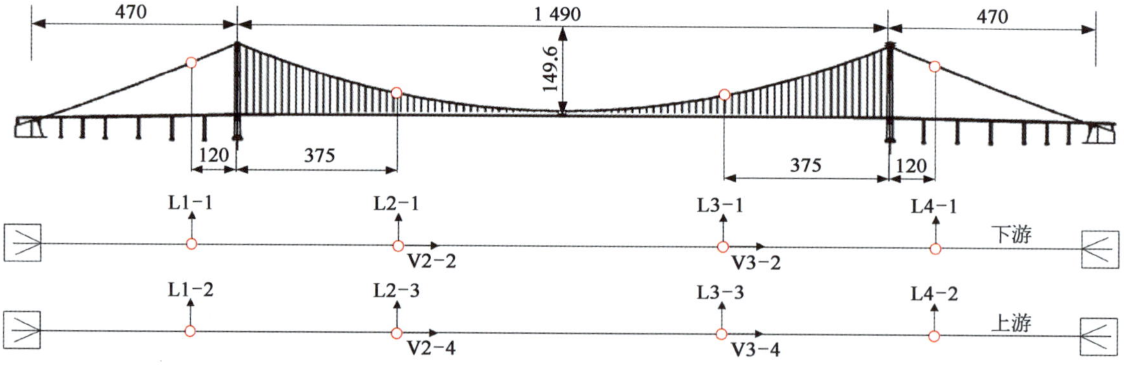


图 8.8　主缆监测传感器布置示意图（单位：m）

图中编号以“L”命名的传感器代表横桥向加速度传感器，用“↑”表示；以“V”命名的代表竖向加速度传感器，用“→”表示。其中，加速度传感器的采样频率为 20 Hz，工作温度为 −40～+85℃。分析中采用了加海明窗技术以减少由于时域信号截断而引起的频域中的信号泄露，同时采用了分段平滑技术以减小谱值的随机误差。以主缆上游竖向加速度计 LZD3 - 2 为例，将其 1 h 的数据样本分为 19 段，各段子样本长 6 min（共 7 200）个数据，相邻子样本重叠 3 min。首先通过快速傅里叶变换(FFT)得到所有子样本的功率谱密度(PSD),然后求出所有子样本功率谱密度的平均值,进而可以通过峰值拾取法得出主缆的各阶模态频率(图 8.9)。

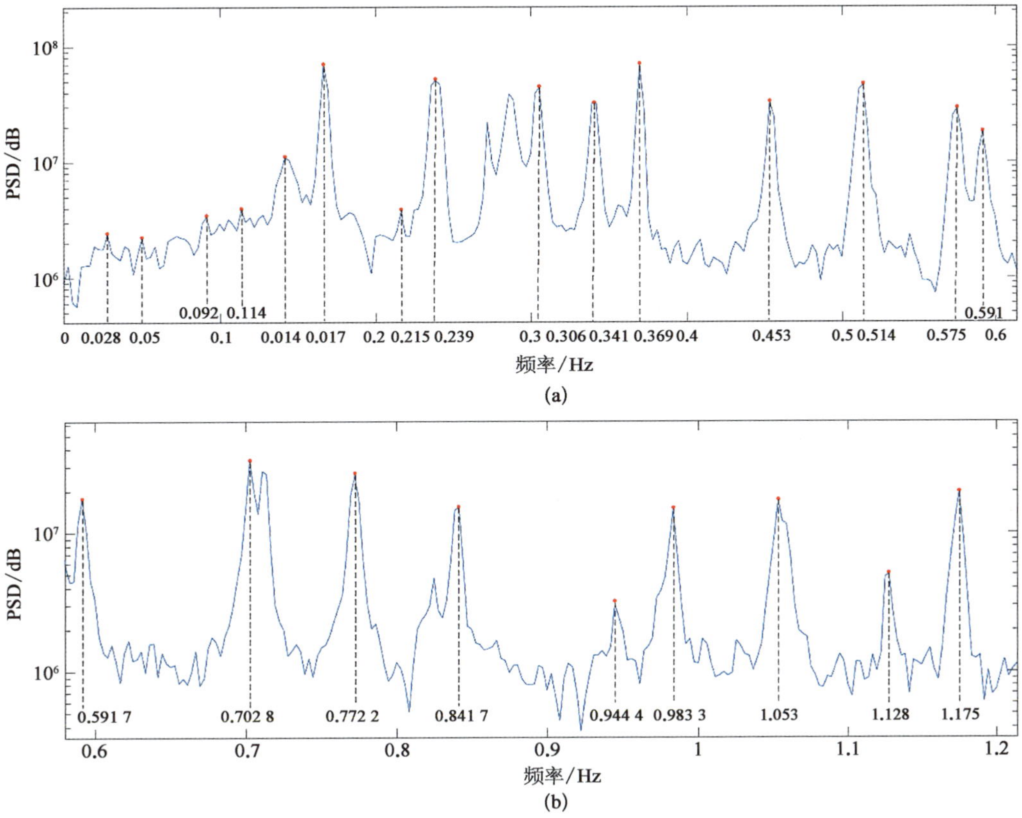


图 8.9　主缆竖向加速度响应功率谱密度

表 8.5 给出了主缆前 20 阶模态频率的实测值、有限元解、解析法及本章方法的计算结果。从中可以看出:

(1) 与解析法相比,本章方法的计算结果与有限元解更为接近,除了第 9 阶模态频率的误差为 7.24%外(这主要是由于该阶模态频率与主梁更为接近,说明主梁的贡献更大),其他模态的计算误差均不超过 5%。

(2) 本章方法在低阶和高阶模态均具有较高的计算精度。以第 4 阶模态为例,解析法的计算误差为 6.14%而本章方法仅有 0.75%。此外,对于高阶模态,如第 15～20 阶模态,除了主梁占优的 17 阶模态,本章方法的计算误差均在 1%以内。

(3) 解析法在高阶会丢失一部分模态信息,如第 9、13、17 阶模态,但本章方法则能很好地解决这一问题。这说明本章方法比传统解析方法具有更好的适用性。

总体而言,本章方法的计算结果与有限元和实测值是非常接近的,具有很高的计算精度,且易于实施,能够为悬索桥主缆的初期设计及运营期的健康监测提供理论依据,是一种可靠且值得推广的分析方法。

表 8.5 悬索桥前 20 阶模态频率计算结果对比

| 模态 | FEM | 解析法 | 相对误差/% | 本章方法 | 相对误差/% | 实测值 | 相对误差/% |
|---|---|---|---|---|---|---|---|
| 1 | 0.031 1 | / | / | / | / | 0.027 8 | / |
| 2 | 0.049 4 | 0.049 9 | 1.01 | 0.049 8 | 1.00 | 0.050 0 | 0.21 |
| 3 | 0.080 9 | / | / | / | / | 0.091 6 | / |
| 4 | 0.107 4 | 0.100 9 | 6.14 | 0.106 6 | 0.75 | 0.113 9 | 6.42 |
| 5 | 0.140 3 | / | / | / | / | 0.141 7 | / |
| 6 | 0.155 4 | 0.154 0 | 0.97 | 0.153 1 | 1.48 | 0.166 7 | 8.15 |
| 7 | 0.204 1 | 0.210 1 | 2.89 | 0.199 8 | 2.08 | 0.214 8 | 6.96 |
| 8 | 0.255 3 | 0.270 1 | 5.72 | 0.246 7 | 3.35 | 0.238 9 | 3.28 |
| 9 | 0.316 7 | / | / | 0.293 8 | 7.24 | 0.305 6 | 3.87 |
| 10 | 0.349 1 | 0.334 7 | 4.12 | 0.340 9 | 2.35 | 0.341 7 | 0.24 |
| 11 | 0.388 3 | 0.404 4 | 4.14 | 0.388 1 | 0.05 | 0.369 4 | 5.06 |
| 12 | 0.455 6 | 0.479 9 | 5.33 | 0.435 4 | 4.43 | 0.452 8 | 3.83 |
| 13 | 0.538 1 | / | / | 0.530 4 | 1.43 | 0.513 9 | 3.21 |
| 14 | 0.556 1 | 0.561 4 | 0.95 | 0.578 1 | 3.95 | 0.575 0 | 0.53 |
| 15 | 0.627 2 | 0.649 4 | 3.54 | 0.625 9 | 0.21 | 0.591 7 | 5.77 |
| 16 | 0.718 2 | 0.744 1 | 3.60 | 0.721 9 | 0.51 | 0.702 8 | 2.71 |
| 17 | 0.802 6 | / | / | 0.770 1 | 4.04 | 0.772 2 | 0.26 |
| 18 | 0.818 5 | 0.845 7 | 3.33 | 0.818 5 | 0.004 | 0.841 7 | 2.75 |
| 19 | 0.924 8 | 0.954 5 | 3.21 | 0.915 8 | 0.97 | 0.944 4 | 3.02 |
| 20 | 1.022 9 | 1.070 5 | 3.13 | 1.013 9 | 0.88 | 0.983 3 | 3.11 |

# 第三篇

# 复杂索缆系统的平均索力及索参数智能监测与感知

# 第 9 章

# 基于 PSO 的复杂拉索系统模型修正及参数识别

## 9.1 概述

斜拉桥作为由索、梁、塔为主要受力构件的组合体系，其主要特点是：结构体系确定之后，结构的内力和线形完全由斜拉索的索力确定。随着桥梁工程的不断发展，斜拉索的形式越来越多样化，其需要测试的参数也越来越多样化。其作为斜拉桥的主要受力构件，准确获知斜拉索索力及其他参数是进行结构受力和健康状态评估的基础，无论对斜拉桥结构施工过程还是运营阶段，均至关重要，是斜拉桥施工控制和健康监测的核心内容之一。目前，工程实践中的识别问题主要是由动力测试数据来识别索力等力学和物理参数的动力学反问题。在现有的识别问题中存在的主要问题是：① 斜拉索动力学模型多数基于线性振动理论得到，本身忽略了垂度、刚度等的影响，识别出来的结果可能存在较大的偏差；② 由于斜拉索设计参数和实际参数的不一致性，实际斜拉索动力测试过程一般存在系统误差。因此，基于更精确的非线性振动理论进一步研究斜拉索的动力问题，发展精度高、力学概念明确、便于工程应用的斜拉索参数测试与评估方法，具有重要的理论和实践意义。

本章以第 18 章中得到的斜拉索统一频率特征方程为基础，采用 PSO 优化算法，实现了斜拉索索力、惯性矩、集中质量、弹性刚度和阻尼系数的识别，利用仿真分析和试验数据验证了该方法的有效性，并给出基于 PSO 的斜拉索参数识别的具体方法。

## 9.2 模型修正及参数识别

模型修正实际上是反问题的一种，即系统辨识问题。关于系统辨识问题，Astorm 和 Eyhkoff[178] 给出如下定义：所谓系统辨识，是根据实际系统测试中的输入、输出信息 $\mu$，在一组预先给定的系统参数集合 $\{S\}$ 中找到合适的 $\phi \in \{S\}$，使之与实际系统等价。从上述定义来看，系统辨识(模型修正)的关键就在于如何给出等价的标准。通常，在传统的模型修正方法中，是通过定义一个标量函数(error function)来实现的[123]，即

$$V=V(y_A(\phi),\ y_m) \tag{9.1}$$

式中 $V$——误差函数；

$y_A(\phi)$——原分析模型的输出(输入)或其他特征；

$y_m$——实际输出(输入)或其他特征。

当目标泛函选定后，模型修正问题实际上归结为一个约束优化问题，即寻找合适的 $\phi\in\{S\}$，使得目标泛函取极值。求解的算法有矩阵摄动法、迭代法、直接法、最近兴起的遗传算法和模拟退火法等。

### 9.2.1 模型修正的基本思路

本章方法中所用模型修正基本思路与传统模型修正方法的基本原理相同，也是首先建立一个优化目标函数，然后运用相应的优化算法进行修正。与传统的模型修正方法不同的是，在本章模型修正方法中不借助有限元模型，而是直接运用解方程的代数方法的思路进行修正，满足方程的一组解就是所要识别的拉索参数。本章中所用模型修正方法的具体流程如图 9.1 所示。

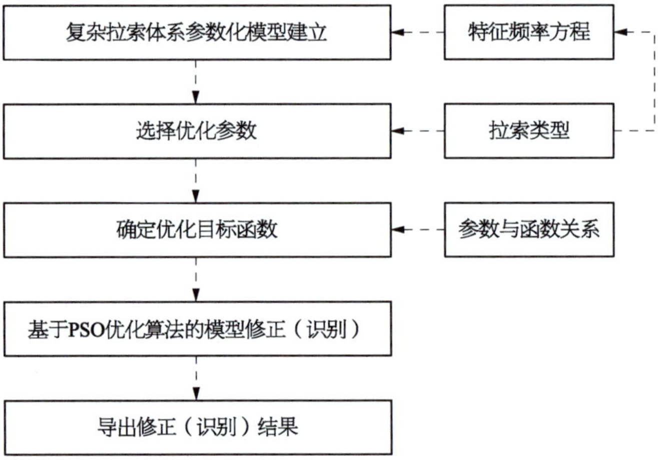


图 9.1　模型修正流程

### 9.2.2 识别参数的选择

通过第 4 章复杂拉索系统统一频率特征方程的建立过程可以发现，该模型中的拉索单位长度质量 $m$、有效横截面面积 $A$、倾角 $\phi$、弹性模量 $E$ 等参数，在拉索设计时可以准确地给出，拉索建成安装之后参数值几乎不变，可近似认为设计值和真实值是相等的。因此，在拉索参数识别过程中不需要对这些参数进行识别。另外，在该模型中，索长指拉索上、下锚固点间的弦向长度 $L$，而不是拉索的实际长度，两个锚固点之间的距离是可以准确给出的，因此也不需要进行识别。最后，需要识别的拉索参数只剩下索力 $H$、惯性矩 $I$、集中质量 $dm$、弹性刚度 $k$、阻尼系数 $c$。

### 9.2.3 目标函数的选择

第 4 章中给出的复杂拉索统一频率特征方程考虑拉索因素更加全面，与实际拉索更加接近，可以将其作为拉索识别过程中的拉索动力学模型。在识别过程中,对于识别结果的准确性和效率,目标函数的选取是非常重要的。因此,有必要研究拉索频率特征方程与识别参数之间的相关规律,以确定最终用于识别的优化目标函数。在研究中,拉索基本参数在表 9.1 中给出,识别参数的取值范围在表 9.2 中给出,识别过程中,使用的拉索频率由第 1 章给出的方法计算得到,$f=1.778$ Hz。计算结果如图 9.2 所示,图中只给出与本文识别方法相关的结果,其他结果见附录。

表 9.1　拉索基本参数(目标函数选择)

| 索力<br>$H$/N | 索长<br>$L$/m | 弹性模量<br>$E$/Pa | 惯性矩<br>$I$/m⁴ | 线密度<br>$\rho$/kg | 直径<br>$D$/m | 集中质量<br>$dm$/kg | 刚度<br>$k$/(N/m) | 阻尼系数<br>$c$/[N/(m/s)] |
|---|---|---|---|---|---|---|---|---|
| $2.981\times10^6$ | 75.716 | $1.95\times10^{11}$ | $2.98\times10^{-6}$ | 45.7 | 0.075 | 100 | $3\times10^5$ | $3\times10^5$ |

表 9.2　识别参数取值范围

| $H$ | $I$ | $dm$ | $k$ | $c$ |
|---|---|---|---|---|
| $[2.5\times10^6, 3.5\times10^6]$ | $[2.5\times10^{-6}, 3.5\times10^{-6}]$ | [80,120] | $[2.5\times10^5, 3.5\times10^5]$ | $[2.5\times10^5, 3.5\times10^5]$ |

从图 9.2 中可以看到,拉索频率特征方程的函数值在拉索参数真值附近变化相对比较平缓,函数图像中除个别函数值达到较大的值之外,其他值都集中在相对较小的数值水平。但是,在这种情况下进行优化时,算法需要寻找的是函数的极小值。从图像来看,多数函数值接近极小值,这在一定程度上会降低识别的精度和效率。与之相反,函数倒数图像在真值附近变化比较剧烈,在图中仅一个或数个函数值达到极大值,其他值都远远小于该值。在这种情况下进行优化时,算法需要寻找的恰好是函数的极大值,这在一定程度上增加了识别的精度和效率。由此来看,使用拉索频率特征方程函数的倒数作为目标函数比直接用拉索频率特征方程函数作为目标函数有更好的识别度。因此,本章选择复杂拉索统一频率特征方程的倒数作为优化的目标函数。目标函数如式(9.2)所示。

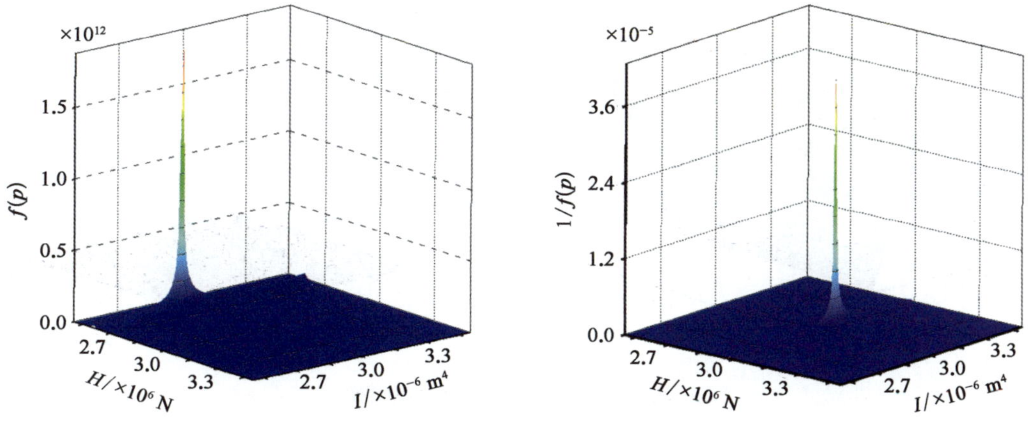


(a) $H$、$I$变化时函数及函数倒数的图像

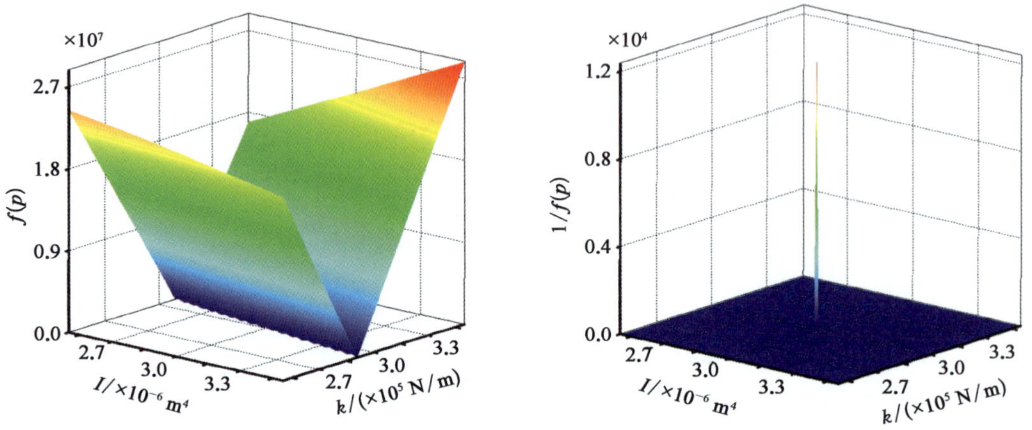


(b) $I$、$k$变化时函数及函数倒数的图像

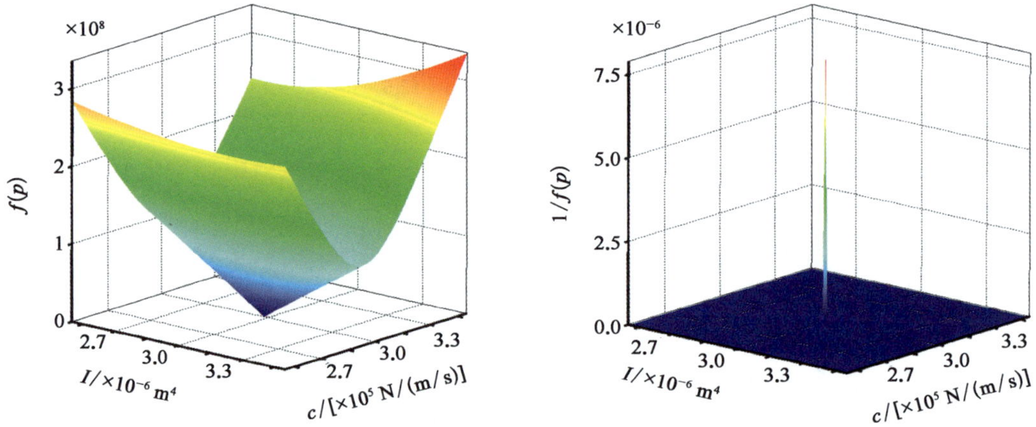


(c) $I$、$c$变化时函数及函数倒数的图像

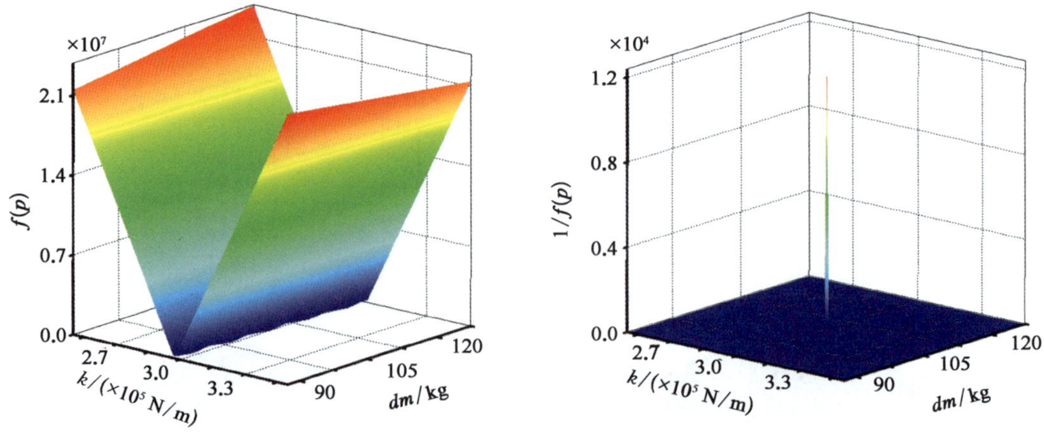


(d) $k$、$dm$变化时函数及函数倒数的图像

图 9.2　拉索频率特征方程与识别参数之间的变化规律

$$f(p)=1/(\det(\mathbf{K}^{(0)}+\mathbf{K}_{AB}+\mathbf{K}_{C}))\tag{9.2}$$

式中　$f(p)$——目标函数；

$p$——识别参数向量($H$、$I$、$dm$、$k$、$c$ 的任意组合)；

其他参数含义同第 4 章。

当目标函数确定后，需要解决的识别问题就转化为式(9.3)所示的约束优化问题。

$$\begin{cases}\max(f(p))\\ p^L\leqslant p\leqslant p^U\end{cases}\tag{9.3}$$

式中　$f(p)$——优化目标函数；

$p$——优化参数向量($H$、$I$、$dm$、$k$、$c$ 的任意组合)；

$p^L$——优化参数的下限；

$p^U$——优化参数的上限。

### 9.2.4　PSO 优化算法

用于寻求函数最大值的智能优化算法很多，如遗传算法、模拟退火算法、单纯形法、PSO 算法等。PSO 智能优化算法由于其实现比较简单、识别效率较高等优点，再加上本课题组对 PSO 算法的学习积累，因此，本章选择 PSO 优化算法对目标函数进行优化。在一般 PSO 优化算法基本流程的基础上，提出本章所利用的 PSO 优化算法进行拉索参数识别的具体流程，如图 9.3 所示。

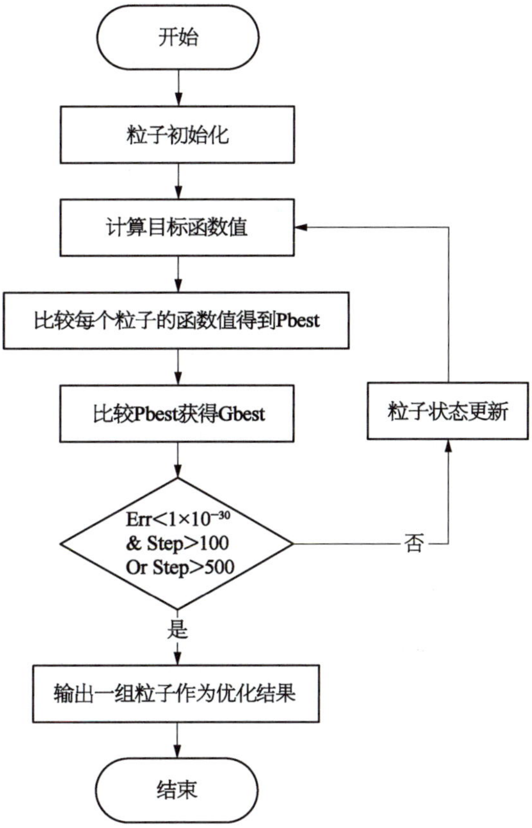


图 9.3　PSO 优化算法识别流程图

1) PSO 算法的选择

近年来，PSO 算法发展迅速，在众多领域得到了广泛应用。很多学者在现有领域拓扑结构的基础上，对算法进一步改善，使算法既具有较快的收敛速度，又具有较好的全局搜索能力，从而提出了很多 PSO 的新算法。本节以纯索为例，对 common 法、Trelea types 1、Trelea types 2 和 Clerc's Type 1 四种 PSO 算法进行比较，选择一种识别速度快、精度高的算法。

四种算法的主要区别在于速度更新公式中的参数取值不同。下面给出粒子群算法速度和位置的更新公式(9.4)，以及根据本章方法计算得到的四种粒子群算法的参数值(表 9.3)。

$$\begin{aligned}v_{id}^{k+1}&=\omega v_{id}^{k}+c_1\xi(p_{id}^{k}-x_{id}^{k})+c_2\eta(p_{gd}^{k}-x_{id}^{k})\\ x_{id}^{k+1}&=x_{id}^{k}+\gamma v_{id}^{k+1}\end{aligned}\tag{9.4}$$

式中 $\omega$ ——保持原来粒子运行速度的系数，叫惯性权重；

$c_1$ ——“认知”系数，是粒子跟踪自己历史最优值的权重系数；

$c_2$ ——“社会”系数，是粒子跟踪群体最优值的权重系数；

$\xi$、$\eta$ ——[0, 1]区间内均匀分布的随机数；

$\gamma$ ——位置更新时的约束因子，通常取 1。

表 9.3 四种 PSO 算法参数取值

| PSO 算法 | $\omega$ | $c_1$ | $c_2$ |
|---|---|---|---|
| Common 法 | 0.9 → 0.4 | 3 | 3 |
| Trelea types 1 | 0.729 | 1.494 | 1.494 |
| Trelea types 2 | 0.6 | 1.7 | 1.7 |
| Clerc's Type 1 | 0.267 9 | 0.804 | 0.804 |

数值仿真拉索基本参数见表 9.4。采用以上四种 PSO 算法分别对纯索的索力和惯性矩进行识别，并对比其识别速度和效果。在识别过程中，除采用的 PSO 优化算法的方法不同外，其他参数均保持一致。将拉索参数的识别值随迭代次数收敛的情况在图 9.4 中给出。

表 9.4 纯索基本参数

| 索力 $H$/N | 索长 $L$/m | 弹性模量 $E$/Pa | 惯性矩 $I$/$m^4$ | 线密度 $\rho$/kg | 直径 $D$/m |
|---|---|---|---|---|---|
| $2.981\times10^6$ | 75.716 | $1.95\times10^{11}$ | $2.98\times10^{-6}$ | 45.7 | 0.075 |

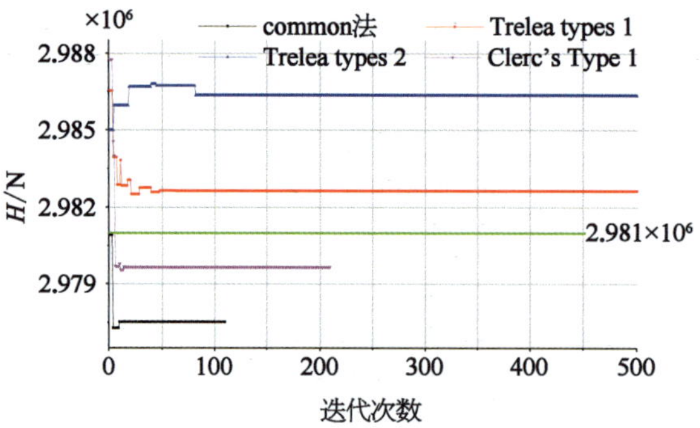

(a) 索力识别过程

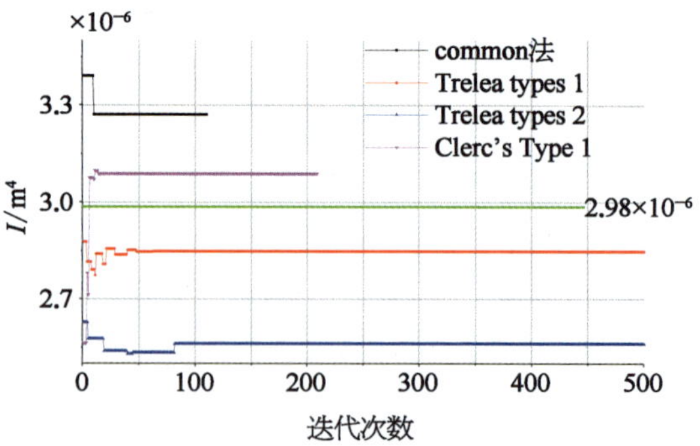

(b) 惯性矩识别过程

图 9.4 四种 PSO 算法识别过程

图 9.4 给出了四种 PSO 算法识别纯索的收敛路径，图中横轴表示迭代次数，反映算法识别的速度，纵轴表示识别的结果，并在图中用绿色的直线标出了拉索参数的真值，其他各条线相对于该线的距离反映了识别结果的精度。从中可以看出，Trelea types 1 和 Clerc's Type 1 对索力和惯性矩

的识别都有比较好的效果。两者相比,对于惯性矩的识别,Clerc's Type 1 要略优于 Trelea types 1。相比之下,common 法和 Trelea types 2 识别的结果要差一些。从收敛速度上来看,common 法和 Clerc's Type 1 能够在较少的迭代次数内达到收敛要求,但是,从识别结果来看,common 法并没有识别出拉索真值,识别的最大值仅为 $1\times10^{-4}$。Trelea types 1 和 Trelea types 2 在规定的迭代次数(500 步)内并没有达到收敛条件,而且后期识别的结果变化幅度很小,继续迭代的意义不大。从上述分析来看,综合考虑识别精度和效率两个方面,Clerc's Type 1 要优于其他三种方法。因此,本章所有参数识别均采用 Clerc's Type 1 进行。

2) PSO 算法的稳定性

因为 PSO 算法是一种随机搜索算法,所以需要验证该方法识别的稳定性。以 1)中的纯索为例,共识别 100 次,然后比较这 100 次识别结果的误差。识别结果误差采用式(9.5)进行计算。

$$\delta_j = \frac{|p_j - p_r|}{p_r} \times 100 \tag{9.5}$$

式中　$\delta_j$ ——第 $j$ 组识别结果相对于真值的相对误差;

$p_j$ ——第 $j$ 组识别结果;

$p_r$ ——识别参数的真值。

识别结果如图 9.5 所示。

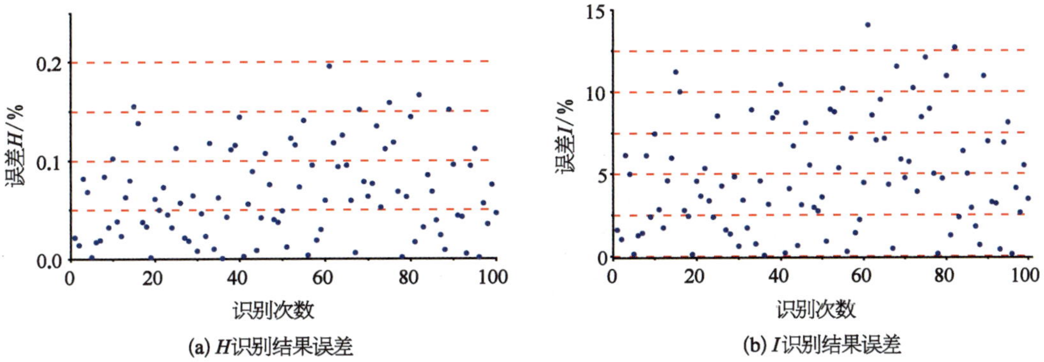


图 9.5　100 次纯索识别结果误差

如图 9.5 所示,将索力和惯性矩的识别结果误差以散点图的形式给出,横轴表示识别的次数,纵轴表示识别的误差。从图 9.5(a)可以看到,索力识别误差最大不超过 0.2%,多数集中在 0.15% 以下,平均识别误差为 0.065%,方差为 0.002 2。这说明对索力的识别精度是非常高的,也说明该方法对索力的识别有较好的稳定性。从图 9.5(b)看到,该方法对惯性矩的识别比索力要差,识别误差超过 10%的占总识别次数的 11%,其中有 4 个结果非常接近 10%,最大误差达到 14%,平均识别误差为 4.84%,方差为 11.9。这也说明对惯性矩的识别更加困难,这与文献 ADDIN[124-125] 得到的结论相同。由于惯性矩的识别本身不是很准确,因此识别结果的随机性也比较大。本章方法超过 3/4 的结果误差小于 5%,接近 90%的结果误差小于 10%,在可接受的范围内,可认为对惯性矩的识别也是相对稳定的。因此,可以用该方法进行拉索参数的识别。为了尽量减小这种随机性,可同时采用 3 个阶次频率识别,然后求平均值的方法减小这种随机性。

3) PSO 识别方法

本节通过对纯索、集中质量块、弹性支撑、阻尼器和其任意组合情况等八种类型的拉索系统进行识别,通过识别结果的规律总结出基于 PSO 的斜拉索参数识别方法。拉索基本参数以 1)中纯索为例,有其他附属元件时,在纯索参数的基础上添加即可。

已有文献给出参数识别时,参数的取值范围为:索力取$[0.9T_0,\ 1.1T_0]$,惯性矩取$[0.2EI_0,\ 0.5EI_0]$。本节可在上述范围的基础上适当放宽,识别参数的范围分别为:索力取$[2.5\times10^6,\ 3.5\times10^6]$N,惯性矩取$[2.5\times10^{-6},\ 3.5\times10^{-6}]\mathrm{m}^{-4}$,集中质量取[80, 120]kg,弹性刚度取$[2.5\times10^5,\ 3.5\times10^5]$N/m,阻尼系数取$[2.5\times10^5,\ 3.5\times10^5]$N/(m/s)。识别方法是采用拉索的任意三个阶次阶频率同时进行识别,然后求平均值,作为最终的识别结果。为了更好地把握识别的规律,分别对每种拉索进行单参数识别和多参数识别。在识别一个参数时,其他参数的真值作为已知参数代入。

对于不同类型拉索的识别结果如下:

(1) 纯索。纯索中需要识别的参数分别为索力和惯性矩,识别过程采用任意三个阶次频率进行识别,然后将识别结果求平均值。在识别时,单参数识别即其他参数已知,只有索力或惯性矩为未知;两参数识别即索力和惯性矩同时识别。下面类型拉索的识别思路与此相同,后面不再赘述。

最后,将每个阶次频率识别结果误差及求平均之后的结果误差做如下定义:

$$\delta_j^v = \frac{p_j^v - v_r}{v_r} \times 100 \tag{9.6}$$

式中 $\delta_j^v$ ——识别参数 $v$ 第 $j$ 次识别相对于拉索参数真值的误差;

$p_j^v$ ——识别参数 $v$ 第 $j$ 次识别的结果;

$v_r$ ——参数 $v$ 的真值。

图 9.6 为纯索识别结果误差的条形图。从图 9.6(a)中可以看到,单参数识别结果非常好,两者误差都仅为 $1\times10^{-12}$的数量级,可认为两者识别到了其真值。从图 9.6(b)可以看到,两参数识别得到的结果不如单参数识别理想,但是索力的识别精度仍然要比惯性矩的识别精度高很多。对于索

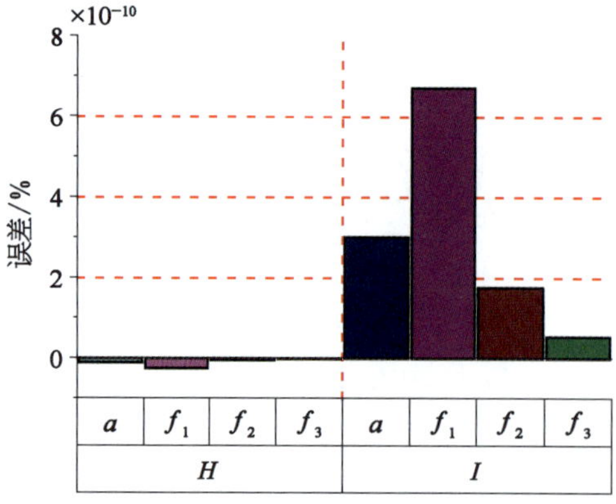

(a) 单参数识别

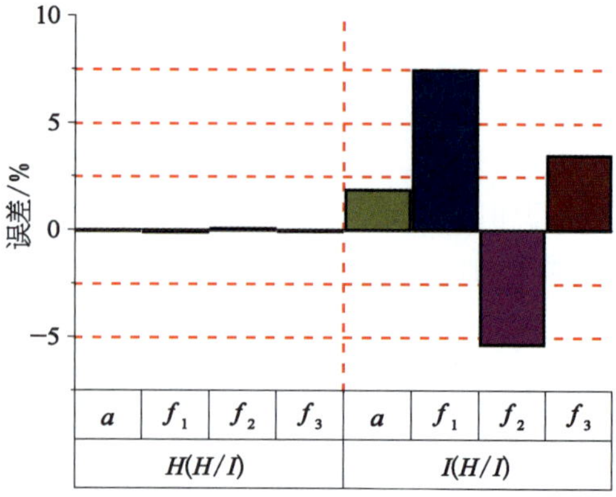

(b) 两参数识别

图 9.6 纯索识别结果

力，用任何一个阶次的频率识别，误差都非常小，在三个阶次中，识别误差最大仅为−0.09%，均值仅为−0.023%。对于惯性矩，识别结果误差最大可达到 7.4%，但是误差均值仅为 1.87%。由此可见，识别过程采用三个阶次频率识别，然后求平均值，是一个提高识别精度、减少偶然误差比较好的方法。从上述识别结果来看，该方法对纯索的识别还是比较准确的，可应用到纯索中。在识别过程中可先用一个阶次频率进行两参数识别，确定索力，然后用其余两个阶次频率进行惯性矩的单参数识别，并将惯性矩识别结果求平均值，得到最终的识别结果。

(2) 集中质量块。在纯索拉索参数基础上添加集中质量参数 $dm=100$ kg，在索-集中质量体系中需要识别的参数为索力 $H$、惯性矩 $I$ 和集中质量 $dm$。

图 9.7 为索-集中质量体系识别结果误差的条形图。从图 9.7(a)可以看到，单参数识别结果与纯索情况类似，识别精度可达到 $1\times10^{-12}$ 数量级。在进行多参数识别时，如图 9.7(c)所示，索力识别结果最准确，三个阶次频率中最大识别误差仅为 0.66%，平均值误差仅为 0.26%。相比之下，惯性矩和集中质量识别结果要差一些，惯性矩的识别最大误差可达−11.9%，平均误差为−5.4%，集中质量的识别最大误差可达 11.3%，平均误差为 5.0%。当索力为已知参数，进行两参数识别时，惯性矩和集中质量识别效果有一些改善，尤其是集中质量，其平均值识别误差仅为 0.04%，但其识别误差最大可达 10.7%。惯性矩识别平均值误差为−5.3%。从识别结果来看，与纯索结论相同，采用三个阶次频率求平均值之后，能有效减小识别误差。从识别效果来看，索-集中质量体系不及纯索识别精度，但是在识别结果精度上满足工程需要。与纯索类似，识别时，可先确定索力，减少识别

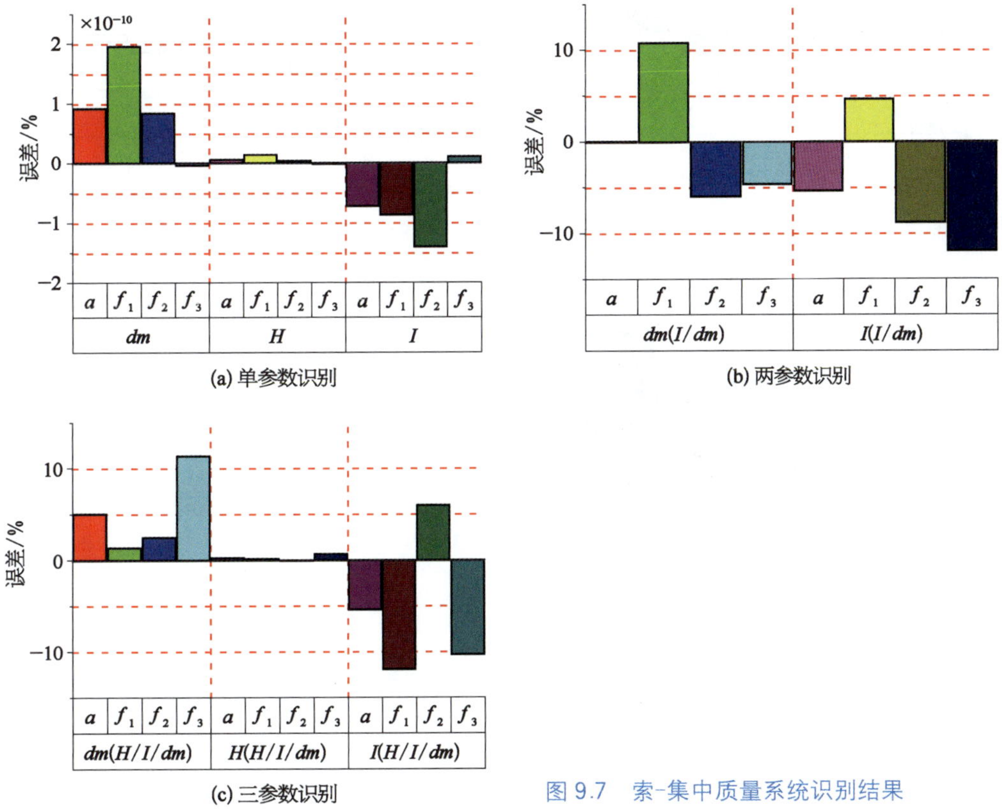


图 9.7　索-集中质量系统识别结果

参数，最后将惯性矩和集中质量识别结果求平均值。

(3) 弹性支撑。在纯索参数基础上添加弹性刚度参数 $k=3\times10^5$ N/m，在索-弹性支撑体系中需要识别的参数为索力 $H$、惯性矩 $I$ 和弹性刚度 $k$。

图 9.8 为索-弹性支撑体系识别结果误差的条形图。从图 9.8(a)可以看到，单参数识别结果与纯索情况类似，识别精度可达到 $1\times10^{-12}$ 数量级。在进行多参数识别时，如图 9.8(c)所示，索力识别结果最准确，三个阶次频率中最大识别误差仅为−0.64%，平均值误差仅为−0.26%。相比之下，惯性矩和弹性刚度识别结果要差一些，惯性矩的识别最大误差可达 11.9%，平均误差为 5.4%；弹性刚度的识别最大误差可达 11.3%，平均误差为 4.6%。当索力为已知参数，进行两参数识别时，惯性矩和弹性刚度识别效果有一定改善，尤其是弹性刚度，其平均值识别误差为 1.2%，3 个阶次的频率最大识别误差为 3.7%。惯性矩识别平均值误差为 4.8%，三个阶次的频率最大识别误差为 15.7%。从识别结果来看，与纯索结论相同，采用三个阶次频率求平均值之后，能有效减小识别误差。从识别效果来看，索-弹性支撑体系不及纯索识别精度，但是在识别结果精度上满足工程需要。与纯索类似，可先确定索力，减少识别参数，最后将惯性矩和弹性刚度识别结果求平均值。

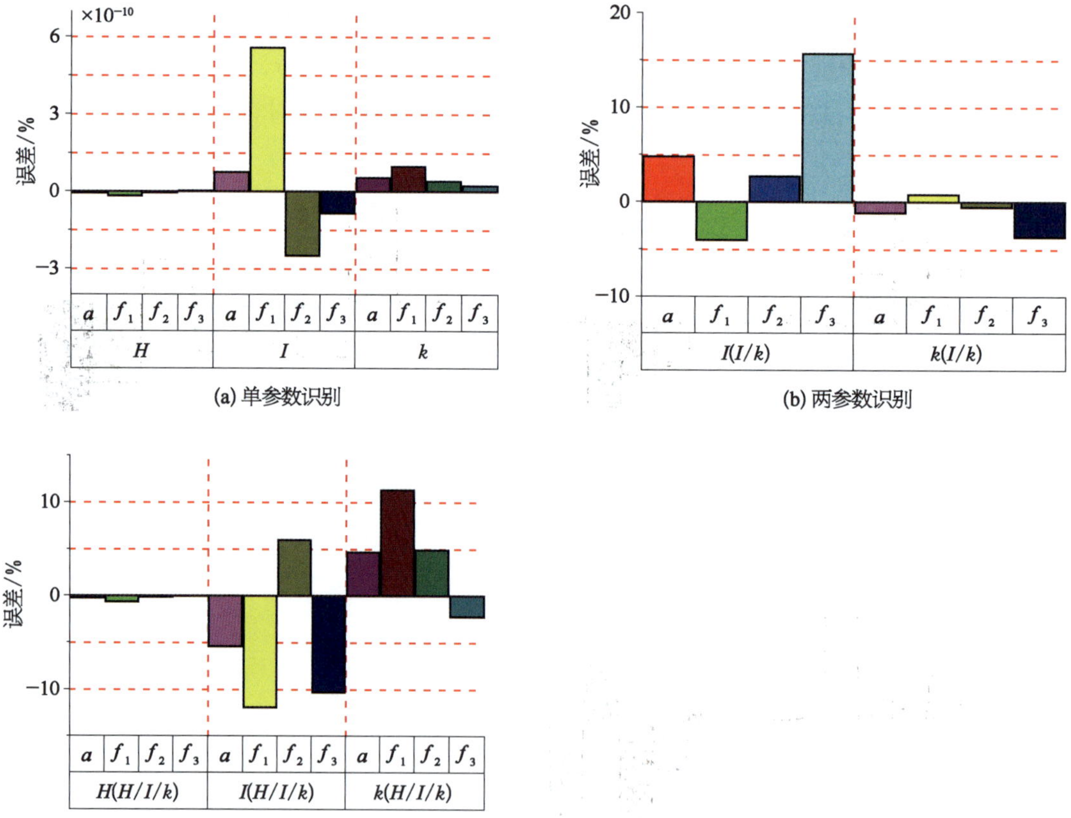

(a) 单参数识别

(b) 两参数识别

(c) 三参数识别

图 9.8 索-弹性支撑体系识别结果

(4) 阻尼器。在纯索拉索参数基础上添加阻尼器参数 $c=3\times10^5$ N/(m/s)，在索-阻尼器体系中需要识别的参数为索力 $H$、惯性矩 $I$ 和阻尼系数 $c$。

图 9.9 为索-阻尼器体系识别结果误差的条形图。从图 9.9(a)可以看到，单参数识别结果较好，识别精度可达到 $1\times10^{-5}$ 数量级。在进行多参数识别时，如图 9.9(c)所示，索力和阻尼系数相对于惯性矩识别效果好很多。三个阶次的频率中，索力和阻尼系数的最大识别误差分别为 0.09%和 0.75%，平均值误差分别为 0.01%和 0.30%。惯性矩的最大识别误差可达 7.7%，平均误差为 0.54%。当索力为已知参数，进行两参数识别时，惯性矩和阻尼系数识别效果有显著改善，尤其是惯性矩，其平均值识别误差仅为 $9.2\times10^{-7}$，三个阶次的频率最大识别误差为 $2.4\times10^{-6}$。阻尼系数的识别平均值误差也仅为 $1.2\times10^{-5}$，三个阶次的频率最大识别误差为 $2.1\times10^{-5}$。可见，该方法对索-阻尼器体系有较好的识别效果，采用三个阶次频率求平均值之后，能有效减小识别误差。与纯索类似，可先确定索力，减少识别参数，最后将惯性矩和弹性刚度识别结果求平均值，能有效提高识别精度和识别效率。

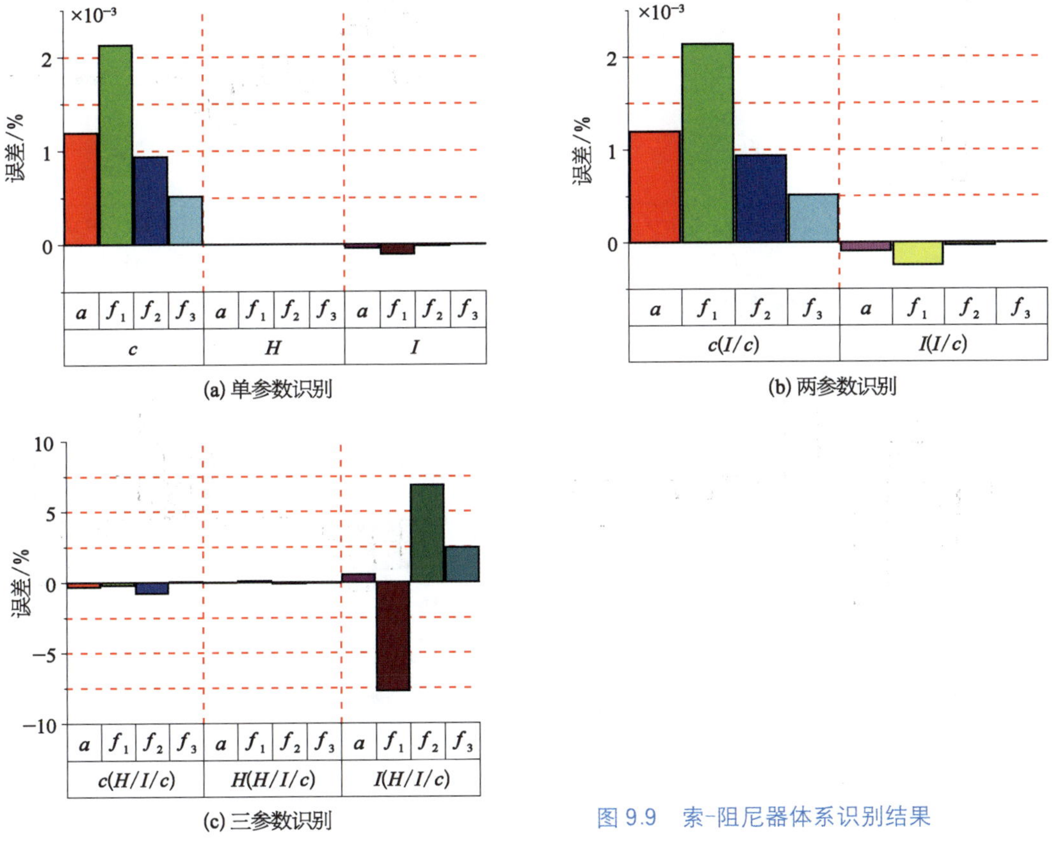


图 9.9　索-阻尼器体系识别结果

(5) 集中质量块和弹性支撑。在纯索拉索参数基础上添加集中质量 $dm=100$ kg 和弹性刚度参数 $k=3\times10^5$ N/m，在索-集中质量-弹性支撑体系中需要识别的参数为索力 $H$、惯性矩 $I$、集中质量 $dm$ 和弹性刚度 $k$。

图 9.10 为索-集中质量-弹性支撑体系识别结果误差的条形图。从图 9.10(a)可以看到，单参数识别结果较好，识别精度可达到 $1\times10^{-11}$ 数量级。在进行多参数识别时，由于识别参数增加，相对于前述几种情况，识别误差要大。如图 9.10(d)所示，索力效果最好，三个阶次的频率中，索力最

大识别误差为 0.64%，平均值误差为 0.05%。除此之外，其他三个参数识别误差都较大，惯性矩、集中质量、弹性刚度的平均值误差分别为 8.4%、5.8%和 2.0%。如图 9.10(c)所示，当索力为已知参数，进行三参数识别时，对三者的识别效果有所改善，但误差仍然较大，惯性矩、集中质量、弹性刚度的平均值误差分别为 3.9%、6.5%和 2.4%。如图 9.10(b)所示，集中质量和惯性矩的识别效果仍然不佳。由此可见，采用适当的识别方法，可以使索-集中质量-弹性支撑体系识别效果满足工程需要。采用三个阶次频率求平均值之后，能有效减小识别误差。与纯索类似，可先确定索力，减少识别参数，最后将剩余参数识别结果求平均值，能有效提高识别精度和识别效率。

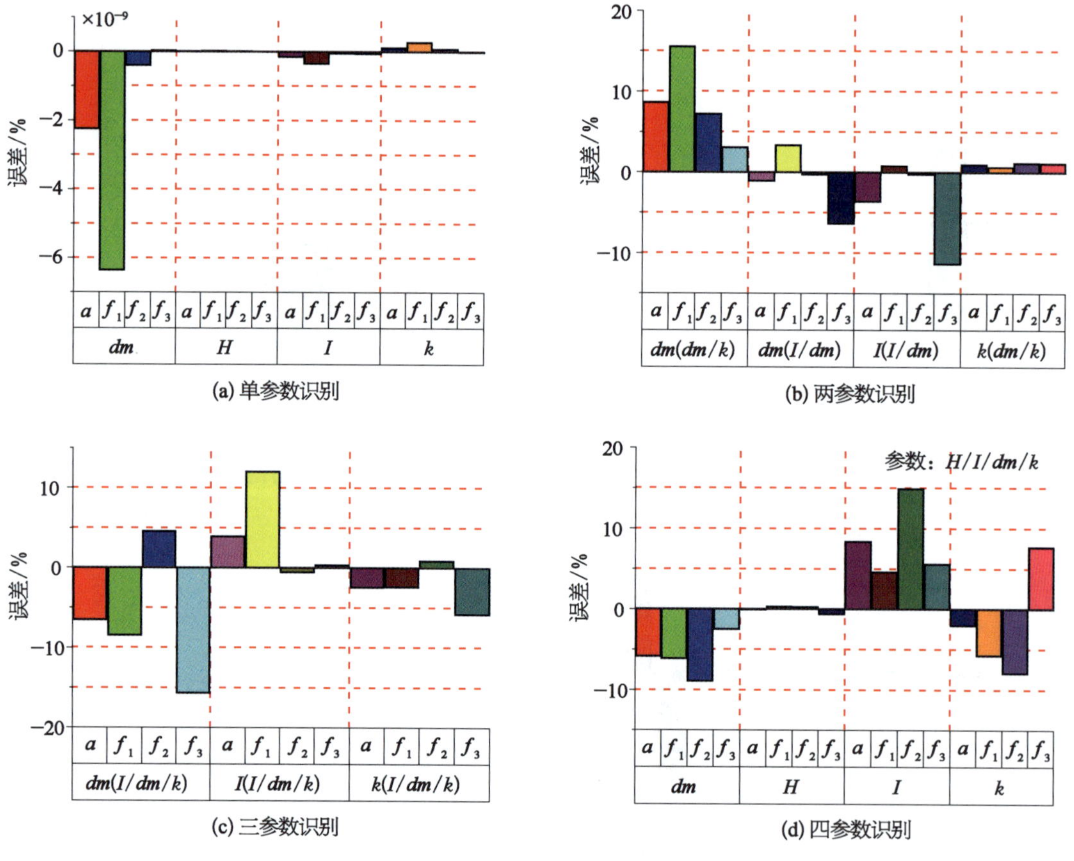


图 9.10　索-集中质量-弹性支撑体系识别结果

(6) 集中质量块和阻尼器。在纯索拉索参数基础上添加集中质量 $dm=100$ kg 和阻尼器参数 $c=3\times10^5$ N/(m/s)，在索-集中质量-阻尼器体系中需要识别的参数为索力 $H$、惯性矩 $I$、集中质量 $dm$ 和阻尼系数 $c$。

图 9.11 为索-集中质量-阻尼器体系识别结果误差的条形图。从图 9.11(a)可以看到，单参数识别结果较好，识别精度可达到 $1\times10^{-5}$ 数量级。进行多参数识别时，如图 9.11(d)所示，索力识别效果最好，其次是阻尼系数，惯性矩和集中质量识别效果较差。在三个阶次的频率中，索力、惯性矩、集中质量和阻尼系数最大识别误差分别为 0.18%、13.2%、11.2%和 0.86%，平均值误差分别为 0.05%、

3.0%、6.7%和0.14%。如图 9.11(c)所示，当索力为已知参数，进行三参数识别时，对惯性矩和阻尼系数的识别效果有显著改善，但对集中质量识别效果改善不大。在三个阶次的频率中，惯性矩、阻尼系数最大识别误差分别为0.12%和$4.9\times10^{-5}$，平均值误差分别为0.06%和$9.18\times10^{-6}$。如图 9.11(b)所示，当把索力和惯性矩作为已知参数，进行两参数识别时，对集中质量的识别有显著改善。由此可见，采用适当的识别方法，可以使索-集中质量-阻尼器体系识别效果满足工程需要。同时，采用三个阶次频率求平均值之后，能有效减小识别误差。识别过程中，第一步确定索力，第二步确定惯性矩和阻尼系数，减少识别参数，最后将剩余参数识别结果求平均值，可有效提高识别精度和识别效率。

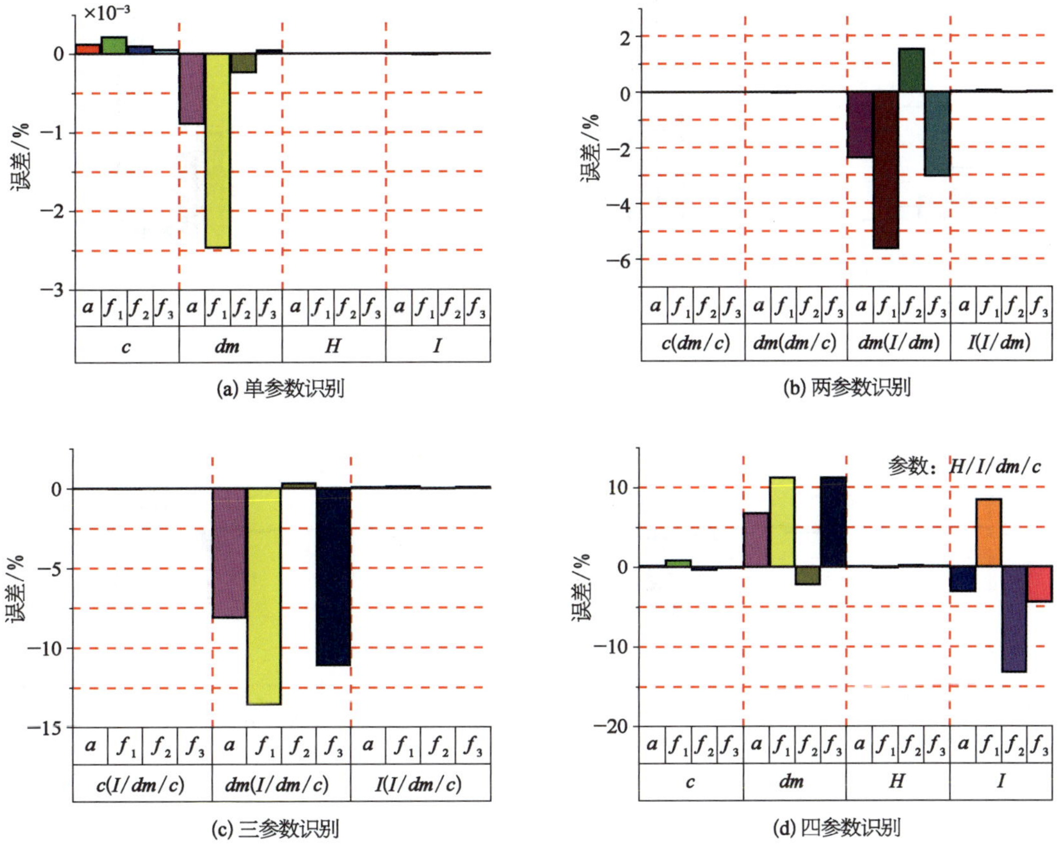


图 9.11　索-集中质量-阻尼器体系识别结果

(7) 弹性支撑和阻尼器。在纯索拉索参数基础上添加弹性刚度 $k=3\times10^5$ N/m 和阻尼器参数 $c=3\times10^5$ N/(m/s)，在索-弹性支撑-阻尼器体系中需要识别的参数为索力 $H$、惯性矩 $I$、弹性刚度 $k$ 和阻尼系数 $c$。

图 9.12 为索-弹性支撑-阻尼器体系识别结果误差的条形图。从图 9.12(a)可以看到，单参数识别结果较好，识别精度可达到 $1\times10^{-5}$数量级。进行多参数识别时，如图 9.12(d)所示，索力识别效果最好，其次是阻尼系数和弹性刚度，惯性矩识别效果最差。在三个阶次的频率中，索力、惯性矩、弹性刚度和阻尼系数最大识别误差分别为 0.17%、9.9%、2.4%和 4.2%，平均值误差分别为

0.03%、1.6%、0.76%和 1.5%。如图 9.12(c)所示，当索力为已知参数，进行三参数识别时，对惯性矩和阻尼系数的识别效果有显著改善，对于弹性刚度识别效果改善不大。在三个阶次的频率中，惯性矩、阻尼系数最大识别误差分别为 0.08%和 0.01%，平均值误差分别为 0.02%和 $3.7\times10^{-5}$，弹性刚度最大识别误差和平均值误差分别为 1.7%和 0.50%。如图 9.12(b)所示，当把索力和惯性矩作为已知参数，进行两参数识别时，对弹性刚度的识别有显著改善。因此，可采用与索-集中质量-阻尼器体系类似的识别方法进行识别。

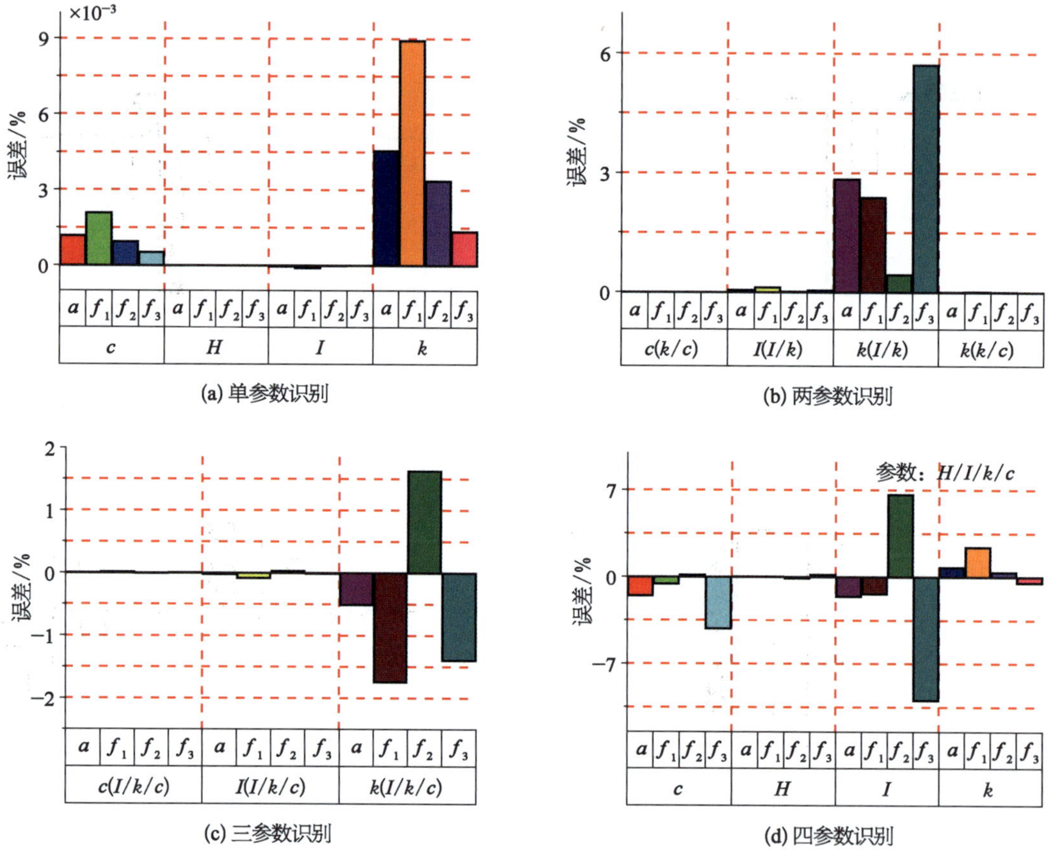


图 9.12　索-弹性支撑-阻尼器体系识别效果

(8) 集中质量块、弹性支撑和阻尼器。在纯索拉索参数基础上添加集中质量 $dm=100$ kg、弹性刚度 $k=3\times10^5$ N/m 和阻尼器参数 $c=3\times10^5$ N/(m/s)，在索-集中质量-弹性支撑-阻尼器体系中需要识别的参数为索力 $H$、惯性矩 $I$、集中质量 $dm$、弹性刚度 $k$ 和阻尼系数 $c$。

图 9.13 为索-集中质量-弹性支撑-阻尼器体系识别结果误差的条形图。从图 9.13(a)可以看到，单参数识别结果较好，除集中质量识别最大误差达到 0.79%之外，其他识别精度可达到 $1\times10^{-5}$ 数量级，索力的可达到 $1\times10^{-8}$ 数量级。进行多参数识别时，如图 9.13(e)所示，索力和阻尼系数识别效果较好，其他几个参数识别误差较大。在三个阶次的频率中，索力、惯性矩、集中质量、弹性刚度和阻尼系数最大识别误差分别为 0.11%、7.9%、11.6%、6.1%和 0.24%，平均值误差分别

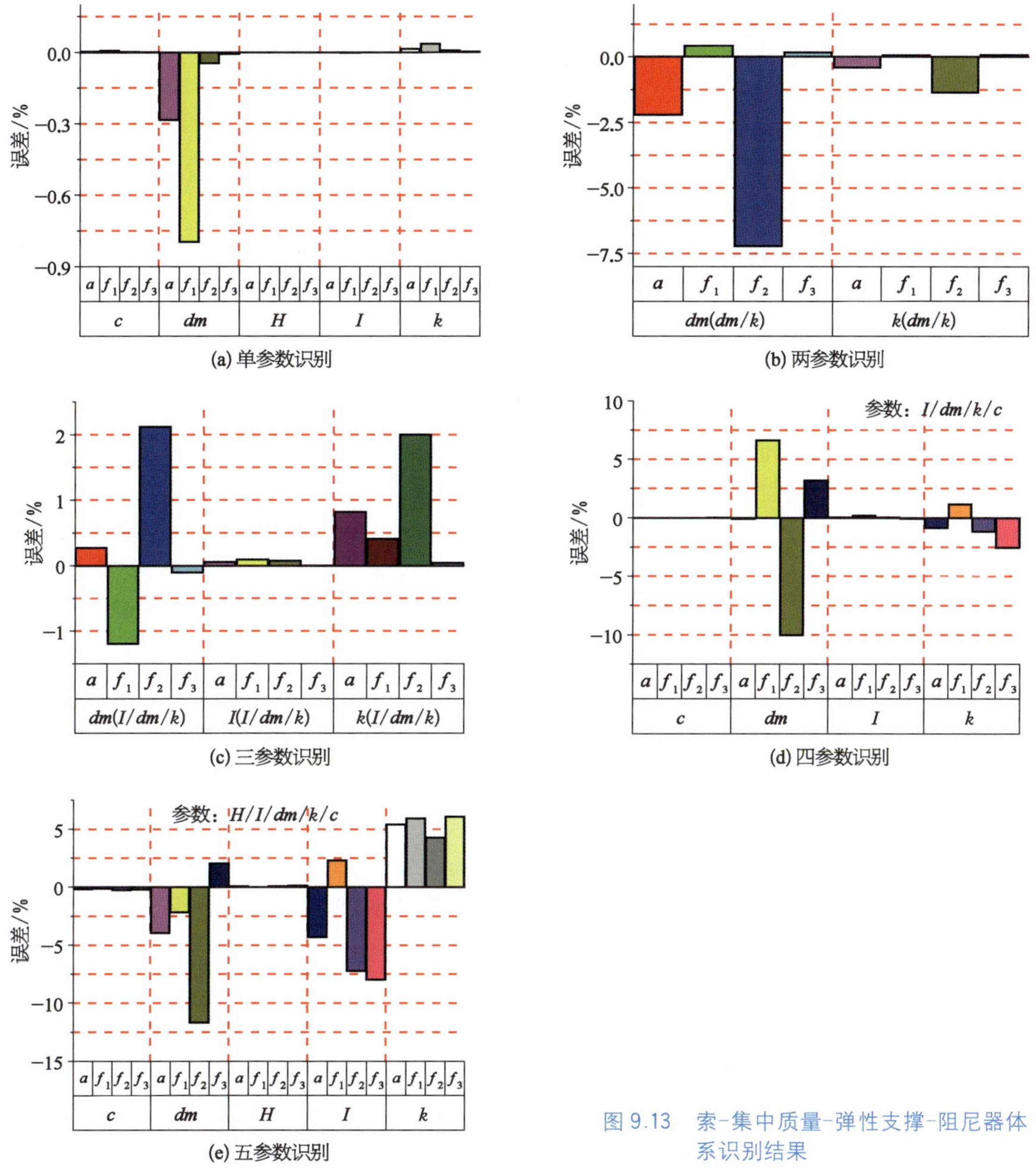


图 9.13　索-集中质量-弹性支撑-阻尼器体系识别结果

为 0.06%、4.3%、3.9%、5.4%和 0.19%。如图 9.13(d)所示，当索力为已知参数，进行四参数识别时，对惯性矩和阻尼系数的识别效果有显著改善，对集中质量和弹性刚度的识别效果也有一定改善。在三个阶次的频率中，惯性矩、阻尼系数最大识别误差分别为 0.18%和 0.01%，平均值误差分别为 0.04%和 $2.6\times10^{-5}$，集中质量和弹性刚度最大识别误差和平均值误差分别为 10.0%、2.5%和 0.08%、0.85%。如图 9.13(c)所示，当把索力和阻尼系数作为已知参数，进行三参数识别时，对三个参数的识别效果改善不是很大。当把索力、惯性矩和阻尼系数作为已知参数，进行两参数识别时，如图 9.13(b)所示，对弹性刚度识别效果有一定的改善，但对集中质量识别效果改善不大。通过以上分析，也可采用与索-集中质量-阻尼器体系类似的识别方法进行识别，使识别精度在工程允许的误差范围之内。

通过对以上八种类型拉索进行单参数和多参数识别的详细分析，可得到如下结论：

(1) 当其他参数已知、仅有一个参数未知时，单参数识别结果最准确，随着拉索识别参数的增加，参数识别精度和识别效率会相应降低。

(2) 在多参数识别时，无论何种情况，在所有识别参数中，索力和阻尼系数的识别效果均为最好，识别精度都可达到 $1\times10^{-3}$ 数量级，但是，集中质量和弹性刚度识别效果总是相对较差，而惯性矩的识别精度与拉索类型有关。

(3) 拉索参数识别时，可以选用拉索的任意三个阶次的频率，使用频率的阶次及先后顺序对识别效果没有影响，因此，不需要确定所用频率的阶次，而且可以达到预期的识别效果；将三个阶次的频率识别的结果求平均值，作为最终参数识别的结果，能够有效提高参数的识别精度，达到改善 PSO 优化算法存在的随机搜索误差的问题。

本章方法与传统方法的不同之处在于，传统方法中需要事先确定拉索测试频率的阶次，然后与有限元模型计算的频率阶次相匹配，但是，有时拉索的实测频率阶次是比较难确定的，而本章方法不需要知道频率阶次，因为在识别过程中不借助有限元模型，所以也不用考虑识别所用频率与有限元模型频率阶次匹配的问题。只要所用频率是识别拉索的真实频率，代入识别算法即可进行识别。这也是本章方法的一大优势。

通过对以上拉索从多参数到单参数的尝试，根据不同识别参数对其他识别参数的影响，可总结出如下识别流程：

Start：

T=识别拉索类型；

If T=[纯索 or 索-集中质量体系 or 索-弹性支撑体系 or 索-阻尼器体系 or 索-集中质量-弹性支撑体系]

Step 1：使用 $f_1$ 代入识别程序，进行第一次识别；

Step 2：将 Step 1 中识别得到的索力 $H$ 作为已知参数，使用 $f_2$ 和 $f_3$ 分别进行第二次和第三次识别；

Step 3：把索力 $H$ 之外的识别参数三次识别的结果求平均值，作为拉索参数识别结果。

If T=[索-集中质量-阻尼器体系 or 索-弹性支撑-阻尼器体系 or 索-集中质量-弹性支撑-阻尼器体系]

Step 1：使用 $f_1$ 代入识别程序，进行第一次识别；

Step 2：将 Step 1 中识别得到的索力 $H$ 作为已知参数，使用 $f_2$ 进行第二次识别；

Step 3：将 Step 1 中得到的索力、Step 2 中得到的惯性矩 $I$ 和阻尼系数 $c$ 作为已知参数，使用 $f_3$ 进行第三次识别；

Step 4：把索力 $H$、惯性矩 $I$ 和阻尼系数 $c$ 之外的识别参数三次识别的结果求平均值，作为拉索参数识别结果。

End

## 9.3 拉索参数识别仿真分析

利用上节总结出的识别流程，通过数值案例验证该方法能够适用于长索、中索和短索等不同长度的拉索。在识别过程中，同样把每种长度的拉索分为纯索、索-集中质量体系、索-弹性支撑体系、索-阻尼器体系、索-集中质量-弹性支撑体系、索-集中质量-阻尼器体系、索-弹性支撑-阻尼器体系和索-集中质量-弹性支撑-阻尼器体系。识别参数范围根据上节识别精度取值如下：索力取 $[0.8H_0,\ 1.2H_0]$，惯性矩取 $[0.88I_0,\ 1.12I_0]$，集中质量取 $[0.9dm_0,\ 1.1dm_0]$，弹性刚度取 $[0.9k_0,\ 1.1k_0]$，阻尼系数取 $[0.8c_0,\ 1.2c_0]$。下面给出三种不同长度拉索识别的具体应用情况。

### 9.3.1 短索

数值算例中，短索的基本参数见表 9.5，识别参数真值见表 9.6。在识别过程中，根据拉索类型增加相应的识别参数(集中质量、弹性刚度和阻尼系数)。表 9.7 中给出 8 种拉索的识别结果。

表 9.5 短索基本参数

| 索长 $L$/m | 弹模 $E$/Pa | 线密度 $\rho$/kg | 直径 $D$/m |
|---|---|---|---|
| 40 | $1.95\times10^{11}$ | 43 | 0.076 |

表 9.6 短索识别参数

| 索力 $H$/N | 惯性矩 $I$/m$^4$ | 集中质量 $dm$/kg | 刚度 $k$/(N/m) | 阻尼系数 $c$/[N/(m/s)] |
|---|---|---|---|---|
| $2.5\times10^{6}$ | $1.721\times10^{-6}$ | 100 | $1\times10^{5}$ | $1\times10^{5}$ |

表 9.7 短索识别结果

| 拉索类型 | 识别参数 | 索力 $H$/N | 惯性矩 $I$/m$^4$ | 集中质量 $dm$/kg | 刚度 $k$/(N/m) | 阻尼系数 $c$/[N/(m/s)] |
|---|---|---|---|---|---|---|
| | 参数真值 | $2.50\times10^{6}$ | $1.721\times10^{-6}$ | 100 | $1.00\times10^{5}$ | $1.00\times10^{5}$ |
| 1 | 识别结果 | $2.50\times10^{6}$ | $1.753\times10^{-6}$ | — | — | — |
| | 误差/% | 0.04 | 1.85 | — | — | — |
| 2 | 识别结果 | $2.51\times10^{6}$ | $1.695\times10^{-6}$ | 103.5 | — | — |
| | 误差/% | 0.20 | 1.49 | 3.53 | — | — |
| 3 | 识别结果 | $2.50\times10^{6}$ | $1.69\times10^{-6}$ | — | $1.02\times10^{5}$ | — |
| | 误差/% | 0.02 | 1.87 | — | 2.40 | — |
| 4 | 识别结果 | $2.50\times10^{6}$ | $1.789\times10^{-6}$ | — | — | $1.00\times10^{5}$ |
| | 误差/% | 0.08 | 3.93 | — | — | 0.22 |

续 表

| 拉索类型 | 识别参数 | 索力 $H$/N | 惯性矩 $I$/$m^4$ | 集中质量 $dm$/kg | 刚度 $k$/(N/m) | 阻尼系数 $c$/[N/(m/s)] |
|---|---|---|---|---|---|---|
| | 参数真值 | $2.50\times10^6$ | $1.721\times10^{-6}$ | 100 | $1.00\times10^5$ | $1.00\times10^5$ |
| 5 | 识别结果 | $2.50\times10^6$ | $1.72\times10^{-6}$ | 100.3 | $9.78\times10^4$ | — |
| | 误差/% | 0.01 | 0.05 | 0.34 | 2.20 | — |
| 6 | 识别结果 | $2.50\times10^6$ | $1.712\times10^{-6}$ | 100.8 | — | $1.00\times10^5$ |
| | 误差/% | 0.01 | 0.55 | 0.79 | — | 0.00 |
| 7 | 识别结果 | $2.50\times10^6$ | $1.69\times10^{-6}$ | — | $9.66\times10^4$ | $9.99\times10^4$ |
| | 误差/% | 0.03 | 1.81 | — | 3.42 | 0.06 |
| 8 | 识别结果 | $2.50\times10^6$ | $1.75\times10^{-6}$ | 100.088 3 | $9.59\times10^4$ | $1.00\times10^5$ |
| | 误差/% | 0.05 | 1.64 | 0.09 | 4.11 | 0.09 |

注：表中序号对应如下：1. 纯索；2. 索-集中质量体系；3. 索-弹性支撑体系；4. 索-阻尼器体系；5. 索-集中质量-弹性支撑体系；6. 索-集中质量-阻尼器体系；7. 索-弹性支撑-阻尼器体系；8. 索-集中质量-弹性支撑-阻尼器体系。下同。

从表 9.7 可以看到，对索力和阻尼系数的识别精度与上节得到的结论相同，索-集中质量体系识别误差最大为 0.2%，索-阻尼体系阻尼系数识别误差最大为 0.22%。在所有识别参数中，弹性刚度的识别误差较大，具有弹性支撑的拉索弹性刚度的识别误差都超过了 2%，最大为 8 号拉索，为 4.11%。惯性矩的识别误差除了 4 号拉索为 3.93%，其他拉索都低于 2%。具有集中质量的拉索最大识别误差为 2 号拉索的 3.53%，其余拉索都低于 1%。总体来看，本章提出的方法对于短索有较好的识别效果。

### 9.3.2 中索

数值算例中，中索的基本参数见表 9.8，识别参数真值见表 9.9。在识别过程中，根据拉索类型增加相应的识别参数(集中质量、弹性刚度和阻尼系数)。表 9.10 中给出 8 种拉索的识别结果。

表 9.8 中索基本参数

| 索长 $L$/m | 弹性模量 $E$/Pa | 线密度 $\rho$/kg | 直径 $D$/m |
|---|---|---|---|
| 120 | $1.95\times10^{11}$ | 74.8 | 0.08 |

表 9.9 中索识别参数

| 索力 $H$/N | 惯性矩 $I$/$m^4$ | 集中质量 $dm$/kg | 刚度 $k$/(N/m) | 阻尼系数 $c$/[N/(m/s)] |
|---|---|---|---|---|
| $4.3\times10^6$ | $2.01\times10^{-6}$ | 100 | $3\times10^5$ | $3\times10^5$ |

表 9.10　中索识别结果

| 拉索类型 | 识别参数 | 索力 $H$/N | 惯性矩 $I/m^4$ | 集中质量 $dm$/kg | 刚度 $k$/(N/m) | 阻尼系数 $c$/[N/(m/s)] |
|---|---|---|---|---|---|---|
| | 参数真值 | $4.30\times10^6$ | $2.010\times10^{-6}$ | 100 | $3.00\times10^5$ | $3.00\times10^5$ |
| 1 | 识别结果 | $4.30\times10^6$ | $1.989\times10^{-6}$ | — | — | — |
| | 误差/% | 0.01 | 1.04 | — | — | — |
| 2 | 识别结果 | $4.28\times10^6$ | $1.965\times10^{-6}$ | 101.8 | — | — |
| | 误差/% | 0.49 | 2.23 | 1.83 | — | — |
| 3 | 识别结果 | $4.28\times10^6$ | $2.06\times10^{-6}$ | — | $2.97\times10^5$ | — |
| | 误差/% | 0.46 | 2.61 | — | 0.95 | — |
| 4 | 识别结果 | $4.28\times10^6$ | $2.04\times10^{-6}$ | — | — | $3.03\times10^5$ |
| | 误差/% | 0.44 | 1.72 | — | — | 0.93 |
| 5 | 识别结果 | $4.30\times10^6$ | $1.953\times10^{-6}$ | 100.9 | $2.98\times10^5$ | — |
| | 误差/% | 0.06 | 2.83 | 0.86 | 0.63 | — |
| 6 | 识别结果 | $4.30\times10^6$ | $2.07\times10^{-6}$ | 98.7 | — | $3.00\times10^5$ |
| | 误差/% | 0.02 | 2.96 | 1.33 | — | 0.00 |
| 7 | 识别结果 | $4.30\times10^6$ | $2.042\times10^{-6}$ | — | $3.07\times10^5$ | $3.00\times10^5$ |
| | 误差/% | 0.01 | 1.58 | — | 2.37 | 0.00 |
| 8 | 识别结果 | $4.30\times10^6$ | $2.100\times10^{-6}$ | 96.6 | $3.02\times10^5$ | $3.00\times10^5$ |
| | 误差/% | 0.05 | 4.49 | 3.36 | 0.70 | 0.03 |

从表 9.10 看到，与短索相似，在所有拉索类型中，索力和阻尼系数的识别精度仍然是所有参数中最好的，索力识别的误差最大为 0.49%，出现在 2 号拉索中，阻尼系数识别的误差除 4 号拉索最大为 0.93%外，其他都低于 0.03%。惯性矩和集中质量的识别误差的最大值均出现在 8 号拉索中，分别为 4.49%和 3.36%。除此之外，惯性矩识别误差都不超过 3%，集中质量识别误差都不超过 2%，5 号拉索识别精度最好，为 0.86%。由以上结论也可以看出，随着拉索识别参数的增加，拉索参数识别的精度在一定程度上在降低。弹性刚度的识别效果要比短索的识别效果好，除 7 号拉索识别误差最大值为 2.37%外，其余识别误差都不超过 1%。总体来看，本章提出的方法对中索也有较好的识别效果。

### 9.3.3　长索

数值算例中，中索的基本参数见表 9.11，识别参数真值见表 9.12。在识别过程中，根据拉索类型增加相应的识别参数(集中质量、弹性刚度和阻尼系数)。表 9.13 为 8 种拉索的识别结果。

表 9.11　长索基本参数

| 索长 $L$/m | 弹性模量 $E$/Pa | 线密度 $\rho$/kg | 直径 $D$/m |
|---|---|---|---|
| 300 | $1.95\times10^{11}$ | 110 | 0.095 |

表 9.12　长索识别参数

| 索力 $H$/N | 惯性矩 $I$/m$^4$ | 集中质量 $dm$/kg | 刚度 $k$/(N/m) | 阻尼系数 $c$/[N/(m/s)] |
|---|---|---|---|---|
| $6\times10^6$ | $3\times10^{-6}$ | 100 | $5\times10^5$ | $5\times10^5$ |

表 9.13　长索识别结果

| 拉索类型 | 识别参数 | 索力 $H$/N | 惯性矩 $I$/m$^4$ | 集中质量 $dm$/kg | 刚度 $k$/(N/m) | 阻尼系数 $c$/[N/(m/s)] |
|---|---|---|---|---|---|---|
| | 参数真值 | $2.50\times10^6$ | $1.721\times10^{-6}$ | 100 | $1.00\times10^5$ | $1.00\times10^5$ |
| 1 | 识别结果 | $6.00\times10^6$ | $2.989\times10^{-6}$ | — | — | — |
| | 误差/% | 0.00 | 0.37 | — | — | — |
| 2 | 识别结果 | $6.00\times10^6$ | $2.941\times10^{-6}$ | 99.4 | — | — |
| | 误差/% | 0.00 | 1.96 | 0.56 | — | — |
| 3 | 识别结果 | $6.00\times10^6$ | $3.10\times10^{-6}$ | — | $4.96\times10^5$ | — |
| | 误差/% | 0.04 | 3.38 | — | 0.83 | — |
| 4 | 识别结果 | $6.00\times10^6$ | $3.031\times10^{-6}$ | — | — | $5.00\times10^5$ |
| | 误差/% | 0.00 | 1.05 | — | — | 0.00 |
| 5 | 识别结果 | $6.00\times10^6$ | $3.082\times10^{-6}$ | 98.6 | $4.99\times10^5$ | — |
| | 误差/% | 0.00 | 2.72 | 1.39 | 0.18 | — |
| 6 | 识别结果 | $6.00\times10^6$ | $3.117\times10^{-6}$ | 96.7 | — | $5.00\times10^5$ |
| | 误差/% | 0.01 | 3.90 | 3.28 | — | 0.01 |
| 7 | 识别结果 | $6.00\times10^6$ | $3.039\times10^{-6}$ | — | $4.92\times10^5$ | $5.01\times10^5$ |
| | 误差/% | 0.01 | 1.30 | — | 1.68 | 0.14 |
| 8 | 识别结果 | $6.00\times10^6$ | $2.929\times10^{-6}$ | 100.4 | $5.03\times10^5$ | $5.00\times10^5$ |
| | 误差/% | 0.01 | 2.37 | 0.45 | 0.66 | 0.03 |

从表 9.13 看到，对于长索，索力和阻尼系数的识别结果比短索和中索的识别结果更加准确。在所有拉索类型中，索力识别误差最大仅为 0.04%，出现在 3 号拉索中。除此之外，识别误差均低于 0.01%。阻尼系数识别误差最大仅为 0.14%，出现在 7 号拉索中。除此之外，识别误差均低于 0.03%。另外，弹性刚度的识别精度较短索也更为精确，除 7 号索识别误差达到 1.68%以外，其他拉索识别误差都不超过 1%。惯性矩和集中质量的识别精度与中索和短索类似，惯性矩识别误差

都不超过 4%，集中质量除 6 号拉索为 3.28%之外，其他都不超过 1.39%。总体来看，本章提出的方法对长索的识别仍然有很好的效果。

### 9.3.4　与张紧弦法和考虑抗弯刚度公式法比较

下面给出以上三种不同长度拉索通过张紧弦法和考虑拉索抗弯刚度公式法得到拉索索力的结果进行比较。由于这两种方法只适用于纯索，并且只能用于求解索力，因此只能对 3 种方法识别出的索力作比较。张紧弦法和考虑拉索抗弯刚度公式法的计算公式如式(9.7)和式(9.8)所示。

$$H = 4m\left(\frac{f_n}{n}\right)^2 L^2 \tag{9.7}$$

$$H = 4m\left(\frac{f_n^2}{n^2}\right) L^2 - EI\pi^2\left(\frac{n^2}{L^2}\right) \tag{9.8}$$

式中　$H$ ——拉索索力；
$m$ ——拉索单位长度质量；
$f_n$ ——拉索的第 $n$ 阶振动频率；
$n$ ——振动阶次；
$L$ ——拉索的计算长度；
$EI$ ——拉索截面的弯曲刚度。

在识别时，张紧弦法和公式法采用前三阶频率分别计算索力，然后求索力的平均值，作为最终结果。本章识别方法中识别参数只有索力，其他参数均用真值代入。所用频率和识别结果见表 9.14。

表 9.14　前 3 阶频率及三种方法索力识别结果

| 拉索 | 频率/Hz | | 真值/N | 方法 1/N | 方法 2/N | 方法 3/N | 误差 1/% | 误差 2/% | 误差 3/% |
|---|---|---|---|---|---|---|---|---|---|
| 短索 | $f_1$ | 3.073 | $2.50\times10^6$ | $2.60\times10^6$ | $2.60\times10^6$ | $2.50\times10^6$ | 4.0 | 3.9 | 0.0 |
| | $f_2$ | 6.151 | | $2.60\times10^6$ | $2.59\times10^6$ | $2.50\times10^6$ | 4.1 | 3.8 | 0.0 |
| | $f_3$ | 9.245 | | $2.61\times10^6$ | $2.60\times10^6$ | $2.50\times10^6$ | 4.5 | 3.8 | 0.0 |
| | avg | — | | $2.61\times10^6$ | $2.60\times10^6$ | $2.50\times10^6$ | 4.2 | 3.8 | 0.0 |
| 中索 | $f_1$ | 1.008 | $4.30\times10^6$ | $4.37\times10^6$ | $4.37\times10^6$ | $4.30\times10^6$ | 1.7 | 1.7 | 0.0 |
| | $f_2$ | 2.009 | | $4.35\times10^6$ | $4.35\times10^6$ | $4.30\times10^6$ | 1.1 | 1.1 | 0.0 |
| | $f_3$ | 3.013 | | $4.35\times10^6$ | $4.34\times10^6$ | $4.30\times10^6$ | 1.1 | 1.0 | 0.0 |
| | avg | — | | $4.36\times10^6$ | $4.35\times10^6$ | $4.30\times10^6$ | 1.3 | 1.3 | 0.0 |
| 长索 | $f_1$ | 0.399 | $6.00\times10^6$ | $6.30\times10^6$ | $6.30\times10^6$ | $6.00\times10^6$ | 5.1 | 5.1 | 0.0 |
| | $f_2$ | 0.781 | | $6.04\times10^6$ | $6.04\times10^6$ | $6.00\times10^6$ | 0.7 | 0.7 | 0.0 |
| | $f_3$ | 1.171 | | $6.04\times10^6$ | $6.04\times10^6$ | $6.00\times10^6$ | 0.6 | 0.6 | 0.0 |
| | avg | — | | $6.13\times10^6$ | $6.13\times10^6$ | $6.00\times10^6$ | 2.1 | 2.1 | 0.0 |

注：① 方法 1-张紧弦法；方法 2-考虑抗弯刚度公式法；方法 3-本文提出的 PSO 优化算法。
② 误差 1 为方法 1 与真值的相对误差；误差 2 为方法 2 与真值的相对误差；误差 3 为方法 3 与真值的相对误差。

从表 9.14 的结果来看，对于以上 3 种拉索，本章方法得到的拉索索力精度最高，误差接近于 0，并且对任意阶次的频率识别结果精度相当。也就是说，识别结果与频率阶次无关。相对于本章方法，方法 1 和方法 2 计算的拉索索力误差较大，尤其是短索，前三阶频率的计算索力误差分别达到了 4.0%和 3.8%以上，中索和长索的计算索力误差较小。从识别结果来看，第二阶频率和第三阶频率计算索力精度要好于基频。由此看来，利用以上两种方法计算拉索索力时，选用的拉索频率阶次对计算结果精度有一定影响，就长索而言，最大误差可达 4.4%，拉索越长，影响也越显著。通过对方法 1 和方法 2 比较，抗弯刚度对短索的影响较大，识别误差最大可达 0.7%，随着索长增加，抗弯刚度对索力的影响逐渐减弱。以上结论与现有的研究成果相似，由此也进一步说明本章方法对索力具有较高的识别精度。

## 9.4 拉索参数识别的试验验证

上节是根据仿真拉索数据验证本章方法的有效性和适用性，本节根据同济大学李国强教授相关文献[126]中的两组拉索试验测试数据，进行拉索索力和惯性矩的识别。实验相关图片如图 9.14 和图 9.15 所示。

图 9.14 拉索模型图
（来源：文献[126]）

图 9.15 数据采集分析系统
（来源：文献[126]）

北京东方振动和噪声技术研究所的刘进明提出了考虑不同边界条件和抗弯刚度的索力计算公式的解析方法，并利用此法对文献中的索力和惯性矩进行识别。其推导出的满足所有边界条件的统一频率方程如式(9.9)所示。

$$\tan(\alpha l)=\frac{2\alpha\beta K_1K_2+\alpha(K_1+K_2)(\alpha^2+\beta^2)}{(\beta^2-\alpha^2)K_1K_2+\beta(K_1+K_2)(\alpha^2+\beta^2)+(\alpha^2+\beta^2)^2} \tag{9.9}$$

式中

$$\alpha=\sqrt{\frac{\sqrt{b^2+4a\omega_n^2}-b}{2a}},\ \beta=\sqrt{\frac{\sqrt{b^2+4a\omega_n^2}+b}{2a}},\ a=\frac{EI}{m},\ b=\frac{H}{m},\ \omega_n=2\pi f_n$$

他提出方法的基本思路是，可把式(9.9)作为一个函数关系：

$$f(m,\ l,\ K_1,\ K_2,\ EI,\ f_n)=0 \quad (n=1,\ 2,\ 3,\ \cdots) \tag{9.10}$$

当一组 $(K_1,\ K_2,\ EI,\ H)$ 确定后，各阶频率随之确定；反过来，当一组测试频率获得后，可识别两端边界条件、抗弯刚度和索力。

以下拉索识别结果中，同时给出张紧弦法、考虑拉索抗弯刚度公式法、考虑边界条件的统一频率方程法和本章识别方法的索力识别结果。考虑抗弯刚度公式法中，抗弯刚度值取 $0.5EI_0$。

### 9.4.1　1 号拉索识别

文献中 1 号拉索的基本参数和实测索力及对应频率见表 9.15 和表 9.16。

表 9.15　1 号实验索基本参数

| 索长 $L$/m | 弹性模量 $E$/Pa | 线密度 $\rho$/kg | 直径 $D$/m |
|---|---|---|---|
| 2.035 | $1.90\times10^{11}$ | 1.1 | 0.015 24 |

表 9.16　1 号索自振频率测试结果

| $H$/kN | $f_1$/Hz | $f_2$/Hz | $f_3$/Hz | $f_4$/Hz |
|---|---|---|---|---|
| 20.8 | 37.42 | 78.83 | 128.28 | 184.80 |
| 46.0 | 51.60 | 106.25 | 166.33 | 231.76 |
| 80.1 | 69.02 | 141.13 | 219.52 | 297.27 |
| 101.3 | 77.42 | 156.45 | 240.04 | 325.12 |

采用表 9.16 中每组数据的任意三个阶次频率进行拉索索力和惯性矩的识别，识别参数范围为：索力取$[0.8T_0,\ 1.2T_0]$，惯性矩取$[0.2I_0,\ 0.7I_0]$。其中，$I_0$是全截面计算惯性矩，为 $1.685\times10^{-9}$ m。识别结果见表 9.17。

表 9.17　1 号拉索识别结果

| 组别 | 参　数 | $H$/kN | | | | $I$/m$^4$ | |
|---|---|---|---|---|---|---|---|
| | | 方法 1 | 方法 2 | 方法 3 | 方法 4 | 方法 3 | 方法 4 |
| 1 | 结果 | 25.5 | 25.1 | 19.7 | 21.0 | $1.499\times10^{-9}$ | $1.273\times10^{-9}$ |
| | 误差/% | 22.67 | 20.83 | −5.29 | 1.02 | | |
| 2 | 结果 | 48.5 | 48.1 | 40.7 | 42.4 | $1.510\times10^{-9}$ | $1.004\times10^{-9}$ |
| | 误差/% | 11.27 | 10.40 | −6.56 | 4.59 | | |
| 3 | 结果 | 86.8 | 86.4 | 79.4 | 78.8 | $1.512\times10^{-9}$ | $1.474\times10^{-9}$ |
| | 误差/% | 8.37 | 7.89 | −0.89 | 1.68 | | |

续　表

| 组别 | 参　数 | $H$/kN | | | | $I$/m$^4$ | |
|---|---|---|---|---|---|---|---|
| | | 方法 1 | 方法 2 | 方法 3 | 方法 4 | 方法 3 | 方法 4 |
| 4 | 结果 | 109.2 | 108.8 | 99.3 | 99.4 | $1.388\times10^{-9}$ | $1.195\times10^{-9}$ |
| | 误差/% | 7.81 | 7.44 | −2.00 | 1.90 | | |

注：方法 1——张紧弦法；方法 2——考虑抗弯刚度公式法；方法 3——考虑边界条件的统一频率方程法；方法 4——PSO 识别法。下同。

从表 9.17 中可以看到，以上四种方法中，本章方法和方法 3 对拉索索力的识别精度远优于方法 1 和方法 2。本章方法与方法 3 相比，除第 3 组拉索外，本章方法索力识别精度都高于方法 3，尤其是在第一组数据中，本章方法识别精度比方法 3 高出 4.27%。从识别结果来看，本章方法识别的索力结果都比实测结果要大，而方法 3 识别结果都比实测结果要小。由以上结果来看，本章方法对上述四组测试拉索总体上有较好的索力识别效果，最大识别误差出现在 2 号拉索，为 4.59%，其余组别误差都低于 2%。对于惯性矩的识别，本章方法和方法 3 的识别结果存在一定的差距，但是惯性矩没有具体参数作对比，而且惯性矩本身识别比较困难。因此，对于惯性矩的识别效果有待进一步考证。

### 9.4.2　2 号拉索识别

文献中 2 号拉索的基本参数见表 9.18。表 9.19 为拉索实测索力及对应频率值。2 号拉索识别方法与 1 号拉索的识别方法相同，参数取值范围也相同，识别结果见表 9.20。同时，在本例中，将每组数据的四个阶次的频率分别采用方法 1、方法 2 和方法 4 进行索力识别，识别结果见表 9.21。

表 9.18　2 号实验索基本参数

| 索长 $L$/m | 弹性模量 $E$/Pa | 线密度 $\rho$/kg | 直径 $D$/m |
|---|---|---|---|
| 2.765 | $1.90\times10^{11}$ | 1.1 | 0.015 24 |

表 9.19　2 号索自振频率测试结果

| $H$/kN | $f_1$/Hz | $f_2$/Hz | $f_3$/Hz | $f_4$/Hz |
|---|---|---|---|---|
| 100.3 | 55.27 | 111.68 | 170.90 | 229.65 |
| 115.2 | 59.06 | 119.61 | 182.66 | 244.84 |
| 124.4 | 62.03 | 124.80 | 190.66 | 254.88 |
| 141.7 | 65.82 | 132.62 | 202.03 | 269.77 |

表 9.20　2 号拉索识别结果

| 组别 | 参　数 | $H$/kN | | | | $I$/m$^4$ | |
|---|---|---|---|---|---|---|---|
| | | 方法 1 | 方法 2 | 方法 3 | 方法 4 | 方法 3 | 方法 4 |
| 1 | 结果 | 102.8 | 102.6 | 95.5 | 94.7 | $1.643\times10^{-9}$ | $1.583\times10^{-9}$ |
| | 误差/% | 2.45 | 2.25 | −4.78 | 5.59 | | |
| 2 | 结果 | 117.3 | 117.1 | 110.9 | 112.3 | $1.567\times10^{-9}$ | $1.278\times10^{-9}$ |
| | 误差/% | 1.85 | 1.67 | −3.78 | 2.49 | | |
| 3 | 结果 | 129.4 | 129.2 | 124.3 | 122.1 | $1.487\times10^{-9}$ | $1.157\times10^{-9}$ |
| | 误差/% | 4.05 | 3.88 | −0.05 | 1.88 | | |
| 4 | 结果 | 145.7 | 145.5 | 138.8 | 139.2 | $1.388\times10^{-9}$ | $1.433\times10^{-9}$ |
| | 误差/% | 2.85 | 2.70 | −2.05 | 1.75 | | |

表 9.21　2 号拉索四个阶次频率的索力识别结果

| 组别 | 方　法 | 频　率 | $f_1$ | $f_2$ | $f_3$ | $f_4$ |
|---|---|---|---|---|---|---|
| 1 | 方法 1 | 结果 | 102.8 | 104.9 | 109.2 | 110.9 |
| | | 误差/% | 2.45 | 4.58 | 8.84 | 10.55 |
| | 方法 2 | 结果 | 102.6 | 104.1 | 107.3 | 107.6 |
| | | 误差/% | 2.25 | 3.75 | 6.98 | 7.25 |
| | 方法 4 | 结果 | 96.2 | 97.1 | 99.3 | 99.7 |
| | | 误差/% | −4.09 | −3.22 | −1.00 | −0.62 |
| 2 | 方法 1 | 结果 | 117.3 | 120.3 | 124.7 | 126.0 |
| | | 误差/% | 1.85 | 4.44 | 8.25 | 9.40 |
| | 方法 2 | 结果 | 117.1 | 119.5 | 122.8 | 122.7 |
| | | 误差/% | 1.67 | 3.72 | 6.64 | 6.53 |
| | 方法 4 | 结果 | 110.9 | 111.6 | 114.3 | 114.3 |
| | | 误差/% | −3.77 | −3.17 | −0.80 | −0.81 |
| 3 | 方法 1 | 结果 | 129.4 | 131.0 | 135.9 | 136.6 |
| | | 误差/% | 4.05 | 5.29 | 9.22 | 9.79 |
| | 方法 2 | 结果 | 129.2 | 130.2 | 134.0 | 133.3 |
| | | 误差/% | 3.88 | 4.63 | 7.72 | 7.13 |
| | 方法 4 | 结果 | 122.2 | 121.6 | 126.2 | 122.1 |
| | | 误差/% | −1.74 | −2.26 | 1.47 | −1.88 |

续 表

| 组别 | 方 法 | 频 率 | $f_1$ | $f_2$ | $f_3$ | $f_4$ |
|---|---|---|---|---|---|---|
| 4 | 方法 1 | 结果 | 145.7 | 147.9 | 152.6 | 153.0 |
| | | 误差/% | 2.85 | 4.38 | 7.66 | 7.98 |
| | 方法 2 | 结果 | 145.5 | 147.1 | 150.7 | 149.7 |
| | | 误差/% | 2.70 | 3.80 | 6.35 | 5.65 |
| | 方法 4 | 结果 | 137.1 | 138.6 | 140.9 | 140.2 |
| | | 误差/% | −3.24 | −2.20 | −0.56 | −1.04 |

从表 9.20 中可以看到，对于 1、2 两组拉索，方法 1 和方法 2 相对于本章方法和方法 4 具有更好的识别效果，对于 3、4 两组拉索，正好相反，本章方法和方法 3 比方法 1 和方法 2 具有更好的识别效果。但是，在表 9.20 中，方法 1 和方法 2 均采用拉索的基频计算得到。从表 9.21 中看到，方法 1 和方法 2 的计算索力随着频率阶次的增加，计算索力和测量索力误差都迅速增加。这说明，以上两种方法在基频情况下，计算比较准确，对高阶频率计算索力会产生较大误差。但是，在很多情况下，由于拉索频率的测试都是在自然环境激励下测得的，而在自然环境激励下，很难激起拉索的第一阶振型，因此获得拉索基频也比较困难。而本章方法不同，无论是低阶频率还是高阶频率，本章方法都能比较稳定地识别出索力，识别结果都可满足工程需求，甚至使用高阶频率识别的索力精度比低阶频率的识别精度还要好一些。另外，从表 9.21 来看，除第 1 组和第 2 组中第一阶频率获得的索力精度，本章方法不及方法 1 和方法 2 之外，其他阶次频率计算结果识别误差均小于方法 1 和方法 2。就此而言，本章方法在识别索力稳定性和识别精度上都比上述两种方法更具有优势。

本章方法与方法 3 相比，对不同组别拉索识别效果不同，但两者除第 3 组拉索之外，识别误差均不超过 0.8%。另外，本章识别的索力结果都比实测索力要大，而方法 3 索力识别结果都比实测索力要小。

综上所述，本章方法总体上满足上述四组测试拉索索力识别精度要求。在识别结果中，最大识别误差出现在 1 号拉索，为 5.59%，其余组别误差都低于 2.49%。本章方法和方法 3 的识别结果比较接近，但是惯性矩没有具体参数作对比，而且惯性矩本身识别比较困难，因此对惯性矩的识别效果仍有待进一步考证。

# 第10章

# 中等长索的索力精确识别

## 10.1 拉索动力分析的横向动刚度理论

一般来说,动刚度法是通过考虑边界条件的结构的控制微分方程的“强”形式解建立的。因此,相对于传统的有限元方法,可以通过求解控制微分方程,给出精确的单元动刚度矩阵,进而通过集组获得拉索的整体动刚度矩阵和平衡方程。最后,通过求解非线性特征值问题,可获得所需的结构自振频率和振型。

针对小垂度的拉索,可以方便地考虑拉索的倾角、边界条件、垂度、抗弯刚度、锚固区差异、横向力元件等的影响。因此,与实际工程的拉索更加接近,能够更真实地反映拉索的动力特性。

对于工程中使用的没有外加横向力元件的斜拉索,其力学模型可简化为图 10.1,在拉索考察位置 C 处假想地将拉索分为两个独立索段,并建立图 10.1 所示的坐标系 $(x_j, y_j)$, $j=0, 1, 2$。0 表示全索段 AB,弦向索长为 $l_0$;1 表示索段 AC,弦向索长为 $l_1$;2 表示索段 CB,弦向索长为 $l_2$。$\theta$ 为拉索与水平面的夹角,$d$ 为拉索跨中位置的垂度。

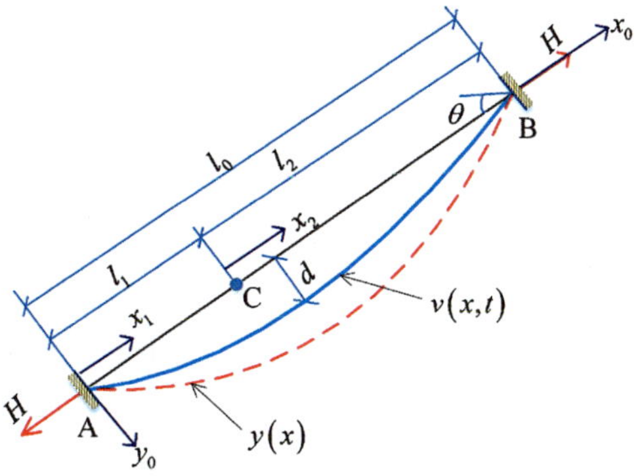

图 10.1 拉索力学模型

忽略拉索内阻尼和剪力影响时,小垂度拉索在自由振动时的面内运动方程可表示为:

$$EI\frac{\partial^4 v(x_j, t)}{\partial x_j^4} - H\frac{\partial^2 v(x_j, t)}{\partial x_j^2} - h_j(t)\frac{d^2 y(x_0)}{dx_0^2} + m\frac{\partial^2 v(x_j, t)}{\partial t^2} = 0 \tag{10.1}$$

式中 $v(x_j, t)$ ——拉索索段的动构型;

$y(x_0)$ ——拉索的静构型,对于小垂度拉索可简化为二次抛物线;

$E$ ——拉索弹性模量;

$I$ ——拉索截面惯性矩；
$H$ ——拉索弦向张拉力；
$m$ ——拉索单位长度质量；
$h_j(t)$ ——拉索索段的振动附加索力。

拉索振动附加索力计算公式为：

$$h_j(t)=EA\Delta l_j^v/l_j^s \tag{10.2}$$

式中 $A$——拉索横截面积；
$\Delta l_j^v$ ——拉索动构型偏离静构型产生的伸长量；
$l_j^s$ ——静构型下的拉索索长。

采用分离变量，假设式(10.1)的解为：

$$v(x_j,t)=\varphi(x_j)e^{i\omega t} \tag{10.3}$$

式中 $\varphi(x_j)$ ——拉索索段的振型函数；
$\omega$ ——圆频率；
$t$ ——时间。

把式(10.3)代入式(10.1)，并令 $h_j(t)=\tilde{h}_j e^{i\omega t}$，$\hat{h}_j=\tilde{h}_j\cos\theta/H$，$\xi_j=x_j/l_0$ 和 $\hat{\varphi}(\xi_j)=\varphi(x_j)\cdot EI/(mgl_0^4)$，可得无量纲的拉索振动方程

$$\hat{\varphi}^{IV}(\xi_j)-\gamma^2\hat{\varphi}''(\xi_j)-\tilde{\omega}^2\hat{\varphi}(\xi_j)=-\hat{h}_j \tag{10.4}$$

式中 $\gamma^2=\dfrac{Hl_0^2}{EI}$，$\tilde{\omega}=\dfrac{\omega l_0^2}{\sqrt{EI/m}}$。

式(10.4)的通解为

$$\hat{\varphi}(\xi_j)=(\mathbf{\Phi}(\xi_j)+\mathbf{B}^{(j)})\cdot\{A_1^{(j)}\quad A_2^{(j)}\quad A_3^{(j)}\quad A_4^{(j)}\}^T \tag{10.5}$$

式中

$$\mathbf{\Phi}(\xi_j)=[e^{-p\xi_j}\quad e^{-p(1-\xi_j)}\quad \cos(q\xi_j)\quad \sin(q\xi_j)] \tag{10.6}$$

$$\mathbf{B}^{(j)}=\frac{\eta_j}{\tilde{\omega}^2-\eta_j}\int_0^1\mathbf{\Phi}(\xi_j)d\xi_j \tag{10.7}$$

其中，$\eta_j=\dfrac{64Al^3e^2}{Il_j^s}$，$\left.\begin{matrix}p\\q\end{matrix}\right\}=\sqrt{\sqrt{\left(\dfrac{\gamma^2}{2}\right)^2+\tilde{\omega}^2}\pm\dfrac{\gamma^2}{2}}$。

分割后两个索段的力边界条件和动位移边界条件如图 10.2 所示。图中，$M$、$V$、$\alpha$、$\theta$ 分别为节点处的弯矩幅值、剪力幅值、横向动位移幅值、转角动位移幅值。

各索段力边界条件和动位移边界条件满足以下关系：

$$\begin{cases}V_*(x_j,t)=mgl_0(\hat{\varphi}'''(\xi_j)-\gamma^2\hat{\varphi}'(\xi_j))\cdot e^{i\omega t}\\ M_*(x_j,t)=mgl_0^2\hat{\varphi}''(\xi_j)e^{i\omega t}\\ \alpha_*=\dfrac{mgl_0^4}{EI}\hat{\varphi}(\xi_j)\\ \theta_*l_0=\dfrac{mgl_0^4}{EI}\hat{\varphi}'(\xi_j)\end{cases} \tag{10.8}$$

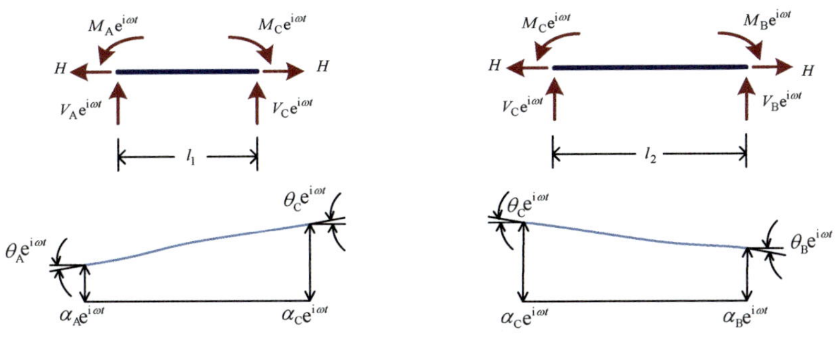


图 10.2　索段力边界条件和动位移边界条件示意图

式中　下标 * ——节点 A、B、C。

将式(10.5)代入式(10.8),可得拉索索段动刚度矩阵

$$\mathbf{K}^{(j)}=\frac{EI}{l_0^3}\mathbf{D}^{(j)}\cdot(\mathbf{C}^{(j)}+\mathbf{I}\cdot\mathbf{B}^{(j)})^{-1} \tag{10.9}$$

式中

$$\mathbf{I}=[1\quad 0\quad 1\quad 0]^T \tag{10.10}$$

$$\mathbf{C}^{(j)}=[\boldsymbol{\Phi}(\xi_j\mid_{=0})\quad \boldsymbol{\Phi}'(\xi_j\mid_{=0})\quad \boldsymbol{\Phi}(\xi_j\mid_{=\mu_j})\quad \boldsymbol{\Phi}'(\xi_j\mid_{=\mu_j})]^T \tag{10.11}$$

$$\mathbf{D}^{(j)}=\begin{bmatrix}(\boldsymbol{\Phi}'''(\xi_j\mid_{=0}))-\gamma^2(\boldsymbol{\Phi}'(\xi_j\mid_{=0}))\\ -(\boldsymbol{\Phi}''(\xi_j\mid_{=0}))\\ -(\boldsymbol{\Phi}'''(\xi_j\mid_{=\mu_j}))+\gamma^2(\boldsymbol{\Phi}'(\xi_j\mid_{=\mu_j}))\\ (\boldsymbol{\Phi}''(\xi_j\mid_{=\mu_j}))\end{bmatrix} \tag{10.12}$$

拉索全索段的总刚度矩阵 **K** 可通过 $\mathbf{K}^{(1)}$ 和 $\mathbf{K}^{(2)}$ 集组获得。集组过程如下:

$$\mathbf{K}=\mathbf{I}_1\cdot\mathbf{K}^{(1)}\cdot\mathbf{I}_1^T+\mathbf{I}_2\cdot\mathbf{K}^{(2)}\cdot\mathbf{I}_2^T \tag{10.13}$$

对于全索段,自由振动条件下,拉索动力平衡方程为:

$$\mathbf{Ka}=0 \tag{10.14}$$

式中　**a**——拉索边界位移向量,$\mathbf{a}=[\alpha_A\quad \theta_A l_0\quad \alpha_C\quad \theta_C l_0\quad \alpha_B\quad \theta_B l_0]^T$。

由式(10.14)可以得到拉索的频率方程为

$$\det(\mathbf{K})=0 \tag{10.15}$$

式(10.15)是一个超越方程,当吊索索力和设计参数已知时,可采用 W-W 法和二分法非常精确地求出各阶模态频率值。

在式(10.15)中,拉索动刚度矩阵 **K** 为拉索频率、索力和拉索参数的函数。理论上,如果拉索频率和拉索参数已知,则可直接通过求解式(10.15)获得拉索的索力。在工程运用中,其实质是求解在某一阶频率下拉索动刚度矩阵行列式的极小值的优化问题。根据动刚度函数的特点,求取其行列式倒数的最大值通常比直接求取函数最小值的收敛速度更快,识别精度更高。因此,本节将对应某一阶频率的拉索动刚度行列式的绝对值的倒数定义为拉索反分析特征函数，其表达式为：

$$F(f)=\frac{1}{\det(\mathbf{K})} \tag{10.16}$$

式中 $f$——拉索的模态频率。

拉索几何参数包括索长、抗弯刚度、横截面积和单位长度质量等，均会对拉索的动力特性产生影响，进而对索力的识别结果产生影响。目前，在这些参数中，除抗弯刚度，其余参数易给出准确值。由于抗弯刚度除了取决于拉索设计参数之外，还与拉索索力、加工工艺、施工方法等有关，是一个难以定量计算的参数，且直接测量方法缺乏。因此，本节将索力和拉索截面惯性矩均作为未知参数。下面给出反分析特征函数随索力和惯性矩变化的规律，以确定相应的识别方法。

考察不同长度拉索反分析特征函数变化规律时，选择 4 组不同长度的仿真拉索，具体参数见表 10.1。

表 10.1　仿真拉索参数

| 拉索编号 | $E$/Pa | $L$/m | $m$/(kg/m) | $A$/m² | $\theta$/° | $I$/m⁴ | $H$/N |
|---|---|---|---|---|---|---|---|
| S1 | $1.90\times10^{11}$ | 20 | 17 | 0.004 418 | 0 | $5.09\times10^{-7}$ | 764 480 |
| S2 | $1.90\times10^{11}$ | 50 | 20 | 0.005 323 | 0 | $5.99\times10^{-7}$ | $1.20\times10^{6}$ |
| S3 | $1.90\times10^{11}$ | 100 | 25 | 0.006 653 | 0 | $6.60\times10^{-7}$ | $1.80\times10^{6}$ |
| S4 | $1.90\times10^{11}$ | 150 | 30 | 0.007 653 | 0 | $7.84\times10^{-7}$ | $2.17\times10^{6}$ |

令索力在 $0.9H\sim1.1H$、惯性矩在 $0.9I\sim1.1I$ 变化，变化步长为 $0.001H$ 和 $0.001I$。其中，$H$ 和 $I$ 为真实值。拉索模态频率选择第一阶频率，分别为 5.510 Hz、2.486 Hz、1.356 Hz 和 0.910 Hz。通过绘制反分析特征函数随索力和惯性矩变化的函数图像，观察它的变化规律。绘制函数图像如图 10.3 所示，图中 $z$ 坐标为对数表示。

从图 10.3 可以发现，在拉索真实索力和惯性矩位置处，函数图像存在明显的峰值。但是，不同长度拉索存在的峰值个数不同。对于长索，如 150 m 拉索，只有一个明显峰值。对于这种存在单个峰值的长索，可通过智能优化算法，高效地识别出准确索力和抗弯刚度。随着索长的减小，拉索的频率函数开始出现多个峰值。对于这种存在多个峰值的情况，智能优化算法可能识别到任意一个峰值，不能保证识别结果的准确性。此时需要提出适用于中短索索力的精确感知方法。

本节中，中等长度拉索和短索的主要划分依据为锚固区所占比重对吊索动力特性影响的大小。按照张紧弦公式推导，频率变化与索力变化呈 2 次方的关系。若要使索力误差不超过 5%，频率误差应不超过 2.3%。因此，若锚固区对频率的影响小于 2%，可认为是中等长度拉索；大于 2%，可认为是短吊索。对于一般的拉索结构，可取 20 m 作为两者的分界线。

在索力感知过程中，索长的确定是其中一项重要内容。对于不同索的结构和锚固方式，取值会稍有差异。在实现拉索索力及参数感知时，本章使用的拉索计算索长为拉索可以发生振动的索段索长，具体是指主梁和主塔(主缆、拱肋)锚固点之间的拉索长度。图 10.4 为常见的锚固方式的索长起算点。

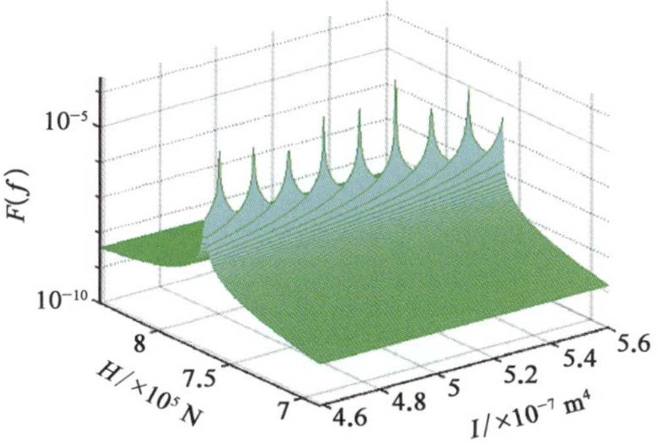

(a) 20 m

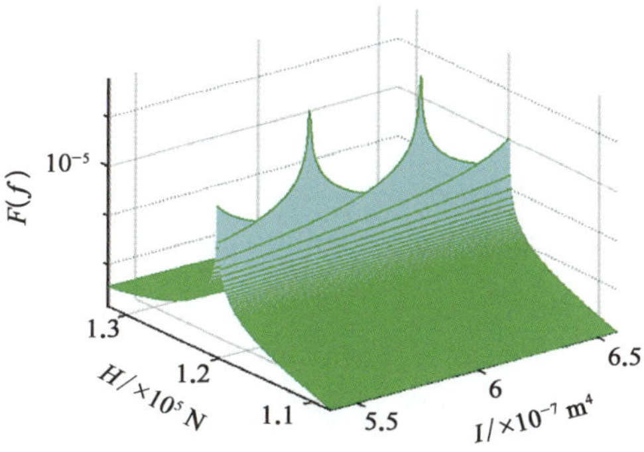

(b) 50 m

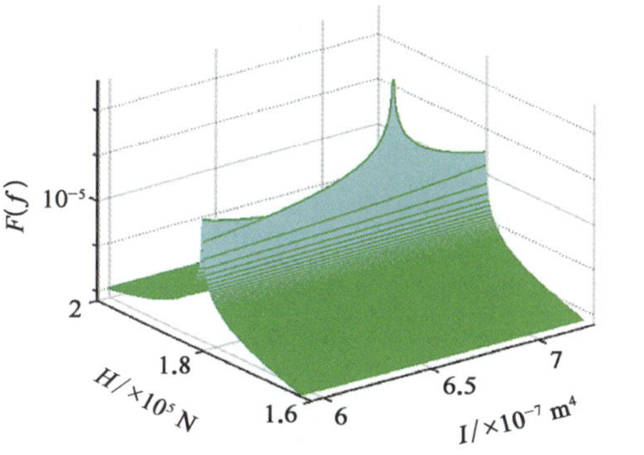

(c) 100 m

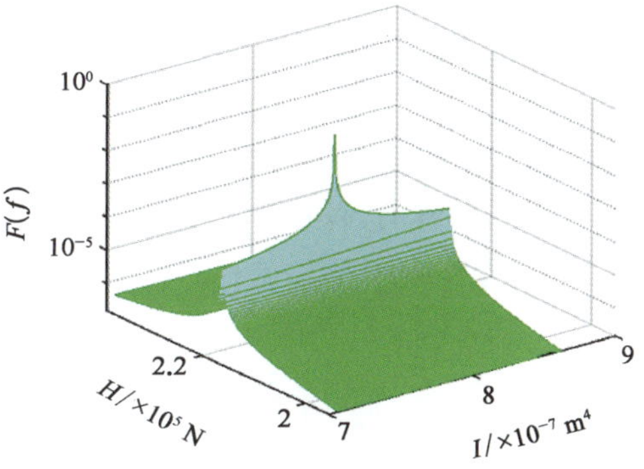

(d) 150 m

图 10.3　仿真拉索反分析特征函数随索力和惯性矩的变化图

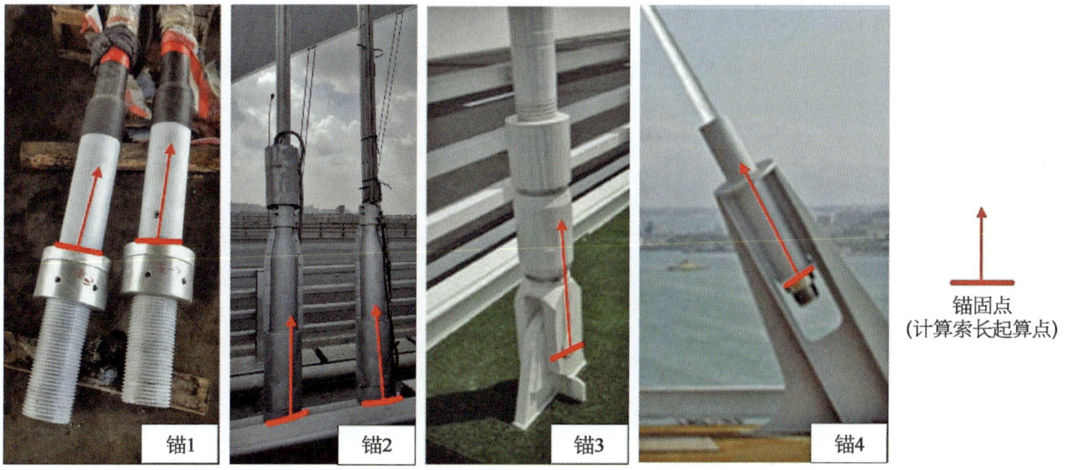


图 10.4　拉索计算索长起算点示意图

在确定拉索长度时，按照拉索锚固方式，分为两种锚固类型进行确定。第一类是拉索在主梁或桥塔内锚固，索力以剪力的方式由锚固梁、锚箱等传递到主梁上。这类锚固方式，在主梁和主塔内的拉索由于内置阻尼器和限位装置等的存在，通常无法发生振动。因此，这类锚固方式的拉索起算点是从拉索与主梁和主塔的连接部位开始，如图 10.4 中的锚 2。第二类是拉索在主梁外锚固或吊索与主缆通过索夹连接的形式，拉索的索力在连接处传递到主梁和主缆上。针对这类锚固方式，拉索的起算点从拉索索端的锚固位置处开始，如图 10.4 中的锚 1、锚 3 和锚 4。

## 10.2 拉索反分析特征函数

对于中等长度、无横向力元件的拉索，反分析特征函数可直接采用式(10.16)。从数学角度看，式(10.16)为多元函数，函数的取值与函数自变量有关。对于本章研究的工程对象，函数自变量均为正值，函数的取值也为正值。式(10.16)建立的拉索特征函数给出了拉索模态频率和索力、抗弯刚度、垂度、倾角等参数之间的函数关系，与实际工程中的拉索更加接近，能够更真实地反映拉索的动力特性。另外，在索承结构体系中，此特征函数可用于振动法感知表征拉索工作状态的关键未知参数。

拉索几何参数均会对拉索的动力特性产生影响，进而对索力的感知结果产生影响。为了能够准确地感知拉索的索力，有必要对特征函数进行研究，分析各种影响因素对抗弯刚度和索力感知结果的影响。

## 10.3 拉索反分析特征函数特性研究

要通过反分析特征函数实现对拉索参数的精确感知，必须先对该函数的特性进行研究，了解不同参数对函数取值的影响规律，以及参数对函数最大值的影响规律。前已提及，众多拉索参数中，只有抗弯刚度是难以通过设计参数准确计算的，且无法直接测量，而抗弯刚度和索力又有着密切的关系。因此，可将抗弯刚度与索力一起作为未知自变量，其余参数作为函数的参数，从而将该多元函数转化为三维函数。本节将通过研究索长、拉索横截面积和单位长度质量等参数对函数值和峰值坐标(索力-抗弯刚度)的影响，来探索特征函数的性质。

### 10.3.1 索长影响

在分析索长影响时，索长分别选取 10 m、20 m、30 m、50 m、100 m、200 m，除索长外的其他拉索参数见表 10.2。

表 10.2 考虑索长影响时的仿真拉索参数

| $m$/(kg/m) | $g$/(N/kg) | $H$/$\times10^6$ N | $E$/Pa | $A$/m$^2$ | $I$/m$^4$ | $\theta$/° |
|---|---|---|---|---|---|---|
| 45.7 | 9.8 | 1.5 | $1.95\times10^{11}$ | $5.349\times10^{-3}$ | $2.26\times10^{-6}$ | 30 |

通过拉索频率方程获得的每种索长的前 10 阶频率见表 10.3。在分析中，考察点 C 位于跨中；索力取值范围为 $0.8H\sim1.2H$，变化步长为 $0.01H$，共 41 个数据序列；惯性矩取值范围为 $0.8I\sim1.2I$，变化步长为 $0.01I$，共 41 个数据序列。

表 10.3　考虑索长影响时的仿真拉索前 10 阶频率　　(单位：Hz)

| 频率阶次 | l/m | | | | | |
|---|---|---|---|---|---|---|
| | 10 | 20 | 30 | 50 | 100 | 200 |
| 1 | 10.308 | 4.809 | 3.143 | 1.861 | 0.933 | 0.488 |
| 2 | 21.457 | 9.718 | 6.308 | 3.716 | 1.841 | 0.928 |
| 3 | 34.153 | 14.831 | 9.535 | 5.585 | 2.752 | 1.368 |
| 4 | 48.907 | 20.240 | 12.852 | 7.476 | 3.672 | 1.823 |
| 5 | 66.062 | 26.026 | 16.286 | 9.393 | 4.596 | 2.279 |
| 6 | 85.840 | 32.258 | 19.861 | 11.342 | 5.524 | 2.737 |
| 7 | 108.386 | 38.994 | 23.602 | 13.328 | 6.456 | 3.194 |
| 8 | 133.796 | 46.284 | 27.529 | 15.357 | 7.394 | 3.652 |
| 9 | 162.131 | 54.167 | 31.661 | 17.435 | 8.339 | 4.111 |
| 10 | 193.436 | 62.676 | 36.015 | 19.567 | 9.290 | 4.571 |

图 10.5(a)给出了在索力和惯性矩取值范围内，索长为 10 m 拉索的第 1 阶频率对应的拉索特征函数的三维图像。图中索力和惯性矩的坐标为其位于取值范围内的次序，初值 $0.8H$ 和 $0.8I$ 对应次序为 1，终值 $1.2H$ 和 $1.2I$ 对应次序为 41。以下分析中均为此种表示方法。从图 10.5(a)中可以看出，在给定的取值范围内，特征函数存在多个峰值，这些峰值的位置对应潜在的索力和惯性矩。将图 10.5(a)中的峰值点用曲线连接起来，并绘制在 $H-I$ 平面中，可得到图 10.5(b)中的 $H-I$ 脊线图。以下分析中，按同样的方法绘制 $H-I$ 脊线。

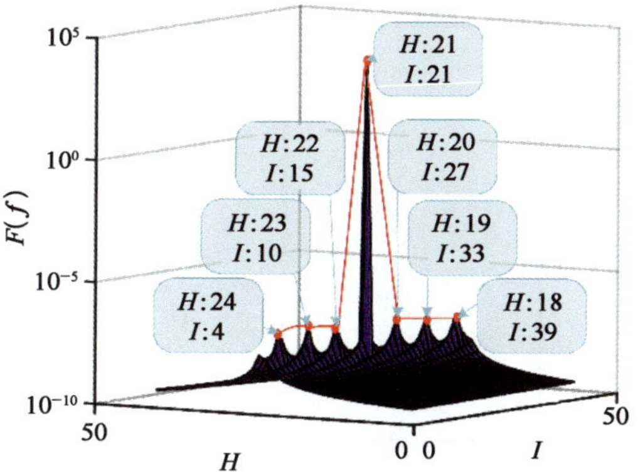


(a) 拉索特征函数三维图形

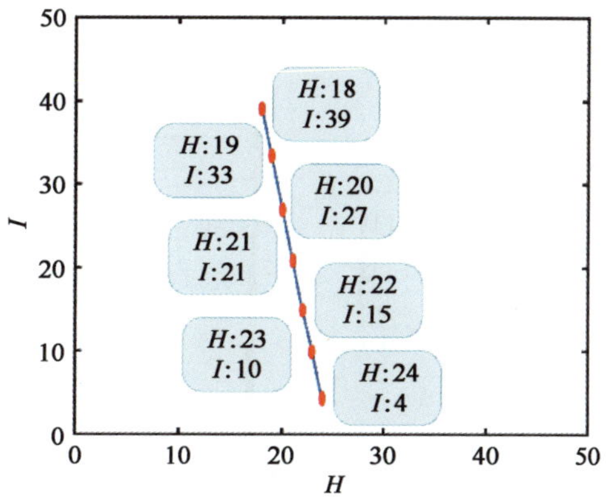


(b) H-I脊线平面图

图 10.5　10 m 长仿真拉索 $H-I$ 脊线图

图 10.6 为索长相同时，不同阶次频率的 $H-I$ 脊线。

图 10.6 中结果表明，在同一阶频率中，索力与惯性矩成反比，随着惯性矩的增加，索力在减小。$H-I$ 脊线与 $I$ 轴夹角越小，惯性矩对索力识别结果的影响越小；反之，脊线与 $I$ 轴夹角越大，惯性矩对索力识别结果的影响越大。在脊线图中，不同阶次频率的脊线交于一点，该点对应拉索索力

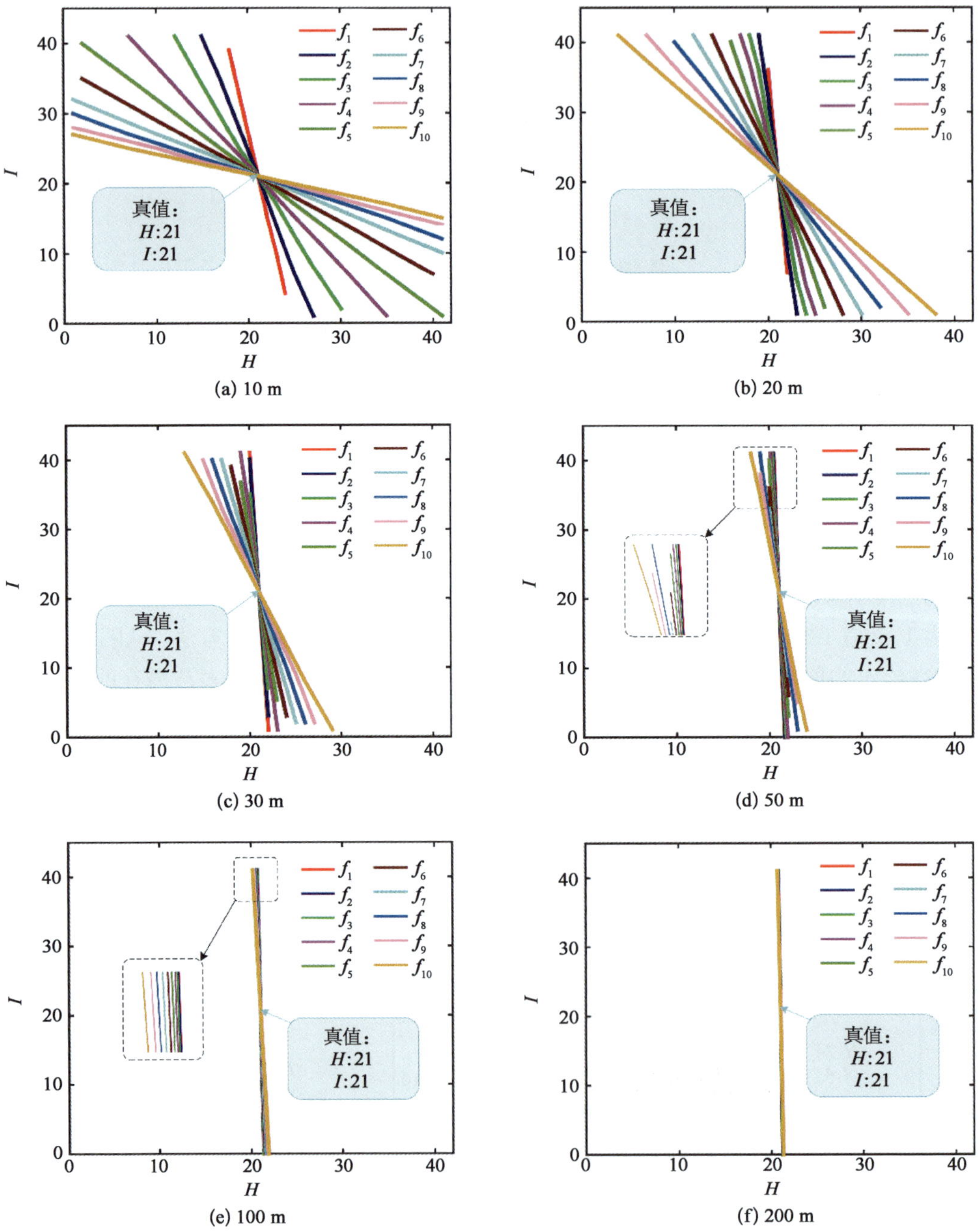


图 10.6　索长相同时拉索前十阶频率对应的拉索 $H-I$ 脊线图

和惯性矩的准确值。

对于同一种索长，随着频率阶次的增加，$H-I$ 脊线与 $I$ 轴的夹角越来越大。这说明，随着频率阶次的增加，抗弯刚度对索力识别结果的影响增加。以图 10.6(a)为例，当拉索长度为 10 m、惯性矩误差为 1%时，采用基频识别的索力误差约为 0.2%，采用第 10 阶频率识别的索力误差约为 3.5%。可见，识别索力时，当抗弯刚度无法准确给出时，采用低阶频率，可以提高索力识别结果的准确度。这也进一步解释了，当采用公式法计算索力时，采用拉索基频或较低阶频率是更加合理的。比较图中不同索长脊线的变化规律发现，随着索长的增加，不同频率阶次对应的 $H-I$ 脊线越来越靠近。这说明频率阶次对索力识别结果的影响随着索长的增加在逐渐减小。

图 10.7 给出了拉索第 4 阶和第 5 阶频率下，$H-I$ 脊线随着索长变化的规律。如图所示，随着索长的增加，各阶次频率对应 $H-I$ 脊线与 $I$ 轴的夹角均在逐渐减小，说明随着索长的增加，抗弯刚度对索力识别结果的影响在减小。若惯性矩误差为 10%，采用第 4 阶频率计算的长度为 10 m 和 50 m 的拉索的索力误差分别为 7%和 0.4%，采用第 5 阶频率计算的长度为 10 m 和 50 m 的拉索的索力误差分别为 10%和 0.6%。以上分析表明，在长索分析时，抗弯刚度对索力识别结果的影响很小，可以忽略抗弯刚度的影响，但是对于短索，抗弯刚度对索力识别结果的影响不可忽略。

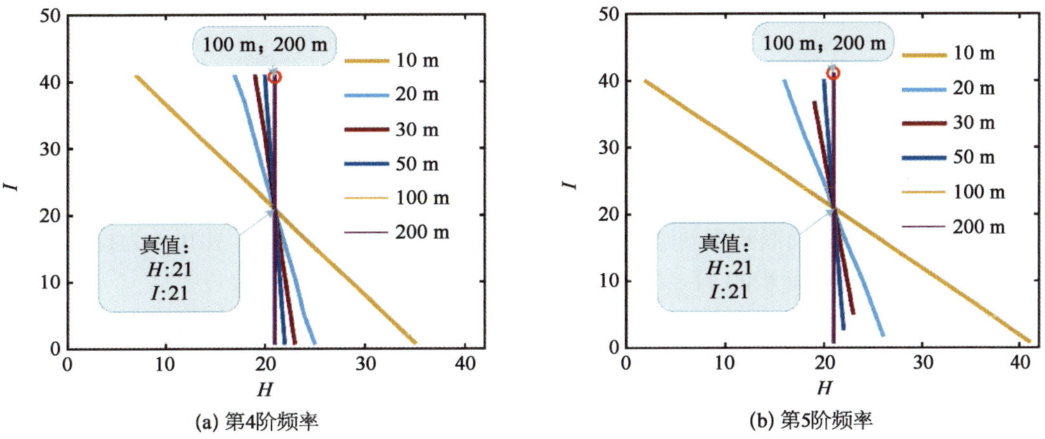


图 10.7　频率相同时不同索长对应的拉索 $H-I$ 脊线图

### 10.3.2　拉索横截面面积和单位长度质量的影响

在分析拉索横截面面积和单位长度质量过程中，横截面面积 $A$ 取 0.002 $m^2$、0.01 $m^2$、0.03 $m^2$ 和 0.05 $m^2$。由于单位长度质量与拉索横截面面积成正比，对应的单位长度质量取 $m=78.5A$(kg/m)。其余拉索参数见表 10.4。通过拉索频率方程求解的拉索前 10 阶频率见表 10.5。

表 10.4　考虑拉索横截面面积影响时的仿真拉索参数

| $g$/(N/kg) | $H$/×$10^6$ N | $E$/Pa | $I$/$m^4$ | $\theta$/° | $l$/m |
| --- | --- | --- | --- | --- | --- |
| 9.8 | 1.5 | $1.95\times10^{11}$ | $2.26\times10^{-6}$ | 30 | 10 |

表 10.5　考虑拉索横截面面积影响时的仿真拉索前 10 阶频率　（单位：Hz）

| 频率阶次 | $A/m^2$ | | | |
|---|---|---|---|---|
| | 0.002 | 0.01 | 0.03 | 0.05 |
| 1 | 175.835 | 78.636 | 45.400 | 35.167 |
| 2 | 366.065 | 163.709 | 94.518 | 73.213 |
| 3 | 582.688 | 260.586 | 150.449 | 116.538 |
| 4 | 834.412 | 373.160 | 215.444 | 166.882 |
| 5 | 1 127.088 | 504.049 | 291.013 | 225.418 |
| 6 | 1 464.525 | 654.956 | 378.139 | 292.905 |
| 7 | 1 849.193 | 826.984 | 477.460 | 369.839 |
| 8 | 2 282.708 | 1 020.858 | 589.393 | 456.542 |
| 9 | 2 766.146 | 1 237.058 | 714.216 | 553.229 |
| 10 | 3 300.237 | 1 475.911 | 852.118 | 660.047 |

在分析中，考察点 C 位于跨中；索力取值范围为 $0.8H \sim 1.2H$，变化步长为 $0.01H$；惯性矩取值范围为 $0.8I \sim 1.2I$，变化步长为 $0.01I$。

图 10.8 为拉索横截面面积相同时，不同阶次频率对应的 $H-I$ 脊线。图 10.9 为拉索第 4 阶和第 5 阶频率下，不同拉索面积的 $H-I$ 脊线。

从图 10.8 中看出，当其他参数相同时，不同横截面面积的各阶次频率对应的 $H-I$ 脊线变化规律相同，与图 10.6(a)中 10 m 拉索的 $H-I$ 脊线图也相同。从图 10.9 也可以看出，对于相同阶次的频率，不同横截面面积对应的 $H-I$ 脊线重合，这说明拉索横截面面积对 $H-I$ 脊线基本没有影响，即抗弯刚度对拉索索力识别结果的影响不随着拉索横截面面积和单位长度质量的改变而变化。

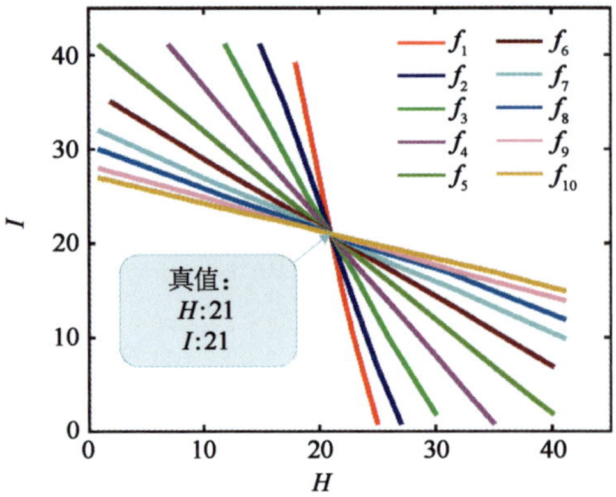

(a) 0.002 m²

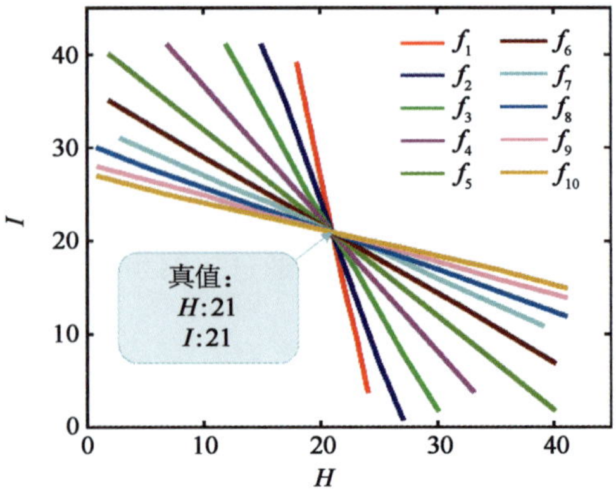

(b) 0.01 m²

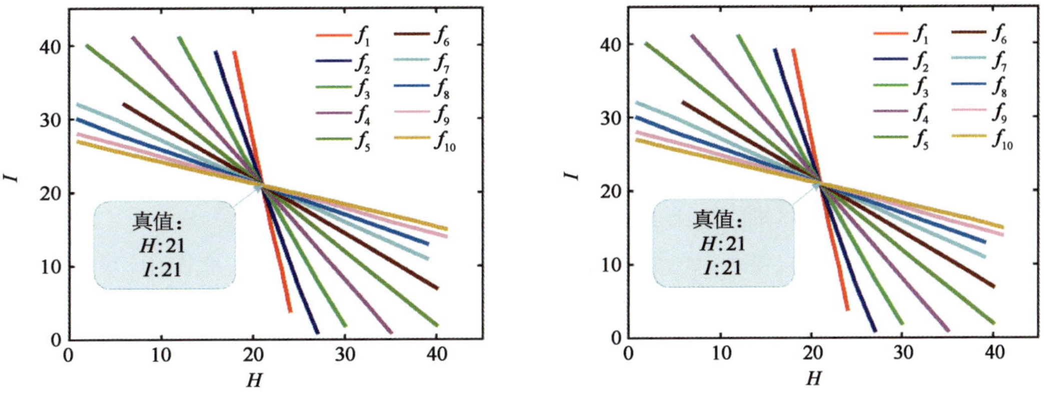


(c) 0.03 m²　　(d) 0.05 m²

图 10.8　拉索横截面面积相同时拉索前 10 阶频率对应的拉索 $H-I$ 脊线图

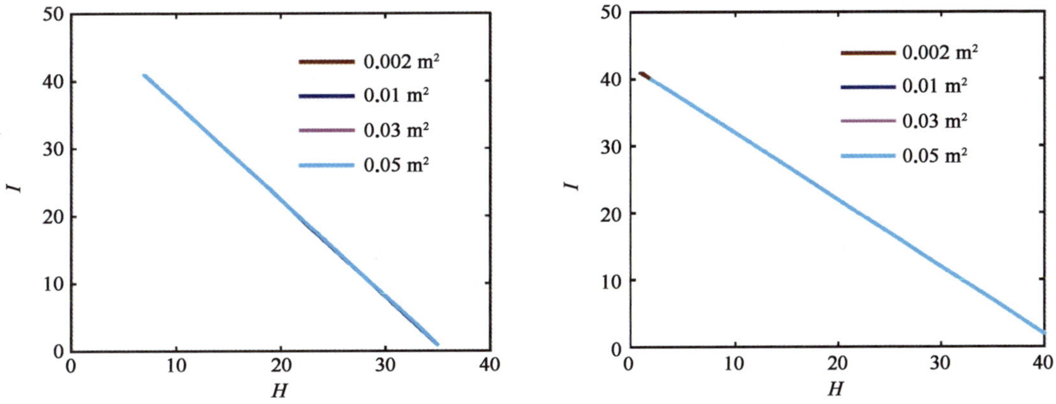


(a) 第4阶频率　　(b) 第5阶频率

图 10.9　频率相同时不同拉索横截面面积对应的拉索 $H-I$ 脊线图

通过以上分析可以得到，在拉索几何参数中，影响 $H-I$ 脊线的主要因素为索长，与拉索横截面面积和单位长度质量无关。同时，拉索模态频率阶次对 $H-I$ 脊线的影响也不可忽略。

## 10.4　平均索力及拉索参数的精确感知方法

### 10.4.1　基于特征函数 $H-I$ 脊线的参数感知方法

从 10.3 节可以看到，在其他参数确定后，特征函数在 $H-I$ 平面上会形成一条脊线，拉索不同阶次频率的 $H-I$ 脊线总是相交于一点，该点为抗弯刚度和索力的准确值。所以，可以根据多阶模态频率的特征函数的 $H-I$ 脊线感知拉索的索力和惯性矩。$H-I$ 脊线法不仅可以通过同时采用多阶模态频率在一定程度上提高感知准确度，而且在使用时无须确定拉索频率的阶次，也没有基频或者较低阶频率的限制，从而使得 $H-I$ 脊线法在使用时更加方便，感知结果更加准确。基于特

征函数 $H-I$ 脊线的参数感知方法的具体过程如下：

(1) 监测拉索振动，获取拉索振动信号。

(2) 对拉索振动信号进行谱分析，获取拉索的模态频率。

(3) 确定索力和抗弯刚度的取值范围，根据识别精度要求确定步长。

(4) 将模态频率代入特征函数 $F(f)$，在索力和抗弯刚度取值范围内绘制特征函数的三维函数图像。

(5) 识别特征函数的三维图像中的峰值点，在 $H-I$ 平面上绘制 $H-I$ 脊线。

(6) 重复步骤(4)、(5)，将所有已知模态频率的 $H-I$ 脊线绘制在同一张图中，获取脊线的交点，其坐标交点即拉索的抗弯刚度和索力。

当拉索的其他参数准确时，拉索的各阶频率对应的 $H-I$ 脊线可以严格地交于一点。但是，在实际工程中，由于振动测量误差和拉索参数测量误差，会发生所有 $H-I$ 脊线不能完全交于一点的情况。针对这类情况，按照如下原则确定最终识别结果：① 当脊线图中可以获得较为理想的脊线交点时，取相交脊线最多的交点；② 当无法确定较为理想的脊线交点时，选取交点较为靠近且密集的区域内对应数值的平均值。

在实际工程中，由于拉索的安装误差、垂度效应、梁和塔的位移、测量误差等原因，可能不能准确获取拉索的真实索长，使已知索长与拉索实际索长存在一定误差。为了分析索长误差对感知结果的影响，下面主要讨论当其他参数准确时，索长误差对 $H-I$ 脊线法的影响。

### 10.4.2 索长误差对感知结果的影响

仿真拉索除索长外的其他参数见表 10.2，分别分析索长 20 m 和 150 m 的拉索。通过拉索频率方程获得的拉索前 10 阶频率见表 10.6。当索长为 20 m 时，索长误差分别为±0.5 m 和±1 m；当索长为 150 m 时，索长误差分别为±1 m、±2 m、±3 m、±4 m 和±5 m。在分析中，考察点 C 位于跨中；索力取值范围为 $0.8H\sim1.2H$，变化步长为 $0.01H$；惯性矩取值范围为 $0.8I\sim1.2I$，变化步长为 $0.01I$。图 10.10 为索长 20 m 和 150 m 时，不同的索长误差对应的 $H-I$ 脊线。

表 10.6 分析索长误差影响时的仿真拉索的前 10 阶频率 (单位：Hz)

| $L$/m | 1 | 2 | 3 | 4 | 5 | 6 | 7 | 8 | 9 | 10 |
|---|---|---|---|---|---|---|---|---|---|---|
| 20 | 4.810 | 9.717 | 14.831 | 20.241 | 26.026 | 32.258 | 38.995 | 46.284 | 54.167 | 62.676 |
| 150 | 0.633 | 1.230 | 1.827 | 2.436 | 3.047 | 3.659 | 4.272 | 4.886 | 5.503 | 6.122 |

从图 10.10(a)可以得到，对于索长 20 m 的拉索，当索长存在误差时，各阶次频率的 $H-I$ 脊线在给定的范围内不能严格地交于一点。当已知索长小于真实索长时，感知的索力和惯性矩均小于准确值；当已知索长大于真实索长时，感知的索力和惯性矩均大于准确值，误差越大，感知的结果误差也越大。索长相差为 0.5 m 时，惯性矩和索力的感知误差分别为 10%和 5%。

从图 10.10(b)看到，对于索长为 150 m 的拉索，当索长存在误差时，第 1 阶频率和第 2 阶频率的 $H-I$ 脊线与其他阶频率的 $H-I$ 脊线偏离较远。当已知索长小于真实索长时，感知的索力小于准确值，基频对应的脊线在其他阶频率脊线的左侧；当已知索长大于真实索长时，感知的索力大于

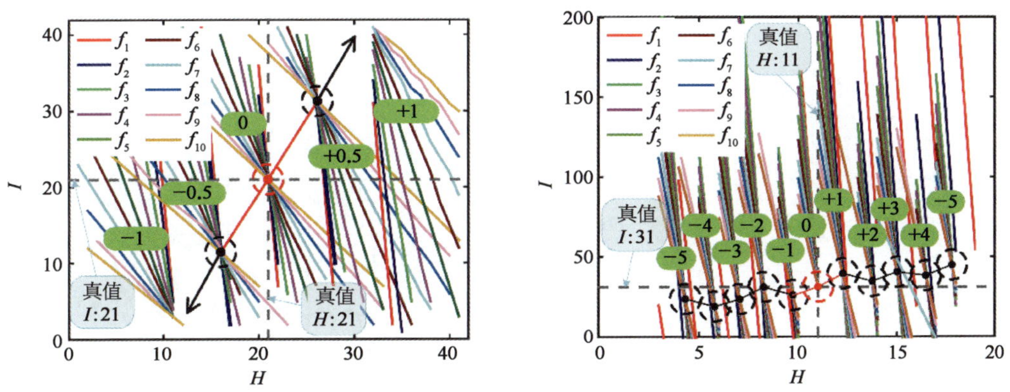


(a) 20 m　　(b) 150 m

图 10.10　索长存在误差时拉索前 10 阶频率对应的 $H-I$ 脊线图

准确值，基频对应的脊线在其他阶频率脊线的右侧，误差越大，感知索力结果的误差也越大，基频脊线偏离其他阶频率脊线的距离越远。这说明，当索长存在误差时，公式法计算的索力结果的误差会加大。与 20 m 拉索不同，感知的惯性矩结果的误差随着索长误差增加，呈近似周期性的变化。索长误差为 1 m 时，索力识别误差约为 2.8%。以上结果表明，拉索参数感知中，与长索相比，短索对索长变化更加敏感。

以上分析表明，索长存在误差时，$H-I$ 脊线法感知的索力和抗弯刚度会产生一定的误差，索力感知结果误差的大小与索长误差成正比。与长索相比，短索参数感知对索长误差更加敏感。对于长索，当索长存在误差时，公式法采用基频计算的索力反而误差更大。

## 10.5　实索试验验证

为了进一步验证拉索反分析特征函数的正确性和 $H-I$ 脊线法的有效性，下面通过实索试验进行验证。

### 10.5.1　拉索试验介绍

实索试验在缆索车间的张拉沟中进行，分别对 20 m 和 168 m 两种长度的拉索进行水平张拉试验。20 m 的试验拉索为 PEJ15B-12 钢绞线挤压拉索，168 m 试验拉索为 LZM7-85 钢绞线拉索。试验拉索参数见表 10.7。拉索横截面如图 10.11 所示。

表 10.7　试验拉索参数

| $l$/m | $l^*$/m | $D$/mm | $m$/(kg/m) | $I^{**}$/m$^4$ | $E$/MPa | $H^{***}$/kN |
|---|---|---|---|---|---|---|
| 20 | 19.715 | 85 | 16.6 | $6.176\times10^{-7}$ | $1.9\times10^5$ | 3 120 |
| 168 | 167.85 | 87 | 28.0 | $7.260\times10^{-7}$ | $1.95\times10^5$ | 7 460 |

注：$^*$：$l$ 为自由振动索长。$^{**}$：$I$ 为拉索全部钢绞线相对于拉索截面中性轴的惯性矩之和。$^{***}$：$H$ 为拉索破断力。

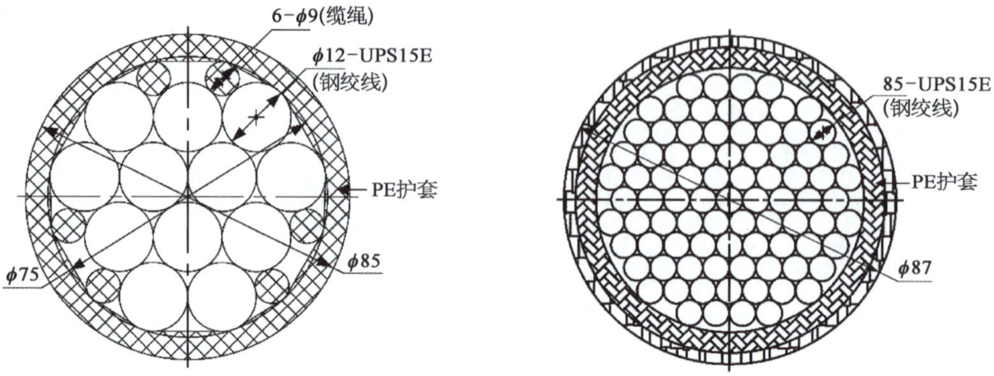


(a) 20 m拉索横截面图　　(b) 168 m拉索横截面图

图 10.11　试验拉索横截面图

试验工况布置图和现场试验照片如图 10.12 所示。试验加速度传感器采用法国 BEANAIR 生产的三轴无线加速度传感器 AX-3D-XRANGE。压力环采用 CL-YB-M4 MN 传感器,配套使用 2050 采集仪表。激振器为自制简易激振设备,如图 10.13 所示。拉索分析时,观察点 C 取在跨中,索力取值范围为 $0.8H \sim 1.2H$,步长为 $0.01H$,$H$ 为表 10.8 和表 10.12 中数值;惯性矩取值范围为 $0.8I \sim 1.2I$,步长为 $0.01I$,$I$ 为表 10.10 中数值。分析中,为了考虑索长误差的影响,让索长在 $-4$ m~$+4$ m 范围内以 1 m 步长变化。

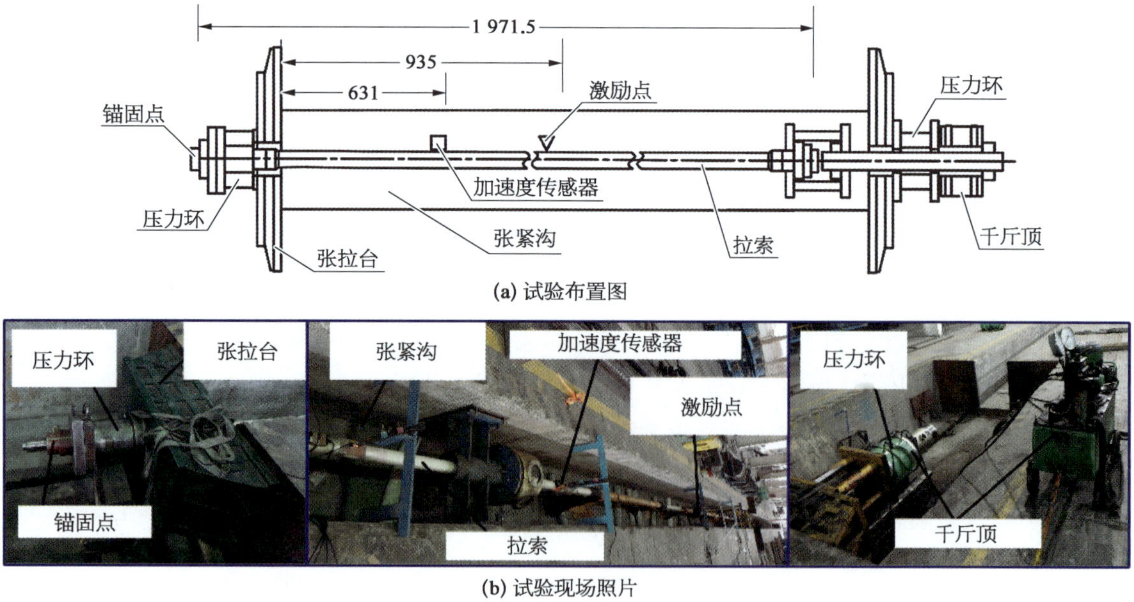


(a) 试验布置图



(b) 试验现场照片

图 10.12　20 m 试验拉索实验布置图及现场照片

图 10.13 简易激振设备

### 10.5.2 20 m 拉索索力及抗弯刚度感知

试验过程中,分 7 级进行张拉,张拉力分别接近拉索破断力的 20%、25%、30%、35%、40%、45%、50%。采用 APES 方法对拉索加速度信号进行谱分析,获得拉索的频率见表 10.8。

表 10.8 20 m 试验索张拉力及频率 (单位: Hz)

| 工况 | $H$/kN | 1 | 2 | 3 | 4 | 5 | 6 | 7 | 8 |
|---|---|---|---|---|---|---|---|---|---|
| 1 | 608.9 | 5.090 | 10.180 | 15.267 | 20.907 | 26.240 | 31.900 | 37.760 | 44.293 |
| 2 | 764.5 | 5.690 | 11.380 | 17.170 | 23.250 | 29.140 | 35.357 | 41.873 | — |
| 3 | 920.9 | 6.233 | 12.450 | 18.787 | 25.393 | 31.820 | 38.493 | 45.327 | — |
| 4 | 1 084.2 | 6.750 | 13.467 | 20.320 | 27.460 | 34.360 | 41.570 | 48.807 | — |
| 5 | 1 248.7 | 7.237 | — | 21.900 | 29.387 | 36.743 | 44.373 | — | — |
| 6 | 1 406.8 | 7.670 | — | 23.190 | 31.117 | 38.900 | 46.950 | — | — |
| 7 | 1 556.9 | 8.063 | 16.033 | 24.363 | 32.683 | 40.820 | 49.193 | — | — |

图 10.14 给出了 4 种工况下不同索长误差的 $H-I$ 脊线图。从中可以得到如下规律: ① 随着拉索模态频率阶次的增加,抗弯刚度对索力感知结果的影响增加;② 拉索索长存在误差时,识别惯性矩和索力均随着索长的增加而单调增加。这与 10.3.2 中仿真分析得到的结论相同。

从图 10.14 中真实索长对应的 $H-I$ 脊线图,可以实现拉索的索力和惯性矩的感知,结果见表 10.9 和表 10.10。同时,将采用考虑抗弯刚度的公式法[公式法 1: 式(10.17)]和张紧弦法[公式法 2: 式(10.18)]计算的索力列于表中,公式法结果为各阶次频率计算的索力的平均值。采用式(10.17)计算索力时,拉索惯性矩采用截面计算惯性矩。从表中可见,本章提出的基于拉索特征函

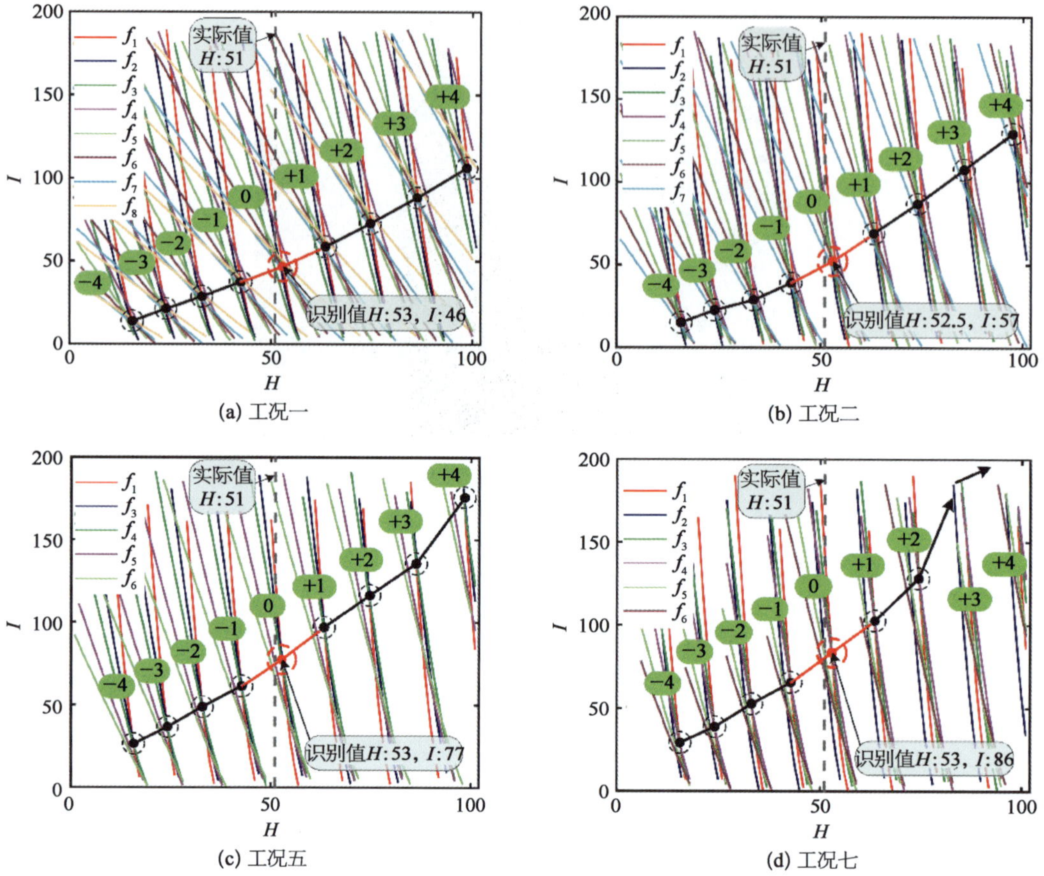


图 10.14　20 m 试验索不同工况下索长存在误差时的 $H-I$ 脊线图

数 $H-I$ 脊线的参数精确感知方法获得的索力最大误差仅为 2%，明显优于公式法，考虑抗弯刚度的公式法优于张紧弦法。

$$H=4m\left(\frac{f_n}{n}\right)^2L^2-EI\pi^2\left(\frac{n^2}{L^2}\right) \tag{10.17}$$

$$H=4m\left(\frac{f_n}{n}\right)^2L^2 \tag{10.18}$$

表 10.9　20 m 试验索索力感知结果

| 工况 | 测试索力/N | 估计索力/N | 误差/% | 公式法 1 索力/N | 误差/% | 公式法 2 索力/N | 误差/% |
|---|---|---|---|---|---|---|---|
| 1 | 608 908 | 621 086 | 2.0 | 635 667 | 4.4 | 668 647 | 9.8 |
| 2 | 764 482 | 779 772 | 2.0 | 809 666 | 5.9 | 835 576 | 9.3 |
| 3 | 920 854 | 934 667 | 1.5 | 975 367 | 5.9 | 1 002 772 | 8.9 |

续　表

| 工况 | 测试索力/N | 估计索力/N | 误差/% | 公式法 1 索力/N | 误差/% | 公式法 2 索力/N | 误差/% |
|---|---|---|---|---|---|---|---|
| 4 | 1 084 159 | 1 095 001 | 1.0 | 1 148 786 | 6.0 | 1 175 897 | 8.5 |
| 5 | 1 248 740 | 1 273 714 | 2.0 | 1 333 192 | 6.8 | 1 351 571 | 8.2 |
| 6 | 1 406 785 | 1 434 920 | 2.0 | 1 501 082 | 6.7 | 1 518 282 | 7.9 |
| 7 | 1 556 860 | 1 587 997 | 2.0 | 1 657 617 | 6.5 | 1 677 996 | 7.8 |

表 10.10　20 m 试验索惯性矩感知结果

| 工况 | 测试索力/N | 计算惯性矩/$m^4$ | 估计惯性矩/$m^4$ | 比值 |
|---|---|---|---|---|
| 1 | 608 908 | $6.176\times10^{-7}$ | $3.397\times10^{-7}$ | 0.55 |
| 2 | 764 482 | $6.176\times10^{-7}$ | $3.644\times10^{-7}$ | 0.59 |
| 3 | 920 854 | $6.176\times10^{-7}$ | $4.076\times10^{-7}$ | 0.66 |
| 4 | 1 084 159 | $6.176\times10^{-7}$ | $4.446\times10^{-7}$ | 0.72 |
| 5 | 1 248 740 | $6.176\times10^{-7}$ | $5.311\times10^{-7}$ | 0.86 |
| 6 | 1 406 785 | $6.176\times10^{-7}$ | $5.620\times10^{-7}$ | 0.91 |
| 7 | 1 556 860 | $6.176\times10^{-7}$ | $5.867\times10^{-7}$ | 0.95 |

图 10.15 给出了 7 种工况下拉索感知惯性矩随索力变化的关系图。从中可以看出，在其他条件不变的情况下，拉索的惯性矩并非常数，而是随着索力的增加而增加。出现这种现象的原因是，随着索力的增加，拉索索丝之间的径向力增加，使索丝之间的摩擦力加大，从而增加了拉索弯曲刚度。

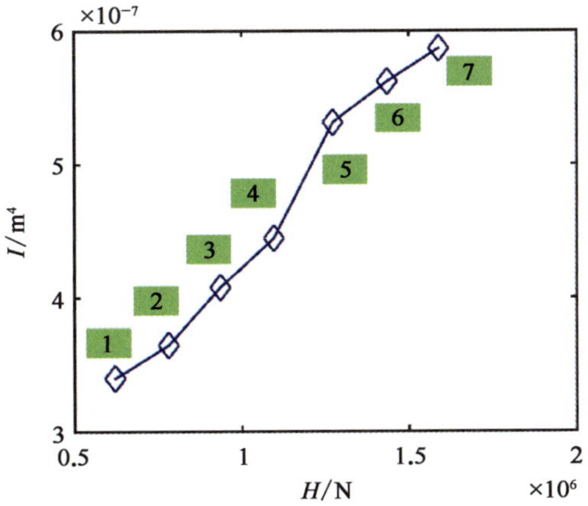


图 10.15　20 m 试验索 7 种张拉力工况下的惯性矩感知结果

### 10.5.3 168 m 拉索索力及抗弯刚度感知

试验过程中,拉索张拉力为 2 170 kN。采用 APES 法对 168 m 拉索试验的加速度信号进行谱分析,得到拉索的频率见表 10.11。

表 10.11 168 m 试验索频率 (单位: Hz)

| 频率阶次 | 3 | 4 | 5 | 6 | 7 | 8 | 9 | 10 | 11 | 12 |
|---|---|---|---|---|---|---|---|---|---|---|
| $f$ | 2.496 | 3.326 | 4.156 | 4.99 | 5.82 | 6.656 | 7.486 | 8.322 | 9.155 | 9.991 |

图 10.16 为试验索在不同索长误差下的 $H-I$ 脊线。

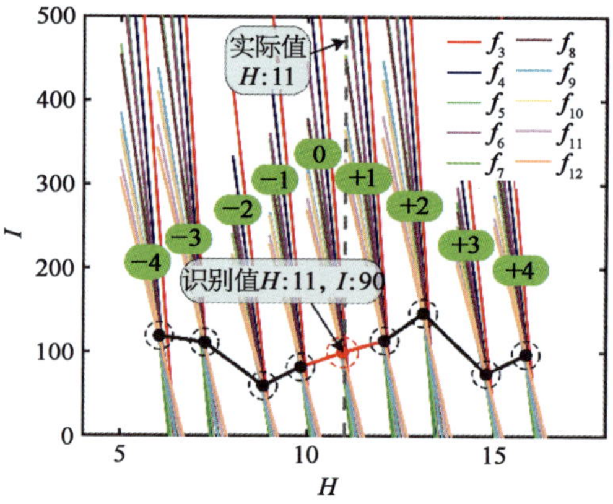


图 10.16 168 m 试验索索长存在误差时的 $H-I$ 脊线图

从图 10.16 中可以看出,当索长比实际索长偏小时,感知的索力偏小;当索长比实际索长偏大时,感知的索力偏大。惯性矩的感知结果随着索长误差的变化近似呈周期性变化。以上结果与 10.3.2 中仿真分析得到的结论相同。

本章方法和公式法获得的索力结果见表 10.12,本章感知的惯性矩结果见表 10.13。

表 10.12 168 m 试验索索力识别结果

| 测试索力/kN | 估计索力/kN | 误差/% | 公式法 1 索力/kN | 误差/% | 公式法 2 索力/kN | 误差/% |
|---|---|---|---|---|---|---|
| 2 170 | 2 176.510 | 0.3 | 2 180.702 | 0.5 | 2 182.347 | 0.6 |

表 10.13 168 m 试验索惯性矩识别结果

| 测试索力/kN | 计算惯性矩/$m^4$ | 估计惯性矩/$m^4$ | 比值 |
|---|---|---|---|
| 2 170 | $7.260\times10^{-7}$ | $6.534\times10^{-7}$ | 0.90 |

从表 10.12 中可以看到,三种方法获得的索力结果误差均不超过 0.6%,本章方法仅为 0.3%。由此可以看出,对于长索,公式法的计算精度已能很好地满足工程需求。比较公式法 1 和公式法 2,两者误差仅差 0.1%,再次说明抗弯刚度对长索的索力识别结果影响很小,可以忽略不计。

从表 10.9 和表 10.12 可以看到,利用公式法计算的拉索索力往往比真实索力大,利用本章提出的拉索特征函数的 $H-I$ 脊线法感知索力时,可以将公式法计算索力作为感知上限值。在张拉力不超过拉索破断力 50%的情况下,可以将横截面计算惯性矩作为惯性矩感知的上限值。

第 11 章

# 短吊索索力及参数精确识别

## 11.1 考虑吊索锚固区影响的三节段吊索动力分析模型

与斜拉桥拉索相比，吊索的长度一般小于斜拉桥拉索的长度，边界条件和抗弯刚度的影响不可忽略，如果直接采用斜拉桥拉索的索力测定方法将会带来较大的误差。已有研究中，吊索振动模型基本上是等截面均匀索，即认为上下锚固点间的吊索为等截面、材质均匀、材料的本构关系符合胡克定律，忽略了吊索锚固区(包括锚固段和过渡段)与自由索段的差异，如横截面组成、抗弯刚度、单位长度质量等。对于斜拉桥和悬索桥中的长索来说，锚固区在整根拉索中所占的比重很小，忽略其影响不会对测试精度造成明显的影响，但是对于悬索桥的短吊索和中、下承式拱桥吊索，忽略锚固区的影响会造成较大的识别误差，无法满足工程的需要。

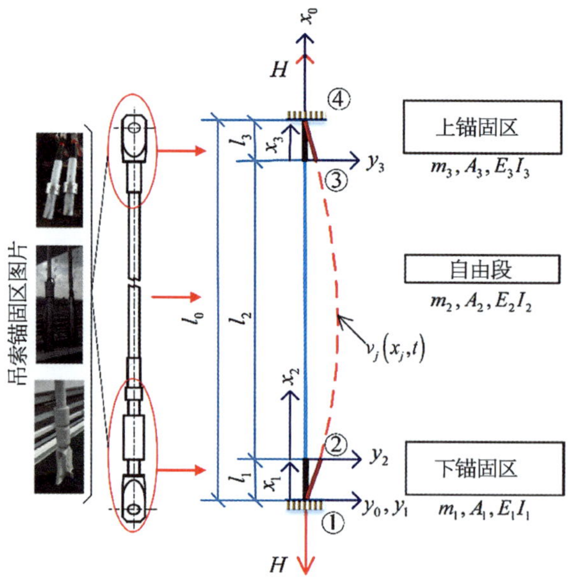


图 11.1 三节段吊索力学模型简图

针对现有模型无法考虑吊索锚固区影响，导致吊索参数识别精度提高的困难，本节建立了一个考虑吊索锚固区影响的三节段吊索动力分析模型。为了简化研究，本节将锚固区等效为等截面均匀索，即吊索锚固区的几何参数沿锚固区长度不变，则吊索力学模型可简化为图 11.1 所示的三节段吊索模型。三个索段从下到上分别为下锚固区、自由段和上锚固区。

图 11.1 中，$(x_0, y_0)$ 为吊索整体坐标系；$(x_j, y_j)$ 为索段的局部坐标系，$j=1, 2, 3$；下同。$l_0$ 为吊索全长，$l_j$ 为索段的弦向索长，$v_j(x_j, t)$ 为索段的动构型，$H$ 为吊索静止时的弦向索力，$m_j$ 为索段的等效线质量，$A_j$ 为索段的等效横截面积，$EI_j$ 为索段的等效抗弯刚度。

忽略吊索内阻尼和振动附加索力的影响,各索段的运动偏微分方程满足:

$$EI_j \frac{\partial^4 v_j(x_j, t)}{\partial x_j^4} - H \frac{\partial^2 v_j(x_j, t)}{\partial x_j^2} + m_j \frac{\partial^2 v_j(x_j, t)}{\partial t^2} = 0 \tag{11.1}$$

采用 10.2 节相同的求解方法,可获得索段的动刚度矩阵为:

$$\mathbf{K}^{(j)} = \frac{EI_j}{l_0^3}\mathbf{D}^{(j)} \cdot (\mathbf{C}^{(j)})^{-1} \tag{11.2}$$

式中的 **D** 矩阵和 **C** 矩阵与 10.2 节相同。

按照有限元法的总刚度矩阵集组方法,可得到考虑吊索锚固区影响的吊索总刚度矩阵表达式:

$$\mathbf{K} = \sum_{j=1}^{j=3} \mathbf{I}_j \cdot \mathbf{K}^{(j)} \cdot \mathbf{I}_j^T \tag{11.3}$$

式中　$\mathbf{I}_j$ ——单元节点自由度转换矩阵。

由吊索总体平衡方程可得到考虑吊索锚固区影响的三节段吊索动力分析模型

$$\det(\mathbf{K}) = 0 \tag{11.4}$$

## 11.2　短吊索反分析特征函数

与中等长度拉索类似,在实际工程中,由于测量方法的局限性和吊索组成的复杂性,不能给出所有吊索参数的准确值,使得由式(11.4)计算得到的吊索频率与真实频率存在差异。在吊索参数中,线质量、横截面积和长度有成熟的测量方法,通常情况下可给出较为准确的测量值,为已知量。由于吊索是由多根钢绞线组成的非均匀截面,而且锚固区的截面组成比自由段的截面组成更加复杂。所以到目前为止,没有有效的测量方法或计算方法得到吊索锚固区和自由段的抗弯刚度。

在实际工程中,吊索频率的测量方法具有较高的精度和可靠性,可认为其代表吊索的真实频率。因此,当所有吊索参数均为准确值时,式(11.4)计算得到的吊索频率将与实测频率相同;反之,则可认为输入的部分吊索参数不准确,如前所述,可认为是吊索锚固区和自由段的抗弯刚度参数不够准确。这时可利用实测频率和索力来反方向识别这两个参数。式(11.5)优化问题的解,即为这两个参数的识别值。

$$(I_j)^{opt} = \arg\max_{I_j \in \mathbf{I}} \left( \frac{1}{\sum_i^n (f_i^{mea} - f_i^{cal})^2} \right) \tag{11.5}$$

式中　**I** ——吊索抗弯刚度的工程可行域;

$I_j$ ——第 $j$ 段吊索的惯性矩;

$f_i^{mea}$ ——吊索实测频率;

$f_i^{cal}$ ——由式(11.4)计算得到的频率;

$i$ ——吊索频率的阶次;

$n$ ——已知吊索频率的总阶次。

对于式(11.5)的优化问题，采用 PSO 优化算法求解，通过在吊索抗弯刚度可行域内寻找目标函数的最大值，识别吊索锚固区和自由段抗弯刚度。

在吊索锚固区，索丝和连接筒之间通过环氧树脂混合物连为整体，符合平截面变形协调条件，其抗弯刚度几乎不受轴向张力的影响，可假设为常量。在自由段，研究表明，其抗弯刚度是随着吊索索力的变化而变化的，是一个变量。这就意味着，当吊索索力给定后，自由索段的抗弯刚度可相应确定，无须通过式(11.5)来识别。因此，此时唯一需要识别的是锚固区的抗弯刚度。

值得一提的是，根据锚固区抗弯刚度为常值的假定，由式(11.5)识别的吊索锚固区抗弯刚度取值可用作具有相同规格吊索的锚固区抗弯刚度参数识别时的初值，这将会提高优化效率和结果的精度。

通过上述方法分别确定吊索锚固区和自由端的抗弯刚度以后，吊索的全部参数 $\theta$ 质量得以改善，然后将其一起代入式(11.5)，可得到吊索的反分析特征函数，如下

$$f(\boldsymbol{\omega}_m,\ H,\ \boldsymbol{\theta})=\frac{1}{|\ \det(\mathbf{K})\ |} \tag{11.6}$$

该函数建立了拉索实测频率和待识别索力之间的关系，由参数 $\theta$ 的质量保证了这种关系的准确性。因此，当测量得到吊索的模态频率时，可利用该函数反过来感知准确的索力。同样，这也可以转化为一个优化问题，即

$$H^{opt}=\underset{H\in\mathbf{H},\ EI_j\in\varepsilon\mathbf{I}}{\arg\max} f(\boldsymbol{\omega}_m,\ H,\ \boldsymbol{\theta}) \tag{11.7}$$

式中 $\boldsymbol{\omega}_m$ ——测量得到的一组吊索频率，为已知量；

$\boldsymbol{\theta}$ ——一组已知结构参数；

$H^{opt}$ ——使得特征函数达到最大值时的索力的最优值；

$\mathbf{H}$ ——索力工程可行域。

考虑到吊索抗弯刚度的识别误差，应用反分析特征函数时，仍应让吊索锚固区和自由段的抗弯刚度在较小范围内变动，$\varepsilon\mathbf{I}$ 为抗弯刚度的变动范围，以增强优化问题的求解能力，避免陷入局部最优。

## 11.3 锚固区参数对吊索模态参数的影响分析

为了更好地理解和运用上述吊索反分析模型，有必要分析吊索锚固区的参数对吊索动力特性的影响。吊索锚固区分为固定端和张拉端，两者在过渡区的构造一般相同，只有在锚固段上有差别。在实际工程中，锚固段固定在拱肋或者梁内，对吊索的振动影响较小。因此，在吊索参数分析时，假定吊索的上锚固区和下锚固区具有相同的参数。参数分析时，主要考虑锚固区的抗弯刚度、线质量，以及锚固区在吊索中所占比重的影响。

### 11.3.1 锚固区抗弯刚度的影响

在分析吊索锚固区抗弯刚度影响时，仅锚固区惯性矩变化，其余参数不变。仿真吊索参数及锚固区吊索参数分别见表 11.1 和表 11.2。由式(11.4)计算得到的仿真吊索前 10 阶频率见表 11.3。

表 11.1　仿真吊索参数

| $H/\times10^6$ N | $E$/Pa | $l_0$/m | $g$/(N/kg) | $l_2$/m | $m_2$/(kg/m) | $A_2$/m² | $I_2$/m⁴ |
|---|---|---|---|---|---|---|---|
| 0.608 9 | $1.9\times10^{11}$ | 5 | 9.8 | 4 | 16.6 | $4.418\times10^{-3}$ | $6.18\times10^{-7}$ |

表 11.2　抗弯刚度变化时仿真吊索锚固区参数

| $l_1$/m | $m_1$/(kg/m) | $A_1$/m² | $I_1$/m⁴ | $l_3$/m | $m_3$/(kg/m) | $A_3$/m² | $I_3$/m⁴ |
|---|---|---|---|---|---|---|---|
| 0.5 | $1.2m_2$ | $1.2A_2$ | $nI_2$ | 0.5 | $1.2m_2$ | $1.2A_2$ | $nI_2$ |

注：$n$ 为锚固区抗弯刚度与自由段抗弯刚度的比值。

表 11.3　考虑吊索锚固区抗弯刚度变化的仿真吊索前 10 阶频率　（单位：Hz）

| $n$ | $f_1$ | $f_2$ | $f_3$ | $f_4$ | $f_5$ | $f_6$ | $f_7$ | $f_8$ | $f_9$ | $f_{10}$ |
|---|---|---|---|---|---|---|---|---|---|---|
| 1.0 | 24.044 | 52.515 | 88.244 | 132.546 | 185.964 | 248.790 | 321.347 | 404.067 | 497.395 | 601.633 |
| 1.2 | 24.466 | 53.373 | 89.544 | 134.374 | 188.595 | 252.686 | 327.000 | 411.792 | 507.199 | 613.253 |
| 1.6 | 25.190 | 54.874 | 91.824 | 137.456 | 192.724 | 258.425 | 335.122 | 423.041 | 522.058 | 631.788 |
| 2.0 | 25.789 | 56.156 | 93.806 | 140.084 | 196.033 | 262.679 | 340.827 | 430.841 | 532.589 | 645.530 |
| 2.4 | 26.294 | 57.268 | 95.569 | 142.428 | 198.890 | 266.142 | 345.213 | 436.644 | 540.393 | 655.919 |
| 2.8 | 26.725 | 58.243 | 97.156 | 144.563 | 201.459 | 269.133 | 348.809 | 441.214 | 546.430 | 663.981 |

按式(11.8)计算考虑吊索锚固区影响的吊索与等截面均匀吊索的频率的误差，结果如图 11.2(a)所示。

$$Erro=\frac{f_{I_1}-f_{I_2}}{f_{I_2}}\times100\% \tag{11.8}$$

式中　$f_{I_1}$ ——考虑吊索锚固区影响的吊索频率；

$f_{I_2}$ ——等截面均匀吊索的频率。

图 11.2(a)给出了吊索锚固区抗弯刚度变化时，吊索频率误差随频率阶次的变化。从图中可以看到，考虑吊索锚固区抗弯刚度时的频率要比不考虑时大。随着 $n$ 的增加，吊索频率误差增加，当 $n$ 超过 1.6 时，频率误差均超过了 5%。这说明，锚固区“刚化”了吊索，锚固区越“刚”，吊索整体就越“刚”，不考虑其影响所带来的误差就越大。此外，这种影响程度对不同阶次频率是不同的。

### 11.3.2　锚固区线质量的影响

吊索的线质量往往与吊索的横截面成正比，因此，在分析吊索锚固区线质量的影响时，让锚固区线质量和横截面积按相同的比例变化，其余参数不变。仿真吊索参数及锚固区参数分别见表 11.1 和表 11.4。

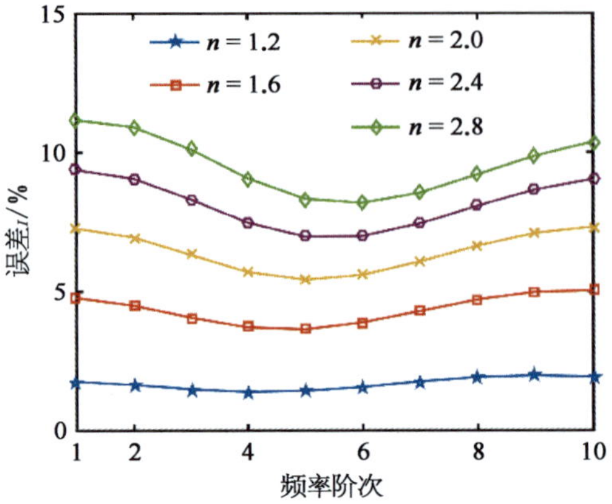

(a) 抗弯刚度变化引起的频率误差

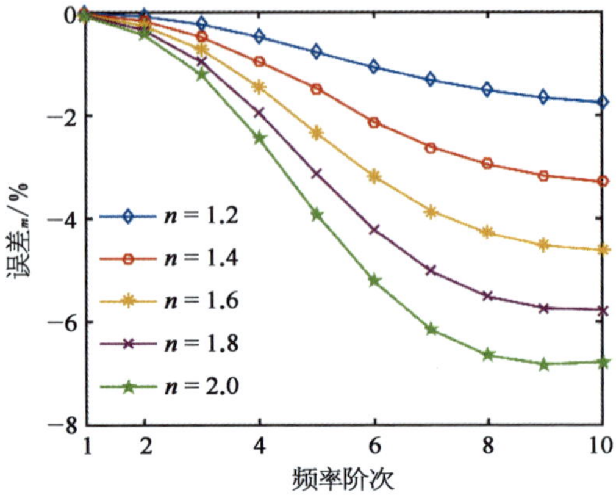

(b) 线质量变化引起的频率误差

图 11.2　考虑锚固区抗弯刚度和线质量变化的吊索与等截面均匀索前 10 阶频率的误差

表 11.4　线质量变化时仿真吊索锚固区参数

| $l_1$/m | $m_1$/(kg/m) | $A_1$/m$^2$ | $I_1$/m$^4$ | $l_3$/m | $m_3$/(kg/m) | $A_3$/m$^2$ | $I_3$/m$^4$ |
|---|---|---|---|---|---|---|---|
| 0.5 | $n\,m_2$ | $n\,A_2$ | $2I_2$ | 0.5 | $n\,m_2$ | $n\,A_2$ | $2I_2$ |

注：$n$ 为锚固区线质量与自由段线质量的比值。

由式(11.4)计算得到的仿真吊索前 10 阶频率见表 11.5。按式(11.8)计算考虑锚固区线质量与等截面均匀索的频率的误差，结果见图 11.2(b)。

表 11.5　考虑锚固区线质量变化的仿真吊索前 10 阶频率　(单位：Hz)

| $n$ | $f_1$ | $f_2$ | $f_3$ | $f_4$ | $f_5$ | $f_6$ | $f_7$ | $f_8$ | $f_9$ | $f_{10}$ |
|---|---|---|---|---|---|---|---|---|---|---|
| 1 | 25.793 | 56.204 | 94.031 | 140.762 | 197.572 | 265.535 | 345.421 | 437.521 | 541.625 | 657.103 |
| 1.2 | 25.789 | 56.156 | 93.806 | 140.084 | 196.033 | 262.679 | 340.827 | 430.841 | 532.589 | 645.530 |
| 1.4 | 25.784 | 56.107 | 93.580 | 139.400 | 194.642 | 259.848 | 336.379 | 424.569 | 524.407 | 635.450 |
| 1.6 | 25.780 | 56.058 | 93.351 | 138.709 | 192.937 | 257.058 | 332.104 | 418.736 | 517.065 | 626.713 |
| 1.8 | 25.775 | 56.009 | 93.121 | 138.013 | 191.388 | 254.320 | 328.025 | 413.350 | 510.510 | 619.136 |
| 2.0 | 25.771 | 55.959 | 92.888 | 137.311 | 189.843 | 251.645 | 324.152 | 408.399 | 504.667 | 612.534 |

图 11.2(b)给出了吊索锚固区线质量变化时，吊索频率误差随频率阶次的变化。从图中可以看到，锚固区线质量的增加会减小吊索的频率，使吊索“软化”。这说明不考虑锚固区线质量影响时，会导致模态频率被高估。锚固区线质量与自由段线质量的比值 $n$ 对吊索模态频率有显著影响，随

着 $n$ 的增加，吊索频率误差增加。对于相同的 $n$ 值，频率误差随着吊索频率阶次的增加而增加。值得一提的是，锚固区线质量的变化对基频几乎没有影响。因此，吊索索力估算时，若线质量不确定，采用基频进行估算，可有效提高吊索索力的识别精度。

### 11.3.3　锚固区长度在吊索中所占比重的影响

通常情况下，吊索锚固区长度随着吊索型号和锚固方式的变化较小。随着吊索长度的增加，锚固区在吊索中所占的比重减小。这里通过增加吊索索长的方式，讨论锚固区在吊索中所占比重对吊索频率的影响。在分析过程中，分别按等截面均匀索和考虑吊索锚固区影响的两种类型吊索分别计算吊索频率。计算时，锚固区长度不变，吊索自由段长度增加，即吊索总长度增加，其他参数不变。仿真吊索参数及锚固区吊索参数分别见表 11.1 和表 11.6。

表 11.6　考虑锚固区占总索长比重的仿真吊索锚固区参数

| 类型 | $l_1$/m | $m_1$/(kg/m) | $A_1$/m² | $I_1$/m⁴ | $l_3$/m | $m_3$/(kg/m) | $A_3$/m² | $I_3$/m⁴ |
|---|---|---|---|---|---|---|---|---|
| 1 | 0.5 | $m_2$ | $A_2$ | $I_2$ | 0.5 | $m_2$ | $A_2$ | $I_2$ |
| 2 | 0.5 | $1.2m_2$ | $1.2A_2$ | $2I_2$ | 0.5 | $1.2m_2$ | $1.2A_2$ | $2I_2$ |

由式(11.4)计算得到的两种类型仿真吊索的前 10 阶频率见表 11.7 和表 11.8。

表 11.7　等截面均匀仿真吊索的前 10 阶频率　(单位：Hz)

| $L$/m | $f_1$ | $f_2$ | $f_3$ | $f_4$ | $f_5$ | $f_6$ | $f_7$ | $f_8$ | $f_9$ | $f_{10}$ |
|---|---|---|---|---|---|---|---|---|---|---|
| 4 | 32.231 | 72.765 | 126.269 | 194.642 | 278.679 | 378.747 | 495.035 | 627.645 | 776.638 | 942.051 |
| 6 | 19.171 | 41.004 | 67.444 | 99.648 | 138.259 | 183.634 | 235.978 | 295.413 | 362.017 | 435.837 |
| 8 | 13.644 | 28.430 | 45.307 | 64.957 | 87.837 | 114.241 | 144.361 | 178.319 | 216.198 | 258.053 |
| 10 | 10.598 | 21.781 | 34.069 | 47.877 | 63.519 | 81.221 | 101.141 | 123.394 | 148.058 | 175.190 |
| 12 | 8.667 | 17.672 | 27.325 | 37.892 | 49.589 | 62.583 | 77.003 | 92.945 | 110.481 | 129.665 |
| 14 | 7.333 | 14.878 | 22.834 | 31.378 | 40.662 | 50.811 | 61.925 | 74.084 | 87.350 | 101.772 |
| 16 | 6.356 | 12.854 | 19.627 | 26.799 | 34.481 | 42.764 | 51.728 | 61.437 | 71.945 | 83.294 |
| 18 | 5.609 | 11.317 | 17.219 | 23.404 | 29.952 | 36.935 | 44.414 | 52.441 | 61.061 | 70.311 |
| 20 | 5.020 | 10.111 | 15.344 | 20.784 | 26.492 | 32.523 | 38.926 | 45.743 | 53.012 | 60.763 |
| 22 | 4.543 | 9.139 | 13.841 | 18.700 | 23.762 | 29.069 | 34.662 | 40.575 | 46.838 | 53.479 |
| 24 | 4.148 | 8.338 | 12.609 | 17.001 | 21.550 | 26.291 | 31.255 | 36.470 | 41.963 | 47.756 |

表 11.8 考虑吊索锚固区影响的仿真吊索前 10 阶频率 (单位: Hz)

| L/m | $f_1$ | $f_2$ | $f_3$ | $f_4$ | $f_5$ | $f_6$ | $f_7$ | $f_8$ | $f_9$ | $f_{10}$ |
|---|---|---|---|---|---|---|---|---|---|---|
| 4 | 35.257 | 78.657 | 134.438 | 205.029 | 292.792 | 399.374 | 524.988 | 668.449 | 827.803 | 1001.444 |
| 6 | 20.285 | 43.335 | 71.013 | 104.318 | 143.872 | 190.213 | 243.867 | 305.266 | 374.677 | 452.161 |
| 8 | 14.208 | 29.612 | 47.164 | 67.500 | 91.022 | 117.996 | 148.634 | 183.132 | 221.674 | 264.418 |
| 10 | 10.937 | 22.485 | 35.175 | 49.413 | 65.491 | 83.609 | 103.913 | 126.513 | 151.508 | 178.985 |
| 12 | 8.893 | 18.138 | 28.052 | 38.902 | 50.896 | 64.191 | 78.903 | 95.119 | 112.908 | 132.328 |
| 14 | 7.495 | 15.209 | 23.346 | 32.087 | 41.581 | 51.948 | 63.282 | 75.656 | 89.128 | 103.743 |
| 16 | 6.477 | 13.100 | 20.007 | 27.323 | 35.158 | 43.603 | 52.734 | 62.611 | 73.284 | 84.792 |
| 18 | 5.703 | 11.508 | 17.512 | 23.806 | 30.471 | 37.576 | 45.183 | 53.342 | 62.095 | 71.476 |
| 20 | 5.095 | 10.264 | 15.577 | 21.103 | 26.901 | 33.029 | 39.532 | 46.454 | 53.828 | 61.686 |
| 22 | 4.604 | 9.263 | 14.031 | 18.958 | 24.092 | 29.477 | 35.150 | 41.147 | 47.497 | 54.225 |
| 24 | 4.200 | 8.441 | 12.767 | 17.215 | 21.823 | 26.626 | 31.656 | 36.940 | 42.504 | 48.369 |

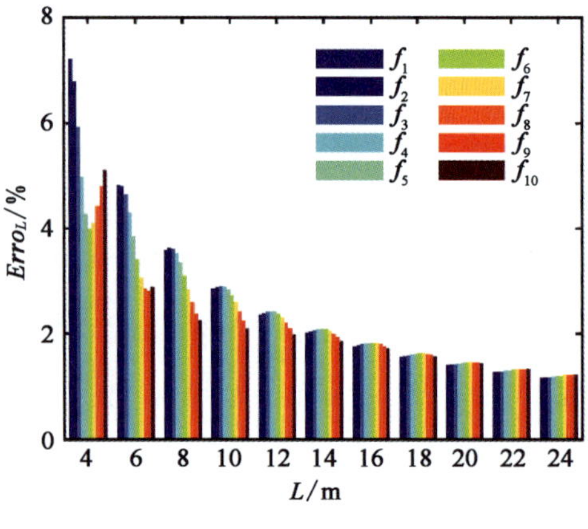


图 11.3 考虑吊索锚固区所占比重影响的吊索与均匀索模型前 10 阶频率的误差

按式(11.8)计算考虑吊索锚固区影响与等截面均匀索的频率的误差,结果如图 11.3 所示。图 11.3 中给出了随着索长变化,仿真吊索各阶频率误差的变化。从图中可以看出,锚固区长度对吊索的模态频率影响显著。随着索长的增加,锚固区长度在吊索全长中所占比重减小,锚固区对吊索的频率的影响减弱。对于不同长度的吊索,锚固区对不同阶次的频率的影响规律不同。对于吊索的前 10 阶频率,索长较短时,呈现出两头大中间小的“凹”曲线,随着索长的增加,逐渐过渡到中间大两头小的“凸”曲线,且最大误差阶次在往高阶频率移动。也就是说,在前 10 阶频率中,对于短索,锚固区对中间频率的影响相对较小;对于较长索,锚固区对中间频率的影响最大。若按等截面均匀索估算索力时,对于不同索长的吊索,应选用不同阶次的频率。当索长增加到一定长度后,各阶次频率的误差趋于一致,此时可忽略锚固区对吊索不同阶次频率的影响。

## 11.4 短吊索索力及吊索参数的精确感知方法

通过上节的分析可以看出,锚固区抗弯刚度、线质量及其在吊索中所占比重均会对吊索动力特性产生较大影响。尤其是在短索中，锚固区的影响较为突出，需要进行考虑。因此，通过式(11.4)或式(11.6)感知索力时，除了应考虑自由段抗弯刚度以外，还应考虑锚固区与自由段的参数取值的差异。本节以服役期的吊索为例，分别给出考虑锚固区影响的吊索索力精确感知方法和方便工程实时监测使用的实用公式法。

### 11.4.1　面向服役期吊索的 PSO 索力精确感知方法

该方法的实施涉及两个阶段。在第一个阶段，拉索处于施工或者张拉测试过程时，利用张拉设备可方便地测量到一系列的吊索索力值，同时也可利用振动测试获得与各索力状态同步的模态频率值。此时，在式(11.4)中，频率和索力为已知量，拉索参数中只剩下锚固区和自由段的抗弯刚度为未知量。可根据式(11.5)识别吊索锚固区和自由段的抗弯刚度。通过多组实测频率和索力的数据对，可分别建立锚固区抗弯刚度、自由段抗弯刚度与实测索力的对应关系。如前所述，对于相同规格的拉索，锚固区抗弯刚度仅与其自身设计参数有关，与索力无关，是一个固定值；而自由段抗弯刚度则与索力呈现固定的函数关系。因此，可以将此阶段识别得到的锚固区抗弯刚度、自由段抗弯刚度与索力的固定关系沿用到服役期，认为在服役期，吊索锚固区和自由段的抗弯刚度仍然遵循这样的规律。这一结论可通过相关的试验分析予以验证。

第二个阶段对应于服役期间的吊索，主要因为活载的原因，吊索索力是时变的量，是需要进行实时监控的重要结构状态变量。通行的做法是通过振动测试获得吊索的模态频率，来间接估计吊索索力。在此阶段，式(11.4)中的频率及其他拉索设计参数均为已知量，抗弯刚度也可沿用施工阶段或者张拉测试阶段的识别值，也可视作已知量，只剩下索力为未知量。这时，可通过式(11.6)实现拉索索力的精确感知，索力的初值可采用公式法索力估计。考虑到前一阶段中抗弯刚度(惯性矩)识别过程中不可避免地存在少量误差，因此在本阶段感知索力时，可将前一阶段锚固区和自由段的抗弯刚度(惯性矩)的识别值作为基准，允许其在小范围内变化，与索力一起作为待感知参数。

上述两个阶段的核心分别是对式(11.5)和式(11.6)两个优化问题的求解。由于这两个目标函数中均存在周期性质的超越函数项，属于非凸函数，具有多个局部最优值，因此很难采用传统的凸优化算法求解。PSO 是一种随机搜索类算法，具有识别精度高、鲁棒性好的特点，非常适用于本节这两个非凸优化问题的求解。

考虑吊索锚固区影响的服役期吊索索力精确感知方法的流程图如图 11.4 所示。

### 11.4.2　面向工程或实时在线监测环境的实用公式法

11.4.1 中给出的方法虽然能够准确地感知吊索索力，但是其步骤繁多，即便是第二阶段，也由于其使用的优化搜索算法的计算量大、效率较低，不利于工程实践的直接应用。此外，该算法也无法实现实时在线分析，无法用于实时在线监测环境，只能作为对事后的一种离线分析工具。而索力公式法虽然精度欠缺，但其作为一种解析方法，具有计算简单、效率高的优点，既方便工程应用，又可易于实现实时在线分析。

为了既保持精度，又方便实用，特提出一种对传统索力公式加以修正的实用公式法。该方法通过公式法索力乘以修正系数达到提高吊索索力识别精度的需求，同时能保持计算简单和效率高的特点。建议的修正系数可通过数值仿真方法，对式(11.4)得到的精确数据进行拟合得到，具体的

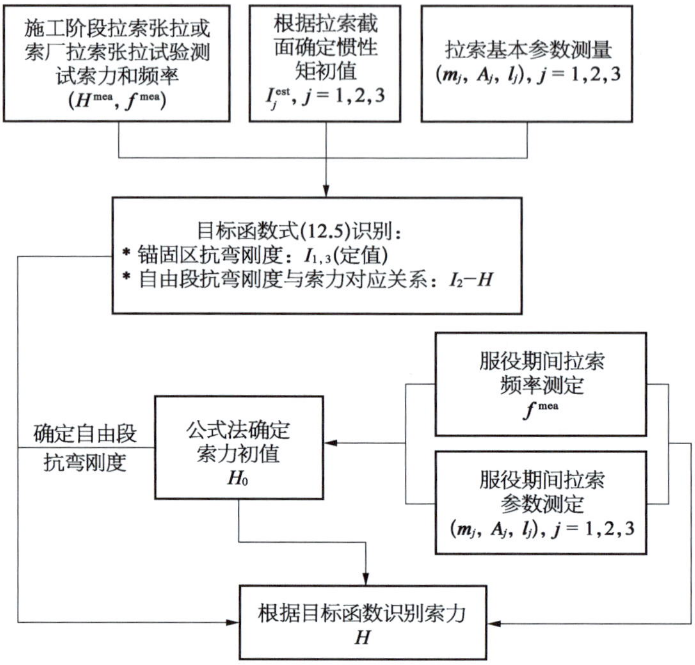


图 11.4　考虑吊索锚固区影响的吊索索力精确感知方法流程图

拟合方式见后。吊索通常较短,抗弯刚度对其动力特性的影响不可忽略,因此,选择如下考虑抗弯刚度的索力公式作为待修正的基础公式:

$$H_0 = 4m\left(\frac{f_n}{n}\right)^2 L^2 - EI_0\pi^2\left(\frac{n^2}{L^2}\right) \tag{11.9}$$

式中　$m$——吊索自由段线质量;

$I_0$——吊索自由段横截面计算惯性矩;

$f_n$——吊索第 $n$ 阶频率;

$n$——吊索频率阶次;

$L$——吊索总长度。

吊索索力和自由段抗弯刚度的变化,最终都是通过吊索频率的变化体现的。在服役期,频率为可测量。因此,公式法索力的修正系数可通过频率进行拟合。通过数值仿真方法拟合修正系数的具体步骤如下:

Step 1:将锚固区抗弯刚度 $I_{1,3}$(其值可由 11.4.1 给出)和拉索基本参数作为固定值,取不同的自由段抗弯刚度 $I_2$ 和索力 $H$,作为已知值代入式(11.4),计算得出对应的精确频率值 $f$,构成系列 $(I_2, H|_f)$ 数据对。$f$ 可理解为随 $I_2$ 和 $H$ 变化的函数。

Step 2:将 Step 1 得到的精确计算频率 $f$ 和拉索基本参数作为已知量,代入式(11.9)中计算出所有与 $(I_2, H)$ 一一对应的 $H_0$。$H_0$ 也理解为随 $I_2$ 和 $H$ 变化的函数。

Step 3:在 Step 2 中,固定一个 $H$ 不变,变化 $I_2$,将有一组 $H_0$ 与之对应。不同 $H$ 下,随着 $I_2$

变化，真实索力与公式法索力的换算系数为 $g_j = H(j)/H_0(j,:)$，下标 $j$ 表示第 $j$ 个索力工况。$g_j$ 随 $I_2$ 和 $H$ 变化。

Step 4：仍固定索力为第 $j$ 个索力工况，拟合 $g_j$ 与 $I_2$ 的关系式。由于 $I_2$ 为不可测量值，拟合时使用 $f$ 代替 $I_2$。通过分析，相同索力下，换算系数随着频率的变化满足线性关系，采用一次多项式进行拟合，即 $g_j(f) = a_j f + b_j$。

Step 5：Step 4 中，对应不同的 $H$，$a_j$ 和 $b_j$ 是不同的。为此，需要拟合这两个系数随 $H$ 的变化。由于在服役期，拉索真实索力为未知量，而公式法索力是可计算的。因此，拟合时用 $H_0$ 代替 $H$。仍采用多项式拟合，即 $A(H_0) = a_m(c_0 + c_1 H_0 + c_2 H_0^2 + c_3 H_0^3 + \cdots)$，$B(H_0) = b_m(d_0 + d_1 H_0 + d_2 H_0^2 + d_3 H_0^3 + \cdots)$，$a_m$ 和 $b_m$ 分别为 $a_j$ 和 $b_j$ 的最大值。

Step 6：基于 Step 4 和 Step 5，得到通过实测频率和公式法索力计算的修正系数 $g(f, H_0) = Af + B$。该式为解析表达式，计算效率高，使用方便，可应用于吊索索力在线识别中。

根据以上拟合的修正系数，可得到如下形式的索力计算实用公式：

$$H = (Af + B)H_0 \tag{11.10}$$

式中　$A$ 和 $B$ ——公式法索力 $H_0$ 的函数，多项式次数根据拟合效果进行确定；

$f$ ——实测频率。

## 11.5　方法验证

下面将采用 11.3.1 中的仿真数据来证明两种吊索索力识别方案的可行性及精确度。其中，对高精度识别方案，核心在于证明 PSO 优化算法对上述两种优化问题的求解能力和精度；对实用公式法，旨在说明该方法的便利性和精度。最后，还将这两个方法用于实索试验中，进一步验证方法的准确性。

### 11.5.1　PSO 优化算法感知效果验证

在验证 PSO 优化算法感知吊索抗弯刚度的效果时，取 11.3.1 中的索力和频率作为已知量，抗弯刚度作为未知量。识别过程中，吊索锚固区和自由段的惯性矩的识别范围均为 $0.8I \sim 1.2I$。其中，$I$ 分别取仿真吊索中锚固区和自由段的惯性矩。经 PSO 优化算法感知的吊索锚固区和自由段的惯性矩结果见表 11.9。

表 11.9　惯性矩感知结果

| $n$ | $I_{1,3}/\mathrm{m}^4$ | ${}^{\mathrm{Idt}}I_{1,3}/\mathrm{m}^4$ | 误差/$\times10^{-2}$% | $I_2/\mathrm{m}^4$ | ${}^{\mathrm{Idt}}I_2/\mathrm{m}^4$ | 误差/$\times10^{-2}$% |
|---|---|---|---|---|---|---|
| 1.0 | $6.176\times10^{-7}$ | $6.176\times10^{-7}$ | 0.2 | $6.176\times10^{-7}$ | $6.176\times10^{-7}$ | −0.1 |
| 1.2 | $1.235\times10^{-6}$ | $1.235\times10^{-6}$ | 0.0 | $6.176\times10^{-7}$ | $6.176\times10^{-7}$ | 0.0 |
| 1.6 | $1.853\times10^{-6}$ | $1.853\times10^{-6}$ | 0.0 | $6.176\times10^{-7}$ | $6.176\times10^{-7}$ | 0.0 |

续 表

| $n$ | $I_{1,3}$/m$^4$ | $^{\mathrm{Idt}}I_{1,3}$/m$^4$ | 误差/×$10^{-2}$% | $I_2$/m$^4$ | $^{\mathrm{Idt}}I_2$/m$^4$ | 误差/×$10^{-2}$% |
|---|---|---|---|---|---|---|
| 2.0 | $2.470\times10^{-6}$ | $2.470\times10^{-6}$ | −0.5 | $6.176\times10^{-7}$ | $6.176\times10^{-7}$ | 0.2 |
| 2.4 | $3.088\times10^{-6}$ | $3.088\times10^{-6}$ | 0.0 | $6.176\times10^{-7}$ | $6.176\times10^{-7}$ | 0.0 |
| 2.8 | $3.705\times10^{-6}$ | $3.705\times10^{-6}$ | −0.1 | $6.176\times10^{-7}$ | $6.176\times10^{-7}$ | 0.0 |

由表 11.9 可以看出,在索力和吊索基本参数确定的情况下,PSO 优化算法识别惯性矩精度极高。

在验证 PSO 优化算法感知吊索索力的效果时,取 11.3.1 中的抗弯刚度和频率作为已知量,索力作为未知量。识别过程中,索力取 $0.9H\sim1.1H$。其中,$H$ 为索力准确值。锚固区和自由段惯性矩的变化范围为 $0.97I\sim1.03I$。其中,$I$ 分别取仿真吊索中锚固区和自由段的识别惯性矩。经 PSO 优化算法感知的吊索索力见表 11.10。表中索力为所有阶次频率感知结果的平均值。

表 11.10 索力感知结果

| $n$ | $H$/kN | $^{\mathrm{Idt}}H$/kN | 误差/% |
|---|---|---|---|
| 1.0 | 608.9 | 608.8 | 0.0 |
| 1.2 | 608.9 | 606.3 | −0.4 |
| 1.6 | 608.9 | 613.1 | 0.7 |
| 2.0 | 608.9 | 613.5 | 0.8 |
| 2.4 | 608.9 | 606.6 | −0.4 |
| 2.8 | 608.9 | 613.7 | 0.8 |

由表 11.10 可以看出,在抗弯刚度存在较小变动范围的情况下,通过 PSO 优化算法感知的索力的最大误差为 0.8%,平均误差为 0.5%,具有较好的感知精度。

通过以上分析结果可以看出,针对上述两种优化问题,PSO 优化算法均具有极高的精度和较好的适用性。这说明,按照本节提出的方法,能够利用 PSO 优化算法有效地感知吊索的索力。

### 11.5.2 实用公式法验证

为了验证以上拟合方法获得的索力计算实用公式的有效性,下面以表 11.11 中的吊索参数为例,进行索力修正系数的拟合。拟合过程中,索力变化范围取 575.0～1 840.0 kN,变化步长取 57.5 kN,自由段抗弯刚度变化范围为 $2.800\times10^{-7}\sim8.400\times10^{-7}$ m$^4$,变化步长为 $2.800\times10^{-8}$ m$^4$,吊索锚固区的抗弯刚度取 $7.081\times10^{-7}$ m$^4$。

由 11.3.2 的分析可知,锚固区线质量对吊索基频的影响很小,因此,使用基频进行频率拟合。对频率进行拟合时,其最大系数 $a_m=-0.387$ 和 $b_m=2.826$。基于索力变化拟合频率系数时,分别采用 2 次、3 次、4 次和 5 次多项式,频率系数的拟合系数见表 11.11。

表 11.11　频率系数的拟合系数

| 多项式次数 | $i$ | 0 | 1 | 2 | 3 | 4 | 5 |
|---|---|---|---|---|---|---|---|
| 2 | $c_i$ | 1.390 | $-7.793\times10^{-7}$ | $1.892\times10^{-13}$ | — | — | — |
|  | $d_i$ | 0.975 | $4.980\times10^{-8}$ | $-1.224\times10^{-14}$ | — | — | — |
| 3 | $c_i$ | 1.608 | $-1.370\times10^{-6}$ | $6.871\times10^{-13}$ | $-1.318\times10^{-19}$ | — | — |
|  | $d_i$ | 0.961 | $8.943\times10^{-8}$ | $-4.564\times10^{-14}$ | $8.843\times10^{-21}$ | — | — |
| 4 | $c_i$ | 1.793 | $-2.046\times10^{-6}$ | $1.568\times10^{-12}$ | $-6.181\times10^{-19}$ | $9.658\times10^{-26}$ | — |
|  | $d_i$ | 0.948 | $1.365\times10^{-7}$ | $-1.070\times10^{-13}$ | $4.273\times10^{-20}$ | $-6.730\times10^{-27}$ | — |
| 5 | $c_i$ | 1.954 | $-2.790\times10^{-6}$ | $2.881\times10^{-12}$ | $-1.735\times10^{-18}$ | $5.545\times10^{-25}$ | $-7.276\times10^{-32}$ |
|  | $d_i$ | 0.936 | $1.904\times10^{-7}$ | $-2.021\times10^{-13}$ | $1.236\times10^{-19}$ | $-3.989\times10^{-26}$ | $5.269\times10^{-33}$ |

通过拟合的实用公式计算吊索索力，其结果误差分析见表 11.12。由表 11.12 可以看到，随着拟合次数增加，实用公式法索力与真实索力的误差在减小。比较 4 次和 5 次多项式拟合结果，增加拟合次数，对索力计算精度的提升已不是很显著。考虑到拟合公式的简易性和实用性，对于此类吊索，选用 4 次多项式拟合的实用公式。

表 11.12　拟合实用公式结果误差分析　　(单位：%)

| 多项式次数 | 最大误差 | 最小误差 | 平均误差 | 标准差 |
|---|---|---|---|---|
| 2 | 3.766 | 0.005 | 1.539 | 0.885 |
| 3 | 1.064 | 0.001 | 0.384 | 0.227 |
| 4 | 0.440 | 0.001 | 0.115 | 0.083 |
| 5 | 0.305 | 0.000 | 0.076 | 0.056 |

### 11.5.3　实索试验验证

为了进一步验证本节提出的考虑吊索锚固区影响的吊索索力精确识别方法和实用公式法的有效性，下面通过实索试验进行验证。实索试验采用 10.5 节中的 20 m 拉索张拉试验，拉索的基本参数见表 11.13。

表 11.13　试验索吊索参数

| 锚 固 区 | | | 自 由 段 | | |
|---|---|---|---|---|---|
| $L_{1,3}$/m | $m_{1,3}$/(kg/m) | $A_{1,3}$/$\times10^{-3}$m$^2$ | $L_2$/m | $m_2$/(kg/m) | $A_2$/$\times10^{-3}$m$^2$ |
| 0.639 | 19.920 | 7.952 | 18.437 | 16.600 | 4.418 |

当吊索固定后，锚固区中参与振动的部分主要是过渡段。过渡段截面由环氧树脂混合物填料、索丝和连接筒组成。环氧树脂密度约为 1.30～1.35 g/cm³，钢材密度约为 7.85 g/cm³，拉索锚固区外径约为 115 mm，吊索自由段外径约为 85 mm，根据截面组成比例，并考虑钢护套及其他混合料的影响，估算锚固区的线密度约为自由段吊索线密度的 1.2 倍。因此，吊索锚固区的线质量取为自由段线质量的 1.2 倍。

根据测量索力，按照式(11.5)对拉索锚固区和自由段的抗弯刚度进行识别。本实验拉索的自由段抗弯刚度初值采用表 10.10 中识别结果。通常吊索锚固区抗弯刚度大于自由段抗弯刚度，因此，采用 PSO 优化算法识别时，锚固区惯性矩范围取为 $1.3I_{1,3}\sim 4I_{1,3}$。此处，$I_{1,3}$为纯索识别惯性矩的平均值，自由段惯性矩范围为 $0.9I_2\sim 1.1I_2$。惯性矩的感知结果见表 11.14。

表 11.14　惯性矩感知结果

| Case | $H$/kN | ${}^{\mathrm{Idt}}I_{1,3}/\times 10^{-7}\ \mathrm{m}^4$ | ${}^{\mathrm{Idt}}I_2/\times 10^{-7}\ \mathrm{m}^4$ |
|---|---|---|---|
| 1 | 608.9 | 6.010 | 3.609 |
| 2 | 764.5 | 7.221 | 3.499 |
| 3 | 920.9 | 6.854 | 3.685 |
| 4 | 1 084.2 | 6.888 | 4.002 |
| 5 | 1 248.7 | 7.012 | 4.780 |
| 6 | 1 406.8 | 7.266 | 5.058 |
| 7 | 1 556.9 | 7.246 | 5.280 |

从表 11.14 可以看出，吊索锚固区惯性矩 $I_{1,3}$除工况 1 外均比较接近，工况 2 到工况 7 的识别惯性矩的最小值与最大值的误差为 6%。由此可见，锚固区惯性矩随着索力改变的变化较小，可假定锚固区惯性矩为定值。下面分析中，取试验吊索锚固区的惯性矩 $I_{1,3}$为工况 2 到工况 7 平均值 $7.081\times 10^{-7}\ \mathrm{m}^4$。

由于惯性矩识别值不可避免地存在误差，因此，在根据吊索反分析特征函数感知吊索索力时，惯性矩识别结果在较小范围内变动。采用 PSO 优化算法感知索力时，取索力范围为 $0.8H\sim 1.2H$；锚固区抗弯刚度取值为 $0.9I_{1,3}\sim 1.1I_{1,3}$；自由段抗弯刚度取值为 $0.9I_2\sim 1.1I_2$。吊索索力感知结果见表 11.15。

表 11.15　索力感知结果

| Case | $H$/kN | ${}^{\mathrm{Idt}}H$/kN | 误差/% | ${}^{\mathrm{c}}H$/kN | 误差/% | ${}^{\mathrm{CF}}H$/kN | 误差/% | ${}^{\mathrm{F}}H$/kN | 误差/% |
|---|---|---|---|---|---|---|---|---|---|
| 1 | 608.9 | 600.5 | −1.4 | 621.1 | 2.0 | 626.3 | 2.9 | 635.7 | 4.4 |
| 2 | 764.5 | 760.4 | −0.5 | 779.8 | 2.0 | 788.8 | 3.2 | 809.7 | 5.9 |

续　表

| Case | $H$/kN | $^{Idt}H$/kN | 误差/% | $^{c}H$/kN | 误差/% | $^{CF}H$/kN | 误差/% | $^{F}H$/kN | 误差/% |
|---|---|---|---|---|---|---|---|---|---|
| 3 | 920.9 | 915.0 | −0.6 | 934.7 | 1.5 | 953.6 | 3.6 | 975.4 | 5.9 |
| 4 | 1 084.2 | 1 075.8 | −0.8 | 1 095.0 | 1.0 | 1 122.4 | 3.5 | 1 148.8 | 6.0 |
| 5 | 1 248.7 | 1 258.0 | 0.7 | 1 273.7 | 2.0 | 1 292.5 | 3.5 | 1 333.2 | 6.8 |
| 6 | 1 406.8 | 1 414.8 | 0.6 | 1 434.9 | 2.0 | 1 456.0 | 3.5 | 1 501.1 | 6.7 |
| 7 | 1 556.9 | 1 556.6 | 0.0 | 1 588.0 | 2.0 | 1 615.6 | 3.8 | 1 657.6 | 6.5 |

注：idt：identification，本节 PSO 方法感知结果；c：等截面均匀索感知结果；CF：实用公式计算结果；F：考虑抗弯刚度的索力公式计算结果。

11.5.2 拟合的实用公式采用的仿真吊索参数与实验吊索参数相近，可直接利用该实用公式估算实验吊索的索力，结果见表 11.15。同时，表 10.9 按等截面均匀索感知的索力和公式法计算索力也见表 11.15。

从表 11.15 可以看到，在所有索力识别方法中，本节提出的考虑吊索锚固区影响的吊索索力精确感知方法精度最高，除工况 1 识别误差为−1.4%外，其余工况的最大误差仅为 0.8%。11.4.2 中提出的实用公式法，索力识别的最大误差仅为 3.8%，平均误差为 3.4%，标准差为 0.089，与传统的考虑吊索抗弯刚度的公式法相比，具有更高的精度和稳定性，能够得到更加满意的感知结果。与精确索力感知方法相比，实用公式法虽然牺牲了少许精度，但带来了很好的便利性。以上结果表明，11.4 节提出的两种索力感知方法均有较高的识别精度，同时具有较好的稳定性，验证了建议方法的有效性。

# 第 12 章

# 索缆悬吊系统索力及参数精确识别

## 12.1 索缆悬吊结构动力分析模型

现行的工程实践中，悬索桥主缆索力的通常测试方法是：先用基于振动测量的索力识别方法识别锚跨段代表性单根索股的索力，然后通过累加所有索股索力的方法估计锚跨主缆的整体索力，最后通过受力平衡原理计算得到主跨主缆索力。这种方法的主要弊端在于，在锚跨中，索股之间是相互独立的，每根索股看成是单独的斜拉索单独受力。而在主跨的主缆中，索股被挤压成为整体，共同承担荷载，其受力情况与索股单独受力情况显著不同。因此，通过锚跨索股索力估算的跨中主缆索力，并不是真实的主缆的索力。在悬索桥主跨部分，由于要通过吊杆悬吊几乎全部的主梁竖向荷载，因此要求其主缆截面足够大，其截面构造已经与纯索很不相同；而且由于需要横向悬吊多个吊杆，主缆受到复杂的横向支承条件，也远离了传统的振动公式法适用条件。因此，悬索桥的主缆已经不能按照适于纯索的传统振动公式法来识别索力。正是由于上述两点与纯索的差异，导致了迄今为止对于主缆的索力和索参数感知仍然是一个困难问题。然而，上述分析却给出了一个有益的启示，即通过建立更加符合主缆结构特点的动力学模型来感知主缆的索力，将可能成为解决上述困难问题的主要工作方向。

本节将研究的范围聚焦在悬索桥中主缆-吊杆-主梁体系，以及安装抱箍型减振装置的斜拉索体系。这两种结构的共同点是，当忽略吊杆的变形影响和减振装置内部的振动耗能影响，均可以将它们简化为索缆上悬挂集中质量块的索缆悬吊结构。

索缆悬吊结构可简化为图 12.1 所示的力学模型。该模型由主缆、悬吊力元件构成，主缆呈水平或倾斜布置，两端固结；主缆上施加 $n-1$ 个向下的悬吊力，将索缆分为 $n$ 个独立索段。为了试验研究的方便，各悬吊力用 $n-1$ 个质量块提供的重力来代替。图中，主缆的整体坐标系为 $(x_0, y_0)$，各索段 $j$ 的局部坐标系为 $(x_j, y_j)$；$l_0$ 为拉索全索段弦向索长，$l_j$ 为索段的弦向索长；$\mathrm{M}_j$ 为第 $j$ 个质量块；$H$ 为主缆弦向索力，$v(x_j, t)$ 为索段横向动位移，$y(x_j)$ 为索段静构型函数，考虑拉索抗弯刚度影响的拉索静构型函数可表示为二次抛物线[127]，其在局部坐标系下的表达式为：

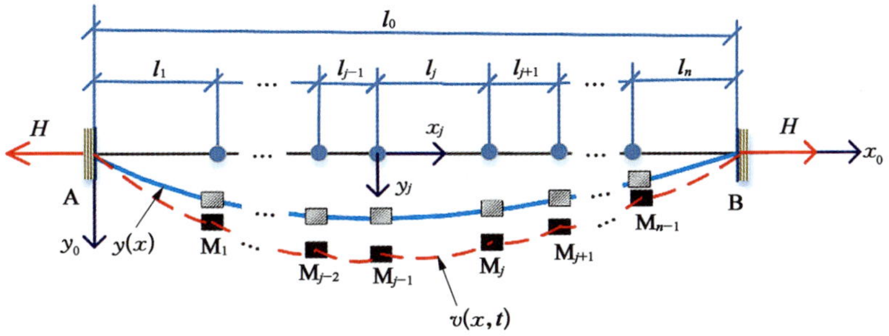


图 12.1 索缆悬吊结构力学模型

$$y(x_j)=-\frac{4e}{l_0}\left(x_j+\sum_{k=1}^{j}l_k-l_j\right)\left(x_j+\sum_{k=1}^{j}l_k-l_0-l_j\right) \tag{12.1}$$

考虑抗弯刚度、垂度和几何非线性的影响,主缆被质量块分割后的索段满足式(10.1)。采用10.2节相同的求解方法,可获得索段的动刚度矩阵,其形式与式(10.9)相同。

按照有限元方法中总刚度集成方法,可将索段刚度矩阵集组为系统的总体刚度矩阵 $\mathbf{K}^{(0)}$。拉索的总体平衡方程可由下式给出:

$$\mathbf{K}^{(0)}\mathbf{a}^{(0)}=\mathbf{F}^{(0)} \tag{12.2}$$

式中 $\mathbf{F}^{(0)}=[V_1^p \quad M_1^p/l_0 \quad \cdots \quad V_{j+1}^p \quad M_{j+1}^p/l_0 \quad \cdots \quad V_{n+1}^p \quad M_{n+1}^p/l_0]^T$, $V_{j+1}^p=-\omega^2 m_{j+1}\cdot\alpha_{j+1}$, $m_{j+1}$ 为质量块 $M_{j+1}$ 的质量;

$\mathbf{a}^{(0)}=[\alpha_1 \quad \theta_1 l_0 \quad \cdots \quad \alpha_{j+1} \quad \theta_{j+1}l_0 \quad \cdots \quad \alpha_{n+1} \quad \theta_{n+1}l_0]^T$。

将式(12.2)进行整理,可写为齐次方程组

$$(\mathbf{K}^{(0)}+\mathbf{K}_\mathbf{F})\mathbf{a}^{(0)}=0 \tag{12.3}$$

式中 $\mathbf{K}_\mathbf{F}$ ——集中质量刚度矩阵,表达式如下:

$$\mathbf{K}_\mathbf{F}=-\omega^2 m_{j+1}\cdot\begin{bmatrix}0 & \cdots & 0\\ \vdots & i_{2j+1}=1 & \vdots\\ 0 & \cdots & 0\end{bmatrix}_{2(n+1)\times 2(n+1)} \tag{12.4}$$

## 12.2 索缆悬吊结构主缆反分析特征函数

由式(12.3)可以得到索缆的频率方程为

$$\det(\mathbf{K}^{(0)}+\mathbf{K}_\mathbf{F})=0 \tag{12.5}$$

通过求该方程的零根,即可实现系统的动力特性分析和参数感知工作。也就是说,当索缆设计参数已知,以频率为未知数,可得到索缆的模态频率,进而得到其他模态参数;当索缆的模态频率已知时,可感知索缆系统的索力及其他设计参数。本节仍然将方程求根问题转化成方程左边函数绝对值的极小值求解问题。

考虑到极值求解算法的效率问题,进一步将方程求根问题等效成如下函数的最大值寻优问题:

$$F(\boldsymbol{\omega}_m, H, \boldsymbol{\theta}_u, \boldsymbol{\theta}_k)=\frac{1}{|\det(\mathbf{K}^{(0)}+\mathbf{K}_\mathbf{F})|} \tag{12.6}$$

即

$$(H^{opt}, \boldsymbol{\theta}_u^{opt})=\underset{H\in\mathbf{H},\ \theta_u\in\boldsymbol{\Theta}_u}{\arg\max} F(\boldsymbol{\omega}_m, H, \boldsymbol{\theta}_u, \boldsymbol{\theta}_k) \tag{12.7}$$

式中 $\boldsymbol{\omega}_m$ ——测量得到的一组主缆模态频率,为已知量;

$\boldsymbol{\theta}_u$、$\boldsymbol{\theta}_k$ ——一组待感知的未知结构参数和已知结构参数;

$H^{opt}$ 和 $\boldsymbol{\theta}_u^{opt}$ ——使特征函数达到最大值时的索力和待感知参数的最优值,可用于估计式(12.5)的一组零根;

$\mathbf{H}$ 和 $\boldsymbol{\Theta}_u$ ——索力和未知参数的工程可行域。

式(12.6)为索缆悬吊结构的反分析特征函数,它是模态频率、索力、抗弯刚度、索长、拉索倾角、集中质量块等参数的多元函数。式(12.7)说明,使该特征函数取得最大值的一组最优参数即可认为是式(12.5)给出的索缆频率方程的一组零解,即该函数可用于感知拉索任意基本参数。对于服役结构而言,所面临的任务是感知索缆的索力和未知参数。

此时,特征函数中的频率是索缆振动频率测量值,为已知量。除了惯性矩之外的主缆系统结构参数,均可以用设计值代表,或者用建成后的测量值代表,可视作已知参数。本节仍将惯性矩作为主缆系统的未知参数,与索力一同进行感知。

## 12.3 主缆索力及主缆参数的精确感知方法

式(12.6)给出的特征函数是以待感知的参数为自变量的多元复杂超越函数,欲通过求该函数最大值优化解来感知主缆的待感知参数,必须首先了解该函数随各自变量的变化规律,以便寻找最适宜的优化算法。由于该函数无法显式给出,因此很难直接观察自变量对该函数的影响规律。为此,本节将通过具体的数值仿真案例研究这个规律,并在此基础上给出基于反分析特征函数的主缆参数精确感知方法。

在数值仿真案例研究中,为了简化分析,将索缆两端的边界条件简化为固结边界条件,仅考虑索缆集中质量位置处的动节点力,则式(12.3)中的动刚度矩阵 $(\mathbf{K}^{(0)}+\mathbf{K}_\mathbf{F})$ 可退化为 $(2n-2)$ 阶的方阵。取仿真索缆的参数见表 12.1,经模态分析得到的主缆的模态频率见表 12.2,质量块分布如图 12.2 所示。仿真过程中,索力变化范围为 $0.8H\sim1.2H$,步长 $0.01H$;惯性矩变化范围为 $0.8I\sim1.2I$,步长 $0.01I$。在给定的索力和惯性矩范围内,考察频率固定为不同阶模态参数时反分析特征函数随自变量(索力和惯性矩)变化的情况。图 12.3(a)给出了索缆第 1 阶频率对应的函数值的三维曲面图。

表 12.1 仿真拉索参数

| $l_0$/m | $A$/m$^2$ | $m$/(kg/m) | $I$/m$^4$ | $E$/MPa | $H$/kN | $\theta$/rad | $g$/(N/kg) |
|---|---|---|---|---|---|---|---|
| 20 | $4.418\times10^{-3}$ | 16.6 | $6.176\times10^{-7}$ | $1.9\times10^5$ | 778.9 | 0 | 9.8 |

表 12.2 仿真拉索频率 (单位：Hz)

| $f_1$ | $f_2$ | $f_3$ | $f_4$ | $f_5$ |
|---|---|---|---|---|
| 5.138 | 10.280 | 15.606 | 27.579 | 32.512 |

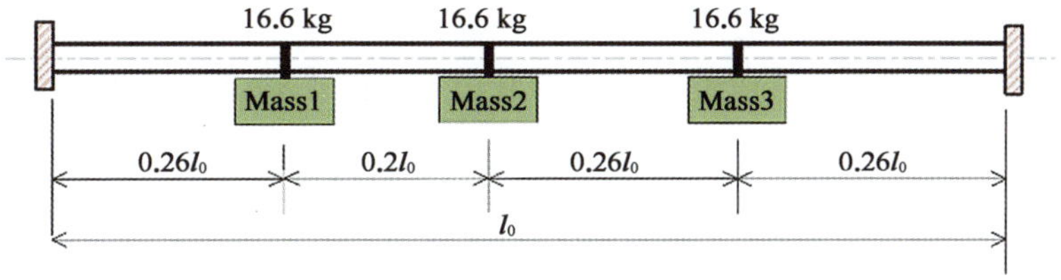


图 12.2 仿真拉索集中质量分布图

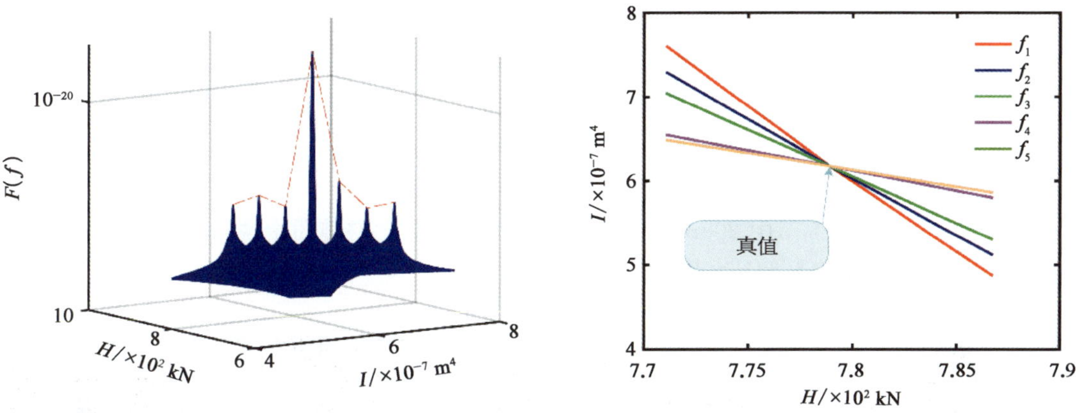


(a) 反分析特征函数三维图像 (b) 反分析特征函数峰值脊线图

图 12.3 仿真拉索反分析特征函数三维图像及峰值脊线图

从图 12.3(a)中可以看出，反分析特征函数随着索力和惯性矩的变化，函数值存在多个峰值。将三维图像的峰值点连接起来，并绘制在 $H-I$ 平面上，可获得对应频率的反分析特征函数峰值脊线。将所有频率对应的反分析特征函数峰值脊线绘制在同一个平面内，可得到图 12.3(b)所示的峰值脊线图。从图中可以看出，不同频率的反分析特征函数峰值脊线的斜率不同，但这些峰值脊线会在真实索力和惯性矩的位置相交。

上述研究表明，利用反分析特征函数感知索缆索力和惯性矩，如果仅采用单阶频率，确定的索力和惯性矩会存在多值随意性。通过多阶频率的反分析特征函数峰值脊线相交的特性，可以避免单阶频率感知结果的随意性，从而有效地感知真实索力和惯性矩。索缆悬吊结构的反分析特征函数的这种特性与 10.3 节研究的纯索系统的反分析特征函数的特性非常相近，因此，索缆悬吊结构主缆张力和惯性矩感知方法可以借鉴纯索感知索力和惯性矩的方法。具体步骤如下：

Step 1：监测索缆振动，获取索缆振动信号。

Step 2：对索缆振动信号进行谱分析，获取索缆的模态频率。

Step 3. 根据索缆横截面组成，确定索缆惯性矩感知范围。

Step 4：根据公式法计算索缆索力，初步估计索力感知范围。

Step 5：根据感知精度要求确定步长。

Step 6：将所有已知模态频率分别代入特征函数 $f(\boldsymbol{\omega}_m, H, \boldsymbol{\theta}_u, \boldsymbol{\theta}_k)$，在 $H-I$ 平面上绘制所有模态频率的峰值脊线。

Step 7：在 Step 6 获得的峰值脊线图中，确定峰值脊线的交点，交点坐标即拉索的抗弯刚度和索力。

上述步骤中，Step 3 和 Step 4 可以初步判断索缆索力和惯性矩的感知范围，从而可以有效减少感知过程中的计算量。

## 12.4 实索试验验证

为了进一步验证索缆悬吊结构反分析特征函数的正确性和 $H-I$ 峰值脊线方法的有效性，下面通过实索试验进行验证。

### 12.4.1 实索试验介绍

实索试验仍采用 10.5 节中 20 m 拉索，试验过程中，拉索上安装质量块，在索缆车间的张拉沟中进行水平张拉。试验现场照片如图 12.4 所示。

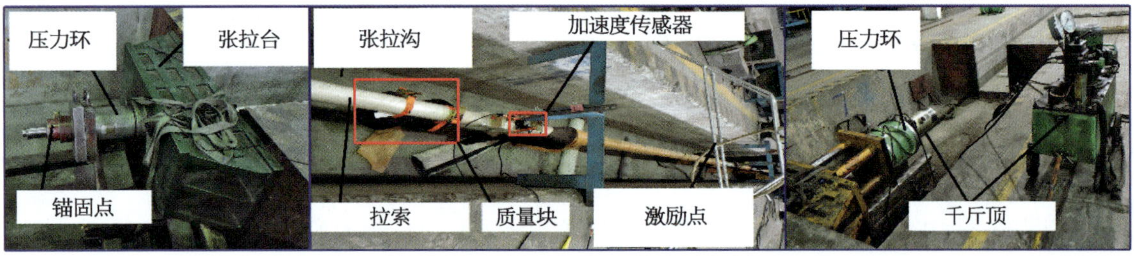


图 12.4　20 m 试验拉索试验布置图及现场照片

拉索试验分 3 种工况进行，工况 1 为悬挂 1 个质量块，工况 2 为悬挂 2 个质量块，工况 3 为悬挂 3 个质量块。3 种工况布置简图如图 12.5 所示。

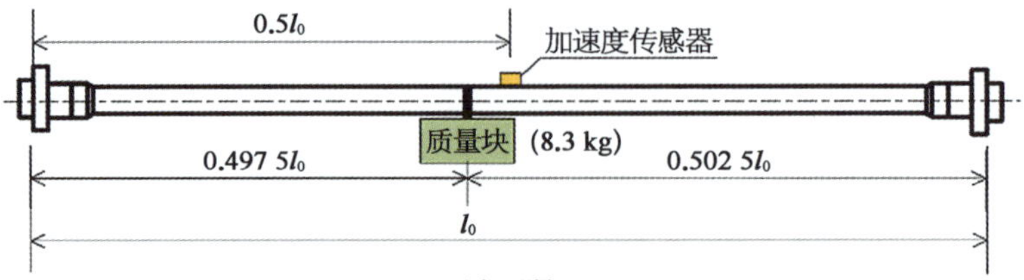


(a) 工况1

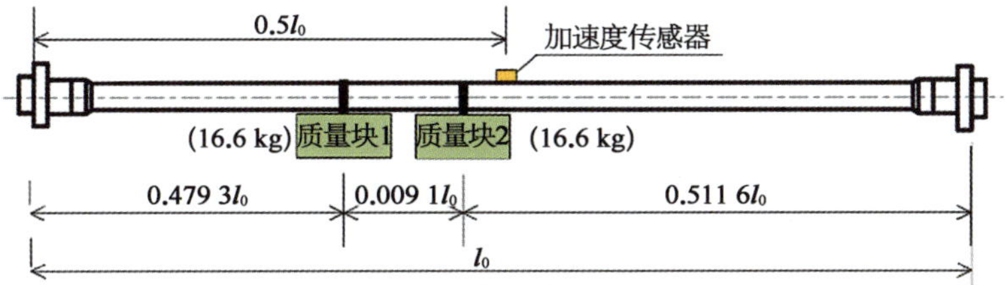


(b) 工况2

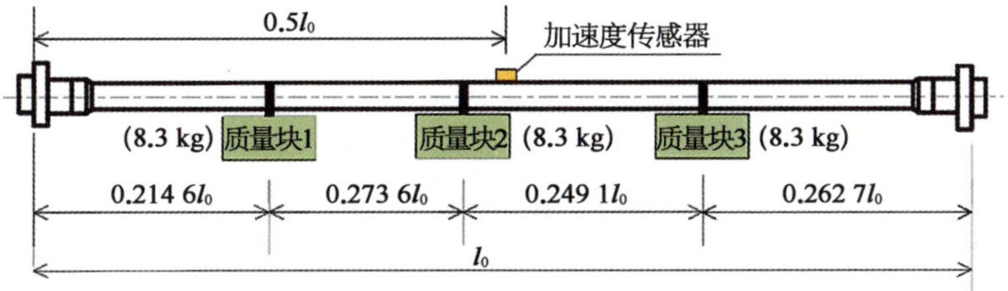


(c) 工况3

图 12.5　拉索试验工况简图

每种工况拉索分 5 级进行张拉,索力分别约为拉索破断力的 25%、30%、35%、40%、45%。定义工况 $n$ 在第 $n$ 级张拉时的子工况为 $n-n$。试验过程中,记录重物锤击后,拉索自由振动过程中的加速度信号,记录时长约 5 min。

### 12.4.2　悬吊主缆索力及参数感知

按照 10.4 节中给出的感知步骤进行上述试验中的悬吊系统参数感知。从实验加速度记录中,选取锤击后的一段自由衰减加速度信号进行幅值谱分析。以工况 3 - 3 的加速度记录为例,给出其时程曲线和幅值频谱图,如图 12.6 所示。

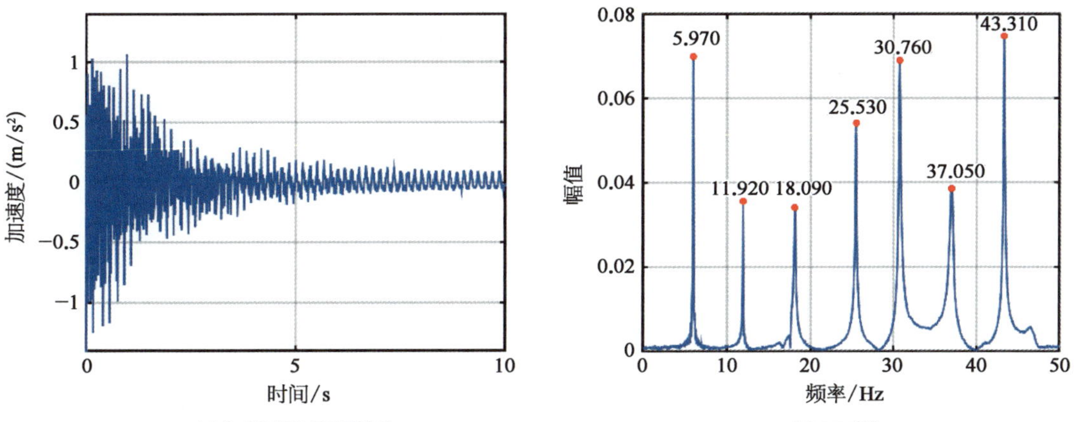


图 12.6　工况 3 - 3 数据分析图

进一步识别得到全部工况下拉索前 6 阶频率,见表 12.3。

表 12.3　实索试验索力及频率　　（单位：Hz）

| 工况 | $H$/kN | 1 | 2 | 3 | 4 | 5 | 6 |
|---|---|---|---|---|---|---|---|
| 1-1 | 780.6 | 5.615 | 11.523 | 17.041 | 23.486 | 28.711 | 35.645 |
| 1-2 | 938.1 | 6.126 | 12.619 | 18.555 | 25.586 | 31.250 | 38.867 |
| 1-3 | 1 090.9 | 6.587 | 13.545 | 19.960 | 27.504 | 33.691 | 41.602 |
| 1-4 | 1 246.7 | 7.031 | 14.482 | 21.265 | 29.346 | — | 44.263 |
| 1-5 | 1 404.6 | 7.463 | 15.341 | 22.510 | 31.104 | 37.939 | 46.875 |
| 2-1 | 761.6 | 5.151 | 11.353 | 15.625 | 23.120 | 27.100 | 34.985 |
| 2-2 | 932.7 | 5.676 | 12.524 | 17.151 | 25.415 | 29.785 | 38.391 |
| 2-3 | 1 093.0 | 6.140 | 13.525 | 19.019 | 27.429 | 32.092 | 41.309 |
| 2-4 | 1 246.2 | 6.543 | 14.404 | 20.068 | 29.199 | 34.155 | 43.921 |
| 2-5 | 1 400.7 | 6.934 | 15.234 | 21.191 | 30.957 | 36.133 | 46.436 |
| 3-1 | 778.9 | 5.460 | 10.920 | 16.310 | 23.430 | 28.320 | 33.990 |
| 3-2 | 935.0 | 5.970 | 11.920 | 18.090 | 25.530 | 30.760 | 37.050 |
| 3-3 | 1 093.5 | 6.450 | 12.860 | 19.420 | 27.560 | 33.110 | 39.760 |
| 3-4 | 1 251.4 | 6.885 | 13.721 | 20.679 | 29.517 | 35.229 | 42.334 |
| 3-5 | 1 406.1 | 7.290 | 14.480 | 21.880 | 31.160 | 37.200 | 44.653 |

前面建议的索缆悬吊结构主缆参数感知方法，本质上是一种约束条件下的最优化问题，其约束条件即前文提及的待感知参数必须在工程可行域范围内。为此，先利用式(12.8)计算惯性矩的参考取值，然后将其与索缆基频一起代入式(12.9)计算索力参考取值。作为参考，将计算结果汇总列入表 12.4 中。

$$I=n\frac{\pi d_i^4}{64}+\frac{\pi d_i^2}{4}\sum_{i=1}^{i=n}n_i y_i^2 \tag{12.8}$$

$$H_{\text{formula}}=4m\left(\frac{f_{n_f}}{n_f}\right)^2 L^2-EI\pi^2\left(\frac{n_f^2}{L^2}\right) \tag{12.9}$$

式中　$n$——钢丝的总数；

$n_i$——第 $i$ 层钢丝数量；

$y_i$——第 $i$ 层钢丝到拉索截面中性轴的距离；

$d_i$——钢丝的直径；

$m$——缆索单位长度质量；

$L$——拉索弦向索长；

$EI$——缆索抗弯刚度；

$f_{n_f}$——缆索第 $n_f$ 阶模态频率；

$n_f$——缆索模态频率阶次。

确定索缆的惯性矩的工程可行域范围为 $0.3I \sim 1.1I$，计算时以 $0.01I$ 为步长，考察反分析特征函数；确定索缆的索力工程可行域范围为 $0.8H_{\text{formula}} \sim 1.2H_{\text{formula}}$，变化步长为 $0.01H_{\text{formula}}$。在给定的索力和惯性矩范围内绘制索缆前 6 阶频率的峰值脊线。图 12.7 为工况 1-1、工况 2-1 和工况 3-1 的 $H-I$ 峰值脊线。

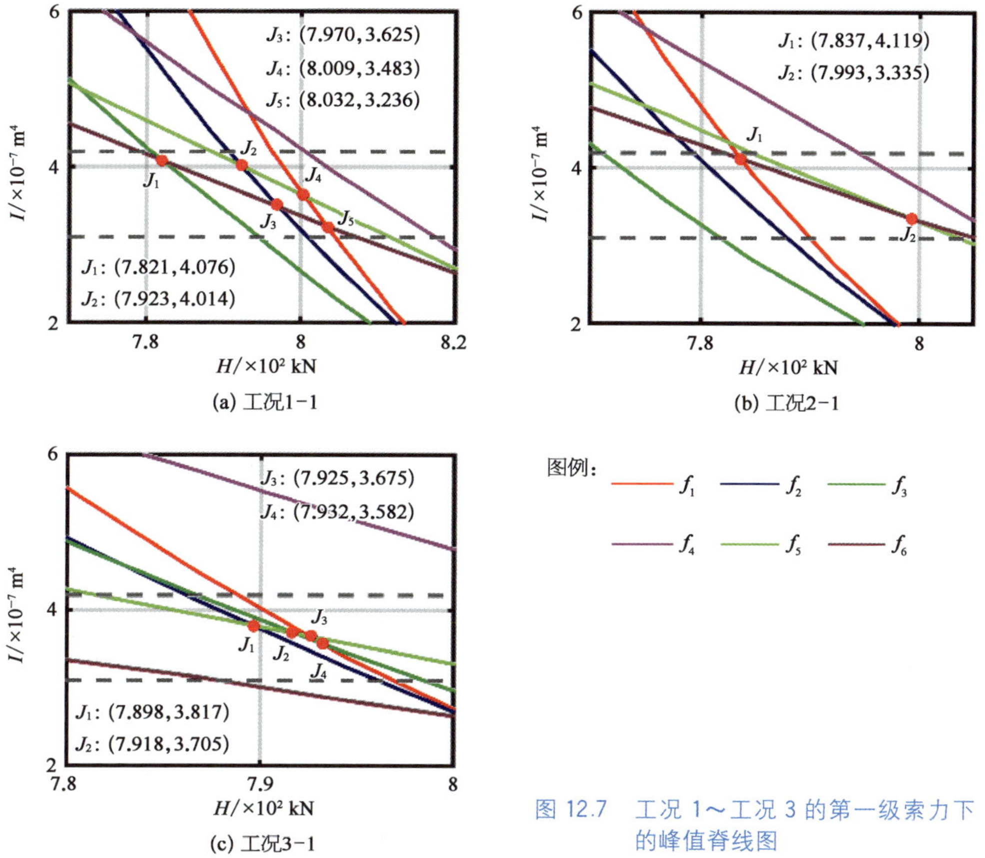


图 12.7　工况 1～工况 3 的第一级索力下的峰值脊线图

从图 12.7 可以看出，在 $H-I$ 峰值脊线图中，不同阶次模态频率的交点不唯一，出现这种现象的原因可能是给定的试验拉索的已知参数与实际值有所偏离，而且索缆模态频率测量值也存在一定误差。在这些误差影响因素中，最主要的原因可能是拉索长度的误差。由于拉索两端锚固的需要，试验拉索的两端各有 1 m 范围内通过锚具将钢绞线固定，这部分索段的结构形式与其他索段有明显差别，如 11.3 节分析，锚固区会对感知结果产生较大的影响。

为了能够尽量减小这些误差的影响，假定在索力相同的情况下，拉索悬吊系统与纯索的惯性矩相等。在此合理假定条件下，可以利用纯索工况下感知的惯性矩，来进一步缩小悬吊系统惯性矩的工程可行域的范围，进而以落入该缩小范围的交点为基础，确定索力和惯性矩。

纯索工况的惯性矩感知结果见表 10.10。在确定峰值脊线交点时，利用纯索惯性矩结果，考虑到纯索的感知结果存在的误差及质量块对纯索惯性矩的影响，本章将纯索惯性矩浮动±15%，作为缩小后的惯性矩范围，如图 12.7 中两条水平虚线包围的区域。将在此区域内的所有峰值脊线交点对应的索力和惯性矩的平均值作为索缆的索力和惯性矩的感知结果。按照此原则,求出所有工况下索缆的索力 $H_{\text{identify}}$ 和惯性矩 $I_{\text{identify}}$ 估计值,分别在表 12.4 中给出。

为了比较本节提出方法与公式法获得结果的精度,按式(12.10)和式(12.11)计算感知索力 $H_{\text{identify}}$ 和公式法索力 $H_{\text{formula}}$ 分别与索端压力环测量索力 $H_{\text{measure}}$ 之间的误差,并列于表 12.4 中。

$$Error\_1=\frac{H_{\text{identify}}-H_{\text{measure}}}{H_{\text{measure}}}\times 100\% \tag{12.10}$$

$$Error\_2=\frac{H_{\text{formular}}-H_{\text{measure}}}{H_{\text{measure}}}\times 100\% \tag{12.11}$$

表 12.4　索力感知结果及公式法计算索力结果

| 工况 | $H_{\text{measure}}$/kN | $H_{\text{identify}}$/kN | $Error\_1$/% | $H_{\text{formula}}$/kN | Error_2/% | $I$/$\times10^{-7}$ m$^4$ | $I_{\text{identify}}$/$\times10^{-7}$ m$^4$ | $I_{\text{identify}}/I$ |
|---|---|---|---|---|---|---|---|---|
| 1 | 780.6 | 795.1 | 1.9 | 810.8 | 3.9 | 6.176 | 3.727 | 0.60 |
|  | 938.1 | 961.2 | 2.5 | 965.6 | 2.9 | 6.176 | 4.431 | 0.72 |
|  | 1 090.9 | 1 113.5 | 2.1 | 1 117.0 | 2.4 | 6.176 | 4.547 | 0.74 |
|  | 1 246.7 | 1 263.7 | 1.4 | 1 273.0 | 2.1 | 6.176 | 5.241 | 0.85 |
|  | 1 404.6 | 1 423.5 | 1.4 | 1 434.6 | 2.1 | 6.176 | 5.280 | 0.86 |
| 2 | 761.6 | 791.5 | 3.9 | 681.9 | −10.5 | 6.176 | 3.727 | 0.60 |
|  | 932.7 | 954.2 | 2.3 | 828.6 | −11.2 | 6.176 | 4.431 | 0.72 |
|  | 1 093.0 | 1 120.3 | 2.5 | 970.0 | −11.3 | 6.176 | 4.547 | 0.74 |
|  | 1 246.2 | 1 268.8 | 1.8 | 1 101.9 | −11.6 | 6.176 | 5.241 | 0.85 |
|  | 1 400.7 | 1 427.7 | 1.9 | 1 237.8 | −11.6 | 6.176 | 5.280 | 0.86 |
| 3 | 778.9 | 791.8 | 1.7 | 766.4 | −1.6 | 6.176 | 3.695 | 0.60 |
|  | 935.0 | 947.9 | 1.4 | 916.9 | −1.9 | 6.176 | 3.936 | 0.64 |
|  | 1 093.5 | 1 101.0 | 0.7 | 1 070.7 | −2.1 | 6.176 | 4.451 | 0.72 |
|  | 1 251.4 | 1 232.6 | −1.5 | 1 222.2 | −2.3 | 6.176 | 5.373 | 0.87 |
|  | 1 406.1 | 1 412.5 | 0.4 | 1 368.6 | −2.7 | 6.176 | 4.199 | 0.68 |

从表 12.4 可以看出,本节提出的索力感知方法优于公式法,随着悬挂重物质量的增加,本节方法感知索力的优势越明显。比较 3 种工况的索力感知结果发现,当质量块增加到一定数量之后,公式法计算的索力比实测索力小,而且随着悬挂重物质量的增加,其误差越大。这对于索缆的安全评估是偏于不安全的。本节方法感知的索力误差相对于实测索力整体上是偏大的,对于索缆的安全评估是偏于安全的。因此,从安全性考虑,本节方法更加具有优势。

图 12.8 为纯索工况及悬挂重物的 3 种工况感知的索缆惯性矩与计算惯性矩的比值图。从图中可以看出,除工况 3 - 5 外,同一种工况下,随着索力的增加,惯性矩随之增加。这与实际情况是相符的,也再次印证了惯性矩不是常数,而是随着索力的改变而变化。工况 3 - 5 惯性矩识别

结果异常的主要原因是，在感知过程中，在给定的惯性矩区间内，频率峰值脊线没有交点，本工况采用了离惯性矩区间最近的交点。另外，比较图中同一张拉级别的惯性矩比值，可以发现识别出的惯性矩基本上是一致的。这表明悬挂重物对索缆惯性矩的影响较小，索缆惯性矩主要取决于索力的大小，印证了前面假定的合理性。

上述分析表明，对于相同的索缆，当索力和惯性矩的对应关系已知，则其他工况可以利用此惯性矩确定感知区域，在此区域内再寻找交点，将所有交点坐标取平均值，可提高索缆索力的感知精度。

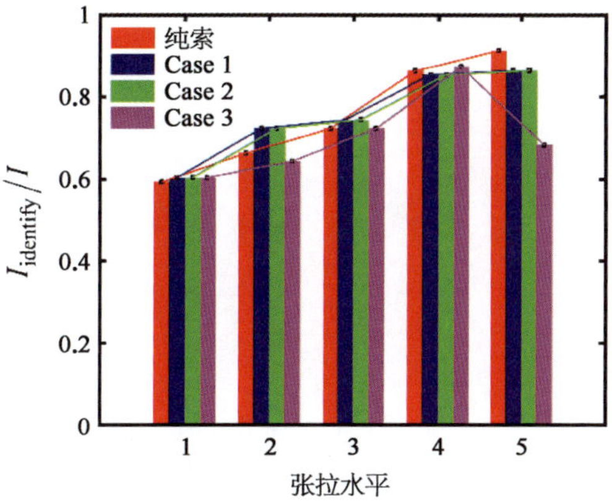


图 12.8　感知惯性矩与计算惯性矩比值

# 第 13 章

# 交通荷载对悬索桥动力特性的影响分析——涡振后的交通管制决策启示

以一座实际的悬索桥为工程背景，探讨交通荷载对系统动力特性的影响机制。并提出了两种动态分析模型。首次给出了悬索桥模态阻尼比的显式表达式和动力特性分析方法。研究了交通荷载对悬索桥模态频率和模态阻尼比的影响，验证了两种模型的合理性和不足之处。以下总结了一些有趣和启发性的结论：

(1) 交通荷载对悬索桥的动力特性有显著影响，会导致模态频率的降低和模态阻尼比增大，对防止和消除涡激共振具有积极作用。

(2) 封闭交通期间的模态阻尼比低于开放交通期间的模态阻尼比，因此在前一种情况下更可能发生 VIV 事件。

(3) 在长期使用条件下，结构刚度和质量退化不明显，但模态阻尼比显著降低。因此，有必要进一步分析和探讨结构阻尼比的演化机制。

本章建立的两种悬索桥动力学模型可以用来研究交通荷载对系统动力特性的影响。基于单梁的悬索桥动力学模型能够反映附加质量对结构的影响，但低估了交通荷载对系统阻尼的贡献。本章所建立的两种方法为悬索桥在封闭交通和长期服务期间的动力性能分析奠定了基础。特别是双梁模型，可以进一步考虑车辆悬架系统和车轮的影响，有望广泛应用于车桥耦合振动对悬索桥 VIV 影响的分析。

## 13.1 概述

大跨度悬索桥由于阻尼小、刚度低、重量轻，对风荷载十分敏感，因此容易产生显著的风振，甚至导致结构的损坏和灾难[128-129]。近年来，悬索桥加劲梁多采用扁平钢箱梁形式。由于其特殊的横截面形状，当横风以一定的速度吹过加劲梁时，加劲梁的上下表面会发生有规律的涡流脱落，导致整个桥面发生振幅较大的涡激共振[130]。现有理论认为涡激振动(VIV)是一种复杂的非线性强迫振动现象，具有自激和限幅特性。VIV 发生在低风速下，因此难以避免，且相对较大的振幅将影响结构的强度和抗疲劳性能[131]。

为了揭示悬索桥的 VIV 机理并降低“锁定”振幅，研究人员进行了广泛的研究。一般认为，结构气动配置和固有动力特性(包括频率和阻尼)是影响 VIV 发生及其最大响应的决定性因素[132]。在实践中，现代桥梁风工程理论建议对大跨度悬索桥采取一些空气动力学抑制措施，如安装导风装置、增加垂直和中央稳定器[133]。尽管这些措施可能在许多情况下有效，但它们仍然无法防止桥梁在某些风场条件或意外事件下发生大的涡激共振。最近有报道称，中国有两座大跨度悬索桥出现了较大的 VIV 响应(图 13.1)，其中一座已经振动了几天，引起了社会的高度关注[134]。两座悬索桥发生的较大的风致振动仅相隔一周，证实是在某些低风速条件下的涡激自激共振。

图 13.1　中国的悬索桥发生涡振事件

对于 2020 年 5 月 8 日发生的其中一座悬索桥 VIV 事件的原因，专家组仔细审查了事故分析报告，并得出结论，认为异常振动的主要原因是维修人员更换吊杆时在桥面两侧放置的连续临时路障改变了钢箱梁的空气动力学性状，从而在特定风场条件下触发垂直涡激共振[134]。然而，即使拆除了路障，仍然可以观察到桥的 VIV。通过进一步分析，认为这是由于长期大振幅振动导致结构阻尼显著降低所致。因此，桥梁动力特性的变化也被怀疑是 VIV 事件的主要原因之一。

为安全起见，在涡激共振发生后不久，交通已经关闭。然而，一些专家建议重新开放交通。他们解释说，根据先前的研究，不规则的车辆队列将显著改变空气中钝体的横截面，有助于减少涡流激发。因此，桥梁管理机构面临着一个两难境地：是继续关闭交通以确保驾驶安全，还是重新开放交通以恢复正常活动。事实上，除了有助于改善桥梁整体空气动力学配置的原因外，由于车桥耦合效应，交通荷载也会影响桥梁的整体动力特性[135-136]。然而，交通荷载在多大程度上影响着结构的动力特性，特别是结构的阻尼，可供决策部门参考的研究还很少。

因此，对 VIV 事件后的悬索桥动力特性进行研究，对于预测结构行为和决策(即是否关闭交通)至关重要。研究悬索桥可能发生变化的物理参数，如活载导致的质量增加和长时间空载引起的结构阻尼降低(桥梁因 COVID－19 而长期关闭)，将有助于从除风效应以外的另一个角度解释 VIV 的发生，帮助业主加深对结构动力行为的理解，进而做出正确的管理决策。

为此，下面研究交通荷载对悬索桥动力特性的影响。首先，将使用在相关设计规范中定义的车道荷载来考虑交通荷载的影响，将其视为均匀分布在加劲梁上的等效附加质量。然后，基于Bleich 等[137]提出的分析模型，在相应的悬索桥垂向振动微分方程中考虑了阻尼，最终建立了垂向振动模型。本章将采用文献[139－140]提出的梁式结构的动力分析方法[138]和一种新的阻尼特性分析方法，即动态刚度扩展法，给出悬索桥模态阻尼的显式表达式和相应的求解算法。在此基础上，分析交通荷载对悬索桥模态特性的影响，为进一步理解 VIV 和交通管理决策提供参考。

## 13.2 考虑交通荷载的悬索桥动力学模型

如上所述，VIV 事件发生后，管理部门面临着是否要恢复悬索桥通行的决策困境。要回答这个问题，分析交通荷载对桥梁结构动力性能的影响是必不可少的任务。本节将围绕这一主题，给出两种考虑交通荷载的悬索桥动力分析模型。一是单梁模型，只将交通荷载作为附加的均匀质量，不考虑附加质量与加劲梁之间的竖向相对位移。系统的结构阻尼完全由加劲梁提供。二是双梁模型，其中考虑了附加质量和加劲梁之间的相对竖向运动。在该模型中，结构阻尼假定由加劲梁和车辆共同贡献。

### 13.2.1 单梁悬索桥模型：交通荷载作为附加均匀质量

图 13.2 所示的单跨悬索桥的常规力学模型由抗弯刚度为 $E_cI_c$ 的主缆、抗弯刚度为 $E_gI_g$ 的加劲梁、等间距分布的吊索或吊索以及两个固定刚性塔组成。在该图中，需要几个假设来简化问题：

(1) 主缆为均质，处于弹性工作阶段，垂跨比小于 1/8，因此沿跨高单位长度质量保持恒定是可以接受的。不考虑主缆的抗弯刚度。

(2) 将吊架视为均匀分布的无质量刚性连接件。

(3) 假设加劲梁为两端简支的均匀伯努利-欧拉梁。

(4) 在上述假设条件下，主缆在完成阶段(仅承受自重)的几何形状为抛物线。

(5) 悬索桥建成后，两塔顶部的鞍座由可滑动变为固定，此时主缆视为固定在塔顶。

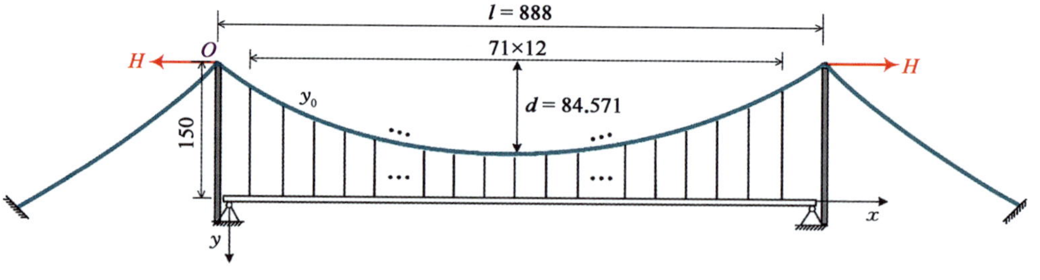


图 13.2　单跨悬索桥的力学模型(单位：m)

图 13.2 是悬索桥的力学模型图，它实际上适用于任何单跨地锚悬索桥的动力分析。根据 Bleich 的研究[137]，单跨悬索桥的线性化无阻尼自由振动方程为

$$EI\frac{\partial^4 u}{\partial x^4}-H\frac{\partial^2 u}{\partial x^2}-h\frac{d^2 y}{dx^2}+m\frac{\partial^2 u}{\partial t^2}=0 \tag{13.1}$$

式中　$u$ ——加劲梁的竖向位移函数；

$y$——主缆的初始静力形函数；

$EI$——主缆和主梁的总抗弯刚度，$EI = E_c I_c + E_g I_g$；

$m$——由缆索($c$)、主梁($g$)和吊架($h$)组成的单位长度总质量，$m = m_c + m_g + m_h$；

$H$——主缆的水平张力；

$h$——由振动引起的附加水平张力，其具有以下表达式[141]

$$h(t) = \frac{E_c A_c}{l_e} \int_0^l \left[ \frac{\partial u}{\partial x} \frac{\mathrm{d}y}{\mathrm{d}x} + \frac{1}{2} \left( \frac{\partial u}{\partial x} \right)^2 \right] \mathrm{d}x \tag{13.2}$$

式中　$E_c$ 和 $A_c$ 分别表示主缆的杨氏模量和等效截面积；假设主缆的静态截面 $y(x) = \frac{4d}{l^2} x(l-x)$ 在垂跨比小于 1/8 的情况下是有效的[1]，此处 d 和 $l$(图 13.2)分别表示主缆的垂直上升高度和两塔顶的两个等高支架之间的水平距离；$l_e$ 是静态配置中缆索的总长度，假设为 $l_e = \int_0^l (\mathrm{d}s/\mathrm{d}x)^3 \mathrm{d}x \cong l[1 + (mgl)^2/(8H^2)]$[14]，其中 $g$ 表示重力加速度。通过忽略式(13.2)中的二次项，可以得到考虑缆索在运动中的附加张力的线性动力学方程。

许多文献给出了式(13.1)的解，如文献[137,143]，它可以表示为对称和反对称振动模态的叠加。然而，由于本节的主要任务之一是研究结构设计参数和交通荷载对结构阻尼的影响，因此重点研究悬索桥的垂向阻尼振动，即

$$EI \frac{\partial^4 \bar{u}}{\partial x^4} - H \frac{\partial^2 \bar{u}}{\partial x^2} - h(t) \frac{d^2 y}{dt^2} + m \frac{\partial^2 \bar{u}}{\partial t^2} + c \frac{\partial \bar{u}}{\partial t} = 0 \tag{13.3}$$

式中　$c$——黏性阻尼系数；

$\bar{u}$——考虑阻尼效应的主梁(或缆索)的竖向位移。

式(13.3)的精确解并不那么容易。为了获得阻尼比 $\zeta$ 的显式公式，本章根据传统动刚度法[144-145]，提出了一种扩展动刚度法[139]。该方法通过在拉普拉斯域而不是在频域实现变量分离，从而建立阻尼频率和无阻尼频率之间的关系，避免了求解复杂的超越频率方程。

值得注意的是，单跨悬索桥的横向自由振动也可以通过式(13.3)来描述，省略第三项，其余的求解步骤完全相同。

### 13.2.2　双梁悬索桥模型：交通荷载作为柔性副梁

在上面的单梁模型中，只考虑悬索桥的内部阻尼，将交通荷载视为分布在桥面上的分布质量。事实上，桥梁和车辆之间存在耦合运动，即车架和加劲梁可以被认为是由车辆悬架系统和车轮连接的[146-147]。如果交通荷载的影响仍采用上述分析中使用的车道荷载形式，则车辆悬架系统和车轮可进一步建模为分布式弹簧和阻尼器，而沿桥面覆盖的车架可通过欧拉梁进行模拟。

图 13.3 为带黏性连接层的双梁模型，其中，参数 $K$ 和 $C$ 分别表示车辆悬架系统和车轮的等效刚度和阻尼系数。$E_1 I_1$ 和 $m_1$ 是等效弯曲刚度和单位长度交通荷载的质量。一般来说，如果忽略车队的弯曲阻力，抗弯刚度 $E_1 I_1$ 可以取为零。$E_2 I_2$、$m_2$ 和 $c$ 表示悬索桥的弯曲刚度、质量和阻尼系数。该双梁模型适用于分析交通荷载对系统阻尼的影响机制。系统的运动微分方程可以表示为

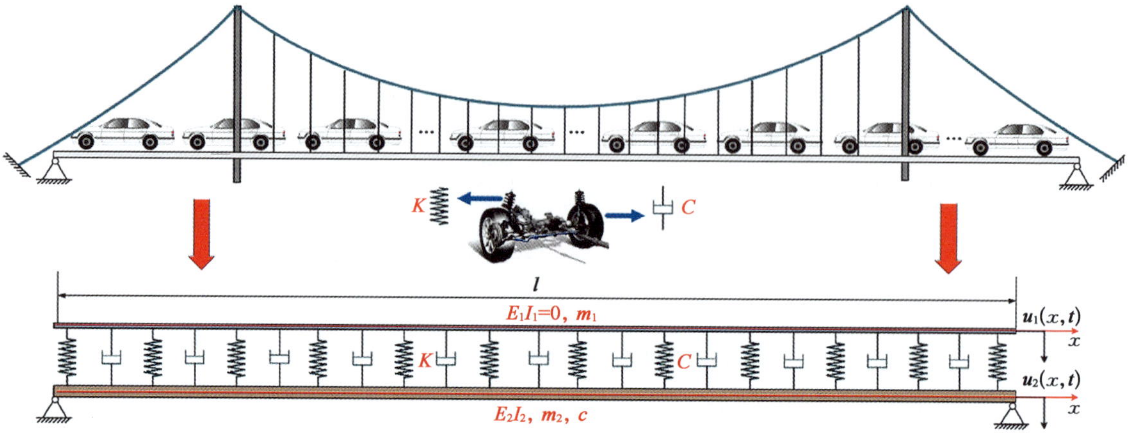


图 13.3　考虑车桥耦合效应的精细动力学模型

$$
\begin{aligned}
&E_1I_1\frac{\partial^4 u_1}{\partial x^4}+m_1\frac{\partial^2 u_1}{\partial t^2}+C\frac{\partial(u_1-u_2)}{\partial t}+K(u_1-u_2)=0\\
&E_2I_2\frac{\partial^4 u_2}{\partial x^4}+m_2\frac{\partial^2 u_2}{\partial t^2}-H\frac{\partial^2 u_2}{\partial x^2}+c\frac{\partial u_2}{\partial t}+C\frac{\partial(u_2-u_1)}{\partial t}+K(u_2-u_1)=0
\end{aligned}
\tag{13.4}
$$

式中　$u_1$——交通荷载的位移函数；

$u_2$——悬索桥的位移函数。

## 13.3　悬索桥动力特性求解

本节将介绍 13.2 节中给出的两种模型的动力特性分析方法，并给出相应的模态频率求解方法和模态阻尼比的显式表达式，旨在为进一步了解考虑交通荷载的悬索桥动力特性提供工具。

### 13.3.1　单梁模型模态阻尼比的显式解

根据扩展动刚度法，首先引入拉普拉斯变换来实现变量分离，而不是常用的傅里叶变换或正弦函数。通过使用 $u(x,t)=\varphi(x)e^{\lambda t}$ 和 $\bar{u}(x,t)=\bar{\varphi}(x)e^{\bar{\lambda}t}$，其中 $\lambda=i\omega$($i=\sqrt{-1}$，$\omega$ 和 $\bar{\omega}$ 是两个系统的圆频率)，方程的齐次项(13.1)和(13.3)成为

$$EI\frac{d^4\varphi}{dx^4}-H\frac{d^2\varphi}{dx^2}+bm\varphi=0 \tag{13.5}$$

$$EI\frac{d^4\bar{\varphi}}{dx^4}-H\frac{d^2\bar{\varphi}}{dx^2}+\bar{b}m\bar{\varphi}=0 \tag{13.6}$$

其中，$b=\lambda^2$，$\bar{b}=\bar{\lambda}^2+\bar{\lambda}c/m$。设 $\varphi=Ae^{\kappa x}$，$\bar{\varphi}=\bar{A}e^{\bar{\kappa}x}$，上述方程的特征方程为

$$\kappa^4+\alpha\kappa^2+\beta=0 \tag{13.7}$$

$$\bar{\kappa}^4+\alpha\bar{\kappa}^2+\bar{\beta}=0 \tag{13.8}$$

其中，$\alpha=-\dfrac{H}{EI}$，$\beta=\dfrac{\lambda^2 m}{EI}$，$\bar{\beta}=\dfrac{(\bar{\lambda}^2+\bar{\lambda}c/m)m}{EI}$。

式(13.7)和式(13.8)的解是

$$\kappa_{1,2}=\pm\sqrt{\frac{-\alpha+\sqrt{\alpha^2-4\beta}}{2}},\ \kappa_{3,4}=\pm\sqrt{\frac{-\alpha-\sqrt{\alpha^2-4\beta}}{2}}$$

$$\bar{\kappa}_{1,2}=\pm\sqrt{\frac{-\alpha+\sqrt{\alpha^2-4\bar{\beta}}}{2}},\ \bar{\kappa}_{3,4}=\pm\sqrt{\frac{-\alpha-\sqrt{\alpha^2-4\bar{\beta}}}{2}}$$

因此，式(13.5)和式(13.6)的通解为

$$\varphi(x)=A_1 e^{\kappa_1 x}+A_2 e^{\kappa_2 x}+A_3 e^{\kappa_3 x}+A_4 e^{\kappa_4 x} \tag{13.9}$$

$$\bar{\varphi}(x)=\bar{A}_1 e^{\bar{\kappa}_1 x}+\bar{A}_2 e^{\bar{\kappa}_2 x}+\bar{A}_3 e^{\bar{\kappa}_3 x}+\bar{A}_4 e^{\bar{\kappa}_4 x} \tag{13.10}$$

其中，$A_1\sim A_4$ 和 $\bar{A}_1\sim\bar{A}_4$ 是与边界条件有关的待定系数。

将式(13.7)与式(13.8)进行比较，发现在考虑悬索桥的阻尼特性后，阻尼系统和相应的无阻尼系统的特性方程具有相同的形式，唯一的区别是波数 $\kappa_j$ 和 $\bar{\kappa}_j\,(j=1\sim4)$ 的表达式不同。这意味着以下推导过程及动刚度矩阵 $\mathbf{K}(\boldsymbol{\kappa})$ 和 $\bar{\mathbf{K}}(\bar{\boldsymbol{\kappa}})$ 的表达式完全相同[12]，其中波数向量 $\bar{\boldsymbol{\kappa}}=[\bar{\kappa}_1\quad\bar{\kappa}_2\quad\bar{\kappa}_3\quad\bar{\kappa}_4]$，$\boldsymbol{\kappa}=[\kappa_1\quad\kappa_2\quad\kappa_3\quad\kappa_4]$。

显然，$\boldsymbol{\kappa}_j$ 和 $\bar{\boldsymbol{\kappa}}_j$ 是频率因子 $\lambda$ 和 $\bar{\lambda}$ 的函数，包含无阻尼和阻尼系统的全部频率信息。求解频率的过程可以分为两个步骤：首先，寻找分别满足 $|\mathbf{K}(\boldsymbol{\kappa})|=0$ 和 $|\mathbf{K}(\bar{\boldsymbol{\kappa}})|=0$ 的中间解向量 $\boldsymbol{\kappa}(\lambda)$ 和 $\bar{\boldsymbol{\kappa}}(\bar{\lambda})$；然后，根据 $\boldsymbol{\kappa}(\lambda)$ 和 $\bar{\boldsymbol{\kappa}}(\bar{\lambda})$ 的表达式确定频率因子 $\lambda$ 和 $\bar{\lambda}$。由于 $\boldsymbol{\kappa}(\lambda)$ 和 $\bar{\boldsymbol{\kappa}}(\bar{\lambda})$ 的表达式完全相同，因此阻尼和无阻尼系统的阶数相同。从式(13.8)中减去式(13.7)，得出：

$$\bar{\beta}-\beta=\frac{(\bar{\lambda}^2+\bar{\lambda}c/m-\lambda^2)m}{EI}=0 \tag{13.11}$$

可以将式(13.11)改写为如下标准形式

$$\bar{\lambda}^2-2\zeta i\bar{\lambda}\lambda-\lambda^2=0 \tag{13.12}$$

其中

$$\zeta=-\frac{c}{2i\lambda m}=\frac{c}{2m\omega} \tag{13.13}$$

式(13.13)为单跨悬索桥的阻尼比。它直接给出了黏性系数 $c$ 与阻尼比之间的显式关系。此外，由于结构设计参数是无阻尼频率的函数，式(13.13)也可以反映设计参数对阻尼比的影响。

关于阻尼频率因子的二次方程(13.12)的解为

$$\bar{\lambda}=\zeta\lambda i\pm\sqrt{1-\zeta^2}\,\lambda=-\zeta\omega\pm\sqrt{1-\zeta^2}\,\omega i \tag{13.14}$$

其中，$\bar{\lambda}$ 的实部表示振幅的衰减，而虚部 $\sqrt{1-\zeta^2}\,\omega$ 表示阻尼频率 $\bar{\omega}$。

### 13.3.2　双梁模型模态阻尼比的显式解

通过使用扩展动刚度法[139]，分离双梁系统在时间和空间维度上的位移函数，可以得到

$$u_1(x,\ t)=\bar{A}e^{\kappa x}e^{\lambda t},\ u_2(x,\ t)=\bar{B}e^{\kappa x}e^{\lambda t} \tag{13.15}$$

其中，$\bar{A}$ 和 $\bar{B}$ 是与边界条件相关的待定系数。

将式(13.15)代入式(13.4)有

$$\bar{A}(E_1I_1\kappa^4+k+\lambda(c_1+c)+m_1\lambda^2)-\bar{B}(k+c\lambda)=0 \tag{13.16a}$$

$$\bar{B}(E_2I_2\kappa^4-H\kappa^2+k+\lambda(c_2+c)+m_2\lambda^2)-\bar{A}(k+c\lambda)=0 \tag{13.16b}$$

基于阻尼系统和无阻尼系统频率方程的一致性，如果无阻尼双梁系统的动度矩阵表示为 $\mathbf{K}_0(\boldsymbol{\kappa}_0)$，则

$$\boldsymbol{\kappa}_0=\boldsymbol{\kappa},\qquad |\mathbf{K}(\boldsymbol{\kappa})|=|\mathbf{K}_0(\boldsymbol{\kappa}_0)|=|\mathbf{K}(\boldsymbol{\kappa}_0)|=0 \tag{13.17}$$

因此，无阻尼双梁系统的一般动力学方程可从式(13.16)中使 $c=C=0$，获得

$$\bar{A}(E_1I_1\kappa_0^4+k+m_1\lambda_0^2)-\bar{B}k=0 \tag{13.18a}$$

$$\bar{B}(E_2I_2\kappa_0^4-H\kappa_0^2+k+m_2\lambda_0^2)-\bar{A}k=0 \tag{13.18b}$$

结合 $\boldsymbol{\kappa}_0=\boldsymbol{\kappa}$，从式(13.18a)和式(13.16a)分别减去式(13.18b)和式(13.16b)，可以得到

$$\kappa^4(\bar{A}E_1I_1-\bar{B}E_2I_2)+2K(\bar{A}-\bar{B})+\lambda_0^2(\bar{A}m_1-\bar{B}m_2)=0 \tag{13.19a}$$

$$\kappa^4(\bar{A}E_1I_1-\bar{B}E_2I_2)+2(K+\lambda C)(\bar{A}-\bar{B})-\lambda\bar{B}c+\lambda^2(\bar{A}m_1-\bar{B}m_2)=0 \tag{13.19b}$$

此后，从式(13.19b)中减去式(13.19a)，可以进一步得到

$$2\lambda C(\bar{A}-\bar{B})-\lambda\bar{B}c+(\lambda^2-\lambda_0^2)(\bar{A}m_1-\bar{B}m_2)=0 \tag{13.20}$$

将式(13.20)除以 $(\bar{A}m_1-\bar{B}m_2)$，得到

$$\lambda^2+\frac{2C(\bar{A}-\bar{B})-\bar{B}c}{(\bar{A}m_1-\bar{B}m_2)\lambda_0}\lambda\lambda_0+\lambda_0^2=0 \tag{13.21}$$

式中　$\lambda_0=\mathrm{i}\omega_0$，$\omega_0$ 为无阻尼双梁系统的模态频率。因此，考虑车桥耦合振动影响的悬索桥阻尼比为

$$\zeta=\frac{2C(\bar{A}-\bar{B})-\bar{B}c}{2(\bar{A}m_1-\bar{B}m_2)\omega_0} \tag{13.22}$$

基于此，式(13.21)可以改写为如下标准形式

$$\lambda^2-2\zeta\mathrm{i}\lambda_0\lambda-\lambda_0^2=0 \tag{13.23}$$

式(13.23)的解为

$$\lambda=\zeta\lambda_0\mathrm{i}\pm\sqrt{1-\zeta^2}\lambda_0=-\zeta\omega_0\pm\sqrt{1-\zeta^2}\omega_0\mathrm{i} \tag{13.24}$$

其中，虚部 $\sqrt{1-\zeta^2}\omega_0$ 是悬索桥的阻尼频率。该悬索桥被建模为黏弹性双梁系统，以考虑车桥耦合振动。

根据式(13.22)，建立了考虑车桥耦合振动的悬索桥阻尼比与桥梁和车辆设计参数之间的关

系。有了这个显式表达式，可以在没有交通荷载的情况下，首先通过测量数据确定桥梁的阻尼系数 $c$。然后，根据交通荷载下的实测数据，得到具有统计意义的等效车梁的等效刚度 $K$ 和阻尼系数 $C$。根据式(13.22)，交通荷载对悬索桥阻尼比 $\zeta$ 的影响可以更全面、更微妙地确定。

### 13.3.3　无阻尼模态频率 $\omega$ 的求解

无阻尼模态频率 $\omega$ 可通过动刚度法[146]求解。通过引入 $u(x, t)=\varphi(x)e^{i\omega t}$ 将式(13.1)改写为

$$\varphi''''(\xi)-\gamma^2\hat{\varphi}''(\xi)-\tilde{\omega}^2\hat{\varphi}(\xi)=-\hat{h} \tag{13.25}$$

其中，$\xi=x/l$，$\hat{\varphi}(\xi)=\varphi(x)\cdot EI/(mgl^4)$，$\hat{h}=\tilde{h}/H$，$\gamma^2=Hl^2/EI$，$\tilde{\omega}=\omega l^2/\sqrt{EI/m}$，$\tilde{h}=\dfrac{mgEA}{l_eH}\int_0^l\varphi(x)\mathrm{d}x$。式(13.25)的解为

$$\hat{\varphi}(\xi)=(\mathbf{\Phi}(\xi)+\mathbf{B})\cdot\{A_1\quad A_2\quad A_3\quad A_4\}^T \tag{13.26}$$

其中

$$\mathbf{\Phi}(\xi)=[e^{-p\xi}\quad e^{-p(1-\xi)}\quad \cos(q\xi)\quad \sin(q\xi)] \tag{13.27}$$

这里参数 $p$、$q$ 被定义为

$$\left.\begin{matrix}p\\q\end{matrix}\right\}=\sqrt{\sqrt{\left(\frac{\gamma^2}{2}\right)^2+\tilde{\omega}^2}\pm\frac{\gamma^2}{2}} \tag{13.28}$$

与特定解相关的矩阵 $\mathbf{B}$ 可以由下式确定

$$\frac{\hat{h}}{\tilde{\omega}^2}=\mathbf{B}\cdot\{A_1\quad A_2\quad A_3\quad A_4\}^T \tag{13.29}$$

其中，$\mathbf{B}=b_0\cdot[b_1\quad b_2\quad b_3\quad b_4]$，$b_0=\dfrac{\eta}{\tilde{\omega}^2-\eta}$，$b_1=b_2=\dfrac{1-e^{-p}}{p}$，$b_3=\dfrac{\sin q}{q}$，$b_4=\dfrac{1-\cos q}{q}$。

图 13.4 所示系统的节点位移矢量和节点力矢量可以用无量纲振型函数的形式表示，即

$$[\alpha_a\quad \theta_a l\quad \alpha_b\quad \theta_a l]^T=\frac{mgl^4}{EI}[\hat{\varphi}(\xi|_{=0})\quad \hat{\varphi}'(\xi|_{=0})\quad \hat{\varphi}(\xi|_{=1})\quad \hat{\varphi}'(\xi|_{=1})]^T \tag{13.30}$$

$$\begin{cases}V(x, t)=\left(EI\dfrac{\partial^3\varphi}{\partial x^3}-H\dfrac{\partial\varphi}{\partial x}\right)\cdot e^{i\omega t}=mgl(\hat{\varphi}'''(\xi)-\gamma^2\hat{\varphi}'(\xi))\cdot e^{i\omega t}\\ M(x, t)=EI\dfrac{\partial^2\varphi}{\partial x^3}e^{i\omega t}=mgl^2\hat{\varphi}''(\xi)e^{i\omega t}\end{cases} \tag{13.31}$$

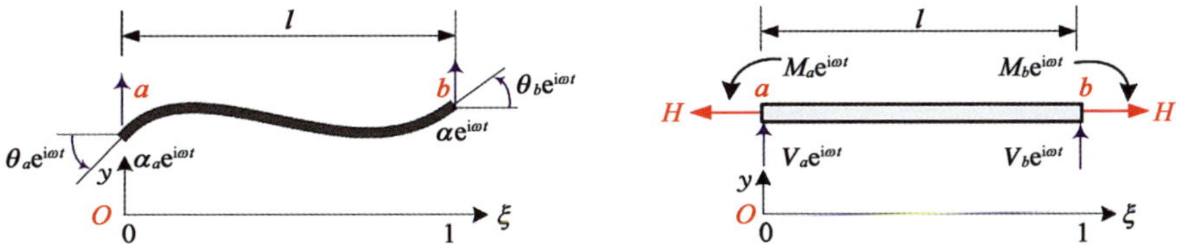


图 13.4　悬索桥的节点位移和受力

结合式(13.26)、式(13.30)和式(13.31),得到下式

$$\mathbf{K}\cdot[\alpha_a \quad \theta_a l \quad \alpha_b \quad \theta_a l]^T=[V_a \quad M_a/l \quad V_b \quad M_b/l]^T \tag{13.32}$$

其中,**K** 是悬索桥的动刚度矩阵,其显式表达式类似于本章推导并在文献[147]中给出的浅垂拉索系统的情况。

一旦得到动刚度矩阵 **K**,剩下的问题是通过求解特征值方程获得悬索桥的模态频率 $\omega$:

$$\det(\mathbf{K}(\omega))=0 \tag{13.33}$$

式(13.33)是一个复杂的超越方程,传统的数值迭代算法,如牛顿法和穆勒法,可能会损失一些解[148]。因此,针对这种具有弱几何非线性的梁型结构的频率方程,提出了一种改进的 W-W 法,更多细节见文献[149-150]。当获得无阻尼频率 $\omega$ 时,阻尼比和阻尼频率可通过式(13.13)及式(13.14)计算。

至此,已经提出了一套完整的考虑交通荷载的悬索桥动力分析方法,包括基于扩展动刚度法和 W-W 法的模态频率和模态阻尼比的求解方法。

需要强调的是,本章首次提出了考虑交通荷载的两种悬索桥模型模态阻尼比的显式表达式,具有明显的创新性。通过式(13.14)和式(13.24)建立了阻尼和无阻尼系统模态频率之间的函数关系。这种方法有两个重要的优点:第一,避免了求解复杂的超越方程,因此可以通过求解相应的无阻尼频率来确定阻尼频率;第二,定量地给出了阻尼比与结构设计参数之间的函数关系,为研究结构设计参数对结构阻尼比的影响机制奠定了基础。

## 13.4 交通荷载对动力特性的影响

到目前为止,已经能够分析由交通荷载引起的悬索桥的动力特性。鉴于在双梁模型中需要提前知道车辆的力学参数,而这些关键参数没有可靠的数据。因此,本节将重点研究交通荷载对基于单梁模型的悬索桥动力性能的影响。这就要求首先将设计规范中的交通荷载转化为相应的分布附加质量,然后通过与现场实测数据的比较来验证该方法的有效性。此外,还将进行参数研究,以研究交通荷载对悬索桥动力特性的影响。悬索桥的设计参数如图 13.2 和表 13.1 所示。

表 13.1 结构构件的材料和截面特性

| 构 件 | 参 数 | | | |
|---|---|---|---|---|
| | $E/(\mathrm{N/m^2})$ | $A/\mathrm{m^2}$ | $I/\mathrm{m^4}$ | $m/(\mathrm{kg/m})$ |
| 主缆 | $2\times10^{11}$ | 0.516 8 | $2.174\,4\times10^{-3}$ | $4.907\,4\times10^{3}$ |
| 主梁 | $2.1\times10^{11}$ | 1.229 | 124.392 | $18.335\,7\times10^{3}$ |
| 吊杆 | $1.6\times10^{11}$ | 0.004 2 | 0 | 950 |

注:垂跨比 $e$ 为 1/10.5,施加在主缆上的水平张力 $H$ 为 $2.751\,9\times10^{8}$ N。

为了研究交通荷载对悬索桥动力特性的影响,需要对交通荷载进行适当的简化和等效。根据《中国公路桥涵设计通用规范》(JTG D60—2015)[150],在计算桥梁整体效果时,应采用图 13.5 所示

的车道荷载来考虑车辆荷载。车道荷载由标准值均布荷载 $q_k$ 和标准值集中荷载 $P_k$ 组成。$q_k$ 和 $P_k$ 的值可根据桥梁的跨度和荷载等级要求确定。

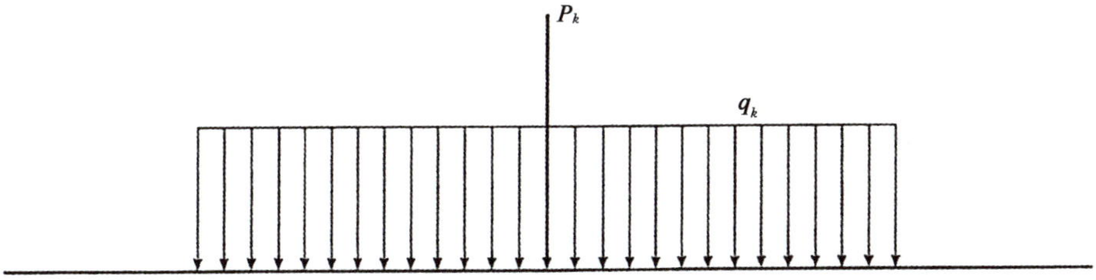


图 13.5　根据 JTG D60—2015 规定的车道荷载

在详细分析中，根据荷载效应之和为常数的原则，可以将集中质量等效为均布荷载。然后，可以将单位重量视为主梁上的附加分布质量。

### 13.4.1　验证单梁模型的动力特性解

为了说明所述方法在计算模态频率和阻尼比时的准确性，以文献[152]中给出的测量结果作为参考。值得注意的是，由于黏性阻尼系数 $c$ 事先未知，因此无法从理论上获得系统各模态的阻尼比。然而，从式(13.13)中可以发现，每阶模态频率 $\omega_i$ 和模态阻尼比 $\zeta_i$ 的乘积是常数，即 $2\omega_i\zeta_i = c/m$，因此使用另一种方法来验证所提出方法的有效性：首先，根据不同模态的测量频率和阻尼比估计阻尼系数的值 $c_i^*$；然后，判断从不同模式获得的估计值 $c_i^*$ 是否一致，以证明所提出方法的合理性。

从表 13.2 中可以看出，结果与实测模态频率吻合较好。值得注意的是，所提出的方法只能分析面内垂直振动模态，而一阶和二阶模态与其他方向的分量耦合，即它们实际上不是纯垂直振动[152]，因此它们可以测量，但不能通过本章的方法在理论上给出。然而，其他模态频率与实测值非常接近，最大误差仅为 5.41%，表明了所提出方法的准确性。

表 13.2　前六种垂直振动频率与黏滞阻尼系数的比较

| 模态 | $\omega$/Hz | | | $\zeta$ | $c^*/m/(\mathrm{N\cdot s/m})$ |
|---|---|---|---|---|---|
| | 测量结果[152] | 扩展动刚度法 | 误差/% | 测量结果[152] | 估值 |
| 1 | 0.134 | — | — | 1.32% | 0.003 54 |
| 2 | 0.171 | — | — | 0.88% | 0.003 01 |
| 3 | 0.233 | 0.236 | 1.29 | 0.70% | 0.003 26 |
| 4 | 0.277 | 0.276 | 0.36 | 0.63% | 0.003 49 |
| 5 | 0.369 | 0.375 | 1.62 | — | — |
| 6 | 0.462 | 0.487 | 5.41 | 0.41% | 0.003 79 |

给定测得的阻尼比 $\zeta$，根据式(13.13)中定义的阻尼比公式得出估计的黏性阻尼系数 $c^*$。估算的阻尼系数 $c^*$ 非常接近，基本在 0.003/m 左右。这也说明本章提出的阻尼比计算公式是有效和可靠的。

### 13.4.2 交通荷载对动力特性的影响

根据《中国公路桥涵设计通用规范》(JTG D60—2015)，桥梁的设计交通荷载应采用公路一级车道荷载，包括一个 $q_k=10.5$ kN/m 的均布荷载和一个 $P_k=360$ kN 的集中荷载。当桥梁跨度在 800～1 000 m 时，交通荷载效应应按规范要求进行折减，折减系数取 0.94。

设计交通荷载的影响可等效于悬索桥的分布质量。根据总荷载不变的原则，并考虑荷载的减载，交通荷载的等效分布质量 $m_1$ 为 $1.046\times10^3$ kg/m，为悬索桥质量 $m$ 的 0.043 4 倍。因此，在参数研究期间，$m_1$ 的变化范围在[0.01, 0.05]。为便于分析，设 $\alpha$ 为等效质量 $m_1$ 与悬索桥质量 $m$ 的质量比。在交通荷载效应分析中，根据表 13.2，黏性阻尼系数 $c$ 取 0.003 5/m。

1) 交通荷载对模态频率 $\omega$ 和阻尼比 $\zeta$ 的影响

从表 13.3 和图 13.6 中可以发现：① 交通荷载对高阶频率的影响大于低阶模态，结构的模态频率随着 $\alpha$ 的增加近似线性降低。② $\alpha$ 对阻尼比的影响规律与对模态频率的影响规律相反。随着 $\alpha$ 的增加，阻尼比 $\zeta$ 几乎呈线性增加，交通荷载对低阶模态阻尼比的影响比高阶模态更为显著。这可以从阻尼比的定义来解释，其中每个模态的阻尼比和无阻尼频率的乘积是一个常数值 $0.5c$。③ 悬索桥的一阶阻尼比从 0.742%(空车状态，$\alpha=0$) 增加到 0.76% ($\alpha=0.05$)，增加率为 3.77%，而二阶阻尼比增加率为 2.30%。这表明交通荷载可以有效地增加结构阻尼比，特别是对于低阶模态。

表 13.3 不同 $\alpha$ 的前六个模态频率和阻尼比

| 模态 | $\alpha=0.01$ | | $\alpha=0.02$ | | $\alpha=0.03$ | | $\alpha=0.04$ | | $\alpha=0.05$ | |
|---|---|---|---|---|---|---|---|---|---|---|
| | $\omega$ | $\zeta$/% | $\omega$ | $\zeta$/% | $\omega$ | $\zeta$/% | $\omega$ | $\zeta$/% | $\omega$ | $\zeta$/% |
| 1 | 0.235 | 0.745 | 0.234 | 0.749 | 0.232 | 0.753 | 0.231 | 0.756 | 0.230 | 0.760 |
| 2 | 0.265 | 0.660 | 0.264 | 0.664 | 0.262 | 0.667 | 0.261 | 0.670 | 0.260 | 0.673 |
| 3 | 0.373 | 0.470 | 0.371 | 0.472 | 0.369 | 0.474 | 0.367 | 0.477 | 0.365 | 0.479 |
| 4 | 0.485 | 0.361 | 0.483 | 0.363 | 0.480 | 0.364 | 0.478 | 0.366 | 0.476 | 0.368 |
| 5 | 0.663 | 0.264 | 0.660 | 0.265 | 0.657 | 0.266 | 0.653 | 0.268 | 0.650 | 0.269 |
| 6 | 0.856 | 0.204 | 0.852 | 0.205 | 0.848 | 0.206 | 0.844 | 0.207 | 0.840 | 0.208 |

2) 阻尼系数对模态频率和阻尼比的影响

上述分析讨论了交通荷载对模态频率和阻尼比的影响。实际上，我们假设结构阻尼系数 $c$ 是一个常数，即交通荷载不会改变结构阻尼系数。因此，从阻尼比的定义 $\zeta=c/2m\omega$ 可以看出，阻尼比 $\zeta$ 的增加可以等效地认为是由结构质量对模态频率的影响引起的。当结构质量增加 5%时，前两阶模态阻尼比分别仅增加 3.77%和 2.30%。这种效应更多限于高阶模态。然而，阻尼系数 $c$ 对

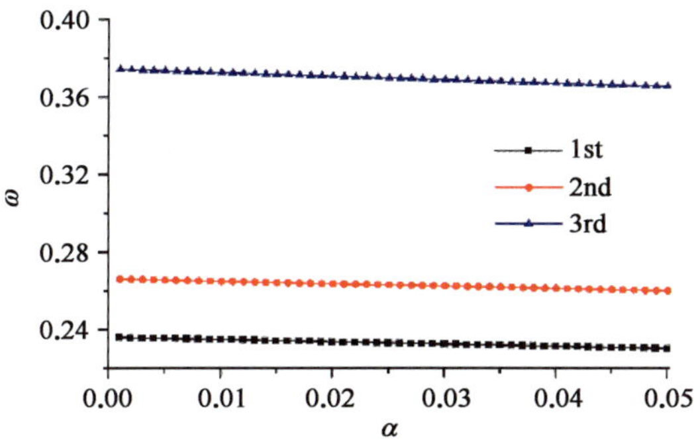

(a) 不同α的模态频率

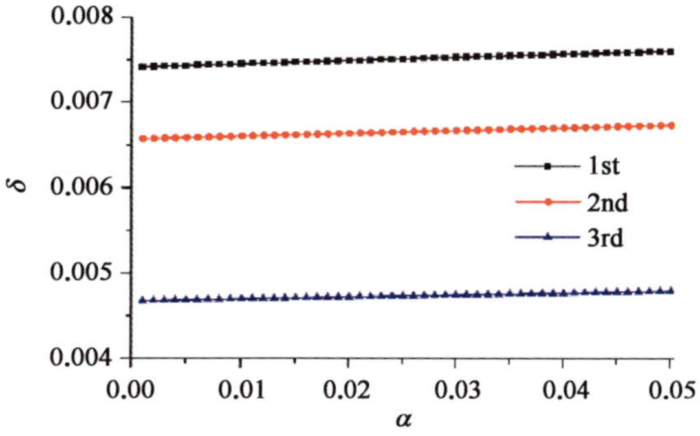

(b) 不同α的阻尼比

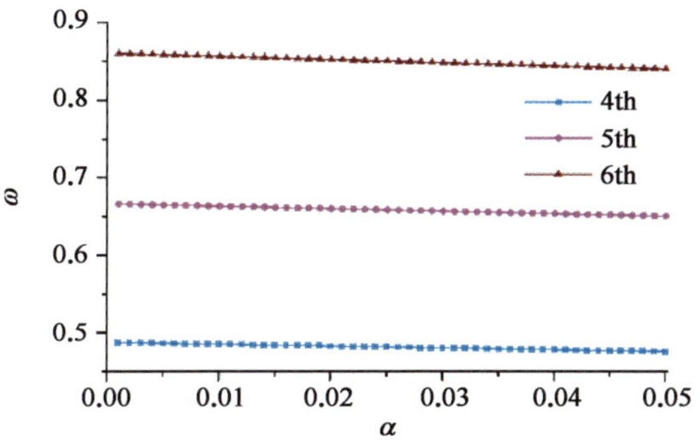

(c) 不同α的模态频率

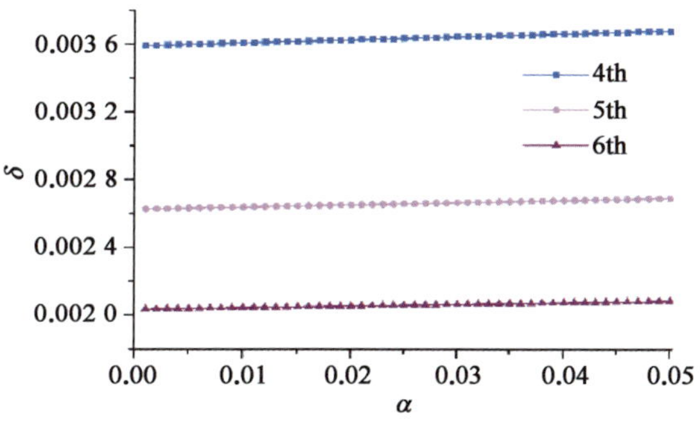

(d) 不同α的阻尼比

图 13.6　不同 $\alpha$ 的前六个模态频率和阻尼比

阻尼比的影响是线性的，即当 $c$ 增加 5%时，无阻尼频率 $\omega$ 保持不变，而阻尼比 $\zeta$ 相应增加 5%。这说明阻尼系数对结构阻尼比的影响比质量更显著。

对于大跨悬索桥，当交通荷载作用于加劲梁时，结构的质量会增加。同时，由于重力刚度效应，结构的刚度也会增加。结构的最终动力性能将受到上述两个因素的影响。本节的理论研究结果表明，质量增加引起的频率降低更为明显。因此，总体而言，交通荷载将导致悬索桥模态频率略有降低。同时，质量的增加也会导致模态阻尼的增加。

结果还表明，结构动力模型中阻尼系数的变化对模态阻尼的影响更为显著。这提醒我们，在研究悬索桥的动力模型时，不仅要考虑悬索桥本身的阻尼效应，还要考虑交通车辆引起的系统阻尼问题。这也表明，为了明确交通工具对阻尼的贡献，有必要对本章所构建的双梁悬索桥模型进行进一步的研究。

### 13.4.3　现场监测数据验证

为了验证上述结论，选取了一段现场实测的桥梁加劲梁竖向加速度数据，以识别和讨论不同交通流条件下模态频率和阻尼比的变化。此数据持续 24 h，00:00:00 至 23:59:59，可分为三个阶段[图 13.7(c)]。第一阶段从 00:00 持续到 02:00 左右，在此期间观察到 VIV 事件。第二阶段，稳定期约 4 h，几乎没有车辆通过桥面，主要激励源为风荷载。第三阶段从 6:00 左右开始，持续到一天结束，对应于交通繁忙的时期。此时桥梁振动的主要激励源是车辆荷载，而不是风荷载。

为了从测量的监测数据中识别模态参数，采用了在文献[153]中提出的名为 dr - APES 的二维幅值和相位估计(APES)方法。该方法可以将一维的时域信号转换为二维频率 $\omega$ 和阻尼因子 $\sigma$ 域的信号。这里，阻尼因子 $\sigma$ 定义为 $\sigma=\omega\zeta$，这也是式(13.14)中表示的频率因子 $\lambda$ 的实部，它表示结构振动的衰减率。因此，将固有阻尼系数定义为固有频率与相应固有阻尼比的乘积。dr - APES 的原理是设计一个二维滤波器 $h(\omega,\ \sigma)$，当衰减信号通过滤波器时，确保输出幅值 $a(\omega,\ \sigma)$ 在固有点 $(\omega,\ \sigma)$ 处不失真，而在其他非固有点 $(\omega,\ \sigma)$ 处被抑制得尽可能小。固有点和非固有点的振幅分别代表由结构振动引起的有效模态振幅、由噪声和干扰项引起的振幅。与傅里叶频谱类似，在二维幅频图上，可以根据峰值位置读取频率轴上的固有频率。在三维幅频阻尼比图上，可以根据峰值的位置确定固有频率和阻尼比。图 13.7(a)和(b)分别显示了 03:36:40 至 03:46:39 和 16:40:00 至 16:49:59 的两个数据段的分析结果。图 13.7(d)和(e)显示了两个相应时期桥梁上的交通流，分别表示几乎没有交通量和相对较大交通量的情况。在 dr - APES 的参数识别中，计算频率范围设置为 0.25～0.40 Hz，包括第二和第三阶模态分量，阻尼系数根据结构阻尼的常识设置为 0～0.015。从图 13.7(a)和(b)中，可以观察到由固有模态参数处的能量集中引起的两个峰值，由这些峰值确定的相关固有频率 $\omega$ 和阻尼系数 $\sigma$ 在图中标出。图中还根据 $\sigma=\omega\zeta$ 的关系给出了阻尼比 $\zeta$ 的值。

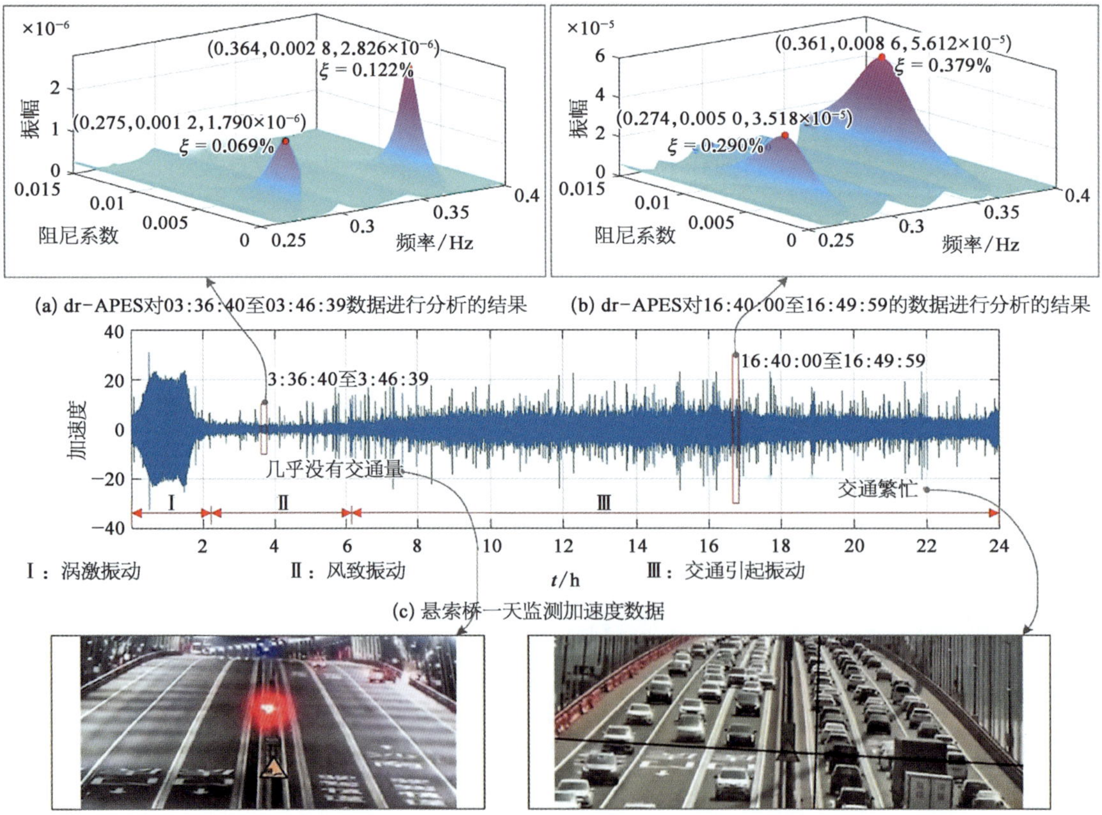


(a) dr-APES对03:36:40至03:46:39数据进行分析的结果

(b) dr-APES对16:40:00至16:49:59的数据进行分析的结果

(c) 悬索桥一天监测加速度数据

(d) 几乎没有交通量的现场照片

(e) 交通繁忙的现场照片

图 13.7 悬索桥的模态参数识别

实际上，为了突出比较效果，选择了两个连续的数据段进行分析，每个数据段持续 65 min。一个是 03:16:40 至 04:21:39，表示没有交通；另一个是 16:20:00 至 17:24:59，表示交通拥挤。每个数据段进一步划分为 12 个 10 min 的子段，相邻子段有 5 min 的数据重叠。表 13.4 列出了两个代表性路段的 12 个连续识别结果及其统计数据。表 13.4 第 5 行的结果如图 13.7(a)和(b)所示。

表 13.4 一段时间内二阶和三阶模态参数的识别结果

| 无交通量状态的时间框架 | 频率 $\omega$/Hz | | | | 阻尼比 $\zeta$/% | | | | 大交通量状态的时间框架 |
|---|---|---|---|---|---|---|---|---|---|
| | 模态 2 | | 模态 3 | | 模态 2 | | 模态 3 | | |
| | 无交通量 | 大交通量 | 无交通量 | 大交通量 | 无交通量 | 大交通量 | 无交通量 | 大交通量 | |
| 3:16:40 至 3:26:39 | 0.273 | 0.273 | 0.364 | 0.362 | 0.099 | 0.309 | 0.035 | 0.193 | 16:20:00 至 16:29:59 |
| 3:21:40 至 3:31:39 | 0.275 | 0.273 | 0.364 | 0.361 | 0.405 | 0.402 | 0.192 | 0.370 | 16:25:00 至 16:34:59 |
| 3:26:40 至 3:36:39 | 0.274 | 0.274 | 0.365 | 0.362 | 0.488 | 0.337 | 0.118 | 0.127 | 16:30:00 至 16:39:59 |
| 3:31:40 至 3:41:39 | 0.274 | 0.273 | 0.365 | 0.362 | 0.308 | 0.350 | 0.118 | 0.163 | 16:35:00 至 16:44:59 |
| 3:36:40 至 3:46:39 | 0.275 | 0.274 | 0.364 | 0.361 | 0.069 | 0.290 | 0.122 | 0.379 | 16:40:00 至 16:49:59 |
| 3:41:40 至 3:51:39 | 0.275 | 0.273 | 0.364 | 0.360 | 0.179 | 0.694 | 0.249 | 0.102 | 16:45:00 至 16:54:59 |
| 3:46:40 至 3:56:39 | 0.274 | 0.273 | 0.365 | 0.360 | 0.453 | 0.385 | 0.427 | 0.075 | 16:50:00 至 16:59:59 |
| 3:51:40 至 4:01:39 | 0.274 | 0.273 | 0.365 | 0.360 | 0.267 | 0.268 | 0.074 | 0.336 | 16:55:00 至 17:04:59 |
| 3:56:40 至 4:06:39 | 0.274 | 0.272 | 0.365 | 0.361 | 0.267 | 0.205 | 0.083 | 0.366 | 17:00:00 至 17:09:59 |
| 4:01:40 至 4:11:39 | 0.274 | 0.272 | 0.365 | 0.361 | 0.163 | 0.146 | 0.100 | 0.348 | 17:05:00 至 17:14:59 |
| 4:06:40 至 4:16:39 | 0.275 | 0.272 | 0.364 | 0.361 | 0.064 | 0.187 | 0.105 | 0.441 | 17:10:00 至 17:19:59 |
| 4:11:40 至 4:21:39 | 0.275 | 0.272 | 0.365 | 0.362 | 0.428 | 0.240 | 0.266 | 0.251 | 17:15:00 至 17:24:59 |
| 平均值 | 0.274 3 | 0.272 8 | 0.364 6 | 0.361 1 | 0.265 9 | 0.317 8 | 0.157 5 | 0.262 6 | 平均值 |

从图 13.7 和表 13.4 可以看出，与清晨时段(无交通量)相比，下午时段(大交通量)的两种模态频率都有所下降，平均下降率为 0.55%和 0.96%。同时，两个阻尼比平均提高了 19.50%和 66.75%。通过观察图 13.7(c)中加速度振幅的变化，表明交通车辆对桥梁的振动能量有显著影响。同时，虽然桥梁所在区域昼夜温差达到 26～33℃，但不会影响简支边界条件下结构的动力特性(尤其是模态频率)。因此，可以断言，交通荷载确实会影响悬索桥的动力特性，从而降低结构模态频率，增加模态阻尼比。这一客观事实验证了上述理论分析的推论。

根据表 13.4 所列现场数据的分析结果，可以进一步得出以下结论：

(1) 根据式(13.13)，悬索桥的阻尼系数可在无交通荷载的情况下，利用表 13.4 中第二和第三模态频率和阻尼比的平均值确定。两个估算值分别为 0.001 46/m 和 0.001 15/m，两者比较接近，因此可以反映悬索桥的阻尼系数。此外，与上述估算值 0.003 5/m 相比，可以看出结构阻尼退化明显。

(2) 当考虑交通荷载时，第二和第三阻尼比的平均值比没有交通荷载时分别增加了 19.51%和 66.75%，大于上述理论分析结果(1.97%和 1.91%)。现场实测结果表明，单梁模型和简化方法能够定性判断交通荷载对结构阻尼比和模态频率的影响规律。然而，这种简化方法严重忽略了交通荷载对结构阻尼的贡献。为了更准确地说明车辆对结构阻尼的贡献，应进一步探索本章提出的双梁模型。

## 13.5 关于交通管理决策的讨论

上述研究表明，交通荷载对悬索桥的动力特性有显著影响。对于发生涡激共振的悬索桥，预测恢复交通对桥梁动力特性的影响对交通管理和决策具有重要意义。理论分析和现场实测结果表明，桥面有车辆时，结构阻尼比明显大于空桥。这可以从三个方面对桥梁业主有所启发：

(1) 在夜间的几个小时内，桥梁上的交通荷载几乎可以忽略不计，此时桥梁阻尼处于非常低的水平，因此 VIV 的可能性将增加。例如，现场实测数据显示，VIV 事件发生在 00:00 至 02:00 之间。因此，应对桥梁的振动水平进行监测，及时识别 VIV 事件。

(2) 对于需要长期封闭交通的时段，如维修封闭期，以及由于 COVID-19 引起的三个月空载期，可能导致悬索桥长期处于低阻尼状态，因此，更可能发生涡激共振。建议业主在封闭交通期间跟踪结构模态阻尼的变化，以利于预测和预防桥梁 VIV 事件。

(3) 悬索桥发生 VIV 后，相关设计单位进行了全面的试验和检测。公布的相关试验结果表明，该结构在四阶和五阶垂直弯曲模式下发生涡激共振。此外，值得注意的是，与 20 年前的现场测量结果相比，这两种模式的频率从 0.277 Hz 和 0.369 Hz 下降到 0.274 3 Hz 和 0.364 6 Hz，而这两种模式的阻尼比从 0.63%和 0.48%下降到 0.265 9%和 0.157 5%。这表明随着桥梁使用时间的增加，模态频率变化不大，但阻尼比显著降低，特别是第五垂直弯曲模态的阻尼比降低了近 30%。这说明在长期服役条件下，结构频率的变化远小于结构阻尼比。因此，结构阻尼特性的演变应引起足够的重视。

总的来说，研究结果表明，交通荷载改变了桥梁系统的质量、刚度和阻尼，从而降低了模态频率，增加了模态阻尼比。因此，恢复交通将有助于降低 VIV 的振幅，结构模态频率与涡旋脱落频率之间的偏差将导致 VIV 的消失，有助于防止 VIV 的发生。

同时还表明，工程师和研究人员除了关注土木工程结构在其整个生命周期内强度和刚度的演化和退化外，还需要关注结构阻尼的退化机制和演化。本章首次给出了单跨悬索桥阻尼比的解析表达式，建立了结构设计参数与阻尼比之间的封闭函数关系。该解析表达式能够定量分析结构阻尼系数，为进一步分析结构阻尼的退化和演化机制打下基础。

2020 年在中国发生的两座悬索桥的 VIV 事件给工程师和设计人员带来了以下启示：

(1) 在大跨悬索桥健康监测系统的设计中，除了要注意结构频率和振动模态(反映结构刚度和质量的变化)外，还需要强调结构阻尼特性的监测和分析。

(2) 由于 VIV 的振幅对结构阻尼有很强的依赖性，为了在降低 VIV 响应的同时提高结构的抗风性，有必要研究设计参数对结构阻尼的影响机制，以及结构在服役期阻尼特性的退化和演化机制。

# 第四篇

# 复杂索缆系统的在线疲劳状态智慧感知与寿命预测

# 第14章

# 拉索时变索力在线实时智慧感知

## 14.1 概述

桥梁作为交通路网中的重要组成部分，每天都承受着来自交通荷载的反复作用，而且大型桥梁所处的地理位置通常位于江河或峡谷之上，所处环境比较恶劣，环境激励比较频繁。在这些外部激励下，索缆体系桥梁中的拉索索力会不断变化，使拉索容易产生疲劳问题。拉索作为索缆体系桥梁的主要受力构件，它的安全对整个桥梁的安全至关重要。

作用在桥梁结构上的交通荷载和环境激励是使拉索发生疲劳破坏的主要组成部分。这部分索力变化往往与拉索两端的位移变化相关，导致拉索的频率发生改变。本章将这种与拉索频率变化相关的变化索力称为拉索的时变索力。

拉索时变索力的获取是进行斜拉索疲劳累积损伤评价的基础。直接监测方法可获得拉索的索力时程，但目前的索力直接测量传感器仍然存在使用不方便、可靠性低、不易于更换等缺点。另外，索力传感器的测量精度也无法满足时变索力中比较小的索力变化的测量要求，从而漏掉很多细节疲劳荷载，这对疲劳分析是不利的。目前，基于监测的振动法索力识别方法，包括已有的索力识别方法和本书第10章中给出的索力精确感知方法，得到的都是一段时间内的平均索力，并不能获得拉索的时变索力。为此，提出一种能够实时在线感知拉索实时索力的方法是十分必要的。

由于时变索力与频率相对应，因此，时变索力的感知可分为时变频率的获取和时变索力计算两部分。在时变频率获取方面，李惠[153]、杨永超[154]、鲍跃全[155]等提出扩展卡尔曼滤波、基于复杂度追踪的无监督学习算法、自适应稀疏时频分析方法等时变频率识别方法。在这些方法中，有些只利用少数阶模态或同时需要多种传感器或多个传感器，使时变频率的识别精度不高或应用不方便。对于时变索力计算，需要能够达到实时在线准确计算的要求。目前的索力计算方法，往往只能满足其一。比如提出的振动公式法，往往精度较低；考虑多种因素后的索力识别方法，虽然识别精度较高，但需要人工干预或计算效率较慢。

针对以上问题，本章采用一种基于递推 APES 法的时变频率智能获取方法。该方法直接以监测信号为基础，通过谱估计方法获取拉索频率，具有识别精度高、计算效率高、原理简单，且易于实现等优点。在时变索力计算时，基于第 10 章中提出的索力的精确感知方法，提出适用于实时在线分析的时变索力计算公式。该公式在保证计算精度的前提下，使计算速度达到实时在线的要求。

## 14.2 时变频率的智能感知

### 14.2.1 块递推 APES 法介绍

响应信号的谱估计方法是获取结构频率的主要方法，目前应用最为普遍的是傅里叶功率谱估计方法，但是由于信号质量不高(如噪声污染、信号长度不够、采样频率不合适等)，再加上傅里叶功率谱本身分辨率不高、谱值估计不准确等，使得到的谱不是很理想。在外部激励下，拉索时变频率变化较小，需要谱估计方法能够捕捉到这些微小的频率变化。显然，傅里叶功率谱不能满足时变频率感知的需要，为此，需要寻找一种能够满足精度要求的高精度谱估计方法。

APES(Amplitude and Phase Estimation)法[156]是一种非参数高精度高分辨率的幅值相位估计方法。该方法不依赖于傅里叶变换，也无须对谱结构做任何强制假设，可适用于任意的平稳信号的高分辨率谱估计。与 FFT 相比，APES 与数据相关，具有更高的分辨率，可以任意指定计算频率精度和计算频率区间，利用比 FFT 更短的数据获取更高分辨率和更加准确的幅值。以上优点使其在振动分析时，可以利用较短的数据，对特定的卓越模态进行比较准确的分析，降低了在线分析的时间滞后。可见，该方法非常适合拉索的时变频率的获取。

对于一段连续观测的一维随机信号 $x(t)$，对于某一感兴趣的频率 $\omega$ (Hz)，信号 $x(t)$ 可分解为一个正弦项加一个残余项，如下式所示：

$$x(t)=\beta_t(\omega)\mathrm{e}^{\mathrm{i}2\pi\omega t}+\varepsilon_\omega(t) \tag{14.1}$$

式中 $\beta_t(\omega)$ ——正弦信号在 $t$ 时刻的幅值；

$\varepsilon_\omega(t)$ ——包含噪声和其他正弦项在频率 $\omega$ 处的干扰。

从式(14.1)可以看出，对于信号 $x(t)$ 的谱估计问题转化为了从信号中估计幅值 $\beta_t(\omega)$ 的问题。

APES 可以看作一组自适应匹配滤波器，可以在加权最小二乘法框架下进行解释。基于匹配滤波器解释和加权最小二乘解释的 APES 谱表达式如式(14.2)所示[157-158]：

$$\beta_t(\omega)=\frac{f_M^H(\omega)Q_t^{-1}(\omega)g_t(\omega)}{f_M^H(\omega)Q_t^{-1}(\omega)f_M(\omega)} \tag{14.2}$$

式中 $f_M(\omega)=[1\quad \mathrm{e}^{\mathrm{j}\omega}\quad \cdots\quad \mathrm{e}^{\mathrm{j}(M-1)\omega}]^T$；$Q_t(\omega)$ 为残余项的协方差矩阵，表达式为 $Q_t(\omega)=R_t-g_t(\omega)g_t^H(\omega)$，$R_t$ 和 $g_t(\omega)$ 分别为时间序列的协方差矩阵和平均傅里叶估计；$(\cdot)^H$ 为共轭转置。

在实际运用式(14.2)对幅值进行估计时，为提高 APES 的估计效率，常直接采用下式求解 $Q_t^{-1}(\omega)$：

$$Q_t^{-1}(\omega)=R_t^{-1}-\frac{R_t^{-1}g_t(\omega)g_t^H(\omega)R_t^{-1}}{g_t^H(\omega)R_t^{-1}g_t(\omega)-1} \tag{14.3}$$

将式(14.3)代入式(14.2)，可以得到如下形式表达的 APES 幅值谱表达式：

$$\beta_t(\omega)=b_t(\omega)/(a_t(\omega)-a_t(\omega)c_t(\omega)+b_t(\omega)b_t^*(\omega)) \tag{14.4}$$

式中　$a_t(\omega)=f_M^H(\omega)R_t^{-1}f_M(\omega)$；$b_t(\omega)=1/Lf_M^H(\omega)R_t^{-1}X_tf_L^*(\omega)$；$c_t(\omega)=\dfrac{1}{L^2}f_L^T(\omega)X_t^HR_t^{-1}X_tf_L^*(\omega)$；$X_t$ 为分析时间序列 $x(t)$ 组成的大小为 $M\times L$ 的 Hankel 矩阵，$M$ 为用户参数，为有限脉冲响应(FIR)滤波器长度，$M\leqslant N/2$，$L=N-M+1$，表示对时间序列进行快照(snapshot)的总次数。

综上所述，APES 法在实时性和计算精度方面都有比较好的优越性，可适用于时变频率的感知。在识别时变频率时，采用一种递归的 APES 法，该方法的识别思路如图 14.1 所示。图中 $t_{n-1}$ 为前一时刻，$t_n$ 为当前时刻，$x_*$ 为数据序列，$N$ 为单次计算需要的数据长度，称为计算帧，$\Delta N$ 为单位变化时间 $(\Delta t=t_n-t_{n-1})$ 内的采样数据，称为采样帧。由图可见，在 $t_n$ 时刻，计算帧内的数据去除了 $t_{n-1}$ 时刻计算帧最前面的 $\Delta N$ 个数据，新增加了 $\Delta t$ 时间内的 $\Delta N$ 个数据，那么 $t_n$ 时刻估算的幅值与 $t_{n-1}$ 时刻估算的幅值的变化，即为 $\Delta t$ 时间内数据引起的幅值的变化。以此类推，即可获得实时幅值谱。

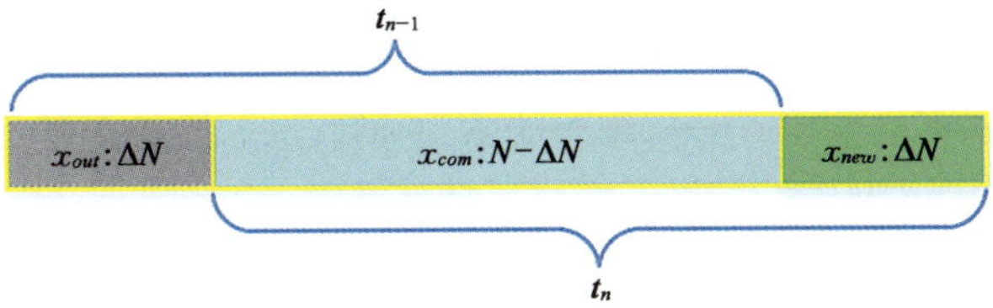


图 14.1　递推法识别时变频率原理

在识别拉索的时变频率时，需要反映交通荷载和环境激励对索力变化的实时影响，通常选取 $\Delta t$ 较小，如 0.1 s。这就要求 APES 法每次估算耗时要小于 0.1 s。然而，虽然上文提到的 APES 法相对于 FFT 在实时性上有了很大的提高，但是仍然不能满足如此少时间内完成计算的要求。为此，余学文提出一种基于块更新的递推 APES 法[159]。该方法通过矩阵求逆引理，间接实现前后计算时刻幅值谱的递推关系。在计算中，将一次递推中所涉及的数据分为三个部分：上一时刻排除数据 $x_{out}$、上一时刻仍然保留数据 $x_{com}$、本次计算新增加数据 $x_{new}$。

通过推导的递推关系，最新时刻的 $a_t$、$b_t$ 和 $c_t$ 均可表示为前一时刻保留数据计算的 $a_{com}$、$b_{com}$、$c_{com}$ 和新增加数据 $a_{new}$、$b_{new}$、$c_{new}$ 的叠加。在实现程序化递推公式的计算时，将变量拆分为许多子变量的计算。这样做的好处是，可以避免递推公式中的重复计算，从而大大减小了计算量，提高了计算效率。经过数值验证，提出的基于块递推 APES 法计算耗时很少，能够满足时变频率的实时计算的要求。

### 14.2.2　时变频率智能获取方法

通过 APES 法得到的是给定范围内的幅值谱，结构频率需要从幅值谱中的峰值中获取。为了能够实现拉索时变频率的自动化追踪，下面给出两种智能提取时变频率的方法：

(1) 直接峰值提取法。在给定的频率向量中，提取频谱中最大峰值对应的频率。该方法要求在给定的频率向量中有且只有一个模态频率。

(2) 频率挤压后处理技术(FSP)峰值提取法[159]。将频谱先进行频率挤压后处理，然后从中提取峰值对应的频率。频率挤压后处理技术可以将原来等间距分布的频谱，在频率方向上向固有频率处集中，使频谱更加理想，获得峰值结果更加准确。

以上两种频率提取方法各有优缺点。对于方法(1)，只要频率有峰值，就可以提取到，提取效率较高，但是，当固有频率峰值与噪声信号的峰值接近时，这种“强行”提取方法容易导致错误和混淆判断。对于方法(2)，频率提取准确率要高于方法(1)，而且可同时提取多个频率，但是，该方法需要消耗更长的时间，对频谱的要求也比较高，导致提取率不高。下文根据具体案例，讨论两种方法的选取。

## 14.3 时变索力感知

### 14.3.1 时变索力拟合方法

由于时变索力的变化幅度占总索力的比重较小，因此，时变索力感知方法必须要有足够的精度，而且要满足实时计算的需求。对于精确索力感知方法，虽然拥有较高的感知精度，但是基本上需要消耗较长时间和人工干预，无法满足索力的实时在线的计算要求。索力公式法虽然可以满足实时性要求，但是，现有的索力计算公式，无论是基于张紧弦理论，还是基于欧拉梁理论，均存在比较大的计算误差，不能满足精度要求。

针对以上问题，本节结合第10章给出的索力的精确感知方法，对公式法索力进行修正。提出一种利用平均索力和惯性矩，通过公式法索力和拉索模态频率拟合能够计算较小索力变化的时变索力公式的精确方法。具体思路是，在较小索力变化范围内，假定拉索抗弯刚度基本不变，频率的变化只对应索力的变化；利用仿真方法，通过拉索频率拟合公式法索力与准确索力之间的关系。在桥梁的正常使用过程中，活荷载引起的索力占拉索恒载索力的比重较小。在活荷载作用下，可认为拉索抗弯刚度为定值，取为在拉索平均索力感知过程中得到的抗弯刚度。

### 14.3.2 时变索力公式拟合

1）拟合参数分析

在拟合时变索力公式时，公式法索力和准确索力的关系可考虑采用比值关系和差值关系。下面以仿真拉索为例，分别对两种拟合关系进行比较。仿真拉索参数见表14.1。

表14.1 仿真拉索参数

| 拉索编号 | $E$/Pa | $L$/m | $m$/(kg/m) | $A$/m² | $\theta$/° | $I$/m⁴ | $H$/N |
|---|---|---|---|---|---|---|---|
| S1 | $1.90\times10^{11}$ | 20 | 17 | 0.004 418 | 0 | $5.09\times10^{-7}$ | 764 480 |
| S2 | $1.90\times10^{11}$ | 50 | 20 | 0.005 323 | 0 | $5.99\times10^{-7}$ | $1.20\times10^{6}$ |
| S3 | $1.90\times10^{11}$ | 100 | 25 | 0.006 653 | 0 | $6.60\times10^{-7}$ | $1.80\times10^{6}$ |
| S4 | $1.90\times10^{11}$ | 150 | 30 | 0.007 653 | 0 | $7.84\times10^{-7}$ | $2.17\times10^{6}$ |

首先，令时变索力在表中索力的±10%的范围内变化，变化间隔为$0.005H$，并计算与所有索力相对应的前10阶频率。然后，利用基于欧拉梁理论的索力公式[式(14.5)]计算各阶频率对应的公式法索力，并分别计算公式法索力与精确索力的比值(关系1)和差值(关系2)。最后，用多项式分别拟合出频率与两种关系的表达式，进而得到时变索力的计算公式[式(14.6)]。

$$H_{for}=4m\left(\frac{f_n}{n}\right)^2L^2-EI\pi^2\left(\frac{n^2}{L^2}\right) \tag{14.5}$$

$$H_{fin}=H_{for}+a_2f_n^2+a_1f_n+a_0 \tag{14.6}$$

式中　$H_{for}$——公式法索力；
$H_{fin}$——时变索力；
$m$——拉索单位长度质量；
$f_n$——拉索第 $n$ 阶频率；
$L$——拉索弦向索长；
$EI$——拉索抗弯刚度；
$a_0$、$a_1$ 和 $a_2$——拟合参数。

图 14.2 为仿真拉索的索力变化幅度与拉索频率变化幅度的关系图。

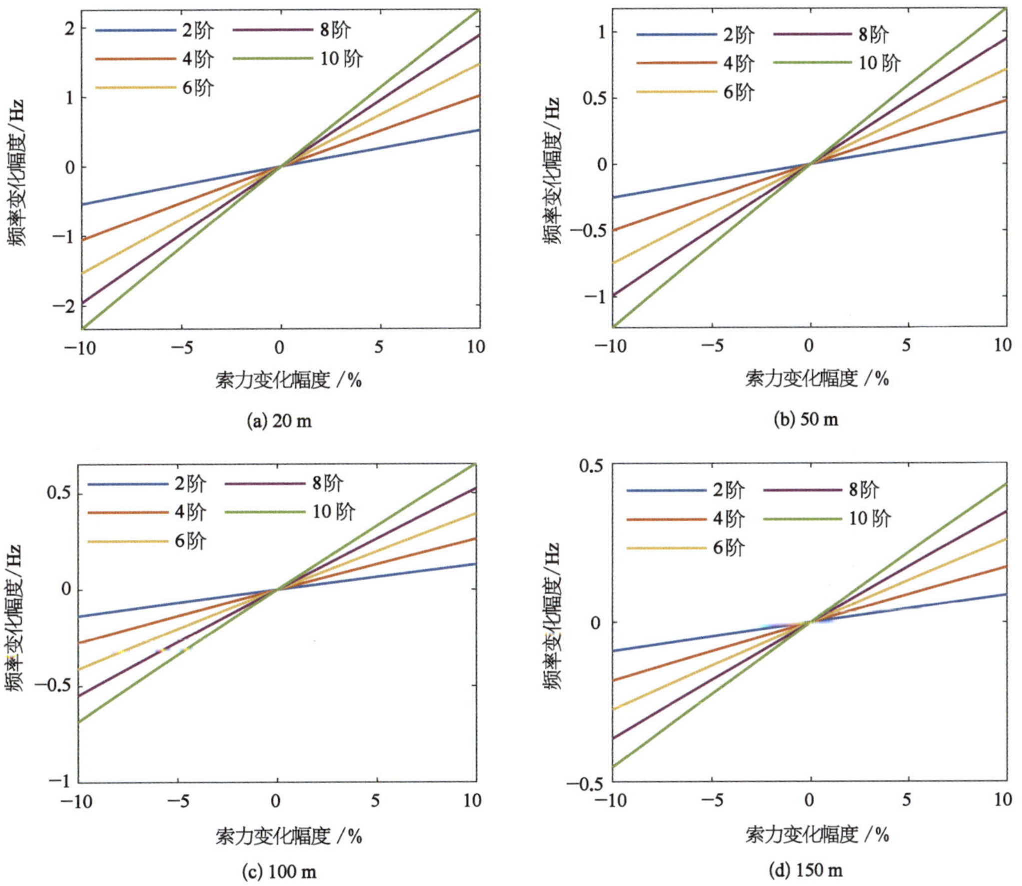


图 14.2　仿真拉索索力变化幅度引起频率变化幅值图

从图 14.2 可以看出，随着拉索频率阶次的增加，在相同的索力变化幅度下引起的频率变化幅度也在增加；随着索长的增加，在相同的索力变化幅度下，引起的频率变化幅度在减小。这说明，对于同一根拉索，当采用不同阶次频率时，需要感知的拉索频率精度不同，阶次越低，要求频率感知精度越高。感知相同的索力变化幅度，长索比短索需要更高的频率感知精度。

表 14.2 为索力变化 1%时,拉索前 10 阶频率的变化幅度。

表 14.2 仿真拉索索力变化 1%时前 10 阶频率变化幅值 (单位:Hz)

| 拉索 | $\Delta H$/N | $f_1$ | $f_2$ | $f_3$ | $f_4$ | $f_5$ | $f_6$ | $f_7$ | $f_8$ | $f_9$ | $f_{10}$ |
|---|---|---|---|---|---|---|---|---|---|---|---|
| S1 | 7 645 | 0.026 | 0.052 | 0.078 | 0.103 | 0.127 | 0.150 | 0.171 | 0.192 | 0.211 | 0.229 |
| S2 | 12 000 | 0.012 | 0.024 | 0.037 | 0.049 | 0.061 | 0.073 | 0.085 | 0.097 | 0.108 | 0.120 |
| S3 | 18 000 | 0.007 | 0.013 | 0.020 | 0.027 | 0.033 | 0.040 | 0.047 | 0.053 | 0.060 | 0.067 |
| S4 | 21 700 | 0.004 | 0.009 | 0.013 | 0.018 | 0.022 | 0.027 | 0.031 | 0.035 | 0.040 | 0.044 |

从表 14.2 中数值可以看出,索力变化较小时,频率的变化幅度很小,尤其是对于长索。传统的傅里叶谱估计方法的精度无法满足这么小的频率变化,而 APES 法可以给定任意精度,这再次显示出 APES 法相对于 FFT 法的优势。

图 14.3 比较了比值关系和差值关系拟合公式的最大误差,拟合采用 2 次多项式。图中 S$i$－R 表示第 $i$ 根拉索的索力比值关系拟合公式的最大误差,S$i$－C 表示第 $i$ 根拉索的索力差值关系拟合公式的最大误差。

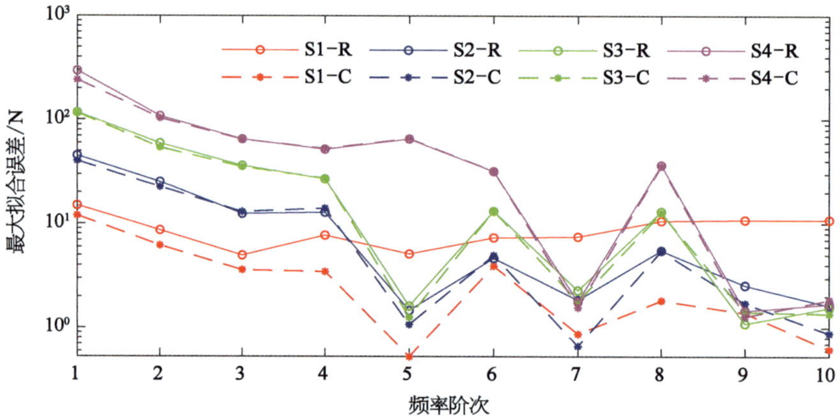


图 14.3 仿真拉索前 10 阶频率 2 次多项式拟合公式最大误差图

从图 14.3 中可以看出,对于相同的拉索,通过基频拟合的误差最大,除基频外的时变索力拟合公式最大误差无明显规律。具体选择哪一阶频率的拟合公式,可根据实际的卓越频率和拟合最大误差综合分析。随着索长的增加,拟合结果的最大误差也随之增大。这是由于在拟合分析时,长索的索力变化间隔较大引起的。当索力变化幅度相同时,长索和短索的拟合误差相近,拟合效果都比较好。对比两种索力关系的拟合结果,差值关系的拟合公式优于比值关系的拟合公式,对于短索更加明显。因此,下面分析中采用差值关系拟合时变索力的计算公式。

以上分析中,拟合时变索力公式时采用 2 次多项式,下面比较采用 3 次多项式拟合对计算精度的提高。图 14.4 给出了 2 次多项式和 3 次多项式差值关系拟合的索力公式的最大误差。图中,C3

表示 3 次多项式的拟合误差,C2 表示 2 次多项式的拟合误差。表 14.3 给出了仿真拉索的差值关系拟合的时变索力公式的最大误差的数值。

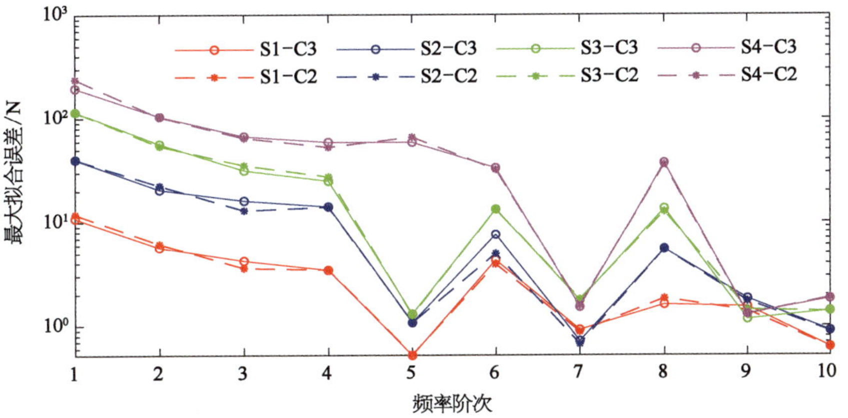


图 14.4　仿真拉索 2 次多项式和 3 次多项式差值关系拟合的索力公式最大误差图

表 14.3　仿真拉索差值关系拟合时变索力公式最大误差　　(单位：N)

| 拉索 | 阶次 | $f_1$ | $f_2$ | $f_3$ | $f_4$ | $f_5$ | $f_6$ | $f_7$ | $f_8$ | $f_9$ | $f_{10}$ |
|---|---|---|---|---|---|---|---|---|---|---|---|
| S1 | 2 | 12.0 | 6.2 | 3.6 | 3.5 | 0.5 | 3.9 | 0.9 | 1.8 | 1.4 | 0.6 |
|  | 3 | 10.9 | 5.7 | 4.2 | 3.5 | 0.5 | 4.3 | 0.9 | 1.6 | 1.5 | 0.6 |
| S2 | 2 | 40.3 | 22.6 | 13.0 | 14.0 | 1.1 | 5.0 | 0.7 | 5.5 | 1.7 | 0.9 |
|  | 3 | 40.3 | 20.6 | 16.2 | 14.2 | 1.1 | 7.6 | 0.7 | 5.5 | 1.8 | 0.9 |
| S3 | 2 | 115.9 | 54.1 | 35.3 | 27.4 | 1.3 | 13.3 | 1.8 | 12.7 | 1.4 | 1.4 |
|  | 3 | 116.3 | 56.7 | 31.6 | 25.0 | 1.3 | 13.3 | 1.7 | 13.5 | 1.2 | 1.4 |
| S4 | 2 | 241.1 | 103.4 | 64.7 | 53.0 | 66.1 | 32.2 | 1.6 | 35.9 | 1.3 | 1.9 |
|  | 3 | 197.5 | 104.5 | 67.2 | 59.1 | 59.0 | 33.4 | 1.5 | 37.2 | 1.3 | 1.8 |

从图 14.4 中可以看出,3 次多项式拟合结果相对于 2 次多项式拟合结果有一定提高,但是提高的幅度有限。考虑到运用方便,继续采用 2 次多项式进行拟合。从表 14.3 中可以看出,拟合结果的最大误差均比较小,所有拟合结果的最大误差均在索力变化幅度的 1%以内,相当于该公式精度可达到平均索力的万分之一,可以满足时变索力的感知精度要求。

2) 时变索力公式拟合步骤

通过 14.3.2 时变索力计算公式的拟合参数分析过程,提出如下拟合时变索力公式的具体步骤:

Step 1：确定平均索力和活荷载引起索力变化范围。

Step 2：让索力在确定的索力范围内变化,用第 10 章相应拉索的频率方程计算所有索力对应的拉索前 $n$ 阶频率,第 $n$ 阶频率不高于所能测量的最高阶频率。

Step 3：利用 Step 2 计算的频率,由式(14.5)计算索力。

Step 4：计算公式法索力与精确索力的差值。

Step 5：用二次多项式拟合索力差值和频率的关系式。

Step 6：由公式法索力和拟合索力差值确定时变索力公式[式(14.6)]。

### 14.3.3 时变索力智慧感知流程

以上分析分别给出了获取时变频率和计算时变索力的方法。下面将基于以上两部分内容，给出运营过程中，实时在线智慧感知拉索时变索力的方法。

在开始时变索力计算时，首先需要获得该时刻的平均索力。对于正常运营的桥梁来说，拉索平均索力在短期内变化幅度比较小，可以用最近一段时间内的拉索平均索力作为起始值。用该值拟合的时变索力公式可用于计算接下来一段时间内的时变索力。为确保计算结果的准确性，用精确方法定期校核平均索力，若误差在规定范围内，则继续使用；若超出规定范围，则重新拟合。以此类推，可对拉索长期的时变索力进行分析。具体分析流程如图 14.5 所示。

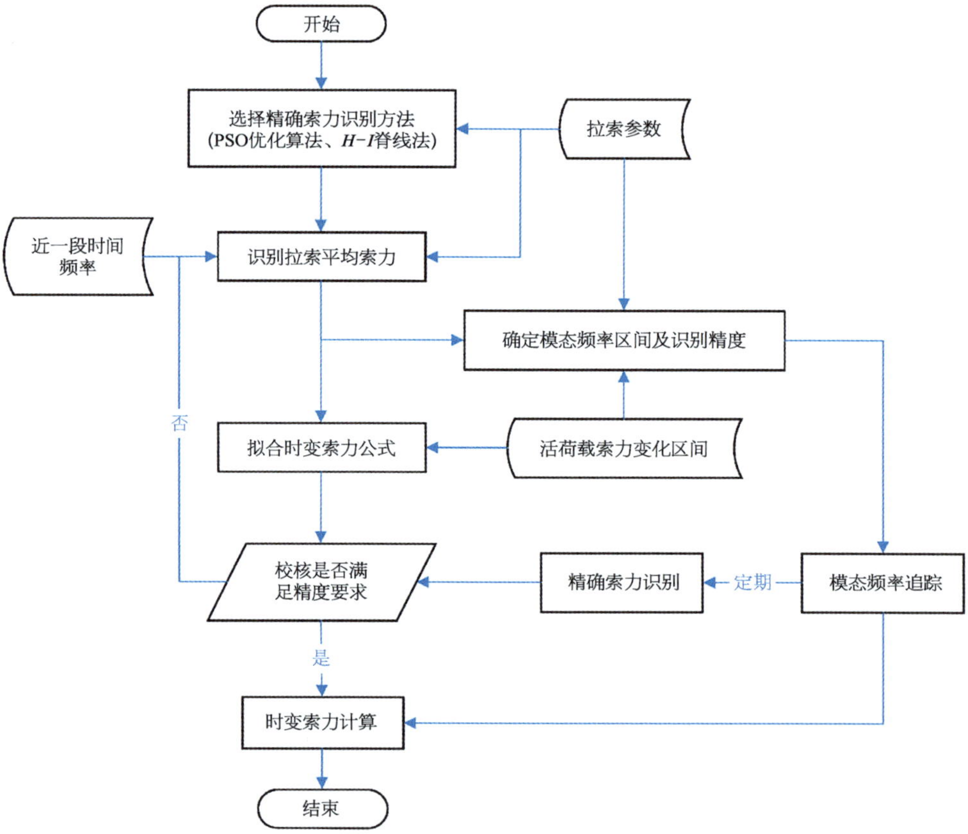


图 14.5 时变索力计算流程图

在图 14.5 给出的时变索力计算流程图中，除拉索平均索力的精确感知和时变索力公式拟合需要人为干预外，基于前述方法，可智能化地实现从监测的振动信号到时变频率的实时感知，将感知频率自动接入时变索力拟合公式，可实现实时索力自动计算。时变索力拟合公式在开始时变索力计算前已完成，在时变索力计算过程中，用于校核的平均索力是离线独立进行的，不会影响时变索力计算。所以,只要前期工作完成,本方法即可实现基于拉索振动监测的实时在线智能感知时变索力。

## 14.4　实桥拉索验证

### 14.4.1　工程背景

本节采用甬江大桥的斜拉索进行验证。甬江大桥位于浙江省宁波市,是连接宁波市江北和江东两区的城市桥梁。主桥为(105+97)m 的不等跨预应力混凝土独塔斜拉桥,为塔、梁、墩固结体系。桥面总宽 26 m,为双向 4 车道。主塔为门式桥塔,主梁为半封闭双箱截面。全桥共 11 对索,采用竖琴式布置,索距 8 m。拉索采用国产 PE 热挤索套防护工艺。甬江大桥现场照片如图 14.6 所示。

(a) 立面照

(b) 侧面照

图 14.6　甬江大桥现场照片

甬江大桥斜拉索基本呈对称分布,故本节仅选用 1/4 索面的 5 根斜拉索进行分析,即 A02、A05、A07、A09 和 A11。选取拉索的基本参数见表 14.4。按照图 14.5 的流程对拉索时变索力进行智慧感知。

甬江大桥全桥安装有健康监测系统,在健康监测系统中,对其中 24 根拉索安装加速度传感器进行监测,具体布置图如图 14.7 所示。

表 14.4　甬江大桥拉索基本参数

| 拉索编号 | $E$/Pa | $L$/m | $m$/(kg/m) | $A$/m$^2$ | $\theta$/° | $I^*$/m$^4$ | $H^*$/kN |
|---|---|---|---|---|---|---|---|
| A02 | $1.95\times10^{11}$ | 102.436 | 40.846 | $8.825\times10^{-3}$ | 26.565 | $6.197\times10^{-6}$ | 2 496 |
| A05 | $1.95\times10^{11}$ | 84.576 | 32.522 | $6.940\times10^{-3}$ | 26.565 | $3.832\times10^{-6}$ | 1 950 |
| A07 | $1.95\times10^{11}$ | 66.731 | 32.522 | $6.940\times10^{-3}$ | 26.565 | $3.832\times10^{-6}$ | 1 900 |
| A09 | $1.95\times10^{11}$ | 48.877 | 32.522 | $6.940\times10^{-3}$ | 26.565 | $3.832\times10^{-6}$ | 2 000 |
| A11 | $1.95\times10^{11}$ | 31.011 | 32.522 | $6.940\times10^{-3}$ | 26.565 | $3.832\times10^{-6}$ | 2 060 |

注:$I^*$为截面计算惯性矩;$H^*$为成桥索力。

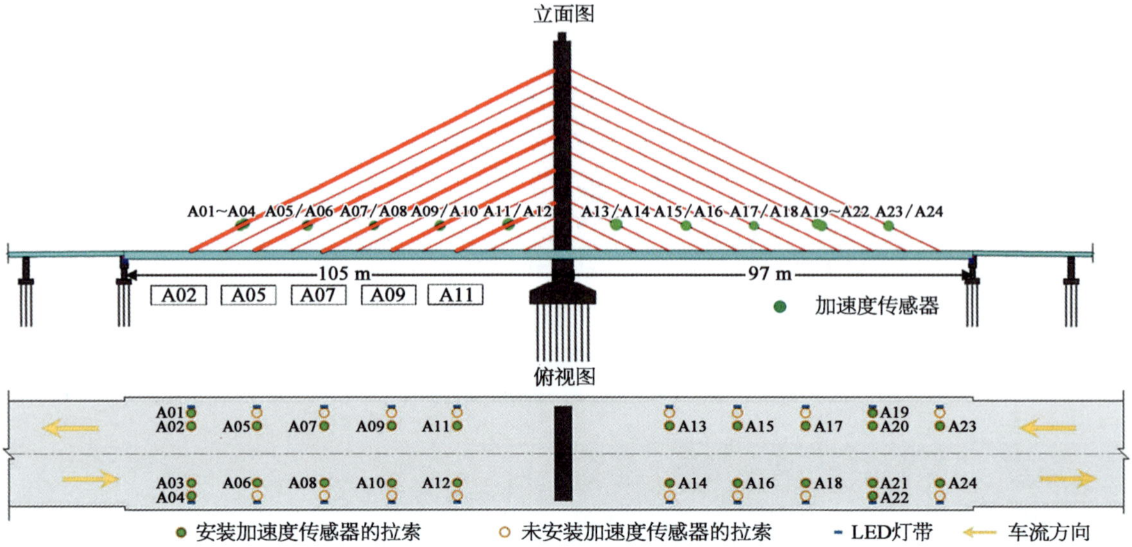


图 14.7　甬江大桥拉索传感器布置图

### 14.4.2　拉索时变频率智能感知

选取甬江大桥 2020 年 7 月 18 日 00:00 到 23:59 的加速度数据进行时变索力计算。在选择感知的频率阶次时，选择提取有效频率的数量较高的阶次。有效频率数量根据频率提取方法 1 和频率提取方法 2 的重合率来计算。在频率阶次选取时，选取 5 min 的拉索加速度信号进行分析。以 A02 拉索为例，分别用两种频率提取方法提取拉索的前 8 阶频率，提取结果如图 14.8 所示。

从图 14.8 可以看出，总体上，低阶频率的感知效果要好于高阶频率。从两种方法识别的效果来看，方法 2 与方法 1 相比，频率的感知准确性更高，异常点较少，但是，方法 1 可感知到的频率点数更多。在选择频率提取方法时，应根据使用目的，确定选择哪种频率提取方法。例如，分析拉索的疲劳时，主要利用时变索力的统计特性，少数奇异点对统计特性的影响较小，可以选择方法 1 进行频率提取。方法 1 中异常点的个数也可以通过缩小频率感知范围来减少。从图中看出，对于 A02 拉索，第 3 阶频率的重合率最好，为 94.8%，几乎所有点的频率都可准确感知。因此，对于 A02 拉索，选择第 3 阶频率作为时变索力计算时的拟合频率。同理，按照上述方法，确定各组拉索的拟合频率。

在拉索时变频率智能感知时，在确定识别范围时，为了能够保证所有可能出现的频率都能落在给定的识别范围内，在初次计算时应选择较大的频率识别范围。对于本案例中，各拉索频率的初始识别范围分别为[3.1, 4.4]、[2.4, 3.7]、[3.2, 4.5]、[2.2, 3.4]、[4.0, 5.5]。以 A02 拉索为例，将拉索信号每 5 min 划分为一次感知数据段，在上述给定频率范围内，智能感知时变频率。其得到的部分代表性结果如图 14.9 所示。

如图 14.9 所示，本章时变频率的智能感知方法可获得大多数时刻处的频率。在正常情况下，各时段获得的时变频率应该如图 14.9(a)、(b)所示，是连续变化的。但在一些时段，存在如图 14.9(c)、(d)中红色框中出现的突然偏离正常值的时变频率。很明显，这些偏离值并不是准确的频率，即感知错误。出现这种现象的原因是，给定的频率范围内，在该时刻的计算帧内包含多个幅值或没

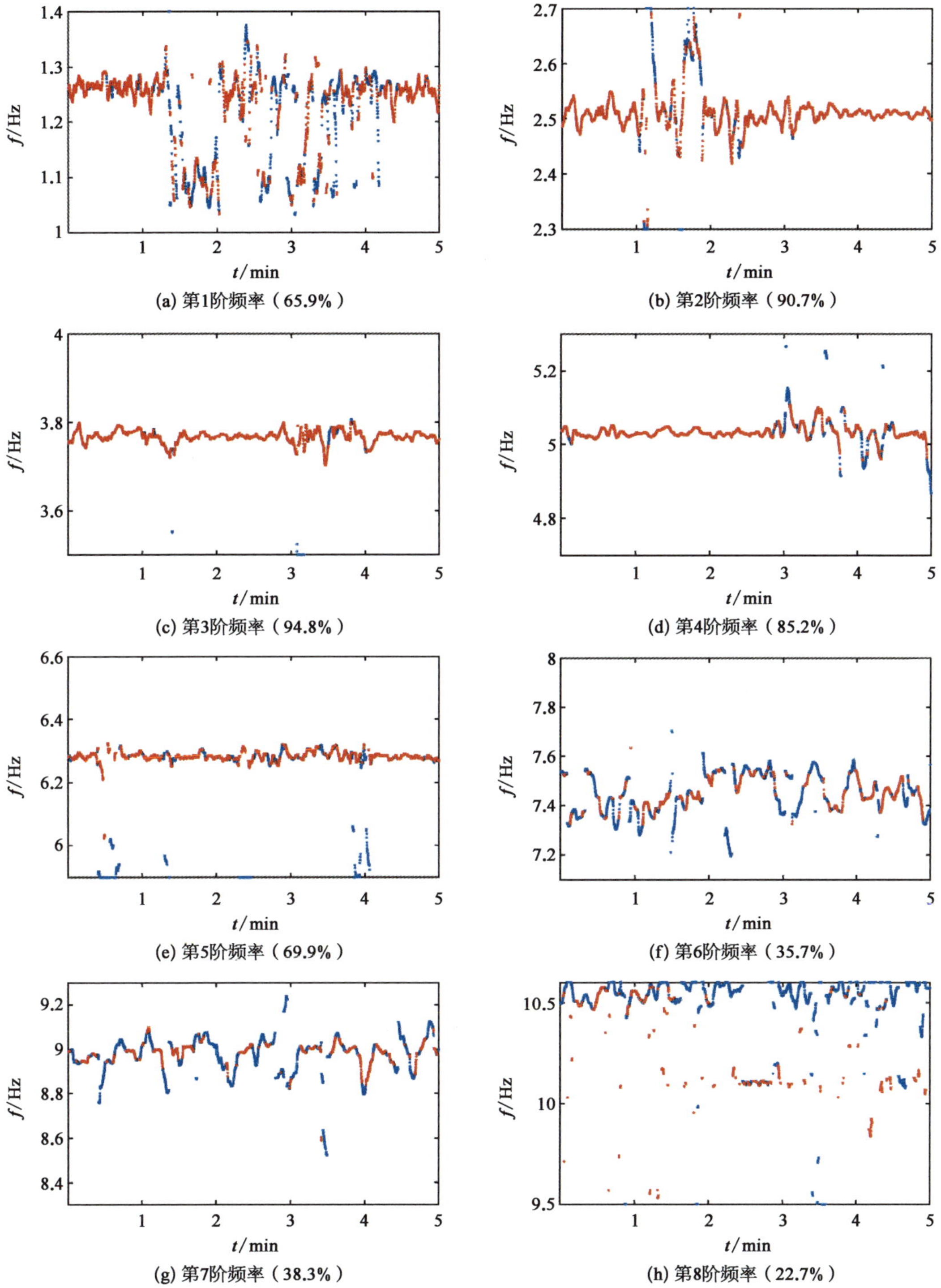


图 14.8　A02 拉索前 8 阶频率感知结果

注：蓝色点为方法 1 提取频率，红色点为方法 2 提取频率，括弧内数据为两种频率提取方法的重合率。

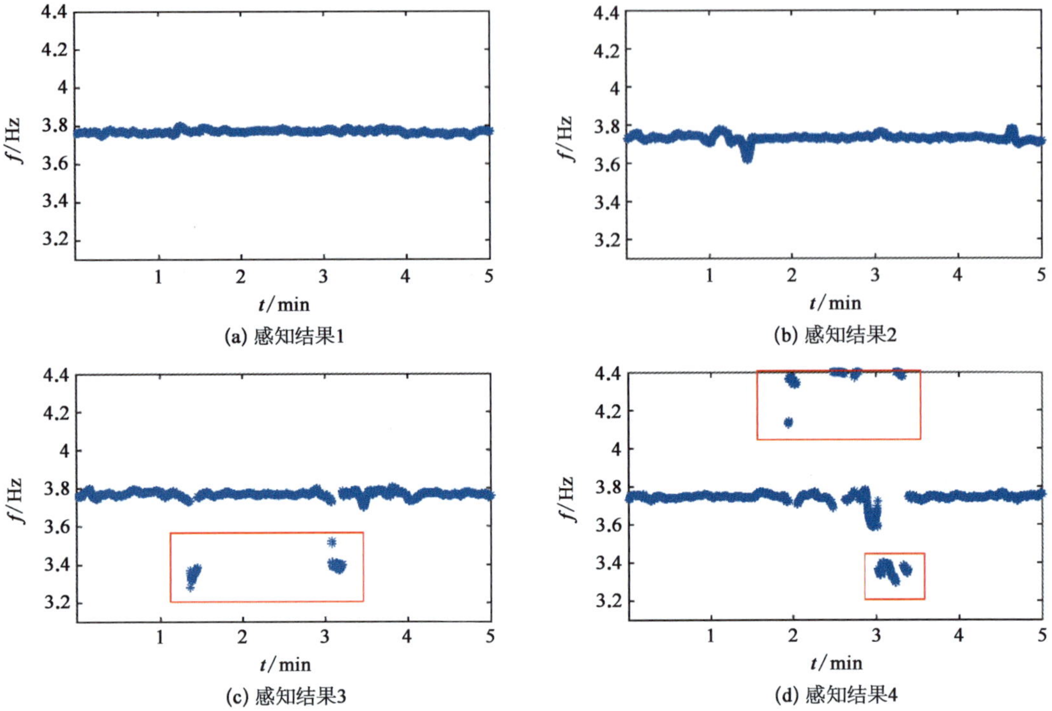


图 14.9　A02 拉索方法 1 智能感知时变频率的部分代表性结果

有明显的峰值，导致错误地将其他频率成分当成了拉索模态频率。当去除这些异常点后，拉索频率是集中在某一范围内的。因此，可以通过缩小频率识别范围，减小异常点出现的概率，从而保证在分析拉索时变索力时，尽可能排除这些异常点计算得到的错误结果。

通过 A02～A11 号 5 组拉索分析，按照图 14.9 的方法，在初始识别频率范围基础上，缩小频率识别范围，以减少异常点的出现，缩小后的识别范围见表 14.9。该范围与拉索索力在平均索力±10%范围内变化时引起的频率变化范围基本一致。这说明，在正常的交通荷载作用下，拉索索力变化是在平均索力的 10%以内。因此，在拉索时变索力公式的拟合时，让索力在拉索平均索力的±10%范围内变化。

为了验证智能感知的时变频率的准确性，对晚上时段和白天时段的感知频率进行比较。晚上选取 01:00 至 04:00，交通荷载较少的时段；白天选取 07:00 至 10:00，交通荷载较多的时段。图 14.10 给出了上述时段内，实时频率相对于平均频率的变化的统计结果。为了排除不同时段环境因素的干扰，选取每 5 min 为一个时段，频率变化为实时频率与该时段内的平均频率的差值。

从图 14.10 可以看出，在较小的频率变化范围内，晚上时段统计次数要高于白天统计次数；在较大的频率变化范围内，白天时段的统计次数要高于晚上的统计次数。这与实际情况相符，由于引起拉索频率变化的主要来源之一为交通荷载，其引起的频率变化较大。在白天，交通荷载比较频繁，频率变化较大的统计值会比较多；在晚上，交通荷载很少，频率变化较大的统计值会比较少。这也验证了本章方法感知结果的准确性。不过需要说明的是，在图中，靠近两端的频率变化较大的统计结果多是由异常结果引起的。

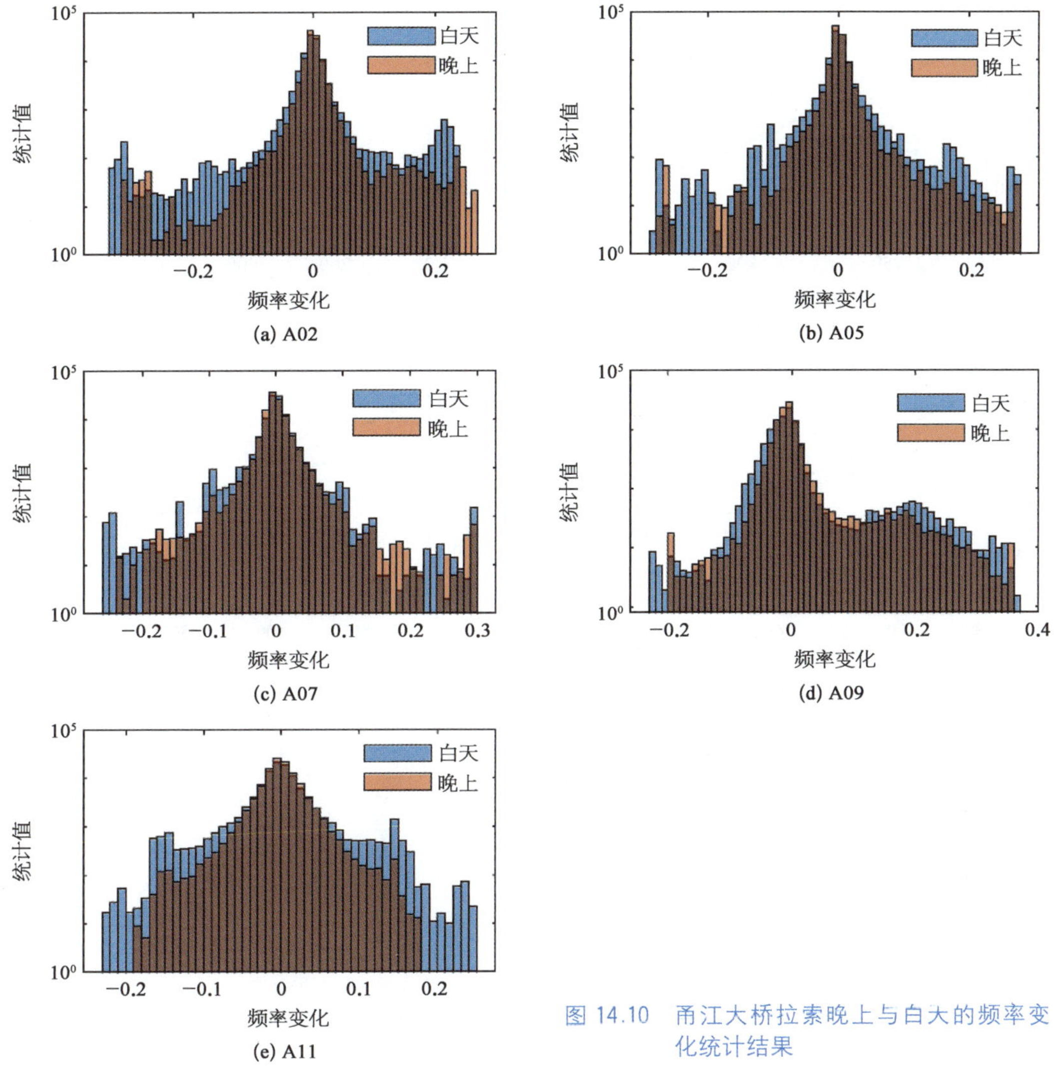


图 14.10　甬江大桥拉索晚上与白大的频率变化统计结果

### 14.4.3　拉索时变索力公式拟合

作为初次识别，应该给定较大的索力和惯性矩的变化范围，以保证包含真实的索力和惯性矩。此时，以上拉索均需要采用 $H-I$ 脊线法进行索力和惯性矩的识别。当确定了索力和惯性矩后，后期变化范围较小，可根据拉索参数，考察拉索反分析函数，选择具体的索力精确感知方法。在应用 $H-I$ 脊线法时，将横截面计算惯性矩作为惯性矩识别的上限值，索力在成桥索力周围变化。拉索的 $H-I$ 脊线结果如图 14.11 所示。

图 14.11 中横坐标和纵坐标分别表示在给定惯性矩向量和索力向量中的位置索引。图中只给出了有合理交点的频率对应的脊线，没有交点或交点距离较远的频率脊线未给出。

根据图 14.11，拉索的索力和惯性矩的感知结果见表 14.5。表中索力和惯性矩的感知结果为图 14.11 中红色圆内交点对应索力和惯性矩的平均值。

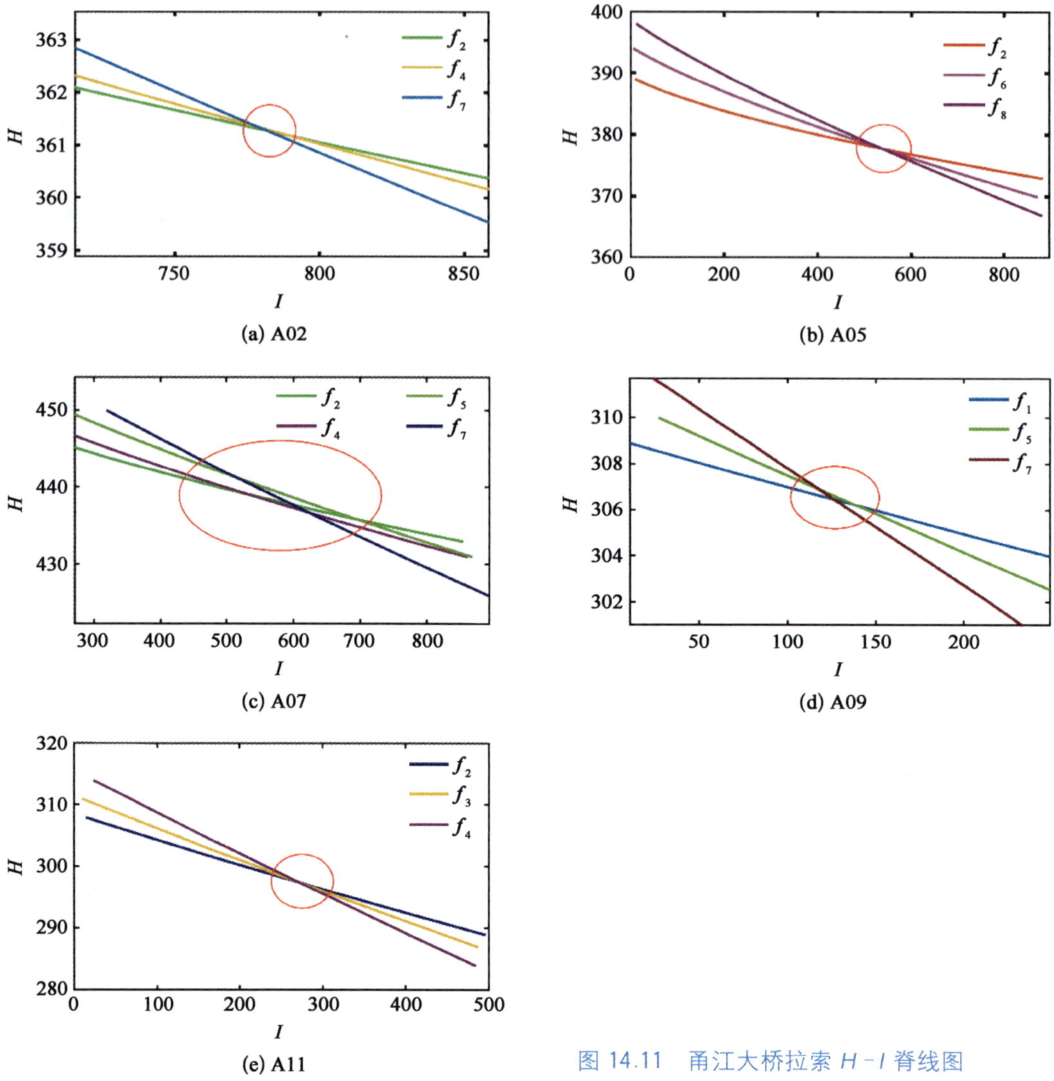


图 14.11 甬江大桥拉索 $H-I$ 脊线图

表 14.5 甬江大桥拉索索力和惯性矩感知结果

| 拉索 | $H^{\mathrm{Idt}}$/N | $H^{*}$/N | $H^{\mathrm{for}}$/N | $H^{\mathrm{Idt}}/H^{*}$ | $H^{\mathrm{Idt}}/H^{\mathrm{for}}$ | $I^{\mathrm{Idt}}/\mathrm{m}^4$ | $I^{*}/\mathrm{m}^4$ | $I^{\mathrm{Idt}}/I^{*}$ |
|---|---|---|---|---|---|---|---|---|
| A02 | 2 645 760 | 2 496 000 | 2 706 263 | 1.06 | 0.98 | $2.908\times10^{-6}$ | $6.2\times10^{-6}$ | 0.47 |
| A05 | 2 100 150 | 1 950 000 | 2 139 452 | 1.08 | 0.98 | $1.313\times10^{-6}$ | $3.83\times10^{-6}$ | 0.34 |
| A07 | 2 160 300 | 1 900 000 | 2 201 069 | 1.14 | 0.98 | $1.457\times10^{-6}$ | $3.83\times10^{-6}$ | 0.38 |
| A09 | 2 412 000 | 2 000 000 | 2 497 620 | 1.21 | 0.97 | $2.323\times10^{-6}$ | $3.83\times10^{-6}$ | 0.61 |
| A11 | 2 669 760 | 2 060 000 | 2 803 083 | 1.30 | 0.95 | $2.622\times10^{-6}$ | $3.83\times10^{-6}$ | 0.68 |

注：$H^{\mathrm{Idt}}$为感知索力；$H^{*}$为成桥索力；$H^{\mathrm{for}}$为公式法计算索力；$I^{\mathrm{Idt}}$为感知惯性矩；$I^{*}$为截面计算惯性矩。

下面通过拉索的索力和惯性矩感知结果计算拉索的前 8 阶频率，以验证感知结果的准确性。5 组拉索的计算频率和实测频率结果见表 14.6，表中误差按式(14.7)计算。

$$Error = \frac{f_{计算} - f_{实测}}{f_{实测}} \times 100\% \tag{14.7}$$

表 14.6　甬江大桥计算频率与实测频率　(单位：Hz)

| 拉索 | 项目 | $f_1$ | $f_2$ | $f_3$ | $f_4$ | $f_5$ | $f_6$ | $f_7$ | $f_8$ |
|---|---|---|---|---|---|---|---|---|---|
| A02 | 实测 | — | 2.509 | 3.766 | 5.023 | 6.281 | 7.547 | 8.820 | — |
| | 计算 | 1.254 | 2.508 | 3.764 | 5.023 | 6.284 | 7.549 | 8.819 | 10.093 |
| | 误差/% | — | −0.01 | −0.04 | −0.01 | 0.05 | 0.03 | −0.01 | — |
| A05 | 实测 | 1.517 | 3.030 | 4.544 | 6.058 | 7.568 | 9.116 | — | 12.183 |
| | 计算 | 1.515 | 3.031 | 4.548 | 6.067 | 7.590 | 9.116 | 10.647 | 12.184 |
| | 误差/% | −0.11 | 0.01 | 0.09 | 0.16 | 0.29 | 0.01 | — | 0.01 |
| A07 | 实测 | 1.956 | 3.906 | 5.850 | 7.825 | 9.799 | 11.789 | 13.760 | 15.790 |
| | 计算 | 1.953 | 3.907 | 5.865 | 7.828 | 9.797 | 11.776 | 13.764 | 15.764 |
| | 误差/% | −0.18 | 0.02 | 0.25 | 0.04 | −0.02 | −0.11 | 0.03 | −0.16 |
| A09 | 实测 | 2.837 | 5.670 | 8.550 | 11.413 | 14.297 | 17.250 | 20.493 | 23.663 |
| | 计算 | 2.837 | 5.681 | 8.538 | 11.415 | 14.319 | 17.254 | 20.229 | 23.248 |
| | 误差/% | 0.02 | 0.20 | −0.14 | 0.02 | 0.15 | 0.02 | −1.29 | −1.75 |
| A11 | 实测 | 4.740 | 9.547 | 14.390 | 19.317 | 24.433 | — | — | — |
| | 计算 | 4.759 | 9.545 | 14.388 | 19.314 | 24.349 | 29.520 | 34.849 | 40.360 |
| | 误差/% | 0.39 | −0.02 | −0.02 | −0.02 | −0.34 | — | — | — |

从表 14.6 可以看出，通过拉索索力和惯性矩的感知结果计算的拉索频率与实测频率非常接近。所有拉索计算频率与实测频率的最大误差仅有 0.39%，为 A11 号拉索的第一阶频率。上述结果说明，表 14.5 中索力和惯性矩的感知结果是准确的，可应用于时变索力公式的拟合分析。

下面以表 14.5 中拉索的索力和惯性矩的感知结果进行时变索力公式拟合。在拟合过程中，取索力变化范围为平均索力的±10%，索力变化间隔为 0.001$H^{idt}$。通过二次多项式拟合索力与公式法索力的差值系数见表 14.7。各频率拟合最大误差见表 14.8。拉索索力变化值以及其引起的拉索截面平均应力和频率变化量见表 14.9。

表 14.7　甬江大桥拉索时变索力公式拟合系数

| 拉索 | 系数 | $f_1$ | $f_2$ | $f_3$ | $f_4$ | $f_5$ | $f_6$ | $f_7$ | $f_8$ |
|---|---|---|---|---|---|---|---|---|---|
| A02 | $a_2$ | 343.8 | −33.2 | 10.4 | 51.4 | −22.1 | 13.9 | −0.5 | 6.1 |
| | $a_1$ | 38 201.8 | 19 438.9 | 12 752.8 | 9 047.2 | 7 918.7 | 6 158.7 | 5 478.8 | 4 648.7 |
| | $a_0$ | 736.4 | 64.3 | 487.9 | 1 926.0 | −107.2 | 1 628.0 | 765.1 | 1 658.8 |

续 表

| 拉索 | 系数 | $f_1$ | $f_2$ | $f_3$ | $f_4$ | $f_5$ | $f_6$ | $f_7$ | $f_8$ |
|---|---|---|---|---|---|---|---|---|---|
| A05 | $a_2$ | −40 380.6 | −18.9 | −1.1 | −75.0 | −23.7 | −37.5 | 4.7 | 10.5 |
| | $a_1$ | 142 916.4 | 11 670.2 | 7 704.1 | 6 662.9 | 4 969.9 | 4 503.5 | 3 186.4 | 2 614.3 |
| | $a_0$ | −88 286.0 | 4.6 | 199.5 | −2 434.8 | −1 061.7 | −2 564.3 | 987.2 | 2 145.3 |
| A07 | $a_2$ | 14 456.5 | −1.5 | −27.8 | −82.4 | 20.3 | 4.3 | −2.6 | −0.1 |
| | $a_1$ | −32 844.1 | 12 173.0 | 8 413.3 | 7 355.0 | 4 438.4 | 3 921.7 | 3 512.6 | 3 003.9 |
| | $a_0$ | 56 846.0 | 316.3 | −467.6 | −4 518.3 | 2 712.8 | 1 548.7 | 665.5 | 1 427.3 |
| A09 | $a_2$ | 0.3 | 11.0 | 29.6 | 10.3 | 12.0 | 3.4 | 6.0 | 6.3 |
| | $a_1$ | 30 703.3 | 15 197.7 | 9 674.7 | 7 380.6 | 5 718.9 | 4 906.2 | 4 039.5 | 3 422.6 |
| | $a_0$ | 907.0 | 1 526.5 | 3 826.7 | 3 525.3 | 5 465.0 | 5 001.1 | 7 486.6 | 9 767.6 |
| A11 | $a_2$ | 13.5 | 12.1 | 10.7 | 6.4 | 12.0 | 7.7 | 7.7 | 7.1 |
| | $a_1$ | 32 432.4 | 15 983.3 | 10 430.4 | 7 738.2 | 5 736.9 | 4 746.9 | 3 857.5 | 3 213.1 |
| | $a_0$ | 3 095.5 | 5 091.7 | 8 180.3 | 11 040.1 | 19 118.9 | 22 707.9 | 29 931.7 | 37 205.9 |

表 14.8 甬江大桥拉索时变索力公式拟合最大误差 (单位：N)

| 拉索 | $f_1$ | $f_2$ | $f_3$ | $f_4$ | $f_5$ | $f_6$ | $f_7$ | $f_8$ |
|---|---|---|---|---|---|---|---|---|
| A02 | 35 | 3 | 2 | 52 | 33 | 13 | 22 | 21 |
| A05 | 161 | 2 | 3 | 32 | 20 | 19 | 19 | 14 |
| A07 | 134 | 1 | 6 | 33 | 18 | 12 | 14 | 13 |
| A09 | 2 | 2 | 12 | 19 | 15 | 11 | 9 | 10 |
| A11 | 3 | 3 | 13 | 13 | 10 | 8 | 7 | 7 |

表 14.9 甬江大桥拉索时变索力计算参数

| 拉索 | 拟合频率 | $\Delta H^1$/N | $\Delta\sigma^2$/MPa | $\Delta f^3$/Hz | 识别范围 | 识别精度 | 拟合误差/N | 重合率[4]/% |
|---|---|---|---|---|---|---|---|---|
| A02 | $f_3$ | 2 646 | 0.411 | 0.001 9 | [3.45, 4.00] | 0.001 | 2 | 95.7 |
| A05 | $f_2$ | 2 100 | 0.413 | 0.001 5 | [2.75, 3.30] | 0.001 | 2 | 95.5 |
| A07 | $f_2$ | 2 160 | 0.424 | 0.001 9 | [3.65, 4.20] | 0.001 | 1 | 93.8 |
| A09 | $f_1$ | 2 412 | 0.474 | 0.001 4 | [2.65, 3.20] | 0.001 | 2 | 91.5 |
| A11 | $f_1$ | 2 670 | 0.525 | 0.002 3 | [4.45, 5.05] | 0.001 | 3 | 83.9 |

注：[1]：$\Delta H = 0.001H^{idt}$，为索力变化间隔；[2]：$\Delta\sigma$ 为 $\Delta H$ 引起的拉索截面应力变化值；[3]：$\Delta f$ 为 $\Delta H$ 引起的拉索频率变化值；[4]：重合率为频率提取方法 1 和方法 2 得到频率结果的重合度。

从表 14.8 中可以看出,拟合的时变索力公式误差均比较小,除 A05 和 A07 拉索的 1 阶频率拟合公式最大误差达到 100 N 外,其他频率处拟合公式的最大误差均小于 52 N。每根拉索最小的拟合公式的最大误差均小于 5 N,远小于索力的变化量。由此可见,该拟合公式的精度能够满足时变索力的计算精度的要求。

### 14.4.4　时变索力感知

在应用时,按照如下三个原则确定时变频率感知阶次及拟合时变索力计算公式:① 拟合最大误差较小,保证索力感知的准确性;② 两种频率提取方法获得的频率吻合较好,保证时变频率感知的准确性;③ 时变频率感知精度要求较低,保证智能感知的实时性。

按照上述原则,确定甬江大桥 5 组拉索的时变索力计算参数见表 14.9。

图 14.12 为 5 组拉索 24 h 的时变频率和时变索力的感知结果。频率和索力的时间变化间隔均为 0.1 s。

从图 14.12 可以看出,本章方法对 5 组拉索 24 h 的频率和索力的实时变化均能够比较准确地获得。各组拉索的频率变化都基本围绕着一根均线上下波动。在正常的交通荷载作用下,拉索频率和索力是在一个固定的比较窄的区间内变化。从 5 根拉索的感知结果来看,长索的感知效果要优于短索。这是因为长索比较柔,在外部激励下更容易被激起振动,而短索相对比较“刚”,比较难激励起来,没有有效的激励,则感知结果往往是不准确的。这可从短索白天的感知效果优于晚上感知效果的现象得到验证。另外,在相同的索力变化幅度下,短索的识别范围要比长索宽得多,从

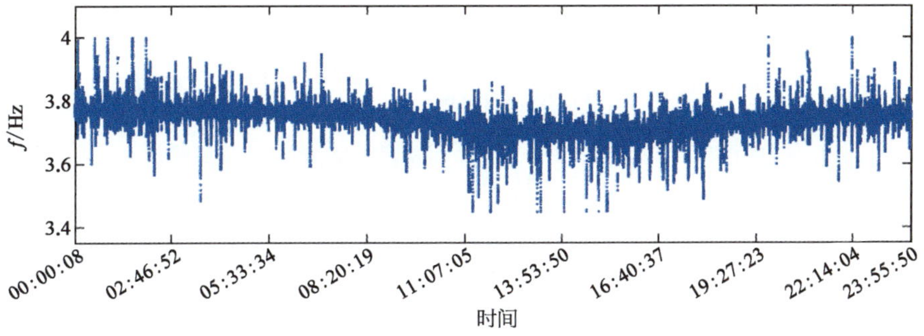


(a) A02拉索时变频率感知结果

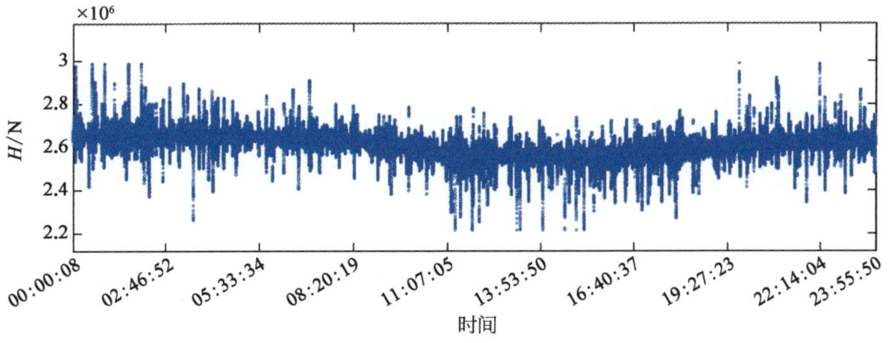


(b) A02拉索时变索力感知结果

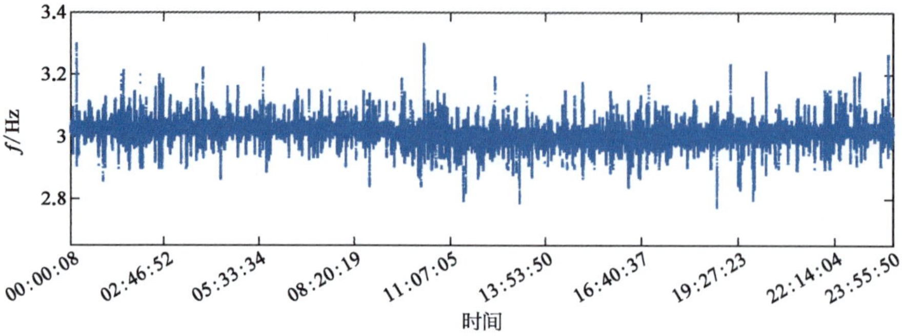


(c) A05拉索时变频率感知结果

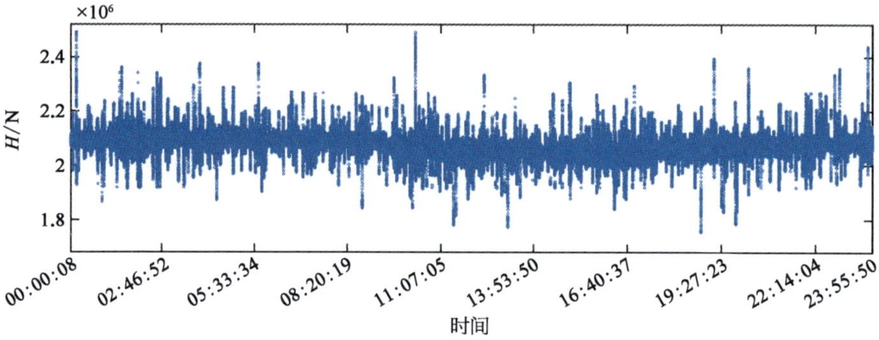


(d) A05拉索时变索力感知结果

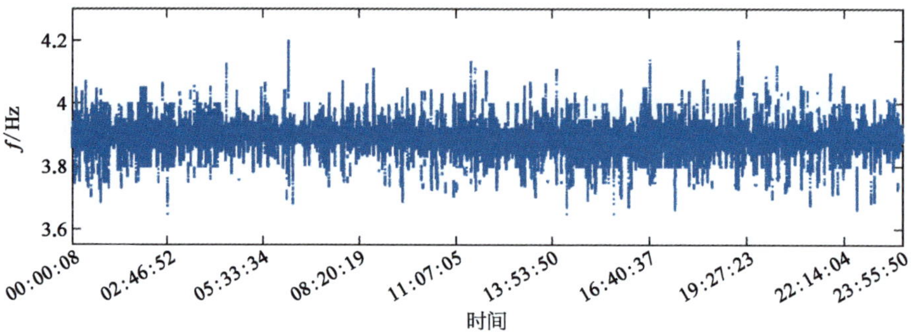


(e) A07拉索时变频率感知结果

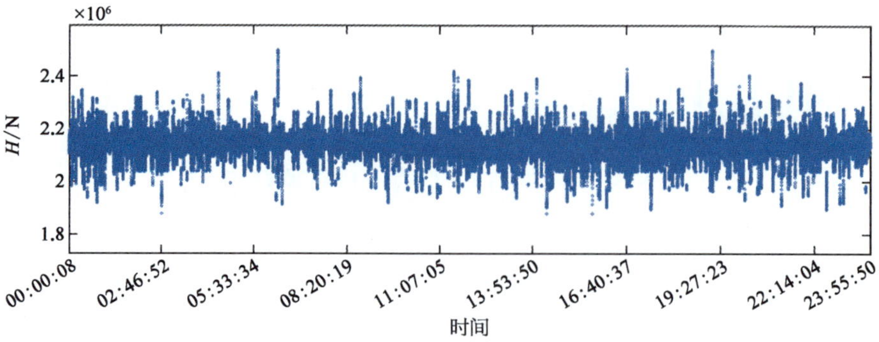


(f) A07拉索时变索力感知结果

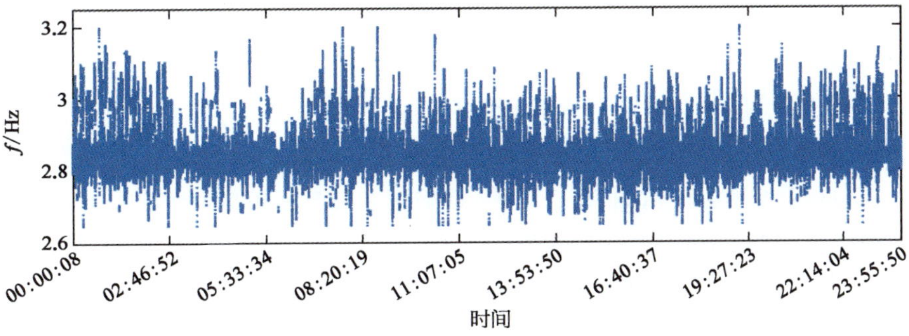


(g) A09拉索时变频率感知结果

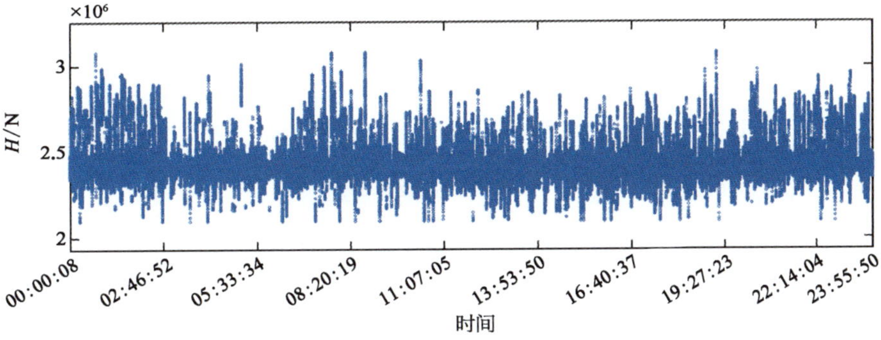


(h) A09拉索时变索力感知结果

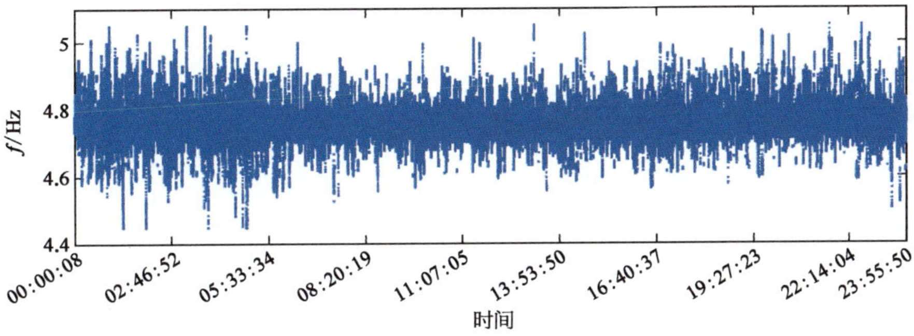


(i) A11拉索时变频率感知结果

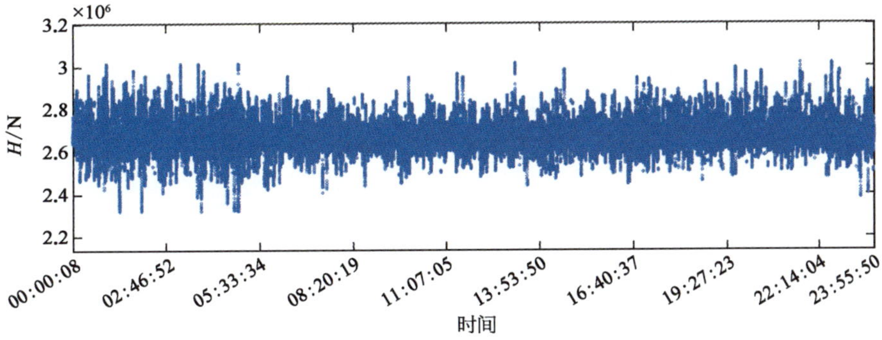


(j) A11拉索时变索力感知结果

图 14.12　时变频率与时变索力的感知结果

而出现异常值的概率会更高。通过长时间的统计分析，可以进一步缩小时变频率的识别范围，提高频率的感知精度。

从图 14.12 中还可以看出，在一天内的频率和索力变化中，长索具有明显的趋势项，这主要是由温度引起的。随着温度的升高，索长增加，但是主梁受温度影响变形较小，导致拉索部分内力得到释放，使得索力和频率减少。从而，在一天内，频率和索力的感知结果出现晚上大、白天小的凹曲线。在相同温度下，长索与短索相比，伸长更加明显，而且长索更靠近支座位置，主梁变形更小，导致长索频率和索力受温度的影响更加显著。

# 第 15 章

# 拉索振动附加索力的在线智慧感知

## 15.1 概述

随着结构跨度的增长，拉索的长度变得越来越长，使其自身柔度变得更大，容易在外界环境或荷载激励下产生各种形式的振动，危及结构安全并产生疲劳问题。由于振动导致拉索偏离其静构型，从而在其内部建立一种随时间变化的附加索力，这是导致拉索动力失稳和产生疲劳的原因之一。所以，测量并识别拉索的振动附加索力，对于斜拉桥的养护和安全评估是非常重要的。

第 14 章中给出的时变索力计算方法是假设时变索力仅仅是由于受到索端部的时变作用力引起的，其变化部分是活荷载产生的，可通过感知拉索时变频率来进行时变索力的感知。因此，本质上是一种时间域上缓慢变化的拟动索力，当活载为零时，其即为与静平衡构型对应的静索力，将不随时间变化。

事实上，不管索端是否存在活荷载，只要拉索发生振动，就会产生动构型与静构型的偏离。此时拉索会产生振动导致的附加索力，这也是引起疲劳的原因之一。由于振动永不停歇，这部分拉索时变索力永远存在，在分析疲劳时也应引起关注。然而，迄今为止，对于振动附加索力的研究还比较少。G. Ricciardi[160]、Lin Ma[161]等在建立拉索运动方程时引入了振动附加索力项，但是对于振动附加索力的计算方法及取值规律缺乏进一步的研究和探讨。

对于振动附加索力的研究，不仅可以更全面地了解拉索振动特性，而且可以对拉索进行更加精确的疲劳分析。因此，本章将致力于研究一种基于拉索振动监测的附加索力频域在线智慧感知方法。

## 15.2 基于非线性分析的振动附加索力感知方法

以振动法测量拉索索力系统为例，建立图 15.1 所示的拉索模型。图中 A、B 两点为端点，C 点为拉索自由段的加速度测量位置。$C_s$ 为拉索仅在自重作用下产生的静构型，$C_d$ 为拉索振动时的动构型。$l_0$ 为拉索弦向总长度(A 到 B)，$l_1$(A 到 C)和 $l_2$(C 到 B)分别为在观测位置 C 处将拉索分为 2 个索段后，索段 1 和索段 2 在拉索弦向上的长度。$H$ 为拉索的弦向索力，$d$ 为拉索跨中的垂度，

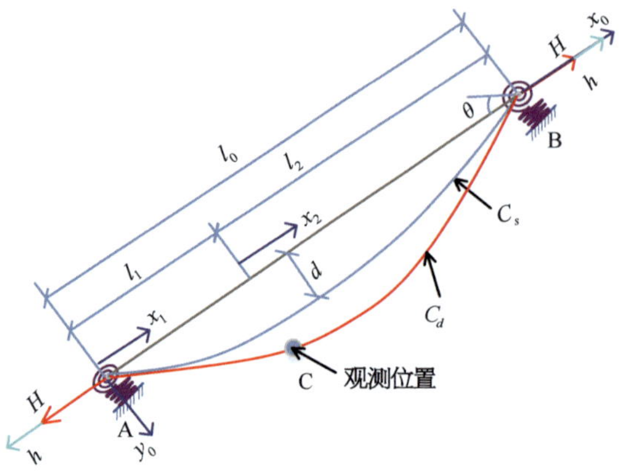


图 15.1　拉索模型示意图

$\theta$ 为拉索水平方向与弦向的夹角。为了简化分析，分别在全索段、索段 1 和索段 2 上建立图 15.1 所示的坐标系统 $(x_j, y_j)$，$j=0, 1, 2$。其中，0 代表全索，1 代表索段 1，2 代表索段 2，下同。

忽略拉索的内部阻尼和剪力的影响时，拉索在自由振动条件下的面内振动控制微分方程可写为：

$$EI\frac{\partial^4 v_j(x_j, t)}{\partial x_j^4}-H\frac{\partial^2 v_j(x_j, t)}{\partial x_j^2}-h_j\frac{d^2 y_0(x_0)}{dx_0^2}+m\frac{\partial^2 v_j(x_j, t)}{\partial t^2}=0 \tag{15.1}$$

式中　$E$ 为拉索的弹性模量；$I$ 为拉索的截面惯性矩；$m$ 为拉索单位长度的质量；$t$ 为时间；$v_j(x_j, t)$ 为拉索偏离静构型的横向动位移；$y_0(x_0)$ 为拉索静构型函数，一般可认为是抛物线；$h_j$ 为拉索索段动构型偏离静构型产生的振动附加索力。

根据定义，拉索动构型偏离静构型产生的振动附加索力可写为：

$$h_j=EA\varepsilon_j^d(t) \tag{15.2}$$

式中　$A$ 为拉索的横截面积；$\varepsilon_j^d(t)$为拉索动构型偏离静构型而产生的附加动应变，$\varepsilon_j^d(t)=\Delta l_j^d/l_j^s$，$\Delta l_j^d$ 为拉索动构型相较静构型产生的伸长量；$l_j^s$ 为静构型下的拉索索长，其表达式分别为 $\Delta l_j^d=\int_0^{l_j}\frac{\partial u_j(x_j, t)}{\partial x_j}\frac{dy_0}{dx_0}dx_j$，$\Delta l_j^s=\int_0^{l_j}\left(\frac{ds}{dx_0}\right)^3 dx_j$，ds 为拉索微段的弧长。$\Delta l_j^d$ 和 $l_j^s$ 满足以下关系：

$$\begin{cases}\Delta l_0^d=\Delta l_1^d+\Delta l_2^d\\ l_0^s=l_1^s+l_2^s\end{cases} \tag{15.3}$$

将式(15.3)代入式(15.2)，可得到如下关系式：

$$h=\frac{l_1^s h_1+l_2^s h_2}{l_0^s} \tag{15.4}$$

式中

$$\begin{cases}h_1=\dfrac{8EAe}{l_1^s l_0}\left[\int_0^{l_1}u_1(x_1, t)dx_1+l_0(0.5-\mu_1)u_1(x_1|_{=l_1}, t)\right]\\ h_2=\dfrac{8EAe}{l_2^s l_0}\left[\int_0^{l_2}u_2(x_2, t)dx_2-l_0(0.5-\mu_1)u_2(x_2|_{=0}, t)\right]\end{cases} \tag{15.5}$$

式中　$\mu_j$——观测点相对位置，$\mu_j=l_j/l_0$。

采用分离变量法，设式(15.1)的解为：

$$u(x_j, t)=\varphi(x_j)e^{i\omega t}$$

式中　$\varphi(x_j)$ 为拉索振型函数；$\omega$ 为拉索圆频率。将其代入式(15.5)中，得到

$$h_j=\tilde{h}_j e^{i\omega t} \tag{15.6}$$

令

$$\begin{cases}\xi_j=x_j/l_0\\ \hat{\varphi}(\xi_j)=\varphi(x_j)\cdot EI/(mgl_0^4)\\ \hat{h}_j=\tilde{h}_j\cos\theta/H\end{cases} \tag{15.7}$$

式(15.1)可写为

$$\hat{\varphi}^{IV}(\xi_j)-\gamma^2\hat{\varphi}''(\xi_j)-\tilde{\omega}^2\hat{\varphi}(\xi_j)=-\hat{h}_j \tag{15.8}$$

式中　$\gamma^2$ 为拉索的索力与抗弯刚度之比，$\gamma^2=\dfrac{Hl_0^2}{EI}$；$\tilde{\omega}$ 为无量纲化的振动频率，$\tilde{\omega}=\omega\dfrac{l_0^2}{\sqrt{EI/m}}$。

式(15.8)对应于索段 $j$ 的自由振动方程，其通解可以表示为：

$$\hat{\varphi}(\xi_j)=A_1^j e^{-p\xi_j}+A_2^j e^{-p(\mu_j-\xi_j)}+A_3^j\cos(q\xi_j)+A_4^j\sin(q\xi_j)+\hat{h}_j/\tilde{\omega}^2 \tag{15.9}$$

将式(15.9)代入式(15.8)，可以得到索段 1、索段 2 的振动方程的特解的矩阵形式，如下：

$$\frac{\hat{h}_j}{\tilde{\omega}^2}=\mathbf{B}^{(j)}\cdot\{A_1^{(j)}\quad A_2^{(j)}\quad A_3^{(j)}\quad A_4^{(j)}\}^T \tag{15.10}$$

将式(15.10)代入式(15.9)，可得方程的通解的矩阵形式为：

$$\hat{\varphi}(\xi_j)=(\mathbf{\Phi}(\xi_j)+B^{(j)})\cdot\{A_1^{(j)}\quad A_2^{(j)}\quad A_3^{(j)}\quad A_4^{(j)}\}^T \tag{15.11}$$

由式(15.7)和式(15.10)可得

$$\tilde{h}_j=H\tilde{\omega}^2\sec\theta\cdot\mathbf{B}^{(j)}\cdot\{A_1^{(j)}\quad A_2^{(j)}\quad A_3^{(j)}\quad A_4^{(j)}\}^T \tag{15.12}$$

如图 15.2 所示，将拉索分割成两个独立索段模型，模型边界处分别有振动引起的动边界位移。图中，$\alpha_*$ 为边界 * 处的横向动位移幅值，$\theta_*$ 为边界 * 处的转角动位移幅值。

图 15.2　索段边界条件示意图

对索段 1 和索段 2，将其节点位移 $\alpha_j$ 作为边界条件，由式(15.11)可以得到待定系数 $A_1^{(j)}\sim A_4^{(j)}$ 的表达式：

$$\{A_1^{(j)}\quad A_2^{(j)}\quad A_3^{(j)}\quad A_4^{(j)}\}^T=\varsigma\,(\mathbf{C}^{(j)}+\mathbf{I}\cdot\mathbf{B}^{(j)})^{-1}\cdot\alpha_j \tag{15.13}$$

式中　$\varsigma=\dfrac{EI}{mgl_0^4}$；$\boldsymbol{\alpha}_j=\begin{cases}\{\alpha_A\quad\theta_A l_0\quad\alpha_C\quad\theta_C l_0\} & j=1\\ \{\alpha_C\quad\theta_C l_0\quad\alpha_B\quad\theta_B l_0\} & j=2\end{cases}$。

将式(15.13)代入式(15.12)中，可得到以动节点位移表示的振动附加索力幅值

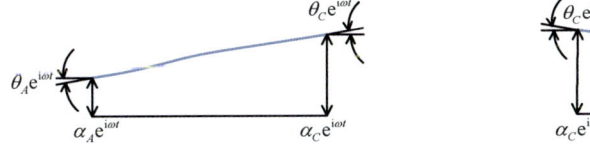

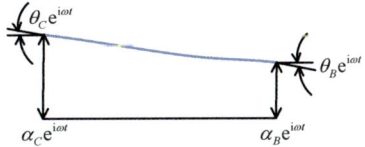

$$\widetilde{h}_j = \varsigma H \widetilde{\omega}^2 \sec\theta \cdot \mathbf{B}^{(j)} (\mathbf{C}^{(j)} + \mathbf{I} \cdot \mathbf{B}^{(j)})^{-1} \alpha_j \tag{15.14}$$

令式(15.14)中

$$\mathbf{K}_{h_j} = \varsigma H \widetilde{\omega}^2 \sec\theta \cdot \mathbf{B}^{(j)} (\mathbf{C}^{(j)} + \mathbf{I} \cdot \mathbf{B}^{(j)})^{-1} \tag{15.15}$$

并记

$$\mathbf{K}_{h_j} = \begin{cases} \{k_\alpha^{(A)} \quad k_\theta^{(A)} \quad k_\alpha^{(C)} \quad k_\theta^{(C)}\} & j=1 \\ \{k_\alpha^{(C)} \quad k_\theta^{(C)} \quad k_\alpha^{(B)} \quad k_\theta^{(B)}\} & j=2 \end{cases} \tag{15.16}$$

式中 $\mathbf{K}_{h_j}$ 为拉索振动附加刚度，是拉索振动时，动构型偏离静构型时对应的刚度；$k_\alpha^{(*)}$ 为拉索横向位移幅值对应的振动附加刚度分量；$k_\theta^{(*)}$ 为拉索转角动位移幅值对应的振动附加刚度分量；上标( * )表示拉索索段的端点。

因此，式(15.14)可以简单写为

$$\widetilde{h}_j = \mathbf{K}_{h_j} \boldsymbol{\alpha}_j \tag{15.17}$$

将式(15.17)代入式(15.4)，得到拉索振动附加索力幅值的表达式为：

$$\widetilde{h} = \mathbf{K}_h \boldsymbol{\alpha} \tag{15.18}$$

式中 $\mathbf{K}_h = \dfrac{l_1^e \mathbf{K}_{h_1} \mathbf{I}_1 + l_2^e \mathbf{K}_{h_2} \mathbf{I}_2}{l_0^e}$；$\boldsymbol{\alpha} = [\alpha_D \quad \theta_D l_0 \quad \alpha_C \quad \theta_C l_0 \quad \alpha_B \quad \theta_B l_0]^T$。

式(15.18)给出了频域内拉索振动附加索力与节点振动幅值之间的关系式。式中的拉索振动附加刚度 $\mathbf{K}_h$ 是拉索的设计参数的函数，由拉索设计参数确定，节点振动幅值向量 $\alpha$ 包含拉索端点和测点位置处的横向动位移和转角动位移，节点位移可以通过监测手段获得。这是通过拉索振动监测数据感知振动附加索力的基本原理。式(15.18)中的 $\widetilde{h}$ 为拉索以某频率 $\omega_n$ 振动时，引起的拉索振动附加索力幅值，为了加以区分，式(15.18)计算得到的附加索力幅值记为 $\widetilde{h}^{(n)}$。在一段时间内，拉索的振动通常包含多个频率成分。在线弹性振动范围内，拉索的整体振动效果可以表示成各个频率成分的简谐振动的简单叠加。因此，拉索振动附加索力 $h$ 也可表示为：

$$h = \sum \widetilde{h}^{(n)} e^{i\omega_n t} \tag{15.19}$$

以上内容给出了拉索振动附加索力感知方法的基本理论。在求解振动附加索力时，当拉索振动幅值确定后，振动附加索力的大小将直接由振动附加刚度决定。通过振动附加刚度的讨论，不仅有助于更好地了解拉索的振动特性，还可以优化拉索监测位置。因此，接下来对影响拉索振动附加刚度的参数进行讨论。

## 15.3 参数分析及简化公式

式(15.18)建立了拉索振动附加索力与测点位置振动幅值之间的关系。由于该关系式中的拉索振动附加刚度 $\mathbf{K}_h$ 是与结构设计参数相关的函数，设计参数确定后，该函数即为一个确定的已知函数。如果节点位移可以被测量，则振动附加索力即可被确定。这就需要同时测量拉索任意指定点的横向动位移和转角动位移。在实际操作中，测量拉索振动加速度的技术更成熟可靠，数据精度更高,转角动位移的测量相对较难。为此,需要将式(15.18)进行进一步的简化,使得仅以加速度监测即可进行振动附加索力的估计成为可能。为了达到这一目标,需要在本节进行针对附加刚度的参数分析,来证明转角动位移对振动附加索力的贡献是可以被忽略的相对小量。

拉索振动附加刚度 $\mathbf{K}_h$ 与索力 $H$、索长 $l_0$、线密度 $m$、惯性矩 $I_0$、频率 $f$ 和观测点相对位置 $\mu$ 有关。拉索 Irevin 参数 λ 是一个可以综合考虑索力、索长、线密度和惯性矩的综合参数,通过分析该参数对 $\mathbf{K}_h$ 的影响,可以高效地反映拉索的上述各项设计参数。除了 Irevin 参数外,频率和观测点相对位置对振动附加刚度的影响也一并被考虑。在拉索模型中,索端 A、B 处的振动位移幅值与观测位置 C 处的振动位移幅值相比可以忽略。因此,在分析 $\mathbf{K}_h$ 随以上参数变化的规律时,只讨论在观测点位置处的振动附加刚度分量 $\{k_\alpha^{(c)} \quad k_\theta^{(c)}\}$。

### 15.3.1　Irevin 参数 λ 对振动附加刚度的影响

Irevin 参数 λ 包含了拉索几何特征和变形特征,是反映拉索动力特性的无量纲参数,其定义如下:

$$\lambda = \frac{mgl_0}{H}\sqrt{\frac{l_0 EA}{Hl_0^e}} \tag{15.20}$$

斜拉桥拉索 λ 的典型值在 0～1 的范围之间变化。在分析过程中,将其他基本参数赋为固定值,见表 15.1;通过调整索长,实现 λ 以步长 0.01 从 0.001 增长到 1,考察在此范围内,拉索观测位置 C 处振动附加刚度分量在指定频率处的变化情况,如图 15.3(a)、(b)所示。

表 15.1　Irevin 参数分析时拉索基本参数

| $H$/kN | $E$/MPa | $A$/cm² | $m$/(kg/m) | $\theta$/rad | $\mu$ | $f$/Hz |
|---|---|---|---|---|---|---|
| 6 000 | $2.0\times10^5$ | 50 | 40 | 0 | 0.2 | 5.000 |

为了比较横向动位移和转角动位移对应的振动附加刚度绝对值分量的相对大小关系,特在图 15.3(c)中给出两者的比值随索长变化的情况。从中可以发现,随着索长的增加,绝大多数情况下比值均大于 100,这说明拉索横向位移对拉索附加索力的贡献要比转角动位移幅值的贡献大得多,而且随着索长的增加,这种现象更加明显。在图中,比值小于 100 的数据点个数仅占数据点总数的 2.9%,而且这些值均出现在 $k_\alpha^{(c)}$ 非常小的情况下。此时,横向动位移和转角动位移对拉索振动附加索力的贡献均可以忽略不计。结合实际桥梁工程中索长均较长的事实,因此,可以忽略转角动位移对应的振动附加刚度分量,即忽略转角动位移对振动附加索力的贡献。

### 15.3.2　频率和观测点相对位置对振动附加刚度的影响

15.2 节建立的拉索振动附加索力不仅与拉索的设计参数有关,还与频率和测点位置有关。受外部环境的影响,拉索的振动能量大小不但因频率而异,而且频率也随时间呈现随机变化态势。因此,频率因素必然会对拉索振动附加刚度产生影响,其影响程度和规律需要进一步探明。另外,拉索振动能量沿索长方向也是变化的,不同的测点位置对应的拉索振动附加刚度也有可能是变化的,如何布设测点最有效,需要加以研究。

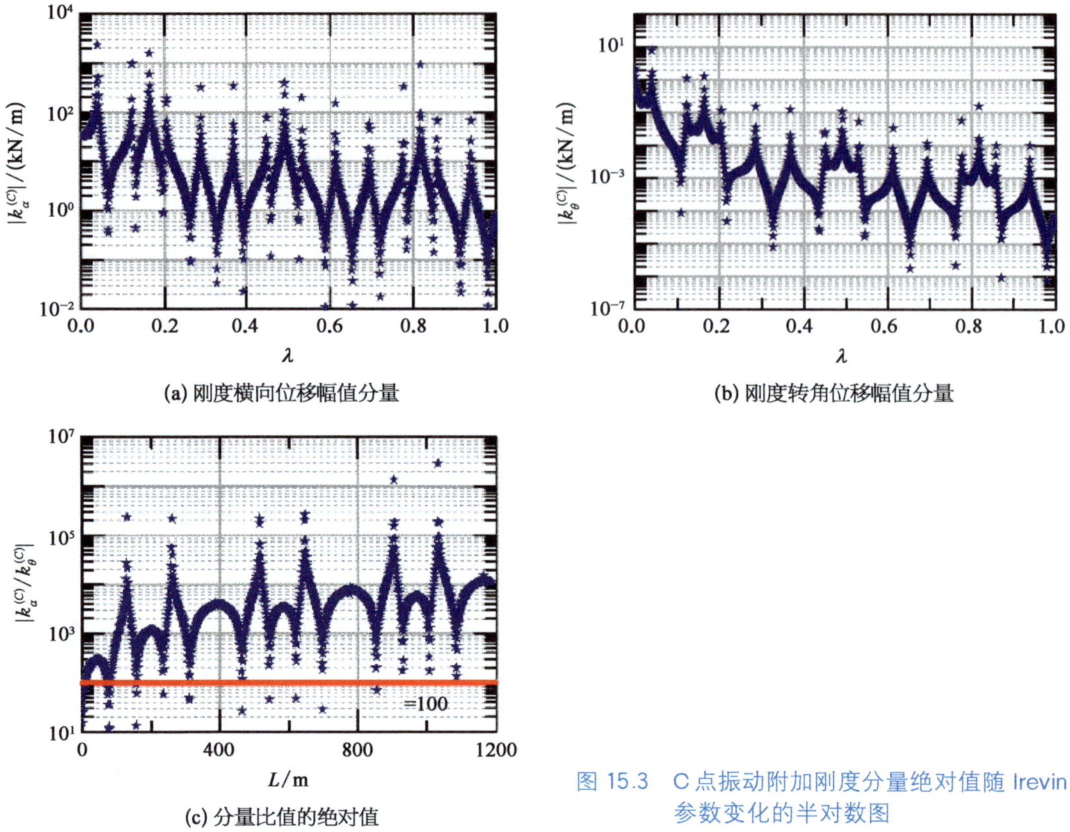


(a) 刚度横向位移幅值分量

(b) 刚度转角位移幅值分量

(c) 分量比值的绝对值

图 15.3 C 点振动附加刚度分量绝对值随 Irevin 参数变化的半对数图

在进行这两个参数的影响分析时,可以同时进行考察。考察时,设定频率以 0.02 Hz 的步长从 0.01 Hz 增长到 10 Hz,观测点相对位置 $\mu$ 以 0.005 步长从 0.005 增长到 0.995,拉索其他参数按表 15.2 取值。考察横向动位移对应的拉索振动附加刚度分量和转角动位移对应的附加刚度分量,得到图 15.4 所示的两个振动附加刚度分量绝对值随频率 $f$ 和相对位置 $\mu$ 变化的三维曲面图。其中,刚度幅值分量坐标轴为对数坐标。

表 15.2 频率及相对位置分析时拉索基本参数

| $H$/kN | $L$/m | $E$/MPa | $A$/cm² | $m$/(kg/m) | $\theta$/rad | $\lambda$ |
|---|---|---|---|---|---|---|
| 6 000 | 237.125 | $2.0\times10^5$ | 50 | 40 | 0 | 0.2 |

从图 15.4 中可以发现,位移幅值对应的振动附加刚度分量随频率和观测点相对位置的变化呈现周期性变化,且关于跨中($\mu=0.5$)对称。在任意一个频率取值处,拉索振动附加刚度沿索长方向均存在峰值。这说明任何频率都可对拉索的振动附加索力产生贡献。随着频率和观测点相对位置的变化,两个振动附加刚度分量均有规律地出现“凹坑”,其数量与拉索模态频率阶次有关。“凹坑”的最低点位置坐标,对应于模态振型的频率和沿索长的位置。该位置可选为最优测点位置。

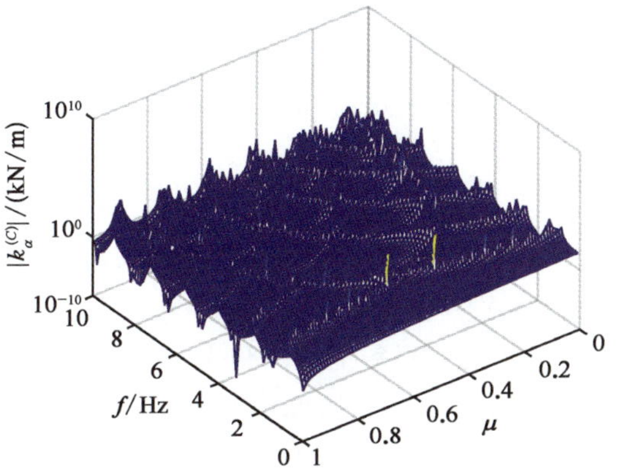


(a) 刚度横向位移幅值分量

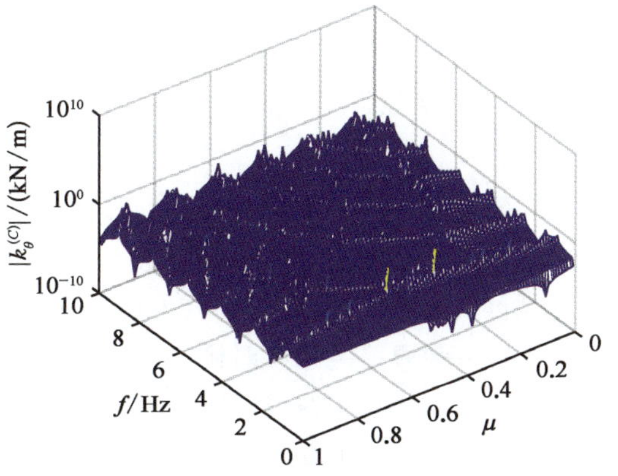


(b) 刚度转角动位移幅值分量

图 15.4　C 点振动附加刚度位移幅值分量绝对值随频率和相对位置变化图

图 15.5 给出了横向位移幅值对应的振动附加刚度分量和与转角动位移幅值对应的附加刚度分量的比值绝对值的变化云图。图中红色区域的比值≤100，蓝色区域的比值＞100。对图中数据进行统计分析发现，其比值小于 100 的数据个数仅占总数的 2.8%，且这些数值仅在 $k_\alpha^{(c)}$ 非常小的时候才会出现。此时，其对拉索振动附加索力的影响较小，可以忽略不计。这再次说明，相对于横向位移，转角动位移对振动附加索力的贡献可以忽略。这与 15.2 节的结论一致。

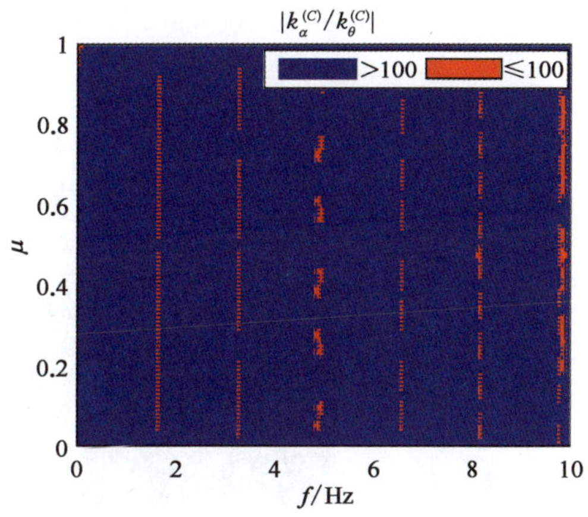


图 15.5　C 点振动附加刚度分量比值绝对值的变化云图

### 15.3.3　振动附加索力简化公式

由以上分析可知，在振动附加索力计算时可以忽略转角动位移的影响。因此，可给出简化的拉索振动附加索力的估计式：

$$\tilde{h}_j = k_\alpha^{(c_j)} \alpha_j^{(C)} \tag{15.21}$$

式(15.21)结合式(15.19)即为基于拉索振动监测信息感知拉索振动附加索力的简化模型。由振动监测信号到拉索位移幅值和频率的转换可由程序自动化地实现，所以，本章提出的方法是一种可在线智慧感知振动附加索力的实用方法。

## 15.4　实索振动附加索力感知

15.3 节的参数分析结果表明，对于实际的斜拉桥的拉索，索端 A、B 处的位移幅值与观测位置 C 处的位移幅值相比可以忽略不计，并进一步忽略转角动位移幅值对应的振动附加刚度分量。此时,可利用式(15.21),通过C点的位移幅值谱实现拉索的振动附加索力的智慧感知。观测位置C处的横向位移 $\alpha_C$ 的幅值谱可以通过安装在拉索观测位置处的横向加速度传感器获得的加速度信号在频域内积分获得。在频域内,当初始速度和初始位移为0时,加速度和位移的关系可以简单表示为 $\alpha_C=-1/\omega^2\cdot\ddot{\alpha}_C$。

按照前文建议的方法,对上海闵浦二桥的F14号拉索进行振动附加索力的感知。闵浦二桥为独塔双索面连续钢板桁组合梁斜拉桥,主跨跨径为251.4 m,全桥共56根斜拉索(图15.6)。F14号拉索为闵行侧最外侧拉索,该拉索采用φ7高强度低松弛热镀锌平行钢丝,基本参数见表15.3。闵浦二桥上安装健康监测系统对桥梁进行监测和评估。在健康监测系统中,F14号斜拉索上安装有加速度传感器,对索力进行持续监测。在振动附加索力的计算中,选取2017年12月27日00:00的一段时长2 min的加速度信号,信号采样频率为50 Hz。加速度信号时程曲线和加速度信号频域内积分获得的位移幅值谱如图15.7所示。

(a) 现场照片

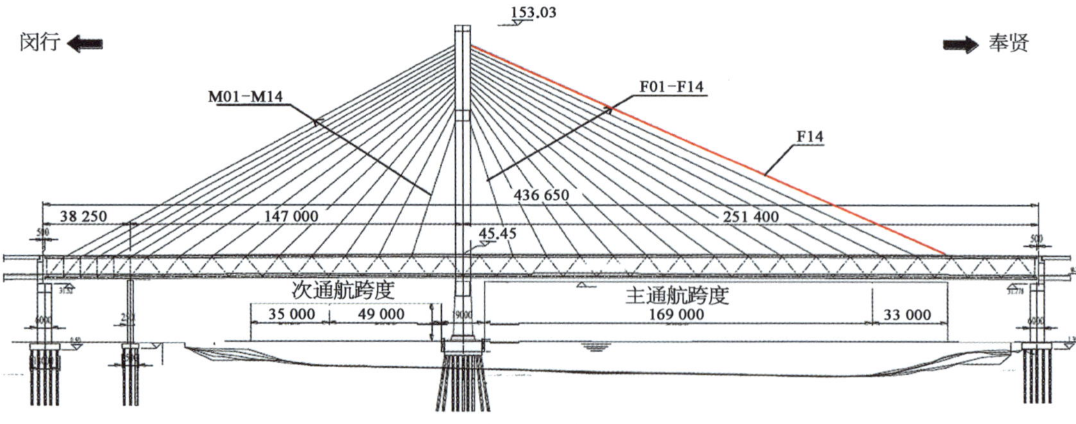


(b) 桥梁立面图(单位:除高度以m计,其他为mm)

图 15.6 闵浦二桥现场照片及立面图

表 15.3　F14 号拉索的基本参数

| 规格 | $H/\text{kN}$ | $L/\text{m}$ | $E/\text{MPa}$ | $I/\text{m}^4$ | $m/(\text{kg}/\text{m})$ | $A/\text{cm}^2$ | $\theta/\text{rad}$ | $f/\text{Hz}$ |
| --- | --- | --- | --- | --- | --- | --- | --- | --- |
| 257φ7 | 5 179 | 227.697 | $2\times10^5$ | $4.146\times10^{-6}$ | 81.7 | 97.36 | 0.523 | 0.650 |

(a) 加速度时程曲线　　(b) 积分位移幅值谱

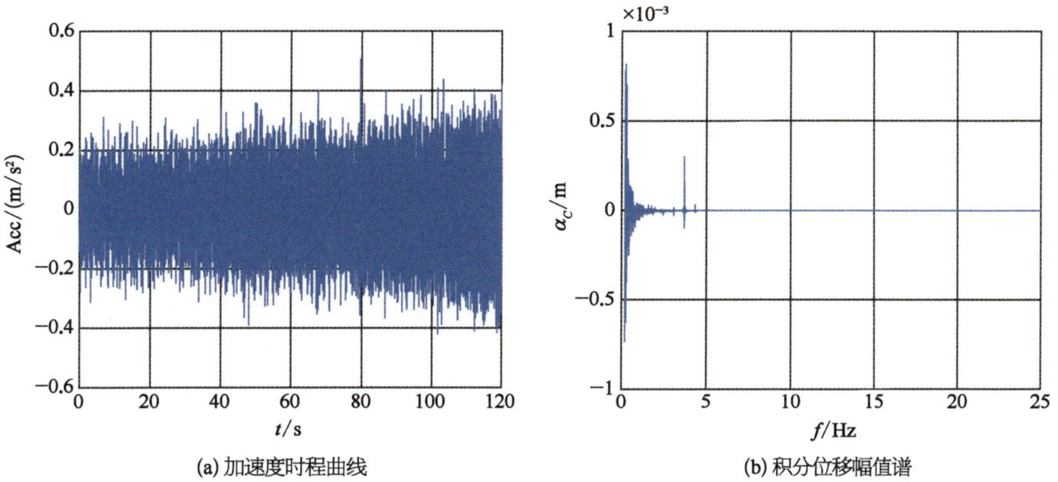

图 15.7　F14 号拉索观测位置处加速度时程曲线和频域内积分位移幅值谱

下面利用上文提到的拉索加速度数据进行振动附加索力的估计研究。所用到的实索加速度数据来自上节监测系统在凌晨时段的数据，该时段没有车辆荷载影响，因此属于小能量激励的拉索振动，即拉索振动变形完全属于弹性阶段，即受力和变形的关系满足胡克定律，符合前文给出的振动附加索力定义的成立条件。因此，可以用前文建议的方法来计算拉索振动附加索力。

为了研究观测位置对振动附加索力的计算结果的影响，本节特将 F14 拉索的加速度传感器的监测数据积分得到的位移幅值谱，分别施加于 $\mu=0.1$ 和 $\mu=0.5$ 两个位置处，再利用式(15.21)计算这两个位置处的振动附加索力，所得到的振动附加索力时程曲线如图 15.8 所示。

(a) $\mu=0.1$　　(b) $\mu=0.5$

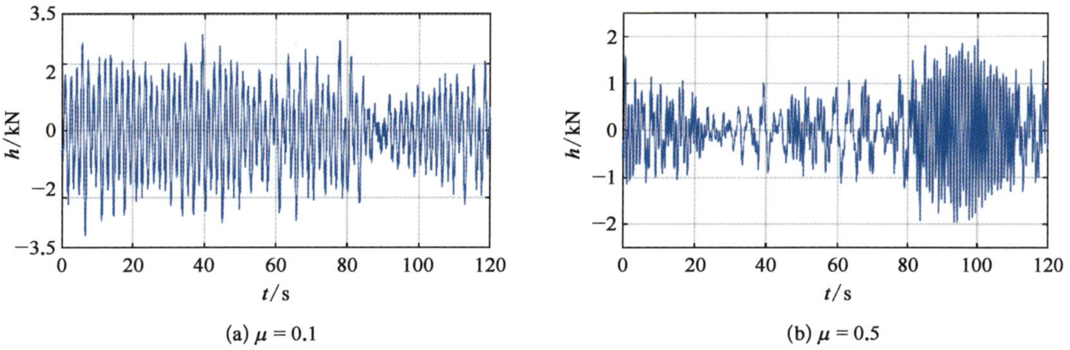

图 15.8　两个测点位置处的振动附加索力时程曲线

注：$h$ 为振动附加索力。

由图 15.8 可见，振动附加索力在时域内表现为随机变化的特征。在 $\mu=0.1$ 处，振动附加索力的最大值约为 3.1 kN，为静力构型下平均索力的 0.06%。在 $\mu=0.5$ 处，振动附加索力的最大值约为 1.9 kN，较 $\mu=0.1$ 处略小。出现两个位置处振动附加索力不相等的原因是，同一时间段内不同位置处的拉索位移幅值不同，靠近跨中位置处的位移幅值相对于靠近端部位置处的位移幅值要大一些。由于 F14 号拉索上的加速度传感器位置靠近拉索下索端，所以上述给定的位移幅值小于跨中实际位移幅值。因此，上述分析中，跨中计算的振动附加索力幅值最大值略小于 $\mu=0.1$ 处计算的振动附加索力幅值最大值，这也在一定程度上说明了本节计算结果的合理性。由于 F14 号拉索上的加速度传感器位置比较接近 $\mu=0.1$，因此，拉索的实际振动附加索力应更接近 3.1 kN。

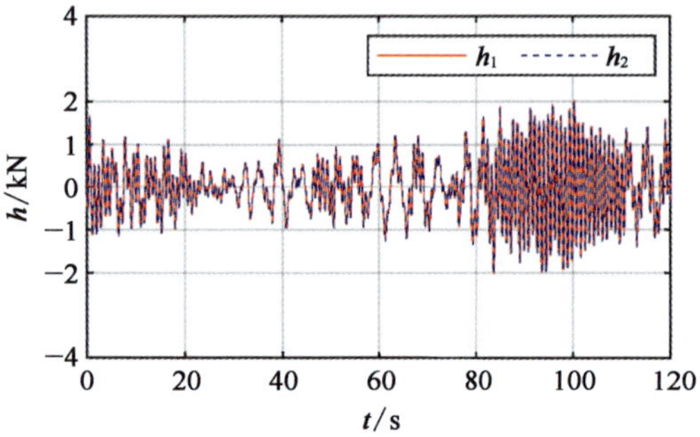

图 15.9　测点 $\mu=0.5$ 时的索段 1 和索段 2 振动附加索力时程曲线

图 15.9 给出了测点在 $\mu=0.5$ 时，被测点分成的两个索段的振动附加索力时程曲线。由图可见，当观测点位于 $\mu=0.5$ 时，由于索段 1 和索段 2 长度相等，各索段产生的振动附加索力时程曲线是完全相同的。

从上述拉索的振动附加索力的计算结果可以看出，通过在拉索上安装的加速度传感器的监测数据，可以很方便地感知拉索的振动附加索力。振动附加索力是随时间随机变化的，它是拉索总时变索力中的一部分，是拉索疲劳荷载的组成之一。因此，对它的估计将有利于拉索的疲劳分析。

# 第16章

# 拉索全场域动力响应和内力在线智慧感知

## 16.1 概述

在传统的拉索模型中，通常假定拉索是完全柔性的结构，即拉索不承受弯矩、扭转和剪力。但是，实际中的拉索均具有一定的抗弯刚度，尤其是短索和一些大跨度桥梁的大直径拉索。忽略拉索的抗弯刚度，对桥梁的整体分析影响不大，一些细长的拉索对拉索整体受力分析影响也较小。但是，当分析拉索局部受力时，拉索的抗弯刚度将有比较大的影响。大量研究表明，局部弯曲应力对拉索的疲劳影响很大，不能忽略。因此，准确快速地获取拉索截面弯曲应力是非常有必要的。

在获取拉索弯曲应力时，通常采用力矩平衡，推导出转角、索力与弯曲应力之间的关系，然后通过测量拉索端部的转角来估算拉索的弯曲应力。另外，也可在拉索上安装应变传感器，获取拉索应变数据，估算拉索弯曲应力。以上方法的不足之处是，传感器必须紧贴拉索安装，否则拉索护套和钢绞线之间产生滑移，测量结果就会不准确。另外，由于拉索由多根钢绞线组成，导致截面是非均匀的，传感器在拉索截面上的安装位置会对弯曲应力测量结果产生较大的影响；在获取拉索不同位置处的弯曲应力时，需要移动传感器的位置，对运营中的拉索是不方便的。

针对以上问题，本章提出一种根据拉索单个测点的振动监测数据智慧感知拉索全场域内的动力响应，然后根据拉索截面动力响应数据，感知拉索全场域内的等效节点荷载，最终实现在线智慧感知拉索全场域内截面的时变弯曲应力。

## 16.2 拉索全场域动力响应感知

### 16.2.1 振型叠加法

振型叠加法的基本原理为，对于结构任意位移分量都可以由叠加规格振型相应的幅值求得，如图 16.1 所示。任意振型分量 $v_n$ 的位移，可由振型分量 $\phi_n$ 与振型幅值 $Y_n$ 求得，即

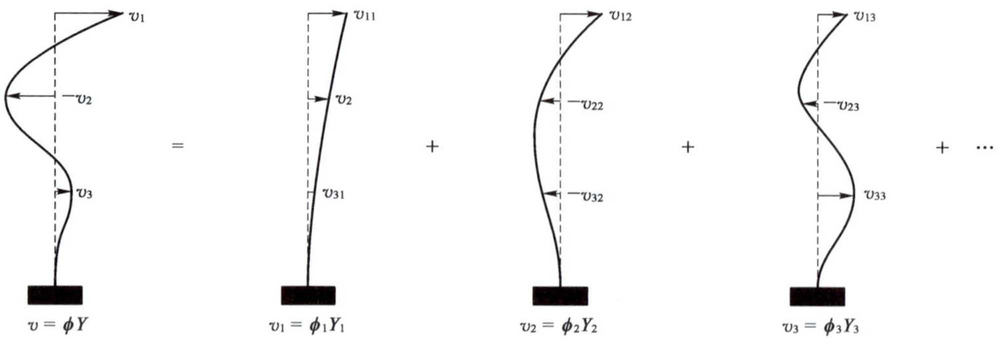


图 16.1　振型叠加法原理图

$$v_n=\phi_n Y_n \tag{16.1}$$

然后,结构的实际位移可由振型分量的总和求得,即

$$v=\sum_{n=1}^{N} v_n=\sum_{n=1}^{N} \phi_n Y_n \tag{16.2}$$

式中　$n$——振型模态阶数;

$N$——结构模态振型的总阶数。

对于索缆体系桥梁的拉索,在相同的拉索参数下,拉索归一化后的振型是相同的,此时,位移大小只与振型幅值有关。在同一振型下,拉索各位置处的位移的比例关系与拉索振型的比例关系相同。因此,当拉索的位移振型和某点的频域内的位移幅值已知时,就可以通过该点位移反演出拉索其他位置处的位移。当拉索参数和索力给定后,拉索振型可以通过计算求得。各频率处的振型幅值分量可以通过拉索的监测数据获得。因此,本章提出了基于振型叠加法和拉索振动监测的拉索全场域内的位移感知方法。下面首先介绍拉索振型函数的计算方法。

### 16.2.2　拉索振型函数

在现有拉索分析模型中,使用较为广泛的模型是张拉梁模型,因此,在选择拉索振型函数时,往往直接采用简支梁模型的正弦函数振型。但是,实际拉索与梁模型之间存在差异,正弦函数振型并不能完全考虑拉索的各种影响参数,也就不能准确地反映拉索的实际振型。本章中位移的反演是以结构的动位移为目标的。动位移幅值较小,如果振型函数不准确,反演的结果就会存在比较大的误差。因此,需要得到能够充分反映实际拉索的振型函数。

第 10 章中介绍的动刚度法,是以拉索的振动控制微分方程为基础,充分考虑了拉索的垂度、抗弯刚度、倾角、边界条件等因素,对实际拉索有比较全面的反映。因此,本节采用动刚度法,推导拉索的振型函数。

1）横向动位移振型函数

式(10.5)给出了含待定参数的拉索位移函数。考虑图 10.2 的索段动位移边界条件,可推导得出待定参数 $A_1^{(j)} \sim A_4^{(j)}$ 的表达式:

$$[A_1^{(j)} \quad A_2^{(j)} \quad A_3^{(j)} \quad A_4^{(j)}]^T=\varsigma(\mathbf{C}^{(j)}+\mathbf{I}\cdot\mathbf{B}^{(j)})^{-1}\begin{cases}[\alpha_A \quad \theta_A l_0 \quad \alpha_M \quad \theta_M l_0]^T\\ [\alpha_M \quad \theta_M l_0 \quad \alpha_B \quad \theta_B l_0]^T\end{cases} \tag{16.3}$$

式中　节点位移的下标 $A$ 和 $B$——拉索端点位置；

$M$——测量点或估计点位置。

其他符号表达式与前文相同。

将式(16.3)代入式(10.5)，可得到由节点动位移表示的拉索位移函数，即

$$\hat{\varphi}(\xi_j)=\varsigma(\boldsymbol{\Phi}(\xi_j)+\mathbf{B}^{(j)})(\mathbf{C}^{(j)}+\mathbf{I}\cdot\mathbf{B}^{(j)})^{-1}\begin{cases}[\alpha_A \quad \theta_A l_0 \quad \alpha_M \quad \theta_M l_0]^T\\ [\alpha_M \quad \theta_M l_0 \quad \alpha_B \quad \theta_B l_0]^T\end{cases} \tag{16.4}$$

式(16.4)即为动刚度理论推导的拉索横向动位移与节点动位移之间的关系式。由有限元相关概念可知，$\mathbf{N}^{(j)}(\xi_j)=\varsigma(\boldsymbol{\Phi}(\xi_j)+\mathbf{B}^{(j)})(\mathbf{C}^{(j)}+\mathbf{I}\cdot\mathbf{B}^{(j)})^{-1}$ 为拉索的横向动位移形函数。$\mathbf{N}^{(j)}$ 为 $1\times4$ 的向量，向量元素分别对应四个节点动位移，记 $N_i(\xi_j)$ 为其第 $i$ 个元素。在 $\mathbf{N}^{(j)}$ 中，与 $M$ 点横向动位移对应的元素 $N_3(\xi_j)$ 即为横向动位移的振型函数。式(16.4)中虽然在 $M$ 点处分为两段，但是在计算全索的横向动位移振型时，拉索不需要进行分段，可取其中任意一段的振型函数进行全索的计算。

下面分别以 19.715 m 和 167.85 m 的仿真拉索验证式(16.4)计算结果的准确性。将本节方法计算结果与动刚度的数值法振型和梁正弦函数振型进行比较。仿真拉索参数见表 16.1。

表 16.1　横向位移振型仿真拉索基本参数

| 编号 | $E$/Pa | $L$/m | $m$/(kg/m) | $A$/m² | $\theta$/° | $I$/m⁴ | $H$/N | 分段数 |
|---|---|---|---|---|---|---|---|---|
| C1-1 | $1.90\times10^{11}$ | 19.715 | 16.6 | $4.42\times10^{-3}$ | 0 | $3.40\times10^{-7}$ | $6.09\times10^{5}$ | 100 |
| C1-2 | $1.95\times10^{11}$ | 167.850 | 28.0 | $5.95\times10^{-3}$ | 0 | $6.53\times10^{-7}$ | $2.17\times10^{6}$ | 100 |

动刚度数值法振型是基于动刚度理论的逆幂迭代法求得[162]。该方法中，振型的求解实际上是求解式(16.5)的标准矩阵广义特征值的问题。

$$\mathbf{K\Delta}=\lambda\mathbf{K}'\mathbf{\Delta} \tag{16.5}$$

式中　$\mathbf{K}$——近似的频率 $\omega_a$ 计算的动刚度矩阵；

$\mathbf{K}'$——由各个单元的导数矩阵集组而成；

$\lambda$——特征值，即频率；

$\mathbf{\Delta}$——振型向量。

求解式(16.5)的逆幂迭代法通常使用数值方法，具体步骤如下：

Step 1：给定初始向量 $\Delta^{(0)}$。

Step 2：求解新的特征向量：$\widetilde{\Delta}^{(k+1)}=\mathbf{K}^{-1}\mathbf{K}'\Delta^{(k)}$，$k=0, 1, \cdots$。

Step 3：找绝对值最大元素：设第 $i$ 个元素的绝对值最大，即 $|\widetilde{\Delta}_i^{(k+1)}|=\max\limits_j|\widetilde{\Delta}_j^{(k+1)}|$。

Step 4：估计特征值：$\lambda^{(k+1)}=1/\widetilde{\Delta}_i^{(k+1)}$。

Step 5：特征向量归一化：$\Delta^{(k+1)}=\lambda^{(k+1)}\cdot\widetilde{\Delta}^{(k+1)}$。

Step 6：检验是否满足精度要求或超过了允许的迭代次数 $k\geqslant k_{\max}$，如“是”则停止；否则，回到第 2 步。

正弦函数振型是基于简支梁理论求得，振型表达式如下：

$$\varphi_n(x)=\sin\frac{n\pi x}{L} \tag{16.6}$$

式中 $n$——拉索模态频率阶次；

$x$——计算点位置；

$L$——拉索长度。

由式(16.6)可以看出，当索长进行归一化后，正弦函数振型与索长无关，所有拉索的振型均相同。显然，这与实际情况是不相符的。

图16.2和图16.3分别给出了两种长度拉索的前3阶的动刚度振型与数值法振型和正弦函数振型的比较。图中C1-1-D为C1-1号拉索动刚度振型，C1-2-D为C1-2号拉索动刚度振型，C1-1-N为C1-1号拉索数值法振型，C1-2-N为C1-2号拉索数值法振型，CS为拉索正弦函

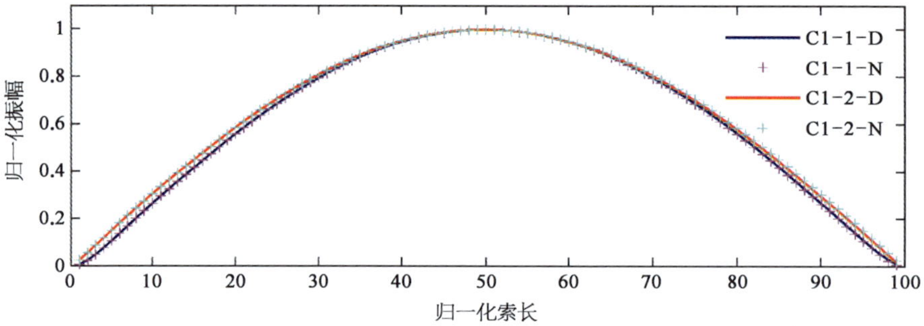


(a) 1阶振型本节方法与数值法振型比较

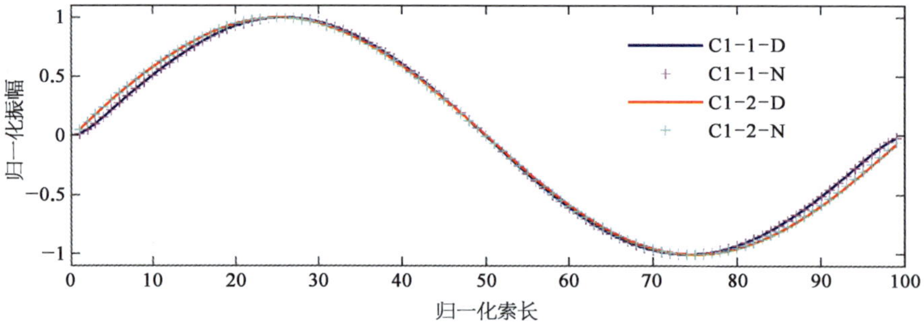


(b) 2阶振型本节方法与数值法振型比较

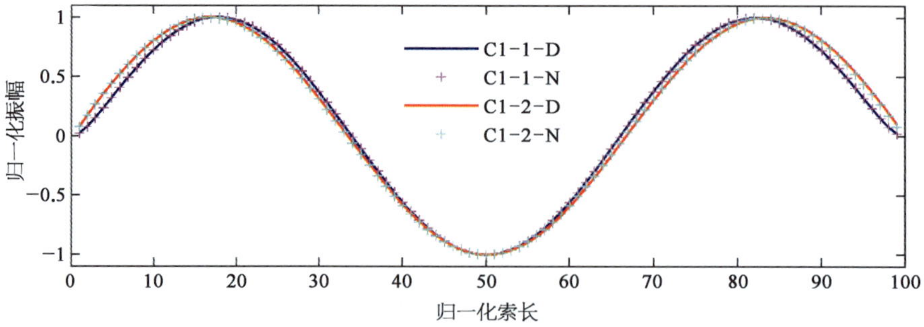


(c) 3阶振型本节方法与数值法振型比较

图16.2 动刚度振型与数值法振型的比较

数振型。图中,横坐标表示归一化的拉索位置,其值为 $x/L*100$;纵坐标为归一化的振幅值。

由图 16.2 可以看出,对于两种长度的拉索,本节方法与数值法振型吻合均比较好,验证了本节方法计算的拉索振型的准确性。不同长度的拉索,其振型并不完全相同,尤其是拉索端部,振型差异更显著。

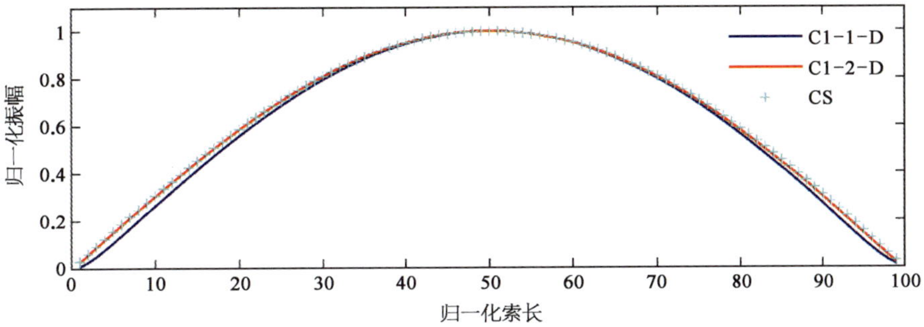


(a) 1阶振型本节方法与正弦函数振型比较

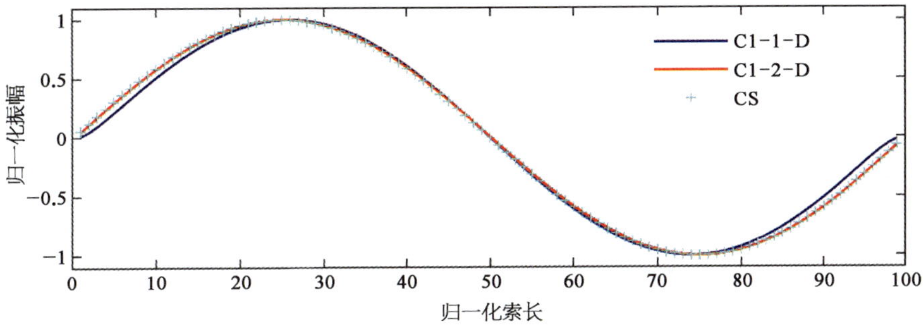


(b) 2阶振型本节方法与正弦函数振型比较

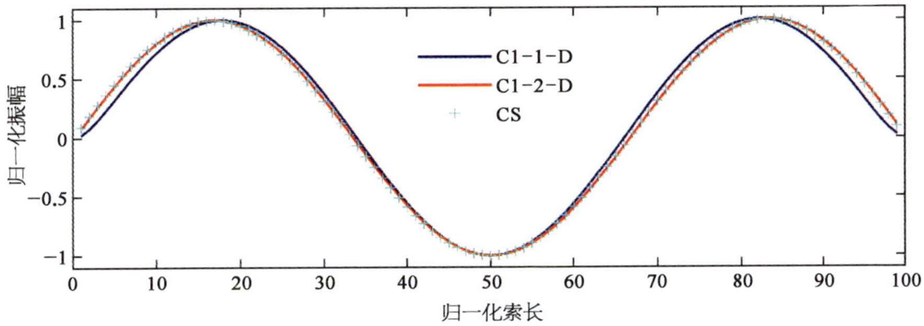


(c) 3阶振型本节方法与正弦函数振型比较

图 16.3　动刚度振型与正弦函数振型的比较

由图 16.3 可以看出,正弦函数振型与长索的动刚度振型更加接近,与短索相差较大。因此,正弦函数振型更适用于长索的分析。

本节方法计算振型时,频率可能会与拉索模态频率有少许偏差,该偏差会导致在拉索右端振型上翘。为了避免此问题,在拉索模态频率处的振型只计算一半的振型,另一半振型根据振型的对称性进行补充,奇数阶振型为正对称,偶数阶振型为反对称。

基于以上推导及仿真拉索分析,可以看出本节计算振型方法与动刚度数值法振型和正弦函数振型相比，有如下优点：

(1) 在建立拉索模型时，本节方法考虑了拉索的垂度、抗弯刚度、倾角等因素的影响，与实际拉索更加接近，得到的振型更符合实际拉索。另外，动刚度理论是基于拉索的运动控制微分方程建立的，是一种精确方法，由此计算的振型函数更加准确。

(2) 传统方法得到的振型函数只能计算拉索模态频率处的振型，其他频率处的振型无法计算，本节中的振型函数可计算任意频率处的振型。

(3) 本节方法是基于公式法的计算，无须进行数值迭代，计算量小。

2) 转角动位移振型函数

对于拉索来说，转角动位移通常比较小，可认为 $\tan\theta=\theta$。则拉索任意位置处的转角动位移与节点动位移之间的关系为：

$$\theta_d=\hat{\varphi}'(\xi_j)=\varsigma\,\mathbf{\Phi}'(\xi_j)(\mathbf{C}^{(j)}+\mathbf{I}\cdot\mathbf{B}^{(j)})^{-1}\begin{Bmatrix}[\alpha_A & \theta_A l_0 & \alpha_M & \theta_M l_0]^T \\ [\alpha_M & \theta_M l_0 & \alpha_B & \theta_B l_0]^T\end{Bmatrix} \tag{16.7}$$

参照 16.2.2 中 1)，记 $\mathbf{N}'^{(j)}(\xi_j)=\varsigma\mathbf{\Phi}'(\xi_j)(\mathbf{C}^{(j)}+\mathbf{I}\cdot\mathbf{B}^{(j)})^{-1}$ 为拉索转角动位移型函数，并记 $N'_4(\xi_j)$ 为对应四个节点动位移的向量元素。与 M 点转角动位移对应的元素 $N'_4(\xi_j)$ 称为转角动位移的振型函数。与横向动位移振型计算相似，在计算全索的转角动位移振型时，拉索无须进行分段。

图 16.4 给出式(16.7)计算的 C1－1 和 C1－2 两根拉索的前 3 阶转角位移振型。

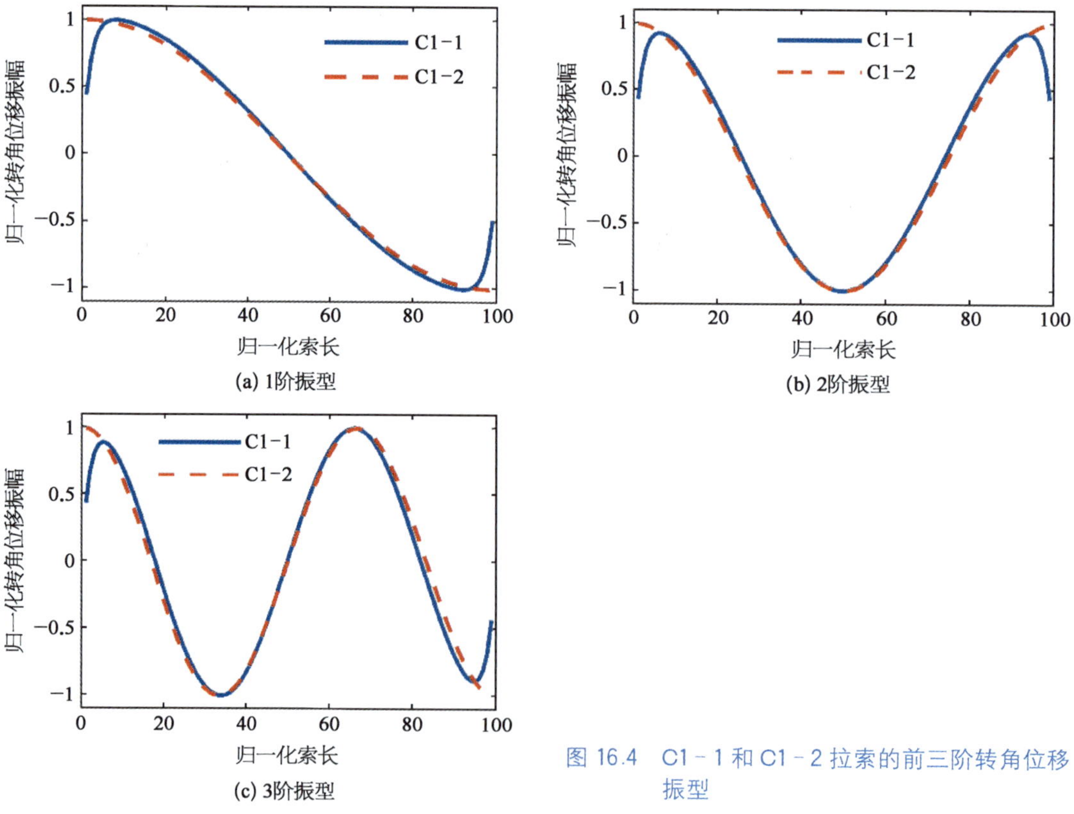


图 16.4　C1－1 和 C1－2 拉索的前三阶转角位移振型

由图 16.4 可以看出,拉索的转角位移振型与横向位移振型有比较大的差异。在拉索端部,短索有明显的端部效应,这可能是因为短索端部约束较长索更强,导致拉索端部转角会有“嵌固”效应。两种长度的拉索,在拉索端部,所有阶次的转角位移振型幅值都比较大。这是由于无论拉索发生什么样的振动,拉索端部通常都会发生比较大的转角位移。在跨中位置,由于横向位移的奇数阶振型关于跨中对称,转角位移幅值为 0,偶数阶振型关于跨中反对称,转角位移幅值较大。以上结果与实际拉索振动时的转角分布相符,也验证了本节方法计算的转角位移振型的正确性。

### 16.2.3　动力响应感知方法

16.2.2 给出了拉索精确振型函数计算方法,拉索参数和索力给定后,拉索的振型即为已知。对于拉索的位移幅值向量,可以通过拉索监测信号获取。在频域内,拉索各点位移幅值比值与振型幅值比值相等,根据振型叠加原理,即可获得拉索全场域内的横向动位移和转角动位移。

1) 横向动位移感知

在频域内,对应横向动位移的振型函数元素为 $N_3(\xi_j)$。在频率 $\omega_j$ 处,可得到估计点横向位移为:

$$\alpha_E(\omega_j)=\frac{N_3(\xi_E,\ \omega_j)}{N_3(\xi_M,\ \omega_j)}\cdot\alpha_M(\omega_j) \tag{16.8}$$

式中　M 点——测点;

E 点——待感知点。

将以上所有频率的响应叠加,可得到时域内测点的位移响应

$$d_E(t)=\sum_{j=1}^{n}\alpha_E(\omega_j)e^{i(\omega_j t+\phi_j^{\alpha})} \tag{16.9}$$

式中　$\phi_j^{\alpha}$ ——测点横向动位移幅值 $\alpha_M(\omega_j)$ 的相位。

2) 转角动位移感知

在频域内,对应估计点的转角位移的振型函数元素为 $N_4'(\xi_j)$。对于每个频率 $\omega_j$,可得到估计点转角动位移为:

$$\theta_E(\omega_j)=\frac{N_4'(\xi_E,\ \omega_j)}{N_4'(\xi_M,\ \omega_j)}\cdot\theta_M(\omega_j) \tag{16.10}$$

将以上所有频率的响应叠加,可得到时域内测点的位移响应

$$\theta_E(t)=\sum_{j=1}^{n}\theta_E(\omega_j)e^{i(\omega_j t+\phi_j^{\theta})} \tag{16.11}$$

式中　$\phi_j^{\theta}$ ——测点转角动位移幅值 $\theta_M(\omega_j)$ 的相位。

### 16.2.4　数值方法验证

1) 拉索动力响应的有限元仿真

仿真拉索采用表 16.1 中参数,响应计算采用振型分解法。振型分解法计算动力响应的原理为:用结构振型将多自由度体系的联立方程转化为仅一个变量的一系列独立方程,这些仅含一个

变量的独立方程实质上是独立的多个自由度体系运动方程，从而利用求解单自由度体系的方法求解其响应，最后将这些单自由度体系的响应叠加，得到原结构的响应。

有限元方法将拉索划分成多个索段，划分后的多自由度体系的运动方程为

$$\mathbf{M}\ddot{\mathbf{X}}+\mathbf{C}\dot{\mathbf{X}}+\mathbf{K}\mathbf{X}=\mathbf{F}(t) \tag{16.12}$$

式中 $\mathbf{M}$、$\mathbf{C}$、$\mathbf{K}$、$\mathbf{F}(t)$——有限元中拉索的质量矩阵、阻尼矩阵、刚度矩阵和外荷载向量，可由相应的单元矩阵集组获得；

$\mathbf{X}$、$\dot{\mathbf{X}}$、$\ddot{\mathbf{X}}$——结构的位移响应、速度响应和加速度响应。

对于拉索来说，单元质量矩阵和刚度矩阵由下式给出：

$$\mathbf{M}^e=mL_i\begin{bmatrix}0.5 & & & 0\\ & 0 & & \\ & & 0.5 & \\ 0 & & & 0\end{bmatrix} \tag{16.13}$$

$$\mathbf{K}^e=\frac{EI}{L_i^3}\begin{bmatrix}12 & 6L_i & -12 & 6L_i\\ 6L_i & 4L_i^2 & -6L_i & 2L_i^2\\ -12 & -6L_i & 12 & -6L_i\\ 6L_i & 2L_i^2 & -6L_i & 4L_i^2\end{bmatrix}+\frac{H}{L_i}\begin{bmatrix}6/5 & L_i/10 & -6/5 & L_i/10\\ L_i/10 & 2L_i^2/15 & -L_i/10 & -L_i^2/30\\ -6/5 & -L_i/10 & 6/5 & -L_i/10\\ L_i/10 & -L_i^2/30 & -6/5 & 2L_i^2/15\end{bmatrix} \tag{16.14}$$

式中 $m$、$L_i$——单元的单位长度质量和索长；

$E$——弹性模量；

$I$——截面惯性矩；

$H$——拉索弦向索力。

在线性结构中，自由振动的振型 $\mathbf{\Phi}$ 是表示位移的一种方法，这些振型构成 $n$ 个独立的唯一模式，任意位移 $\mathbf{X}=\mathbf{\Phi Z}$，即

$$\mathbf{X}=\sum_{i=1}^{n}\Phi_i Z_i \tag{16.15}$$

式中 $\Phi_i$——振型；

$Z_i$——振型的幅值。

利用振型的质量和刚度正交性，可将多自由度体系的方程转化为多个单自由度的运动方程：

$$M_i^*\ddot{Z}+C_i^*\dot{Z}+K_i^*Z=F_i^*(t)\quad (i=1,\ \cdots,\ n) \tag{16.16}$$

式中 $M_i^*=\Phi_i^T\mathbf{M}\Phi_i^T$，$K_i^*=\Phi_i^T\mathbf{K}\Phi_i^T$，$C_i^*=\Phi_i^T\mathbf{C}\Phi_i^T$，$F_i^*(t)=\Phi_i^T\mathbf{F}(t)$。

对于单自由度体系的响应求解有很多方法，本节采用 Duhamel 积分进行求解。其求解原理是把整个荷载时程看作一系列连续的脉冲荷载，对于一个线性结构，总反应为荷载产生的全部微分响应的叠加。对于 Duhamel 积分的定积分响应表达式为

$$x(t)=\frac{1}{m\omega_D}\int_0^t f(\tau)\,\frac{e^{\xi\omega\tau}}{e^{\xi\omega t}}(\sin\omega_D t\cos\omega_D\tau-\cos\omega_D t\sin\omega_D\tau)\,d\tau \tag{16.17}$$

式中　$\omega_D$ ——有阻尼结构的频率；

$\omega$ ——无阻尼结构的频率；

$f(\tau)$ ——脉冲荷载；

$\xi$ ——结构的阻尼比；

$m$ ——结构质量。

对于阻尼矩阵是比例阻尼的线性多自由度结构，采用实振型分解法进行求解。拉索节点动力响应的计算步骤如下：

Step 1：根据结构的频率方程 $|\mathbf{K}-\omega^2\mathbf{M}|=0$，求得结构的各阶振型和频率 $\Phi_i$、$\omega_i$。

Step 2：依次取每个振型向量 $\boldsymbol{\Phi}_i$，计算 $M_i^*$、$K_i^*$、$C_i^*$、$F_i^*(t)$。

Step 3：将 $M_i^*$、$K_i^*$、$C_i^*$、$F_i^*$ 代入单自由度运动方程[式(16.16)]，用数值方法进行求解，得到各单自由度体系的位移响应 $Z_i$。

Step 4：通过 $\mathbf{Z}=(Z_1, Z_2, \cdots, Z_n)^T$，解得多自由度结构的位移响应 $\mathbf{X}=\boldsymbol{\Phi}\mathbf{Z}$。

为了验证有限元方法建立拉索模型的准确性，用上述有限元方法计算的频率和动刚度方法计算的频率进行比较。对于拉索结构，拉索本身的内阻尼比较小，在实际应用中可忽略拉索阻尼力的作用。因此，在下面分析中，均忽略拉索内阻尼的影响。C1－1 和 C1－2 的拉索参数与实索试验拉索相同，通过与实索试验获得的拉索频率数据进行对比，可以作为两种方法计算的拉索频率准确性的校核。下面用有限元方法和动刚度法分别计算 C1－1 和 C1－2 两根拉索的频率。表 16.2 给出了两根拉索的实测频率、有限元方法和动刚度法计算的频率。

表 16.2　C1－1 和 C1－2 仿真拉索频率分析结果

| 阶次 | C1－1 | | | | | C1－2 | | | | |
|---|---|---|---|---|---|---|---|---|---|---|
| | 实测/Hz | FEM/Hz | DSM/Hz | Err¹/% | Err²/% | 实测/Hz | FEM/Hz | DSM/Hz | Err¹/% | Err²/% |
| 1 | 5.678 | 5.655 | 5.655 | 0.40 | 0.00 | — | 0.832 | 0.832 | — | 0.07 |
| 2 | 11.392 | 11.366 | 11.366 | 0.24 | 0.00 | — | 1.665 | 1.663 | — | 0.07 |
| 3 | 17.186 | 17.184 | 17.184 | 0.01 | 0.00 | 2.469 | 2.497 | 2.495 | 1.13 | 0.07 |
| 4 | 23.094 | 23.162 | 23.162 | 0.29 | 0.00 | 3.326 | 3.330 | 3.327 | 0.11 | 0.07 |
| 5 | 29.154 | 29.350 | 29.350 | 0.67 | 0.00 | 4.156 | 4.162 | 4.159 | 0.15 | 0.07 |

注：¹—FEM 方法计算频率与实测频率的误差；²—DSM 方法与 FEM 方法计算频率的误差。

由表 16.2 可以看出，有限元方法计算的拉索频率与实测频率结果非常接近，C1－1 号拉索最大频率仅 0.67%，C1－2 号拉索最大频率仅 1.13%。有限元方法与动刚度法计算得到的频率基本一致，这说明有限元方法建立的拉索模型是正确的，可用于拉索的动力响应的模拟。

在拉索动力响应仿真时，取不同长度的 4 组拉索，每组拉索分别施加四种工况的荷载。响应仿真拉索参数见表 16.3，荷载加载工况见表 16.4。

表 16.3 响应仿真拉索参数

| 编号 | $E/\text{Pa}$ | $L/\text{m}$ | $m/(\text{kg/m})$ | $A/\text{m}^2$ | $\theta/^\circ$ | $I/\text{m}^4$ | $H/\text{N}$ | 分段 |
|---|---|---|---|---|---|---|---|---|
| C2-1 | $1.90\times10^{11}$ | 19.715 | 16.6 | 0.004 42 | 0 | $5.09\times10^{-7}$ | 764 482.4 | 100 |
| C2-2 | $1.90\times10^{11}$ | 50 | 20 | 0.005 32 | 0 | $5.99\times10^{-7}$ | $1.20\times10^{6}$ | 100 |
| C2-3 | $1.90\times10^{11}$ | 100 | 25 | 0.006 65 | 0 | $6.60\times10^{-7}$ | $1.80\times10^{6}$ | 100 |
| C2-4 | $1.90\times10^{11}$ | 150 | 30 | 0.007 65 | 0 | $7.84\times10^{-7}$ | $2.17\times10^{6}$ | 100 |

表 16.4 仿真拉索荷载工况

| 编　号 | 加载描述 | 荷载形式 | 外荷载频率 |
|---|---|---|---|
| Case1 | 跨中节点,冲击荷载 | −392 N,持续 0.1 s | — |
| Case2 | 跨中节点,正弦荷载 | $-400\sin(2\pi\cdot8\cdot t)$N | 8 Hz |
| Case3 | 所有节点均布,正弦荷载 | $-392\sin(2\pi\cdot8\cdot t)$N | 8 Hz |
| Case4 | 所有节点,随机脉动风荷载 | 模拟方法见下面介绍 | 0.01～2 Hz |

表 16.4 中,脉动风荷载按如下步骤进行模拟。模拟风谱方法采用简谐波叠加法,脉动风速谱采用加拿大 Davenport 脉动风速谱,其形式为

$$S_v(f)=4k\bar{v}_{10}^2\frac{x^2}{f(1+x^2)^{4/3}} \tag{16.18}$$

式中　$S_v(f)$——脉动风速功率谱;

$k$——地面粗糙度系数;

$\bar{v}_{10}$——此地点 10 m 高度处的平均风速;

$f$——脉动风频率;

$x$——湍流积分尺度系数,$x=\dfrac{1\,200f}{\bar{v}_{10}}$。

根据 Wiener-Khintchine 定理和脉动风压功率谱的定义,脉动风压的功率谱为

$$S_w(f)=\rho^2\bar{v}_z^2S_v(f)=16k\bar{w}_z^2\frac{\bar{v}_{10}^2}{\bar{v}_z^2}\frac{x^2}{f(1+x^2)^{4/3}} \tag{16.19}$$

式中　$S_w(f)$——脉动风压功率谱函数;

$\rho$——大气密度;

$\bar{v}_z$——$z$ 高度处的风速,$\bar{v}_z=\left(\dfrac{z}{10}\right)^{\alpha}\bar{v}_{10}$;

$\bar{w}_z^2$——$z$ 高度处的风压值。

其他符号意义同上。

根据 Shinozuka 理论，随机过程的样本可模拟为[163]

$$w(z,\ t)=\sum_{j=1}^{N}\sqrt{2S_w(\omega)\Delta\omega}\cos(\omega_j t+\psi_j) \tag{16.20}$$

式中　$N$——一个充分大的正整数；

$\Delta\omega$——频率增量；

$\psi_j$——均匀分布在区间 $(0,\ 2\pi)$ 内的随机变量。

根据中心极值定理，当 $N$ 足够大时，模拟的随机过程趋近于高斯随机过程。

有了脉动风压时程曲线，脉动风荷载时程可按下式获得

$$F(z_i,\ t)=\mu_s(z_i)A(z_i)w(z_i,\ t) \tag{16.21}$$

式中　$\mu_s(z_i)$——体型系数；

$A(z_i)$——迎风面积；

$w(z_i,\ t)$——脉动风压。

脉动风空间相关性的模拟，一般采用 Shiotani 在实验中获得相关表达式，该表达式只与两点距离有关，其公式为[164]

$$\rho(z_i,\ z_j)=\exp(-|\ z_i-z_j\ |/L_z) \tag{16.22}$$

$$\rho(x_i,\ x_j)=\exp(-|\ x_i-x_j\ |/L_x) \tag{16.23}$$

式中　$z_i$——竖向位置，反映上下相关关系；

$x_i$——侧向位置，反映左右相关关系；

$L_z$ 和 $L_x$——根据试验统计分析得到的经验值，一般取 60 和 50。

脉动风荷载模拟参数取值如下：地面粗糙度系数为 0.16，梯度风高度为 350 m，基本风速为 25 m/s，基本风压为 0.65 kN，安全系数为 2.25，重现期调整系数为 1.1，风荷载体型系数为 1.3，频率划分数为 1 024，模拟频率分布为 0.001～2 Hz，距离地面高度为 20 m，拉索均为水平布置，只考虑水平方向的相关性，模拟时长为 60 s。C2－1 号拉索的跨中和 0.2$L$ 处的模拟随机脉动风荷载样本如图 16.5 所示。

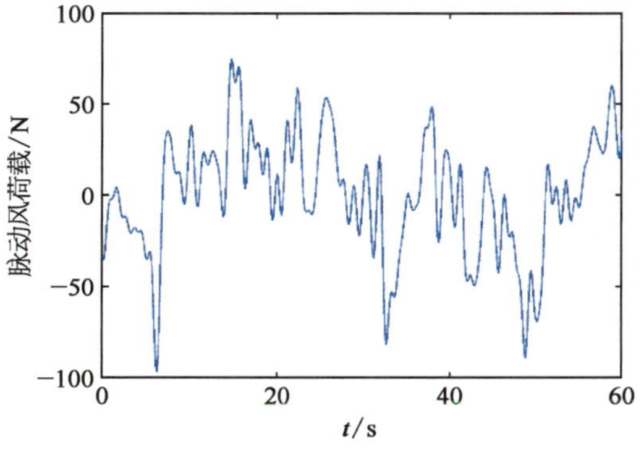

(a) 0.2$L$处节点

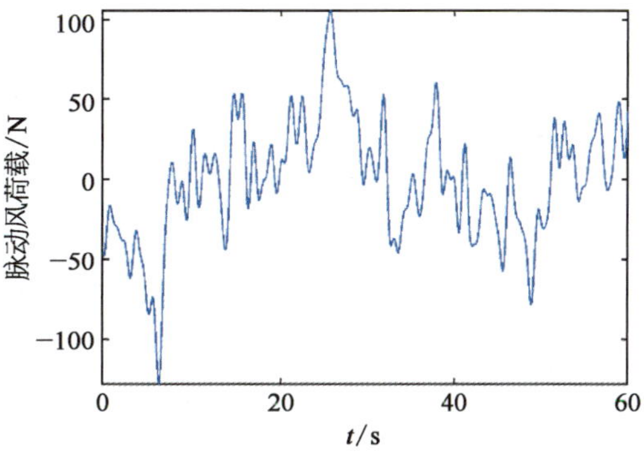

(b) 跨中节点

图 16.5　C2－1 号拉索模拟节点脉动风荷载时程图

图 16.6 给出了脉动风荷载作用下,四组仿真拉索跨中节点的横向位移响应和转角位移响应时程图。

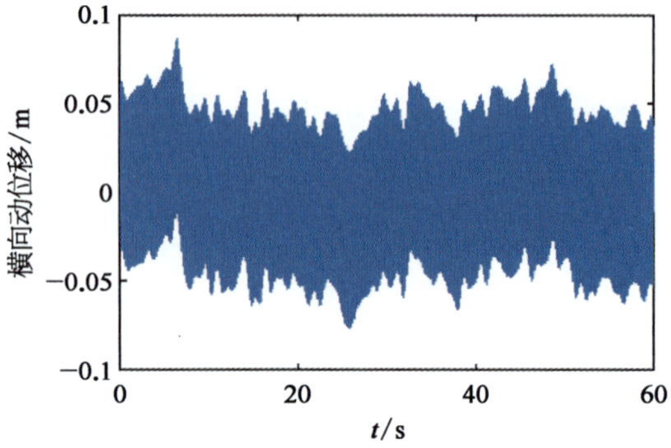

(a) C2-1号拉索横向位移

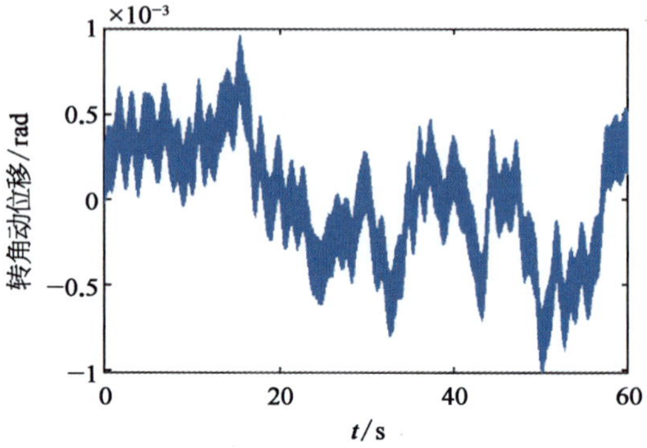

(b) C2-1号拉索转角位移

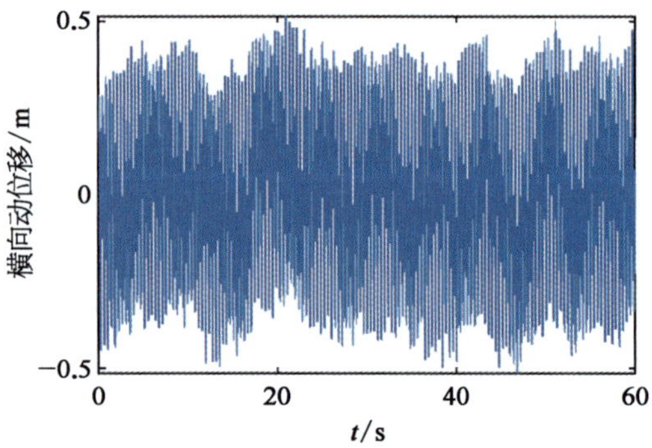

(c) C2-2号拉索横向位移

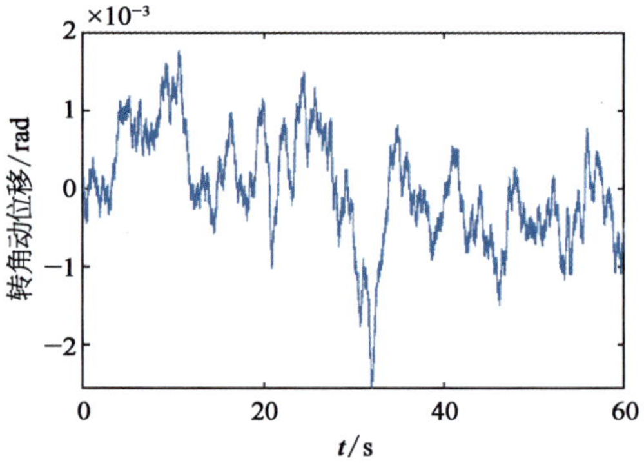

(d) C2-2号拉索转角位移

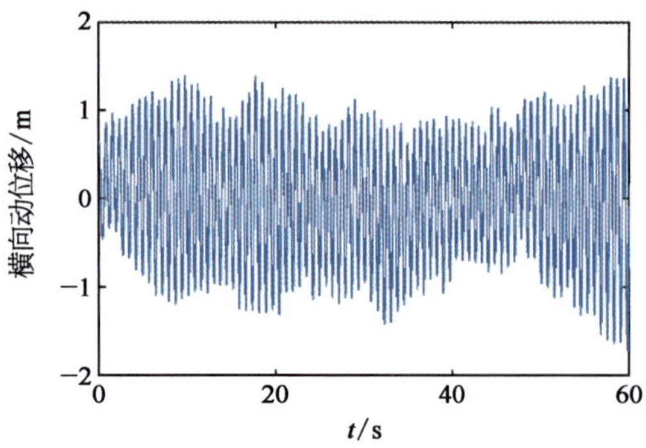

(e) C2-3号拉索横向位移

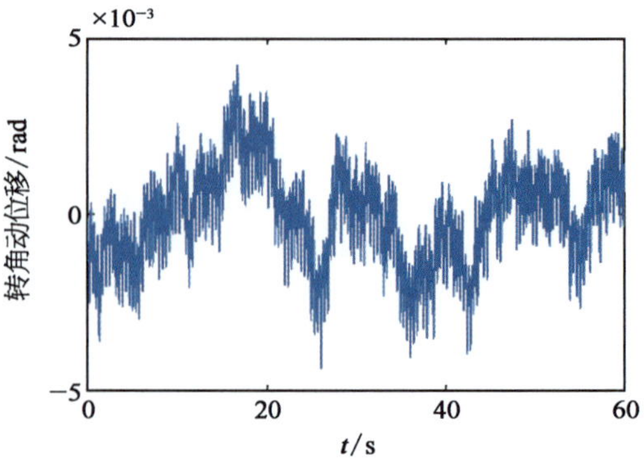

(f) C2-3号拉索转角位移

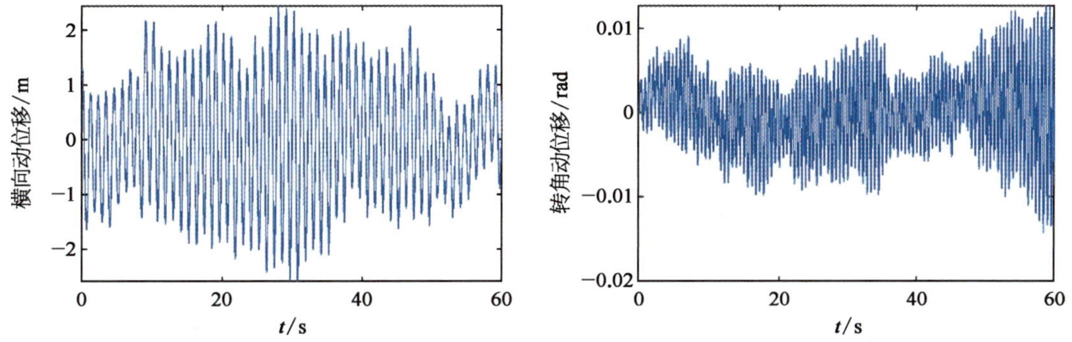


(g) C2-4号拉索横向位移　　(h) C2-4号拉索转角位移

图 16.6　脉动风荷载作用下仿真拉索跨中节点动位移响应时程图

2）拉索动位移感知

按照 16.2.3 中方法，进行节点动位移反演时，首先是要获得估计点与测量点的振型比值。对于相同几何参数的拉索来说，拉索的振型是相同的，与施加荷载无关，因此，振型只需计算一次。在实际工程中，为了施工和安装方便，测点往往靠近拉索端部。因此，在节点位移反演时，主要采用端部位移反演跨中位移的情况。在选择测点时，兼顾测量精度和安装方便的要求，仿真拉索的测点均选择在距离拉索端部 10 m 范围内。以下对 C2－1～C2－4 号拉索分别将测点选为 3.943 m(20)、5 m(10)、10 m(10)和 9 m(6)。其中，括弧内的数据为归一化索长之后的位置，估计点分别取 0.3$L$、0.4$L$、0.5$L$。图 16.7 为仿真拉索估计点和测点的振型幅值的比值随频率的变化图。

从图 16.7 中可以看出，正常情况下，拉索估计点与测点的比值随频率的变化应该是一条光滑曲线。但是，在有些频率处，振型幅值的比值会异常增大。随着索长的增加，异常峰值点的个数也随之增加。为了消除这种突变峰值的影响，本节采用中值滤波减小这些异常峰值。

下面以 C2－1 号仿真拉索为例，对横向位移振型幅值的比值和转角位移振型幅值的比值进行中值滤波，测点为 5 m(10)，估计点为 0.5$L$。图 16.8 为中值滤波处理后的结果。

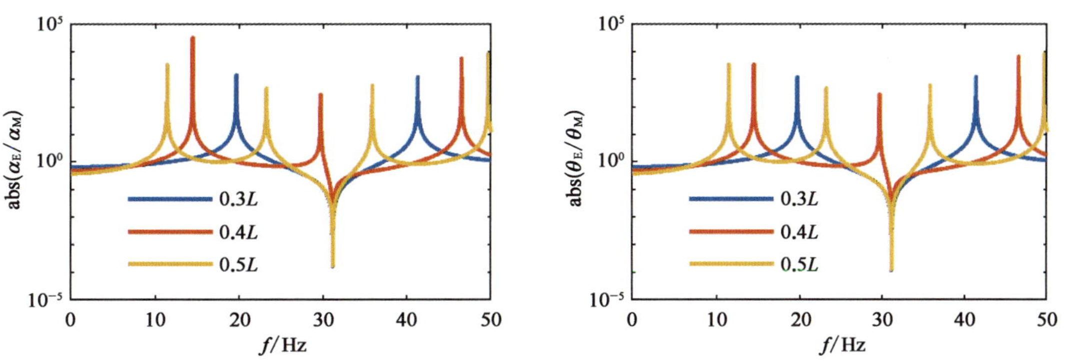


(a) C2-1号拉索横向位移振型幅值比值　　(b) C2-1号拉索转角位移振型幅值比值

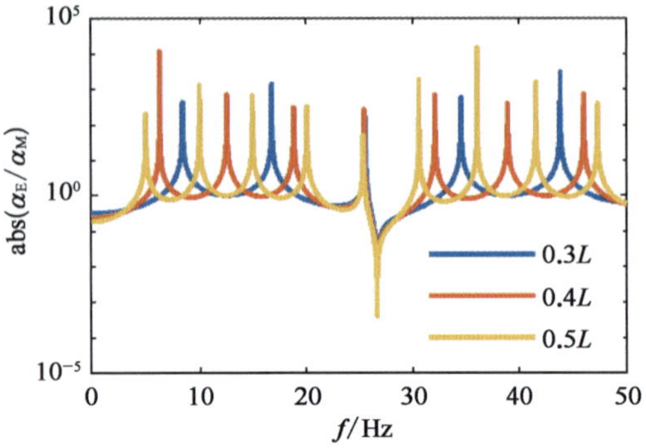


(c) C2-2号拉索横向位移振型幅值比值

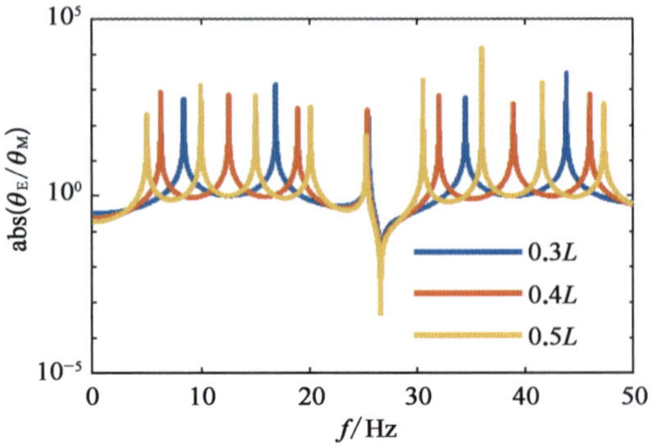


(d) C2-2号拉索转角位移振型幅值比值

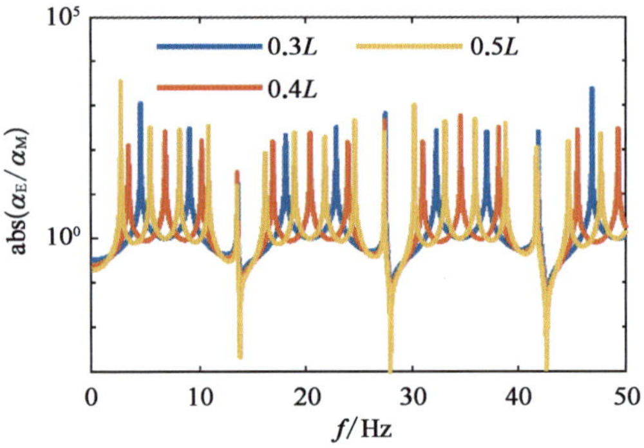


(e) C2-3号拉索横向位移振型幅值比值

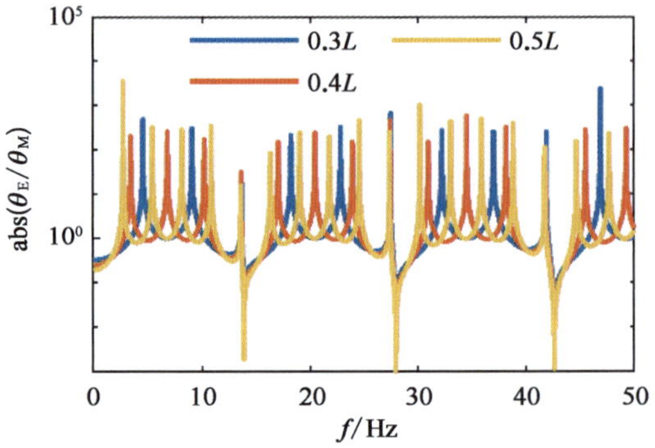


(f) C2-3号拉索转角位移振型幅值比值

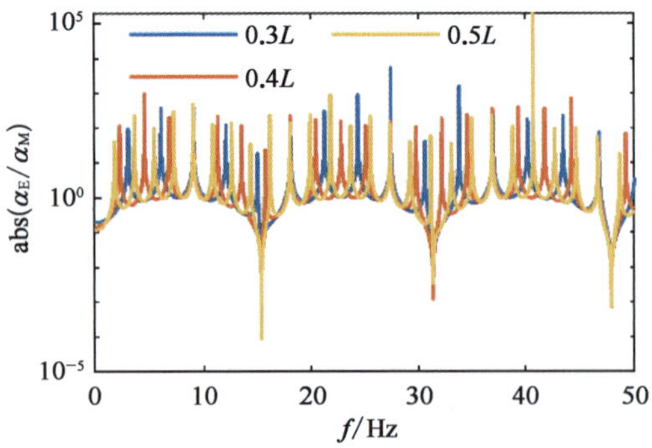


(g) C2-4号拉索横向位移振型幅值比值

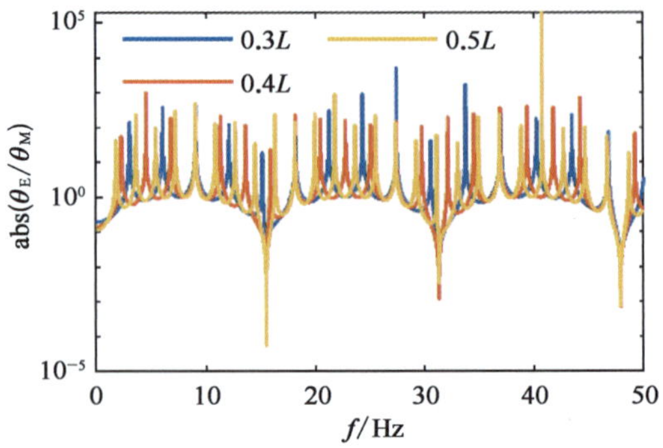


(h) C2-4号拉索转角位移振型幅值比值

图 16.7 仿真拉索振型比值图

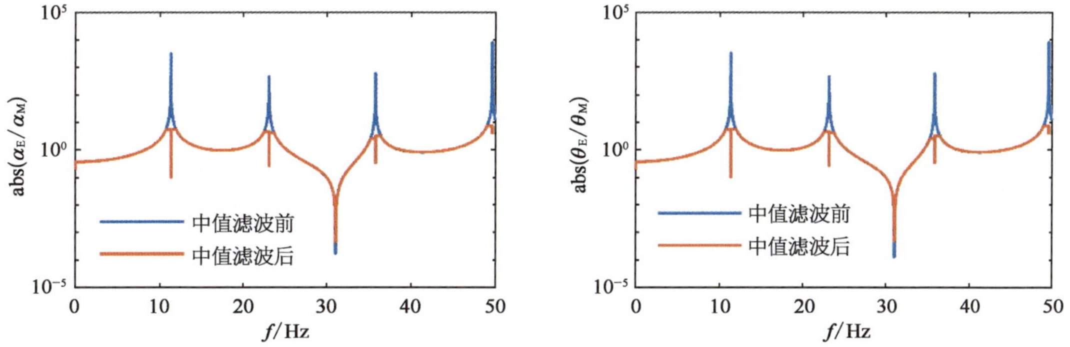


(a) 横向位移振型幅值比值　　(b) 转角位移振型幅值比值

图 16.8　C2－1 仿真拉索振型比值滤波前后比较

从图 16.8 可以看出，经中值滤波后，异常峰值附近的比值明显降低，而其他位置处的比值保持不变。可见，中值滤波的方法可比较好地处理这类问题，避免了异常峰值对识别结果的影响。

图 16.9 给出了四组拉索在随机荷载工况下，拉索 0.4$L$ 处节点横向动位移和转角动位移的频域内反演结果，图中纵轴为对数坐标。

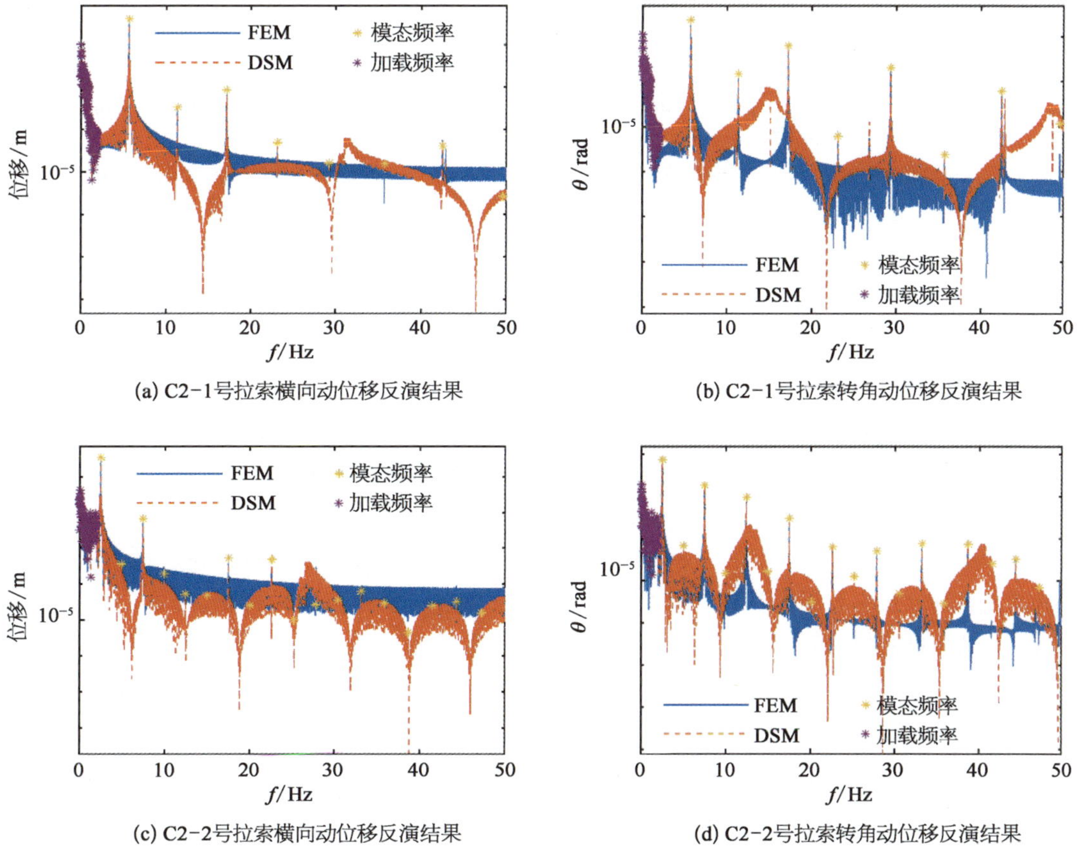


(a) C2-1号拉索横向动位移反演结果　　(b) C2-1号拉索转角动位移反演结果

(c) C2-2号拉索横向动位移反演结果　　(d) C2-2号拉索转角动位移反演结果

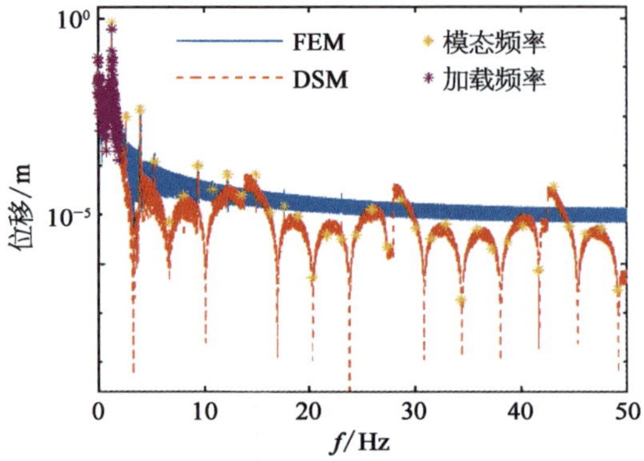


(e) C2-3号拉索横向动位移反演结果

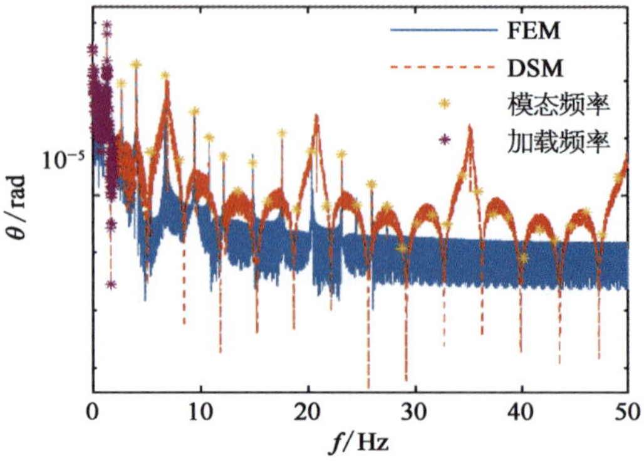


(f) C2-3号拉索转角动位移反演结果

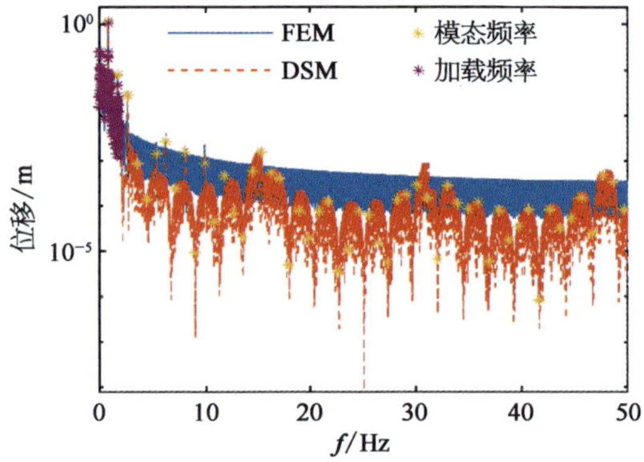


(g) C2-4号拉索横向动位移反演结果

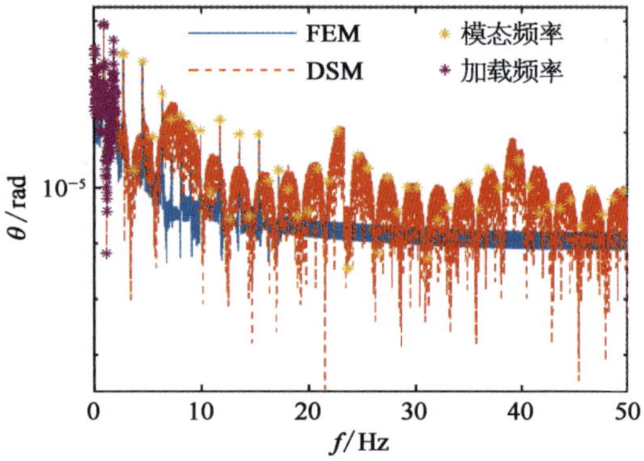


(h) C2-4号拉索转角动位移反演结果

图 16.9　随机荷载工况(Case 4)下 0.4$L$ 处动位移反演结果

从图 16.9 的频域内动位移反演结果可以看出,在荷载作用下,动位移峰值主要集中在拉索模态频率和外荷载激励频率处,其余频率位置处峰值均较小。从反演的结果来看,在模态频率和外荷载激励频率中峰值较大的频率处,通过本节方法反演的动位移与仿真动位移吻合较好;在其他频率处,反演误差较大。短索的反演结果较长索要好,随着索长的增加,在高阶频率处的反演结果误差较大。不过从图中可以看出,非模态频率和外荷载激励频率处,拉索动位移幅值非常小,足以忽略它们对拉索节点动位移的贡献。

短索动位移反演结果优于长索反演结果的原因是,在外荷载激励下,拉索被激起的频率阶数是有限的,能量分布主要集中在低阶频率处。由于短索的频率分布比较稀疏,长索的频率分布比较密集,所以在可测量的频率范围内,短索中峰值对应的频率还是较低阶频率,而长索中已经包含了很多高阶频率。在短索中,异常峰值较少,模态频率对应幅值较大,所以识别结果较好。在长索中,高阶频率处能量分布很少,异常峰值又比较密集,因此导致高阶频率处识别结果误差较大。不过,长索的这些频率处的动位移幅值相对于低阶频率处的动位移幅值已经非常小,可以忽略它们对节点动位移的贡献。

以 C2－1 拉索为例,图 16.10 和图 16.11 分别给出在不同荷载激励下,时域内节点横向动位移和转角动位移的反演结果。时程图中分别给出了所有频率处反演结果叠加的时程图、仅包含模态频率和外荷载激励频率处的反演结果叠加的时程图。

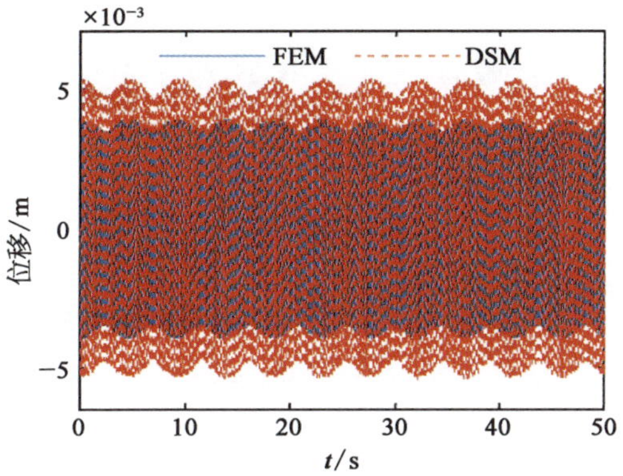


(a) Case1－横向动位移－所有频率

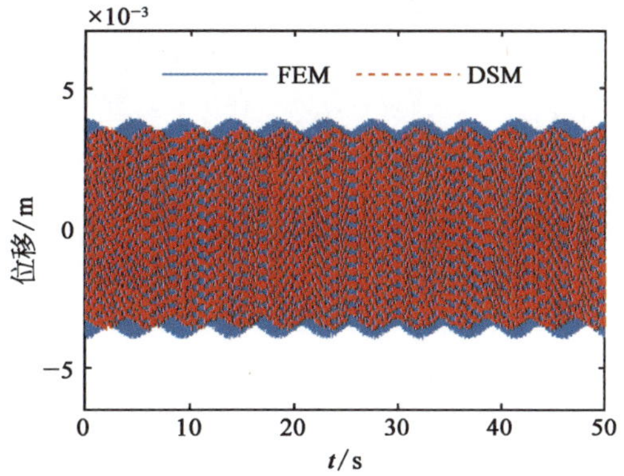


(b) Case1－横向动位移－模态频率+荷载频率

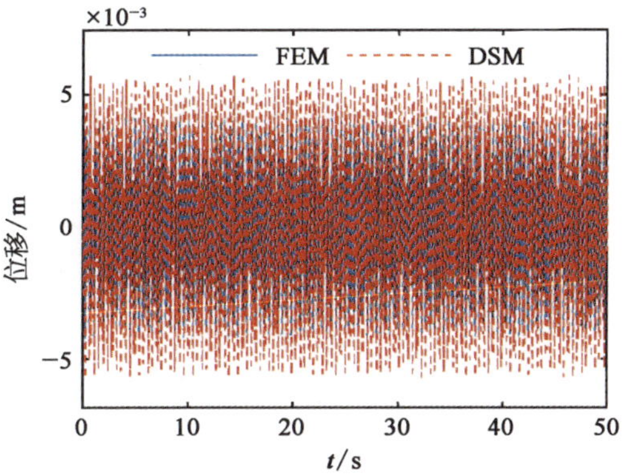


(c) Case2－横向动位移－所有频率

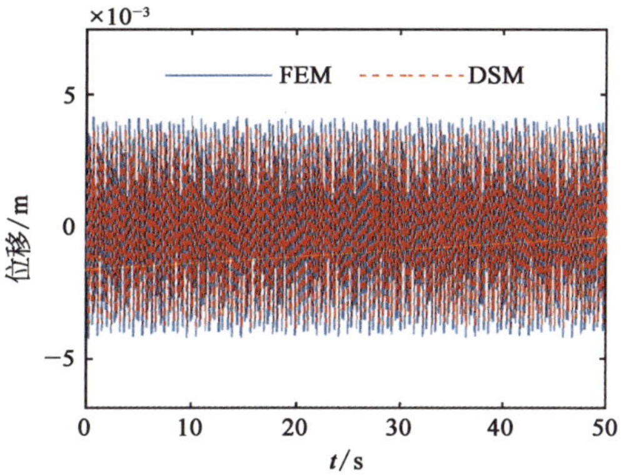


(d) Case2－横向动位移－模态频率+荷载频率

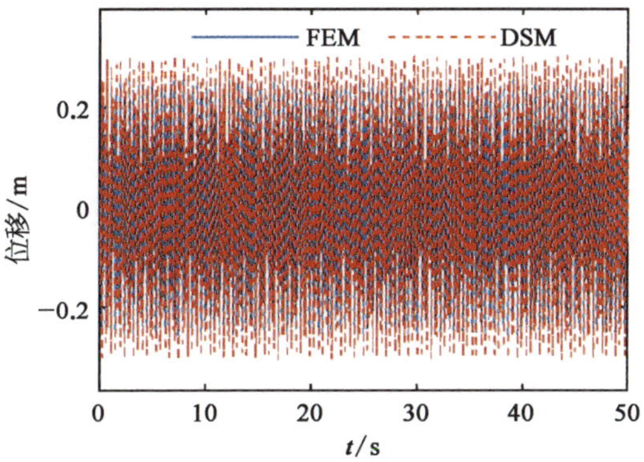


(e) Case3－横向动位移－所有频率

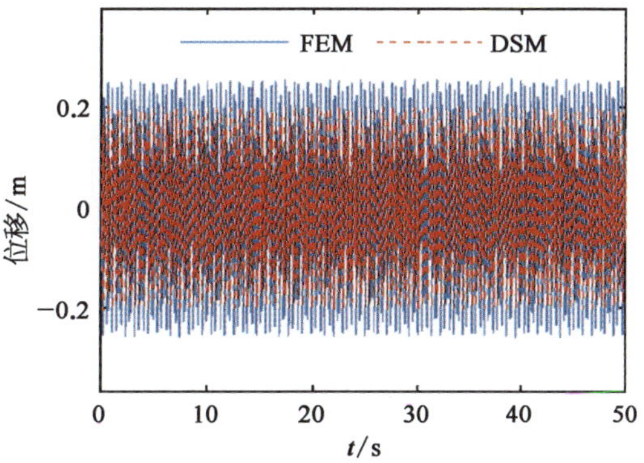


(f) Case3－横向动位移－模态频率+荷载频率

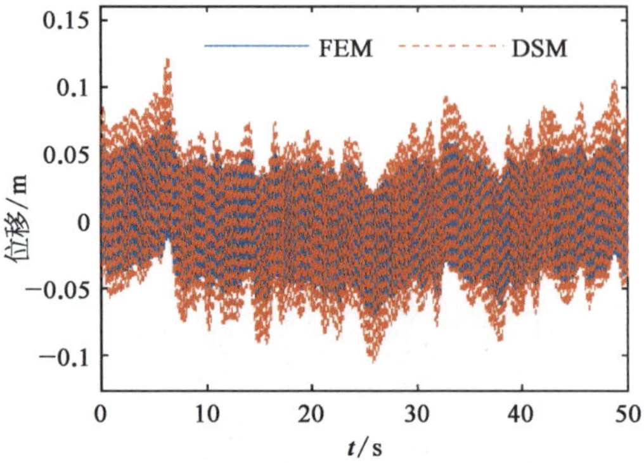


(g) Case4-横向动位移-所有频率

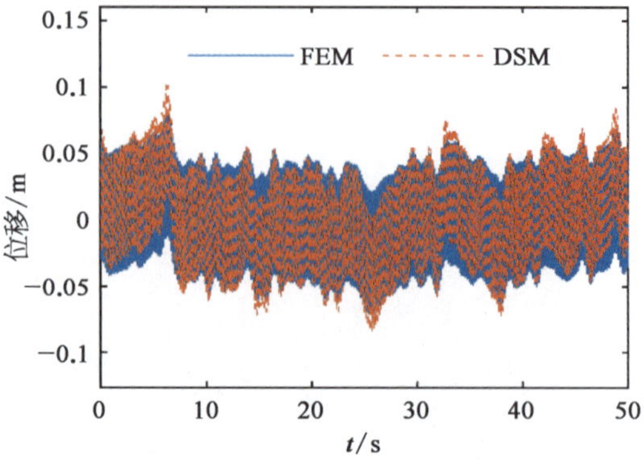


(h) Case4-横向动位移-模态频率+荷载频率

图 16.10　C2-1号拉索不同荷载工况下横向动位移响应反演时间历程图

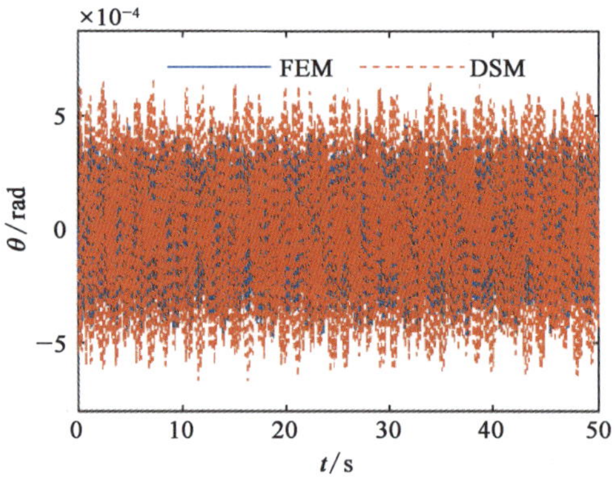


(a) Case1-转角动位移-所有频率

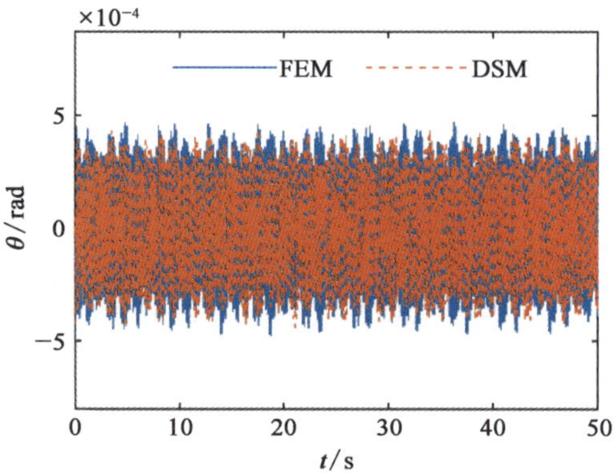


(b) Case1-转角动位移-模态频率+荷载频率

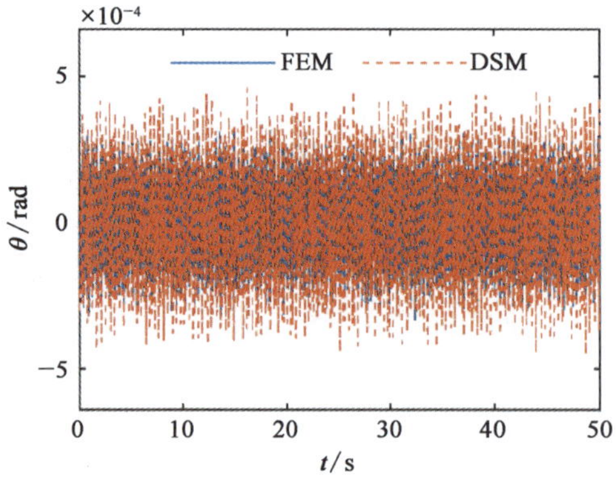


(c) Case2-转角动位移-所有频率

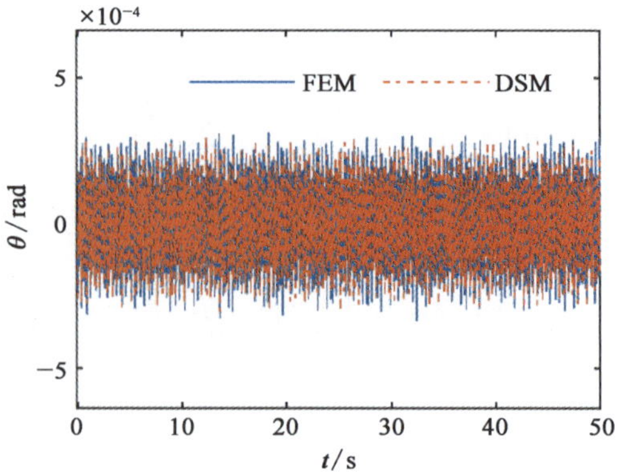


(d) Case2-转角动位移-模态频率+荷载频率

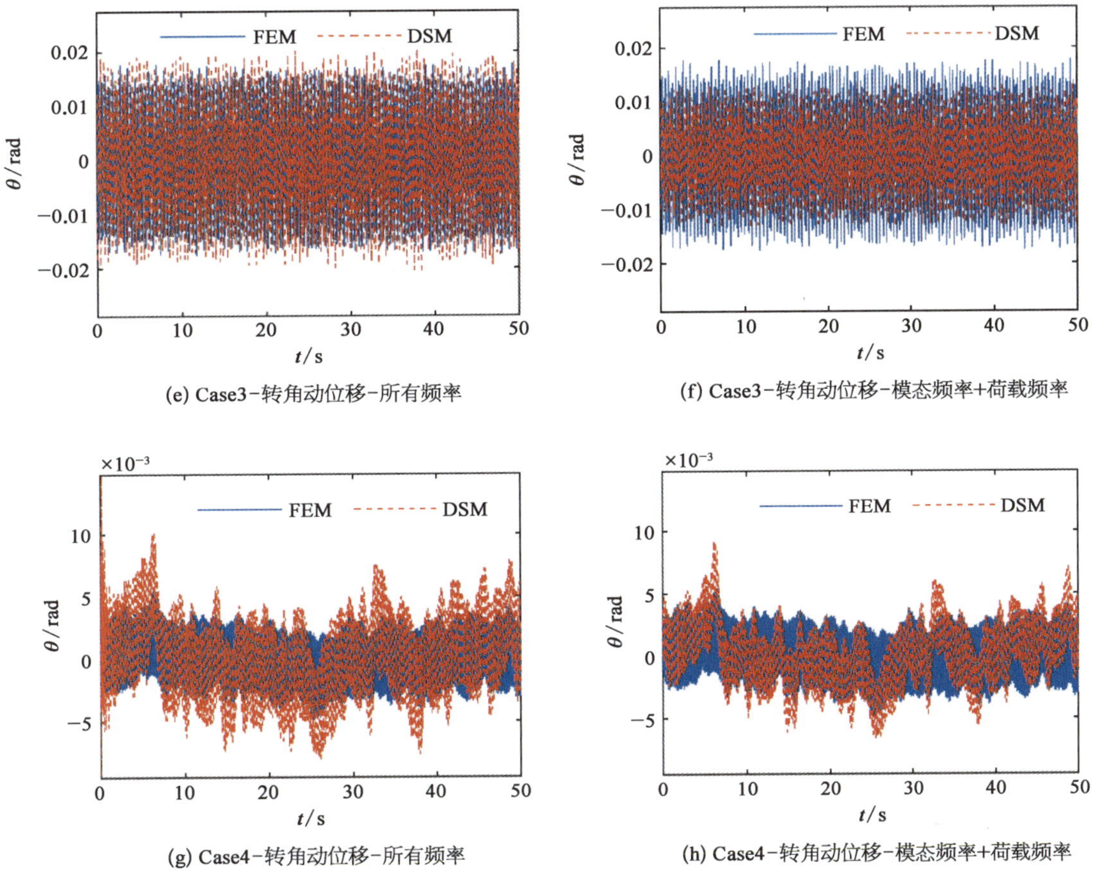

(e) Case3-转角动位移-所有频率　(f) Case3-转角动位移-模态频率+荷载频率

(g) Case4-转角动位移-所有频率　(h) Case4-转角动位移-模态频率+荷载频率

图 16.11　C2-1 号拉索不同荷载工况下转角动位移响应反演时间历程图

从图 16.10 和图 16.11 中可以看出，在时域内，本节方法反演的结果与仿真结果吻合也比较好。将所有频率处的反演结果进行叠加，反演结果会比仿真结果略大，当只对模态频率和外荷载激励频率处的反演结果进行叠加，反演结果会比仿真结果略小。这是由于在对拉索位移信号进行频谱分析时，由于计算中能量泄露不可避免，在非模态频率和外荷载频率处也出现一系列很小的峰值，但是，有些频率处实际上并没有能量。这就导致，如果叠加所有频率处的识别结果，会在动位移时程中增加一些由于数值误差引起的额外位移，使结果偏大；如果只是包含拉索模态频率和外荷载激励频率处的位移时程，势必会泄露一些能量，使结果偏小。由于拉索振动能量主要集中于拉索模态频率和外荷载频率处，其他频率处的能量占比很小，所以偏离较小，均在可接受的范围内。在实际应用中，为了使用方便，在进行动位移的时域分析时，如果外荷载的频率和拉索模态频率未知，可将所有频率处的反演结果叠加，这时得到的结果偏大。

从以上分析中可以看出，在拉索模态频率和外荷载频率处的动位移响应是拉索节点动位移的主要贡献成分。因此，本节采用拉索模态频率处的反演结果误差来表征本节方法反演节点动位移的误差大小。频率对应位移幅值越大，其对拉索的响应贡献越大。为了反映峰值大小的影响，频域内识别误差定义为拉索模态频率处节点位移幅值误差按幅值大小进行换算后的误差总和，误差计算公式如下：

$$Error=\sum_{j=1}^{n}\left[\frac{|\mathrm{d}_E(\bar{\omega}_j)-\mathrm{d}_F(\bar{\omega}_j)|}{\mathrm{d}_F(\bar{\omega}_j)}\cdot\frac{\mathrm{d}_F(\bar{\omega}_j)}{\max(\mathrm{d}_F(\bar{\omega}_j))}\right] \tag{16.24}$$

式中　$\bar{\omega}_j$——拉索的第 $j$ 阶模态频率；

$\mathrm{d}_E(\bar{\omega}_j)$——第 $j$ 个模态频率处位移的反演值；

$\mathrm{d}_F(\bar{\omega}_j)$——第 $j$ 个模态频率处有限元仿真计算位移值。

按式(16.24)计算不同荷载工况下，四组拉索的 0.4$L$ 处节点横向动位移和转角动位移的频域内的反演误差，结果见表 16.5。

表 16.5　四组仿真拉索的 0.4$L$ 处节点动位移频域内反演误差

| 拉索 | 测点/m | 估计点/m | 动位移类型 | 荷载工况误差/% | | | |
|---|---|---|---|---|---|---|---|
| | | | | Case1 | Case2 | Case3 | Case4 |
| C2-1 | 3.943 | 0.4$L$ | 横向 | 0.17 | 0.24 | 0.22 | 0.36 |
| | | | 转角 | 1.20 | 1.87 | 1.63 | 2.03 |
| C2-2 | 5 | 0.4$L$ | 横向 | 0.90 | 1.53 | 1.00 | 0.86 |
| | | | 转角 | 4.33 | 1.33 | 1.31 | 5.35 |
| C2-3 | 10 | 0.4$L$ | 横向 | 1.78 | 2.65 | 2.10 | 1.78 |
| | | | 转角 | 5.39 | 4.26 | 9.26 | 11.14 |
| C2-4 | 9 | 0.4$L$ | 横向 | 2.44 | 8.81 | 6.32 | 2.14 |
| | | | 转角 | 7.50 | 11.50 | 10.51 | 16.07 |

从表 16.5 可以看出，总体上，在不同荷载工况下，四组仿真拉索模态频率处的动位移反演误差均在可接受的范围内，横向动位移除 C2-4 拉索之外，误差均在 3%以内，最小误差仅为 0.17%；转角动位移最大误差为 16.07%，除此之外均不超过 11.5%，最小误差为 1.2%。从误差数值来看，横向动位移的反演结果比转角动位移反演结果要好，随着索长的增加，反演误差随之增大。

下面给出测点固定时，由测点反演拉索全场域内的位移的频域内误差分布。在实际运营中的拉索，其直接承受的荷载主要来自风荷载。因此，计算拉索动位移的反演误差的分布时，选择荷载工况为 Case4。图 16.12 分别给出了 C2-1～C2-4 拉索的节点横向动位移和转角动位移反演误差分布图，图中纵轴为对数坐标。四组拉索的测点选择同表 16.5。

从图 16.12 中可以看出，当测点固定时，通过测点反演拉索其他位置处的动位移的反演精度，除个别位置外，均比较好。从图 16.12(a)看出，对于横向动位移，反演误差基本在 5%以下。反演误差在拉索端部较大，这是由于当频率发生偏差时，拉索的横向位移振型在拉索端部有上翘的趋势，导致振型误差较大所引起。横向位移的反演误差随着索长的增加而有所增加，这与前面的结论一致。出现这种现象的主要原因是随着索长的增加，在关心①的频率范围内，包含拉索的模态频

① 指在由相关影响因素，如车辆、风等引起的频率范围。

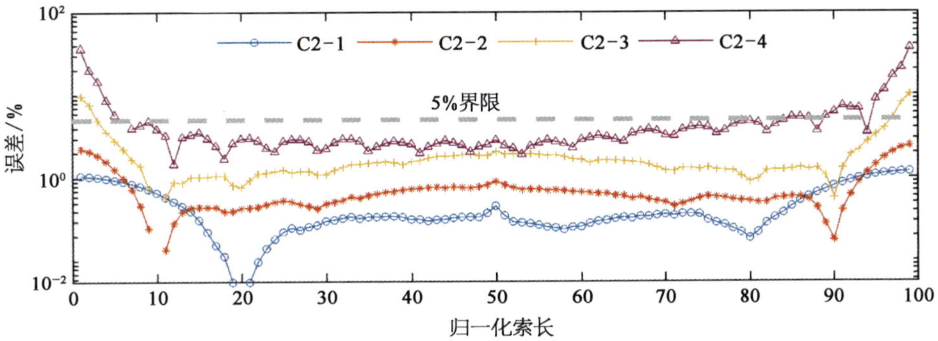


(a) 横向动位移反演误差

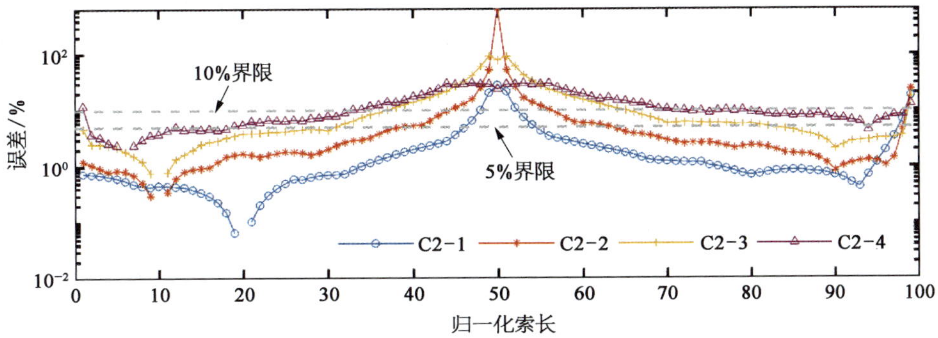


(b) 转角动位移反演误差

图 16.12　测点固定时仿真拉索动位移反演误差沿索长分布图

率越多,误差累积越多。另外,随着索长的增加,测点与待感知点的距离越远,随着距离的增加,两者相关性也越弱,通过测点表征感知点的能力也越弱。

从图 16.12(b)可以看出,对于转角动位移,反演误差除跨中区段外,基本在 10%以下,中短索的误差基本在 5%以下。反演误差随索长的增加而增加,变化规律与横向动位移的反演误差一致。与横向动位移分布规律不同的是,转角动位移的反演误差在拉索跨中处显著增加。经研究发现,这是由奇数阶频率处误差显著增大引起的。从转角位移振型图来看,对于奇数阶振型,靠近跨中处的转角位移幅值接近 0,但由于振型的计算误差和时域信号转换为频域信号的转换误差,导致模态频率处的反演结果计算误差很大,但其实在这些频率处的转角位移幅值很小,对总的位移贡献并不大。除此之外,在转角位移幅值较大的频率处,本节识别误差仍然较小。因此,本节转角动位移的反演方法对这些位置处仍然是适用的。

经研究,测点位置的选择对不同点的动位移反演结果精度有一定影响,但是影响不大。在实际拉索监测中,需要同时考虑安装方便、测量信号质量等要求,测点位置变化范围较小。因此,本节不对测点位置的变化对识别结果的影响做具体讨论。

由以上数值仿真结果可知,本节提出的拉索横向动位移和转角动位移的反演方法具有较好的识别精度。下面通过实索试验进一步验证本方法的准确性。

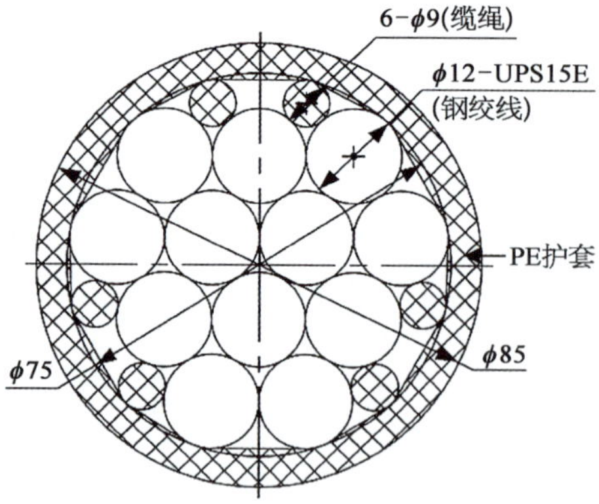


图 16.13 试验拉索横截面图

## 16.2.5 实索试验验证

### 1) 实索试验介绍

实索试验采用索长 19.715 m 的 PEJ15B-12 钢绞线挤压拉索,在缆索车间的张拉沟中进行水平张拉。拉索横截面如图 16.13 所示。实索试验中沿拉索长度方向布置 5 个加速度传感器,拉索两端安装压力环,用于测量拉索索力,其具体布置如图 16.14 所示。张拉试验实行 5 级张拉,张拉等级分别为拉索破断力的 30%、35%、40%、45%和 50%。激励采用在拉索跨中位置施加冲击荷载。

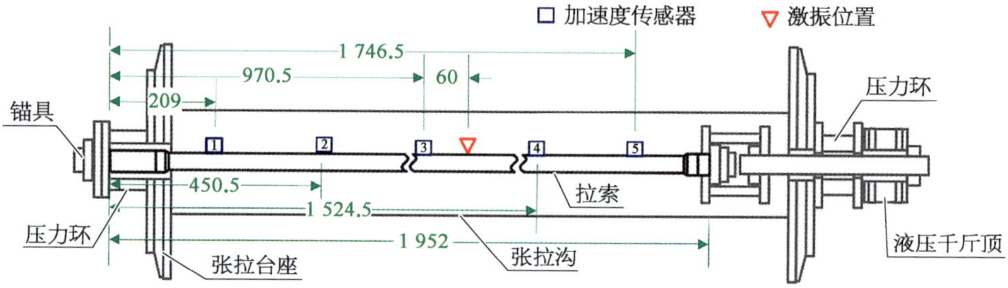


图 16.14 试验工况布置图

5 种张拉工况下,拉索的参数见表 16.6。表中索力为压力环实测数据,惯性矩由索力和拉索参数识别得到,拉索分段数为计算拉索振型节点数。

表 16.6 试验拉索参数

| 编号 | $E$/Pa | $L$/m | $m$/(kg/m) | $A$/m² | $\theta$/° | $I$/m⁴ | $H$/N | 分段 |
|---|---|---|---|---|---|---|---|---|
| S1 | $1.90\times10^{11}$ | 19.52 | 16.6 | 0.004 417 865 | 0 | $4.075\ 94\times10^{-7}$ | 920 854 | 100 |
| S2 | $1.90\times10^{11}$ | 19.52 | 16.6 | 0.004 417 865 | 0 | $4.446\ 48\times10^{-7}$ | 1 084 159 | 100 |
| S3 | $1.90\times10^{11}$ | 19.52 | 16.6 | 0.004 417 865 | 0 | $5.311\ 07\times10^{-7}$ | 1 248 740 | 100 |
| S4 | $1.90\times10^{11}$ | 19.52 | 16.6 | 0.004 417 865 | 0 | $5.619\ 85\times10^{-7}$ | 1 406 785 | 100 |
| S5 | $1.90\times10^{11}$ | 19.52 | 16.6 | 0.004 417 865 | 0 | $5.866\ 88\times10^{-7}$ | 1 556 860 | 100 |

### 2) 拉索动位移感知

在实验中测量的数据为测点的加速度数据,首先需要将加速度数据积分为位移数据。本节加速度积分到位移的方法采用基于递归最小二乘法实时加速度积分方法[165]。图 16.15 为 S1 拉索的 1 号加速度计的加速度时程图和积分后的位移时程图。

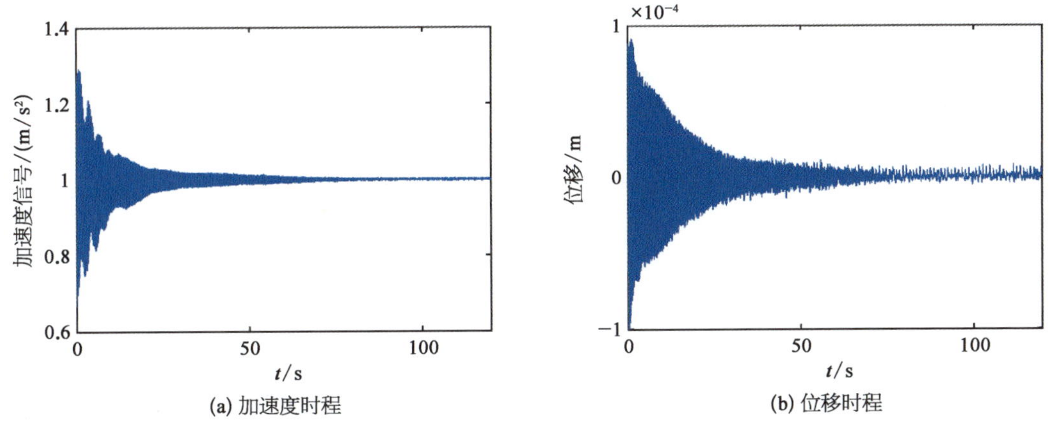


图 16.15　S1 拉索测点 1 加速度时程图与积分位移时程图

在进行动位移反演时，按照 16.2.3 中方法，以加速度计 1 为测点，反演其他四点的横向动位移。图 16.16 给出了 S1 号拉索频域内和时域内的反演结果，时域结果为全部频率处动位移反演结果的叠加。在表 16.7 中给出了按式(16.24)计算得到的 5 种工况下，拉索横向动位移频域内的反演误差。

表 16.7　实索试验横向位移频域内反演误差　（单位：%）

| 索号 | Acc2 | Acc3 | Acc4 | Acc5 |
|---|---|---|---|---|
| S1 | 4.83 | 6.34 | 4.14 | 5.15 |
| S2 | 4.43 | 4.95 | 4.06 | 4.09 |
| S3 | 3.12 | 1.21 | 4.81 | 4.04 |
| S4 | 2.59 | 1.30 | 4.35 | 3.70 |
| S5 | 2.90 | 3.67 | 4.39 | 4.00 |

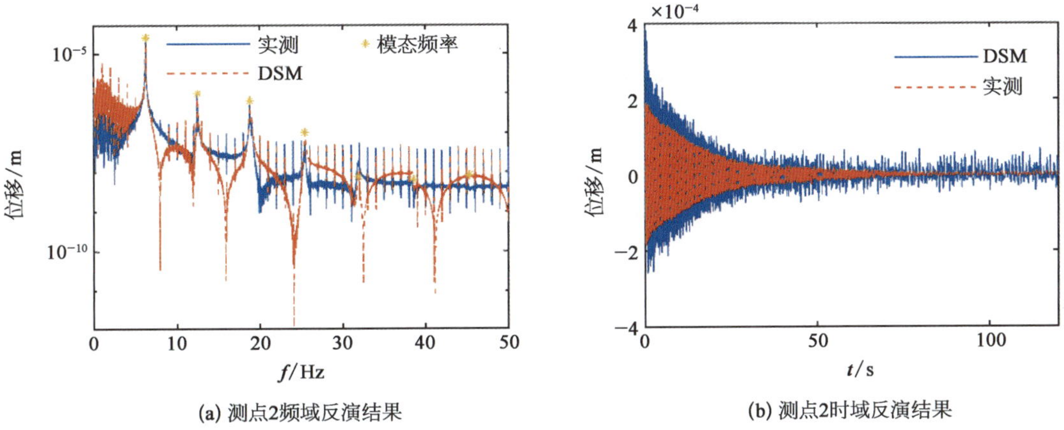

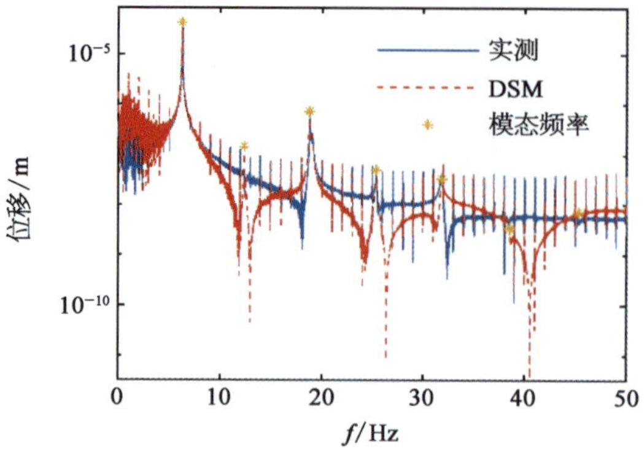

(c) 测点3频域反演结果

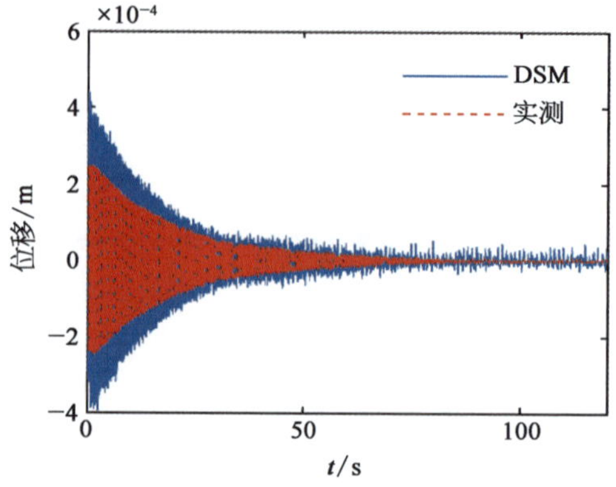

(d) 测点3时域反演结果

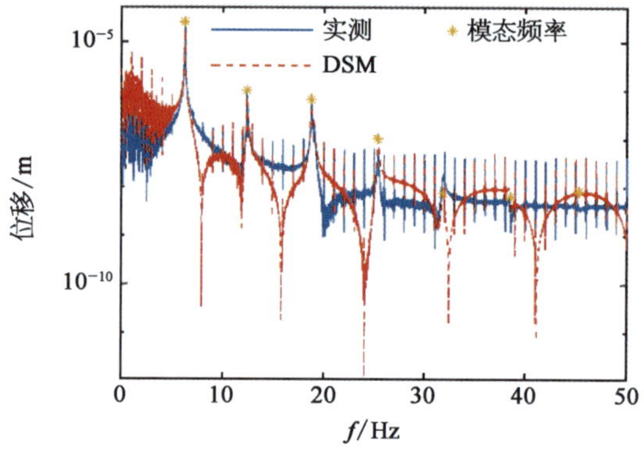

(e) 测点4频域反演结果

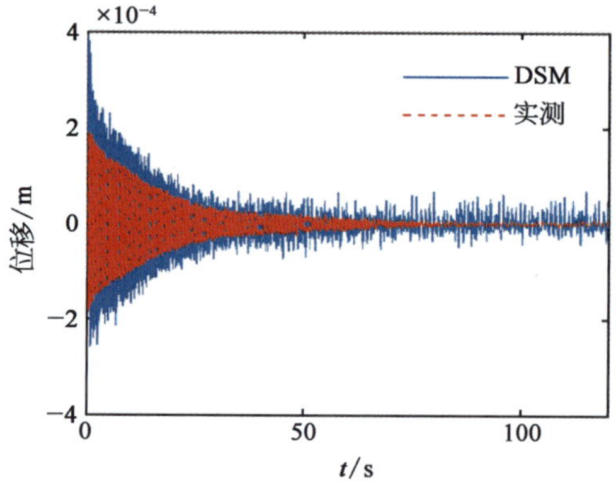

(f) 测点4时域反演结果

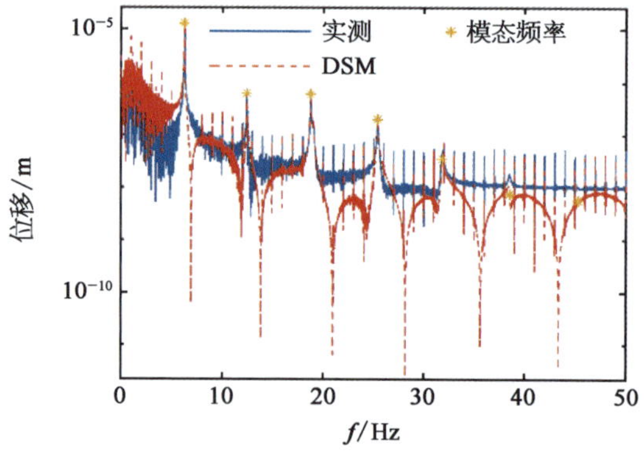

(g) 测点5频域反演结果

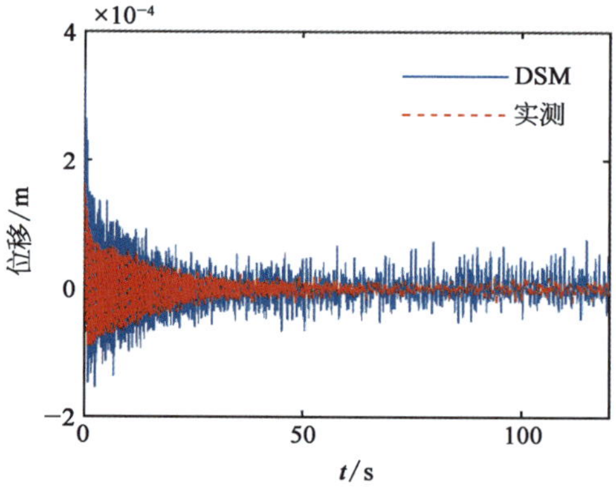

(h) 测点5时域反演结果

图 16.16 实索试验动位移反演结果

由表 16.7 可以看到，在频域内的横向动位移的反演误差均在可接受的范围内，最大误差为 6.34%，最小误差为 1.21%。这里需要说明的是，加速度信号积分为位移信号时，势必会存在误差，所以表中误差实际上还包括加速度积分误差。也就是说，拉索横向动位移的反演误差应小于表中的误差值。

由图 16.16 可以看出，无论是频域内还是时域内，本节提出的动位移反演方法均能用测点的动位移比较好地反演拉索其他位置处的动位移。反演结果的规律与 16.2.4 仿真拉索的规律一致。

从以上试验拉索的横向位移反演结果来看，本节提出的基于振型叠加法的位移反演方法有比较好的适用性和准确性。

因此，本节提出的动力响应反演方法可以基于拉索振动监测信号，通过自动化谱分析和识别方法及在线振型计算，实现由测点监测信号到拉索全场域内动力响应的在线感知。

## 16.3　拉索全场域内等效节点荷载感知

### 16.3.1　基本原理

当忽略拉索内阻尼的影响时，在动力分析中，计算拉索每一时刻的内力时，可将该时刻的外荷载和惯性力同时施加在拉索上，按静力方法计算结构内力。此时，需要已知外荷载和惯性力。在实际运营中，作用在拉索上的荷载分布形式和大小是很难进行测量的。因此，无法直接获得外荷载及惯性力。

如前所述，拉索上某点的位移是容易测量的。按照 16.2 节内容，拉索上任意一点的动位移可以通过测量点的动位移进行反演。由力与位移之间的关系，通过节点位移，可识别出节点荷载。

根据第 10 章相关内容，由动刚度方法得到的拉索动力平衡方程为

$$\mathbf{K}_d(\omega)\mathbf{a}(\omega)=\mathbf{P}(\omega) \tag{16.25}$$

式中　$\mathbf{K}_d(\omega)$——拉索整体动刚度矩阵，其第 $i$ 行第 $j$ 列元素记为 $k_{ij}$；

$\mathbf{a}(\omega)$——节点动位移向量；

$\mathbf{P}(\omega)$——节点荷载向量，具体表达式如下：

$$\mathbf{a}(\omega)=[\alpha_{\mathrm{A}}\quad \theta_{\mathrm{A}}l_0\quad \alpha_{\mathrm{C}}\quad \theta_{\mathrm{C}}l_0\quad \alpha_{\mathrm{B}}\quad \theta_{\mathrm{B}}l_0]^T \tag{16.26}$$

$$\mathbf{P}(\omega)=[V_{\mathrm{A}}^{P}\quad M_{\mathrm{A}}^{P}/l_0\quad V_{\mathrm{C}}^{P}\quad M_{\mathrm{C}}^{P}/l_0\quad V_{\mathrm{B}}^{P}\quad M_{\mathrm{B}}^{P}/l_0]^T \tag{16.27}$$

式中　下标 A 和 B——拉索的端点位置；

C——拉索等效节点荷载位置。

其余符号意义同第 10 章。

式(16.25)给出了频域内节点动位移幅值与节点动荷载之间的关系。由动刚度方程的推导可以看出，此方程是将拉索的无限自由度缩聚到某一点上进行分析。此方程所反映的是某个频率处，拉索某一点的动力平衡。因此，通过式(16.25)，由节点动位移幅值计算得到的节点荷载，应为沿拉索分布的所有动荷载等效作用于该点的等效节点荷载。

由 Leung's 理论，动刚度矩阵与有限元中的刚度矩阵和质量矩阵有如下关系：

$$\mathbf{M}=-\frac{\partial[\mathbf{K}_d(\omega)]}{\partial\omega^2},\ \mathbf{K}=\mathbf{K}_d+\omega^2\mathbf{M} \tag{16.28}$$

将式(16.28)代入式(16.25)，可得

$$\mathbf{K}(\omega)\mathbf{a}(\omega)-\omega^2\mathbf{M}(\omega)\mathbf{a}(\omega)=\mathbf{P}(\omega) \tag{16.29}$$

式中 $-\omega^2\mathbf{M}(\omega)\mathbf{a}(\omega)$——频域内的惯性力，记为 $F_I(\omega)$。$\mathbf{M}(\omega)$ 第 $i$ 行第 $j$ 列元素记为 $m_{ij}$。$F_I(\omega)$表达式为：

$$F_I(\omega)=[V_A^I \quad M_A^I/l_0 \quad V_C^I \quad M_C^I/l_0 \quad V_B^I \quad M_B^I/l_0]^T \tag{16.30}$$

如前所述，由于动刚度矩阵是对全索的刚度的缩聚，因此，质量矩阵也应该是对全索质量的缩聚。由此得到的惯性力为沿索长方向分布的所有惯性力在该点的等效节点惯性力。

假定拉索两端为固结，拉索两端的节点动位移为 0，则拉索的等效节点荷载和等效节点惯性力如下：

$$\begin{bmatrix} k_{33} & k_{34} \\ k_{43} & k_{44} \end{bmatrix}\begin{bmatrix} \alpha_C \\ \theta_C l_0 \end{bmatrix}=\begin{bmatrix} V_C^P \\ M_C^P/l_0 \end{bmatrix} \tag{16.31}$$

$$-\omega^2\begin{bmatrix} m_{33} & m_{34} \\ m_{43} & m_{44} \end{bmatrix}\begin{bmatrix} \alpha_C \\ \theta_C l_0 \end{bmatrix}=\begin{bmatrix} V_C^I \\ M_C^I/l_0 \end{bmatrix} \tag{16.32}$$

在上式中，动刚度矩阵和质量矩阵均为拉索几何参数和频率的函数，是已知量，拉索中间点 C 的动位移幅值可通过在 C 处安装相应传感器测量获得或通过 16.2 节的方法反演得到。由此，通过式(16.31)和式(16.32)可求得 C 处的等效节点荷载和等效惯性力，进而可求得拉索 C 处的内力。

下面在等效节点荷载和惯性力计算时，节点动位移进行频谱转换后，仍保持复数进行计算，直到计算出等效节点荷载和惯性力后，再获取等效节点荷载的幅值和相位。

### 16.3.2 数值方法验证

为了能够定量地对本节等效节点荷载反演方法进行验证，采用表 16.3 中仿真拉索 C2－1 进行数值分析。数值仿真时，分两种工况进行分析。工况 1 为在拉索跨中施加单个正弦荷载，荷载形式如式(16.33)所示；工况 2 为在拉索 0.3$L$ 处施加两个不同频率的正弦荷载，荷载形式如式(16.34)所示。

$$F(t)=-400\sin(2\pi\cdot 8\cdot t) \tag{16.33}$$

$$F(t)=400\sin(2\pi\cdot 5.5\cdot t)+200\sin(2\pi\cdot 2\cdot t) \tag{16.34}$$

1) 动刚度矩阵与质量矩阵分析

如式(16.31)和式(16.32)所示，等效节点荷载和等效节点惯性力与两部分参数有关：一部分是由拉索参数决定的已知量，另一部分为拉索实测信号获取的动位移幅值。由拉索已知参数决定的动刚度矩阵和质量矩阵是拉索本身的特性，其分布规律与荷载计算密切相关。因此，在对等效节点荷载计算之前，先对刚度矩阵元素和质量矩阵元素进行分析。图 16.17 为拉索 0.3$L$ 处的 $k_{33}$ 和 $m_{33}$ 随频率的变化图。

从图 16.17 可以看出，随着频率变化，在大多数频率处，刚度矩阵元素和质量矩阵元素缓慢变化，但在某些频率处会出现异常峰值。在这些峰值附近的数值急剧增加，导致在这附近计算的荷载会非常大，使荷载计算结果不准确。因此，本节仍然采用中值滤波，将这些异常值进行去除。对不同索长的矩阵元素进行分析发现，随着索长的增加，这种异常值出现的周期越短。在给定的频

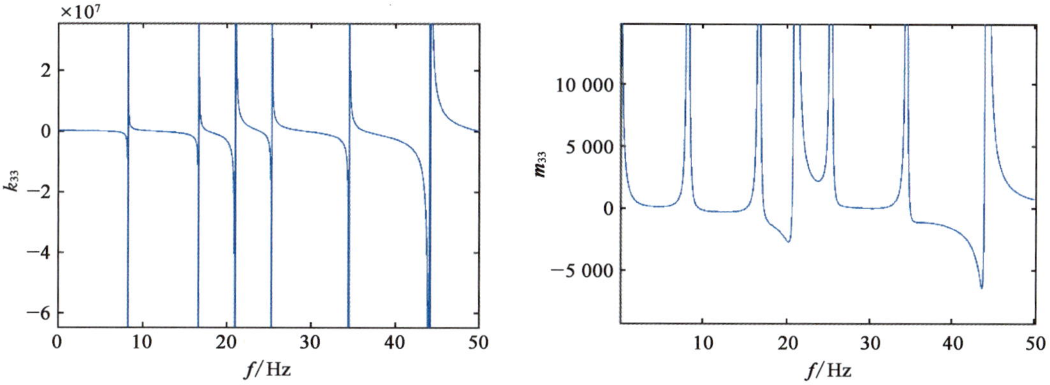


图 16.17　刚度矩阵元素 $k_{33}$ 和质量矩阵元素 $m_{33}$ 随频率的变化图

率测量范围内，索长越长，异常值的点位越多。这就导致长索的识别误差较短索会更大。

当需要识别的荷载频率恰好位于这些异常点附近时，识别结果会受到中值滤波参数的影响，导致识别结果不准确。对于这种情况，本节方法不再适用。所以，在应用本节方法之前，应该先对刚度矩阵和质量矩阵中的元素进行分析，排除不可适用的情况。另外，在拉索不同位置处，动刚度矩阵和质量矩阵也会发生变化，可能在某些点位存在异常值的情况，对于这些点位本方法也不再适用，需要排除对这些点位的计算。

运营期的桥梁拉索直接承受的主要横向动荷载为脉动风荷载。根据已有研究，脉动风荷载的能量主要分布在 2 Hz 以下。从图 16.18 也可以看出，脉动风荷载的能量主要分布在较低阶频率处，超过 2 Hz 后的能量分布很少。对于短索和中等长度拉索来说，其一阶频率通常大于 2 Hz，而在低于一阶频率的范围内，刚度矩阵和质量矩阵元素基本不会有异常值出现。因此，本方法对一般拉索在正常运营期间的分析是合适的。

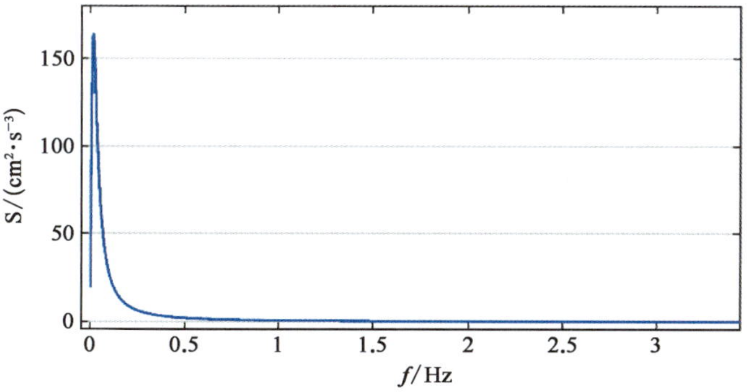


图 16.18　Davenport 功率谱[179]

2）荷载感知

按 16.3.1 中方法对等效节点外荷载进行计算，计算过程中，节点动位移采用有限元仿真计算的结果。图 16.19 为 C2－1 拉索等效节点外荷载的反演结果。

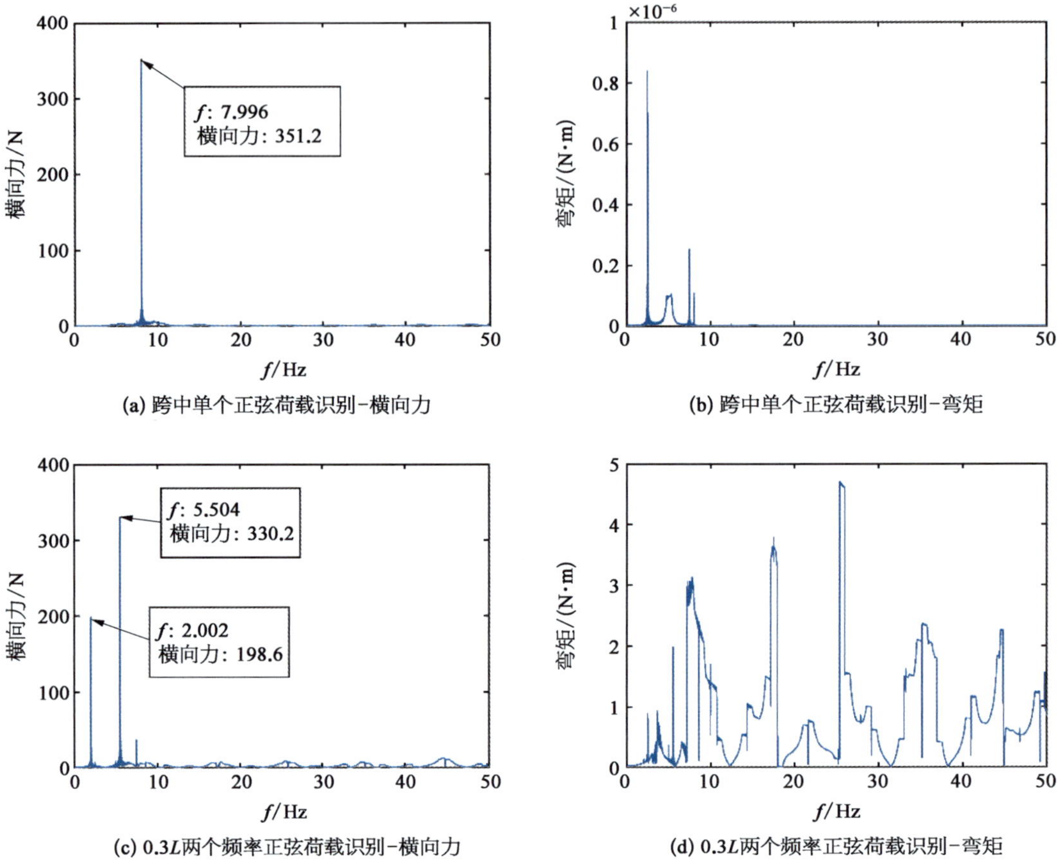


图 16.19　C2－1 拉索等效节点外荷载识别结果

从图 16.19 可以看出,本节方法对等效节点外荷载具有较好的识别精度。对于横向力的识别,在外荷载频率处,横向力具有显著峰值,其值接近施加荷载。除此之外,在拉索模态频率处也有很小的峰值。这是由在计算过程中存在能量泄露和计算误差等引起的。这导致在一般情况下,外荷载频率处的识别结果小于施加荷载。对于弯矩的识别,由于在节点处并未施加弯矩荷载,所以两种工况下,识别出的弯矩荷载值均很小。在识别弯矩图中,有个别尖峰位于拉索模态频率和外荷载频率处。这也是由在计算过程中存在能量泄露和计算误差等导致的。除了这些点以外的频率处,由于刚度矩阵元素和质量矩阵元素存在异常峰值,经中值滤波处理过,结果不能反映真实情况。因此,在内力计算时,只考虑外荷载频率和拉索模态频率处的识别荷载值,不考虑其余频率处识别结果。

按 16.3.1 中方法计算的 C2－1 拉索在两种工况下的等效节点惯性力荷载如图 16.20 所示。

由图 16.20 可以看出,在拉索模态频率和外荷载频率处,惯性力中横向力和弯矩均有明显的峰值,其余频率处的惯性力峰值不突出或者存在异常值的情况。根据质量矩阵的特点,在模态频率附近,质量矩阵的元素基本不会发生奇异,其计算结果可以得到保证。根据动力学相关知识,拉索的振动能量主要集中在模态频率处。也就是说,模态频率处的惯性力是总惯性力的主要贡献成

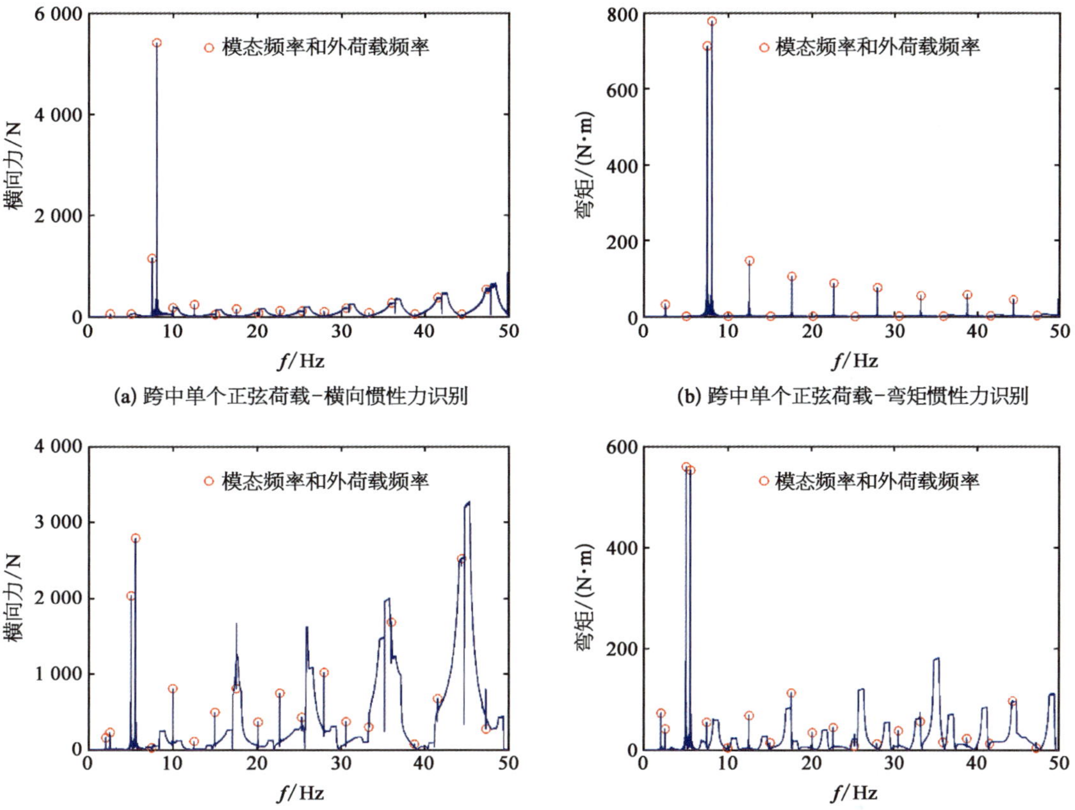


(a) 跨中单个正弦荷载-横向惯性力识别　(b) 跨中单个正弦荷载-弯矩惯性力识别

(c) 0.3L两个频率正弦荷载-横向惯性力识别　(d) 0.3L两个频率正弦荷载-弯矩惯性力识别

图 16.20　等效节点惯性力计算结果

分。因此,在拉索内力计算时,只计入模态频率和外荷载频率处的惯性力。

图 16.21 为在随机脉动风荷载作用下,C2－1 拉索跨中位置处的等效节点外荷载和等效节点惯性力的计算结果。

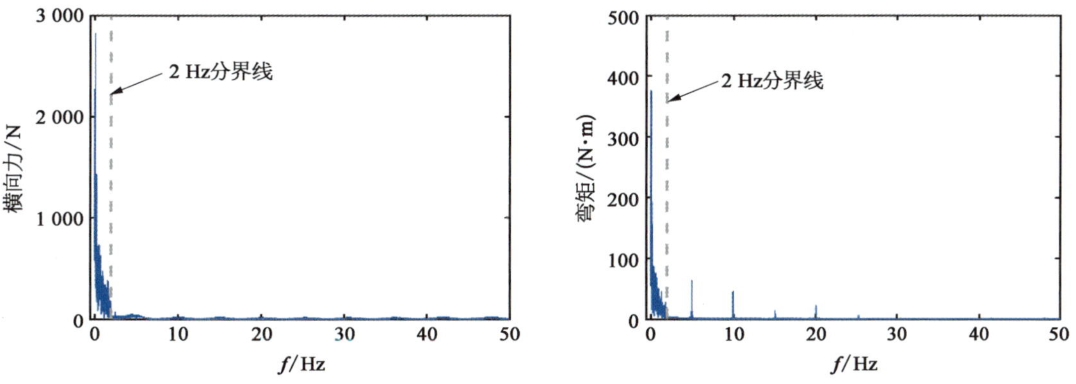


(a) 等效外荷载-横向力　(b) 等效外荷载-弯矩

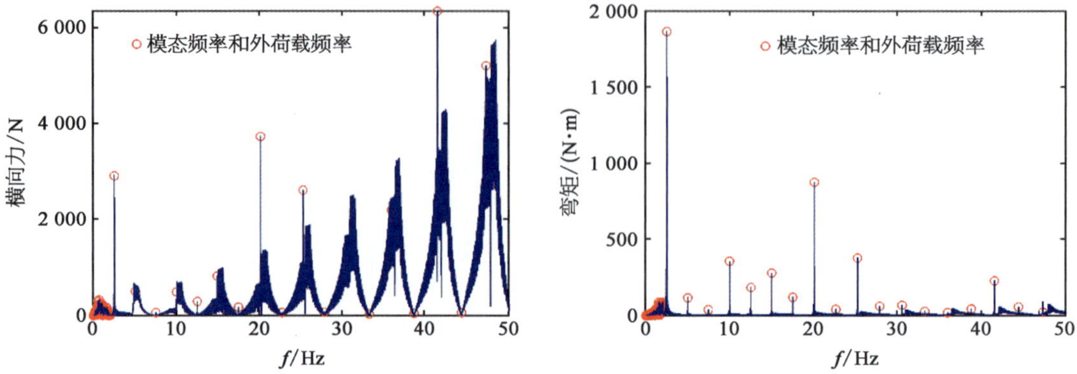


(c) 等效惯性力-横向力　　(d) 等效惯性力-弯矩

图 16.21　脉动风荷载作用下 C2－1 拉索的跨中位置等效节点荷载

从图 16.21 中可以看出,对于等效节点外荷载,反演结果主要集中于 0～2 Hz,在拉索模态频率处也有小部分能量分布。对于等效节点惯性力,峰值主要集中于拉索模态频率处,在 0～2 Hz 内,惯性力也有分布。这是由于在随机脉动风荷载模拟时,模拟频率范围为 0～2 Hz,所以识别的等效节点荷载主要集中在此频率范围内。除了荷载分布频率范围内和拉索模态频率处外的荷载值很小或者明显有被中值滤波处理过的痕迹,这也再次印证了本节方法识别等效节点荷载的可行性。因此,在拉索内力计算时,只计入外荷载频率和拉索模态频率处的等效节点荷载。

由于拉索动刚度矩阵、质量矩阵均为函数表达式,可方便地实现自动化在线计算,结合拉索全场域内的动力响应在线感知方法,可实现由测点监测信号到拉索全场域内等效节点荷载的在线感知。

## 16.4　拉索全场域内截面内力及应力感知

### 16.4.1　弯曲内力及应力感知方法

值得注意的是,在 16.3 节中计算得到的等效节点外荷载和等效节点惯性力是对沿拉索方向分布荷载及惯性力的等效集中力,在拉索不同位置处,等效结果不同。由于拉索上外荷载及惯性力的分布形式未知,以上计算结果只适用于计算点处的内力计算,不可用于计算其他位置处的内力。也就是说,内力位置与等效节点荷载反演的位置相对应。

在频域内,计算拉索内力时,假定拉索两端为固结,将上节计算得到的拉索模态频率和外荷载频率处的等效节点外荷载和等效节点惯性力同时施加到 C 处,如图 16.22 所示。

通过受力分析,可得到频域内 C 处的弯曲内力:

$$M(\omega)=-\frac{l_2(6M_C l_1^2+M_C l_0^2-3M_C l_1 l_0-2F_C l_1^2 l_2)}{l_0^3} \tag{16.35}$$

式中　$M_C$ 和 $F_C$——等效节点外荷载和等效节点惯性力的弯矩的合力和横向力的合力,其他参数如图 16.22 所示。

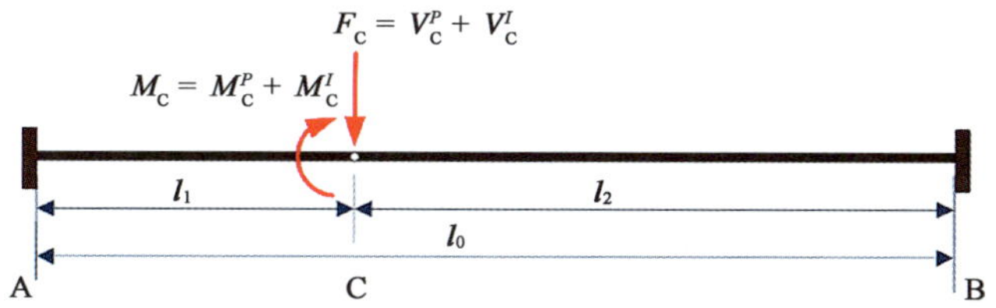


图 16.22 拉索内力计算图示

式(16.35)是按照结构力学两端固定的杆件计算的内力，未考虑轴向力的作用。而拉索作为主要承受拉力的构件，在桥梁运营期，会承受较大的轴向力。因此，对于拉索，除拉索本身抗弯刚度外，拉索轴向力也会提供几何刚度，两者共同承担式(16.35)的弯矩。在拉索应力分析时，应仅考虑拉索本身抗弯刚度承担的弯矩。

按照拉索与普通梁在相同集中荷载作用下，发生位移的比例关系对以上得到的内力进行折减。拉索和普通梁的刚度矩阵按式(16.14)计算，由此得到的折减系数为：

$$\beta=\frac{k_B}{k_B+k_H} \tag{16.36}$$

式中 $k_B=12\left(\dfrac{EI}{l_1^3}+\dfrac{EI}{l_2^3}\right)$，表示梁的刚度分量；

$k_H=\dfrac{6}{5}\left(\dfrac{H}{l_1}+\dfrac{H}{l_2}\right)$，表示轴向力提供的几何刚度分量；$EI$ 为拉索抗弯刚度；$H$ 为拉索弦向索力；$l_1$ 和 $l_2$ 为估计点将拉索分成的两个索段长度。

拉索截面 C 处，距离中性轴 $y$ 高度处的应力为：

$$\sigma_C(\omega)=\frac{\beta M(\omega)y}{I_z} \tag{16.37}$$

式中 $\sigma_C$ ——动内力幅值产生的截面高度 $y$ 处的动应力幅值；

$I_z$ ——拉索实际的惯性矩，可由第 1 章拉索参数精确感知方法给出。

式(16.35)和式(16.37)计算结果均为频域内对应某个频率的弯矩幅值和应力幅值，时域内的结果应为所有计算频率处的弯矩幅值或应力幅值的叠加。时域内的弯矩内力和应力可按下式计算：

$$M(t)=\sum_{j=1}^{j=n}\beta M(\omega_j)\mathrm{e}^{\mathrm{i}(\omega_j t+\phi_j)} \tag{16.38}$$

$$\sigma_C(t)=\frac{M(t)y}{I_z} \tag{16.39}$$

式中 $n$——拉索模态频率和外荷载频率个数的总和；其余符号同上。

由前述内容可知，拉索全场域内的动力响应和等效节点荷载均可实现在线智慧感知。所以，基于以上感知方法的拉索截面内力和应力也可实现从监测数据到弯曲内力和应力的在线智慧感知。

### 16.4.2 数值方法验证

以仿真拉索 C2－2 为例，计算在脉动风荷载作用下，拉索 $0.3L$ 和 $0.5L$ 位置处的截面弯曲内力和截面最大应力。计算过程中，节点动位移采用有限元仿真计算的结果。计算截面弯曲内力和最大应力结果如图 16.23 和图 16.24 所示。

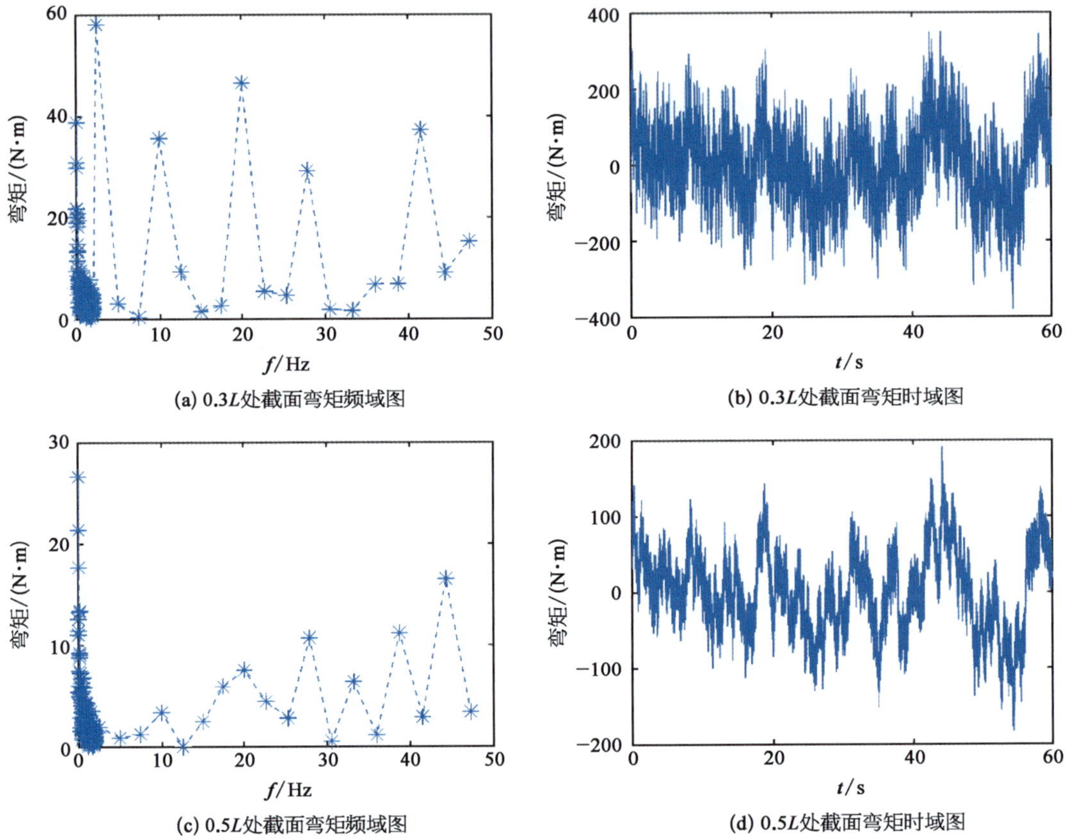


图 16.23　脉动风荷载作用下仿真拉索 C2－2 的截面弯曲内力图

文献[166]推导了拉索弯曲应力计算公式。在文献中，利用索端的转角位移推导出各截面的应力计算公式

$$\sigma_f(x) = 2\alpha\sqrt{E\sigma_1} \cdot e^{-kx} \tag{16.40}$$

式中　$\alpha$——斜拉索端部的倾角(相对于弦的方向)，rad；

$\sigma_1$——斜拉索的轴向应力，$\sigma_1 = \dfrac{H}{A}$，$A$ 为斜拉索横截面面积，$H$ 为拉索弦向索力(轴向力)；

$E$——拉索弹性模量；

$k = \sqrt{H/EI}$，$I$——拉索截面惯性矩。

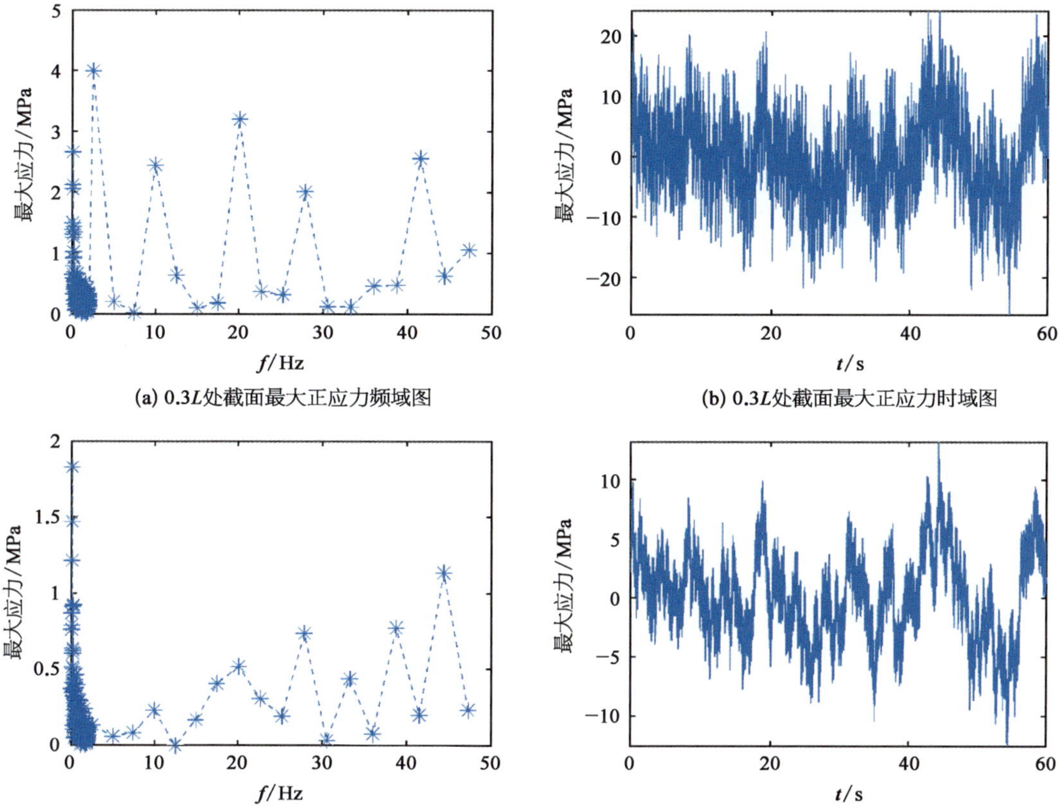


(a) 0.3L处截面最大正应力频域图　(b) 0.3L处截面最大正应力时域图

(c) 0.5L处截面最大正应力频域图　(d) 0.5L处截面最大正应力时域图

图 16.24　脉动风荷载作用下仿真拉索 C2－2 的截面最大正应力图

另外,本节可实现拉索各截面处的转角位移的在线感知,下面将文献中的索端边界条件替换为各截面最大转角位移,可推导出文献中另一种弯曲应力计算公式

$$\sigma_{\max}(x)=2\alpha_{\max}(x)\sqrt{E\sigma_1} \tag{16.41}$$

式中　$\alpha_{\max}(x)$——斜拉索 $x$ 截面的倾角,rad;其他符号同上。

按照式(16.40)和式(16.41)计算沿拉索长度方向上各截面的最大弯曲应力。文献方法计算时,最大转角位移取各节点处时域内的最大值,本文方法取弯曲应力时程中的最大值。图 16.25 为各截面处的三种方法计算的最大弯曲应力。

从图 16.25 中可以看到,本节方法与文献的两种方法计算得到的截面弯曲应力均呈现两端大、中间小的特点。文献方法采用不同的截面转角位移时,计算结果相差较大。利用端部转角位移计算应力时,距离索端约 3 m 后,拉索弯矩基本为 0 MPa。但此时转角位移相对于索端,并没有降低很多,这从文献方法利用截面转角位移计算得到的弯曲应力可以看出。相比于文献方法,本节方法计算的弯曲应力比较适中,在数量级上与截面转角位移计算应力一致。并且,在拉索中间部分,拉索仍存在 12 MPa 以上的应力,在中间区段变化也比较平缓,这与文献中的结论一致。另外,相

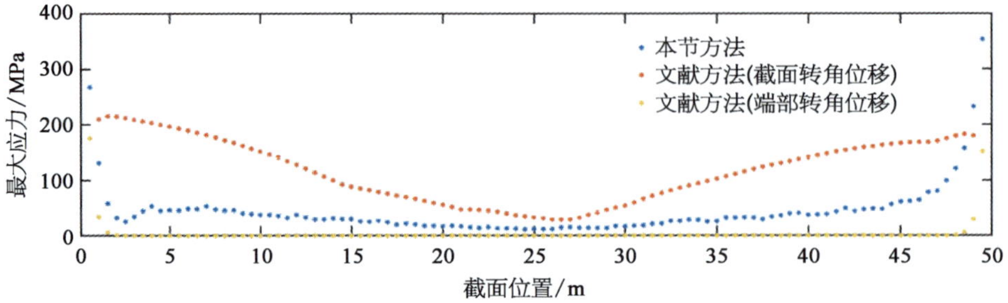


图 16.25 脉动风荷载作用下仿真拉索 C2-2 沿索长截面最大弯曲应力图

比于文献中的推导公式，本节方法考虑的因素更加全面，与实际拉索更加接近，利用本节方法计算的结果应该更加接近真实值。

# 第17章

# 拉索在线疲劳状态智慧感知与寿命预测

## 17.1 概述

拉索作为索缆体系桥梁的重要受力构件，在长期恶劣的使用环境中和疲劳受力状态下，容易发生腐蚀和疲劳破坏。拉索的安全对整个桥梁的安全至关重要，至今，已有多座桥梁因为拉索断裂，发生桥梁的整体坍塌，造成了严重的交通事故和人员伤亡，产生了巨大的经济损失和恶劣的社会影响。随着社会的整体发展，城市桥梁和交通要道的桥梁承受的交通荷载越加频繁，加剧了桥梁老化和损伤的进程。因此，能够实时准确地对拉索疲劳寿命进行评估和预测，是确保桥梁安全运行的重要保障。

由于桥梁使用寿命较长，在长期反复荷载作用下，拉索将不断发生疲劳累积损伤。要获取拉索使用期间疲劳累积损伤的演变，需要不断获取拉索疲劳荷载谱和使用合适的疲劳寿命曲线。目前，获取拉索荷载谱的主要方法包括模拟法和实测法。模拟法通常是对一段时间内的交通荷载进行统计分析，获得车辆荷载模型，然后将其在桥梁模型中加载，通过有限元法获得拉索的疲劳应力谱。从分析方法来看，其主要问题在于车辆荷载模型和有限元模型的准确性，而且随着运营时间的增加，车辆荷载模型和桥梁模型需要不断更新。但是，在桥梁模型中模拟桥梁和拉索局部损伤引起拉索应力增加或应力重分配是比较困难的。基于拉索长期实测数据获取疲劳荷载谱是一种比较理想的方法，它可以连续真实地记录疲劳荷载谱。但目前，直接索力测量传感器的精度和耐久性无法满足疲劳应力的测量精度和长期监测的需求。所以，疲劳分析也只是基于一段时间的连续监测数据获得拉索标准疲劳荷载谱来预测拉索的疲劳寿命。可见，虽然目前的实测法避免了模拟方法的很多缺陷，但仍然存在疲劳荷载谱准确性较差的问题。

针对以上问题，本章提出了基于拉索长期监测信号的拉索疲劳荷载谱的获取和疲劳寿命的预测的方法。该方法借助前面章节获取拉索实时索力和荷载的方法，给出了拉索疲劳分析时的疲劳荷载及疲劳荷载谱的获取方法。然后，通过比较不同的疲劳寿命曲线计算的拉索疲劳寿命，确定了合理的拉索疲劳寿命曲线。最后，基于以上分析，提出了基于长期监测的拉索在线疲劳状态智慧感知和寿命预测策略。

## 17.2 拉索疲劳荷载

由前面章节可知,在桥梁正常运营期间,拉索索力的变化主要包括由拉索振动引起的振动附加索力和由外荷载作用引起拉索频率变化产生的时变索力。同时,在拉索截面不同位置处,除了轴向的索力变化,还作用着由于弯曲内力引起的时变应力。以上实时变化的索力产生的应力和时变的截面弯曲应力是使拉索产生疲劳问题的主要原因。

在本章拉索疲劳寿命分析时,分别按拉索截面整体发生疲劳破坏和拉索截面索丝发生疲劳破坏的两种疲劳破坏模式进行分析。拉索截面整体疲劳寿命分析时,只考虑轴向变化索力,拉索疲劳荷载取拉索截面的平均疲劳荷载谱,包括时变索力和振动附加索力引起的拉索截面平均时变应力。拉索截面索丝疲劳寿命分析时,疲劳荷载同时考虑轴向变化索力和弯曲内力,疲劳荷载谱在拉索截面平均时变应力的基础上增加时变的索丝弯曲应力。

桥梁中的拉索通常为小垂度,在拉索振动时,引起的拉索构型的变化非常小。在这种情况下,拉索弦向力可近似认为是拉索轴向力。拉索平均时变应力可直接采用时变索力加上振动附加索力再除以拉索截面面积获得。

由前面章节可知,引起拉索疲劳问题的荷载均可实现在线智慧感知。因此,疲劳荷载也可以实现智能化的获取。

## 17.3 拉索疲劳应力谱的获取

在正式进行拉索疲劳寿命的预测时,需要首先得到拉索的应力幅值谱。实际中,拉索截面平均应力时程和截面索丝的应力时程均为随机荷载,需要将随机荷载转换为应力幅值谱。这个过程需要用到循环计数法,将时间历程转化为一系列的应力循环。

目前,针对疲劳分析的应力幅统计方法有很多,下面介绍最简单的波峰-波谷计数法和使用最普遍的雨流计数法。

在疲劳分析时,损伤累积过程主要取决于载荷谱中局部极值的数值和次序。波峰-波谷计数法[167]是通过寻找局部最大值和其对应的前一个局部最小值,计数一次,如图 17.1 中 $(m_k^{\mathrm{mMc}},\ M_k)$ 为一次循环。通过对应力时程进行统计,可获得最小-最大应力矩阵和最小-最大应力循环。

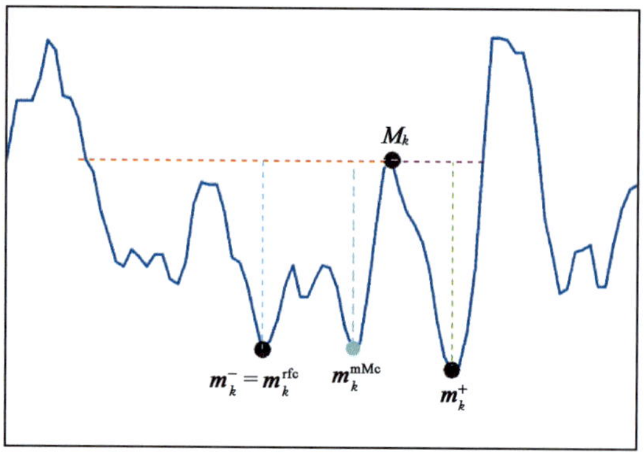


图 17.1 应力循环统计方法

雨流计数法于 1968 年由 Matsuishi 和 Endo 提出,并于 1987 年由 Rychlik 给出了一个新的定义[168]。其定义为:从每个局部最大值 $M_k$ 开始,应在向后和向前方向上,以尽可能小地向下偏移到达同一水平面以上,确定每侧的最小值 $m_k^-$ 和 $m_k^+$。与最大值偏差最小的最小值定义为相应的雨流最小值 $m_k^{\mathrm{rfc}}$,则第 $k$ 次雨流循环定义为 $(m_k^{\mathrm{rfc}},\ M_k)$,

如图 17.1 所示。通过对应力时程统计，可获得雨流矩阵和雨流循环。Dowling[169] 研究了基于 8 种最常用的计数方法预测疲劳寿命的精度，发现雨流计数法能够比较好地与实际寿命吻合。

在实际测量过程中，由于信号采集噪声及其他随机干扰的影响，得到的应力结果中往往会包含很多微小的应力波动，在疲劳分析中应进行剔除。在服役期间，拉索疲劳谱特性分析时，按如下步骤进行：

Step 1：通过雨流计数滤波，剔除应变中存在的微小波动。

Step 2：识别滤波后的应力载荷谱中所有的转折点，即局部最大值点和最小值点。

Step 3：分析疲劳荷载的一般特性，包括平均频次、穿越强度、不规则系数等。

Step 4：通过波峰-波谷计数法和雨流计数法计算应力幅值循环，并获得雨流计数矩阵和最大-最小矩阵。

在 Step 3 中，反映随机荷载谱的三个基本参数定义如下：① 平均频次为单位时间内，应力数据上穿平均应力的总次数；② 交叉强度为单位时间内，应力数据上穿某级应力的平均次数；③ 不规则系数为平均频次与单位时间内循环总次数的比值，其值越小，表示随机荷载谱越不规则。

描述循环应力水平的基本量定义如下：

$$S_a = (S_{\max} - S_{\min})/2 \tag{17.1}$$

$$S_m = (S_{\max} + S_{\min})/2 \tag{17.2}$$

式中　$S_a$ ——应力幅；

$S_m$ ——平均应力；

$S_{\max}$ ——雨流计数法和波峰-波谷计数法中的最大值 $M_k$；

$S_{\min}$ ——雨流计数法和波峰-波谷计数法中的最小值 $m_k^{\mathrm{rfc}}$ 和 $m_k^{\mathrm{mMc}}$。

目前，波峰-波谷计数法和雨流计数法均已程序化，可将应力时程数据智能化地转换为应力幅值谱[170]。

## 17.4　疲劳寿命预测方法

### 17.4.1　拉索 *S*-*N* 曲线

疲劳按照循环应力作用水平和寿命循环次数，可划分为应力疲劳和应变疲劳。应力疲劳也称为高周疲劳。应变疲劳称为低周疲劳。拉索在正常使用条件下，应力水平较低，一般低于其屈服应力的 50%。在较低的应力水平下，拉索疲劳寿命一般可达到 $10^6 \sim 10^7$ 次。因此，拉索的疲劳属于应力疲劳或高周疲劳。

对于应力疲劳，最常用的一种疲劳寿命预测理论为基于 $S-N$ 曲线的疲劳评估，该方法原理简单，无须假定初始裂纹。$S-N$ 曲线反映的是应力幅 $S$ 与疲劳寿命 $N$ 之间的关系，一般可表示为式(17.3)，式(17.4)为它的对数表示形式。

$$S_a^m N = C \tag{17.3}$$

$$\lg N = \lg C - m \lg S_a \tag{17.4}$$

式中　$C$ 和 $m$ 是与材料、应力比、加载方式等有关的参数，通常通过大量的疲劳试验数据统计分析获得。

材料的基本 $S-N$ 曲线通常给出的是光滑材料在恒幅对称循环应力作用下的疲劳寿命。已有研究表明，当应力幅 $S_a$ 给定时，循环荷载中平均拉应力增加，对于疲劳裂纹的萌生和扩展是不利的，将使疲劳寿命 $N$ 降低[171]。在应用对称循环时的 $S-N$ 曲线时，需要考虑平均应力的影响。有不少学者提出了多种平均用力和应力幅之间的关系，如 Soderberg 方程、Goodman 方程和 Gerber 方程。其中，Goodman 方程计算结果居中，得到了比较广泛的应用。Goodman 方程的表达式如下：

$$S_a = S_{-1}(1 - S_m / S_b) \tag{17.5}$$

式中　$S_a$ ——修正后的疲劳应力幅；

$S_{-1}$ ——对称循环荷载条件下疲劳极限；

$S_m$ ——平均应力；

$S_b$ ——材料的抗拉强度。

美国得克萨斯大学 Paulson 等[172-173]通过对不同厂家的 700 多根钢绞线进行疲劳试验，对结果进行统计分析提出了 270 级(相当于我国 1860 级)钢绞线的 $S-N$ 曲线，其表达式为：

$$\lg N = 13.93 - 3.5 \lg S_a \tag{17.6}$$

式中，当 $N = 2 \times 10^6$ 时，达到 99.7%保证率的 $S_a$ 为 151 MPa。

以上得到的疲劳曲线是在无腐蚀和平均拉应力为 1 050 MPa 下得到的。一般情况下，拉索无法达到此平均拉应力工作。根据 Goodman 方程，可推导出 1860 级钢绞线平均拉应力的 $S-N$ 曲线[174]：

$$\lg N = 15.21 + 3.5 \lg \frac{S_b - S_m}{S_b} - 3.5 \lg S_a \tag{17.7}$$

当钢绞线存在开裂截面时，钢绞线将出现腐蚀疲劳，对拉索的疲劳强度具有很大影响。Paulson 等对空气中和开裂截面钢绞线进行研究，发现开裂截面上钢绞线疲劳应力幅为空气中的 73%。假定钢绞线的腐蚀疲劳强度为空气中的 $a$ 倍。$a$ 值反映腐蚀速率，值越小，腐蚀程度越严重，可通过实验获得，一般取 $1/9 \leqslant a \leqslant 2/3$。相关研究表明，材料有无腐蚀对 $S-N$ 曲线的斜率影响较小，因此可参照无腐蚀方程，推导出开裂截面钢绞线平均应力的 $S-N$ 曲线[174]：

$$\lg N = 14.73 + 3.5 \lg \frac{a(S_b - S_m)}{S_b} - 3.5 \lg S_a \tag{17.8}$$

马林[175]对国产 1860 级低松弛预应力钢绞线进行了疲劳试验，在疲劳试验中，采用的疲劳下限应力为 950 MPa，应力幅值在 195～390 MPa 间变化。通过试验结果进行分析，建议采用 $S-N$ 曲线形式为：

$$\lg N = 13.84 - 3.5 \lg S_a \tag{17.9}$$

该结果与 Paulson 等的结果相近，印证了两种疲劳曲线的正确性。为了考虑平均应力的影响，本节采用式(17.7)和式(17.8)。

由于拉索的疲劳试验耗时耗力，我国目前还没有比较系统完整的疲劳强度计算公式。1990 年美国工程师协会斜拉桥委员会颁布的《斜拉桥设计指南》指出，通过对单根钢绞线和拉索的疲劳试验结果对比发现，由于制索效应和锚具效应的影响，拉索的疲劳强度要比钢绞线的疲劳强度低。

根据瑞士 M. BirKenmaier[176] 和美国后张法协会斜拉桥委员会颁布的 *RECOMMENDATIONS FOR STAY CABLE DESIGN AND TESTING*[177] 给出的拉索疲劳强度和钢丝的疲劳强度关系，可分别得到式(17.10)(瑞士)和式(17.11)(美国)的拉索疲劳寿命曲线。

$$\lg N = \lg C - 3.5\lg(1.6S_{ca}) \tag{17.10}$$

$$\lg N = \lg C - 3.5\lg(S_{ca} + 100) \tag{17.11}$$

式中　$S_{ca}$ ——拉索的疲劳应力幅。

### 17.4.2　变幅荷载作用下的疲劳寿命

17.4.1 的 $S-N$ 曲线通常是在恒幅载荷下得到的，而在实际运营期间，工作荷载都是随机变幅荷载，因此，无法直接应用 $S-N$ 曲线求解。通过 17.3 节内容可知，通过循环计数方法可将随机的应力时程转换为疲劳应力幅值谱，由疲劳应力幅值谱可获得各级应力幅及其对应的频次。对每级应力幅可利用 $S-N$ 曲线求得相应的寿命。疲劳破坏是在应力幅的反复作用下，逐渐累积微小损伤直至破坏的过程。因此，可将每次损伤进行叠加，获得总的损伤。

目前，用于累积损伤的计算模型有很多，但应用最广泛、最简单和最著名的是 Palmgren - Miner 线性疲劳累积损伤理论(简称“Miner 理论”)。Miner 理论认为，每一个交变荷载对构件的疲劳损伤只与大小有关，与它们作用的先后顺序无关。也就是说，无论在裂纹形成还是扩展阶段，这个损伤量都能线性叠加。Miner 理论的表达式为：

$$D = \sum D_i = \sum \frac{n_i}{N_i} \quad (i = 1,\ 2,\ \cdots,\ k) \tag{17.12}$$

式中　$D_i$ ——在第 $i$ 级应力水平 $S_{ai}$ 作用下，经受 $n_i$ 次循环的损伤；

$n_i$ —— $S_{ai}$ 作用的循环次数，可通过幅值谱获得；

$N_i$ —— $S_{ai}$ 对应的疲劳寿命，可通过 $S-N$ 曲线获得。

一般认为，$D<1$ 时，拉索是安全的，未发生疲劳破坏；$D\geqslant 1$ 时，拉索将发生疲劳破坏。但是由于 Miner 理论考虑的因素比较少，在许多情况下，$D$ 的临界值并非恰好为 1，而是在 0.1～10 之间变化。对于桥梁工程结构所承受的随机荷载，试件破坏时的 $D$ 值一般与 1 接近。因此，仍取 $D=1$ 估算拉索疲劳寿命。

拉索在外部激励下产生的应力幅变化是随机的，通过“损伤度相等”的原则，可将变幅应力循环转化为常幅应力循环。等效常幅应力计算公式如下：

$$S_{ae} = \left[\frac{\sum n_i S_{ai}^m}{\sum n_i}\right]^{1/m} \tag{17.13}$$

式中　$S_{ai}$ ——变幅应力；

$\sum n_i$ ——总的重复作用；

$m$——$S-N$ 曲线参数。

计算出等效的常幅应力后，可将其代入 $S-N$ 曲线计算得到寿命 $N$，然后通过荷载谱统计的单位时间内的应力幅次数计算出相应的寿命。

## 17.5 工程案例分析

### 17.5.1 工程背景介绍

疲劳寿命分析时，采用第 14 章使用的甬江大桥，选取 A02、A05、A07、A09 和 A11 五根拉索进行分析。平均应力时程分析时间段选取 2019 年 4 月 1 日—4 月 30 日，在这一个月的数据中缺失 4 月 10 日和 4 月 11 日的数据，实际分析天数为 28 天。

拉索截面索丝应力幅分析时，由于在监测系统中拉索上未安装倾角仪，因此，本节分析时用有限元模拟转角位移。模拟转角位移的方法是：在有限元模型的测点处，按监测的频域内位移的频率和幅值进行加载，并调整各频率处的加载权重，使有限元计算的横向位移与实测位移在频域内基本吻合时，计算得到的转角位移作为模拟转角位移。由于模拟的转角位移与实际转角位移存在误差，用模拟转角位移分析索丝应力并不一定准确。因此，本节索丝疲劳应力幅仅作为截面索丝疲劳谱和评估的方法介绍。在实例中，仅选取了 A02 拉索 2019 年 4 月 1 日的数据进行了分析。

### 17.5.2 疲劳荷载在线获取

按照前面章节的相关计算方法，分别计算了时变索力、振动附加索力和时变截面弯曲内力。图 17.2 为 2019 年 4 月 1 日 A02 拉索其中 10 min 的时变索力时程图和 A02 拉索 0.1$L$ 截面处其中 10 min 的弯曲内力时程图及相应的应力时程图。剩余拉索的索力及其应力时程图在附录中给出。

从图 17.2 可以看出，一般情况下，拉索应力幅的变化主要是由外荷载引起的拉索时变索力引起的，拉索本身振动引起的振动附加索力幅值较小。考察 2019 年 4—6 月的数据，发现在有风或风雨天气时，拉索可能发生大幅振动。此时，会引起较大的振动附加索力，且其引起的应力不可忽略。在白天与交通荷载共同作用时，更容易出现。这对拉索疲劳安全来说更加不利。如图 17.3 所示，2019 年 4 月 9 日，有小雨和 3 级风，A02 号拉索振动附加索力在一些时段明显增加。

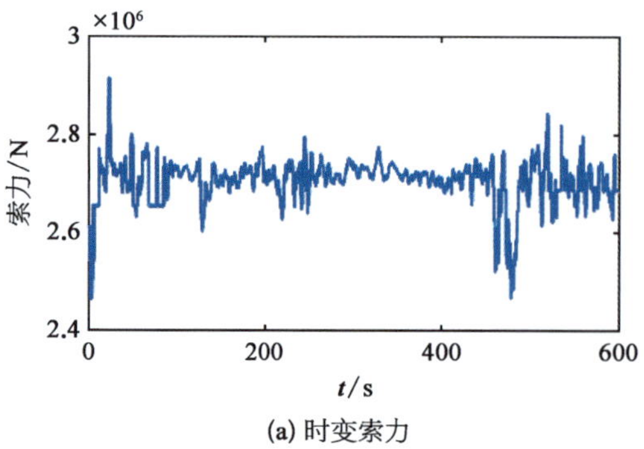

(a) 时变索力

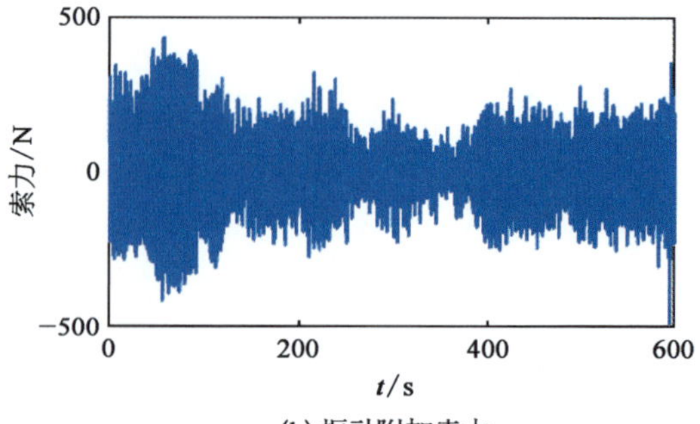

(b) 振动附加索力

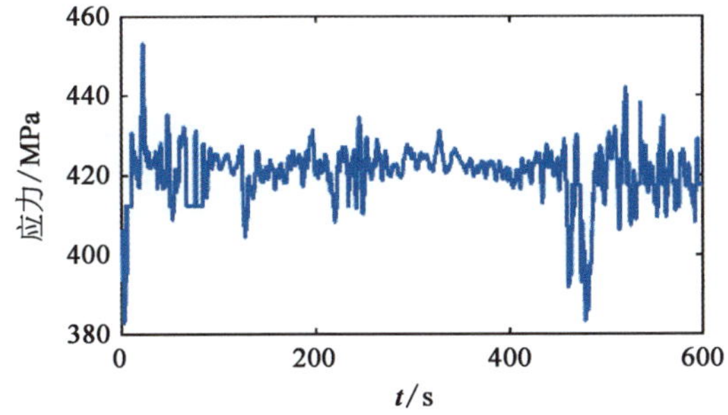


(c) 时变索力引起的平均应力

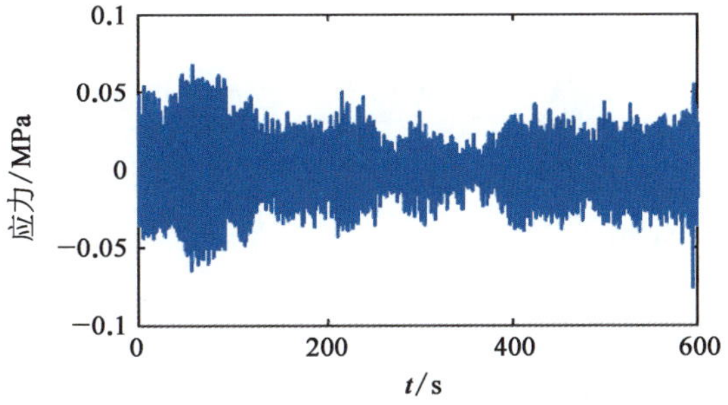


(d) 振动附加索力引起的平均应力

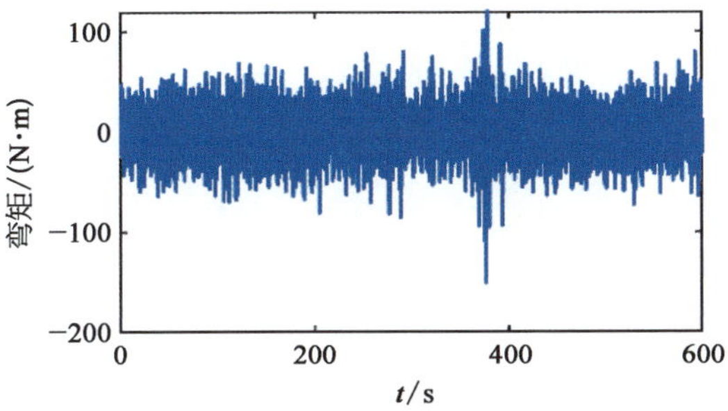


(e) 截面弯矩内力（0.1*L*截面）

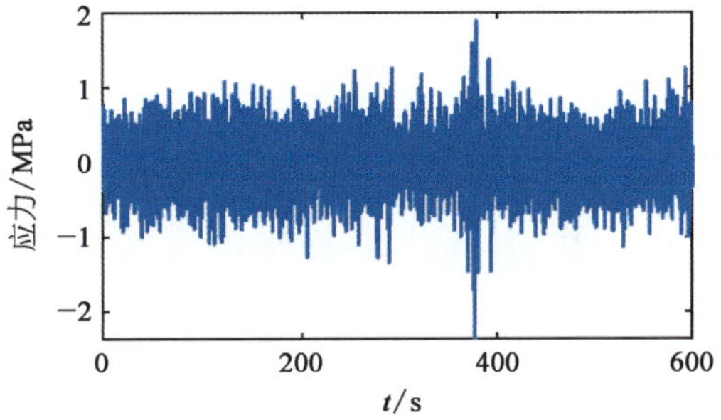


(f) 弯矩引起的最大正应力（0.1*L*截面）

图 17.2 A02 拉索 10 min 索力时程图和应力时程图

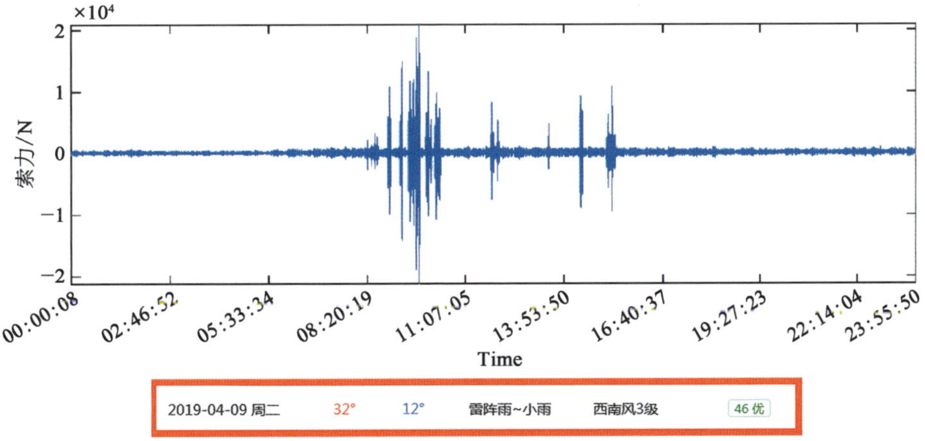


图 17.3 2019 年 4 月 9 日 A02 拉索振动附加索力

图 17.4 为 2019 年 4 月 1 日 A02 拉索不同截面处其中 10 min 的弯曲内力及在该截面上的最大弯曲应力时程图。

从图 17.4 可以看出，拉索截面弯曲内力和最大应力基本呈现两头大、中间小的规律，越靠近端部，增加越明显，这与第 15 章中的研究结论相吻合。

本节提到的拉索时变内力和应力，均可由前面相应章节的在线智慧感知方法获得。所以，拉索的疲劳荷载也可以实现在线获取。

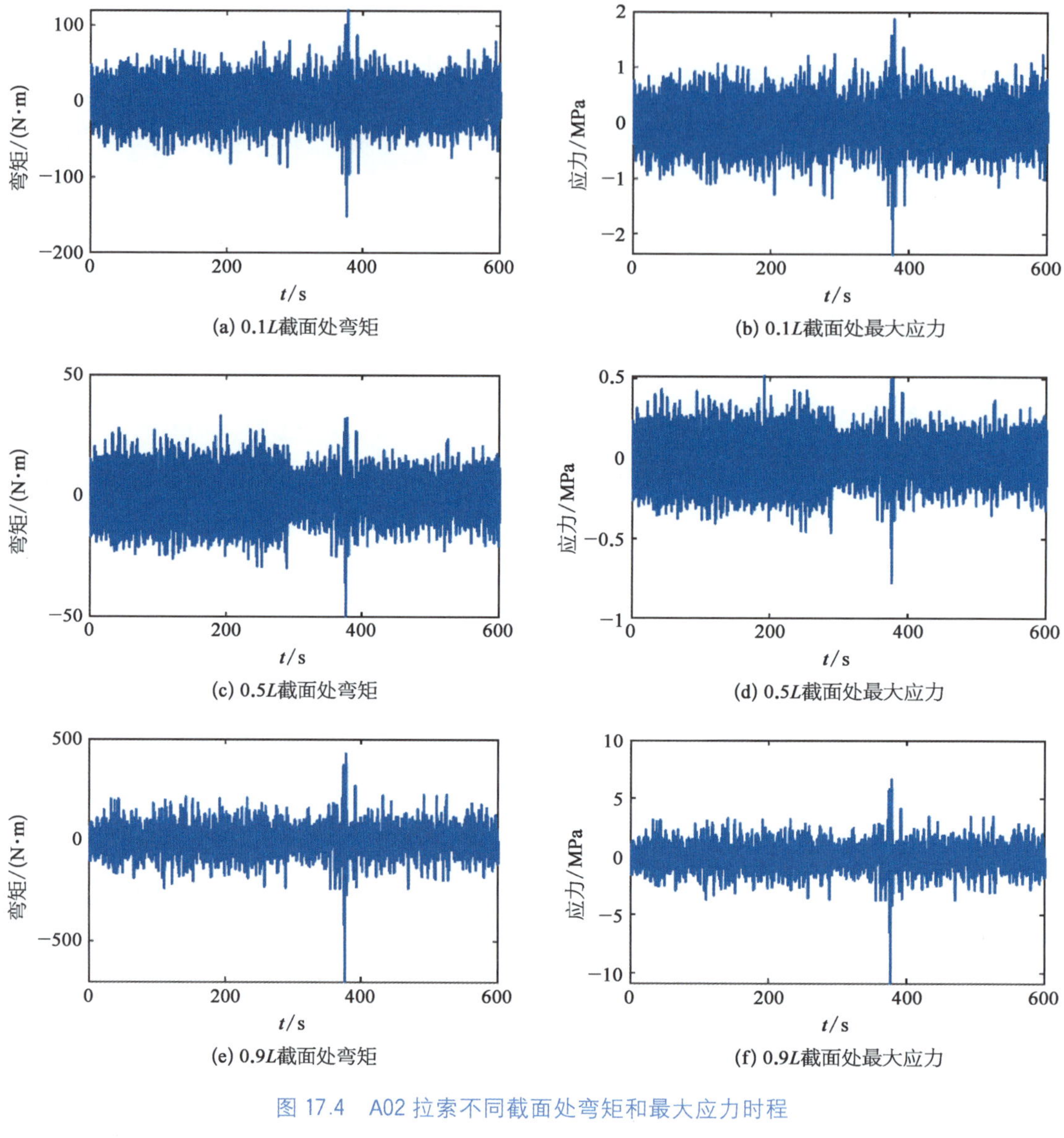


(a) 0.1L截面处弯矩　(b) 0.1L截面处最大应力

(c) 0.5L截面处弯矩　(d) 0.5L截面处最大应力

(e) 0.9L截面处弯矩　(f) 0.9L截面处最大应力

图 17.4　A02 拉索不同截面处弯矩和最大应力时程

### 17.5.3　疲劳荷载谱在线获取

按照 17.3 节中的步骤，对拉索的疲劳荷载谱进行分析。一般认为，只有较重的载重车辆才会引起疲劳损伤，小型车不引起疲劳问题。BS 5400 规范认为小于 30 kN 的车辆不会对桥梁构件产生疲劳损伤。当 30 kN 的车辆作用在桥上时，引起拉索最大应力变化约为 2 MPa。因此，对应力幅值谱进行滤波时，选取阈值为 2 MPa，小于 2 MPa 的应力幅将被去除。图 17.5 为 A02 拉索其中一段应力时程滤波前后数据对比图。

从图 17.5 可以看出，经过对应力时程数据进行滤波，数据中很多微小应力幅被剔除，仅剩下比较大的应力循环。这一步在疲劳统计时是非常重要的。

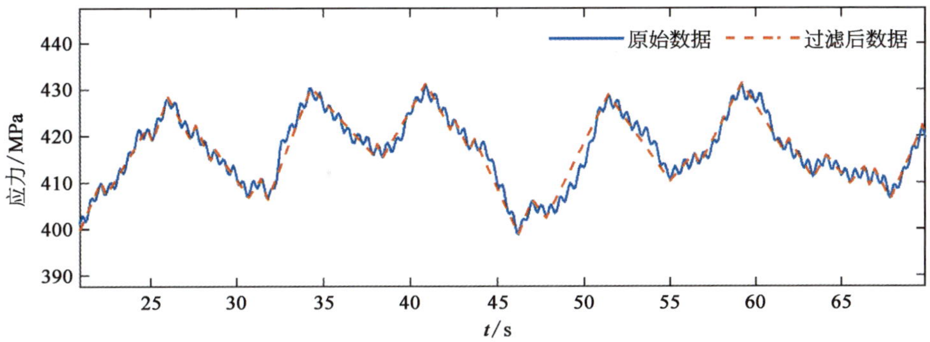


图 17.5 A02 应力时程滤波前后对比图

在对平均应力疲劳荷载谱进行分析前，分别取 1 天、1 周和 1 个月的数据计算交叉强度和应力谱的不规则系数。计算时，排除 4 月 10 日—11 日两天数据。1 周数据中排除 4 月 10 日和 11 日所在的这一周的数据。表 17.1 给出了以天、周和月为单位计算得到的应力谱的不规则系数的平均值和标准差。

表 17.1 拉索应力幅值不规则系数

| 拉索 | 日均值 | 日标准差 | 周均值 | 周标准差 | 月不规则系数 |
|---|---|---|---|---|---|
| A02 | 0.429 | 0.176 | 0.399 | 0.028 | 0.405 |
| A05 | 0.461 | 0.111 | 0.382 | 0.040 | 0.397 |
| A07 | 0.694 | 0.082 | 0.624 | 0.031 | 0.654 |
| A09 | 0.619 | 0.045 | 0.581 | 0.057 | 0.617 |
| A11 | 0.692 | 0.036 | 0.612 | 0.055 | 0.687 |

从表 17.1 可以看出，取 1 天数据与取 1 周数据得到的不规则系数相比，具有较大的离散性，日标准差最大达到 0.176，而周标准差最大仅为 0.055。离散性的大小反映选取数据的稳定性，离散性越小，说明选取时段的数据更能够代表一般性的规律。从平均值来看，不规则系数的离散性较大的拉索，周均值与月不规则系数比较接近，而日均值与月不规则系数相差较大；对于离散性较小的拉索，日均值、周均值和月不规则系数都比较接近。按照上述分析，结合表中结果可知，在对拉索的应力时程信号进行统计分析时，对于长索应该至少选取 1 周的数据，才能更好地反映数据的一般性规律。对于短索，使用较短时间的数据便可以反映一般性的规律。综合以上分析，本节中五根拉索统一选取 1 周的数据进行拉索疲劳统计分析。

图 17.6 为五根拉索的 1 周数据的交叉强度图。

从图 17.6 可以看出，交叉强度的峰值均出现在应力均值附近。这说明应力变化主要集中在平均值附近比较窄的区域内波动，随着应力的减小或增加，交叉强度迅速减小，即较小应力和较大应力出现得比较少。短索交叉强度应力等级分布宽度比长索要宽，即短索的应力幅值变化较长索更大。另外，随着索长的减小，交叉强度峰值从均值右侧逐渐向均值左侧移动，长索偏离更加明显，中

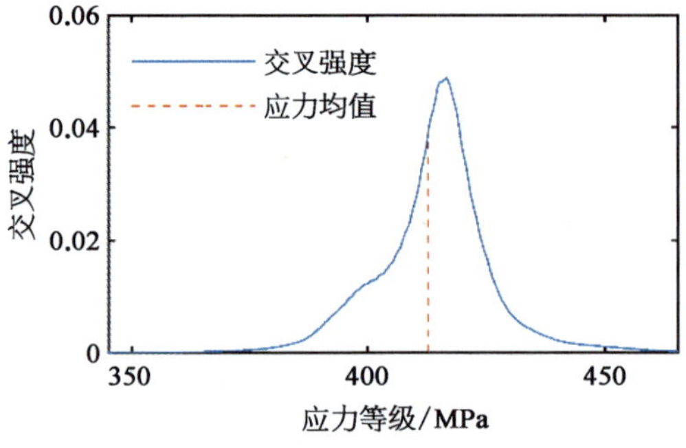


(a) A02拉索

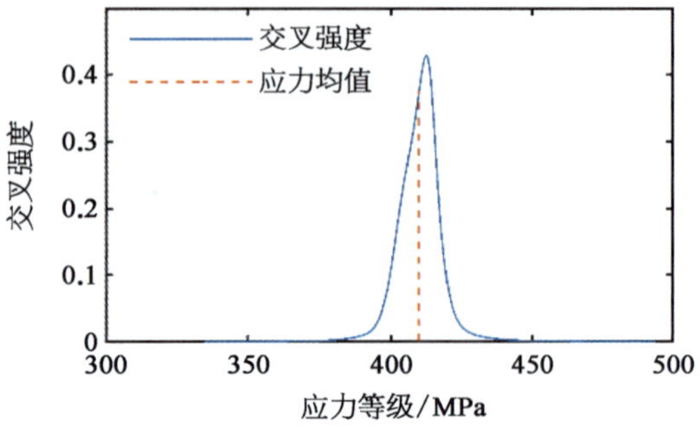


(b) A05拉索

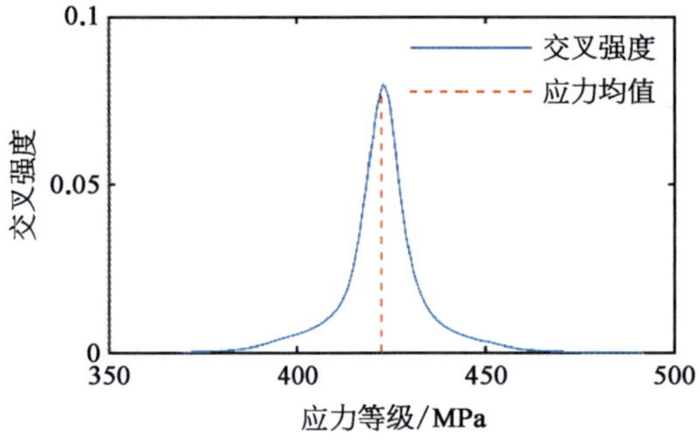


(c) A07拉索

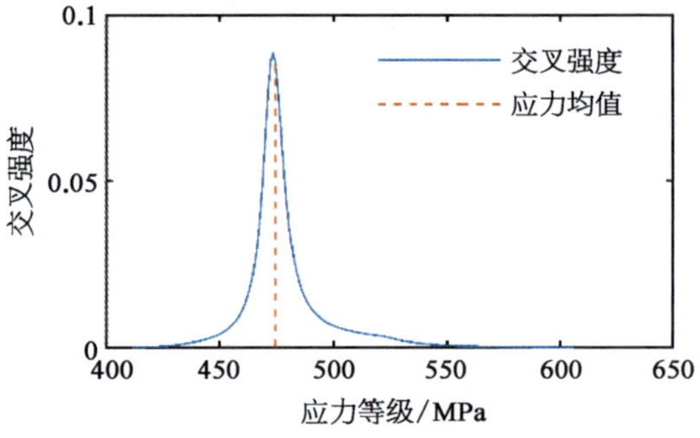


(d) A09拉索

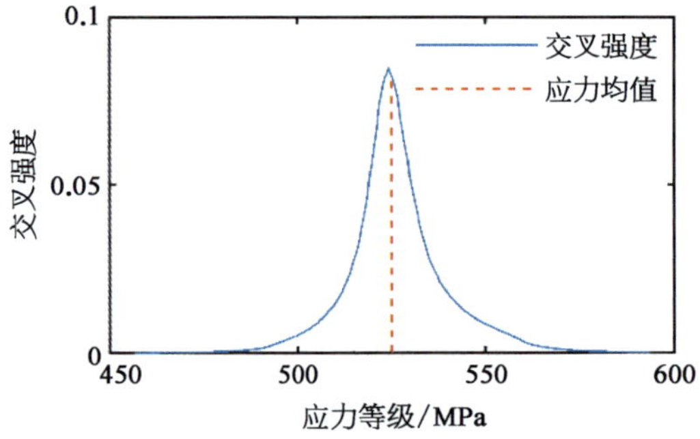


(e) A11拉索

图 17.6 A02、A05、A07、A09、A11 拉索的交叉强度图

短索偏离较小。这说明,长索平均应力在均值水平以上的应力较多,短索则在平均应力均值以下水平的应力较多。

### 17.5.4 应力循环统计

下面进一步对拉索应力循环的特性进行分析。在分析时,将拉索最小应力和最大应力以约 0.5 MPa 为应力等级间隔平均划分为多个等级。在每个单位时间内(以周为单位时间)应力循环的次数分别按照雨流计数法和波峰-波谷法进行计数统计,得到雨流计数矩阵和最大-最小矩阵。

图 17.7 为 A02 拉索的两种计数方法得到的计数矩阵的三维图及其等高线图。等高线图绘制时做了平滑处理,平滑处理的应力间隔为 1 MPa。

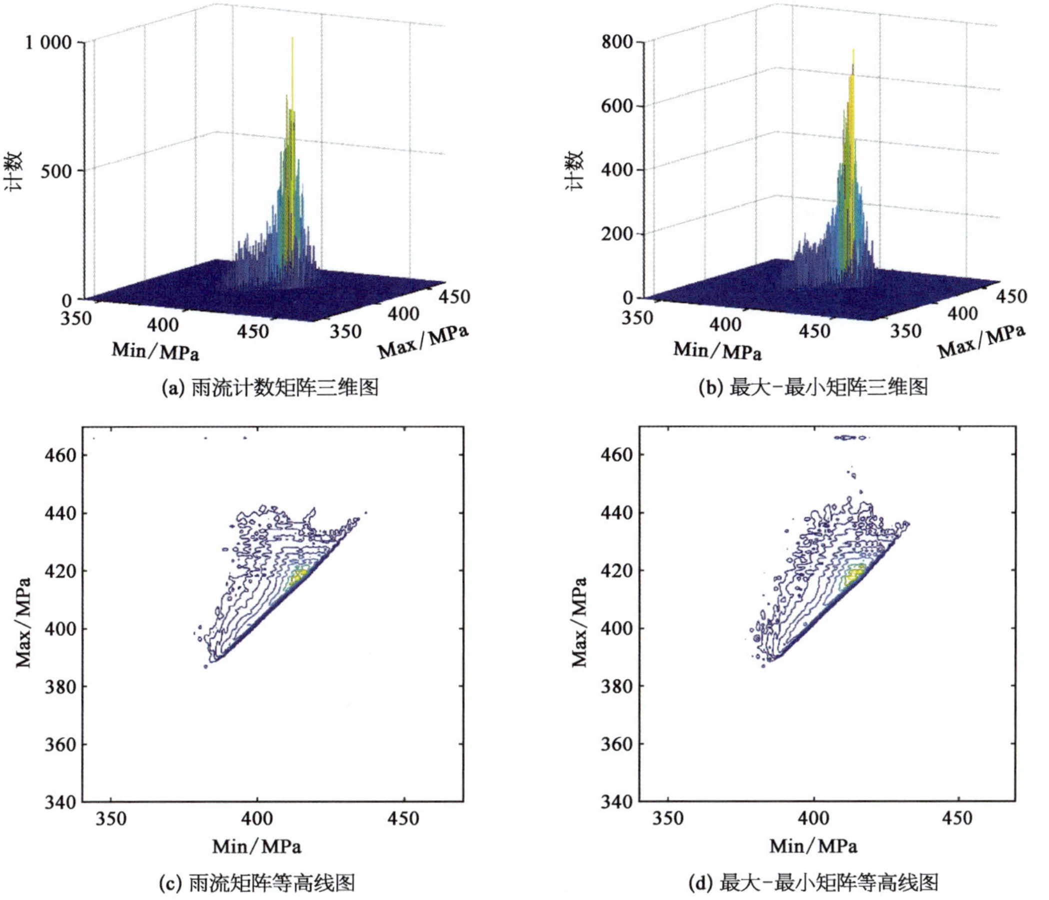


图 17.7　A02 拉索雨流计数矩阵与最大-最小矩阵

从图 17.7 可以看出,与最大-最小矩阵相比,雨流矩阵包含更多的循环细节,且具有更高的计数频次。在等高线图中,可以看出雨流计数矩阵的形状比较尖锐,最大-最小矩阵的形状比较平缓。在雨流矩阵比较尖锐的区域,具有最大值较大、最小值较小的特点,即具有较大的应力幅。基于上述分析,对拉索疲劳分析时,最大-最小矩阵比雨流计数矩阵计算疲劳寿命更长,这对于拉索的疲劳安全评估是不利的。

图 17.8 为五根拉索 1 周时间的应力时程的雨流计数矩阵的云图。

在图 17.8 中,黄色区域是循环统计次数最多的区域,主对角线上对应的最大应力和最小应力相等,应力幅值为 0;副对角线上对应的应力幅值最大。越靠近主对角线,应力幅值越小;越靠近副对角线,应力幅值越大。从图中可以看出,拉索统计频次最高的区域均靠近主对角线。这说明,大多数循环应力幅值均比较小。A02、A05 拉索的雨流计数矩阵云图在主对角线方向上扁平分布,说明其应力幅值变化较小;A07～A11 的三根拉索的云图在副对角线上更加尖锐,说明相比于长索,短索具有更大的应力幅。从平均应力来看,短索的应力水平也比长索大。这可以初步判断长索比短索具有更长的疲劳寿命。

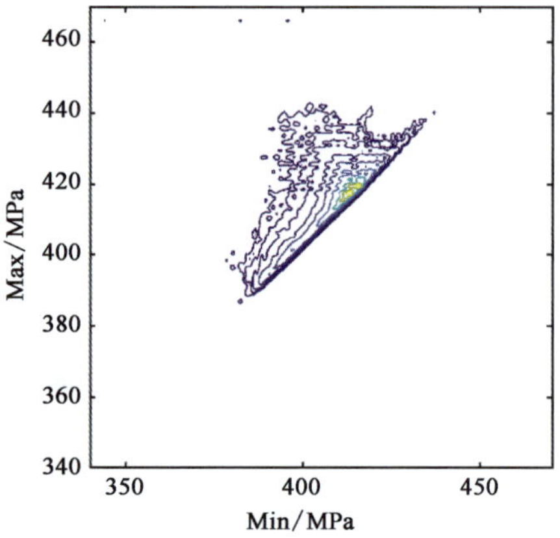


(a) A02

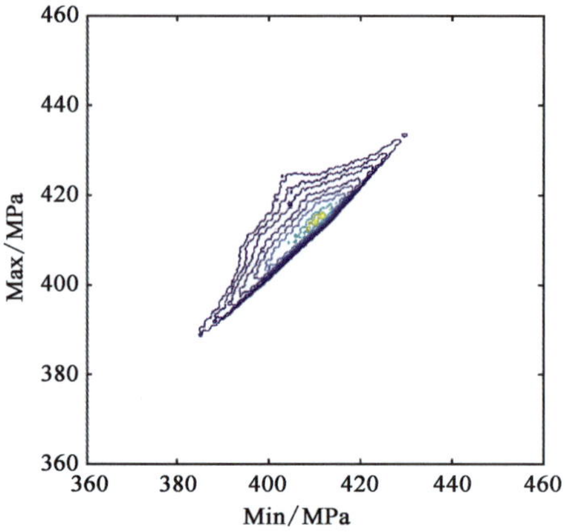


(b) A05

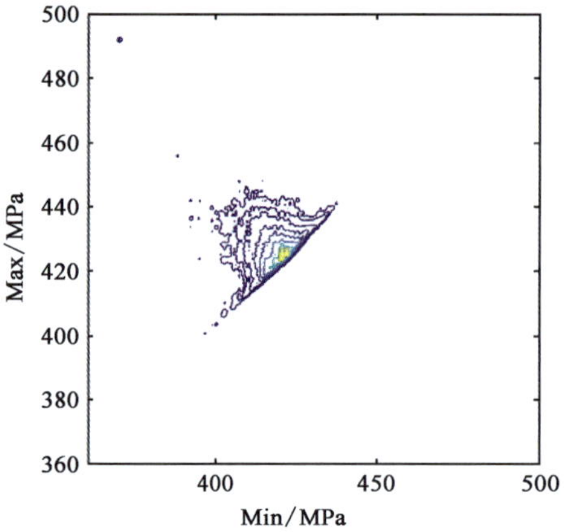


(c) A07

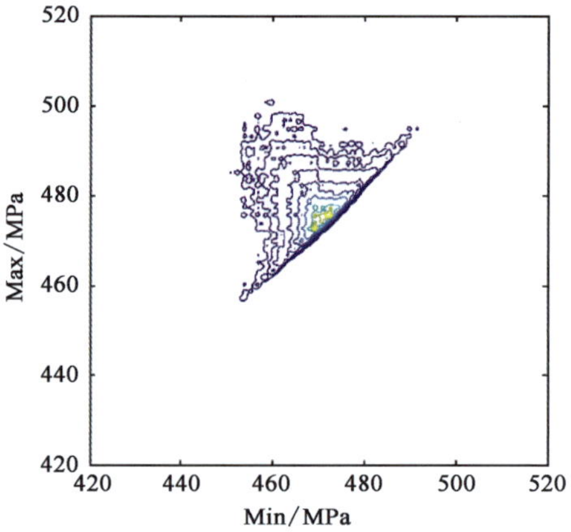


(d) A09

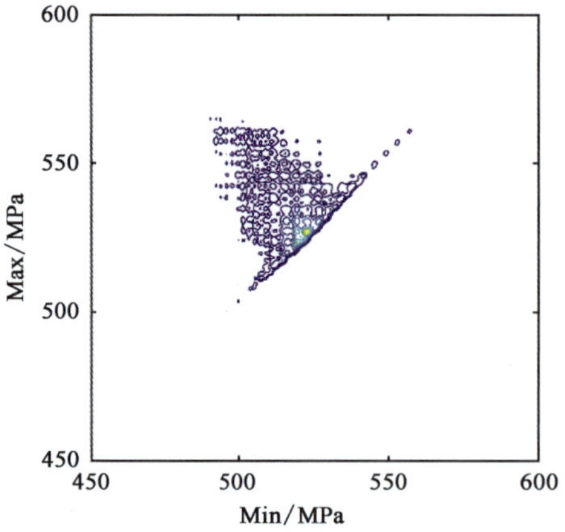


(e) A11

图 17.8　A02、A05、A07、A09、A11 拉索雨流计数矩阵云图

根据图 17.8 的雨流计数矩阵已经可以计算出拉索的疲劳损伤矩阵，进而求得拉索的疲劳寿命。图 17.9 为雨流计数方法获得的疲劳应力幅的统计直方图。为了显示清晰，直方图中只给出频次较多的区段。从图 17.9 中可以看出，其与图 17.8 结论相同。

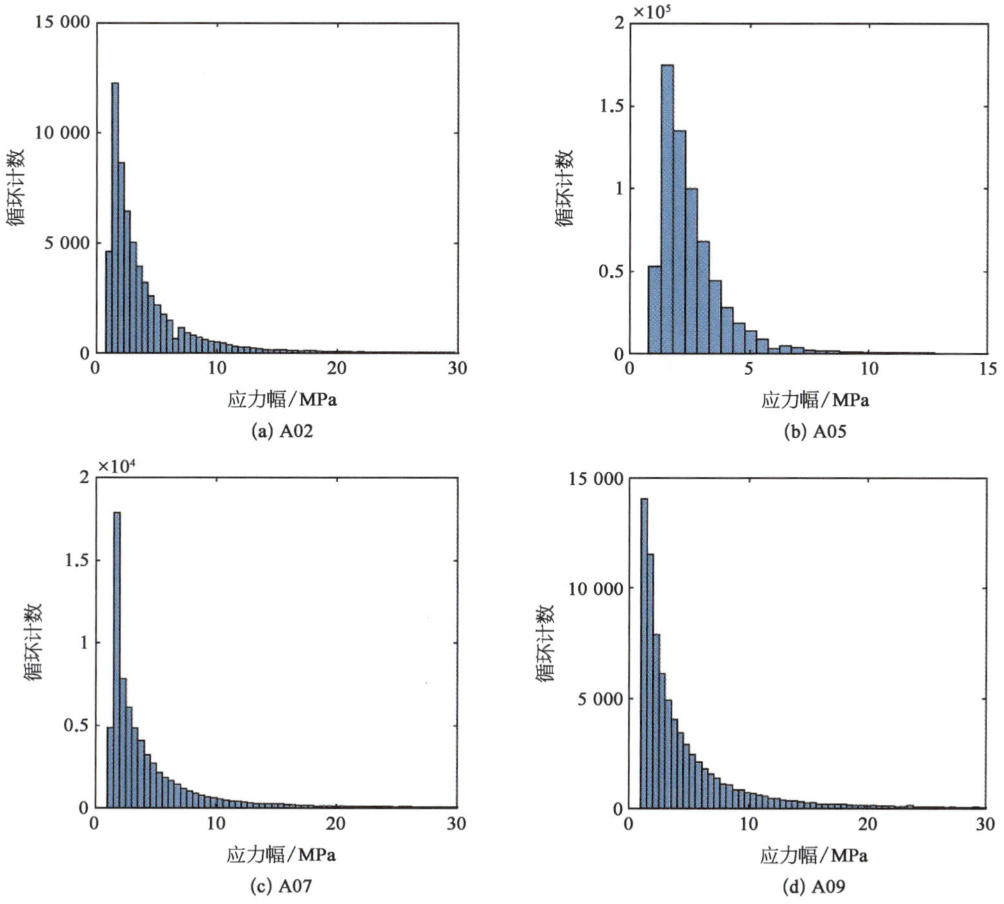


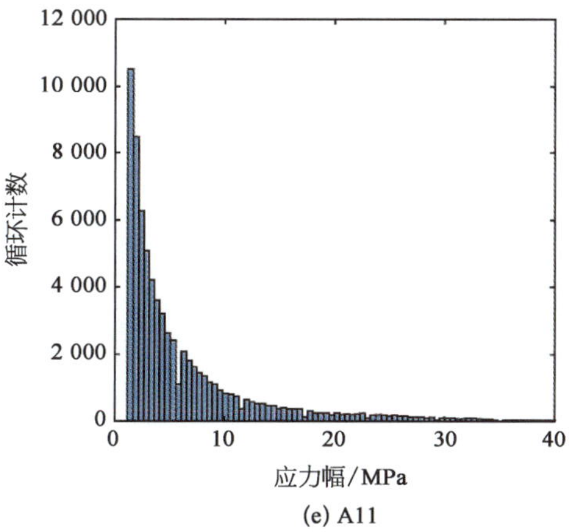


图 17.9　A02、A05、A07、A09、A11 拉索雨流计数法疲劳应力幅统计直方图

对以上疲劳荷载谱的特性分析，均可以实现在线程序化分析，进而实现对拉索疲劳状态的在线感知。

### 17.5.5　拉索截面整体疲劳寿命预测

疲劳寿命预测时，按照钢绞线 $S-N$ 曲线和拉索 $S-N$ 曲线分别按无腐蚀拉索和有腐蚀拉索进行疲劳寿命预测。

在估算疲劳损伤前，先通过雨流计数矩阵计算损伤度矩阵。损伤度矩阵为各应力幅引起的疲劳损伤，整个矩阵中的疲劳损伤的累积即拉索的真实疲劳损伤。图 17.10 为五根拉索的疲劳损伤

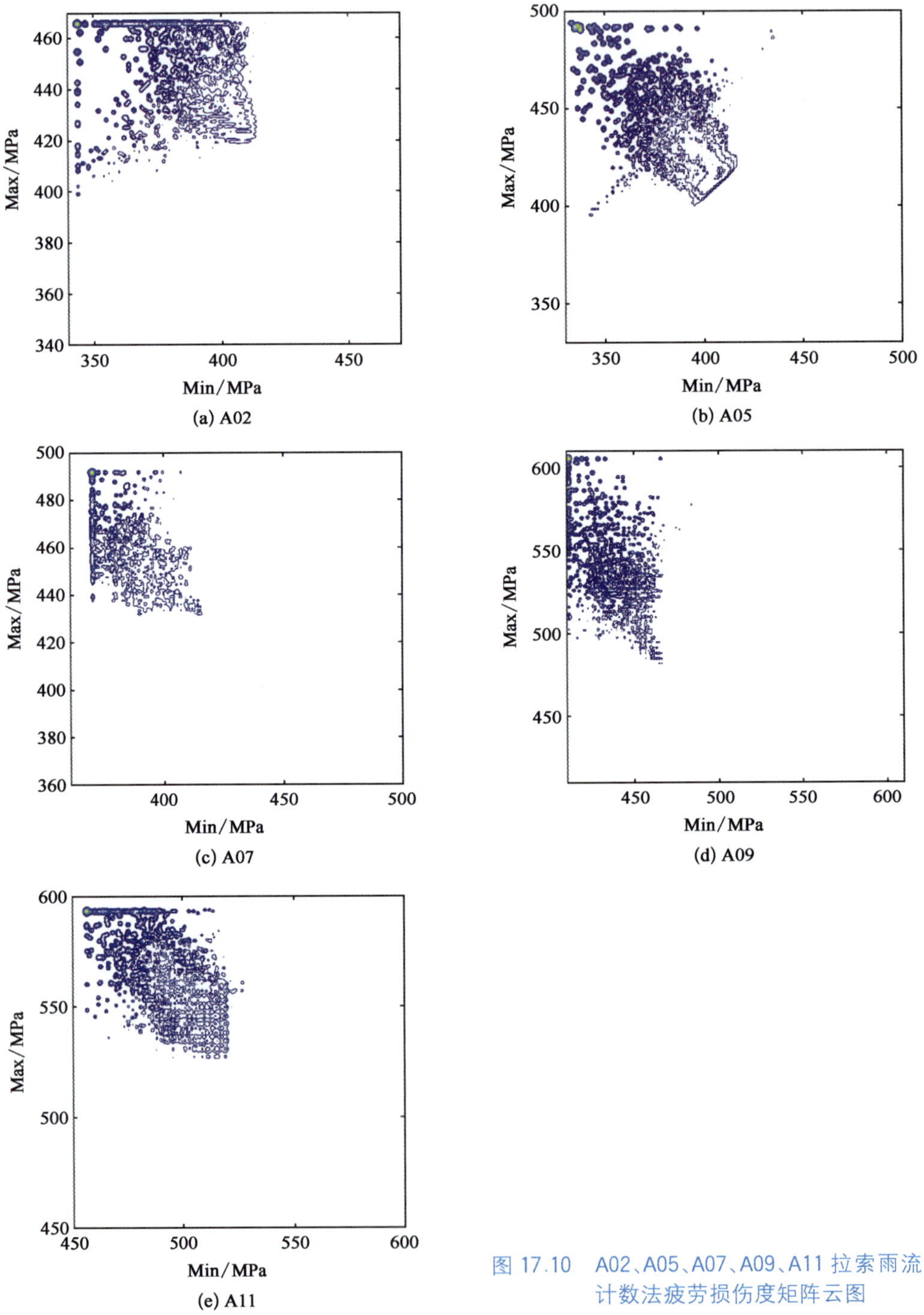


图 17.10　A02、A05、A07、A09、A11 拉索雨流计数法疲劳损伤度矩阵云图

度矩阵云图。

从图 17.10 可以看出，与雨流计数矩阵不同，损伤度矩阵中的元素主要集中在副对角线上，而且越靠近左上角，计算损伤度越大。这说明，较大的应力幅和较大的平均拉应力往往引起更大的疲劳损伤。相比于应力幅循环次数，疲劳应力幅对疲劳累计损伤的影响更显著。

表 17.2 为几种不同方法估算的疲劳寿命。表中，方法 1 为按照式(17.9)估计，拉索应力幅采用平均应力幅；方法 2 为按照式(17.10)估计，拉索应力幅采用 1.6 倍的平均应力幅；方法 3 为按照式(17.11)估计，拉索应力幅采用平均应力幅加上 100 MPa；方法 4 为将统计的应力幅循环按照式(17.13)换算为等效应力幅，然后再按照公式 2 进行估计。考虑腐蚀疲劳时，截面腐蚀速率选为 0.7。

表 17.2　不考虑腐蚀的拉索疲劳寿命　(单位：年)

| 拉索 | 雨流循环统计 | | | | 波峰-波谷循环统计 | | | |
|---|---|---|---|---|---|---|---|---|
| | 方法 1 | 方法 2 | 方法 3 | 方法 4 | 方法 1 | 方法 2 | 方法 3 | 方法 4 |
| A02 | 41 368 | 7 984 | 17 | 7 980 | 93 166 | 17 982 | 17 | 17 971 |
| A05 | 19 346 | 3 734 | 2 | 3 733 | 52 381 | 10 110 | 2 | 10 107 |
| A07 | 17 894 | 3 454 | 14 | 3 453 | 36 945 | 7 131 | 14 | 7 128 |
| A09 | 4 920 | 950 | 11 | 949 | 10 705 | 2 066 | 11 | 2 065 |
| A11 | 8 324 | 1 607 | 10 | 1 606 | 16 942 | 3 270 | 10 | 3 269 |

表 17.3　考虑腐蚀的拉索疲劳寿命　(单位：年)

| 拉索 | 雨流循环统计 | | | | 波峰-波谷循环统计 | | | |
|---|---|---|---|---|---|---|---|---|
| | 方法 1 | 方法 2 | 方法 3 | 方法 4 | 方法 1 | 方法 2 | 方法 3 | 方法 4 |
| A02 | 3 905 | 754 | 2 | 758 | 8 795 | 1 698 | 2 | 1 708 |
| A05 | 1 824 | 352 | 0 | 355 | 4 959 | 957 | 0 | 960 |
| A07 | 1 697 | 327 | 1 | 328 | 3 511 | 678 | 1 | 677 |
| A09 | 446 | 86 | 1 | 90 | 969 | 187 | 1 | 196 |
| A11 | 784 | 151 | 1 | 153 | 1 595 | 308 | 1 | 311 |

从表 17.2 和表 17.3 可以看出，采用不同公式的应力幅，计算的疲劳寿命相差很大。按照方法 1 计算的疲劳寿命最大，该方法未考虑成品索锚具及钢绞线之间的相互影响，对拉索的疲劳寿命有一定高估。按照方法 3 计算，会严重低估拉索的疲劳寿命，计算结果明显有误。相比于这两种方法，采用方法 2 计算的疲劳寿命更加合理。比较方法 2 和方法 4 的结果，发现采用等效应力幅和累积损伤理论计算的疲劳寿命结果相近，在无腐蚀的情况下，等效应力幅计算结果稍小；在有腐蚀情

况下,等效应力幅计算结果稍大。

比较表中雨流循环计数法和波峰-波谷计数法的结果,可以看到后者计算的疲劳寿命更长,对于拉索的疲劳安全评估更危险。这是由于雨流计数法中包含更多的应力循环细节及更高的循环频次。这个结论与之前应力循环统计结果一致。因此,采用雨流计数法进行疲劳寿命评估更加合理。

对比表 17.2 和表 17.3 的结果,可以发现,考虑拉索的腐蚀后,拉索疲劳寿命会显著降低。以雨流计数法中方法 2 的计算结果为例,无腐蚀时,五根拉索中最小疲劳寿命有 950 年;有腐蚀时,最小疲劳寿命只有 86 年。对于运营中的桥梁,尤其是跨海桥梁和湿度较大地区的桥梁,拉索受到腐蚀的概率比较大。对于这类拉索,其在腐蚀和疲劳共同作用下,其工作寿命会显著降低,应该给予更多的关注。短索与长索相比,疲劳寿命更短,这与前面应力循环统计结果一致。因此,桥梁中的短索应得到更多的关注。

由以上结果分析可知,在疲劳寿命计算时,选择雨流计数法的方法 2 更加合理,当拉索受到腐蚀时,应考虑腐蚀的影响。

### 17.5.6 拉索截面索丝疲劳寿命预测

通过对截面索丝应力时程的分析,其应力时程循环统计规律与平均应力时程规律类似。根据上文分析结论,本节仅计算雨流计数方法统计结果,并按照方法 2 计算相应的疲劳寿命。

图 17.11 为 A02 拉索 0.1$L$ 和 0.5$L$ 两处截面索丝交叉强度图。图 17.12 为相应的雨流计数矩阵云图。图 17.13 为雨流计数循环统计直方图。图 17.14 为雨流计数矩阵计算的疲劳损伤度矩阵。

图 17.15 为 A02 拉索不同位置截面处根据方法 2 计算得到的疲劳寿命。根据 2019 年 4 月1 日平均应力时程计算得到的拉索无腐蚀疲劳寿命为 10 933 年和有腐蚀疲劳寿命为 1 039 年。从图 17.15 可以看出,当考虑拉索截面弯矩内力后,拉索疲劳寿命明显缩短。其中,无腐蚀疲劳寿命最小缩短至 627 年,有腐蚀疲劳寿命最小缩短至 59.6 年,均位于 0.65$L$(66.583 m)截面处。沿索长,跨中附近截面疲劳寿命比索端疲劳寿命更短,这与实际拉索疲劳破坏形式不同。可能的原因是,在桥梁正常运营期间,拉索端部相比于跨中截面,更容易受到腐蚀作用,靠近拉索端部应采用

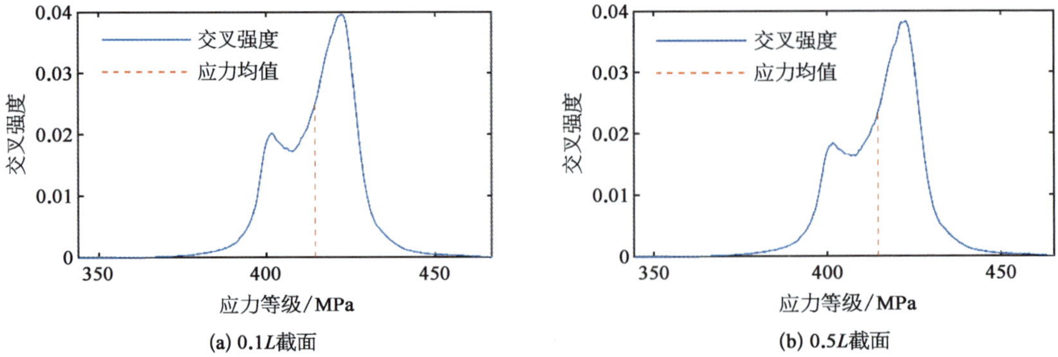


图 17.11　A02 拉索 0.1$L$ 和 0.5$L$ 截面处拉索交叉强度图

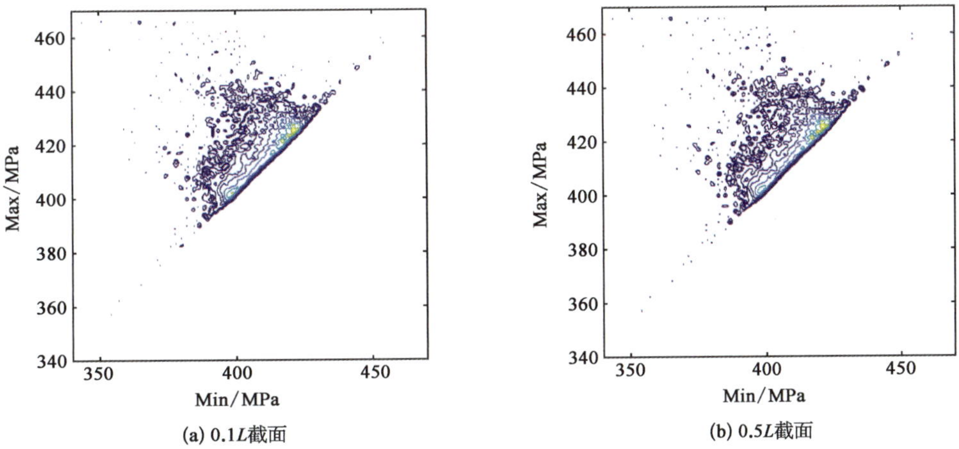


图 17.12 A02 拉索 0.1$L$ 和 0.5$L$ 截面处雨流计数矩阵云图

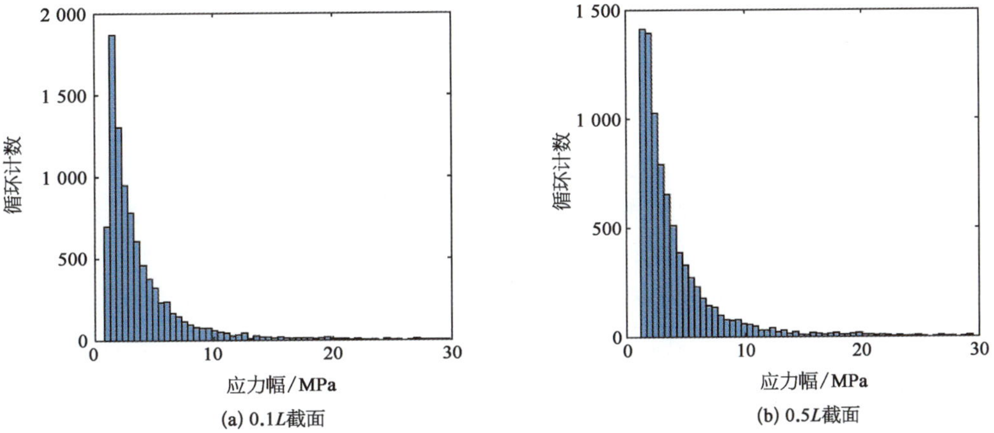


图 17.13 A02 拉索 0.1$L$ 和 0.5$L$ 截面处雨流计数循环直方图

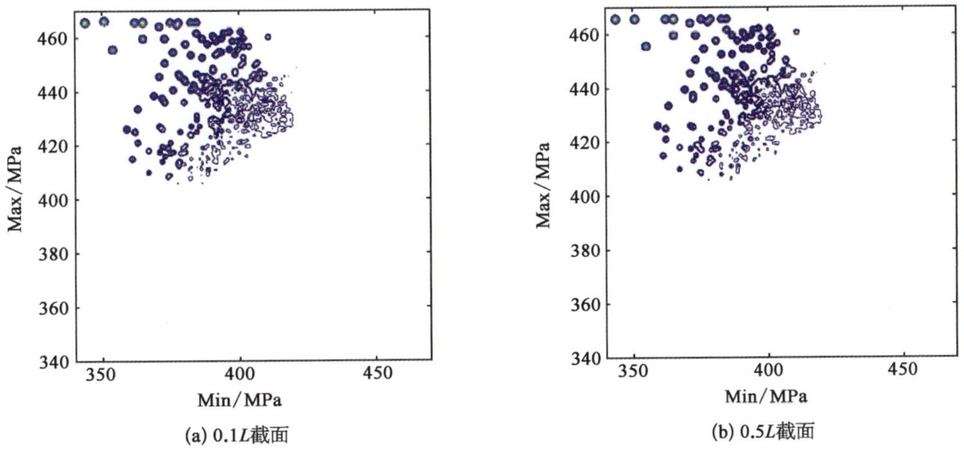


图 17.14 A02 拉索 0.1$L$ 和 0.5$L$ 截面处雨流计数法疲劳损伤度矩阵云图

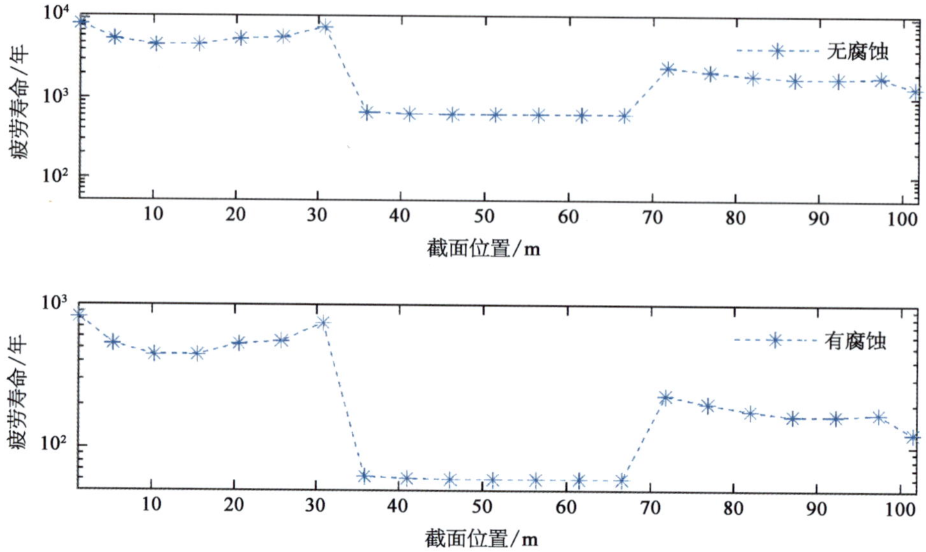


图 17.15 A02 拉索疲劳寿命分布图

腐蚀疲劳寿命,跨中应采用无腐蚀疲劳寿命。所以,索端可能更不利。另外,在拉索端部往往还存在主梁的位移及转角变化,这部分作用对于索端截面的疲劳是不利的。在本节方法中,未考虑梁端部分的位移和转角变化,可能对端部截面疲劳寿命存在高估。

这里需要说明的是,本节研究中所使用的弯曲内力并非实际的拉索内力,而是通过有限元模拟转角位移估计的。另外,本节只用了一天的数据进行分析,正如前面小节介绍,若需要比较稳定的结果,需要至少一周的时程数据。因此,本节计算的疲劳寿命只作为方法可行性的验证。截面索丝疲劳规律和实际寿命需要更长时间的监测数据进一步验证。

### 17.5.7 拉索不同截面索丝疲劳结果的讨论

17.5.6 介绍了沿拉索长度截面索丝疲劳寿命的分布规律,此分布规律与拉索的各截面应力分布规律并不完全吻合。图 17.16 为 A02 拉索部分截面的弯矩应力时程图。

从图 17.16 可以看出,弯曲内力引起的应力基本上满足拉索两端大、跨中小的趋势,部分截面不满足此规律。可能的原因是,截面转角位移使用的是有限元仿真数据,与真实数据存在差异。另外,本节计算的弯曲内力为拉索动弯曲内力,不包括拉索静荷载部分的弯曲应力。所以,不完全满足端部大、中间小的趋势。

从图 17.15 和图 17.16 可以看出,虽然拉索各截面的平均应力时程相同,但是拉索截面的疲劳寿命与拉索截面弯曲应力的大小并不成正比。例如 $0.3L$ 截面和 $0.5L$ 截面相比,虽然 $0.3L$ 处截面弯曲应力比 $0.5L$ 截面处大,但是计算得到的疲劳寿命,$0.3L$ 处截面要比 $0.5L$ 截面大很多。这可能的原因是,弯曲应力与拉索平均应力的相位不同,在叠加时存在相互抵消的现象。如图 17.17 所示,椭圆形区域内,叠加弯曲应力后,应力时程反而变小了。

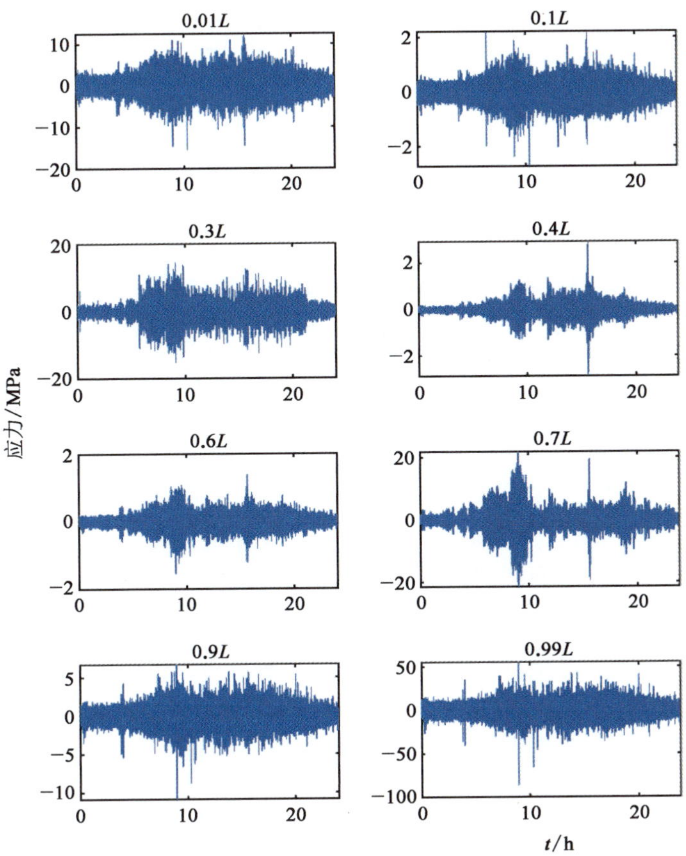

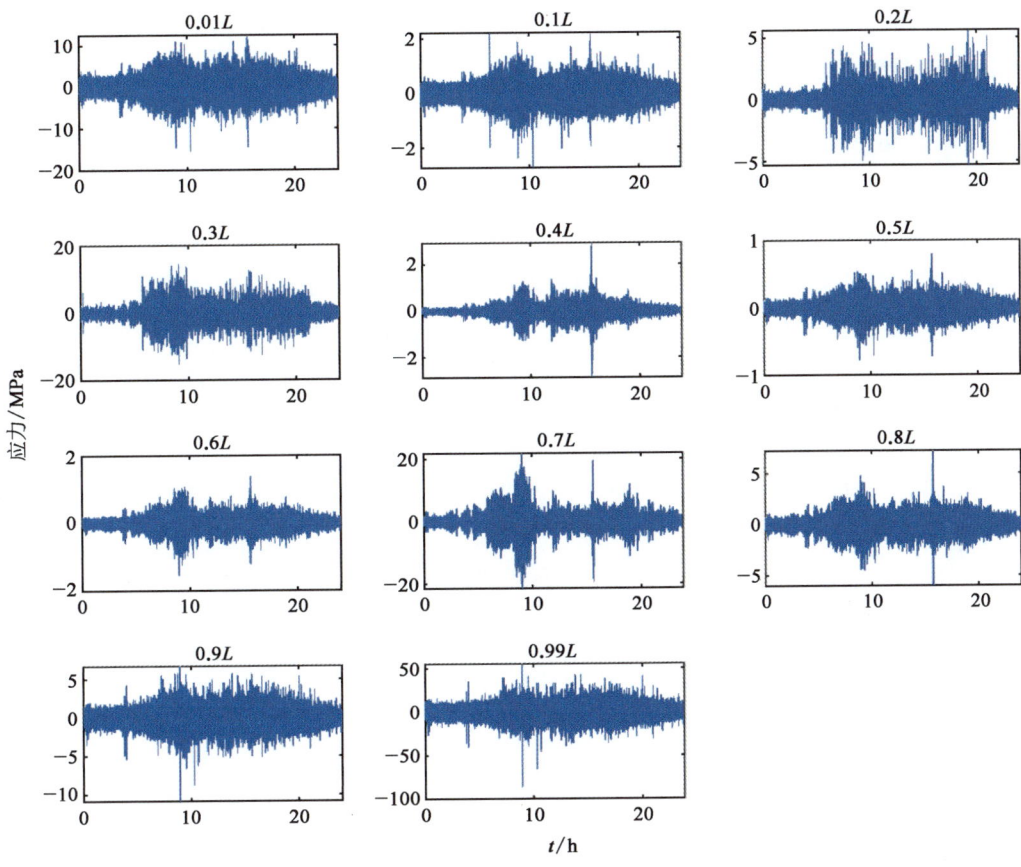

图 17.16　A02 拉索部分截面弯曲应力时程图

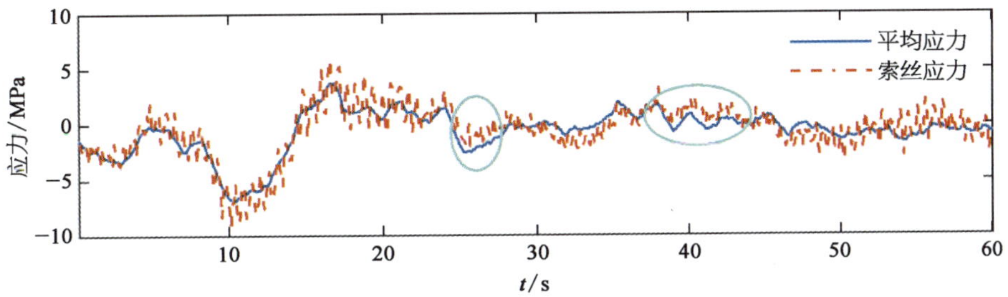


图 17.17　A02 拉索叠加弯曲应力前后时程图

## 17.6　拉索长期监测的在线疲劳状态智慧感知及寿命预测策略

### 17.6.1　在线疲劳状态智慧感知和寿命预测方案

在已有的多数拉索疲劳寿命评估方法中，现有的直接索力测量传感器在精度和耐久性方面难以满足长期连续的实时索力测量。因此,目前对于吊杆和拉索的疲劳荷载谱的建立都是基于一段时间内的车辆荷载统计模型或通过一段时间内的应力监测数据,建立标准疲劳荷载谱统计模型。这种方法假定,在拉索的整个寿命期间,疲劳荷载谱是不变的。但实际作用在桥梁上的荷载是随机的,每时每刻都不相同,如果用一段时间的荷载谱代表整个寿命周期内的荷载谱,势必会存在误差。显然,这种方法计算的疲劳累积损伤并不能完全真实地反映疲劳状态。

本节针对以上问题,提出一种基于拉索长期监测的拉索在线疲劳评估方案。该方案通过拉索位移和转角的实时监测数据,选择疲劳荷载谱较大和有局部病害的截面,以天为单位,分析每天的疲劳荷载谱,并计算当天的疲劳损伤。通过每天的疲劳损伤的累积,可获得当前拉索总的疲劳损伤,可实现在线获取拉索每天的疲劳状态。另外,随着拉索服役期的增加,拉索会出现一些病害,如锈蚀和局部损伤,不同等级的病害会对应不同的 $S-N$ 曲线。以天为单位,可方便地根据病害状态,选择相应的疲劳寿命曲线,更加合理地计算疲劳损伤。

随着拉索使用时间的增加,累积疲劳损伤也随之增加。根据累积疲劳损伤的数值,可为拉索检测周期和维修养护提供参考。例如:当累积疲劳损伤比较小时,可适当减少拉索检测的频率;当累积疲劳损伤超过设定阈值等级时,增加拉索检测的频率和全索局部检测。

在本节提出的疲劳监测方案中,无须对疲劳荷载谱进行假定,而是直接采用每天的实际疲劳荷载谱,这样计算得到的结果是每天实际的疲劳损伤。另外,在拉索不同的运营阶段,可灵活运用不同的 $S-N$ 曲线,计算疲劳损伤也更加精确。因此,该方案计算的疲劳损伤更接近真实情况。

### 17.6.2 拉索监测及检测需求

1) 长期监测需求

长期监测需求是指分析疲劳时所需要的硬件设备及其性能。如前所述,拉索疲劳分析需要监测拉索的横向动位移和转角动位移。因此,位移传感器和倾角仪是必需的硬件设备。桥梁承受的动力外荷载,如车辆荷载和脉动风荷载等,变化较快,其引起的拉索内力的变化也较快。为了能够比较准确地获得外荷载对拉索疲劳荷载谱的影响和索力识别要求,需要位移传感器和倾角仪的采样频率达到一定的要求,如 50 Hz 或 100 Hz。由于拉索动位移和动转角变化幅值较小,尤其是短索,需要位移传感器和倾角仪能够有足够的测量精度。原则上,位移传感器和倾角仪可分别安装,但为了保证监测数据的同步性和安装的方便性,最好能选用同时可测量位移和倾角的集成传感器。

2) 定期检测需求

拉索疲劳分析中,拉索定期检测的主要目的是检查拉索锈蚀和局部损伤等病害。锈蚀和局部损伤对拉索的疲劳是非常不利的,及时获取和评估锈蚀和损伤的程度,选择合适的腐蚀系数和 $S-N$ 曲线,对拉索的疲劳安全评估是非常重要的。因此,拉索检测时,需要能够对整根拉索的锈蚀和缺损进行检测,可结合爬行机器人或无人机等设备。

# 第 18 章

# 复杂拉索体系动力分析及智慧监测工具箱的初步开发与应用

## 18.1 概述

拉索系统的复杂化不仅为工程实施带来困难，而且也对其动力分析、参数设计、试验研究、拉索监测/检测及参数识别、拉索振动控制等造成困难。一方面，由于影响因素很多，已有的各种拉索解析分析方法不能满足复杂拉索的设计、监测和振动控制分析的需要。另一方面，不同于其他构件，由于难以满足相似比的要求，拉索缩尺试验常常难以取得满意的结果。实索试验费用大，且难以模拟拉索实际的工作条件，通常也是一种不得已的选择。利用数值仿真实验来研究复杂拉索系统，不仅方便易用、价格低廉，而且在合理的理论指导下可以保证分析结果质量。另外，识别程序的智能化和自动化也是拉索识别发展的一个方向。

为了能够将本章研究成果更加简洁方便地服务于其他的研究人员和工程人员，设计和开发了复杂拉索系统工具箱。该工具箱包括复杂拉索系统动力特性分析工具箱、复杂拉索系统模型修正及参数识别工具箱和智慧监测工具箱。并在此基础上给出了在线方案，开发了复杂拉索系统在线模型修正及参数识别系统。本章将详细介绍各工具箱的开发及应用情况，以及在线方案的实现过程。

## 18.2 复杂拉索系统动力特性分析工具箱

### 18.2.1 复杂拉索系统的关键分析理论

如第 2 章介绍，针对小垂度倾斜拉索，利用分段描述的运动方程建立了拉索系统的统一动刚度解析表达式，在此基础上建立了同时考虑拉索边界条件、垂度、抗弯刚度、倾角及中部有横向元件等因素的统一频率特征方程，并且给出了其通用的数值解法。这个方程及其求解方法可以用来进行复杂拉索系统动力特性的求解，依据其开发的相关函数是本节介绍的工具箱的核心之一。

拉索数值仿真分析中还涉及其他一些技术，如拉索响应计算、非线性横向元件的线性等效、拉索风载计算、参数识别等技术。本节均采用最新的研究成果,可开发系列分析函数。

拉索横向力系统的统一频率特征方程如下:

$$\det(\mathbf{K}^{(0)}+\mathbf{K}_{AB}+\mathbf{K}_{C})=0 \tag{18.1}$$

式中, $\mathbf{K}^{(0)}$ 是拉索总刚度矩阵,可由索段动刚度集组而成; $\mathbf{K}_{AB}$ 表示拉索边界条件对总体刚度的贡献; $\mathbf{K}_{C}$ 表示横向力对总体刚度矩阵的贡献。

式(18.1)左边的表达式可以看作自变量为 $q$ 的函数,记为 $\Delta(q)$,记其导数为 $\Delta'(q)$。则有

$$\Delta(q)=\det(\mathbf{K}^{(0)}+\mathbf{K}_{AB}+\mathbf{K}_{C}) \tag{18.2}$$

最后,构造拉索阻尼系统频率方程的求零根的牛顿法迭代式:

$$q_{n+1}=q_n-\frac{\Delta(q_n)}{\Delta'(q_n)} \tag{18.3}$$

考虑在每个迭代步内的计算量尽可能少的要求,也可采用简化牛顿法迭代式:

$$q_{n+1}=q_n-\frac{\Delta(q_n)}{\Delta'(q_0)} \tag{18.4}$$

以上内容在第 3 章中有详细介绍。

### 18.2.2 工具箱构成情况及范式设计

1) Matlab 基本函数库介绍

拉索统一频率特征方程的数值解法通过 Matlab 编程实现,创建求解频率特征方程的 Matlab 基本函数库。表 18.1 中给出了基本函数库中函数的名称、功能、输入参数和输出参数。

表 18.1 Matlab 基本函数库

| 函数名 | 功　能 | 输入参数 | 输出参数 |
|---|---|---|---|
| BMatrix | 计算 B 矩阵 | p, q, eta1, eta2, mu1, mu2, j | 矩阵 B |
| Chuzhi | 计算零根所在区间 | n, gamma2, eta1, eta2, mu1, mu2, piv, k0, m, kd, c, dm | 数列 A1、B1 |
| Cmatrix | 计算 C 矩阵 | p, q, muj | 矩阵 C |
| Console | 主函数 | / | / |
| d_freEquation | 计算频率方程的导数的值 | p, q, eta1, eta2, mu1, mu2, piv, k0, cm, kd, c, dm | 函数值 value |
| Dmatrix | 计算 D 矩阵 | p, q, muj | 矩阵 D |
| dqBMatrix | 计算 B 矩阵关于 q 的导数 | p, q, eta1, eta2, mu1, mu2, j | dqB |
| dqCMatrix | 计算 C 矩阵关于 q 的导数 | p, q, muj | dqC |

续 表

| 函数名 | 功 能 | 输 入 参 数 | 输 出 参 数 |
|---|---|---|---|
| dqDMatrix | 计算 D 矩阵关于 q 的导数 | p, q, muj | dqD |
| dqfeis | 计算 Φ(ζj)及其前三阶导数和一次积分关于 q 的导数 | p, q, muj, kecij | dqfei, dqd1fei, dqd2fei, dqd3fei, dqifei |
| dqKglobal | 计算拉索总刚度矩阵的导数 | p, q, eta1, eta2, mu1, mu2, k0 | K0, dqK0 |
| f_sag_solve | 计算范式函数 | pcds, order | mcds |
| feis | 计算 Φ(ζj)及其前三阶导数和一次积分 | p, q, muj, kecij | fei, d1fei, d2fei, d3fei, ifei |
| freEquation | 计算频率方程的值 | p, q, eta1, eta2, mu1, mu2, piv, k0, m, kd, c, dm | 函数值 value |
| Kglobal | 计算拉索总刚度矩阵 | p, q, eta1, eta2, mu1, mu2, k0 | K0 |
| MatrixF | 计算横向力矩阵及其导数 | p, q, piv, m, kd, c, dm | Fd, dqFd |
| myNRSolver | 数值法求方程零根 | a, b, gamma2, eta1, eta2, mu1, mu2, piv, epsi, k0, m, kd, c, dm | q_f, tol |
| transverseF | 计算横向力及其导数 | w, dqw, piv, kd, c, dm | Fd, dqFd |

接下来详细介绍基本函数库中比较重要的几个函数的实现方法：

Console 为 Matlab 的主函数。主要是拉索基本参数的定义和初始值的赋值。根据求解的目的，确定具体参数。可以调用 f_sag_solve 函数。

f_sag_solve 为实现具体功能的功能函数。例如计算拉索动刚度、动力特性分析、响应分析等，都需要在此函数中进行实现。此函数主要分为三个部分：基本参数的解压、频率方程求解区间计算、零根计算。可以调用 Chuzhi、myNRSolver 等函数。

Chuzhi 为频率函数求解区间计算函数。函数实现方法：首先是事先给定一个大于函数周期的初始长度，将其分为 $N$ 个小区间，依次计算小区间左右端点的函数值，然后将函数值与给定的判断条件进行比较，如果满足给定的判断条件，则该区间的左端点是本周期的终点，右端点加上一个小值是下一个周期的起点。判断依据：区间长度满足精度要求，区间左右端点的函数值的实部差值大于某一个量值、函数值的实部和虚部的乘积都小于 0。可以调用 freEquation 函数。

myNRSolver 为求解频率方程的函数。数值解法是牛顿迭代法，迭代条件为相邻两个函数之间的差值的绝对值小于规定的限值。可以调用 freEquation、d_freEquation 等函数。

其他基本函数的实现由相关公式直接实现，没有特别的方法和技巧，在此不做详细介绍。为了进一步说明给定的函数库中各函数之间的调用关系，给出图 18.1 所示的逻辑关系图。

2）典型虚拟实验标准范式

基于表 18.1 给出的 Matlab 基本函数库，进行拉索系统虚拟实验的相关设计，包括动刚度、动力特性分析、响应分析、各种元器件的实索振动仿真分析、拉索系统的参数识别等。下面给出前两

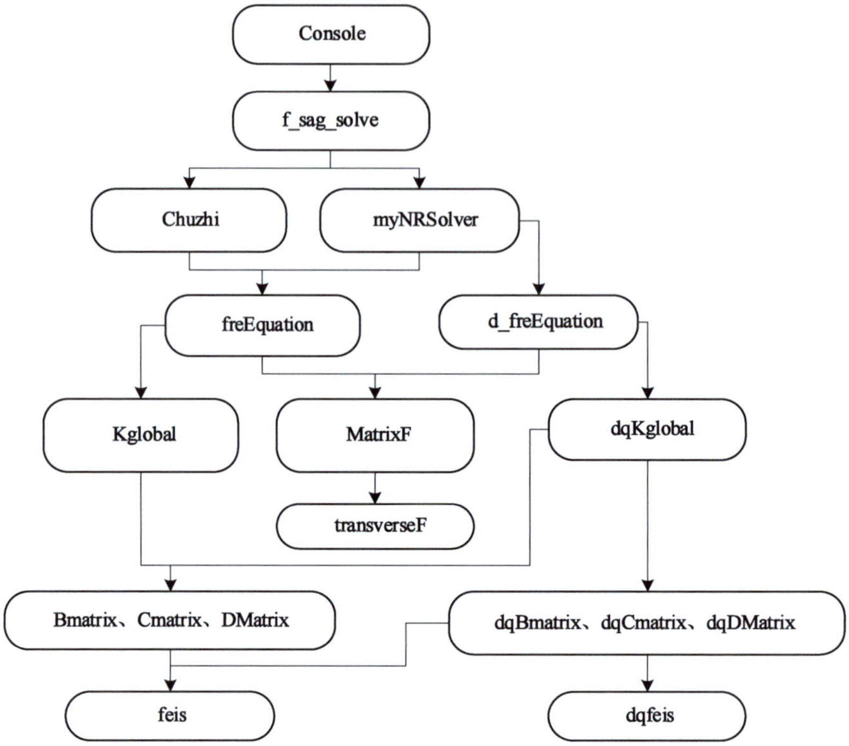


图 18.1　函数逻辑关系图

种拉索系统分析功能的基于函数库的拉索系统虚拟试验设计范式：

动刚度范式设计：

```
…
jj=order(j);
w0=sqrt((pi*jj/L0)^2*(H/m));
w02=w0^2;
q0=sqrt(0.5*gamma2-sqrt((0.5*gamma2)^2+w02*m/piv));
[q_f, tol]=myNRSolver(q0, gamma2, eta1, eta2, mu1, mu2, piv, epsi, k0, cm, kd, c);
k0_f=Kglobal(p_final(j), q_final(j), eta1, eta2, mu1, mu2, k0);
…
```

动力特性分析范式设计：

```
…
a=A1(jj);
b=B1(jj);
[q_f, tol]=myNRSolver(a, b, gamma2, eta1, eta2, mu1, mu2, piv, epsi, k0, m, kd, c, dm);
w(j)=sqrt(piv/m)*p_final(j)*q_final(j);
freq=real(w)/2/pi;
```

```
sigma=imag(w);
keci=imag(w)./abs(w);
...
```

### 18.2.3　GUI 人机交互程序介绍

1) GUI 人机交互界面

在基本函数库的基础上开发复杂拉索统一频率特征方程数值解法的 GUI 界面,其主要功能是根据已有的拉索参数计算拉索的动力特性参数,包括拉索频率、阻尼比等。

本界面总共包含四个功能区,分别为拉索参数输入区(含基本参数输入区和特殊参数输入区)、计算绘图区、计算区间选择区和频率计算及结果输出区。GUI 界面如图 18.2 所示。

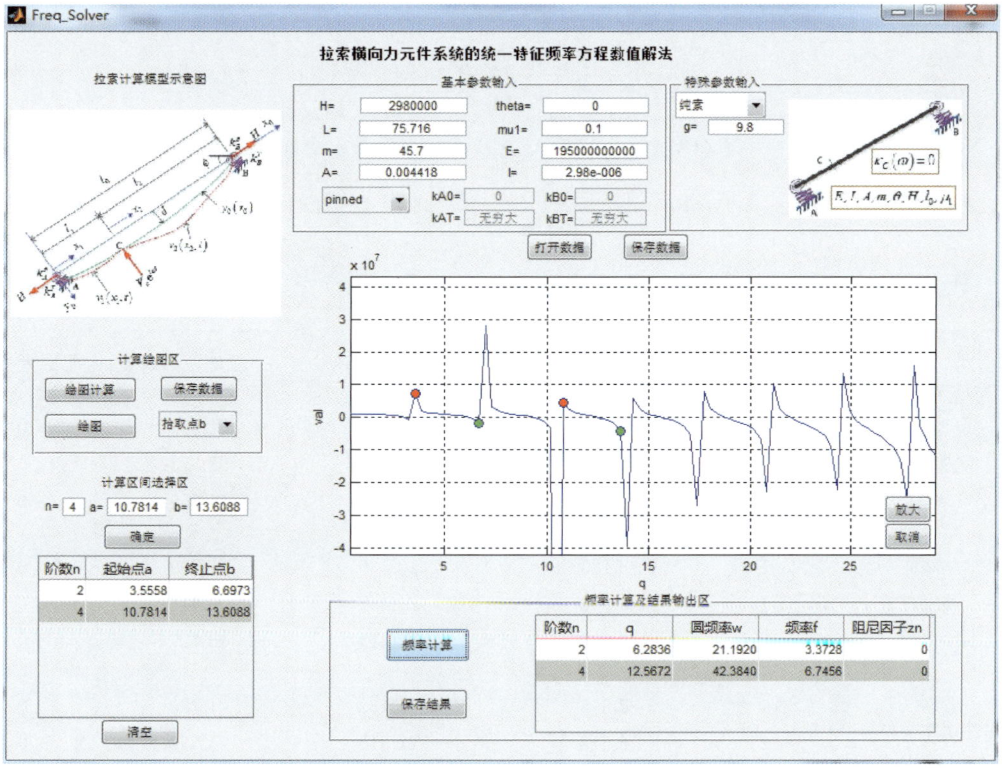


图 18.2　动力特性分析 GUI 界面

计算区间选择区的功能实现由计算绘图区和图像显示界面共同完成,通过计算绘图区的拾取点的选择,在函数图像中选择相应区间的起点和终点,选择的区间会在计算绘图区显示出来,只有单击计算绘图区的确定按钮,才会确认该区间为一个频率计算区间。在一次频率计算时,可以同时选择多个频率区间,需要计算的频率区间会在计算区间选择区的表格中显示出来。相应地计算区间的阶数需要人工判断输入,原则上函数图像从 0 开始出现的第一个零点即为拉索的第一阶频率计算区间,函数图像可以放大和缩小,对于确定拉索频率阶次具有比较好的辨别功能。

本界面可计算的拉索类型包括六类，分别是张紧弦、纯索、弹性元件类型、质量块类型、阻尼器类型和混合类型。下面介绍每种拉索类型参数设置的具体情况。

边界条件的实现是通过给定拉索 A、B 两端点处的转角弹簧和横向弹簧刚度 $k_A^\theta$、$k_A^T$、$k_B^\theta$、$k_B^T$ 的值确定。拉索类型的参数值：张紧弦令 $I=1\times10^{-10}$，$g=0$，$dm=0$，$k=0$，$c=0$；纯索令 $g=9.8$，$dm=0$，$k=0$，$c=0$；弹性元件类型令 $k$ 可输入，$g=9.8$，$dm=0$，$c=0$；质量块类型令 $dm$ 可输入，$g=9.8$，$k=0$，$c=0$；阻尼器类型令 $c$ 可输入，$g=9.8$，$dm=0$，$k=0$；混合型拉索令 $g$，$dm$，$k$，$c$ 均可输入。其中，$g$ 为重力加速度，单位为 N/kg；$dm$ 为集中质量，单位为 kg；$k$ 为弹性刚度，单位为 N/m；$c$ 为阻尼，单位为N/(m/s)；$I$ 为惯性矩，单位为 $m^4$。

### 2）人机交互界面计算结果展示

下面针对上面不同类型拉索给出具体的数值仿真算例，仿真拉索的基本参数见表 18.2，特殊拉索的特殊参数在表 18.3 相应拉索下方给出。六种类型拉索的前三阶圆频率、频率及阻尼因子计算结果见表 18.3。

表 18.2　拉索基本参数

| $H$/N | $L$/m | $E$/Pa | $I$/$m^4$ | $m$/(kg/m) | $A$/$m^2$ | $\theta$/° | $mu$ |
|---|---|---|---|---|---|---|---|
| $2.98\times10^6$ | 75.716 | $1.95\times10^{11}$ | $2.98\times10^{-6}$ | 45.7 | $4.418\times10^{-3}$ | 0 | 0.1 |

表 18.3　计 算 结 果

| 种　类 | 阶数 $n$ | $q$ | 圆频率 $w$/rad | 频率 $f$/Hz | 阻尼因子 $Zn$ |
|---|---|---|---|---|---|
| 张紧弦 | 1 | 3.142 | 10.596 | 1.686 | 0 |
| | 2 | 6.284 | 21.192 | 3.373 | 0 |
| | 3 | 9.425 | 31.788 | 5.059 | 0 |
| 纯索 | 1 | 3.183 | 10.736 | 1.709 | 0 |
| | 2 | 6.358 | 21.457 | 3.415 | 0 |
| | 3 | 9.536 | 32.211 | 5.127 | 0 |
| 弹性元件类型 ($k=3\times10^5$) | 1 | 3.315 | 11.182 | 1.780 | 0 |
| | 2 | 6.612 | 22.315 | 3.552 | 0 |
| | 3 | 9.892 | 33.416 | 5.318 | 0 |
| 质量块类型 ($dm=100$) | 1 | 3.175 | 10.709 | 1.704 | 0 |
| | 2 | 6.295 | 21.246 | 3.381 | 0 |
| | 3 | 9.353 | 31.590 | 5.028 | 0 |
| 阻尼器类型 ($c=3\times10^3$) | 1 | 3.184−0.022 6i | 10.741−0.076 1i | 1.709 | 0.076 |
| | 2 | 6.365−0.081 8i | 21.482−0.276 6i | 3.419 | 0.277 |
| | 3 | 9.551−0.158 0i | 32.262−0.535 3i | 5.135 | 0.535 |

续　表

| 种　类 | 阶数 $n$ | $q$ | 圆频率 $w$/rad | 频率 $f$/Hz | 阻尼因子 $Zn$ |
|---|---|---|---|---|---|
| 混合类型拉索 | 1 | 3.311 2−0.009 46i | 11.171−0.031 9i | 1.778 | 0.032 |
| ($g$=9.8, $k$=3×10$^5$, | 2 | 6.586−0.040 95i | 22.228−0.138 4i | 3.538 | 0.138 |
| $dm$=100, $c$=3×10$^3$) | 3 | 9.798−0.101 91i | 33.101−0.345 3i | 5.268 | 0.345 |

## 18.3　复杂拉索系统模型修正及参数识别工具箱

### 18.3.1　复杂拉索系统参数识别理论基础

本节内容以第 9 章为基础，对复杂拉索系统模型修正及参数识别理论进行介绍。在第 3 章中已经给出了考虑因素更加全面的统一拉索频率特征方程，排除设计中可以准确给出的参数之外，确定索力 $H$、惯性矩 $I$、集中质量块 $dm$、弹性刚度 $k$、阻尼系数 $c$ 为拉索识别参数。

通过第 9 章的分析，选定复杂拉索统一频率特征方程的倒数作为目标函数：

$$f(p)=1/(\det(\mathbf{K}^{(0)}+\mathbf{K}_{AB}+\mathbf{K}_{C})) \tag{18.5}$$

确定目标函数之后的识别问题转化为式(18.6)所示的约束优化问题：

$$\begin{cases}\max(f(p))\\ p^{L}\leqslant p\leqslant p^{u}\end{cases} \tag{18.6}$$

以上公式中参数意义同第 9 章。

进行参数优化时，选择 PSO 优化算法。通过 PSO 优化算法的比较，选择收敛速度快、识别精度高的 Clerc's Type 1 方法。对于识别算法的具体介绍和研究参见第 2 章。

### 18.3.2　工具箱构成情况及范式设计

1) Matlab 基本函数库介绍

本节所用函数库是以表 18.1 给出的函数库为基础，开发了适用于复杂拉索系统模型修正及参数识别的 Matlab 函数库。下面只给出在表 18.1 基础上添加的函数：

PSO_indentation_i：识别函数的 Matlab 主函数，是模型修正和参数识别的进入函数。它的主要功能是定义识别过程中的识别参数和目标函数。它可以调用 PSO 优化算法函数：PSO_Trelea_vectorized。i 取值为 1～8，其中 1 代表纯索，2 代表索-集中质量体系，3 代表索-弹性支撑体系，4 代表索-阻尼器体系，5 代表索-集中质量-弹性支撑体系，6 代表索-集中质量-阻尼器体系，7 代表索-弹性支撑-阻尼器体系，8 代表索-集中质量-弹性支撑-阻尼器体系。

PSO_Trelea_vectorized：PSO 优化算法的具体实现过程。其中包括 4 种算法：common 法、Trelea types 1、Trelea types 2 和 Clerc's Type 1。本程序中选用第四种算法 Clerc's Type 1。

Console_j：PSO 优化目标函数。具体分类见表 18.4。

表 18.4　PSO 优化目标函数

| 拉索类型 | 目 标 函 数 | 识 别 参 数 |
| --- | --- | --- |
| 1 | console_H_I、console_I | $H$、$I$ |
| 2 | console_H_I_dm、console_I_dm | $H$、$I$、$dm$ |
| 3 | console_H_I_kd、console_I_kd | $H$、$I$、$kd$ |
| 4 | console_H_I_c、console_I_c | $H$、$I$、$c$ |
| 5 | console_H_I_dm_kd、console_I_dm_kd | $H$、$I$、$dm$、$kd$ |
| 6 | console_H_I_dm_c、console_I_dm_c、console_dm | $H$、$I$、$dm$、$c$ |
| 7 | console_H_I_kd_c、console_I_kd_c、console_I_kd | $H$、$I$、$kd$、$c$ |
| 8 | console_H_I_dm_kd_c、console_I_dm_kd、console_dm_kd | $H$、$I$、$dm$、$kd$、$c$ |

注：序号对应类型与 PSO_indentation_i 对应拉索类型相同。

2）典型虚拟实验标准范式

基于 18.3.2 中 1)给出的 Matlab 基本函数库，给出不同类型拉索模型修正及参数识别的标准范式，以纯索为例，其他拉索类型以此类推。

纯索：

```
…
D = 2;
VarRange = [v_H(1) v_H(2);v_I(1) v_I(2)];
mv = 0.15 * [v_H(2)- v_H(1)   v_I(2)- v_I(1)];
JB.f = F.f1;
[v, tr, te, bpos]=pso_Trelea_vectorized_1(JB,'console_H_I', D, handles, mv, VarRange, minmax, PSOparams, plotfcn, PSOseedValue);
Idt_v_1 = double(v);
Idt_H = Idt_v_1(1);
D = 1;
VarRange = [v_I(1) v_I(2)];
mv = 0.15 * [v_I(2)−v_I(1)];
JB.f = F.f2;
JB.H = Idt_H;
[v, tr, te]=pso_Trelea_vectorized_1(JB,'console_I', D, handles, mv, VarRange, minmax, PSOparams, plotfcn, PSOseedValue);
Idt_v_2 = double(v);
JB.f = F.f3;
```

```
[v, tr, te]=pso_Trelea_vectorized_1(JB,'console_I', D, handles, mv, VarRange, minmax,
PSOparams, plotfcn, PSOseedValue);
    Idt_v_3 = double(v);
    Idt_f(1) = Idt_H;
    Idt_f(2) = (Idt_v_1(2)+Idt_v_2(1)+Idt_v_3(1))/3;
    …
```

### 18.3.3 GUI 人机交互程序介绍

1) GUI 人机交互界面

在基本函数库的基础上开发复杂拉索系统模型修正及参数识别的 GUI 界面，其主要功能是用监测到的反映拉索动力特性的数据识别拉索的部分参数。

本界面总共包含七个部分，分别为拉索类型选择区、拉索基本参数输入区、拉索参数示意图、拉索频率输入区、识别参数范围输入区、识别过程显示区和计算结果展示区。GUI 界面如图 18.3 所示。

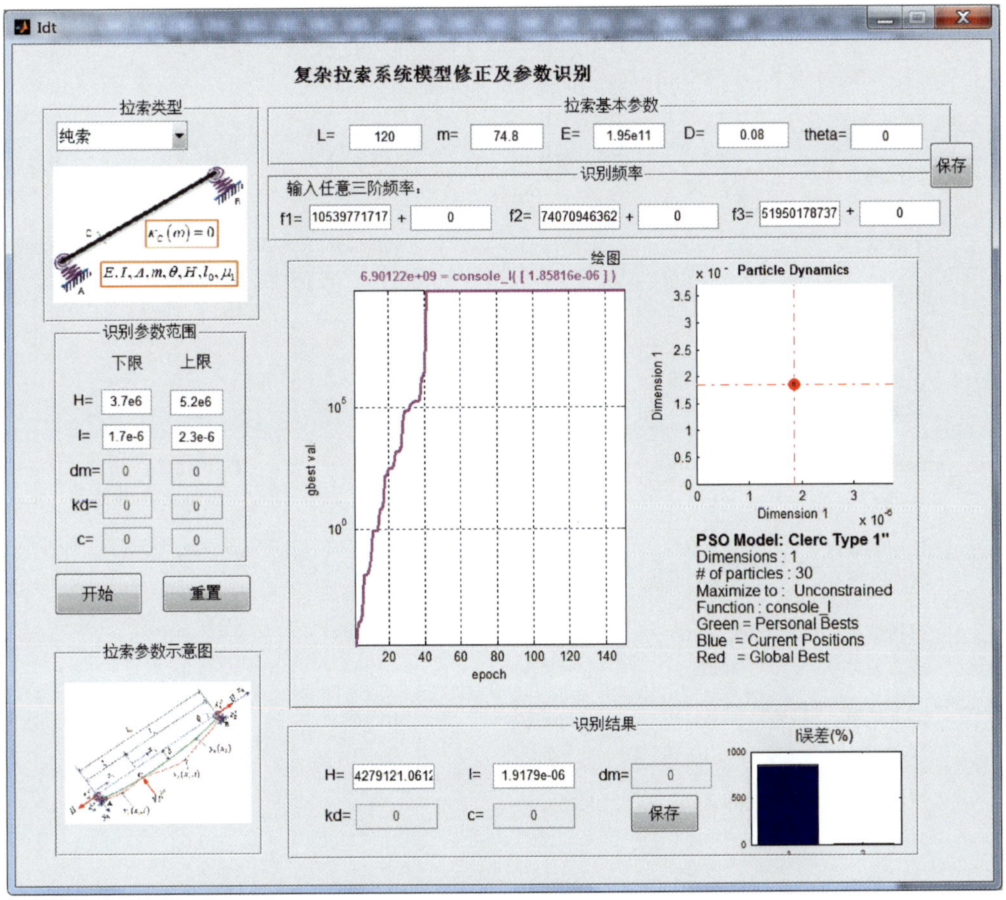


图 18.3　模型修正及参数识别 GUI 界面

可识别拉索类型包括以下八种：1 代表纯索，2 代表索-集中质量体系，3 代表索-弹性支撑体系，4 代表索-阻尼器体系，5 代表索-集中质量-弹性支撑体系，6 代表索-集中质量-阻尼器体系，7 代表索-弹性支撑-阻尼器体系，8 代表索-集中质量-弹性支撑-阻尼器体系。

2）人机交互界面计算结果展示

下面针对上面八种不同类型拉索给出实例计算结果，拉索基本参数见表 18.5。拉索识别参数见表 18.6。八种类型拉索的识别结果见表 18.7。

表 18.5 中索基本参数

| 索长 $L$/m | 弹性模量 $E$/Pa | 线密度 $\rho$/kg | 直径 $D$/m |
|---|---|---|---|
| 40 | $1.95\times10^{11}$ | 43 | 0.076 |

表 18.6 中索识别参数

| 索力 $H$/N | 惯性矩 $I$/m$^4$ | 集中质量 $dm$/kg | 刚度 $k$/(N/m) | 阻尼系数 $c$/[N/(m/s)] |
|---|---|---|---|---|
| $2.5\times10^6$ | $1.721\times10^{-6}$ | 100 | $1\times10^5$ | $1\times10^5$ |

表 18.7 识别结果

| 拉索类型 | 识别参数 | 索力 $H$/N | 惯性矩 $I$/m$^4$ | 集中质量 $dm$/kg | 刚度 $k$/(N/m) | 阻尼系数 $c$/[N/(m/s)] |
|---|---|---|---|---|---|---|
| | 参数真值 | $2.5\times10^6$ | $1.721\times10^{-6}$ | 100 | $1.00\times10^5$ | $1.00\times10^5$ |
| 1 | 识别结果 | $2.50\times10^6$ | $1.69\times10^{-6}$ | — | — | — |
| | 误差/% | 0.04 | −1.64 | — | — | — |
| 2 | 识别结果 | $2.50\times10^6$ | $1.76\times10^{-6}$ | 101.052 7 | — | — |
| | 误差/% | −0.05 | 2.28 | 1.05 | — | — |
| 3 | 识别结果 | $2.50\times10^6$ | $1.80\times10^{-6}$ | — | $1.01\times10^5$ | — |
| | 误差/% | −0.14 | 4.55 | — | 0.65 | — |
| 4 | 识别结果 | $2.50\times10^6$ | $1.72\times10^{-6}$ | — | — | $1.00\times10^5$ |
| | 误差/% | 0.00 | −0.19 | — | — | 0.02 |
| 5 | 识别结果 | $2.51\times10^6$ | $1.67\times10^{-6}$ | 99.540 8 | $9.65\times10^4$ | — |
| | 误差/% | 0.57 | −2.80 | −0.46 | −3.46 | — |
| 6 | 识别结果 | $2.50\times10^6$ | $1.63\times10^{-6}$ | 100.59 | — | $9.98\times10^4$ |
| | 误差/% | 0.10 | −5.03 | 0.59 | — | −0.24 |
| 7 | 识别结果 | $2.50\times10^6$ | $1.75\times10^{-6}$ | — | $1.00\times10^5$ | $1.00\times10^5$ |
| | 误差/% | −0.04 | 1.40 | — | −0.02 | 0.00 |
| 8 | 识别结果 | $2.50\times10^6$ | $1.72\times10^{-6}$ | 102.336 | $1.02\times10^5$ | $1.00\times10^5$ |
| | 误差/% | −0.01 | 0.06 | 2.34 | 1.83 | 0.08 |

## 18.4　智慧监测工具箱开发

智慧监测工具箱以第 17 章内容为基础,以期实现索缆的在线疲劳状态智慧感知及寿命预测。目前,本部分内容尚未完成开发,图 18.4 给出基于长期监测的拉索疲劳在线评估方案的流程图。图中,极限值为疲劳累积损伤容许达到的最大值,可取为 1;阶段阈值为对应不同检测方案的累积疲劳损伤值,是小于极限值的一系列值。

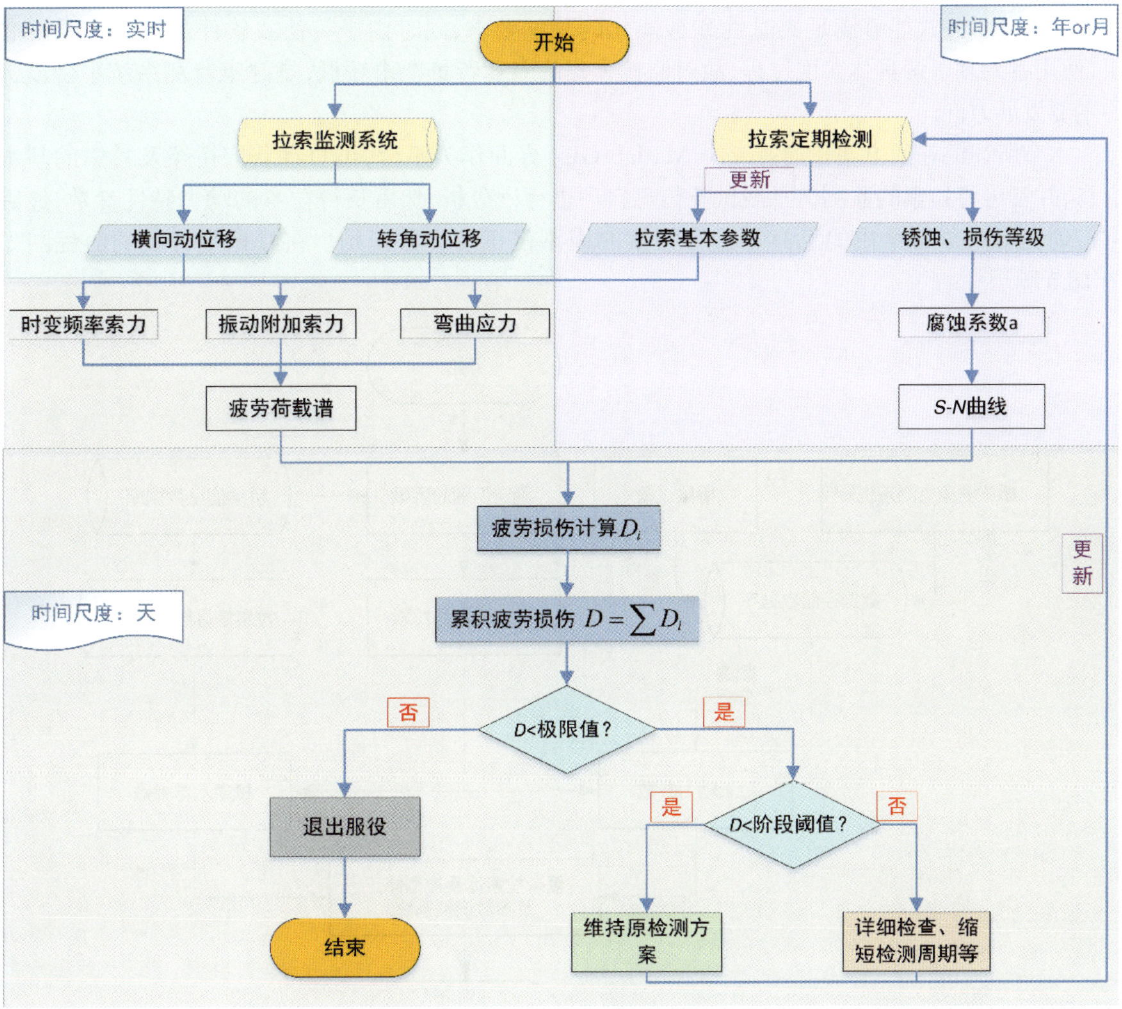


图 18.4　基于拉索长期监测的拉索在线疲劳评估方案

上述给出的疲劳监测方案,在应用过程中,可实现由拉索监测系统原始数据到拉索实时疲劳荷载谱的在线自动化计算。同时,根据拉索定期检测的结果,可实时调整拉索的 $S-N$ 曲线,实现在整个寿命期,拉索的疲劳状态的动态连续估计。根据每天实时获取的拉索疲劳累积损伤可获取拉索当前的疲劳状态,并对拉索的维修养护提出相应的决策。相对于传统的健康监测系统中只能对拉索的索力进行识别并做简单的分析相比,本节提出的方法,除了有识别索力的功能,还可以对识别结果进行进一步的分析和应用,从中发现运营期拉索的工作状态及演化规律。而且,从拉索振动监测到最终拉索疲劳状态的感知和决策的整个过程中,除人工检测外,均可实现连续、自动、动态地处理,比传统的拉索监测方案更加智慧。

## 18.5 在线方案

在线分析方式能够满足实时性和智能化的功能要求,同时由于算法或软件都部署在系统底层,使用者无须了解具体实现过程,故对监控人员的专业背景要求较低,是健康监测系统平台设计的主要发展方向。

本节所述的在线方案是通过一个 Matlab GUI 界面作为平台,可自动获取桥梁及拉索的基本信息,并且可将拉索的监测信息或试验信息自动进行谱分析,然后获得拉索的动力特性参数,最后可自动调用 18.3 节给出的工具箱进行拉索的模型修正及参数识别。在线识别方案的流程图如图 18.5 所示。

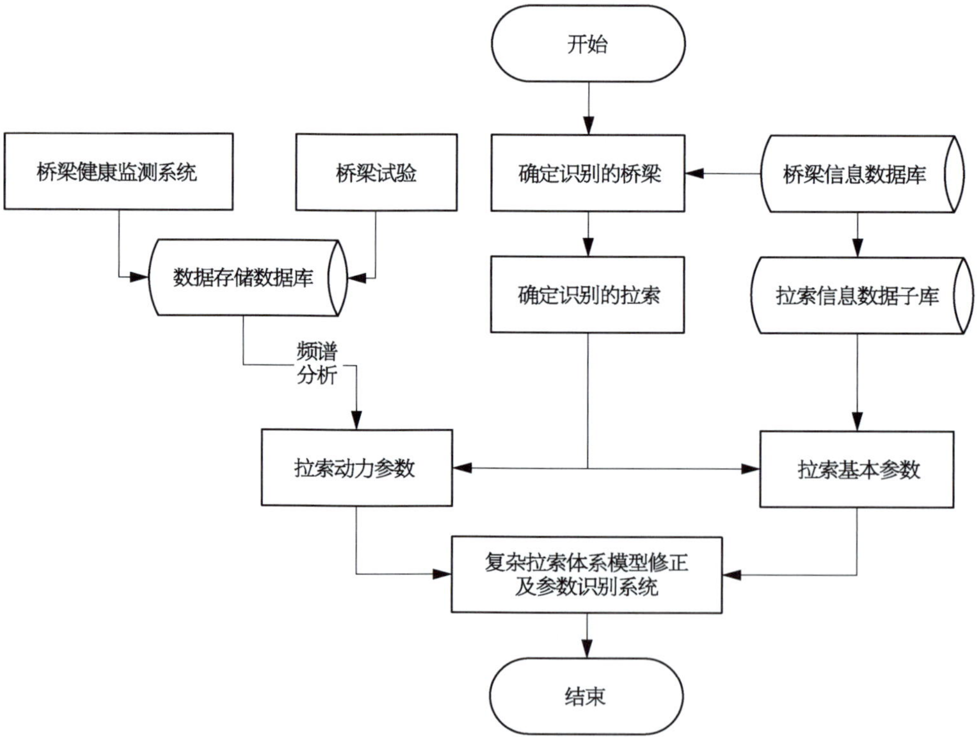


图 18.5 在线识别方案流程图

本方案中,涉及的硬件载体和软件平台包括:① 硬件载体含有加速度传感器的监测网络,数据采集系统和存储系统,可支持相应软件的 PC 机。② 软件平台的本次开发环境是基于 Windows 7

系统的，所用开发软件为 Matlab 的 GUI 模块，所有程序开发语言以 Matlab 为主。因此，桥梁信息数据库和数据存储数据库内数据保存格式需以 Matlab 数据格式为准。

设计的复杂拉索系统在线模型修正及参数识别的 GUI 界面如图 18.6 所示。

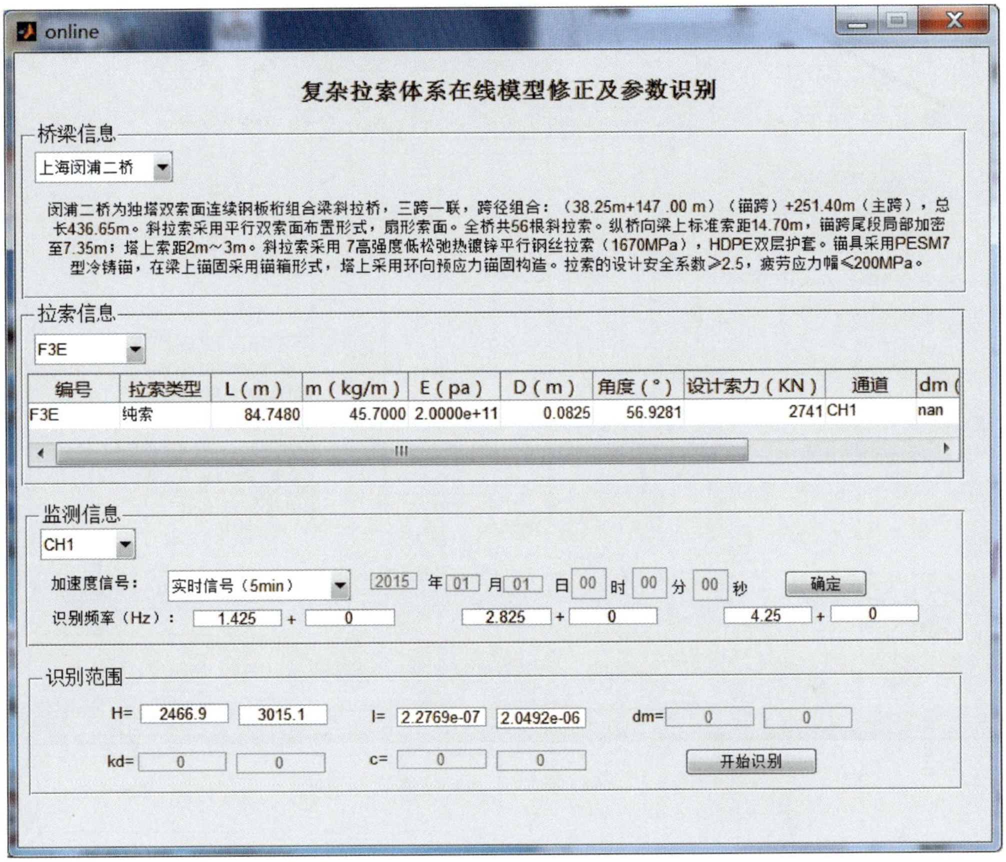


图 18.6　复杂拉索体系模型修正及参数识别 GUI 界面

图 18.6 的界面共包括桥梁信息区、拉索信息区、监测信息区和识别范围区四个板块。桥梁信息区的主要功能是选择需要识别的桥梁，在下方相应地会给出桥梁的基本信息，如桥梁形式、跨径、索面布置形式及拉索的整体信息等。同时，拉索信息区会自动获取该桥所有拉索编号。拉索信息区的主要功能是选择需要识别的拉索系统，相应地在表格中给出拉索的类型、基本的参数信息和设计参数，如索长、线密度、直径、倾角、设计索力、通道个数等。同时，监测信息区会自动获取该拉索的加速度传感器的采集通道及相应的加速度信号。监测信息区的主要功能是选择需要分析的拉索加速度信号，可以是历史信息和实时信息。同时，也会调用 Matlab 谱分析功能对所选择的加速度信号进行分析，获得拉索的振动频率。识别范围区的主要功能是给出参数识别过程中各参数的范围。此范围会根据拉索的设计参数自动确定，也可人工给定。之后，可直接调用图 18.7 所示在线模型修正及参数识别系统完成拉索系统的参数识别工作。

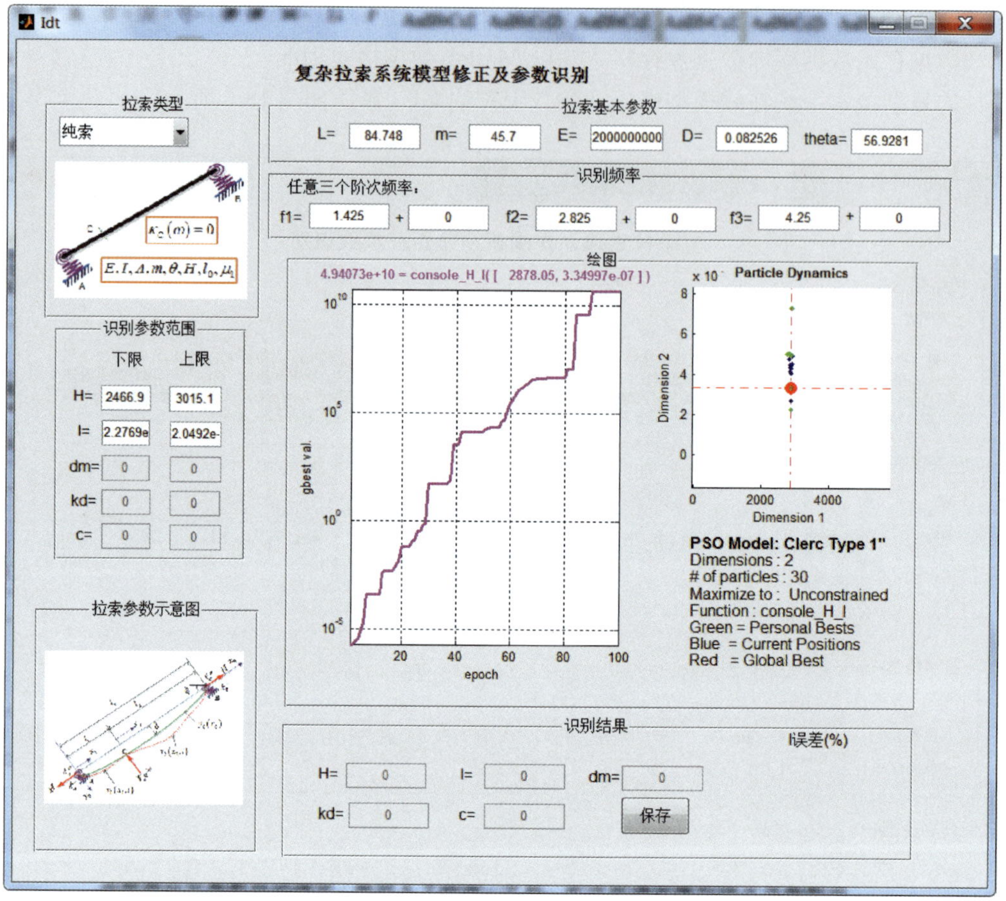


图 18.7　在线模型修正及参数识别系统

# 参考文献


[1] Irvine H M. CABLE structures[M]. 1988.

[2] Thai H T, Kim S E. Nonlinear static and dynamic analysis of cable structures[J]. Finite Elements in Analysis & Design, 2011, 47(3): 237 - 246.

[3] 张其林.新型建筑索结构设计与监测[M].北京：中国电力出版社,2012.

[4] Fujino Y, Kimura K, Tanaka H. Wind resistant design of bridges in Japan[J]. Springer Japan, 2012.

[5] Main J A, Jones N P. A comparison of full-scale measurements of stay cable vibration[C]. Structures Congress, 2000.

[6] Zhou H J, Xu Y L. Wind-rain induced vibration and control of stay cables in a cable stayed bridge[J]. Structural Control & Health Monitoring, 2010, 14(7): 1013 - 1033.

[7] Zuo D, Jones N P. Interpretation of field observations of wind- and rain-wind-induced stay cable vibrations[J]. Journal of Wind Engineering & Industrial Aerodynamics, 2010, 98(2): 73 - 87.

[8] Casciati S. Human induced vibration vs. cable-stay footbridge deterioration, 2016, 18(1): 17 - 29.

[9] 苏达根,等.斜拉桥拉索钢丝腐蚀失效研究[J].华南理工大学学报(自然科学版),1996(8): 108 - 112.

[10] Dan D H, et al. Fatigue durability study of high density polyethylene stay cable sheathing[J]. Construction & Building Materials, 2016, 111: 474 - 481.

[11] Dan D H, et al. Study on the mechanical properties of stay cable HDPE sheathing fatigue in dynamic bridge environments[J]. Polymers, 2015, 7(8): 1564 - 1576.

[12] Barton S C, et al. Accelerated corrosion and embrittlement of high-strength bridge wire[J]. Journal of Materials in Civil Engineering, 2000, 12(1): 33 - 38.

[13] Suzumura K, et al. Corrosion mechanism and protection methods for suspension bridge cables [J]. Structural Engineering International, 2000, 10(3): 189 - 193.

[14] Starossek U. Cable dynamics — a review[J]. Structural Engineering International, 1994, 4(3): 171 - 176.

[15] Housner G W, et al. Structural control: past, present, and future[J]. Journal of Engineering Mechanics, 1997, 123(9): 897 - 971.

[16] 陈文礼,李惠.黏滞阻尼器对拉索参数振动的控制分析[J].地震工程与工程振动,2007, 27(2): 137 - 144.

[17] 陈政清.斜拉索风雨振现场观测与振动控制[J].建筑科学与工程学报,2005,22(4): 5 - 10.

[18] 许俊.斜拉索索力简化计算中的精度分析[J].同济大学学报(自然科学版),2001,29(5): 611 - 615.

[19] Boston C, Weber F, Guzzella L. Optimal semi-active damping of cables: evolutionary algorithms and closed-form solutions[J]. Smart Materials & Structures, 2009, 18(5): 055006.

[20] Mitchell A R, Griffiths D F. The finite difference method in partial differential equations[J]. A Wiley-Interscience Publication, 1980, 43(1): S76 - S78.

[21] Ewins D J. Modal testing: theory and practice[M]. Research Studies Press, 1984: 109.

[22] Heylen W, S Lammens, P Sas. Modal analysis theory and testing[J]. Communications Magazine IEEE, 1997, 22(5): 64 - 70.

[23] Darbre G R. Studies of dynamic response of a guyed tower[D]. Houston: Rice University, 1982.

[24] Koloušek V. Anwendung des gesetzes der virtuellen verschiebungen und des reziprozitätssatzes in der stabwerksdynamik[J]. Ingenieur-Archiv, 1941, 12(6): 363 - 370.

[25] O'Brien W T, Francis A J. Cable movements under two-dimensional loads[J]. Journal of the Structural Division, 1964, 90: 89 - 124.

[26] Main J A, Jones N P. Vibration of tensioned beams with intermediate damper. Ⅰ: Formulation, Influence of Damper Location[J]. Journal of Engineering Mechanics, 2007, 133(4): 369 - 378.

[27] Main Joseph A, P Jones Nicholas. Vibration of tensioned beams with intermediate damper. Ⅱ: Damper near a Support[J]. Journal of Engineering Mechanics, 2007, 133(4): 379 - 388.

[28] Dan D H, Xu B, Chen Z H. Universal characteristic frequency equation for cable transverse component system and its universal numerical solution [J]. Journal of Engineering Mechanics, 2016, 142(4): 04015105.

[29] Dan D H, Chen Z, Yan X. Closed-form formula of the transverse dynamic stiffness of a shallowly inclined taut cable[J]. Shock and Vibration, 2014, 2014(1): 1 - 14.

[30] Dan D H., et al. Multistep and multiparameter identification method for bridge cable systems [J]. Journal of Bridge Engineering, 2018, 23(1): 04017111.1 - 04017111.9.

[31] Dan D H, Xu B, Huang H, et al. Research on the characteristics of transverse dynamic stiffness of an inclined shallow cable[J]. Journal of Vibration & Control, 2014, 22(3): 812 - 825.

[32] Fei H, et al. Analysis on the dynamic characteristic of a tensioned double-beam system with a semi theoretical semi numerical method[J]. Composite Structures, 2017, 185: 584 - 599.

[33] Delaurier J D. An aerodynamic model for flapping-wing flight[J]. Aeronautical Journal, 1993, 97(964): 125 - 130.

[34] Goyal S, Whalen T M. Design and application of a nonlinear energy sink to mitigate vibrations of an air spring supported slab[C]. in ASME 2005 International Design Engineering Technical Conferences and Computers and Information in Engineering Conference, 2005.

[35] Jones K, Platzer M. Experimental investigation of the aerodynamic characteristics of flapping-wing micro air vehicles[C]. in Aerospace Sciences Meeting and Exhibit, 2003.

[36] Li T, et al. Analysis of a vibro-impact nonlinear energy sink: theoretical and numerical developments[C]. IIème Congrès Froçais de Mécanique Lyon, 2015.

[37] Morita T, Okamura H. Analysis of crankshaft three-dimensional vibrations in a rotating coordinate system[C]. SAE Noise and Vibration Conference and Exposition, 1995.

[38] Pendaries C, et al. Flexible aircraft in conceptual design HALEs on the way to ornithopter [C]. AIAA Aerospace Sciences Meeting and Exhibit, 2013.

[39] Young D. Vibration of rectangular plates by the Ritz method[J]. Journal of Applied Mechanics-Transactions of the ASME, 1950, 17.

[40] Wang G, et al. Lumped-mass method for the study of band structure in two-dimensional phononic crystals[J]. Physical Review B, 2004, 69(18): 184302.

[41] Strang G, Fix G J, Griffin D S. An analysis of the finite-element method[J]. Mathematics of Computation, 1974, 41(1): 115 - 126.

[42] Kloušek V. Anwendung des gesetzes der virtuellen verschiebungen und des reziprozitätssatzes in der stabwerksdynamik[J]. Ingenieur-Archiv, 1941, 12(6): 363 - 370.

[43] Doyle J F. Wave propagation in structures[M]. New York: Springer, 1997: 126 - 156.

[44] Zhong W, Williams F W, Bennett P N. Extension of the Wittrick-Williams algorithm to mixed variable systems[J]. Journal of Vibration & Acoustics, 1997, 119(3): 334 - 340.

[45] Langley R S. Application of the dynamic stiffness method to the free and forced vibrations of aircraft panels[J]. Journal of Sound & Vibration, 1989, 135(2): 319 - 331.

[46] Wittrick W H, Williams F W, Buckling and vibration of anisotropic or isotropic plate assemblies under combined loadings[J]. International Journal of Mechanical Sciences, 1974, 16(4): 209 - 239.

[47] Anderson M S, et al. PASCO: Structural panel analysis and sizing code: Users manual-Revised[S]. 1981.

[48] 周平,赵德有.动态刚度阵法在船体总振动计算中的应用[J].船舶力学,2006,10(4): 126 - 132.

[49] Thew. The geometrical non-linear response of some pre-tensioned cable structures[J]. University of Nottingham, 1982, 298(2): 507 - 524.

[50] Giaccu G F, Caracoglia L. A displacement-based approach for determining non-linear effects on pre-tensioned-cable cross-braced structures[J]. Journal of Sound & Vibration, 2017, 394: 465 - 481.

[51] Gan G, Yu X, Zeng K. Pre-tensioned centrifugal concrete structure with steel strands[P]. 2017.

[52] Starossek U. Dynamic stiffness matrix of sagging cable[J]. Journal of Engineering Mechanics, 1991, 117(12): 2815 - 2828.

[53] Fazzolari F A, Banerjee J R. A dynamic stiffness formulation for free vibration analysis of doubly-curved composite shells based on higher order shear deformation theory [C]. International Symposium on Vibrations of Continuous Systems, 2013.

[54] Kim J, Chang S P. Dynamic stiffness matrix of an inclined cable[J]. Engineering Structures, 2001, 23(12): 1614 - 1621.

[55] Banerjee J R. Dynamic stiffness formulation for structural elements: a general approach[J]. Computers & Structures, 1997, 63(1): 101 - 103.

[56] Leung A. Dynamic stiffness and substructures[M]. London: Springer, 1993.

[57] Bannerjee J R, Williams F W. Exact dynamic stiffness matrix for composite timoshenko beams with applications[J]. Journal of Sound & Vibration, 1996, 194(4): 573 - 585.

[58] Lee U. Spectral element method in structural dynamics[M]. New York: John Wiley & Sons, 2009.

[59] Liu X, Banerjee J R. An exact spectral-dynamic stiffness method for free flexural vibration analysis of orthotropic composite plate assemblies — Part Ⅰ: Theory [J]. Composite Structures, 2015, 132(Supplement C): 1274 - 1287.

[60] Timoshenko S P. On the correction for shear of the differential equation for transverse vibrations of prismatic bars[J]. Philosophical Magazine, 1921, 7(245): 239 - 250.

[61] Timoshenko S P. On the transverse vibrations of bars of uniform cross-section [J]. Philosophical Magazine, 1922, Edinburgh(253): 125 - 131.

[62] Huang T C. The effect of rotatory inertia and of shear deformation on the frequency and normal mode equations of uniform beams with simple end conditions[J]. Journal of Applied Mechanics, 1961, 28(4): 579 - 584.

[63] Cheng F Y. Vibrations of timoshenko beams and frameworks[M]. Journal of the Structural Division, 1970.

[64] Li J, et al. Coupled bending and torsional vibration of axially loaded thin-walled Timoshenko beams[J]. International Journal of Mechanical Sciences, 2004, 46(2): 299 - 320.

[65] Henshell R D, Warburton G B. Transmission of vibration in beam systems[J]. International Journal for Numerical Methods in Engineering, 2010, 1(1): 47 - 66.

[66] Wittrick W H, Williams F W. A general algorithm for computing natural frequencies of elastic structures[J]. Quarterly Journal of Mechanics & Applied Mathematics, 1971, 24(3): 263 - 284.

[67] Rodman R D. Algorithm 196: Muller's method for finding roots of an arbitrary function[J]. Communications of the Acm, 1963, 6(8): 442 - 443.

[68] Williams F W. Natural frequencies of repetitive structures[J]. Q J Mechanics Appl Math, 1971, 24(3): 285 - 310.

[69] Williams F W, Wittrick W H. An automatic computational procedure for calculating natural frequencies of skeletal structures[J]. International Journal of Mechanical Sciences, 1970, 12(9): 781 - 791.

[70] Williams F W, Kennedy D. Historic, recent and ongoing applications of the Wittrick-Williams algorithm[J]. Computational Technology Reviews, 2010, 2: 223 - 246.

[71] Åkesson B Å, Friberg P O. Discussion of "Exact Buckling and Frequency Calculations Surveyed"[J]// Frederic W. Williams and William H. Wittrick (January, 1983). Journal of Structural Engineering, 1984, 110(1): 186 - 188.

[72] Williams F W, Zhong W X, Bennett P N. Computation of the eigenvalues of wave propagation in periodic substructural systems[J]. Journal of Vibration & Acoustics, 1993, 115(4): 422 - 426.

[73] Williams F W. Review of exact buckling and frequency calculations with optional multi-level substructuring[J]. Computers & Structures, 1993, 48(3): 547 - 552.

[74] Banerjee J R, Guo S, Howson W P. Exact dynamic stiffness matrix of a bending-torsion coupled beam including warping[J]. Computers & Structures, 1996, 59(4): 613 - 621.

[75] Li J, et al. Bending-torsional coupled dynamic response of axially loaded composite Timosenko thin-walled beam with closed cross-section[J]. Composite Structures, 2004, 64(1): 23 - 35.

[76] Howson W P, Williams F W. Natural frequencies of frames with axially loaded Timoshenko Members[J]. Journal of Sound & Vibration, 1973, 26(4): 503 - 515.

[77] Banerjee J R, Williams F W. Clamped-clamped natural frequencies of a bending-torsion coupled beam[J]. Journal of Sound & Vibration, 1994, 176(3): 301 - 306.

[78] Yuan S, et al. Theory and algorithm of the exact method for free vibration problems of skeletal structures[J]. Engineering Mechanics, 2005.

[79] Ascher U M, Christiansen J, and Russell R D. Colsys — A collocation code for boundary — value problems[M]. Springer Berlin Heidelberg, 1979.

[80] Ye K S, Zhao X J. Dynamic stiffness method for out-of-plane free vibration analysis of planar curved beams[J]. Engineering Mechanics, 2012, 29(3): 1 - 8.

[81] Chen X D, Ye K S. Analysis of free vibration of moderately thick circular cylindrical shells using the dynamic stiffness method[J]. Engineering Mechanics, 2016.

[82] Simpson A. On the solution of $S(\omega)x=0$ by a Newtonian procedure[J]. Journal of Sound & Vibration, 1984, 97(1): 153 - 164.

[83] Williams F W, Kennedy D. Reliable use of determinants to solve non-linear structural eigenvalue problems efficiently [J]. International Journal for Numerical Methods in Engineering, 2010, 26(8): 1825 - 1841.

[84] Qi Z, Kennedy D, Williams F W. An accurate method for transcendental eigenproblems with a new criterion for eigenfrequencies[J]. International Journal of Solids & Structures, 2004, 41(11): 3225 - 3242.

[85] Yuan S, Ye K, Williams F W. Second order mode-finding method in dynamic stiffness matrix methods[J]. Journal of Sound & Vibration, 2004, 269(3): 689 - 708.

[86] Yuan S, et al. Recursive second order convergence method for natural frequencies and modes when using dynamic stiffness matrices[J]. International Journal for Numerical Methods in Engineering, 2003, 56(12): 1795 - 1814.

[87] Han F, et al. An improved Wittrick-Williams algorithm for beam-type structures [J]. Composite Structures, 2018, 204: 560 - 566.

[88] Shi H, Salim H. Geometric nonlinear static and dynamic analysis of guyed towers using fully nonlinear element formulations[J]. Engineering Structures, 2015, 99: 492 - 501.

[89] Kozić P, Pavlović R, Karličić D. The flexural vibration and buckling of the elastically connected parallel-beams with a Kerr-type layer in between [J]. Mechanics Research Communications, 2014, 56(2): 83 - 89.

[90] Ricciardi G, Saitta F. A continuous vibration analysis model for cables with sag and bending stiffness[J]. Engineering Structures, 2008, 30(5): 1459 - 1472.

[91] Y Q, N I, K O J M, Zheng G. Dynamic analysis of large-diameter sagged cables taking into account flexural rigidity[J]. Journal of Sound & Vibration, 2002, 257(2): 301 - 319.

[92] Han F, Dan D H, Cheng W. Extension of dynamic stiffness method to complicated damped structures[J]. Computers & Structures, 2018, 208: 143 - 150.

[93] Kolousek, Vladimir. Dynamics in engineering structures[M]. London: Butterworths, 1973.

[94] Wu Y, Y Gao. Analytical solutions for simply supported viscously damped double-beam system under moving harmonic loads[J]. Journal of Engineering Mechanics, 2015, 141(7): 04015004.

[95] Han F, Dan D H, Cheng W. An exact solution for dynamic analysis of a complex double-beam system[J]. Composite Structures, 2018, 193: 295 - 305.

[96] Cheng F Y. Vibrations of timoshenko beams and frameworks[J]. Journal of the Structural Division, 1970, 96(3): 551 - 571.

[97] Krenk S, Hogsberg J R. Damping of cables by a transverse force[J]. Journal of Engineering Mechanics, 2005, 131(4): 340 - 348.

[98] Ricciardi G, Saitta F. A continuous vibration analysis model for cables with sag and bending stiffness[J]. Engineering Structures, 2008, 30(5): 1459 - 1472.

[99] WARNITCHAI, FUJINO, SUSUMPOW. A non-linear dynamic model for cables and its application to a cable-structure system[J]. Journal of Sound & Vibration, 1995, 187(4): 695 - 712.

[100] Zhang Z J, et al. Evaluation of measurement methods for tension of parallel steel strand stay

cables[J]. Bridge Construction, 2016(46): 42-47.

[101] Wu X, Xiao R. Tension force estimation for parallel strand cable based on parameter identification method[J]. Journal of Jiangsu University, 2015, 36(5): 583-587.

[102] Dan D H, Xu B, Chen Z H. Universal characteristic frequency equation for cable Transverse Component System and Its Universal Numerical Solution, 2015, 142: 04015105.

[103] Choi D H, Park W S. Tension force estimation of extradosed bridge cables oscillating nonlinearly under gravity effects[J]. International Journal of Steel Structures, 2011, 11(3): 383-394.

[104] Kelly S G, Srinivas S. Free vibrations of elastically connected stretched beams[J]. Journal of Sound & Vibration, 2009, 326(3): 883-893.

[105] Douglas B E, Yang J C S. Transverse compressional damping in the vibratory response of elastic-viscoelastic-elastic beams[J]. AIAA Journal, 1978, 16(9): 33.

[106] Frostig Y, Baruch M. High-order buckling analysis of sandwich beams with transversely flexible core[J]. Journal of Engineering Mechanics, 1993, 119(3): 476-495.

[107] Macé M. Damping of beam vibrations by means of a thin constrained viscoelastic layer: evaluation of a new theory[J]. Journal of Sound & Vibration, 1994, 172(5): 577-591.

[108] Japanese A I. Vibration control of beams by beam-type dynamic vibration absorbers[J]. Journal of Engineering Mechanics, 1992, 118(2): 248-258.

[109] Yamaguchi H. Vibrations of a beam with an absorber consisting of a viscoelastic beam and a spring-viscous damper[J]. Journal of Sound & Vibration, 1985, 103(3): 417-425.

[110] Yankelevsky D Z. Analysis of a composite layered elastic foundation[J]. International Journal of Mechanical Sciences, 1991, 33(3): 169-177.

[111] Fei H, et al. Analysis on the dynamic characteristic of a tensioned double-beam system with a semi theoretical semi numerical method[J]. Composite Structures, 2018, 185: 584-599.

[112] Li J, Hua H, Li X. Dynamic stiffness matrix of an axially loaded slenderdouble-beam element[J]. Structural Engineering & Mechanics, 2010, 35(6): 717-733.

[113] Li Y X, Hu Z J, Sun L Z. Dynamical behavior of a double-beam system interconnected by a viscoelastic layer[J]. International Journal of Mechanical Sciences, 2016, 105: 291-303.

[114] Pidaparti R M V, Yang H T Y. Supersonic flutter analysis of composite plates and shells [J]. Aiaa Journal, 1993, 31(6): 1109-1117.

[115] Yuan S, et al. Recursive second order convergence method for natural frequences and modes when using dynamic stiffness matrices[J]. International Journal for Numerical Methods in Engineering, 2003, 56(12): 1795-1814.

[116] Kennedy H. A new statistical measure of signal similarity[J]. Information, Decision and Control, 2007, 112-117.

[117] Omachi S, Omachi M. Fast template matching with polynomials[J]. IEEE Transactions on Image Processing, 2007, 16(8): 2139-2149.

[118] Wang L, Wang K Q, Xu L S. Recognizing wrist pulse waveforms with improved dynamic time warping algorithm[J]. in International Conference on Machine Learning & Cybernetics, 2004.

[119] Davenport A G, Steels G N. Dynamic behavior of massive guy cables[J]. Journal of the Structural Division, 1965.

[120] Dan D, Chen Z, Yan X. Closed-form formula of the transverse dynamic stiffness of a shallowly inclined taut cable[J]. Shock and Vibration, 2014(3): 1 - 14.

[121] 刘志勇.斜拉桥斜拉索索力测试方法综述[J].铁道建筑,2007(4): 18 - 20.

[122] Fei H, et al. Analysis on the dynamic characteristic of a tensioned double-beam system with a semi theoretical semi numerical method[J]. Composite Structures, 2018, 185.

[123] 李辉,丁桦.结构动力模型修正方法研究进展[J].力学进展,2005,35(2): 170 - 180.

[124] 张鹏.基于粒子群算法的拉索智能模型修正及索力识别[D].上海: 同济大学,2010.

[125] 陈艳阳.基于 PSO 的索-阻尼器体系智能模型修正与参数识别[D].上海: 同济大学,2012.

[126] 李国强,魏金波,张开莹.考虑边界弹性约束的索力动力检测理论与试验研究[J].建筑结构学报,2009(5): 220 - 226.

[127] Irvine Max H. Cable structures[M]. Cambridge, Massachusetts, and London, England: The MIT Press, 1981: 129 - 142.

[128] Davenport A. Buffeting of suspension bridge by storm winds[J]. Proc., 1962. 88: 233 - 268.

[129] Diana G, et al. On the vortex shedding forcing on suspension bridge deck[J]. Journal of Wind Engineering & Industrial Aerodynamics, 2006, 94(5): 341 - 363.

[130] Kimbara S I, Yanaka Y, Kiyota R. Dynamic properties of a suspension bridge constructed with trapezoidal steel box girders[J]. Journal of Constructional Steel Research, 1994, 30(3): 283 - 304.

[131] Hwang Y C, Kim S, Kim H. Cause investigation of high-mode vortex-induced vibration in a long-span suspension bridge[J]. Structure and Infrastructure Engineering, 2020, 16(1): 84 - 93.

[132] Li H, et al. Field monitoring and validation of vortex-induced vibrations of a long-span suspension bridge[J]. Journal of Wind Engineering & Industrial Aerodynamics, 2014, 124: 54 - 67.

[133] Yongle L, et al. Optimization of the vortex induced vibration for steel box girder of long span suspension bridges by wind tunnel test[J]. Acta aerodynamica sinica, 2011, 29(6): 702 - 708.

[134] Zheng C. Report: Suspension bridge that vibrated 'is safe'. 2020; Available from: http://www.chinadaily.com.cn/a/202005/12/WS5eba2da3a310a8b241155181.html.

[135] Obrien E J, et al. Characteristic dynamic traffic load effects in bridges[J]. Engineering Structures, 2009, 31(7): 1607 - 1612.

[136] Park, Jae-Hyung, Thanh-Canh, et al. Wind and traffic-induced variation of dynamic

characteristics of a cable-stayed bridge-benchmark study[J]. Smart structures and systems, 2016, 17(3): 491 - 522.

[137] Roads U S B o P. The mathematical theory of vibration in suspension bridges[C]. Bureau of Public Roads: US Department of Commerce, 1950.

[138] Han F, Deng Z C, Dan D H. Vertical vibrations of suspension bridges: a review and a new method[J]. Arch Computat Methods Eng, 2021(28): 1591 - 1610.

[139] Han F, Dan D H, Cheng W. Extension of dynamic stiffness method to complicated damped structures[J]. Computers & Structures, 2018, 208: 143 - 150.

[140] Han F, et al. A novel analysis method for damping characteristic of a type of double-beam systems with viscoelastic layer[J]. Applied Mathematical Modelling, 2020, 80: 911 - 928.

[141] Ricciardi G, Saitta F. A continuous vibration analysis model for cables with sag and bending stiffness[J]. Engineering Structures, 2008, 30(5): 1459 - 1472.

[142] Enrique Luco J, J Turmo. Linear vertical vibrations of suspension bridges: A review of continuum models and some new results[J]. Soil Dynamics and Earthquake Engineering, 2010, 30(9): 769 - 781.

[143] Han F, Dan D H, Deng Z C. A dynamic stiffness-based modal analysis method for a double-beam system with elastic supports[J]. Mechanical Systems and Signal Processing, 2021, 146: 106978.

[144] Han F, Deng Z H, Dan D H. Exact dynamic analysis of multi-segment cable systems[J]. Mechanical Systems and Signal Processing, 2021, 146: 107053.

[145] Han F, Deng Z H, Dan D H. A novel method for dynamic analysis of complex multi-segment cable systems[J]. Mechanical Systems and Signal Processing, 2020, 142: 106780.

[146] Han F, et al. Exact dynamic analysis of shallow sagged cable system — theory and experimental verification[J]. International Journal of Structural Stability and Dynamics, 2019: 1950153.

[147] Dan D H, et al. Unified modal analysis of complex cable systems via extended dynamic stiffness method and enhanced computation[J]. Structural Control and Health Monitoring, 2019, 26(10): e2435.

[148] Han F, et al. Experimental and theoretical study on cable-supporting system[J]. Mechanical Systems and Signal Processing, 2020, 140: 106638.

[149] Han F, et al. An improved Wittrick-Williams algorithm for beam-type structures[J]. Composite Structures, 2018, 204: 560 - 566.

[150] Institute C h p a D. JTG D60 - 2015, general specification for design of highway bridges and culverts[S]. Beijing: China communication press, 2015.

[151] Zhang G Y, Z L. Test on vibration characteristics of Humen bridge[J]. Journal of Tongji University, 1999, 27(2): 194 - 197.

[152] Dan D H, et al. Damping estimation by 2D dr_APES and its application to a real cable-

stayed bridge [J]. International Journal of Structural Stability and Dynamics, 2016, 16(5): 1550002.

[153] Li H, Zhang F, Jin Y. Real-time identification of time-varying tension in stay cables by monitoring cable transversal acceleration[J]. Structural Control and Health Monitoring, 2014, 21(7): 1100 - 1117.

[154] Yang Y, Li S, Nagarajaiah S, et al. Real-time output-only identification of time-varying cable tension from accelerations via complexity pursuit[J]. Journal of Structural Engineering, 2016, 142(040150831).

[155] Bao Y, Shi Z, Beck J L, et al. Identification of time-varying cable tension forces based on adaptive sparse time-frequency analysis of cable vibrations [J]. Structural Control and Health Monitoring, 2017, 24(3): e1889.

[156] Li J, Stoica P. An adaptive filtering approach to spectral estimation and SAR imaging[J]. IEEE Transactions on Signal Processing, 1996, 44(6): 1469 - 1484.

[157] Larsson E G, Li J, Stoica P. High-resolution nonparametric spectral analysis: Theory and applications[M]. CRC Press, 2017: 151 - 252.

[158] Stoica P, Jakobsson A, Li J. Matched-filter bank interpretation of some spectral estimators [J]. Signal Processing, 1998, 66(1): 45 - 59.

[159] 余学文.基于块递推 APES 法的结构模态参数在线识别研究[D].上海市：同济大学,2020.

[160] Ricciardi G, Saitta F. A continuous vibration analysis model for cables with sag and bending stiffness[J]. Engineering Structures, 2008, 30(5): 1459 - 1472.

[161] Ma L. A highly precise frequency-based method for estimating the tension of an inclined cable with unknown boundary conditions[J]. Journal of Sound and Vibration, 2017, 409: 65 - 80.

[162] 袁驷.程序结构力学[M].北京：高等教育出版社,2001：280.

[163] Shinozuka M, Jan C M. Digital simulation of random processes and its applications[J]. Journal of Sound and Vibration, 1972, 25(1): 111 - 128.

[164] 张相庭.结构风压和风振计算[M].上海：同济大学出版社,1985.

[165] 郑文昊.基于冲击系数谱的装配式梁桥横向联系状态在线监测与评估[D].上海：同济大学,2018.

[166] 何宪飞,陈艾荣.斜拉桥斜拉索局部弯曲应力分析[J].上海公路,1999(S1)：85 - 90.

[167] Rychlik I. Note on cycle counts in irregular loads[J]. Fatigue & Fracture of Engineering Materials & Structures, 1993, 16(4): 377 - 390.

[168] Rychlik I. A new definition of the rainflow cycle counting method[J]. International Journal of Fatigue, 1987, 9(2): 119 - 121.

[169] Dowling N E. Fatigue failure predictions for complicated stress-strain histories[J]. Journal of Materials, 1972, 7(1): 71 - 87.

[170] The WAFO Group. WAFO — A Matlab toolbox for analysis of random waves and loads

[Z]. Lund University, 2017.
[171] 陈传尧.疲劳与断裂[M].武汉：华中科技大学出版社,2002.
[172] Esslinger V. Experimental execution and results of fatigue tests with prestressing steel[R]. IABSE REPORTS, 1992.
[173] Paulson C, Frank K H, Breen J E. A fatigue study of prestressing strand[R]. Center for Transportation Research, The University of Texas at Austin, 1983.
[174] 李冬生.拱桥吊杆损伤监测与健康诊断[D].哈尔滨：哈尔滨工业大学,2007.
[175] 马林.国产 1860 级低松弛预应力钢绞线疲劳性能研究[J].铁道标准设计,2000(5)：21 - 23.
[176] Birkenmaier M. Fatigue resistant tendons for cable-stayed construction[J]. IABSE Proceedings, 1980, 2：65 - 78.
[177] Institute P. Recommendations for stay cable design and testing[J]. Peptide Science, 1986, 96(1)：iii.
[178] Astrom K J, Eykhoff P. System identification-a survey[J]. Automatica, 1971, 7：123 - 162.
[179] 阎石,郑伟.简谐波叠加法模拟风谱[J].沈阳建筑大学学报(自然科学版),2005(1)：1 - 4.
[180] Xing J Z, Wang Y G. Free vibrations of a beam with elastic end restraints subject to a constant axial load[J]. Archive of Applied Mechanics, 2013, 83(2)：241 - 252.
[181] 甘泉.复杂边界条件下索结构的内力识别方法研究[D].广州：华南理工大学,2015.

# 附 录

1. 矩阵 $\mathbf{S}^{(i)}$ 的详细表达形式。

$$
\mathbf{S}^{(i)}=\begin{bmatrix}
1 & 1 & 1 & 1 & 1 & 1 & 1 & 1 \\
t_1 & t_2 & t_3 & t_4 & t_1 & t_2 & t_3 & t_4 \\
\kappa_1 & \kappa_2 & \kappa_3 & \kappa_4 & -\kappa_1 & -\kappa_2 & -\kappa_3 & -\kappa_4 \\
t_1\kappa_1 & t_2\kappa_2 & t_3\kappa_3 & t_4\kappa_4 & -t_1\kappa_1 & -t_2\kappa_2 & -t_3\kappa_3 & -t_4\kappa_4 \\
e^{\kappa_1 l_i} & e^{\kappa_2 l_i} & e^{\kappa_3 l_i} & e^{\kappa_4 l_i} & e^{-\kappa_1 l_i} & e^{-\kappa_2 l_i} & e^{-\kappa_3 l_i} & e^{-\kappa_4 l_i} \\
t_1 e^{\kappa_1 l_i} & t_2 e^{\kappa_2 l_i} & t_3 e^{\kappa_3 l_i} & t_4 e^{\kappa_4 l_i} & t_1 e^{-\kappa_1 l_i} & t_2 e^{-\kappa_2 l_i} & t_3 e^{-\kappa_3 l_i} & t_4 e^{-\kappa_4 l_i} \\
\kappa_1 e^{\kappa_1 l_i} & \kappa_2 e^{\kappa_2 l_i} & \kappa_3 e^{\kappa_3 l_i} & \kappa_4 e^{\kappa_4 l_i} & -\kappa_1 e^{-\kappa_1 l_i} & -\kappa_2 e^{-\kappa_2 l_i} & -\kappa_3 e^{-\kappa_3 l_i} & -\kappa_4 e^{-\kappa_4 l_i} \\
t_1\kappa_1 e^{\kappa_1 l_i} & t_2\kappa_2 e^{\kappa_2 l_i} & t_3\kappa_3 e^{\kappa_3 l_i} & t_4\kappa_4 e^{\kappa_4 l_i} & -t_1\kappa_1 e^{-\kappa_1 l_i} & -t_2\kappa_2 e^{-\kappa_2 l_i} & -t_3\kappa_3 e^{-\kappa_3 l_i} & -t_4\kappa_4 e^{-\kappa_4 l_i}
\end{bmatrix}
$$

2. 矩阵 $\mathbf{H}^{(i)}$ 的表达式。

$$
\mathbf{H}^{(i)}=\begin{bmatrix}
\tilde{t}_1 & \tilde{t}_2 & \tilde{t}_3 & \tilde{t}_4 & -\tilde{t}_1 & -\tilde{t}_2 & -\tilde{t}_3 & -\tilde{t}_4 \\
\hat{t}_1 & \hat{t}_2 & \hat{t}_3 & \hat{t}_4 & -\hat{t}_1 & -\hat{t}_2 & -\hat{t}_3 & -\hat{t}_4 \\
\tilde{\tilde{t}}_1 & \tilde{\tilde{t}}_2 & \tilde{\tilde{t}}_3 & \tilde{\tilde{t}}_4 & \tilde{\tilde{t}}_1 & \tilde{\tilde{t}}_2 & \tilde{\tilde{t}}_3 & \tilde{\tilde{t}}_4 \\
\bar{t}_1 & \bar{t}_2 & \bar{t}_3 & \bar{t}_4 & \bar{t}_1 & \bar{t}_2 & \bar{t}_3 & \bar{t}_4 \\
-\tilde{t}_1 e^{\kappa_1 l_i} & -\tilde{t}_2 e^{\kappa_2 l_i} & -\tilde{t}_3 e^{\kappa_3 l_i} & -\tilde{t}_4 e^{\kappa_4 l_i} & \tilde{t}_1 e^{-\kappa_1 l_i} & \tilde{t}_2 e^{-\kappa_2 l_i} & \tilde{t}_3 e^{-\kappa_3 l_i} & \tilde{t}_4 e^{-\kappa_4 l_i} \\
-\hat{t}_1 e^{\kappa_1 l_i} & -\hat{t}_2 e^{\kappa_2 l_i} & -\hat{t}_3 e^{\kappa_3 l_i} & -\hat{t}_4 e^{\kappa_4 l_i} & \hat{t}_1 e^{-\kappa_1 l_i} & \hat{t}_2 e^{-\kappa_2 l_i} & \hat{t}_3 e^{-\kappa_3 l_i} & \hat{t}_4 e^{-\kappa_4 l_i} \\
-\tilde{\tilde{t}}_1 e^{\kappa_1 l_i} & -\tilde{\tilde{t}}_2 e^{\kappa_2 l_i} & -\tilde{\tilde{t}}_3 e^{\kappa_3 l_i} & -\tilde{\tilde{t}}_4 e^{\kappa_4 l_i} & -\tilde{\tilde{t}}_1 e^{-\kappa_1 l_i} & -\tilde{\tilde{t}}_2 e^{-\kappa_2 l_i} & -\tilde{\tilde{t}}_3 e^{-\kappa_3 l_i} & -\tilde{\tilde{t}}_4 e^{-\kappa_4 l_i} \\
-\bar{t}_1 e^{\kappa_1 l_i} & -\bar{t}_2 e^{\kappa_2 l_i} & -\bar{t}_3 e^{\kappa_3 l_i} & -\bar{t} e^{\kappa_4 l_i} & -\bar{t}_1 e^{-\kappa_1 l_i} & -\bar{t}_2 e^{-\kappa_2 l_i} & -\bar{t}_3 e^{-\kappa_3 l_i} & -\bar{t}_4 e^{-\kappa_4 l_i}
\end{bmatrix}
$$

其中

$$
\tilde{t}_j=E_1 I_1 \kappa_j^3+P_1\kappa_j \qquad \hat{t}_j=E_2 I_2 \kappa_j^3+P_2 t_j \kappa_j
$$

$$
\tilde{\tilde{t}}_j=-E_1 I_1 \kappa_j^2 \qquad \bar{t}_j=-E_2 I_2 t_j \kappa_j^2 \quad (j=1\sim 4)
$$

矩阵 $\mathbf{B}^{(i)}$ 推导过程

双梁附加索力幅值 $\widetilde{h}_i$ 的表达式如下

$$\begin{cases}\widetilde{h}_1=\dfrac{8E_2A_2e}{l_1^e l_0}\left[\int_0^{l_1}\varphi_2(x_1)\mathrm{d}x_1+l_0(0.5-\mu_1)\varphi_2(x_1|_{=l_1})\right]\\ \widetilde{h}_2=\dfrac{8E_2A_2e}{l_2^e l_0}\left[\int_0^{l_2}\varphi_2(x_2)\mathrm{d}x_2-l_0(0.5-\mu_1)\varphi_2(x_2|_{=0})\right]\end{cases},\ \lambda_i=\frac{8E_2A_2e}{l_0 l_i^e},\ \mu_1=\frac{l_1}{l_0}。$$

$$\begin{aligned}\widetilde{h}_1&=\lambda_1\cdot\left\{\int_0^{l_1}\varphi_2(x_1)\mathrm{d}x_1+l_0(0.5-\mu_1)\varphi_2(x_1|_{=l_1})\right\}\\&=\lambda_1\cdot\left\{\int_0^{l_1}\boldsymbol{\Phi}_1(x_1)\mathrm{d}x_1+l_0(0.5-\mu_1)\boldsymbol{\Phi}_1(x_1|_{=l_1})\right\}\cdot\{C_1^{(1)}C_3^{(1)}C_5^{(1)}C_7^{(1)}C_2^{(1)}C_4^{(1)}C_6^{(1)}C_8^{(1)}\}^T\\&\quad+(l_1+0.5l_0-l_1)\varphi_2^{*(1)}\\&=\lambda_1\cdot\left\{\int_0^{l_1}\boldsymbol{\Phi}_1(x_1)\mathrm{d}x_2+l_0(0.5-\mu_1)\boldsymbol{\Phi}_1(x_1|_{=l_1})\right\}\cdot\{C_1^{(1)}C_3^{(1)}C_5^{(1)}C_7^{(1)}C_2^{(1)}C_4^{(1)}C_6^{(1)}C_8^{(1)}\}^T+\frac{\lambda_1G_2l_0\widetilde{h}_1}{2}\end{aligned}$$

$$\begin{aligned}\widetilde{h}_2&=\lambda_2\cdot\left\{\int_0^{l_2}\varphi_2(x_2)\mathrm{d}x_2-l_0(0.5-\mu_1)\varphi_2(x_2|_{=0})\right\}\\&=\lambda_2\cdot\left\{\int_0^{l_2}\boldsymbol{\Phi}_1(x_2)\mathrm{d}x_2-l_0(0.5-\mu_1)\boldsymbol{\Phi}_1(x_2|_{=0})\right\}\cdot\{C_1^{(2)}C_3^{(2)}C_5^{(2)}C_7^{(2)}C_2^{(2)}C_4^{(2)}C_6^{(2)}C_8^{(2)}\}^T\\&\quad-\varphi_2^{*(2)}(l_2-0.5l_0+l_1)\\&=\lambda_2\cdot\left\{\int_0^{l_2}\boldsymbol{\Phi}_1(x_2)\mathrm{d}x_2-l_0(0.5-\mu_1)\boldsymbol{\Phi}_1(x_2|_{=0})\right\}\cdot\{C_1^{(2)}C_3^{(2)}C_5^{(2)}C_7^{(2)}C_2^{(2)}C_4^{(2)}C_6^{(2)}C_8^{(2)}\}^T-\frac{\widetilde{h}_2l_0\lambda_2G_2}{2}\end{aligned}$$

其中，$\lambda_i=\dfrac{8E_2A_2e}{l_0l_i^e}$，$\mu_1=\dfrac{l_1}{l_0}$，$G_1=-8e/\eta_0l_0$，$G_2=\dfrac{4k-\omega^2(4m_1+m_3)}{\omega^2m_3+4k}G_1$。

将上两式移项，并令 $x_1=x_2=x$ 得到：

$$\widetilde{h}_1=\frac{\lambda_1}{1-0.5\lambda_1l_0G_2}\left(\int_0^{l_1}\boldsymbol{\Phi}_1(x)\mathrm{d}x+l_0(0.5-\mu_1)\boldsymbol{\Phi}_1(x_1|_{=l_1})\right)\cdot\{C_1^{(1)}C_3^{(1)}C_5^{(1)}C_7^{(1)}C_2^{(1)}C_4^{(1)}C_6^{(1)}C_8^{(1)}\}^T$$

$$\widetilde{h}_2=\frac{\lambda_2}{1+0.5\lambda_2l_0G_2}\left(\int_0^{l_2}\boldsymbol{\Phi}_1(x)\mathrm{d}x-l_0(0.5-\mu_1)\boldsymbol{\Phi}_1(x_2|_{=0})\right)\cdot\{C_1^{(2)}C_3^{(2)}C_5^{(2)}C_7^{(2)}C_2^{(2)}C_4^{(2)}C_6^{(2)}C_8^{(2)}\}^T$$

记 $\mathbf{B}^{(i)}=b_0^{(i)}\cdot\begin{cases}\int_0^{l_1}\boldsymbol{\Phi}_1(x)\mathrm{d}x+l_0(0.5-\mu_1)\boldsymbol{\Phi}_1(x_1|_{=l_1}) & i=1\\ \int_0^{l_2}\boldsymbol{\Phi}_1(x)\mathrm{d}x-l_0(0.5-\mu_1)\boldsymbol{\Phi}_1(x_2|_{=0}) & i=2\end{cases}$

则 $\mathbf{B}^{(i)}=b_0^{(i)}\cdot[b_1^{(i)}\quad b_3^{(i)}\quad b_5^{(i)}\quad b_7^{(i)}\quad b_2^{(i)}\quad b_4^{(i)}\quad b_6^{(i)}\quad b_8^{(i)}]$，其中

$$b_0^{(1)}=\frac{\lambda_1}{1-0.5\lambda_1l_0G_2},\ b_0^{(2)}=\frac{\lambda_2}{1+0.5\lambda_2l_0G_2},\ \lambda_i=\frac{8E_2A_2e}{l_0l_i^e}。$$

$$b_{2j-1}^{(1)}=\frac{e^{\kappa_jl_1}-1}{\kappa_j}+l_0(0.5-\mu_1)e^{\kappa_jl_1};\ b_{2j}^{(1)}=\frac{e^{-\kappa_jl_1}-1}{-\kappa_j}+l_0(0.5-\mu_1)e^{-\kappa_jl_1}$$

$$b_{2j-1}^{(2)}=\frac{e^{\kappa_jl_2}-1}{\kappa_j}+l_0(0.5-\mu_2)e^{\kappa_jl_2};\ b_{2j}^{(2)}=\frac{e^{-\kappa_jl_2}-1}{-\kappa_j}+l_0(0.5-\mu_1)e^{-\kappa_jl_2}$$

计算结果如图 10.2 所示,图中只给出与本文识别方法相关的结果,其他结果如下(a)~(f)所示。

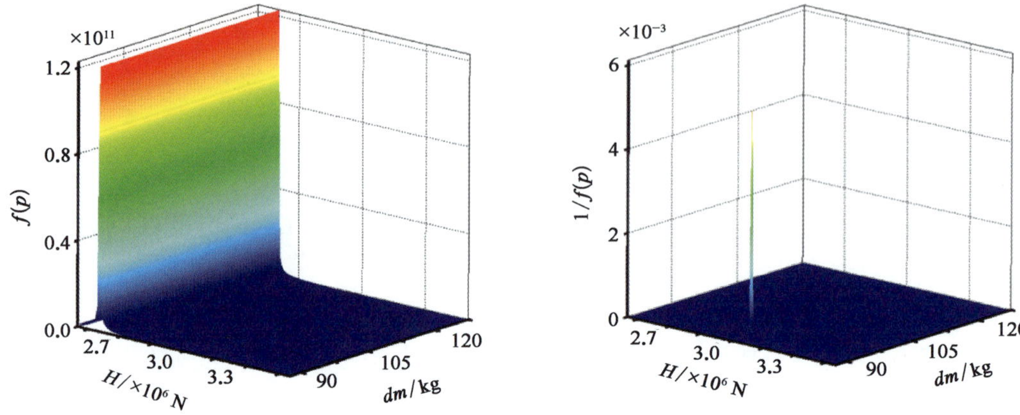


(a) $H$、$dm$变化时函数及函数倒数的图像

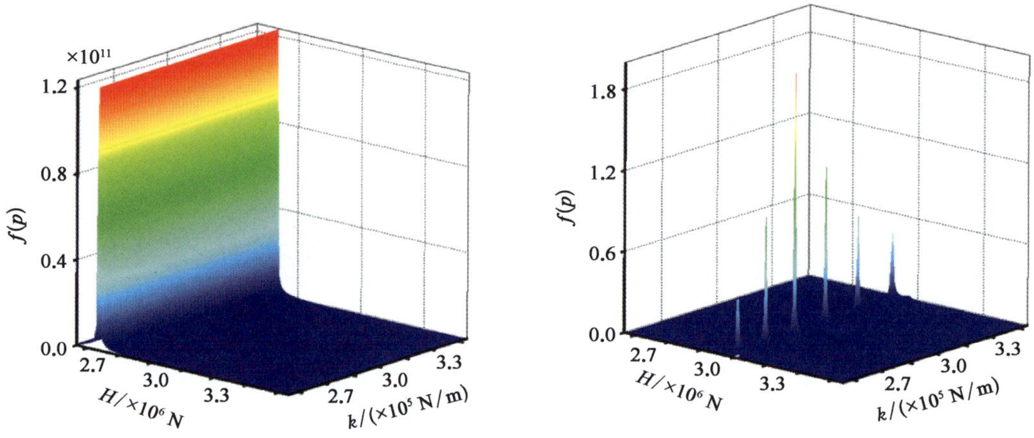


(b) $H$、$k$变化时函数及函数倒数的图像

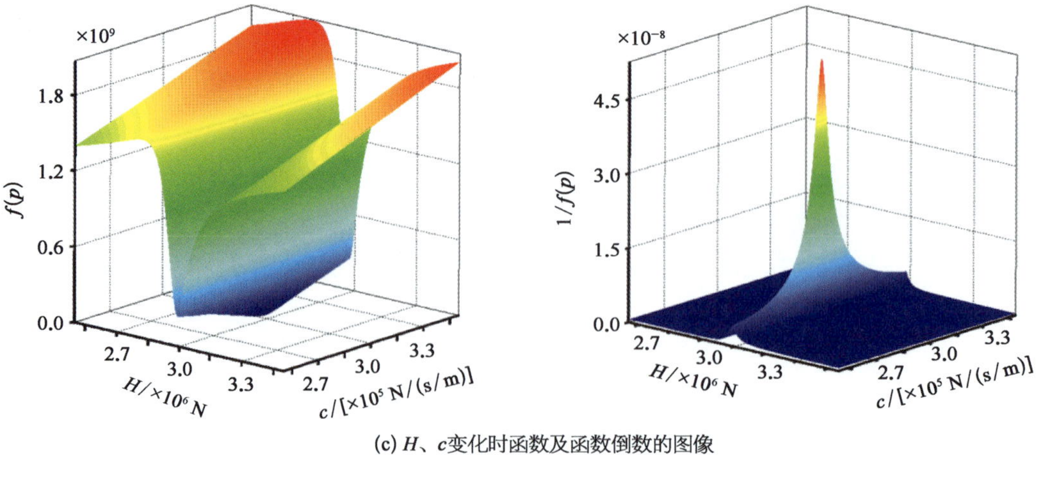


(c) $H$、$c$变化时函数及函数倒数的图像

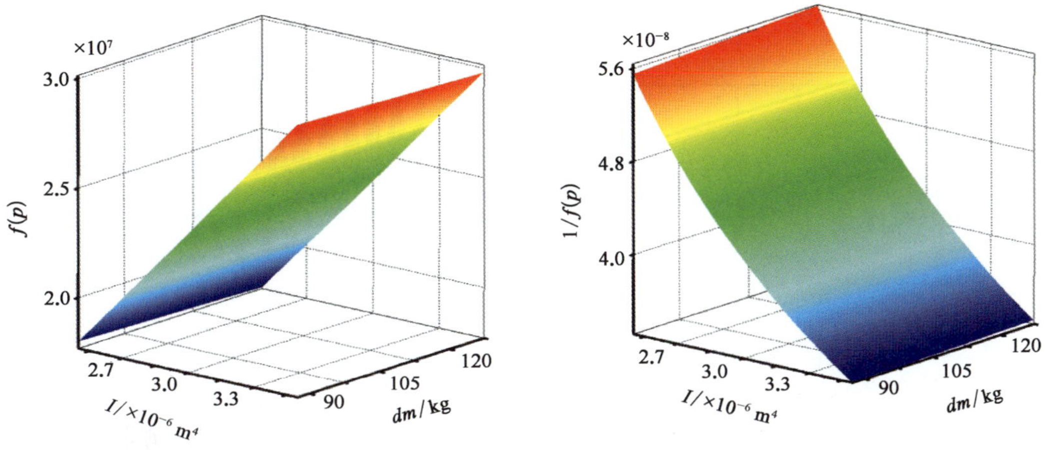


(d) $I$、$\boldsymbol{dm}$变化时函数及函数倒数的图像

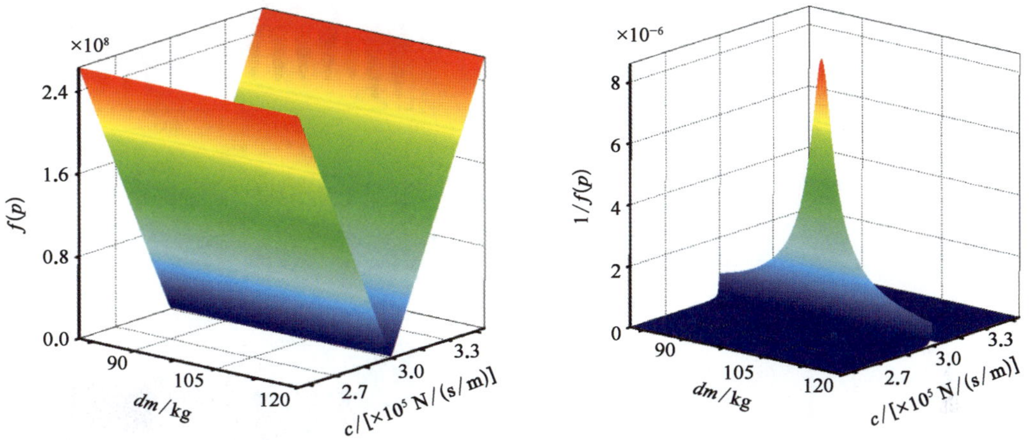


(e) $\boldsymbol{dm}$、$c$变化时函数及函数倒数的图像

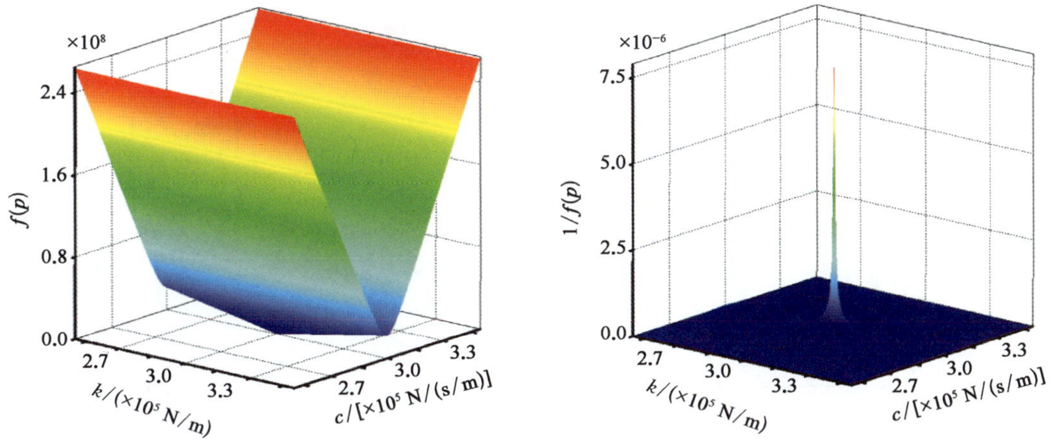


(f) $k$、$c$变化时函数及函数倒数的图像

拉索频率特征方程与识别参数之间的变化规律

甬江桥 A05、A07、A09、A11 拉索时变荷载及应力时程图如下所示。

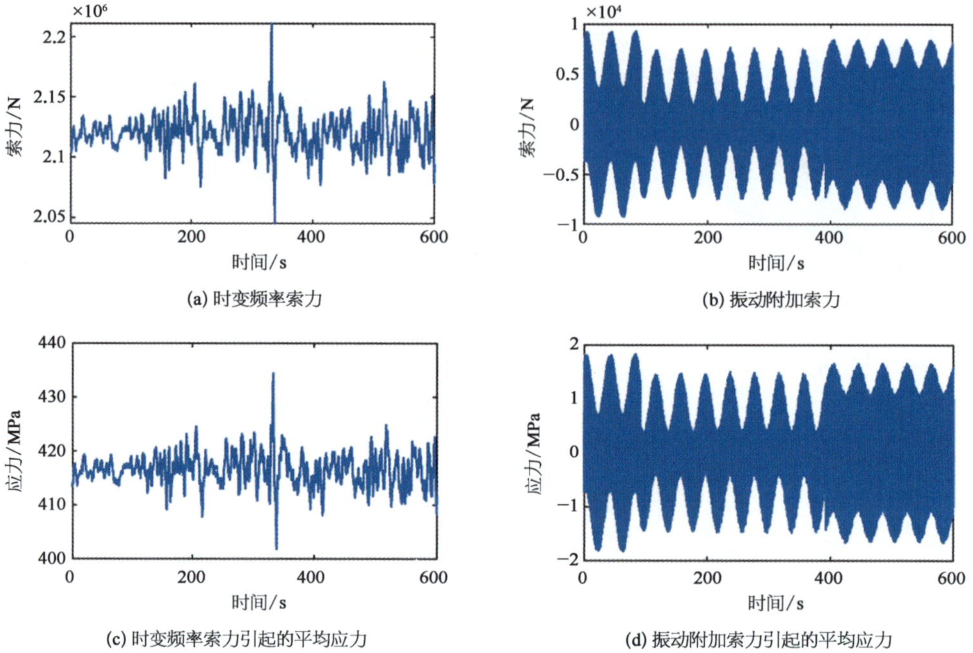

(a) 时变频率索力
(b) 振动附加索力
(c) 时变频率索力引起的平均应力
(d) 振动附加索力引起的平均应力

A05 拉索 10 min 索力时程图和应力时程图

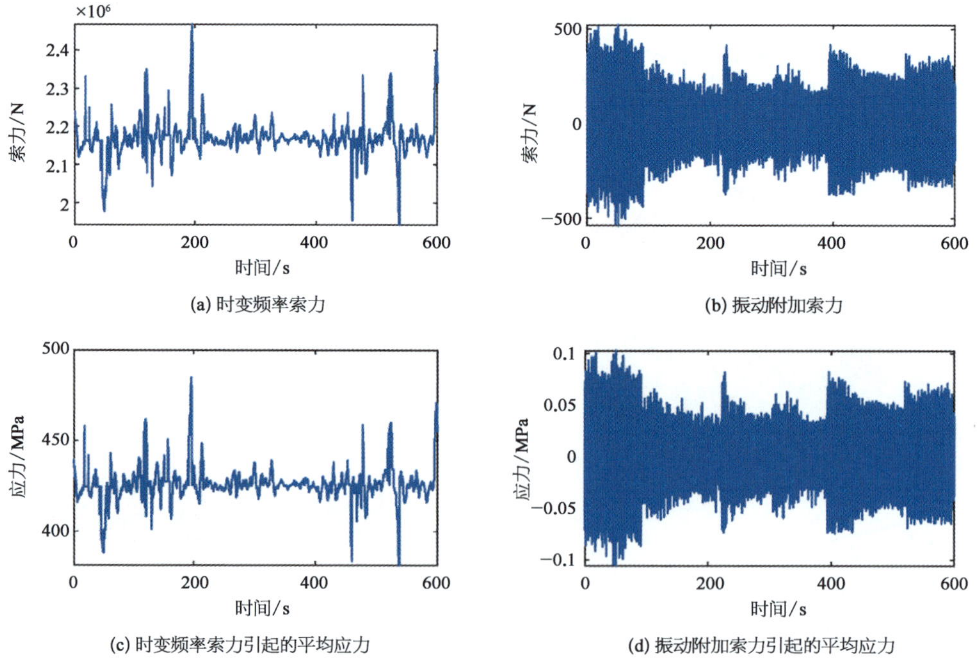

(a) 时变频率索力
(b) 振动附加索力
(c) 时变频率索力引起的平均应力
(d) 振动附加索力引起的平均应力

A07 拉索 10 min 索力时程和应力时程图

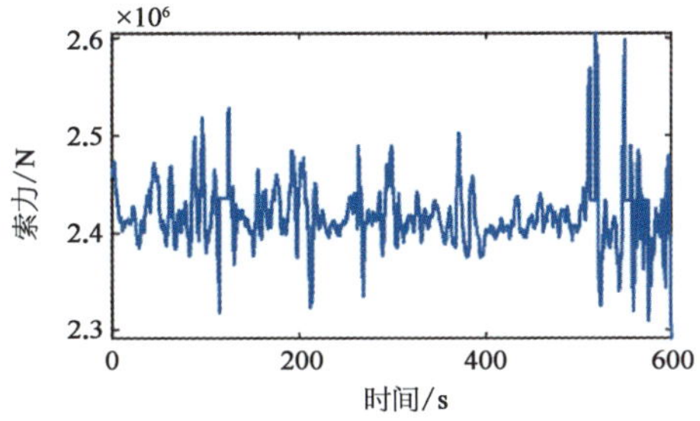


(a) 时变频率索力

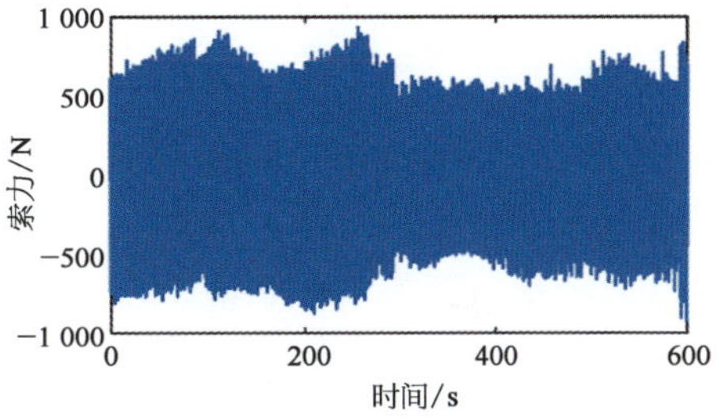


(b) 振动附加索力

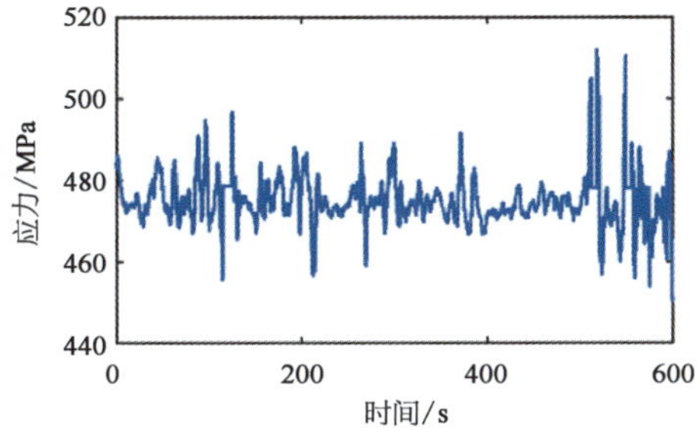


(c) 时变频率索力引起的平均应力

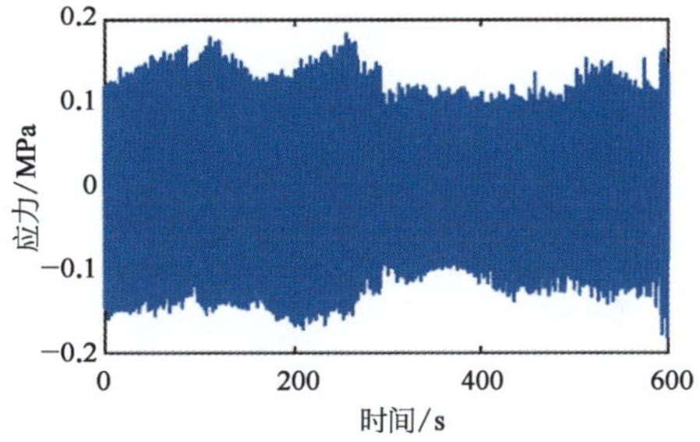


(d) 振动附加索力引起的平均应力

A09 拉索 10 min 索力时程图和应力时程图

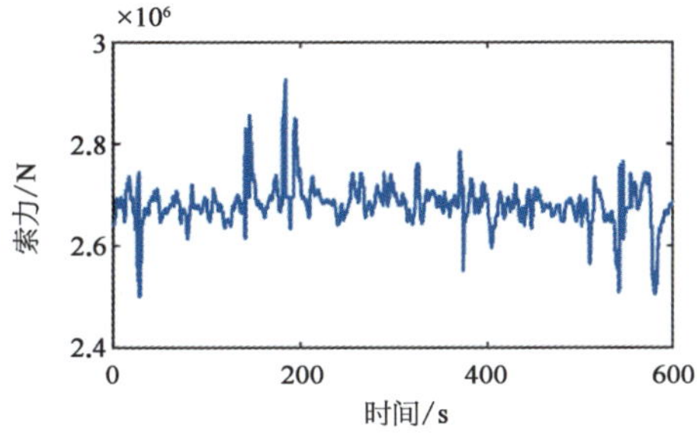


(a) 时变频率索力

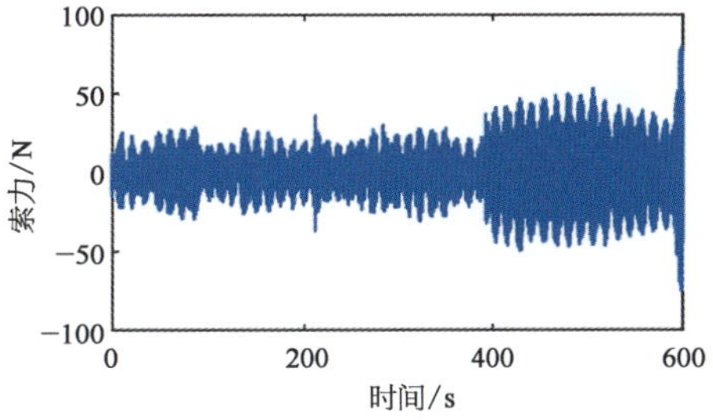


(b) 振动附加索力

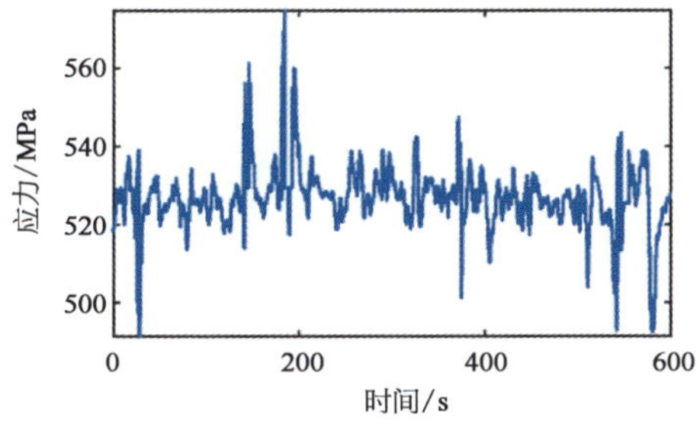


(c) 时变频率索力引起的平均应力

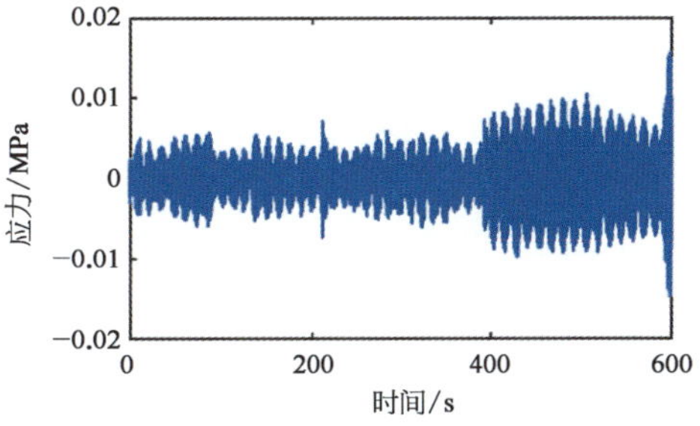


(d) 振动附加索力引起的平均应力

A11 拉索 10 min 索力时程图和应力时程图